Heinz Schomann

Frankfurt am Main und Umgebung

Von der Pfalzsiedlung zum Bankenzentrum

DUMONT
Kunst-Reiseführer

In der vorderen Umschlagklappe:
Frankfurt, Übersichtsplan der Innenstadt

In der hinteren Umschlagklappe:
Frankfurt und Umgebung

Wichtige Sehenswürdigkeiten auf einen Blick

Frankfurt

Alte Oper ☆ (D 6) 180
Deutsches Architekturmuseum (E 2) 219
Deutschordenskommende ☆ (H 2) 135
Dom ☆☆ (H 4) 25
Dominikanerkloster (H 5) .. 132
Eiserner Steg (G 3) 149
Eschenheimer Turm ☆ (F 7).. 163
Festhalle 267
Goethe-Haus (E 4) 159
Großer Engel 73
Hauptbahnhof ☆ (B 2) 193
Historisches Museum (G 4).. 229
Hochhäuser (Bankenviertel) 202
IG-Farben-Hochhaus ☆ 272
Justitiabrunnen 73
Karmeliterkloster ☆ (F 4) (Museum für Vor- und Frühgeschichte) 108
Kulturschirn (G 4) 66
Leinwandhaus (H 4) 66
Liebfrauenkirche ☆ (F 5) ... 123
Liebieghaus (Museum alter Plastik) ☆☆ (D 1) ... 226
Messeturm 268
Museum für Kunsthandwerk ☆ (G 2) 217
Museum für moderne Kunst (G 5) 230
Naturmuseum Senckenberg ☆ 265
Palmengarten 261
Paulskirche (F 4) 119
Römer ☆☆ (G 4) 75
Römerstadt ☆ 283
Saalhofkapelle ☆ 94
St. Katharinen (F 5) 156
St. Leonhard ☆ (F 3) 99
St. Nikolai (G 4) 89
Städelsches Kunstinstitut ☆☆ (E 1) 220
Westendsynagoge 257
Zoologischer Garten 201

Umgebung

Arnsburg ☆ (F 8) 324
Babenhausen (G 1) 355
Bad Homburg (D 5) 310
Büdingen, Schloß ☆ (J 5)... 331
Friedberg (F 6) 333
Gelnhausen, Kaiserpfalz ☆☆ (J 4) 328
Hanau, Wilhelmsbad, Philippsruhe (G 3) 340
Heusenstamm (F 2) 353
Höchst, Justinuskirche ☆☆, ... 348
Bolongaro-Palast 347
Ilbenstadt (F 5) 320
Königstein ☆ (C 4) 307
Kronberg (C 4) 304
Münzenberg ☆ (E 8) 322
Oberursel (D 4) 289
Offenbach (F 2) 338
Ronneburg ☆ (H 4) 332
Saalburg ☆ (D 5) 315
Seligenstadt ☆ (G 2) 343

Vollständiges Verzeichnis der Orte und Sehenswürdigkeiten im hinteren Registerteil.

☆☆
keinesfalls versäumen

☆
sehr sehenswert

ohne Stern
interessant

Inhalt

Von der Pfalzsiedlung zum Bankenzentrum – 1200 Jahre Kunst und Geschichte 7

Daten zur Frankfurter Stadtgeschichte 14

Galerie bedeutender Persönlichkeiten 17

Zu Fuß durch Frankfurt 22

Der Domhügel 24
Der Domturm 25
Blick vom ›Parrtorn‹ 29
Ein Gang um den Dom 34
Kaiserdom St. Bartholomäus 38
Stätten von Königswahl und Kaiserkrönung – im Dom 39
Königswahlen in Frankfurt 53
Kreuzgang und Dommuseum 61
Krönungsweg und Kaiserpfalz 62
Bürgerhäuser um den Dom 64

Der Römerberg 69
Vom ›Schwarzen Stern‹ zum ›Großen Engel‹ 71
Der Justitiabrunnen 73
Vom ›Römer‹ zum ›Alten Rathaus‹ 75
Die Ratskapelle St. Nikolai (›Alte Nikolaikirche‹) 89
Der Saalhof – Stauferpfalz und Stadtmuseum 93
Haus Wertheim – ältestes Fachwerk der Altstadt 96

Am Rand der Altstadt 98
Die Bürgerkirche St. Leonhard 99
Das Karmeliterkloster im Westen 108
Mittelalterliche Kirchen der Altstadt 109
Die Paulskirche – von Barfüßern und Parlamentariern 119
Das Liebfrauenstift im Norden 123
Das Dominikanerkloster im Osten 132
Die Deutschordenskommende im Süden 135
Die Dreikönigskirche – Pendant zum Dom 146

In der Neustadt 150
Um die Hauptwache 151
Nordwärts zum Eschenheimer Tor 161
Rund um die Neustadt – der Anlagenring 165
Denkmäler für Persönlichkeiten 168
Moderne Skulpturen in der City 175
Neue Börse – Alte Oper 176
Vom ›Frankfurter Hof‹ zum Hauptbahnhof – die Kaiserstraße 186
Entlang der Zeil zum Zoo 197
Punkthochhäuser – Hochhauspulks: das Bankenviertel 202
Frankfurts höchste Gebäude 209

Vorstädte und Vororte 210
Urkundliche Ersterwähnung Frankfurter Vororte 213
Urbanisierung der Vorstädte 213
Eingemeindung der Vororte 214
Museen am Mainufer 215
Vom Petersfriedhof zum Hauptfriedhof – das Nordend 231
Kirchen vom Historismus bis zum Ersten Weltkrieg 244
Affentor und Hügelgräber – über den Sachsenhäuser Berg in den Stadtwald 245
Pumpbrunnen aus Barock und Klassizismus 247
Gotische Wehrbauten 252
Vom Bockenheimer Tor zur Bockenheimer Warte – das Westend 253
Villen und Künstlerhäuser vom Historismus zur Moderne 260
Moderner Kirchenbau 263
Zwischen Mensa und Messe – am Rand von Bockenheim 264
Zierbrunnen 271
Affenstein und Diebsgrund, Dornbusch und Knoblauchfeld 271
Historische Parks 276
Römerstadt – antik und modern 277
Frankfurter Siedlungsbau der Ära Ernst May 280
Zwischen Urselbach und Erlenbach 286
Von Bornheim nach Bergen – altfränkisches Frankfurt 292
Barocke Dorfkirchen 294
Fachwerk in Frankfurt 296

Fahrten in die Umgebung – zwischen Taunuskamm und Forst Dreieich 302

Taunusburgen: Kronberg, Falkenstein, Königstein, Eppstein, Oberreifenberg 304
Residenz- und Kurstadt – Bad Homburg 310
Grenze des Römerreichs – zur Saalburg 315
Burgen und Klöster in der Wetterau: Bad Vilbel, Ilbenstadt, Münzenberg, Arnsburg 319
Reichs- und Residenzstädte: Gelnhausen, Büdingen, Friedberg, 326
Flußaufwärts über Offenbach und Hanau nach Seligenstadt 337
Flußabwärts von Höchst bis Hochheim 347
Im Reichsforst Dreieich – Dreieichenhain, Heusenstamm, Babenhausen 351
Burgen und Schlösser, Pfalzen und Paläste 357

Erläuterung der Fachbegriffe 358
Literaturverzeichnis 364
Abbildungsnachweis 366

Praktische Reiseinformationen 369

Reisevorbereitung 370
Unterwegs in Frankfurt 373
Nützliche Informationen von A bis Z 388

Register 392

Stadtpläne: Frankfurt *S. 26, 101, 152, 187, 216, 232, 246, 254, 272, 278, 293, 298,* Schnellbahnplan *S.367,* Flughafenplan *S. 368;* Babenhausen *S. 355,* Bad Homburg *S. 311,* Büdingen *S. 331,* Dreieichenhain *S. 351,* Friedberg *S. 334,* Gelnhausen *S. 326,* Hanau *S. 342,* Heusenstamm *S. 354,* Höchst *S. 347,* Offenbach *S. 339,* Seligenstadt *S. 345.*

Kunstgeschichtliche und andere **Fachbegriffe**, die im Text erscheinen, werden auf den Seiten *358-363* erläutert. Vorschläge für **Kurzaufenthalte** befinden sich auf *S. 372.*

Alle in diesem Führer beschriebenen Sehenswürdigkeiten und Personen sind im **Register** *S. 392-407* aufgeführt.

Von der Pfalzsiedlung zum Bankenzentrum – 1200 Jahre Kunst und Geschichte

◁ *Mainfront, Matthäus Merian, Stich, 1646*

»Frankfurt - nicht nur die berühmteste Handelsstadt Deutschlands, sondern beinahe des gesamten Erdkreises.« Franz I., König von Frankreich, 1519

Wo die Hänge der Taunusberge und des Forstes Dreieich sanft in der Flußebene auslaufen, dehnt sich Frankfurt am Main – durch klimatische Gunst uralter Siedlungsplatz und wegen seiner Lage Kreuzungspunkt weitreichender Verkehrswege. Kaum läßt die mit ihren Wolkenkratzern von fern futuristisch wirkende Silhouette dieser Stadt Gedanken an ihre Vergangenheit aufkommen. Dennoch umfaßt hier nachweisbare Geschichte mehr als zwölf Jahrhunderte, während denen sich Frankfurt aus einer strategisch wichtigen Pfalzsiedlung zur florierenden Kommune mit jährlicher Handelsmesse, zur freien Reichsstadt als Ort von Königswahl (32mal) und Kaiserkrönung (zehnmal) im einstigen Reich und innerhalb eines sich neu ordnenden Europas schließlich zur Großstadt von kontinentaler Bedeutung als Börsen- und Bankenplatz entwickelte. Nie galt Frankfurt als Schauplatz der Weltgeschichte, in vier Jahrhunderten aber wuchs es zu einem Zentrum weltweiten Wirtschaftsgeschehens.

Stadtgeschichte beginnt nahe der namengebenden Furt auf einem knapp über den Main ragenden Uferrücken. Von ihm aus hat Frankfurt im Mittelalter entlang dem Fluß und über ihn hinweg ausgegriffen. Zugleich begann es mehrschichtig nach Norden über den Uferhang zum Gebirge hin zu wachsen – ablesbar an gemauerten und befahrbaren Grenzen, als deren jüngste sich zum Ende unseres Jahrtausends ein vorläufig letzter Ring aus Autobahnen schließt.

Frankfurt von Westen, Christian Georg Schütz d. Ä., Gemälde, um 1765

Wie Prag oder Krakau liegt Frankfurt nahe dem 50. Grad nördlicher Breite und erreicht in Nord-Süd- wie West-Ost-Richtung jeweils eine Ausdehnung von rund 23 Kilometern. Aus seiner Talsohle am

Vogelschauplan von Matthäus Merian (1628) in seiner zuletzt 1761 aktualisierten Variante

Main steigt es von knapp 100 Metern Höhe (über dem Meeresspiegel) nordwärts bis zur Berger Warte auf 210 Meter, südwärts bis zur Sachsenhäuser Warte auf 150 Meter – bei absolutem Vergleich also bis zur Spitze der jüngsten Hochhäuser. Mit etwas über 600 000 Einwohnern scheint es dem Fremden für eine Weltstadt recht klein – entsprechend überrascht ein geradliniger Gang durch sein Zentrum wegen der Kürze. Alle Stadtpläne zeigen das Gefüge eines monozentrischen Stadtorganismus. Dennoch gilt Frankfurt als Europas amerikanischste Stadt. Sie ist nicht unbedingt ein Ort großer Kunst – trotz ragender Kirchtürme und gereihter Museen am Main –, sondern eine Metropole des Kommerz, in der das Gespür fürs Nützliche herrscht. Stets blieben Frankfurter Künstler gediegene Handwerker, deren Arbeit nur unter dem Einfluß Fremder Beschränkung überwandt – wie im Barock durch Robert de Cotte, den Hofarchitekten Louis' XV., danach durch die vor der französischen Revolution geflohenen Emigranten Nicolas de Pigage oder Nicolas Alexandre Salins de Montfort, ohne die sich Frankfurts Architektur bis ins Biedermeier vollends aufs Mittelmäßige beschränkt hätte. Einer allerdings hebt sich aus der Anonymität provinziellen Schaffens – Madern Gerthener, der als führender Künstler der Gotik am Mittelrhein der Stadt entstammt, für die er herausragende Bau- und Bildwerke gestaltete (auch wenn er posthum hinnehmen mußte, daß seinem Œuvre viel Zeitgenössisches untergeschoben wird).

Stadtpanorama mit Paulskirche und Dom, um 1925

An der Wende zur Neuzeit sind es wenige Jahrzehnte später wiederum Künstler aus den benachbarten Landschaften Franken oder Schwaben gewesen, die zu Trägern einer mäzenatisch von Handelsherren und Klosterbrüdern finanzierten Kunstblüte wurden – Hans Holbein d. Ä. und Albrecht Dürer, Matthias Grünewald und Jörg Ratgeb oder Hans Backoffen; den einheimischen Maler Adam Elsheimer zog es im Jahrhundert darauf nach Rom, wo er früh starb († 1610). Erst nach Gründung der Städelakademie (1817) begann sich am Main etwas wie eine Frankfurter Künstlerschule zu entwikkeln, die um Mitte und gegen Ende des 19. Jh. eine gewisse Bedeutung erlangte. Unter dem Einfluß hauptstädtischer Baukunst in Berlin hatte ebenso für Frankfurt eine Architekturphase begonnen, die während eines halben Jahrhunderts von Schülern des jene Epoche prägenden Gottfried Semper bis hin zu Vertretern der neuen Sachlichkeit reicht. Diese hielt ihren Einzug mit Berufung des Frankfurters Ernst May zum Stadtbaurat (1925), der als Organisator eines internationalen Teams junger Architekten wirkte – Vorbild der klassischen Moderne, was (allerdings ohne Integrationsfigur) sich in der Gegenwart zu wiederholen scheint. Mit May endete die Reihe von Frankfurter Stadtbaumeistern (1930), und sein Erfolg blieb spektakulär wie der Gertheners († 1430); die fünfhundertjährige Zeitspanne dazwischen füllten solide Entwürfe vieler Stadtbaumeister – wie im Barock Melchior Heßler, Johann Jakob Samheimer oder Johann Andreas Liebhardt, im Klassizismus Johann Christian Hess Vater und Sohn.

»Frankfurt ist eine schöne und große Stadt. Prächtigere und größere Gasthäuser als die hiesigen findet man in Deutschland nicht. Während die ehemals so mächtigen Städte Nürnberg, Augsburg und andere immer mehr verfallen, nimmt Frankfurt immer mehr zu.« Johann Kaspar Riesbeck, 1788

Obwohl der Prozeß städtischen Werdens und Wachsens weitgehend kontinuierlich ablief, bleiben Schübe deutlich, die sich aus politischen Randbedingungen erklären: Die wirtschaftliche Sicherung der Stadt während der Stauferzeit brachte ihr mit ausreichender Befestigung gegen Mitte des 13. Jh. die charakteristische Kontur, lockte geistliche Orden zur Ansiedlung (ab 1221) und löste deren Bautätigkeit an Kirchen wie Konventen aus. Um die Mitte des 14. Jh. erreichte die Altstadt ihre in Gassen und Grundstücken langfristig gültige Struktur, innerhalb derer seit dem Übergang zum 16. Jh. – damals zählte Frankfurt etwa 10 000 Einwohner bei knapp 3000 Gebäuden – mit dem Geld eines stiftungsfreudigen Patriziats Wohn- und Gotteshäuser glanzvoll ergänzt oder ersetzt wurden. Die für den gesamten Kontinent spektakulären Kaiserkrönungen leiteten seit Ende des 16. Jh. einen vierten Wandel im Zentrum ein, der gegen Mitte des 18. Jh. – besonders in der Neustadt – im Kombinieren kleiner Parzellen zum Bau repräsentativer Palais gipfelte. Außerhalb der einstigen Befestigung haben sich die Vorstädte im Geschmack des Klassizismus entwickelt (ab 1788 bzw. 1818). Und auf planvollem Raster vollendete sie um die Wende zum 20. Jh. der Historismus, der zugleich Gebäudedimensionen der Innenstadt aufs Doppelte steigerte. Großzügigkeit oder gar Weitläufigkeit in seinen Straßen – wie traditionelle Residenzstädte – erreichte Frankfurt dabei kaum. Damit einher gin-

Die zerstörte Altstadt, Luftaufnahme, 1945

Luftbildaufnahme der Großstadt Frankfurt 1986

gen Straßendurchbrüche (ab 1855) und Eingemeindungen (ab 1877) für das unter preußischer Herrschaft (ab 1866) mit 100 000 Bewohnern (1873) zur Großstadt angeschwollene Frankfurt, das zudem innerhalb eines Jahrhunderts seine Bevölkerung verzehnfacht hatte (1815/41 000 : 1914/410 000 Einwohner). Dadurch ermöglicht wurde funktionaler Siedlungsbau auf neu gewonnenen Flächen an der Peripherie. Der Zweite Weltkrieg hat Frankfurt ruiniert und seiner Altstadt beraubt (1944). Doch lag darin die Chance zu wirtschaftlichem wie architektonischem Neubeginn. Sie wurde genutzt, aber erkauft mit weitgehendem Verlust an ursprünglicher Individualität des Stadtbildes.

An der Schwelle zum 21. Jahrhundert hat für Frankfurt, wo fast 450 Bankinstitute aus vielen Ländern angesiedelt sind und Menschen aus mehr als 150 Nationen wohnen, die siebente Mutation eingesetzt, bei der die historisch gewachsene Kernstadt und ihre ringsum planvoll entwickelten Vorstädte aufgebrochen werden von einer den Wolken zustrebenden Architektur; dabei wird sich auch das durch einen Bahntunnel frei gewordene Gleisfeld des Hauptbahnhofs zum neuen Bürogebiet wandeln. Superlativische Dimensionen dieses jüngsten Wandels mögen außer Euphorie auch Skepsis auslösen, denn städtisches Wachstum unterliegt Grenzen: Wenn Begriffe wie ›Kommune‹ und ›Metropole‹ Gegensätze würden, ließe der Blick in die Zukunft ein Ende erkennen. Die Krise des Städtebaus dokumentiert sich nirgendwo deutlicher als in modernster Architektur der Mainstadt, wo vielfach durchgesetztem Privileg oder Profit Einzelner traditionelle Ziele der Allgemeinheit (Nähe von Wohn- und Arbeitsplatz oder Perfektion von Versorgung, Verwaltung und Verkehr) planvoll entgegengesetzt werden müssen.

Einige jener Verwandlungen des Stadtbilds sind zeitgenössisch in Bildern und Texten dokumentiert: Wie die Frankfurter die Veränderung ihrer Stadt um die letzte Jahrhundertwende empfanden, spiegeln zwei großformatige Mappenwerke – in mehreren Lieferungen gleichzeitig erschienen und polarisiert im nostalgischen Blick zurück (Carl Friedrich Fay: ›Bilder aus dem alten Frankfurt‹, 1896–1911) wie in stolzer Fortschrittsgläubigkeit (Friedrich Sauerwein: ›Neubauten in Frankfurt am Main‹, 1879–91). Sie stehen am Ende zahlreicher Bildserien, die über Leporellos mit Stahlstichen (Carl Jügel, um 1840) zu barocken Veduten (Salomon Kleiner, 1738) zurückreichen, oder Plänen, die aus imaginärer Vogelschau die gesamte Stadt und ihre Gebäude minutiös widergeben (Conrad Faber 1545 und 1552, Matthäus Merian d. Ä. 1628 bis 1761, Carl Friedrich Delkeskamp 1864, Philipp Diehl 1934). Im Abstand von mehr als 500 Jahren haben die Kanoniker Baldemar von Petterweil (1350) und Johann Georg Battonn (1875) für Frankfurts topographische Beschreibung die Grundlagen geschaffen.

Frankfurter Stadtpanorama

All jenen Einsichten und Aussagen folgt dieser Kunst-Reiseführer, der nicht nur für den Besucher, sondern ebenso für die Bürger von Frankfurt entstand. Aus der Mitte sucht er es zu schildern und verständlich zu machen, wobei einiges nur tabellarisch erfaßt ist. Über das Frankfurter Stadtgebiet hinaus endet er an geographischen oder historischen Grenzen – im Norden am Gebirgskamm des Taunus, im Süden am Waldrand der Dreieich, entlang dem Main kurz vor der Landesgrenze zum Rheinland bzw. nach Bayern. Nur nordöstlich greift er weiter aus in die offene Wetterau, deren Städte und Burgen in manchen Phasen mit Frankfurt politisch oder personell verbunden waren. Der Blick von den höchsten Häusern der Metropole reicht an klaren Tagen allerdings noch viel weiter.

Daten zur Frankfurter Stadtgeschichte

nach 6000	Älteste nachgewiesene Siedlung aus der Jungsteinzeit im Frankfurter Stadtgebiet (Bandkeramikerkultur in Nieder-Eschbach)
nach 750	Frühe Hügelgräber und Ringwälle aus der älteren Eisenzeit (Hallstattkultur im Frankfurter Stadtwald und im Taunus)
nach 450	Keltische Hügelgräber im Frankfurter Stadtwald, Ringwälle und Oppida im Taunus (Latènekultur)
nach 100	Vordringen der germanischen Chatten, Verdrängung der Kelten nach Süden
ab 11 v. Chr.	Vordringen der Römer von Mainz aus in Taunus und Wetterau
15 n. Chr.	Römischer Feldzug unter Germanicus gegen die Chatten
83–85	Krieg der Römer unter Domitian gegen die Chatten
ab 89	Ausbau des Limes als Grenze zwischen Ober- und Untergermanien
um 260	Vordringen der germanischen Alamannen, Rückzug der Römer vom Limes an die Rheingrenze, Aufgabe grenznaher Orte (wie Nida/Frankfurt-Heddernheim)
ab 496	Vordringen der Franken, Rückzug der Alamannen nach Süden
vor 680	Unter den fränkischen Merowingern Aufbau einer Verwaltung im Untermaingebiet um Frankfurt
772	Zweifelsfrei erste urkundliche Erwähnung eines zukünftigen Frankfurter Stadtteils (Nieder-Eschbach)
794	Reichssynode Karls des Großen in ›franconovurd‹

855	Erste Königswahl (Lothar II.)
1105	Beginn des Marktschiffverkehrs von Mainz
1152	Königswahl Friedrichs I. Barbarossa
1240	Bestätigung der Herbstmesse durch Friedrich II.
1285	›Wetterauer Städtebund‹ als Zusammenschluß von Frankfurt, Friedberg, Gelnhausen und Wetzlar
1311	Beginn der städtischen Selbstverwaltung
1333	Privileg Ludwigs des Bayern für eine zusätzliche Frühjahrsmesse
1356	Legitime Wahlstadt der römischen Könige durch die ›Goldene Bulle‹ Karls IV.
1372	Freie Reichsstadt
1381	›Rheinischer Städtebund‹ als Zusammenschluß von Frankfurt, Mainz, Worms, Speyer, Straßburg u. a.
1389	Niederlage gegen die Taunusritter vor Kronberg
1533	Reformation
1552	Belagerung durch protestantische Truppen
1554	Zuzug niederländischer Glaubensflüchtlinge
1562	Erste Kaiserkrönung (Maximilian II.)
1585	Gründung der Börse
1611–14	Soziale Unruhen (›Fettmilch-Aufstand‹)
1631–35	Besetzung durch schwedische Truppen im Dreißigjährigen Krieg
1685	Zuzug französischer Glaubensflüchtlinge (Hugenotten)
1711	Brand der Judengasse (›Judenbrand‹)
1719	Brand der Töngesgasse (›Christenbrand‹)
1749	Geburt von Johann Wolfgang Goethe
1754	Beginn des Apfelkelterns und -weinausschanks
1759–63	Besetzung durch französische Truppen im Siebenjährigen Krieg

Stadtadler am Gerechtigkeitsbrunnen, um 1887

Messe auf dem Römerberg, Stich, 1696

Büste Kaiser Wilhelms I. am Parkhotel, um 1870

1792	Erste Besetzung durch französische Revolutionstruppen
1792	Letzte Kaiserkrönung (Franz II.)
1805–10	Abbruch der Befestigung, Beginn der Vorstadtentwicklung
1806–14	Hauptstadt des Großherzogtums Frankfurt
1811	Öffnung des Gettos
1815–66	Sitz des Deutschen Bundes
1816	Senatsverfassung
1828	Beitritt zum Mitteldeutschen Handelsverein
1833	Sturm auf die Hauptwache
1836	Beitritt zum Deutschen Zollverein
1838	Erster Dampfschiffverkehr auf dem Main
1839	Erster Eisenbahnverkehr bis Höchst
1848/49	Deutsche Nationalversammlung in der Paulskirche
1863	Deutscher Fürstentag
1866	Annexion durch Preußen
1867	Magistratsverfassung
1871	›Frankfurter Friede‹ zwischen Deutschland und Frankreich
1877	Beginn der Eingemeindungen (Bornheim)
1883	Kanalisierung des Mains
1899–1912	Trassierung des Alleenrings
1914	Gründung der Universität
1934	Beginn des Autobahnbaues
1936	Eröffnung des Flughafens ›Rhein-Main‹

Der Wäldchestag, Johann Heinrich Hasselhorst, Gemälde, um 1880

1944	Zerstörung der Altstadt
1949	Scheitern bei der Bewerbung als Bundeshauptstadt
1952	Beginn des Ausbaus zur ›autogerechten Stadt‹
1958–68	Bau der Nordweststadt
1960–62	Bau des ersten modernen Hochhauses (Zürichhaus)
1968	Eröffnung einer ersten U-Bahn-Strecke
1977	Ende der Eingemeindungen (Bergen-Enkheim)
1979	Politisches Programm ›Frankfurt als kultureller Organismus‹
1981	Ausbaubeginn des Museumsufers
1995	Baubeginn des höchsten Bürogebäudes (Commerzbank) in Europa (259 bzw. 299 m)

Galerie bedeutender Persönlichkeiten

Theodor W. Adorno (1903–1969)

Der Sohn einer Sängerin (Calvelli-Adorno) und eines Weinhändlers (Wiesengrund) war einer der bedeutendsten Intellektuellen dieses Säkulums. An Frankfurter Universität und Konservatorium reifte er zum Philosophen und Soziologen wie zum Komponisten. Habilitiert (1927) emigrierte er 1934 über England in die USA. Dort vollendete er 1944 mit Max Horkheimer seine ›Dialektik der Aufklärung‹, eine Negativtheorie der Moderne als Gesellschaftskritik ohne Hoffnung. Ab 1949 lehrte er in seiner Heimatstadt.

Theodor W. Adorno, Foto, um 1960

Bettina von Arnim (1785–1850)

Entstammte der ursprünglich lombardischen Kaufmannsfamilie Brentano. Über ihre Mutter Maximiliane (geb. La Roche), eine Jugendliebe Goethes, schwärmte sie für den Dichter und besuchte täglich dessen vereinsamte Mutter. Familienbriefe fanden 1835 ihren literarischen Niederschlag in ›Goethes Briefwechsel mit einem Kinde‹. Befreundet mit der benachbarten Karoline von Günderode, lernte sie durch den Bruder Clemens ihren Mann Achim von Arnim kennen. Ihr Geburtshaus in der Sandgasse galt vielen als ›Wiege der deutschen Romantik‹.

Bettina von Arnim, geb. Brentano, Gemälde, um 1890

Ludwig Börne (1786–1837)

Kam als Juda Löb Baruch, Sohn eines Bankiers, in der Judengasse zur Welt, ließ sich aber 1818 evangelisch taufen. Nach dem Studium (Medizin und Nationalökonomie) wurde er in Gießen 1808 zum Dr.

phil. promoviert. 44 Jahre lebte er in seiner Vaterstadt – 1820 kurzfristig wegen demagogischer Umtriebe in der Hauptwache eingekerkert. Als Gegner der Reaktion wurde er Wegbereiter der Nationalversammlung von 1848. Heine schrieb von ihm: »Er war ein Mensch, ein Bürger der Erde, ein guter Schriftsteller und ein großer Patriot«.

Anton Burger (1824–1905)

Er hatte einen Weißbinder zum Vater. Seit 1842 studierte er bei Jakob Becker Malerei am Städel, als dessen Direktor ihn Philipp Veit 1846 nach München schickte. In Paris prägten ihn 1853 Corot und Courbet. Sein Gesamtwerk beeinflußten niederländische Landschaftsmaler des Barock und die Freilichtmalerei der Schule von Barbizon. Sein Übersiedeln ins nahe Kronberg 1858 war Signal für einige Kollegen und löste das Entstehen der auch überregional bedeutenden ›Kronberger Malerkolonie‹ aus.

Adam Elsheimer, Kupferstich von Hendrik Hondius, um 1600

Adam Elsheimer (1578–1610)

Der Schneidersohn ging in Frankfurt bei dem Maler Philipp Uffenbach in die Lehre, der ihn mit altdeutscher und niederländischer Malerei vertraut machte. 20jährig wandte er sich über München nach Venedig, wo er Werke von Bellini bis Veronese studierte. Seit 1600 lebte er in Rom, hochgeschätzt als Schöpfer miniaturhaft-feiner Gemälde und Mitglied der Accademia di San Luca. Neben den Brüdern Carracci und Caravaggio gilt Elsheimer als einer der Begründer barocker Malerei, Freund von Peter Paul Rubens und Vorbild für Claude Lorrain.

Erich Fromm (1900–1980)

Gilt unter den Psychoanalytikern als bedeutender Neofreudianer, aber ebenso als Kritiker Freuds unter dem Aspekt sozialen Anspruchs des Individuums. In New York wirkte er als Hochschullehrer, da er als Jude 1934 emigrieren mußte. Mit Max Horkheimer, Herbert Marcuse und dem Frankfurter Institut für Sozialforschung arbeitete er nach 1945 zusammen. Zu seinen wichtigsten Publikationen zählen ›Die Furcht vor der Freiheit‹ (1945), ›Psychoanalyse und Ethik‹ (1954), ›Sigmund Freuds Sendung‹ (1961) und ›Haben oder Sein‹ (1976).

Johann Wolfgang von Goethe, Gemälde von Heinrich Kolbe, um 1822

Johann Wolfgang Goethe (1749–1832)

Wurde als Sohn des kaiserlichen Rats Johann Caspar Goethe und seiner Ehefrau Katharina Elisabeth, Tochter des Schultheißen Johann Wolfgang Textor, am Hirschgraben geboren. Seine Memoiren ›Dichtung und Wahrheit‹ schildern die Kindheit. Nach dem Jurastudium in Leipzig und Straßburg arbeitete er als Advokat in Frankfurt, ab 1772 in Wetzlar am Reichskammergericht. Noch in Frankfurt entstanden ›Urfaust‹ und ›Götz von Berlichingen‹, der des Olympiers Ruhm als Dramatiker begründete. 1775 wechselte er an den Hof nach Weimar.

Otto Hahn (1879–1968)

Kam aus einer Handwerkerfamilie, deren Glaserei sich zu einem bedeutenden Unternehmen entwickelte. Mineralogie und Chemie studierte er in Marburg und München. 1928 wurde er Direktor des Kaiser-Wilhelm-Instituts für Chemie in Berlin, wo ihm mit Friedrich Straßmann 1938 die Kernspaltung von Uran und Thorium gelang. 1945 wurde ihm dafür der Nobelpreis verliehen. Hahn lehrte in Göttingen, leitete 1948–59 die Max-Planck-Gesellschaft und blieb dauerhaft ein Gegner kriegerischer Nutzung der Kernenergie.

Heinrich Hoffmann (1809–1894)

Wurde als Sohn des Bauinspektors Philipp Jakob Hoffmann in der Freßgass' geboren. Nach dem Medizinstudium in Heidelberg und Halle kam er 1834 als Arzt und Psychiater nach Frankfurt zurück. Seinem zu Weihnachten 1844 mit eigenen Versen und Bildern für den Sohn Carl geschaffenen ›Struwwelpeter‹ verdankt die Welt ein berühmtes Kinderbuch. 1851 wurde er Leiter der Nervenklinik, deren damals vorbildlichen Neubau auf dem Affensteiner Feld er 1859–64 durch Publikationen und Spendenaufrufe initiiert und gefördert hatte.

Heinrich Hoffmann, Gemälde (Ausschnitt) von Eugen Klimsch, 1889

Maximilian Klinger (1752–1831)

Der Sohn eines Konstablers wurde in der Allerheiligengasse geboren. Daraus löste er sich durch die Freundschaft mit Goethe (ab 1771) und ein Jurastipendium in Gießen. Dramatiker seit 1774, knüpfte er Kontakte zum dichtenden ›Hainbund‹ in Göttingen. Sein Drama ›Sturm und Drang‹ (1777) kennzeichnet den eigenen Dichterkreis wie die Epoche. Nach 1780 stieg er in russischen Diensten zum General auf, 1803 wurde er Kurator der Universität Dorpat. Goethe schätzte ihn als geradlinigen »Mann ohne Biegsamkeit, aber desto tüchtiger und redlicher«.

Ernst May, Foto der 60er Jahre

Ernst May (1886–1970)

Entstammt einer Sachsenhäuser Fabrikantenfamilie. Seinem Architekturstudium in München und Berlin folgte die Partnerschaft mit dem Traditionalisten Clemens Musch (1913–19). Von anschließender Siedlungsarbeit in Schlesien holte ihn Oberbürgermeister Landmann 1925 als Stadtbaurat zurück. Dem fähigen Organisator und Planer gelang dank eines Teams moderner Architekten das Lindern der Wohnungsnot: 23 Siedlungen mit 15 000 Wohnungen entstanden. Zu späteren Stationen seines Lebens wurden Moskau (1930), Nairobi (1934) und Hamburg (ab 1954).

Maria Sibylla Merian (1647–1717)

Ging aus Matthäus Merians d. Ä. zweiter Ehe hervor. Ihr Stiefvater, der holländische Blumenmaler Jakob Marell, gab ihr Zeichenunterricht. Eigene Schmetterlingszucht führte ab 1679 zu dem Mappenwerk ›Der Raupen wunderbare Verwandlung und seltsame Blumennahrung‹. Nach gescheiterter Ehe mit dem Maler Johann Anton Graff (1685) wuchs in den Niederlanden ihr Interesse an Surinam (Guayana). Dorthin trat sie 1699 ihre ungewöhnliche Forschungsreise an, deren Ausbeute 1705 als ›Metamorphosis insectorum surinamensium‹ erschien.

Wilhelm Merton (1848–1916)

Seine Familie stammte aus England. Mit der Metallgesellschaft schuf der bedeutende Industrielle 1881 die Grundlage einer weltweiten Unternehmensgruppe, die Rohstoffförderung und -transport mit Fabrikation und Finanzierung verband. Wirtschaftlicher Erfolg ermöglichte ihm soziales Engagement z. B. bei Kinder- und Arbeiterbetreuung. Mertons Initiativen unter Oberbürgermeister Adickes verdankt Frankfurt 1914 die Gründung der Universität, einer Bürgerstiftung in der Tradition J. Ch. Senckenbergs und J. F. Städels.

Mayer Amschel Rothschild (1743–1812)

Kam in der Judengasse im Haus zum ›Roten Schild‹, wo seine Familie seit 1567 wohnte, als Sohn eines Wechslers zur Welt. Während einer Banklehre in Hannover knüpfte er Kontakte zum späteren Kurfürsten Wilhelm von Hessen-Kassel. Diesen verpflichtete er sich durch Rettung seines Vermögens vor den bei Jena siegreichen Truppen Napoleons (1806). Als Hofbankier erreichte er bei Karl von Dalberg 1811 die bürgerliche Gleichstellung der Frankfurter Juden. Sein auf fünf Söhne verteiltes Vermögen wurde Basis einer Weltbank.

Eduard Rüppell, zeitgenössisches Portrait

Eduard Rüppell (1794–1884)

Er sollte wie sein Vater Bankier werden, doch die Ausbildung in London brach er lungenkrank ab. Während einer Kur in Italien entschloß sich der passionierte Sammler zum Studium der Naturwissenschaften in Pavia. 1817 reiste er nach Ägypten. 1822–27 und 1831–33 folgten Expeditionen nach Abessinien und Arabien. Seinen zoologischen und mineralogischen Funden verdankte die Senckenbergische Gesellschaft (1818 gegründet) ihren frühen Ruhm. Als seine Heimatstadt 1866 preußisch wurde, emigrierte er in die Schweiz.

Friedrich Stoltze (1816–1891)

Friedrich Stoltze, zeitgenössisches Porträt

Der ›Poet, Politiker und Patriot‹ stammte aus dem altstädtischen Gasthof ›Zum Rebstock‹, dessen Wirt sein Vater war. Bereits den 15jährigen prägte das Hambacher Fest (1832); am Sturm auf die Hauptwache wirkte seine Schwester Annett mit (1833). Ein Gedichtband begründete 1841 seinen Ruhm als humoriger Mundartdichter. Als kritischer Journalist verfolgte er 1848/49 die Nationalversammlung. 1852 gab er die ›Kreppelzeitung‹, ab 1860 die ›Frankfurter Latern‹ heraus, wo er in illustrierten Texten herrschende Verhältnisse aufs Korn nahm.

Treffend charakterisierte Deutschlands erster Bundespräsident *Theodor Heuss,* was er in Frankfurt am Main empfand: »Weite einer Weltgesinnung und Nähe eines Heimatgefühls, Goethe und Friedrich Stoltze.«

Frankfurt hat aber nicht nur bedeutende Persönlichkeiten hervorgebracht, sondern sie ebenso von draußen in seine Mauern gezogen: In der Mainstadt starben Karls des Großen Gattin **Fastrada** (794) und Karls IV. glückloser Rivale **Günther von Schwarzburg** (1349). Städtische Geschicke bestimmten aus der Ferne wie vor Ort der Reichsfreiherr **Karl vom und zum Stein** aus Nassau (ab 1814) und der spätere Reichskanzler **Otto von Bismarck** aus Stendal (1851–59). Der Reformator **Martin Luther** verbrachte in der Reichsstadt zwei Nächte (1521), der Prediger **Jakob Philipp Spener** zwei Jahrzehnte (1666–86). Durch die Messen wurden die Buchdrucker **Johannes Gutenberg** aus Mainz (1454–57) und **Matthäus Merian d. Ä.** aus Basel (1624–50) an den Main gelockt. Der Dichter **Clemens Brentano** aus Koblenz (bis 1784) und der Jurist **Anselm Feuerbach** aus Jena (bis 1792) gingen in Frankfurt zur Schule, der Schwabe **Friedrich Hölderlin** (1796–98) und der Thüringer **Friedrich Fröbel** (ab 1805) wirkten in Frankfurt als Hauslehrer. Frankfurts frühe Kunst prägten der Mainfranke **Hans Backoffen** (1509–11) und der Schwabe **Jörg Ratgeb** (1514–23), die spätere der Badenser **Hans Thoma** (1877–99) und der Leipziger **Max Beckmann** (1915–33). Frankfurts Musik beeinflußten der Magdeburger **Georg Philipp Telemann** (1712–21) wie der Hanauer **Paul Hindemith** (1915–43). Im Abstand eines Jahrhunderts philosophierten der Danziger **Arthur Schopenhauer** (1831–60) und der Stuttgarter **Max Horkheimer** (1920–60) im weltoffenen Frankfurt. Wie viele Forscher entschied sich der schlesische Mediziner **Paul Ehrlich** (1899–1915) ebenso für die Mainmetropole wie der Berliner Ethnologe **Leo Frobenius** (1925–38).

Zu Fuß durch Frankfurt

markt
Romer blatz
6
5

Der Domhügel

Während eines halben Jahrtausends blieb die Silhouette der einstigen Reichsstadt Frankfurt vom Dom beherrscht – einer Kirche wie eine Kathedrale, ohne daß sie je Bischofssitz war –, ein Gotteshaus, in dem Könige gekürt und Kaiser gekrönt wurden, obwohl sie nie hier residiert haben.

Für den fremden Kaufmann, der im Frühjahr und im Herbst zu den Messen mit schwerem Ochsenwagen dem Handelsweg auf der Höhe bei Bergen oder von Mainz her dem Fluß aufwärts mit dem Marktschiff folgte, bestätigte der Dom die Nähe des Ziels. Innerhalb der schützenden Landwehr, an der sich von der Friedberger Warte oder drüben von der Sachsenhäuser Warte die aus der Ferne herangeführten Landstraßen hinab in die Niederung senken, gewann diese Kirche an Kontur und blieb vor Augen bis zur Stadtbefestigung, hinter der noble Fachwerkhäuser an winkligen Gassen den Blick verstellten.

Wo der Dom sich erhebt, reicht das Wohnen von Menschen mindestens 6000 Jahre zurück. Als schließlich nach der Wende zum 6. Jh. Franken die gleichfalls germanischen Alamannen verdrängten, hatten hier bereits Legionäre Roms und vor der Zeitenwende keltische Bauern gelebt. Bodenfunde ließen die in der Frühzeit wechselnden Funktionen dieses von Fluß und Sümpfen dreiseitig umgebenen Uferrückens vorstellbar werden.

Besonders sehenswert:
Dom **
- ***Turm***
- ***Chor***
- ***Kreuzigungsgruppe***
- ***Grabmal Günthers von Schwarzburg***
- ***Bartholomäusfries***
- ***Grablegung Christi***
- ***Wahlkapelle***
- ***Maria-Schlaf-Altar***
- ***Kreuzgang (Dommuseum)***

Archäologischer Garten (Kaiserpfalz)
Steinernes Haus
Nürnberger Hof
Kulturschirn *
Leinwandhaus *
Freiheitsbrunnen
Stadthäuser Saalgasse

Der Domturm

Dort, wohin das Hochwasser des Mains nur selten vordrang, wurden 1414 im Auftrag des reichsstädtischen Rates und der Stiftskanoniker an St. Bartholomäus 141 Eichenpfähle in den Boden getrieben. Sie sollten die aus Basaltblöcken gefügten Fundamente für Frankfurts Wahrzeichen, den **Domturm,** tragen. Er bleibt mit seiner Höhe von fast 95 Metern weit unter den als Vorbildern gewählten Münstertürmen zu Freiburg (115 m) und Ulm (161 m). Unter den Frankfurts Silhouette durch ihre Höhe bestimmenden Gebäuden ist er aus der ersten längst hinter die 20. Position abgedrängt. Nach dem Vermauern des Grundsteins wuchs er ab Juni 1415 unter der Leitung von Madern Gerthener, der bereits während eines Jahrzehnts für die Bauhütte des Bartholomäusstifts gearbeitet und den Entwurf gezeichnet hatte. Als einer der monumentalen Kirchtürme im alten Reich – und zugleich als einer seiner schönsten – ist er typisches Produkt der bürgerlichen Spätgotik, wie es vielerorts statt gewohnter Doppelturmfassaden favorisiert wurde. – In der fränkischen Nachbarlandschaft blieben bis heute Dinkelsbühl oder Nördlingen vom Westturm ihrer Stadtkirchen geprägt. Allein unter diesem Aspekt stehen viel später in Frankfurt ebenso Katharinen- und Paulskirche in der Nachfolge des Doms. – Hier mußten außer Bürgerhäusern und ältestem Rat-

»In dieser Gegend, die der Main durchfließt, bieten die weinbepflanzten Hügel überall einen heiteren Anblick bis nach Frankfurt, wo wir den Fluß von Handelsbarken wimmelnd und die Innenstadt mit den verschiedensten Waren aus allen Teilen Europas angefüllt fanden.« Vincenzo Laurefici, 1613

◁ Dom von Westen

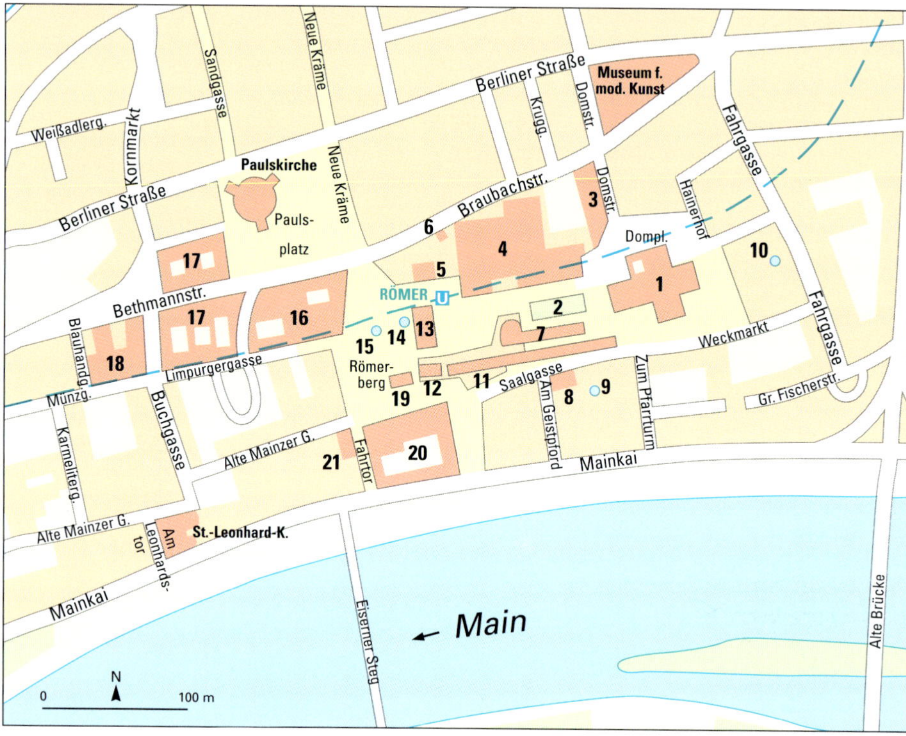

Domhügel und Römerberg 1 Dom mit Kreuzgang (Dommuseum) 2 Archäologischer Garten 3 Zollgebäude 4 Technisches Rathaus 5 Steinernes Haus (Frankfurter Kunstverein) 6 Nürnberger Hof 7 Kulturschirn 8 Leinwandhaus (Kunst- und Fotogalerie) 9 Freiheitsbrunnen 10 Atlasbrunnen 11 Stadthäuser Saalgasse 12 Schwarzer Stern 13 Römerberg - Ostzeile 14 Minervabrunnen 15 Justitiabrunnen 16 Römer 17 Altes Rathaus mit Süd- und Nordbau 18 Basler Hof 19 Ratskapelle St. Nikolai (›Alte Nikolaikirche‹) 20 Saalhof (Historisches Museum) mit Rententurm 21 Haus Wertheim

haus (s. Kap. Der Römerberg: Vom ›Römer‹ zum ›Alten Rathaus‹) romanische Zwillingstürme einer älteren Salvatorkirche dem Neubau weichen. Wie jene Vorbilder beansprucht der Frankfurter Domturm mehr als die mittlere Schiffsbreite eines dahinter schon in der Frühgotik errichteten Langhauses. Vor ihm steht er abweisend, denn westwärts öffnet er sich nicht mit Vorhalle und Portal. Er entwickelt sich über drei Geschosse von unterschiedlicher Höhe. Flächenhafte Fronten steigern sich dabei zu Plastizität und filigraner Vielfalt. Halbe Turmhöhe erreichen die beiden unteren Geschosse – erbaut auf quadratischem Grundriß und mit vorgesetzten Eckfialen verstärkt, deren jede – bei verringertem Maßstab – dem Gesamtumriß ähnelt. Auf gleicher Höhe wie in der Kirche schloß sich nach zügigem Bau noch durch Gerthener im Innern 1423 das Rippengewölbe über dem Erdgeschoß.

Wie Saiten einer Harfe verspannt sich in den Außenfronten das Maßwerk seiner hochreichenden Fenster (erst 1880 nach urspr. Entwurf eingefügt); auf steiler Sohlbank wiederholt es sich verglast im Raum. Geringe Geldmittel, die Gertheners Vermächtnis eines Jahreslohnes kaum steigerten, ermöglichten nach seinem Tod († 1430) erst 1472 seinem fünften Nachfolger Jörg Östreicher die Wölbung des nächsten, niedrigeren Geschosses knapp über der Firstlinie der Kirche. An dessen in ca. 40 Metern Höhe umlaufender Galerie mußten danach wegen Geldmangels die Arbeiten unterbrochen werden. Als mittlerweile neunter Werkmeister nahm 1483 Hans von Ingel-

Dom von Südosten, Ansicht 1738

heim (seit 1480 am Dom nachweisbar) den auf achteckigem Grundriß geplanten Oberbau in Angriff und zog ihn unter Aufsicht seines Poliers Hans von Lich mit nur fünf Steinmetzen bis 1491 auf knapp 60 Meter Höhe. Gertheners ursprüngliches Projekt hat er dazu leicht gestreckt. Das für die Schallarkaden völlig durchbrochene Oktogon ist ganz aus Miltenberger Sandstein errichtet. Es fußt auf quadratischer Plattform, die mit durchbrochener Brüstung jenen Umgang bildet und auf ihren Ecken neben dem Turmschaft frei hochstrebende Fialtürmchen trägt. Sie dienen als Strebepfeiler, die mittels rechtwinklig zueinander konstruierter Strebebögen den Schub jenes schlanken Glockengeschosses aufnehmen. In Jakob von Ettlingen, der 1499 mit noch drei Werkleuten die letzten Meter dieser Etage aufzumauern begann, vollendete sich das Dutzend an Werkmeistern der Dombauhütte. Er schloß 1508 über der Türmerstube die innere Kuppelschale, bis 1514 endlich die äußere. Mit ihr galt nach fast einem Jahrhundert der Turm für mehr als 350 Jahre als vollendet, ohne daß Madern Gertheners Entwurf völlig verwirklicht war. Doch weitere Kleinodien konnten die Kanoniker des Bartholomäusstifts zugunsten des Baues nicht mehr veräußern, und angesichts der im 16. Jh. folgenden konfessionell-sozialen Auseinandersetzungen waren Frankfurts Patrizier für Spenden oder Ablaßkauf kaum zu begeistern.

Als schmale Lanzetts steigen die Schallöffnungen über fast 20 Meter, in den Diagonalen allerdings von jenen Ecktürmchen verdeckt. Über ihrem dreibahnigen Maßwerk stehen Giebel, hinterlegt vom Brüstungsband eines weiteren Umgangs (in 65 m Höhe). Dazwischen ragen dünne Fialen, aus deren Basis sich Wasserspeier weit vorstrecken. Krabben und Kreuzblumen dekorieren die Kanten der Giebel, die wie Zacken der Reichskrone die Turmkuppel säumen. Ihr motivisches Vorbild zeigt flußab das Turmpaar der Leonhardskirche (s. Kap. Am Rand der Altstadt: Die Bürgerkirche St. Leonhard).

Doch all das mußte nach einem Dombrand (1867) abgetragen und unter dem aus Regensburg als Dombaumeister berufenen Joseph von Denzinger bis 1880 ersetzt werden. Damals erst entstand – gemäß Gertheners ursprünglichem Projekt – die um 20 weitere Meter hoch reichende Schlußfiale, deren Basis ein enger dritter Umgang mit nordwärts zur Stadt gerichteter Außenkanzel bildet (in 75 m Höhe) – als Vollendung einer mittelalterlichen Planung in der Neugotik des 19. Jh. den Domen zu Köln und Prag, Regensburg oder Ulm vergleichbar. – Gleichfalls erst in der Neugotik erhielt dieser Turm seine Skulpturen, deren Standplätze an den Eckpfeilern während des 15. Jh. zwar architektonisch virtuos geformt, jedoch nie genutzt waren: In zwei Ebenen bilden insgesamt 20 überlebensgroße Sandsteinstatuen einen Zyklus aus ›Propheten und Königen‹ des Alten Testaments, von deren Vorbild – den Königsgalerien gotischer Kathedralfassaden Frankreichs – zwar das Motiv, nicht aber dessen Anordnung auf den Frankfurter Dom übertragen werden konnte. Die vier Paare über dem blockhaften Erdgeschoß schuf Karl Rumpf

Domturm, Grundrisse: Turmhalle, durch die Fenster, drittes Geschoß durch die Brüstung und durch die Fenster

Domturm, Kuppel und Spitze in Ansicht und Schnitt

1872–74 (u. a. Moses, Aron, Esther, Judas Makkabäus, Jeremias). Entsprechende Dreiergruppen in den darüber frei stehenden Tabernakeln entstanden erst 1892/93 durch Friedrich Schierholz (u. a. Gideon, Deborah, David, Melchisedech). Sämtlich erscheinen sie als Gewandfiguren von verhaltenem Pathos, wie es den beiden Bildhauern Johann Nepomuk Zwerger an der hiesigen Städelakademie vermittelt hatte; typisch dafür erscheint der ohne Kenntnis der Werke Michelangelos kaum denkbare ›Moses‹ von Rumpf (auf der Nordseite links unten).

Blick vom ›Parrtorn‹

Ein halbes Jahrtausend ist es her, daß die Ratsherren der Reichsstadt im September 1495 den hier weilenden Kaiser zu einem Festmahl auf den ›Parrtorn‹ (= Pfarrturm) luden. Von dessen halber Höhe, wo auf breiter Plattform seit wenigen Jahren das schlanke Oktogon fürs

Stadtansicht, um 1490. Domturm im Bau (re), St. Leonhard, Römer

Geläut empor zu wachsen begann, schaute Maximilian auf die oft regellos verlaufenden Gassen, von denen nur einige gepflastert waren; auf Fachwerkhäuser, deren Strohdächer erst allmählich durch feuerbeständige Ziegel ersetzt wurden; auf Klöster und Kirchen, Stifte und Spitäler, die ein durch Handel und Handwerk reich gewordenes Bürgertum zahlreich finanziert hatte. Um das seit dem Hochmittelalter bereits mit ca. 1500 Häusern dicht bebaute Zentrum, die **Altstadt,** legte sich im Sichelbogen die spätmittelalterliche **Neustadt** – locker bebaut mit Hofanlagen, um die sich Gärten und Weiden dehnten im Schutz einer für etwa 10 000 Einwohner viel zu weit ausgreifenden **Stadtmauer** und deren 60 Türmen. Als mächtigsten von ihnen sah er an der Landstraße nach Norden den *Eschenheimer Turm,* den ebenfalls der Baumeister des Domturms entworfen hatte; mit seiner Höhe von 40 Metern entspricht sein oberer Wehrgang jener Plattform am Pfarrturm, auf der Maximilian stand. In zwei Kilometern Abstand zeichnete sich um Frankfurt die **Landwehr** mit ihrem Gebück ab, auf den Höhen durch Warttürme kontrolliert. Und im Norden erkannte er Dörfer, von denen manche damals bereits zum Frankfurter Gebiet gehörten.

Zugänglich ist der Domturm von Süden her, wo ihn – gegenüber dem Kartenkiosk (1894) – ein Treppentürmchen flankiert. Dessen enge Wendeltreppe geht oberhalb der Kirchenmauern im Turmschaft weiter. Eindrucksvoll sind die Ausblicke auf die mächtigen Dachsättel des Doms, über deren Firstkreuz Denzinger einen neugotischen Dachreiter errichtete (1875). – Heute läßt sich oben vom Domturm aus kaum noch ein Bild der alten Stadt gewinnen. Zur Orientierung hilft das sich von Osten 200 Meter breit herwindende Band des Mains. Seit den 80er Jahren des vorigen Jahrhunderts ist es von gestuften Kaimauern gesäumt. Wenig flußaufwärts hat nur eine Insel die damalige Mainregulierung überdauert. Im frühen Mittelalter erleichterte sie bereits den Brückenschlag – zunächst aus Holz, vom 13. Jh. an wohl aus Stein. Nach 1306 ist die ›Alte Brücke‹ über 17 Pfeilern neu gewölbt worden – damals am Untermain die einzige Steinbrücke. Hochwasser und Eisgang widerstand sie, zahlreiche Veduten aus Kriegszeiten und Krönungsfesten bilden sie ab, doch für Frankfurts Entwicklung zur Großstadt bedeutete sie ein Hemmnis. Bereits 1765 bzw. 1801 waren wegen zu enger Durchfahrten ihre beiden Türme gefallen. 1926 mußte sie vollends einer für Schiffs- und Straßenverkehr vergrößerten Anlage weichen. Der Zweite Weltkrieg hinterließ sie als Torso, dessen Ergänzung mittels flacher Trasse alte Form und einstiges Material ignorierte.

Von hier oben wird die Sage von der Gründung Frankfurts verständlicher: Nach ihr hat eine Hirschkuh Karl dem Großen und seinen Franken auf der Flucht vor nachdrängenden Sachsen im Nebel der Niederung die seichte Furt im Main gewiesen (dieser Gründungsmythos ist durch den Chronisten Thietmar von Merseburg um 1000 überliefert – archäologisch nachweisbar reicht die Geschichte der Stadt mehr als zwei Generationen weiter zurück). Verbinden läßt sich damit ebenso die Gründung von **Sachsenhausen** auf dem südlichen Mainufer, auch wenn es erst seit 1193 schriftlich bezeugt ist. Jenseits des Übergangs, der noch immer **Alte Brücke** heißt, kennzeichnet der barocke Gebäudekomplex der **Deutschordenskommende** (1709–51) mit dem Zwiebelturm seiner *Marienkirche* die Keimzelle dieser Vorstadt ›Dribb-de-Bach‹. Genau gegenüber dem Dom steht als dessen kleineres Pendant mit spitzem Fassadenturm die evangelische **Dreikönigskirche** (1875–80). Den kleinen Siedlungskern um beide Gotteshäuser umgriff seit dem ausgehenden Mittelalter eine Befestigung, die flußab (= rechts) bis zu der Stelle reichte, wo später der **Eiserne Steg** (1868/69) den Main überbrückte. Links von der Kommende (hinter der Häuserzeile am Ufer) deuten zwei Wetterfahnen auf dem spätgotischen **Kuhhirtenturm** (1490) den einstigen Verlauf jener Stadtmauer an. Auf der Frankfurter Flußseite blieb sie oberhalb der Alten Brücke mit ihren Schießscharten (um 1500) noch gut sichtbar. Wo sie im Osten endete, quert auf Sandsteinpfeilern die **Obermainbrücke** (1872–74) den Fluß – Teil eines wilhelminischen Straßensystems, das die Innenstadt großzügig erschloß und im Westen mit der **Untermainbrücke** (1876–78) seine Entsprechung findet; in deren Richtung ragen über Platanen auf dem Sachsenhäuser Hochkai die Bauten des **Museumsufers.** Als optischer Abschluß der Stadtlandschaft nach Osten spannt sich mit drei eisernen Fachwerkbögen die **Deutschherrenbrücke** (1912/13) quer durch das Maintal – Verbindung zu Industrie- und Hafenanlagen, die sie auf hohem Bahndamm durchschneidet. An klaren Tagen zeichnet sich dahinter der Umriß des Spessarts ab. Oberhalb von Sachsenhausen zieht sich der *Stadtwald* bis zum Kamm der Uferhöhen, wo die Landwehr verlief, und dehnt sich flußab in der Mainebene bis zum Horizont.

Eindrucksvoller als der Rundblick im Südosten ist die Aussicht nach Norden und Westen, wo der Stadtkern von modern strukturierter Masse biederer Wohnbauten und Geschäftshäuser der Nachkriegsära geprägt wird. Gleich einer Palisade türmen sich um sie immer höher die spiegelnden Bürohäuser der jüngsten Generation, unter denen die spärlichen Reste der alten Stadt auf die Dimension von Spielzeug schrumpfen. Am Ansatz des Eisernen Steges steht der **Saalhof** – einst Pfalz der Staufer –, aus dessen Turm sich eine Kapelle mit Erker (1208) wölbt. Über die Südwestecke dieser Baugruppe ragt mit seiner Spitze der **Rententurm** (1456); er allein blieb von der spätgotischen Stadtbefestigung am Fluß übrig. Mainab folgen die **Leonhardskirche** (1219–1520) mit ihren spätromanischen Doppeltürmen und rechts dahinter das durch ebenso filigrane Chorarchitektur der Spätgotik gekennzeichnete ehem. **Karmeliterkloster** (1246–1503). Südwärts dicht am Domturm verbirgt sich das **Leinwandhaus** (1399). Klare Dachform setzt sich unter gemeinsamem First in modernen **Stadthäusern** (1981–86) entlang der Saalgasse fort. Wie der überdehnte Ausstellungstrakt der **Kulturschirn** (1983–85), an den sich eine überdimensionierte *Rotunde* fügt, sind sie Ergebnis eines

Blick vom Domturm zum Römerberg, um 1930

letzten Wettbewerbs in Frankfurts Jahrzehnte währendem Streben nach einer architektonisch überzeugenden Mitte. Dem Saalhof benachbart zieht rot unter grüner Dachpyramide der Turm der **Ratskapelle St. Nikolai** (1250–1467) den Blick auf sich. Vor ihr weitet sich der *Römerberg,* einer der politisch und wirtschaftlich bedeutendsten Plätze im alten Europa. Seine Westflanke bestimmen die drei charakteristischen Treppengiebel des gotischen Rathauses **Römer** (1405–1897); höher gestufte Giebel, Höfe und die beiden Türme vom sog. **Alten Rathaus** (1900–08), das mit Frankfurts Aufstieg zur Großstadt nötig wurde, schließen sich an.

Benachbart steht die **Paulskirche** (1789–1833), ein Ovalbau des Klassizismus aus rotem Sandstein mit grünen Dächern, in dem sich 1848/49 das erste deutsche Nationalparlament zusammenfand. Über den Römerberg näher rückt das **Steinerne Haus** (1464), dessen Walmdach seinem gotischen Wehrgang wie einer Manschette entwächst. Zum benachbart dominierenden Gebäudekomplex werden die unterschiedlich hohen Betontürme des **Technischen Rathauses** (1972).Wie die Kulturschirn nach Süden rahmen sie im Norden das tief ausgeschachtete Areal des *Archäologischen Gartens* (im Zusammenhang mit einer Tiefgarage 1970–73 neu aufgemauert). Ungeachtet der weitere Jahrtausende zurückreichenden Besiedlung des Domhügels durchdringen sich hier Fundamente und Mauern dreier Kulturschichten – runde Badegebäude eines römischen **Militärlagers** (um 75–85), die ›aula regia‹ der karolingischen **Pfalz** (822; in der Achse des Domturms) und fast zusammenhanglos die darüber seit dem Hochmittelalter errichteten Bürgerhäuser. Nordwärts (hinter dem Technischen Rathaus) stellt sich quer die **Katharinenkirche** (1678–81) mit ihrem Turm gegenüber der vom Domturm aus nicht sichtbaren *Hauptwache,* der geographischen Mitte der Stadt. Links dahinter versetzt erkennt man die Mauerkrone der **Alten Oper**

(1873–80), einst wilhelminisches Opernhaus am Rand der mittelalterlichen Stadtfläche.

Am anderen Ende folgt der von hier westwärts wachsende Wald aus Hochhäusern, der Frankfurts mehr als 400jährige Bedeutung als Bankenplatz augenscheinlich macht – u. a. die Zwillingstürme der **Deutschen Bank** (1979–84), das durch sein Flugdach charakterisierte **Trianon-Haus** (1991–93), bleistiftförmig der **Messeturm** (1989–91), mit äußerem Dachkranz das **DG-Haus** (1990–93), vieles in ihrer Dominanz verdeckend die **Commerzbank** (1995–97), silbern schimmernd die **Dresdner Bank** (1973–80), gegen das Mainufer zu der **Euro-Tower** (ehem. BfG-Haus; 1975–77). Daneben wellen sich die Hallendächer des **Hauptbahnhofs** (1883–1924), ein ursprünglich weit draußen gelegener Monumentalbau des Historismus, über den die Stadt längst hinauswuchs.

Bis unmittelbar hinter das Technische Rathaus reichte um 1000 die ottonische Stadt. Den Rand der staufischen Stadt um 1200 markiert nördlich die **Liebfrauenkirche** (1318–1509), die auch den als Platz bis heute erhaltenen früheren Pferdemarkt (= Liebfrauenberg) begrenzt. In der Ferne reihen sich daran Glasdächer des modernen Kaufhauses **Les Facettes** (1991/92) außerhalb jener Staufermauer an der Zeil, die mächtige Schieferkuppel der **Börse** (1874–79), bereits der Stadtgrenze um 1400 benachbart, breit der City zugekehrt das ehemalige Verwaltungsgebäude der **IG-Farbenindustrie** (1929–31) weit draußen, schließlich die **Deutsche Bundesbank** (1968–72)

Blick vom Domturm nach Westen

und nadelgleich gegen die Taunusberge der **Fernmeldeturm** (1976–78) – bereits jenseits des um 1900 um die Vorstädte trassierten Alleenrings.

Wenige Winkelgrade östlich, aber zentral steht das ältere **Fernmeldehaus** (1954) auf dem Gelände der ehemals Thurn und Taxis'schen Posthalterei nahe der Hauptwache, erkennbar an seinem für die 50er Jahre typischen Flugdach; über seinen Anbau rechts ragt die Dachspitze jenes **Eschenheimer Turms** (1426–28), an dem noch vor 200 Jahren die Stadt endete. Hinter dem am Fuß des Domturms dreieckkig angelegten **Museum für Moderne Kunst** (1987–91) sieht man den neugotischen Turm der **Peterskirche** (1892–95), gegründet für die Neustadt-Pfarrei 1452; weit nördlich am Alleenring wendet sich mit braun verklinkerter Fassade der Bau der **Oberfinanzdirektion** (1954/55) der Stadt zu.

Nur im Fernblick – dem isoliert weiter rechts stehenden **Shell-Hochhaus** (1964 und 1993) benachbart – zeichnet sich die neoromanische Apsis der imposanten **Bernarduskirche** (1906) ab. Die Aussicht nach Osten erfaßt an Besonderem inmitten schlichter Nachkriegsbauten das **Dominikanerkloster** (1233–1474) noch innerhalb des staufischen Mauerrings und außerhalb die Stätte des 1462 eingerichteten *Gettos,* wo seit 1990 der helle Klinkerbau der **Stadtwerke** Wellen schlägt; dahinter die Bäume auf dem alten **Jüdischen Friedhof** (vor 1272). Fern am Fluß – und damit endet unser Rundblick – steht als dunkler Monolith die **Großmarkthalle** (1928) – einst vorbildlich, heute überflüssig.

In 65 Metern Höhe umgreift der obere Umgang die unter Denzinger neu aufgemauerte **Türmerstube,** einen mit Schirmkuppel überwölbten Raum, wo bis 1867 ein Brandwächter über die Stadt schaute und noch im 18. Jh. mancher Patrizier Hochzeit feierte. – Vom unteren Umgang in 40 Metern Höhe sind die Glockenstühle erreichbar, für die J. C. Grosse aus Dresden 1877 eines der größten **Geläute** in Deutschland gegossen hat – elf Glocken mit einem Gesamtgewicht von 25 Tonnen, wobei Wilhelm I. seinen Frankfurtern mehr als die Hälfte der Gußmasse aus 1870/71 erbeuteten Kanonenrohren schenkte und die ›Gloriosa‹ als größte Glocke allein fast 12 Tonnen wiegt.

Ein Gang um den Dom

Direkt neben dem Turmausgang tritt seit 1487 die **Scheidkapelle,** Grablege einer Frankfurter Patrizierfamilie, vor die Südflucht des **Langhauses.** Ihrer geringen Höhe hat sich 1894 ein vorgelagerter Requisitenraum angepaßt. Er allerdings mindert die Wirkung des in drei hohen Jochen südwärts ausgreifenden **Querhauses.** Dessen **Südfront** ist gegen 1360 als Fassade vollendet worden, denn im

Spätgotisches Fenster am Chor

Westen ließ dafür jene noch bis 1415 stehende Turmgruppe der einstigen Salvatorkirche keinen Platz. Zum prägenden Eindruck am Querhaus wird die in tiefem Gewände zurückgesetzte Kombination aus Fenster und Eingang – ungeachtet der hier wechselnden Gesimshöhe –, ein im Frankfurter Kirchenbau der Spätgotik vielfach wiederholtes Motiv. Das Ganze öffnet sich unter flachen Kielbögen als Doppelportal, dessen Bogenfelder spielerisch in Fischblasen aufgelöst sind (erneuert). Gemeinsamem Rechteckrahmen entspricht darüber ein gestelztes Tympanon, auf dessen Blendmaßwerk sich ein ikonographisch kompliziertes Programm entfaltet. Anregungen dazu boten die Westportale des Freiburger Münsters und der Nürnberger Lorenzkirche: Die Mitte betont eine etwas herb geratene Madonnenfigur, links flankiert von den bis übers Gewände hinaus gerückten Heiligen Drei Königen. Rechts entsprechen Joseph, Petrus und Jesaias. Zu dieser mariologischen Zone fügt sich in Reliefs die ›Kreuzigung‹ mit Maria und Johannes bzw. knienden Stiftern. Ganz außen erneut Statuen der beiden Kirchenpatrone Bartholomäus (Kopf 1975 ergänzt) und Karl d. Gr.; dessen Figur gilt als Huldigung an Karl IV., der kurz zuvor mit der ›Goldenen Bulle‹ Frankfurt als Wahlstadt der römischen Könige dauerhaft bestätigt hatte (1356). Ob sich – unter dem knienden König der ›Anbetung‹ – das kleine Relief von liegendem Ritter und Löwen (Leopard?) auf den gescheiterten Gegenkönig Günther von Schwarzburg (s. Kap. Der Domhügel: Stätten von Königswahl und Kaiserkrönung im Dom) bezieht, bleibt ungewiß. Oberhalb zwischen vorgeblendeten Wimpergen rahmt Maßwerk zwei Medaillons mit Reliefbüsten von Melchisedech und Abraham sowie Spruchbändern – ein am Mittelrhein häufiges Motiv, wie es zwei Generationen später das Südportal der Liebfrauenkirche aufweist. Die künstlerisch spröden Statuen und Reliefs gehen auf verschiedene Bildhauer zurück, die der oberrheinischen Kunstlandschaft entstammen: Mit einem Meister Antze läßt sich vermutlich einer davon benennen. Dieser ist seit 1346 in Frankfurt als Bürger nachweisbar, sein Steinmetzzeichen findet sich hier wie zuvor am Straßburger Münster. Lohnend ist ebenso der Blick auf all die Konsolen mit ihren Blattmasken und Köpfen; die axiale Adlerkonsole am Trumeau (Mittelpfeiler) zwischen den Türen blieb unbesetzt. – Der bildnerische Reichtum dieses Südportals erklärt sich wohl auch aus seiner Funktion als Gerichtspforte (als deren Vorgänger gilt die ›Rote Tür‹ am Südschiff, die 1487 endgültig der Kapelle Nikolaus Scheids integriert wurde). Auf modernen Türblättern Bronzereliefs von dem Städellehrer Hans Mettel (1956–62) mit Propheten des Kommens Christi und dessen Vorläufern.

An der **Ostseite** tritt vor die mächtige Bauflucht des beidseitig in vier Jochen ausgreifenden Querhauses gleichlang der polygonal endende **Chor** ($^5/_8$-Schluß) – gerahmt von Nebenchören, deren bereits geringe Höhe durch angefügte Flankenbauten noch unterboten wird. Deren Symmetrie ergab sich aus drei Bauphasen: Den Anfang machte 1315–39 der steil proportionierte Chor der Hochgotik, dem eine gerade 100 Jahre zuvor geweihte Anlage der Spätromanik weichen mußte. Deren quadratische Nebenchöre mitsamt ihren knappen Querarmen steigerte der folgende Neubau in Höhe und Länge – nach Norden 1346–53, nach Süden 1352–58. Besonders schön die innerhalb tief gekehlter Gewände vierbahnig geöffneten Maßwerkfenster vom nördlichen Querarm; schmaler dagegen die Chorfenster, deren unterer Teil in der Spätgotik um 1420/30 wegen jener niedrigen Anbauten vermauert wurde; nach Vorbild des südlichen Anbaues, der **Wahlkapelle,** hat man 1892 den nördlichen verlängert. Unterschiedliche Fenstergröße der Nebenchöre weist ebenso auf Veränderungen – nach Süden bei der **Christi-Grab-Kapelle** um 1320, nach Norden bei der **Marienkapelle** um 1450. Das Gitter rings um den Dom markiert den alten Friedhof, der 1571 aufgegeben wurde. An einstige Funktion erinnern Reste zweier bedeutender Kunstwerke der Spätgotik: Am Chorscheitel der durch Maßwerk und Scheintüren altarähnliche Steinsockel einer verlorenen ›Ölberggruppe‹, um 1434 durch den Kaufmann Ulrich von Werstadt gestiftet und vom Meister des Maria-Schlaf-Altars in Terrakotta geformt.

Im nordöstlichen Domwinkel eine **Kreuzigungsgruppe,** 1509 im Auftrag des Ratsherrn Jakob Heller von dem führenden Mainzer Bildhauer Hans Backoffen geschaffen (Kopie von 1918, Original in der Turmhalle). Mit einer Höhe von über sieben Metern kann sich diese vielfigurige Skulpturengruppe vor der Architekturkulisse behaupten. Stilistisch ordnet sie sich der barock anmutenden Spätphase der Gotik zu, wie das verwirbelt gebauschte Lendentuch Christi oder die drapierten Gewänder von Maria und Johannes Ev. verdeutlichen. Wirkungsvoll der Gegensatz des in seiner Nacktheit gläubig von seinem Kreuz aufwärts blickenden Schächers Dismas zu dem geckenhaft als Landsknecht gekleideten Gesmas. Naturalistisch durchmodelliert der durch Größe dominierende Christus. Am Kreuzfuß kniet Maria Magdalena im Halbprofil, daneben steht überschlank frontal Longinus mit Lanze (diese Kopie verfälscht verlorene Teile des Originals, dem eine bereits 1895 im Auftrag des Frankfurter Dombaumeisters Max Meckel für die Bingener Rochuskapelle gefertigte Kopie näherkommt). Auf dem zum **Altar** ausgebildeten Steinsockel Familienwappen und Repositorium einer Kreuzreliquie. Entlang der Deckplatte Stiftungsinschrift des mit seiner Frau Katharina von Melem im benachbarten Nürnberger Hof (s. Kap. Der Domhügel: Bürgerhäuser um den Dom) wohnenden Heller, zu dessen Gedächtnis in den vergitterten Nischen Ampeln brannten und freitags gebetet wurde (Jakob Heller ist 1522 in der Dominikanerkirche bestattet worden, die er gefördert und durch ein Altarbild seines Freundes Dürer bereichert hatte).

Überzeugender als nach Süden ist die **Nordseite** des Querhauses zur Fassade ausgebildet. Dazu vermischen sich die Funktionen von Fenstern und Türen, wobei der Lichtverlust beim Verkleinern des Fensters mittels Verglasen des Portaltympanons ausgeglichen wird. Besonders das Motiv der Maßwerkrose im Bogenfeld läßt sich weit

Nordseite des Doms, um 1894

zurück in die Kathedralgotik Frankreichs – über Straßburg bis Reims (ab 1211) – verfolgen. Am geteilten **Eingang** deutet der Pfeiler mit seiner ›Madonna‹ erneut auf ein mariologisches Thema. Sie ist die einzig originale Statue der Hochgotik (um 1350; mainfränkisch); der Städellehrer Heinrich Petry ergänzte 1884 im Gewände die ›hll. Elisabeth und Joseph‹ (links) bzw. ›Anna und Johannes d. T.‹ (rechts). Über der Archivolte türmt sich als wichtigeres Thema das ›Jüngste Gericht‹ – entsprechend der Bedeutung dieser ›Porta Magna‹, durch die seit 1376 Könige zur Proklamation nach der Wahl, ab 1562 Kaiser zu ihrer Krönung in den Dom eingezogen sind. Es breitet sich aus auf vorgeblendetem Feld, das Maßwerk in Bahnen zerlegt. Zu Giebelfiguren formieren sich darin die Kirchenpatrone Bartholomäus und Karl der Große, darüber gestuft die Apostel mit dem richtenden Christus am First – sämtlich nach Entwürfen August von Nordheims (1884) und im Aufbau dem Westportal des Doms zu Meißen verwandt. Die oben gereihten Propheten schuf Friedrich Schierholz (1884; statt derer waren posaunenblasende Engel geplant). Zum Thema gehören als Symbol der Verführung ›musizierende Sirenen‹ an den Konsolen der Baldachinfiguren, an deren Ansatz ein ›steinschleudernder Zentaur‹ als Verkörperung der Ketzerei (links) bzw. der ›auf dem Höllenfeuer siedende Kessel mit dem Höllensturz der Verdammten‹ (rechts) – alles hochgotische Reliefs um 1365 nach spärlichen Vorbildern vom Oberrhein (an den Münstern von Freiburg und Straßburg), während die virtuose Maßwerkdekoration mittelrheinischen Anregungen (Katharinenkirche in Oppenheim) folgt. Auf modernen Türblättern Bronzereliefs mit ›Erzvätern‹ und ›Propheten‹ (Hans Mettel; 1965). Ebenfalls von Mettel stammt das große Sandsteinrelief des ›geschundenen Bartholomäus‹, hinter dem in einer Nische der Heidenkönig Astrages thront (1957).

Dom, Nordportal

Den nordwestlichen Domwinkel dahinter füllt seit 1348 der **Kreuzgang.** Ihn überragt das **Langhaus,** ab 1870 in allen Schiffen bis zur Traufe des Querhauses erhöht. Sägedächer auf den Seitenschiffen deuten von außen bereits den reinen Hallenraum an (bis 1867 waren die Schiffe außen knapp gestuft). Am Fuß des Turms öffnet sich in weitem Doppelbogen Denzingers **Vorhalle** (1878), eine feingliedrige Architektur von harmonischen Proportionen und als Einstützenraum mit Sterngewölbe in der Tradition gotischer Kapellen oder Kapitelsäle. Ihr opferte der Dombaumeister der Neugotik den Westteil des spätgotischen Kreuzgangs (um 1460), durch dessen Marktportal die Kurfürsten den Stiftsbezirk einst zur Königswahl betreten hatten. Madern Gertheners hier mündendes nördliches Turmportal entspricht dem südlichen (um 1422). Anhand seiner Nischentiefe läßt sich die gewaltige Mauerstärke des Domturms ermessen. Als *Haupteingang* ist es durch Maßwerk reicher gestaltet, auch wenn seine Konsolen nie Figuren getragen haben (vgl. Gertheners Memorienportal am Mainzer Dom; um 1425).

Kaiserdom St. Bartholomäus

Vorgängerkirchen und Baudaten

1. Bau:	um 680	spätmerowingische Saal (Marien-?)-Kapelle eines Königshofs
2. Bau:	vor 794	karolingische Pfalzkapelle in Saalform
3. Bau:	bis 852	spätkarolingische Salvatorbasilika mit Querhaus und Apsis
	nach 1000	ottonisch-frühromanische Westtürme
4. Bau:	bis 1239	spätromanischer Bartholomäuschor
	ca. 1250–1300	frühgotische Langhaushalle
5. Bau:	1315–1369	hochgotischer Chor und Querhaus
	1415–1514	spätgotischer Westturm
	um 1425	spätgotische Sakristei und Bibliothek (am Chor)
	um 1348–1468	spätgotischer Kreuzgang und
	um 1430–1487	Kapellen (am Langhaus)
	1869–1880	neugotische Vorhalle, Erhöhung von Langhaus und Turm

Stätten von Königswahl und Kaiserkrönung – im Dom

Die **Turmhalle** besteht nur aus einem quadratischen Joch, dessen Gewölbe sich durch Madern Gerthener 1423 über dünnen Diensten und gekehlten Rippen in 23 Metern Höhe mit großem Sprengring schloß (einst offen für die Glockenseile). Mehr als zwei Drittel dieser Höhe beanspruchen die bis zu den Schildbögen reichenden *Maßwerkfenster.* Der fehlende Eingang im Westen ermöglichte, 1918 hier Hans Backoffens große ›Kreuzigungsgruppe‹ (1509) aufzustellen; die Nahsicht zeigt Spuren einstiger Bemalung, aber auch starken Zerfalls (v. a. bei der knienden Maria Magdalena). Dahinter am Wandsockel Reste ornamentaler Bemalung (1880; 1913 erneuert). Am Durchgang nach Osten läßt sich die auf Jochtiefe gesteigerte Mauerdimension ablesen; beidseitig vermauerte Grabplatten, rechts aus der Renaissance die des Stiftskanonikers Heinrich vom Rhein († 1527; ehemals im Kreuzgang).

Jenseits des Turmjochs weitet sich das **Langhaus** zu großzügiger Hallenkirche, die bei identischer Höhe und Breite mit drei

Kreuzigungsgruppe von Hans Backoffen in der Turmhalle

Dom, Grundriß
1 Backoffen- Kreuzigungsgruppe
2 Merowingisches Kindergrab
3 Hochgrab Günthers von Schwarzburg
4 Bartholomäusfries bzw. Chorgestühl
5 Sakramentshaus
6 Hochaltar
7 Apostelaltar
8 Liebfrauenaltar
9 Grablegungsgruppe
10 Maria-Schlaf-Altar
11 Beschneidungs-Wandbild
12 Otto I. / Konrad III. Wandbilder
13 Sakramentshaus
14 Marienbaldachin
15 Sippenaltar
16 Annenaltar
17 Herz-Jesu-Altar
18 Van-Dyck-Gemälde
19 Franckenstein-Epitaph
20 Hirde-Epitaph

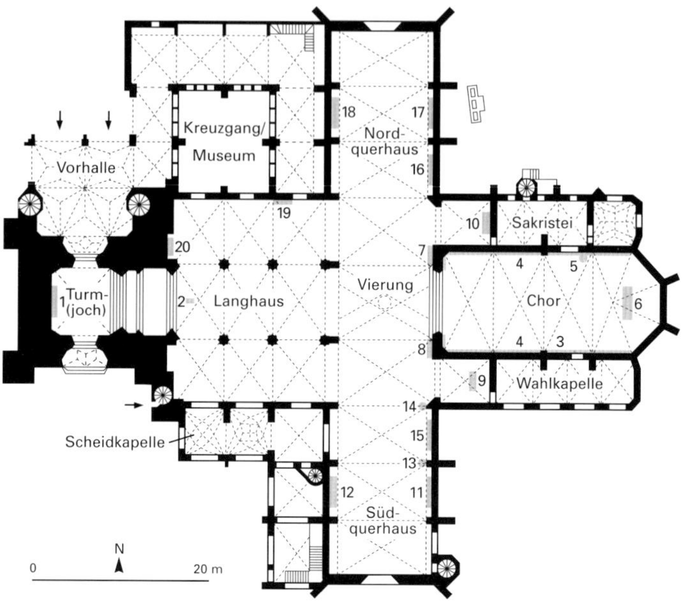

Travéen (Querverband von Jochen) etwas kurz erscheint. Durch neueste Ausgrabungen wurde überraschend nachgewiesen, daß der bestehende Dom an dieser Stelle die fünfte Steinkirche ist, deren Bauzeit sich über 200 Jahre hingezogen hat (1315–1514). Um die Proportionen dieses Raumes zu verstehen, muß man das vorherige Baugeschehen begreifen: Am Anfang und in der Achse des Mittelschiffs weist eine moderne Steinplatte im Boden auf die Lage eines fränkischen Kindergrabs (1992 in 4,5 m Tiefe entdeckt), das bis ins Hochmittelalter bekannt war. Seine Beigaben haben zu einer Revision von Frankfurts früher Geschichte geführt (Funde im benachbarten Dommuseum; s. Kap. Der Domhügel: Kreuzgang und Dommuseum). Die Beisetzung war in einer kleinen rechteckigen Kapelle erfolgt (mit 11 m Länge im Domfußboden eingeritzt), die der Zeit des Merowingerkönigs Theuderich III. um 680 entstammte. Reicher Schmuck weist die Tote, ein Mädchen von etwa drei Jahren, dem fränkischen Hochadel zu. Vermutlich war sie die Tochter des von der Merowingerdynastie zur Verwaltung eines Königshofs auf dem späteren Domhügel eingesetzten Grafen. Seiner Familie diente die Kapelle als Eigenkirche und Grablege *(= 1. Kirchenbau);* wahrscheinlich war sogar der Tod des Kindes die Veranlassung zum Bau der kleinen Kirche. Nach einem Brand wurde sie im Verlauf des 8. Jh. ersetzt durch eine Saalkirche von 18 Metern Länge, deren Ausdehnung bereits mit der Grundfläche des heutigen Mittelschiffs identisch ist (vielleicht die seit dem 14. Jh. sagenhaft überlieferte Kirchengründung

Dom, Isometrien der Kirchenbauten 1 - 5 ▷

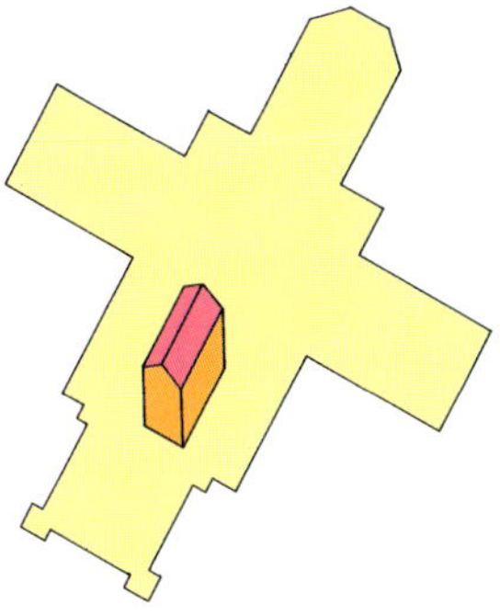

1. Bau, um 680

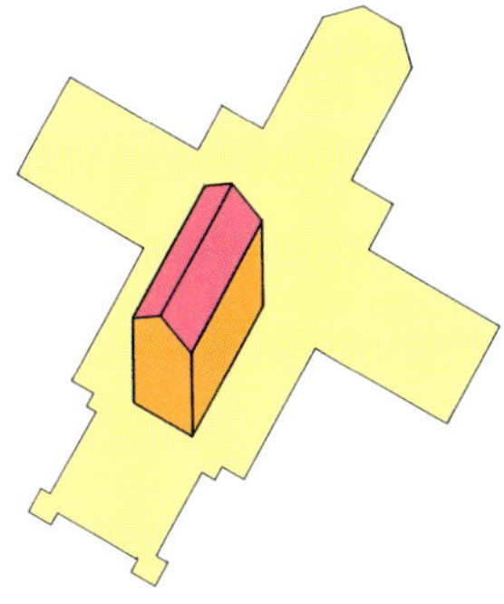

2. Bau, um 790

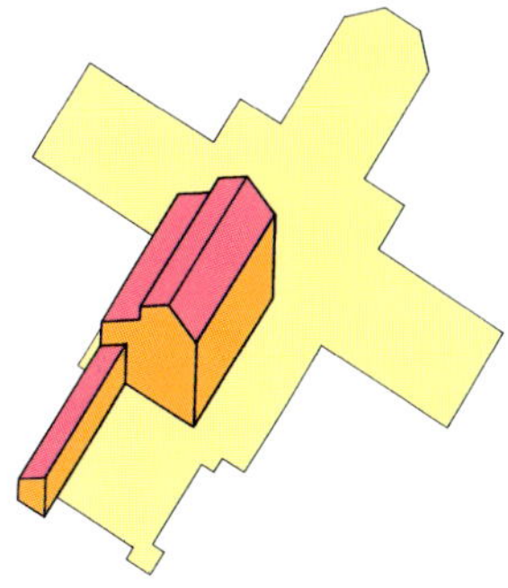

2. Bau (erweitert), um 840

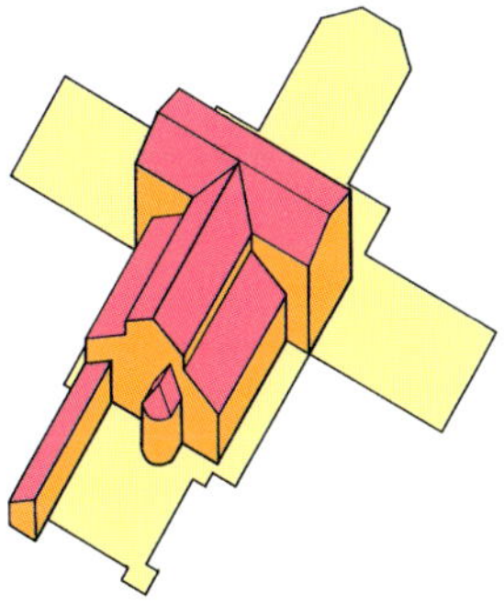

3. Bau, um 860

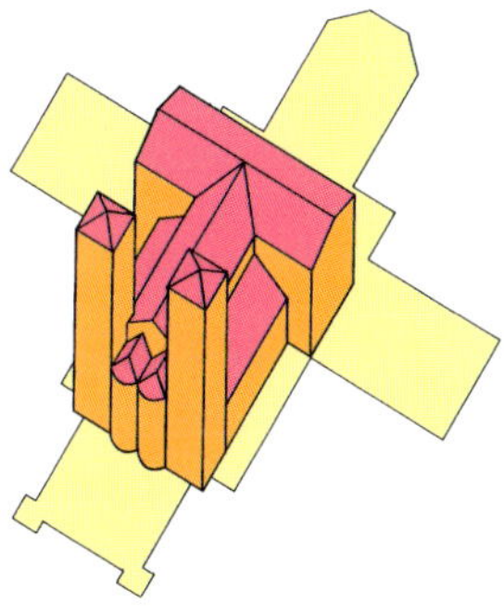

3. Bau (verändert), um 1150

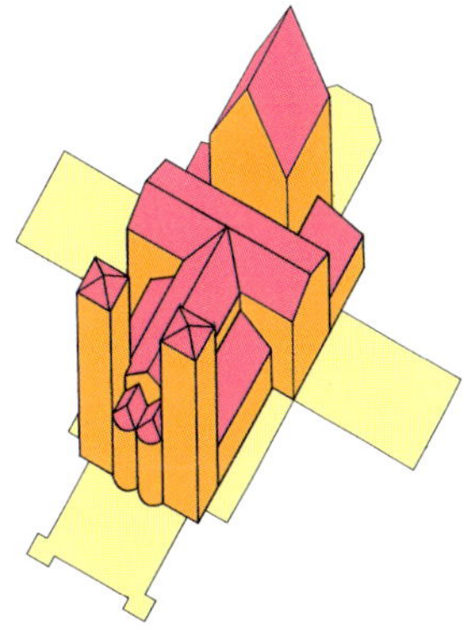

3. und 4. Bau (um 1240)

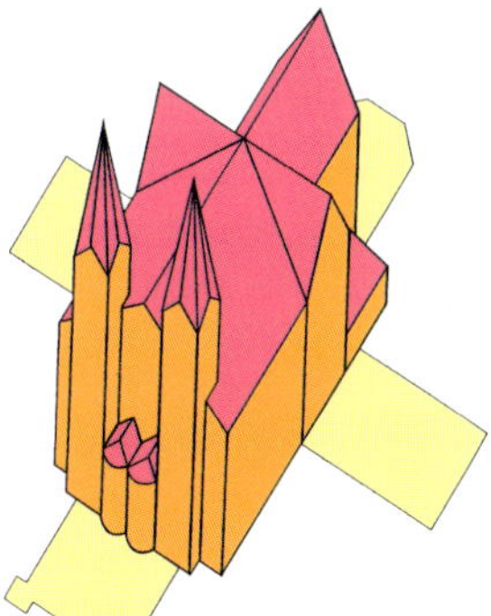

4. Bau, um 1300

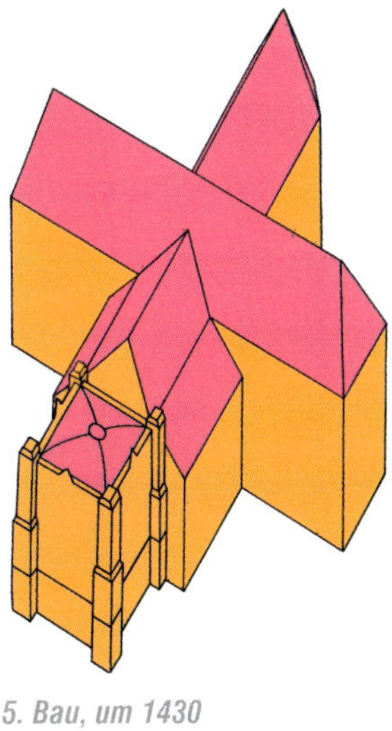

5. Bau, um 1430

5. Bau, um 1520

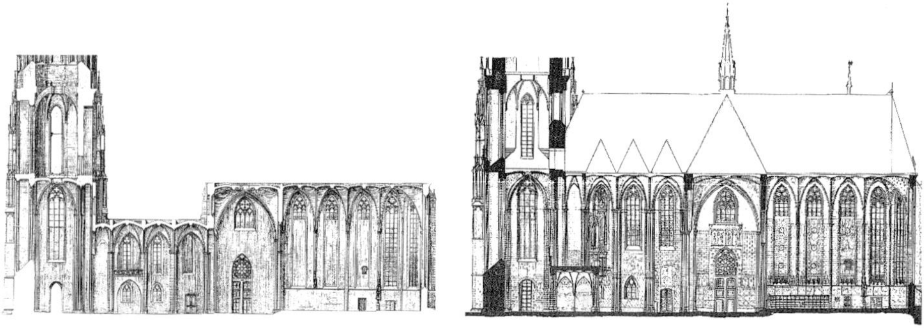

Dom, Längsschnitt, bis 1867 und ab 1890

König Pippins, um 760); sie gilt als Pfalzkapelle während der Reichssynode Karls des Großen 794 *(= 2. Kirchenbau).*

Als unter Karls Sohn Ludwig dem Frommen die karolingische Pfalz erneuert wurde (822), könnten ein Verbindungsgang zur Pfalzkapelle (Fundamente ergraben) und an deren Nordseite eine Vorhalle entstanden sein. Sie ließ der Enkel Ludwig der Deutsche mittels Durchbrüchen zum Seitenschiff verändern, durch ein südliches Pendant zur Basilika ergänzen, schließlich ostwärts mit knapp ausladendem Querhaus und Chorapsis verlängern. Der berühmte Theologe und Mainzer Erzbischof Hrabanus Maurus weihte sie 852 dem Salvator, und wie bei der Aachener Pfalzkapelle war ihr ein Konvent von zwölf Klerikern angegliedert *(= 3. Kirchenbau).* Diese Stiftskirche erhielt wohl nach der Jahrtausendwende – wahrscheinlich unter dem häufig in Frankfurt weilenden Heinrich II. – eine Doppelturmfassade, die mitsamt einem (vermutlich später eingebauten) Westwerk über zylindrische Zwillingstürme zugänglich war (der südliche dieser originellen Treppentürme fußte auf einer nachträglich an die Salvatorkirche angebauten Westapsis). In einer folgenden Bauphase der Romanik erreichten die bis zur Mauerflucht der Salvatorkirche verbreiterten Seitenschiffe bereits die Gesamtbreite des heutigen Langhauses. Für die schließlich baufällig scheinende Anlage weckte der Erwerb einer Schädelreliquie des hl. Bartholomäus den Wunsch zu völligem Neubau. Unterstützt von päpstlichem Ablaß entstand er beiderseits des karolingischen Querhauses während der Spätromanik mit 1239 geweihtem Staffelchor und bis 1300 vollendeter niedriger Langhaushalle der Frühgotik *(= 4. Kirchenbau);* weil 1292 die Bauarbeiten noch nicht abgeschlossen waren, mußte man zur Königswahl Adolfs von Nassau in die Dominikanerkirche ausweichen.

Den gesamten Ostbau dieser **Bartholomäuskirche** ersetzten Stift, Stadt und Reich in der Hochgotik 1315–ca. 1369, um – gemäß ihrer bis 855 zurückreichenden Tradition – eine angemessen große Kirche für Königswahlen zu schaffen und somit durch Legitimation der Wahlstätte Auseinandersetzungen, wie sie sich 1314 aus der an verschiedenen Orten vollzogenen Doppelwahl von Ludwig dem Bayern und Friedrich dem Schönen ergeben hatten, zukünftig zu vermeiden

Dom, Blick zum Chor ▷

Günther von Schwarzburg - glückloser König ohne Krone (1304-1349)
In Konkurrenz zum 1346 illegitim gewählten Karl IV. von Luxemburg als Nachfolger Kaiser Ludwigs des Bayern wurde Günther von Schwarzburg von den Kurfürsten am 6. Februar 1349 in der traditionellen Wahlstadt Frankfurt als Gegenkönig proklamiert und gehuldigt. Günthers Niederlage nach dem Frontenwechsel des Kurfürsten Pfalzgraf Rudolph, dessen Tochter Anna Karl geheiratet hatte, wurde bei Eltville besiegelt. Er starb am 14. Juni 1349 an der Pest im Johanniterhof in Frankfurt und wurde in Anwesenheit zahlreicher Kurfürsten des Reichs als einziger Herrscher im Dom beigesetzt.
Freunde und sein erfolgreicher Rivale Karl IV. sorgten für ein würdiges Grabmal, dessen Deckplatte sich 1352 auf die Tumba senkte. Gerüchte über Günthers Todesart durch Gift hielten sich bis ins 19. Jh.

(= *5. Kirchenbau*). Die dabei auf 23 Meter gesteigerte Gewölbehöhe übertrug Madern Gerthener dann ab 1415 auf die Eingangshalle seines spätgotischen Westturmes – und es liegt nahe, daß er das damals um sieben Meter niedrigere Langhaus aus der Frühgotik erhöhen wollte. Seine Idee hat erst Joseph von Denzinger nach dem Dombrand (1867) in der Neugotik verwirklicht. Unter ihm sind bis 1880 die im Kern oktogonalen Pfeiler überschlank erhöht, die frühgotischen Außenmauern weitgehend ersetzt und neue Rippengewölbe eingezogen worden. An der Westwand zeichnen sich schwach die Schildbögen des späten 13. Jh. ab; weiter unten blieben die (1415 vermauerten) Durchgänge aus den Seitenschiffen in die vom Westturm verdrängten Doppeltürme. Gegenüber, hoch in den Ostecken des Langhauses, machen die von Konsolengeln geschulterten Dienste die Gewölbedifferenz zwischen Früh- und Neugotik ebenfalls ablesbar.

Bereits aus der Turmhalle schweift der Blick ostwärts zum **Chor,** dem schönsten Teil dieses weiten Raumgefüges. Gleichermaßen besticht er durch die ausgewogenen Proportionen seiner hochgotischen Architektur (vgl. Deutschordenskirche) wie durch den Reichtum seiner völlig mittelalterlichen Ausstattung. Zwischen 1315 und 1338 entstand er als größerer Ersatz jener 1239 geweihten Anlage, die mit kaum schmalerem Joch und halbrunder Apsis lediglich die Fläche des heutigen Vorjochs beansprucht hatte (Fundamente 1992 ergraben). Somit brachte der Neubau eine um das hochgotische Polygon vergrößerte Ausdehnung. Damit verbanden sich steilere Proportionen, die um mindestens fünf Meter die Höhe des spätromanischen Chors übertroffen haben.

Gegen 1420/30 sind im Vorchor durch den Anbau von spätgotischer Sakristei (Norden) und Bibliothek (Süden) die ursprünglichen Fenster verkürzt worden. Dennoch wird anhand ihrer bis zur Sohlbank hinabgeführten Laibungen der einstige Zustand vorstellbar. Mehr noch als jetzt dominierten diese großen Öffnungen, in deren farbig intensiveren Glasgemälden sich das Tageslicht brach; die moderne Ornamentverglasung entwarf Hans Leistikow (1953; dort Firmenembleme damaliger Spender). Jene Anbauten zwangen ebenso zum Erneuern des Anstrichs im Chor. Entlang der Wände ist er aus zahllosen Fragmenten bis 1993 zweifelsfrei rekonstruiert worden – als Fiktion einer großzügig gequaderten Mauer in transparentem Zinnoberrot mit weißer Fugenmalerei, wie sie mehrfach spätgotische Sakralräume zwischen Mainz und Trier prägt und für sämtliche Frankfurter Kirchen im 15. Jh. vermutbar ist (in der Deutschordenskirche sogar in den Gewölben nachgewiesen). Vage bleibt die Vorstellung einstiger Rankenbemalung auf den Gewölbekappen; die Farbgebung an Rippen und Schlußsteinen ist eine harmonische Verfälschung des Historismus (um 1880). Den Chor verstellte bis zur Kaiserkrönung Karls VI. (1711) ein spätgotischer Lettner aus dem 15. Jh. Ostwärts öffnete er sich in dreiteiliger Maßwerkarkade, deren Gewölbe – ähnlich einer Brücke – eine Sängerempore trugen. Auf

Kupferstichen älterer Krönungsdiarien blieb er sichtbar. Durch ihn wurde der Chor für die Stiftskanoniker zum geschlossenen Raum, auf den sich künstlerisches Schaffen konzentriert hat.

Noch für eine weitere Generation störte den Durchblick ein blockhaftes **Hochgrab** (im Fußboden mit einem Steinkreuz markiert): Als einziger der seit Lothar II. (855) in Frankfurt gewählten Könige war darin der glücklose Graf Günther von Schwarzburg bestattet. Unmittelbar nach seiner eigenen Krönung (1742) veranlaßte der Wittelsbacher Karl VII. 1743 den Abbruch jener Tumba. Doch ihrer steinernen *Deckplatte* gab er einen ehrenvollen Platz an der zur Wahlkapelle (= Bibliothek) gerichteten Südwand des Chors. – Die unter dem einstigen Grabmal gewölbte Gruft haben wohl bereits 1714 die Fürsten von Thurn und Taxis usurpiert. Durch ihr kaiserliches Postmonopol 1702 in Frankfurt seßhaft und reich geworden, galten sie nach der Reformation als eine der wenigen katholischen Stifterfamilien großen Stils, der die Kanoniker an St. Bartholomäus gern das Privileg der Bestattung im Dom einräumten (nur 6 % der damaligen Frankfurter Bevölkerung waren katholisch); auch die mannshohen Bronzeleuchter am Hochaltar wurden von ihnen bezahlt (1712).

Dom, Grabplatte des Günther von Schwarzburg

Günther von Schwarzburg war zu Beginn des Pestjahres in Frankfurt zum König gewählt worden, im Frühjahr an der tödlichen Seuche erkrankt und am 14. Juni gestorben. Zuvor hatte er – von den meisten seiner Anhänger im Stich gelassen – der neuen Würde entsagt, und die Kurfürsten einigten sich auf seinen einstigen Konkurrenten, den Luxemburger Karl IV. Günthers Grabmal ist durch einen in Mainz geschulten Bildhauer – wahrscheinlich auf Kosten Karls IV. – geschaffen worden. Durch das Vermauern an der Wand besser sichtbar, zeigt es ihn annähernd lebensgroß innerhalb von Maßwerk in einem Torbogen stehend. Seine auch ohne königliche Insignien selbstbewußte Haltung wurde für die zweite Hälfte des 14. Jh. zum Prototyp ritterlicher Sepulkralskulptur in der mittelrheinischen Kunstlandschaft. Kostümkundlich interessant wirkt die Rüstung aus Brustpanzer, Arm- bzw. Beinschienen, Handschuhen und Haube mit abgeklapptem Nasenschutz sowie der enganliegende Waffenrock. Im tiefgeschnürten Gürtel steckt ein Dolch. Ihn ergänzen Schild und Schwert, auf das sich Günther etwas ungelenk mit der linken Hand stützt, schließlich der Topfhelm mit dem Leopardenkopf als Zier, denn die springende Raubkatze ist sein Wappentier. Unter flankierenden Fialen Heiligenstatuetten – rechts Georg über Katharina, links Mauritius über Magdalena. Oben in Bogenzwickeln Büsten mit deutenden Schriftbändern. Ringsum ein zum Rechteck ergänzter Rahmen aus Vierpässen. Sie zeigen Wappen von Günthers Anhängern, zumeist von Familien des Frankfurter Umlandes: Links Hohenstein (Schach), Limburg (Rauten), Münzenberg (geteilter Schild), Wittgenstein (Pfähle); rechts Bolanden (Balken), Breuberg (helle und dunkle Balken), Wernigerode (Fische), Runkel (Pfähle); oben Leiningen (Adler) und sein Bruder Gerhard von

Schwarzburg (Löwe). Die Farbigkeit entspricht Resten aus der Gotik (nach 1854 völlig erneuert. Die Grabplatte war bereits 1836 Vorbild für die Darstellung des Schwarzburgers im Kaisersaal des Römers).

Die Flanken des Vorchors beansprucht das **Gestühl** der Stiftskanoniker. Mit jeweils zwei Reihen umfaßte es ursprünglich 60 Sitze, von denen einige an der Südseite wegen des Spieltischs der gegenüberhängenden Schwalbennestorgel bereits um 1880 entfernt worden sind; mit dem Dorsale wurden damals auch die Klappsitze und ihre Miserikordien teilweise erneuert. Das Gestühl für den 1349 frisch geweihten Chor stiftete ein Mitglied der Familie von Falkenstein, die mehrfach Stiftsherren für St. Bartholomäus stellte. Im Vergleich zu zeitgenössischem Kirchenmobiliar (z. B. Chorgestühl im Kölner Dom) beschränkt es sich auffällig schlicht auf Schnitzereien an den Stirnseiten. Die Binnenwangen bieten dicht gestaltete Medaillons aus Grotesken und Ornamenten, v. a. Jagdszenen (Hirsch und Hund, Fuchs mit Gans, Reiter mit Hifthorn). Künstlerisch bedeutender erscheinen die Schnitzreliefs der westwärts gerichteten Hochwangen: Auf der Südseite von einem Bogen gerahmt eine Kreuzigungsgruppe; über dem Dreinagelkruzifix als Symbol für Christi Opfertod der seine Brut mit eigenem Blut nährende Pelikan. Oberhalb in zierlichem Lanzettbogen der hl. Bartholomäus mit Messer und gewandartig über dem Arm geworfener Haut als Zeichen seines Martyriums; dabei weisen seitliche Helmzier mit hockendem Hund und umgreifende C-Initiale vielleicht auf Cuno von Falkenstein. An der Innenseite umrankte Kampfszene aus Löwe und Kentaur. Gegenüber auf der Nordseite entsprechen zwei Ritter mit Reichsapfel und gezogenem Schwert – Hinweis auf die von der Reichsstadt unabhängige Gerichtsbarkeit des Reichsstifts. Politisch bedeutender ist die Vorderseite der nördlichen Hochwange: Über einem Maßwerkbogen um die hll. Agnes (mit Lamm) und Katharina (mit Rad) thront Karl der Große mit dem Modell der Domkirche (deren Darstellung mit vier Türmen ist lediglich als Topos, nicht als Abbild realer Architektur zu bewerten). Die Darstellung förderte die Aussöhnung mit dem gerade gewählten Karl IV., der sich als Erneuerer der Karolingerherrschaft fühlte, ohne anfangs darin von Stift und Stadt unterstützt worden zu sein (sie hatten Günther von Schwarzburg favorisiert). Unter den Staufern bereits war die Kanonisierung Karls des Großen betrieben worden (1165). Ihnen galt er als Gründer der Frankfurter Kirche (1228), und sie erhoben ihn zu ihrem zweiten Titelheiligen (vor 1332), dessen Todestags Stadt und Domgemeinde noch heute mit dem sog. Karlsamt gedenken (28. Januar 814). In manchem Detail erinnern jene Schnitzereien an Miniaturmalerei, in ihren harten Konturen – z. B. bei den schmalen Lippen – an Steinmetzarbeit (u. a. an das kaum ältere Doppelgrabmal der Falkensteiner im oberhessischen Lich). Vermutung bleibt, ob die Innenwangen aus der hinteren Gestühlsreihe mit ihren offensichtlich frühgotischen Säulchen und Tellerbasen aus dem 1239 geweihten Chor übernommen wurden. – Bereits bei der Verschönerung in der Spätgotik

Dom, Chorgestühl, Karl der Große mit Kirchenmodell

entstanden oben an den Chorwänden Steinskulpturen der Kirchenpatrone Bartholomäus und Karl der Große (um 1430; Bemalung 1880) – gestiftet von der Patrizierfamilie Monis (deren Wappen auf den Konsolen mit Christussymbolen Löwin und Pelikan).

Den Wandstreifen zwischen Gestühl und Fenstern bedeckt der **Bartholomäusfries:** Von den drei in Frankfurt erhaltenen Zyklen mittelalterlicher Wandmalerei gilt er als ältester. Mit den beiden jüngeren in Deutschordenskirche und Karmeliterkloster (s. Kap. Am Rand der Altstadt: Das Karmeliterkloster im Westen) hat er den schlechten Erhaltungszustand gemeinsam. Im Auftrag des Bartholomäusstifts entstand er vor 1427. Zeitweiliges Übertünchen (1764), spätes Entdecken (1827), mehrfache Zerstörung und Restaurierung (1854–56, 1952) minderten die Originalsubstanz der sich über insgesamt 45 Meter erstreckenden Temperamalerei. Erst 1983 ist das fragmentarisch Erhaltene fachgerecht konserviert worden. Ursprüngliche Qualität bleibt an einigen Physiognomien und Personen ablesbar. Der Bartholomäusfries gilt als Frankfurts bedeutendster Beitrag zur Malerei des Weichen Stils, jener internationalen Epoche der Spätgotik um 1400, die formal mühelos an den Pendel- oder Schlüsselfalten ondulierender Gewänder erkennbar wird – ähnlich wie bei gleichzeitigen Skulpturen Madern Gertheners (z. B. dem Dreikönigstympanon an der Liebfrauenkirche; s. Kap. Am Rand der Altstadt: Das Liebfrauenstift im Norden). Der anonym gebliebene Künstler dürfte vom Niederrhein in die aufstrebende Messestadt berufen worden sein. Sein Werk steht der Kölner Malerei des frühen 15. Jh. nahe. Zwar gehörte er nicht zu deren führenden Vertretern, doch wird nicht nur der erst 1442 verstorbene Stifter Frank von Ingelheim mit ihm zufrieden gewesen sein, denn für das Querhaus erhielt er einen 35 weitere Meter umfassenden Auftrag. Die Darstellung erscheint mittelalterlich naiv vor rotem Hintergrund gereiht und im Hinblick auf die zu füllende Wandstrecke durch Wiederholen von Motiven gestreckt. Unter den Lanzettfenstern des Chors wird ein gemalter Rahmen durch filigrane Kulissenarchitektur aus offenen Räumen mit charakteristischem Zierat der Gotik (Maßwerk, Fialen) gebildet. Er birgt einzelne Szenen, bewirkt aber zugleich auch gleichmäßige Bildtrennung mittels schlanker Säulchen. Deren Kapitelle reichen bis in die Kopfleiste erklärender Inschriften, die – ebenso wie zusätzliche Schriftbänder – in lateinischen Versen zu ›Leben und Martyrium des Hl. Bartholomäus‹ der seit dem 13. Jh. in ganz Europa geschätzten ›Legenda aurea‹ des Jacobus de Voragine folgen.

Der aus 27 Bildern bestehende *Gemäldezyklus* beginnt neben der Levitennische an der südlichen Chorwand und läuft westwärts: ›Christus in einer Gloriole aus Engeln schickt die unter ihm knienden Jünger als Missionare in die Welt, den rechts weiß gekleideten Bartholomäus nach Indien (= Armenien)‹ (1). ›Betend bereitet dieser sich auf seine Mission vor, während im fernen Asien Priester des Astaroth durch Opfer die Heilung Kranker erflehen‹ (2; der größere Teil dieser Szene wurde 1743 beim Einbau der Grabplatte Günthers

Dom, Bartholomäusfries im Chor, Schema

1 Missionsbefehl
2 Abreise
3 Heidentempel
4 heidnische Orakelhalle
5 Hinweis auf Bartholomäus' Ankunft
6 Krankenheilung
7 Botschaft des Polimius
8 vor Polimius
9 Teufelsaustreibung
10 Beschenkung
11 Bekehrungsversuch
12 Gottesbeweis
13 Götzenverehrung
14 Götzenvernichtung
15 Götzenvernichtung
16 Kirchenweihe
17 Taufe des Polimius
18 Bericht vor Astrages
19 Bartholomäus vor Astrages
20 Zerstörung der Götzenbilder

von Schwarzburg zerstört). ›Als die Opferaltäre zusammenstürzen, verlassen Astaroths Anhänger erschrocken den heidnischen Tempel‹ (3) und ›eilen zur Orakelhalle des Berith, um dafür den Grund zu erfahren‹ (4). ›Beriths Götzenbild verweist auf den nahenden Apostel‹ (5), ›während dieser draußen durch Gebet Kranke heilt‹ (6). ›Ein Bote ruft Bartholomäus zur Heilung einer besessenen Prinzessin in den Palast des Armenierkönigs Polimius‹ (7). ›Thronend empfängt dieser ihn und bittet, seine Tochter zu heilen‹ (8). ›Als Bartholomäus der wegen ihrer Anfälle Gefesselten die Hand auflegt, entweicht ihrem Mund die Krankheit als kleiner Teufel‹ (9; in der Darstellung der Königsfamilie gut erhaltene Szene). ›Vor staunender Menge läßt dafür der König zwei mit Schätzen beladene Kamele zu dem Heiligen führen, der jedoch irdische Güter ablehnt‹ (10). ›Heimlich erscheint er nachts im Schlafgemach des Königspaars, um beide zum Christentum zu bekehren‹ (11). ›Vor den teufelsgleichen Götzen will Bartholomäus dem Armenierkönig die Macht seines Gottes demonstrieren‹ (12). Die Bilder am Lettner gingen 1711 zugrunde.

Jenseits des Triumphbogens setzt sich die Erzählung im Norden auf der Evangelienseite ostwärts fort: ›Inzwischen knien die Anhänger Astaroths vor Statuen ihrer Gottheit‹ (13). ›Deren Zerstörung befiehlt Bartholomäus mit Polimius' Billigung‹ (14). ›Gleichfalls als Teufel personifiziert, entweichen die heidnischen Götter‹ (15). ›Ihr Tempel wird zur Kirche, deren Schwelle Bartholomäus weiht‹ (16). ›Im Taufbecken kniend, empfangen Polimius und seine Frau die Taufe durch Bartholomäus‹ (17). ›Doch die vertriebenen Priester Astaroths (kenntlich an ihren ebenso für die mittelalterliche Darstellung von Juden typischen Kegelmützen) berichten dem heidnischen

8 9 10 11 12 13

21 22 23 24 25 26 27

König Astrages von der Taufe seines Bruders Polimius‹ (18). ›Von seinen Schergen läßt Astrages daher den gefangenen Missionar vorführen‹ (19; diese Szene hat knapp 100 Jahre später Jörg Ratgeb für seine Darstellung des ›Verhörs bei Herodes‹ im Karmeliterkloster inspiriert). ›Beim Erscheinen des Apostels zerbersten die Götterfiguren im Palast des Astrages‹ (20). ›Dafür läßt der Heidenkönig den Heiligen schlagen‹ (21), ›anschließend bei lebendigem Leib häuten‹ (22; in ihrem derben Realismus ist diese Szene mit dem motivisch identischen, kaum jüngeren Tafelbild Stephan Lochners auf seinem Apostelaltar im Städel verwandt. Gerade bei diesem Höhepunkt des Zyklus schimmert im unteren Teil die vor 1427 übermalte Wandfarbigkeit des hochgotischen Domchors rot mit weißen Fugen durch). ›Als sich der Apostel weiterhin weigert, heidnische Götter zu verehren‹ (23), ›läßt Astrages ihn köpfen‹ (24; dieser Tod widerspricht der Legende, nach der Bartholomäus durch Schinden das Martyrium erlitt. Der Erzähllogik widerspricht das unversehrte Aussehen des Heiligen in dieser wie der vorigen Szene). Rechts von dem wenig früher vor dem Wandpfeiler hochgemauerten Tabernakel ›liegt der Apostel aufgebahrt zwischen bekehrten Armeniern‹ (25; dabei bartlos idealisiert als junger Mann). ›Vor seinem offenen Sarkophag fahren Teufel in Astrages und seine Anhänger‹ (26). ›Polimius entsagt seinem Königtum und wird Armeniens erster Bischof‹ (27).

21 Geißelung
22 Schinden
23 Verhör
24 Hinrichtung
25 Grablegung
26 Verehrung
27 Polimius als Nachfolger

Jenes **Sakramentshaus,** das der Werkstatt des Dombaumeisters Madern Gerthener entstammen dürfte, ist eine Stiftung des Domscholasters Frank von Ingelheim um 1420. Sein Tabernakel ruht auf der Statue eines jugendlichen Diakons mit Lesepult. An dessen Front Wimperg mit ›Antlitz Christi‹, flankiert von ›Abraham und

Dom, Bartholomäusfries, Martyrium

Melchisedech‹. Darüber Statuetten von ›Petrus und Paulus‹ (1856 ersetzt) bzw. ›Bartholomäus und Karl dem Großen‹. – Rechts daneben die vermauerte Nische eines **Ölschranks,** dessen Türen aus der Hochgotik böhmische Tafelgemälde, ›Thronender Christus‹ und ›Maria‹, zeigen (um 1340/50; vielleicht Rest des der Hofkunst Karls IV. zuzuweisenden einstigen Hochaltars). – Anschließend im Chorpolygon zwei großflächige Wandbilder ›Pfingstwunder mit Maria in der Glorie‹ bzw. ›Christi Erscheinen vor Maria Magdalena‹, wiederum eine Stiftung des Frank von Ingelheim (1427; sehr ruinös). – Daneben öffnet sich die **Levitennische** – mit reicher Maßwerkrahmung und Bemalung eine Stiftung der Familie Monis (um 1430) für den Priester und seine Helfer: Im Wimperg ›Haupt Christi‹, flankiert von Engel und Maria der ›Verkündigung‹ (mit Bild des herabschwebenden Jesuskindes), in den Zwickeln der gestaffelten Nischenbögen Medaillons für ›Köpfe der Kirchenpatrone‹; an der Rückwand ›Schmerzensmann‹ zwischen ›Maria und Johannes‹.

Der **Hochaltar** kam erst während der Regotisierung in den Dom (1882). Genaues Betrachten ordnet ihn zwar der Spätgotik um 1460–80 zu, verdeutlicht aber zugleich unterschiedliche Herkunft seiner Teile: Der zentrale Schrein mit seiner geschnitzten ›Kreuzigung‹ zwischen Reliefs der ›Passion‹ gilt als Arbeit einer sächsischen Werkstatt (ursprünglich in der Katharinenkirche von Salzwedel); auf den Flügeln hölzerne Statuetten von Aposteln und Kirchenvätern (zumeist um 1890 – wie ›Schächer‹ und ›Ölberg‹ im Schrein), wobei die gemalte ›Grablegung‹ und ›Auferstehung‹ auf den Rückseiten fränkisch wirken. Von anderen Altären stammt die Predella mit ihrer Figurenreihe weiblicher Heiliger bzw. Schnitzreliefs zu ›Christi Kindheit‹; rückseitig gemalte ›Apostel‹. Darunter verbirgt neugotische Verkleidung eine hochgotische Mensa vom 1349 geweihten Altar. In seiner heutigen Form geht der Hochaltar auf einen Entwurf des späteren Dombaumeisters Max Meckel zurück, dessen Idee ebenso der Bildhauer Caspar Weis mit seinen – nach Vorbildern in der Nürnberger Liebfrauenkirche – geschnitzten Leuchterengeln auf der Sohlbank folgte (um 1890); davor moderner Zelebrationsaltar von Horst Egon Kalinowski (1969).

Zu einer nur von Westen her wahrnehmbaren Dreiergruppe ergänzen die beiden vor die östlichen Vierungspfeiler gestellten Altäre: Links der ebenso aus Sachsen stammende **Apostelaltar** (1523) – im

Dom, Sakramentshaus und Diakon an der Chornordwand

Schrein Reliefs ›Aussendung der Jünger‹, auf den Flügeln vorn entsprechende Dreiergruppen, hinten provinzielle Tafelbilder ›Christus mit schlafenden Aposteln in Getsemane‹ bzw. Figuren der ›Kirchenväter Ambrosius und Augustinus‹; in der Predella (aus anderem Zusammenhang) Relief der ›Grablegung Christi‹ zwischen ›Andreas und Paulus‹; in reichem Gesprenge Figurengruppe der ›Marienkrönung‹. – Rechts der in Süddeutschland entstandene **Liebfrauenaltar** (um 1490) – im Schrein Holzstatuen der ›Muttergottes zwischen hll. Nikolaus und Bonifatius‹, flankiert von Reliefs des ›Erzengels Michael‹ und der ›hl. Hildegard‹, außen gemalte ›Kreuzigungsgruppe‹; im Gesprenge wiederum Figuren ›Schmerzensmann‹ sowie ›hll. Katharina und Bartholomäus‹ (Predella um 1890).

Den Chor rahmen seitlich Kapellen nach Art von Nebenchören, wie sie auf quadratischem Grundriß bereits den Bau von 1239 flankierten. Beim Neubau wurden sie um 1320 höher gemauert und gewölbt, wobei auf der Südseite in der **Grabkapelle** einer der niedrigeren Schildbögen (Osten) sichtbar blieb. Frei im Raum steht dort als monumentale Sandsteingruppe des Weichen Stils eine **Grablegung Christi.** Um kastenartigen Sarkophag und aufgebahrten Christus reihen sich trauernd – zwischen Nikodemus (zu Füßen) und Joseph von Arimathia – Maria Magdalena, Maria mit Johannes, Maria Salome, Maria Cleophas; an der Sarkophagfront Reliefs der schlafenden Wächter. Ehemals wölbte sich darüber ein Baldachin, dessen mit Maßwerk reich verzierter Kielbogen sich zwischen Fialen öffnete und die Stifterfigur Franks von Ingelheim zeigte. Von der Rückwand blieb nur die links vermauerte Sakramentsnische, die als Relief Engel mit schwingenden Weihrauchfässern zeigt. Die Grablegung gehört zu den herausragenden Kunstwerken des Doms. In der Nachfolge ausdrucksvoller burgundischer Plastik Claus Sluters ist sie um 1435 vermutlich durch den später in Köln nachweisbaren Konrad Kuene geschaffen worden (bis 1830 in der Michaelskapelle nördlich vor dem Dom, bis 1855 in der Scheidkapelle; 1945 z. T. demoliert).

Erhebung (Elevatio) Heinrichs VII. (1308 in der Dominikanerkirche)

Königswahlen in Frankfurt

855	Lothar II. (König von Lotharingien)
887	Arnulf von Kärnten (König des ostfränkischen Reiches)
1147	Heinrich († 1150; Sohn Konrads III.)
1152	Friedrich I. Barbarossa
1208	Otto IV.
1212	Friedrich II.
1220	Heinrich (VII.)
1247	Heinrich Raspe
1256	Richard von Cornwall Alfons von Kastilien
1273	Rudolf von Habsburg
1292	Adolf von Nassau
1298	Albrecht von Habsburg
1308	Heinrich VII.
1314	Friedrich der Schöne von Österreich Ludwig der Bayer
1349	Günther von Schwarzburg
(1356	›Goldene Bulle‹ Karls IV.)
1376	Wenzel (Sohn Karls IV.)
1410	Jobst von Mähren
1410/11	Sigismund
1438	Albrecht II. von Habsburg
1440	Friedrich III.
1486	Maximilian I.
1519	Karl V.

Kaiserkrönungen im Frankfurter Dom

1562	Maximilian II.
1612	Mathias
1619	Ferdinand II.
1658	Leopold I.
1711	Karl VI.
1742	Karl VII.
1745	Franz I.
1764	Joseph II.
1790	Leopold II.
1792	Franz II.

Das dahinter vermauerte Maßwerkfenster weist auf einen Anbau, dessen schlichte Architektur seine einstige Bedeutung fast vergessen läßt: die **Wahlkapelle.** Errichtet wurde sie um 1430 für die Bibliothek des Bartholomäusstifts. Doch schon nach dem Tod Kaiser Sigismunds erhielt sie als Konklave für die Wahl seines Nachfolgers Albrecht II. ihre bedeutendere Funktion (1438). Der Baumeister hatte davon nichts ahnen können, denn beziehungslos hat er ihre vier Joche vor den älteren (bis dahin äußeren) Strebepfeilern des Domchors gereiht. Gleich zweifach schnüren sie den langgestreckten Raum ein, dessen gekehlte Gewölberippen auf Konsolen ruhen. Allein die Schlußsteine der Spätgotik – in Vierpässen ›hl. Bartholomäus‹, ›Lamm Gottes‹, ›Madonna auf der Mondsichel‹, ›Haupt Christi‹ – sind künstlerisch bemerkenswert. Heute ein Ort der Besinnung, diente die Kapelle während mehr als 350 Jahren einem ganz Europa berührenden Ereignis. 15 weitere Male (von 18) traten hier die sieben Kurfürsten des alten Reiches zusammen, um dessen Herrscher zu küren (zuletzt 1792) – legitimiert durch traditionelle Königswahl, als deren wichtigste die des Staufers Friedrich I. Barbarossa (1152) gegolten hatte, und durch Karls IV. ›Goldene Bulle‹ (1356), die Frankfurt offiziell zur Wahlstadt machte; zuvor – wie z. B. 887 für Arnulf von Kärnten – fanden die Königswahlen im Kirchenchor statt und gipfelten in der Erhebung des neuen Königs auf den Altar (elevatio). Die Konferenz der Kurfürsten in der Stiftsbibliothek bildete eigentlich den Abschluß der Wahlentscheidung, denn zuvor bereits hatten sie wochenlang in der Wahlstube des Römers über Kandidaten verhandelt, Bedingungen gestellt und Privilegien gesichert. Dutzende solcher Verhandlungstage gingen oft dem Wahltag voraus. Allein für die Wahl des Wittelsbachers Karl VII. (1742) waren es 49 (als Bayer war er Favorit des Kurfürsten von Brandenburg, der mit ihm preußische Machtpolitik gegen das bei der Wahl gescheiterte Haus Habsburg durchsetzen wollte).

Das damit verbundene Zeremoniell erreichte im Rokoko seinen Höhepunkt: Vom Römer her betraten die sieben Kurfürsten durch den Kreuzgang den Dom, empfangen vom Mainzer Erzbischof, zu dessen Sprengel die Bartholomäuspfarrei gehörte. Zu gemeinsamer Messe in dem mit Gobelins drapierten Chor nahmen auf der Evangelienseite (Norden) der Herzog von Bayern (seit 1620 statt des Königs von Böhmen), der Markgraf von Brandenburg (= König in Preußen), der Erzbischof von Mainz, gegenüber auf der Epistelseite (Süden) der Erzbischof von Köln, der König von Sachsen, der Herzog von Braunschweig (seit 1777 anstelle des Pfalzgrafen bei Rhein) zu seiten des Trierer Erzbischofs Platz. So wie sich zuvor Stadt- und Domtore geschlossen hatten, schloß sich danach hinter ihnen die Tür der Wahlkapelle. Erst wenn sich das Konklave unter Leitung des Mainzer Kurfürsten geeinigt und die Wahl vollzogen hatte, öffnete der Reichserbmarschall Kapellen- und Kirchentüren zur Proklamation des neuen Königs angesichts des neugierig in den Dom strömenden Volkes. Dazu schossen Böller von den Wällen Salut, und sämtliche Glocken der Stadt läuteten. An das historische Geschehen erinnern einige der mit Leder bespannten Fürstenstühle (um 1650) und die modernen Glasfenster von Johannes Schreiter in ihrer zeichenhaften Symbolik (1993), ebenso das Adlermotiv auf den Bodenfliesen (1993 nach Vorlagen von 1934 bzw. um 1430 erneuert) und an der von Caspar Weis geschaffenen Chortür (1890). Den sakralen Charakter der Kapelle betont ein *Flügelaltar* mit westfälischer Tafelmalerei von der ›Passion‹ bis zum ›Pfingstwunder‹ um die zentrale ›Kreuzigung‹ (um 1450; aus Unna); gegenüber Fragment eines Karlsfreskos (um 1530), westlich ein Bild des ›Salvators zwischen Anna und Maria‹ (um 1450) sowie ein ritterliches Bildnisepitaph des von Kaiser Karl V. nach dem Schmalkaldischen Krieg für Frankfurt eingesetzten Schultheißen Bartholomäus Haller von Hallerstein († 1551).

Ganz unterschiedlich wirkt als nördlicher Nebenchor die **Marienkapelle** – bestimmt von ornamentaler Wanddekoration des zuvor im Rheinland tätigen Kirchenmalers Jean Baptiste de Bethune (1881; rekonstruiert), mehr noch von hochgetürmter Baldachinarchitektur ihres **Maria-Schlaf-Altars:** Er blieb der einzig originale von ehemals 26 gotischen Domaltären – und dies wohl nur, weil er nicht aus Holz

Dom, Maria-Schlaf-Altar in der Marienkapelle

ist. Sein Thema ist der Tod Marias, die wie schlafend vor der Gruppe trauernder Apostel ruht; ein Engel schließt ihre Augen, Gottvater empfängt oben ihre Seele. 1434–38 entstand er auf Kosten des Kaufmanns Ulrich von Werstadt, der den Frankfurter Handel mit Venedig beherrschte; an der linken Seite des Altarblocks kniet er mit Frau und 17 Kindern andächtig vor Maria. In ihrem monumentalen Aufbau unterlag jene steinerne Figurengruppe dem künstlerischen Einfluß der Niederlande – sowohl der Bildnerei als auch der Malerei (z. B. Rogiers van der Weyden). Expressive und individuelle Charakteristik der Trauernden – besonders des auf Marias Hand niedergesunkenen Johannes – kennzeichnen einen künstlerisch hervorragenden, allerdings anonymen Meister, der zuvor am Aachener Münsterchor wirkte. In geknickter Gewandfaltung, wie sie erst gegen Mitte des 15. Jh. allgemein wird, deutet sich hier das Ende des Weichen Stils der Spätgotik an. Hochwertige Bemalung der Neugotik (1856; von Johann Andreas Mössinger nach originalen Resten). Filigrane Rahmenkonstruktion aus Terrakotta mit Heiligenstatuetten und bugartig vorgezogenen Maßwerkarkaden. – Gleichfalls diagonal ragt links am Scheidbogen der Kapelle eine steinerne Marienleuchte der Spätgotik heraus (um 1450); gegenüber barocke Muschelnische (einziger Baurest der 1711 bzw. 1764 durchgeführten Raumbarockisierung). – In der Nordwand fünfbahniges *Marienfenster* mit alternierendem Maßwerk aus Spitz- und Rundbögen; darin historisierende Szenen zum ›Marienleben‹ von der ›Verkündigung‹ bis zur ›Krönung‹ von dem englischen Glasmaler William Francis Dixon (1880; in gotischem Stil nach Kölner Vorbildern).

Neben dem Altar ein spätgotischer Durchgang zur **Sakristei.** Sie ist nördliches Pendant der Wahlkapelle in Bauzeit und -form (Wölbung und als Schatzkammer angebautes Ostjoch erst von 1892); im Innern großer Rokokoschrank des Dompropstes und nachmaligen Mainzer Erzbischofs Friedrich Karl von Ostein (1757) sowie – neben anderen Kunstwerken des Barock – das ›*Martyrium des hl. Bartholomäus*‹ von dem Würzburger Hofmaler Oswald Onghers (1670). Darüber der **Kapitelsaal** des 1802 aufgelösten Bartholomäusstifts, ein gewölbter Raum mit zierlichem Binnenfenster zum Chor (= Domarchiv).

Das großzügig dimensionierte **Querhaus** beeindruckt durch weit ausgreifende Arme. Beim Vergleich mit dem gemeinsamen Längenmaß von Chor und Mittelschiff steht es kaum zurück (62 m : 64 m). An solch extreme Ausdehnung war anfangs kaum gedacht. Ihre Erklärung findet sie durch das bei Königswahlen nötige Zeremoniell, zu dessen Entfaltung sich westwärts kein Platz bot. Somit gilt der Bau als Folge jener Doppelwahl Karls von Luxemburg bzw. Günthers von Schwarzburg (1346 bzw. 1349) und des daraufhin der Stadt Frankfurt mit der ›Goldenen Bulle‹ verbrieften Rechts als Wahlort der ›römischen Könige‹ (1356). Karls IV. Sohn Wenzel war es dann, der als erster König (bevor die Wahlkapelle entstand) im neuen Chor gewählt, auf den Altar erhoben und vom Lettner aus proklamiert wurde; er sah als erster Herrscher den hochgotischen Ostteil des Doms in Architektur und Farbigkeit vollendet so, wie er sich heute annähernd wieder dem Betrachter präsentiert (der letzte dürfte Leopold I. anläßlich seiner Krönung 1658 gewesen sein, danach wandelte sich der mittelalterliche Raumeindruck im Geschmack des Barock). Der einem griechischen Kreuz nahekommende Domgrundriß bleibt für die Gotik so erstaunlich wie einmalig. Wechselnde Planungen noch während der Ausführung lassen sich an Unterschieden bei Fensterlaibungen, Wandvorlagen und Rippenansätzen ablesen, ohne daß dadurch die Raumwirkung gemindert wird. Auf den originalen Schlußsteinen Reliefs von Blattmasken, Wappen und Engeln (Farbgebung um 1880).

Erst 1409–11 hat der zum Leiter der Dombauhütte berufene Madern Gerthener Flankenjoche und **Vierung** eingewölbt und somit einen Übergang zum niedrigeren Langhaus ermöglicht; mit dem Motiv eines Verdoppelns der Rippen kopierte er dabei eine bereits von Peter Parler im Veitsdom zu Prag entwickelte Bauform. Unter dem barocken *Kruzifix* des Cornelius Andreas Donett (um 1740) im *Triumphbogen* prägt eine modern kontrastierende *Altarinsel* des Aacheners Ulrich Hahn (1993) die Vierung. Dieser Platz war zehnmal Zentrum für das glanzvollste Ereignis, das im alten Reich während dessen 1000-jähriger Geschichte inszeniert wurde – die Krönung der deutschen Kaiser.

Politische Klugheit hatte 1548 die Frankfurter davor bewahrt, ihre Hauptkirche dauerhaft zu reformieren. Abgewendet war somit die unter Einfluß des Erzbischofs von Mainz verdoppelte Gefahr, mit den Handelsmessen auch das Wahlprivileg für die katholischen Majestäten an die Nachbarstadt zu verlieren. Schon 1562 sorgten für Frankfurt günstige Umstände und der nahende Winter dafür, daß der hier gewählte Maximilian II. nicht im Gefolge der Kurfürsten flußab nach Aachen aufbrach. Ungeachtet des Krönungsrechts der Aachener empfing er als erster im Frankfurter Dom die Kaiserkrone; die Krönung Franz' II. 1792 sollte für das alte Reich die letzte werden. Bereits zur Königswahl hatten sich die Großen des Reiches am Main versammelt. Eilig aus Nürnberg herbeigeholt waren die kaiserlichen Herrschaftsinsignien. Hölzerne Emporen mußten die Plätze im Dom vermehren, und gemäß ihrem Rang wurden die Zuschauer um die Vierung verteilt – Reichsfürsten näher, Ratsherren ferner. Herolde mit Fanfaren verkündeten den Einzug des gewählten Königs durch das Nordportal des Querhauses. Und es folgte ein traditionell entwickeltes, während vieler Jahrhunderte teilweise bis zur Unverständlichkeit verfeinertes Zeremoniell: Unter einem Baldachin an provisorischem Altar vor dem Mainzer Erzbischof kniend, versprach der Prätendent, seine Pflichten gegenüber Reich, Kirche und Untertanen zu erfüllen, und die Reichsversammlung gelobte Unterwerfung. Bis aufs Hemd entkleidet und gesalbt, wurde er sodann in die Wahlkapelle geleitet, um mit den Krönungsgewändern bekleidet zu werden. Erneut vor dem Vierungsaltar empfing er die Insignien der Herrschaft wie Schwert und Reichsapfel. Vereint setzten ihm anschließend die Erzbischöfe von Köln, Mainz und Trier die Reichskrone aufs Haupt. Erneuter Eidesleistung vor dem Choraltar und dem Empfang der Kommunion folgte seine Inthronisation im südlichen Querhaus. Hier nahm er Glückwünsche entgegen und waltete erstmals seines kaiserlichen Amtes durch Erhebung einiger Anwärter in den Reichsritterstand. In vielstimmigem Te Deum und dem Geläut sämtlicher Kirchenglocken klang der feierliche Krönungsakt aus.

Kaiserkrone, Nachbildung, 1913

Wie die rekonstruierte Farbigkeit der Hochgotik entspricht auch die moderne Verglasung des **Querhauses** dem eingeschnürten Chor,

Konrad III. trägt den hl. Bernhard, Wandbild von Eduard von Steinle, 1883

dessen Gemäldefries sich zumindest entlang der östlichen Querhauswand fortgesetzt hat: Im Mitteljoch des **Südarms** weist ein Fragment der ›Beschneidung Christi‹ auf denselben Maler und die gleiche Zeit wie beim ›Bartholomäusfries‹ (um 1420; daß den gesamten Südarm ein ›Marienfries‹, den Nordarm ein ›Karlsfries‹ umgriff, bleibt reizvolle Spekulation. Darunter erkennbar ist eine noch ältere Malschicht, um 1380/1400; 1995 freigelegt). Erhöht gegenüber comicähnliche Darstellung nach Entwurf des eine Generation zuvor im Kaisersaal des Römers tätigen Eduard von Steinle (1883; ausgeführt von Peter Hoegen): ›Otto der Große vergibt am Weihnachtstag 941 vor dem Kreuzgang der Salvatorkirche seinem reumütigen Bruder Heinrich dessen Verrat‹ und ›Konrad III. trägt 1147 Bernhard von Clairvaux nach dessen Kreuzzugpredigt aus der Salvatorkirche unbeschadet durch die ihm zujubelnde Menge‹ (1952 übertüncht, 1993 entdeckt und restauriert) – einzig erhaltener Rest eines universalen Bildprogramms über sämtliche Wände und Fenster, das von der Schöpfung bis zum Weltgericht reichte und Ereignisse aus Reichs- wie Stadtgeschichte einbezog. Darunter spätgotische Tafeln zum ›Marienleben‹ (Fragmente eines Altars um 1520). Unter der zu weit ausladenden Orgelempore (1956) Grabplatten des 15. bis 18. Jh.

Von der spätgotischen Ausstattung überdauerte an der Ostwand das **Sakramentshaus** der damals noch mittels Lettner abgetrennten

Gemeindekirche – im Auftrag der Patrizierfamilien Frosch und Schmidt 1480 von dem zuvor an den Stadtkirchen zu Nördlingen, Dinkelsbühl, Rothenburg tätigen Nikolaus Eseler d. Ä. und seinem Sohn Michael in der Tradition fränkischer Tabernakel virtuos aus Ton modelliert; oberes Figurentrio aus Zebedäus, Joachim, Cleophas ursprünglich (untere Figürchen Maria, Anna, Veronika, Maria Cleophas 1856 durch Johann Baptist Winterstein ergänzt). Zur Grabkapelle hin ein ähnlich, allerdings höher getürmter **Marienbaldachin** (um 1480) mit Madonnenstatue (um 1850); am Sockel Reliefs der Kirchenväter Hieronymus, Augustinus, Gregor und Ambrosius. – Dazwischen der wohl in einer Brüsseler Werkstatt geschnitzte **Sippenaltar** (um 1500): im Schrein Christi Familie, oben Gottvater; aus anderem Zusammenhang die Tonapostel in der Predella (um 1400) bzw. die Gemälde der aus Rheinhessen erworbenen Flügel (um 1530; ›Mannawunder‹ und ›Verklärung auf Tabor‹).

Anschließend im **Nordarm** der **Annenaltar** aus Süddeutschland (um 1525): im polygonalen Schrein Gruppe der ›Anna selbdritt‹ hinter Schleierarkaden mit Evangelistensymbolen, flankiert von Johannes d. T. und Karl d. Gr.; gleichzeitige Predella norddeutsch mit naiv dargestelltem ›Abendmahl‹. Interessanter sind die von dem Kölner Domkapitular Alexander Schnütgen (auf seine Kunstsammlung geht das dortige Museum zurück) für seine Frankfurter Freunde bestellten Flügelbilder des Düsseldorfer Akademiemalers Heinrich Nüttgens (1898) ›Domprälat Johannes Janssen mit dem Täufer als Namenspatron‹ bzw. ›Stadtpfarrer Franz Münzenberger mit Franz von Assisi‹ – Hommage v. a. an Münzenberger, dessen Wirken 1870–90 der Kaiserdom fast all seine mittelalterlichen Altäre verdankt (nach Entwürfen von Max Meckel durch Caspar Weis ergänzt). – Es folgt in

Sippenaltar im südlichen Querhaus

Dom, Grabplatte für Rudolf von Sachsenhausen

Dom, Doppelepitaph für Johannes von Holzhausen und seine Frau Gudela von Goldstein

einer Pfeilernische eine spätgotische ›Madonna auf der Mondsichel‹ von hoher Qualität (um 1480), dann der **Herz-Jesu-Altar** (1505), den der Memminger Bildhauer Ivo Strigel für eine Dorfkirche in Graubünden geschnitzt hat: Im Schrein gereihte Heilige zu seiten eines neugotischen Christus (1890 statt ursprünglicher Marienstatue), auf den Flügeln hll. Katharina und Bartholomäus bzw. Sebastian und Maria Magdalena; aus anderen spätgotischen Altären sind für die Predella einige Apostel, als oberer Abschluß der Kirchenlehrer Gregor d. Gr. übernommen. – An Portal- und Westwand *barocke Grabplatten* – vorwiegend von Stiftsherren oder für die Familie Thurn und Taxis (18. Jh.). Schließlich eine Reihe *mittelalterlicher Grabplatten* des Frankfurter Patriziats, die aus der 1830 abgebrochenen Totenkapelle St. Michael stammt (sie stand nördlich des Doms): Zunächst das ritterliche Abbild Rudolfs von Sachsenhausen († 1371; in der 1995 freigelegten Farbfassung von 1854), als Stadtschultheiß und Burggraf zu Friedberg ursprünglich Anhänger Günthers von Schwarzburg, dessen Grabmal sein Vorbild wurde; ferner – zwischen Wappensteinen (1472, 1396, 1383) – das Doppelepitaph für Johannes von Holzhausen († 1393; älterer Bürgermeister 1364, 1369, 1375) und seine Frau Gudela von Goldstein († 1371) – in gotischen Bögen frontale Flachreliefs der Verstorbenen. – Darüber dominiert als barockes Ölbild die ›Beweinung Christi‹ des Rubensfreundes Anthonis van Dyck (1627; aus Brentanoschem Besitz 1852 dem Dom geschenkt), flankiert von einstigen Altargemälden des barockisierten Doms ›Anbetung der Könige‹ (1619) und ›Dornenkrönung Christi‹ (um 1650).

Im **Nordschiff** des **Langhauses** ehemals aufwendigeres *Barockmonument* für *Johann Karl von Franckenstein* († 1691), als Mitglied einer in Sachsenhausen alteingesessenen Adelsfamilie vom Dompropst an St. Bartholomäus zum Fürstbischof von Worms aufgestiegen und nach Flucht vor den die Pfalz verwüstenden Truppen Ludwigs XIV. im Frankfurter Exil gestorben. Vor schwarzer Muschelnische hell kontrastierend die etwas pathetische Marmorstatue des Verstorbenen in vollem Ornat (300 Jahre später bestätigte der Fund seines Leichnams bei Grabungen unter der Vierung 1991 seine gedrungene Statur, deren geringe Größe Schuhe mit hohen Blockabsätzen wettzumachen suchten). Benachbart oberhalb Wappen des Dompropsts Eberhart Kratz von Scharfenstein (1663; vom barocken Hochaltar). – An der Westwand des Nordschiffs *Renaissancegrabmal* für *Andreas Hirde* († 1518) als perspektivisch in mehreren Reliefschichten komponiertes Andachtsbild mit gegeißeltem Christus; in der Predella die Familie des Ratsherren aus der Metzgerzunft (der obere Abschluß mit dem auferstandenen Christus fehlt). Als sein architektonischer Rahmen dient der frühgotische Bogen, der in den nördlichen der romanischen Westtürme geführt hat (um 1260; nach 1415 vermauert). Darüber Totenschilde von Frankfurts ratsfähigen Familien (u. a. Holzhausen, Knoblauch, Glauburg; Kopien der 1867 verbrannten Originale aus der Spätgotik). Dort weist die Wand Spuren von Denzingers 1870 eingezogener Empore auf. – Im **Südschiff** zeigt der entsprechende Bogen Fragmente gotischer Malerei (Ende 13. Jh.).

Weiter südlich in den beiden sterngewölbten Jochen der **Scheidkapelle** (1487) barockes *Taufbecken* und große *Täuferfigur* (1. Hälfte 18. Jh.) sowie neobarocke *Pietà* von Caspar Weis (um 1890). – Bauhistorisch interessant ist das im ersten Joch des Südschiffs an der ehemaligen Außenmauer erkennbare Portalgewände (um 1298) – bis gegen 1430 öffnete sich hier als Gerichtspforte die Rote Tür, deren Funktion nach dem Anbau der Wolfgangkapelle (später der Scheidkapelle zugeschlagen) auf das Querhausportal übertragen wurde.

Der Weg aus dem Dom ergänzt ein wenig die Vorstellung von barocker Pracht zu Zeiten der Kaiserkrönungen nach dem Dreißigjährigen Krieg: Den Durchgang zum Turmjoch flankieren hoch oben überlebensgroß *Bischofsstatuen* des vom Dompropst Eberhard Kratz von Scharfenstein, dem Unterhändler der Erzdiözese Mainz beim Westfälischen Friedensschluß (1648), gestifteten Hochaltars (1663); in einer Ecke der *Vorhalle* verbirgt sich der *Dreifaltigkeitsaltar* (ehemals im nördlichen Querarm), den Servatius Hochecker im Auftrag des Kanonikers Johann Nikolaus Martinengo gezimmert und farbig stuckiert hat (1720).

Kreuzgang und Dommuseum

Nach draußen gegen das neobarocke **Pfarrhaus** mit seinem Marienportal hin (1907; Domplatz 14) öffnet sich die *Vorhalle* mit Zwillingsarkaden. Deren neugotischen Eisentüren entspricht rechts das Portal zum *Kreuzgang*, der als *Dommuseum* dient. Für den Stiftskonvent entstand er gleichzeitig mit dem Querhaus an dessen Nordarm ab 1348 (seine 1468 westwärts vollendete Erweiterung mußte nach 1869 Denzingers Umbau weichen). Dreibahnige Maßwerkfenster seines gewölbten Umgangs weisen zum *Kreuzgarten,* ursprünglich Begräbnisplatz der Stiftskanoniker, seit 1986 Ausstellungsraum. – Pläne und Bilder dokumentieren die Geschichte des Doms. *Modelle* vermitteln seine architektonische Entwicklung (s. Kap. Der Domhügel: Stätten von Königswahl und Kaiserkrönung – im Dom): die Salvatorkirche (= 3. Bau; Zustand um 1200), die Bartholomäuskirche (= 4. Bau; Zustand um 1300, allerdings ohne den erst jetzt nachgewiesenen Chor von 1239), der Kaiserdom (= 5. Bau; Zustand vor 1944). – Ferner Handschriften und Frühdrucke, Gewänder und kostbare Stickereien, Monstranzen und Kelche (14.–20. Jh.) sowie das barocke Büstenreliquiar für die Hirnschale des hl. Bartholomäus von dem Augsburger Silberschmied Franz Ignaz Berdolt (1727) – als Domschatz insgesamt etwas enttäuschend angesichts der historischen Bedeutung dieser Kirche.

Von herausragendem Interesse jedoch sind Funde aus jenem *Kindergrab,* das 1992 im Mittelschiff des Doms entdeckt wurde: Ungewöhnlich reicher Goldschmuck läßt auf Zugehörigkeit des dort um 680 beigesetzten Mädchens zum merowingischen Hochadel schließen (wahrscheinlich die Tochter des in ›franconovurd‹ ansässigen Pfalzgrafen). Kirchliche Bestattung und Brokatkreuz auf seinem Kinderkleid stehen religiös im Kontrast zu Speisebeigaben in irdenen Töpfen und der Asche eines zweiten (vielleicht geopferten) Kindes (von sozial geringerem Rang); sie kennzeichnen die sich – zwei Generationen vor dem Wirken des hl. Bonifatius – nur langsam vollziehende Überwindung germanischer Jenseitsvorstellung durch christlichen Erlösungsglauben.

Krönungsweg und Kaiserpfalz

Vom Dom führt westwärts zwischen Abfahrten zu Untergrundbahn und Tiefgarage eine Rampe zum Römerberg. Sie markiert Verlauf und Niveau des historischen Krönungswegs, auf dem die Herrscher des alten Reiches mit großem Gefolge vom Rathaus zur Bartholomäuskirche geschritten sind. Um sie vor Staub und Schlamm zu bewahren, war jeweils eine hölzerne Brücke aufgeschlagen, die den Majestäten ebenso Schutz vor handgreiflicher Begeisterung ihrer Untertanen bot und sie sichtbar ihrem Rang gemäß erhöhte.

Links unterhalb dehnt sich der **Archäologische Garten,** ein eher euphemistischer Name für Mauern aus Antike und Mittelalter. Seit 1973 sind sie als Spuren des ältesten Frankfurt sichtbar, wobei die wesentliche Ausgrabungsphase 1953–57 war. Ebenso wie oben vom Domturm aus erkennbar wird im Zentrum ein ummauertes Rechteck, das als Palastaula der unter Ludwig dem Frommen 822 erneuerten **Kaiserpfalz** gilt – ein zweischiffiger Saal von ca. 26 : 12 Metern, dessen Balkendecke zusätzlich ein Mittelpfeiler stützte. An diesem Platz fand – in einem allerdings noch älteren Gebäude – 794 Karls des Großen Reichssynode statt. Die Nordseite flankierte ein Gang, der mit der einstigen Salvatorkirche verband; ein modernes Bronzemodell verdeutlicht den baulichen Zusammenhang von Königspfalz und Pfalzkapelle sowie deren architektonische Formen. Noch die ottonischen Herrscher bevorzugten zur Weihnachtszeit diese Pfalz, die aus jenem merowingischen Königshof hervorgegangen sein dürfte.

»Wer auf dem Römerberge vor dem Rathaus steht, den Weg überblickt, den die Kaiser unter Glockenläuten zur Krönung zogen, den wird, wenn er die Geschichte seines Volkes auch nur in großen Zügen kennt, Stolz und Andacht das Herz ergreifen.« Ricarda Huch, 1927

Beide sind in den Ruinen eines römischen **Militärlagers** erbaut worden. Von ihm, das strategisch günstig erhöht zwischen versumpften Flußarmen zum Sichern der Mainfurt wohl unter Kaiser Vespasian, spätestens aber im Chattenkrieg Domitians (um 75 bzw. 85 n. Chr.) durch die 14. Legion angelegt wurde, blieben Keller der Badehäuser erkennbar: Rechts hinten der Fundamentkranz eines Schwitzbades (Sudatorium), links vorn mit halbrunder Exedra das

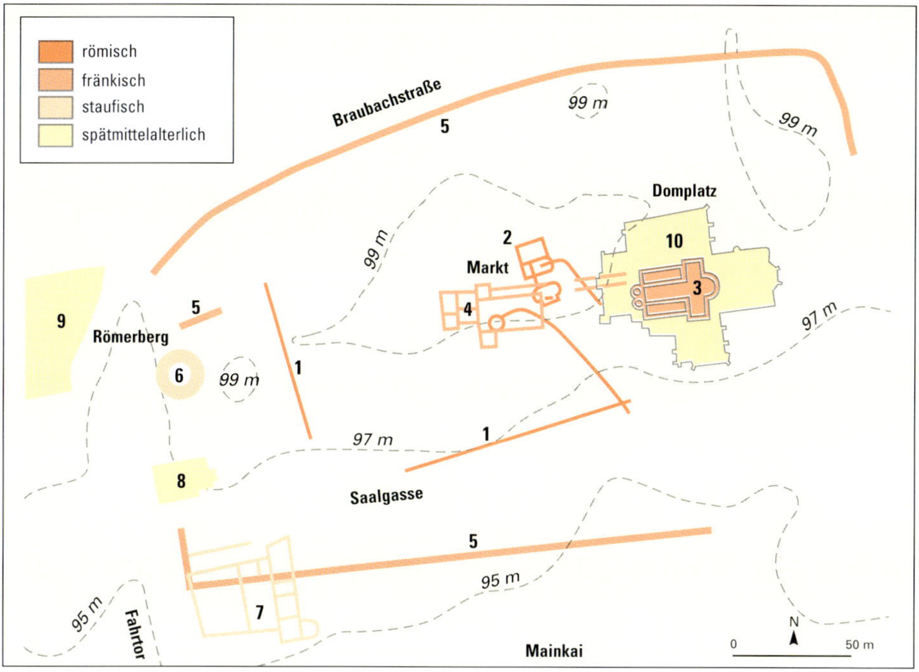

Altstadtgrabungen mit archäologischem Garten, Lageplan
1 Römische Umfassungsmauer
2 Römische Thermen
3 Karolingische Salvatorkirche
4 Karolingische Pfalz
5 Karolingische Umfassungsmauer
6 Staufischer Wehrturm
7 Staufischer Saalhof
8 Staufisch-spätgotische Nikolaikirche
9 Spätgotischer Römer
10 Spätgotischer Bartholomäusdom

einstige Lauwarmbad (Tepidarium); das als sein Zwillingsbau angelegte Warmbad (Caledarium) und das abschließende Kaltbad (Frigidarium) mußten der modernen Rampe weichen. Auf sämtlichen Böden sind die Pfeilerstümpfe der antiken Heizung angedeutet, der Hypokausten: Zwischen ihnen strich die in Anbauten durch Holzfeuer erhitzte Luft zum Anwärmen des Fußbodens und stieg durch Wandschächte zu den Baderäumen, die künstlich aus Leitungen bewässert wurden (übrigens ein System, das man auch in jener ältesten Steinkirche unter dem Dom anwandte, ohne es zu beherrschen; denn ein damit ausgelöster Brand hat das Gebäude vor 700 zerstört). Der verhältnismäßig aufwendige Ausbau dieser **Thermen** erklärt sich aus der Etappensituation des Uferkastells, die Grenze des Römischen Reiches hatte sich unter Trajan nach der Wende zum 2. Jh. nordwärts auf den Taunuskamm vorgeschoben (s. Kap. Fahrten in die Umgebung: Grenze des Römerreichs – zur Saalburg).

Direkt darüber am Eck zum *Markt*, dem die Krönungsprozession folgte, ließ sich der Zuckerbäcker Abraham von Hamel 1619 mit der *Goldenen Waage* das schönste Fachwerkhaus der alten Reichsstadt erbauen. Mit der gesamten Umgebung ist es in den Märzbombardements von 1944 untergegangen – ähnlich wie die mehr als einhundert Bürgerhäuser, die sich seit dem 13. Jh. auf dem Gelände der längst aufgegebenen Pfalz ausbreiteten; sie standen so dicht, daß nur

Goldene Waage
(1944 zerstört)

selten der Blick aus engen Gassen zwischen vorkragenden Geschossen bis zum benachbarten Domturm ging.

Die andere Straßenecke des Krönungswegs markiert modern das sachliche **Zollgebäude** von Werner Hebebrand, dem 1927 der mittelalterliche *Hof Rebstock* endgültig weichen mußte; als Sohn des dortigen Gasthalters hat der zeitkritische Publizist und Lokaldichter Friedrich Stoltze (1816–91) darin seine Kindheit verbracht. Auf den anschließenden *Hühnermarkt,* wo Goethe als Knabe häufiger Gast in dem mit Süßigkeiten lockenden Laden seiner Tante Melber war und um den Freythofbrunnen Hökerfrauen in geflochtenen Körben Geflügel aus den Dörfern der Nachbarschaft anboten, stellten sich 1972 massig die drei Turmstümpfe des **Technischen Rathauses;** originell nutzt ihr um ein Atrium gruppiertes Ensemble das Betonskelett als Fassadenhaut (Entwurf: W. Bartsch, A. Thürwächter, H. Weber, Frankfurt a. M.). Nahe dem Eingang läßt sich im Innern ein *Sarkophag* (vor 259/60) erkennen, Grabungsfund aus einer Nekropole der römischen Heerstraße westlich außerhalb der antiken Stadt Nida (s. Kap. Vorstädte und Vororte: Von Bornheim nach Bergen; zwei ähnliche Steinsarkophage sind museal neben dem Chor der Karmeliterkirche aufgestellt).

Bürgerhäuser um den Dom

Steinernes Haus

Wo sich der im Laufe zweier Jahrtausende um über vier Meter erhöhte Domhügel gegen den Römerberg hin senkt, steht rechts das **Steinerne Haus,** ein Bürgerhaus der Spätgotik, von denen es inmitten zahlloser Holzbauten im alten Frankfurt mindestens ein Dutzend gab. Erbauen ließ es der aus Köln zugewanderte Kaufmann Johann von Melem 1464 anstelle zweier Fachwerkhäuser, die ihm für Wohnen und Waren nicht mehr genügten. Seine Fassade wirkt ungewöhnlich: Über drei Geschossen endet sie in Dreipaßfries und Zinnenkranz mit kanzelartigen Ecktürmchen – formal nichts anderes als das Reduzieren eines Wehrgangs aufs Dekorative. Soziologisch mag sich mit dem Verwenden eines solch charakteristischen Motivs ritterlichen Burgenbaues das Repräsentationsbedürfnis eines sich gleichrangig fühlenden Patriziers verbinden; allerdings lauerten dort oben – im Gegensatz zum mittelalterlichen Italien mit seinen innerstädtischen Parteienkämpfen – nie gedungene Armbrustschützen auf Gegner in den Gassen. Für Symmetrie sorgten doppelte Ladenarkaden (für die Nutzung durch den *Frankfurter Kunstverein* modern verglast) beiderseits des großen Bogens der einstigen Einfahrt; darüber kleine Fenster für ein Warenlager im Halbgeschoß und axial das Wappen der Melem, der Krebs (er läuft vor- und rückwärts, so wie sich der Familienname gleich in beiden Richtungen liest). Oberhalb bei dicht stehenden Kreuzstockfenstern können wechselnder Stein und unterschiedliche Profile als Reminiszenzen zweier Vorgängerbauten oder Zeichen schleppender Bauführung gelten. Die Gebäudeecke zum Römerberg betont eine Hausmadonna im Stil um 1465 (1967 kopiert); daneben verdeckt ein skulptierter Hundekopf einen mißratenen Gesimsanschluß. Das hohe Walmdach verdankt ursprünglich vier Schüttböden seine extrem steile Neigung. Unmittelbares Vorbild dieses Gebäudes ist ein Haus, das sich die Familie Melem 1461 in Köln errichtete (vgl. auch den Kölner Gürzenich). Doch ist diese Hausform typologisch während der Spätgotik vielfach an Nieder- und Mittelrhein (Koblenz, Mainz) oder im Mittelfränkischen (Miltenberg, Nürnberg) entstanden. Kriegsschäden ließen vom Innern nur die Rekonstruktion des hinteren Einfahrtsgewölbes zu: auf Konsolen ein im Stern zentriertes Netzwerk, dessen mittlere Schlußsteine die Wappen des Johann von Melem und seiner Frau Greda Dorfelden zeigen. Bis 1654 blieb das Steinerne Haus Melemscher Besitz. Mit der Jahrhundertwende ging der nördliche Teil des Anwesens mit seinen Messemagazinen endgültig zugrunde, und an der geradlinig – in der Flucht der ottonischen Burgmauer – durch die Altstadt gebrochenen Braubachstraße (Nr. 35) entstand 1905 der neugotische Gasthof ›Steinernes Haus‹ nach Entwurf des Franz von Hoven als Kopie des Freiburger Hauses ›Zum Walfisch‹ (1516).

»Die Straßen sind schön und breit, die Häuser groß und bequem, aber zum größten Teil nach deutscher Art aus Holz gebaut.«
Graf Galeazzo Gualdo Priorato, 1668

Rechts aus der Baulücke zum Technischen Rathaus führt eine Passage zur Braubachstraße. Sie gehörte zu einem ganz ähnlichen Anwesen, dem **Nürnberger Hof.** Er war 1280 schon Eigentum der Familie von Glauburg, deren Erben ihn 1497 an den Nürnberger Kaufmann Jakob Heller veräußerten. Statt des jetzigen Miethauses mit seinen spröden Karyatiden des Neoklassizismus nach Entwurf von Hermann Senf (Nr. 33) erhob sich darüber bis 1913 ein Querbau aus dem Jahrzehnt der Römerrenovierung (s. Kap. Der Römerberg: Vom Römer zum Alten Rathaus) mit Treppengiebeln ost- und westwärts. Wie ein Korridor endete auch dieser Durchgang zunächst an einer Mauer, denn der eigentliche Handelshof öffnete sich hier nur südwärts zum Markt hin. Erst 1485 erfolgten durch den Kauf des nördlich anschließenden Schmiedhofs Durchbruch und Verbindung zu einer mehr als 70 Meter tiefen Hofanlage, die 15 Gebäude säumten. Vorstellbar wird daraus die Bedeutung dieses Stapellagers für Nürnberger Kaufleute zur Messezeit; seine nördliche Begrenzung hat sich gegenüber im Hof des Hauses Braubachstraße 28 als *barocker Torbogen* (um 1720) erhalten. Den Durchgang überspannt ein sternähnlich gefügtes Netzgewölbe der Spätgotik. Die Schnittpunkte seiner gekehlten Rippen sind (wie im Steinernen Haus) von Blattwerk kaschiert, ihre Scheitel – zu seiten des zum Hochziehen von Waren offenen Sprengrings – mit Wappenscheiben der Reichsstädte Frankfurt und Nürnberg geschlossen. Dennoch liegt die Entstehung von Gewölbe und darüber abgebrochenem Gebäude vor der Ära jenes mit Katharina von Melem verheirateten Jakob Heller (s. Kap. Der Domhügel: Ein Gang um den Dom) – Mäzen, Stifter und Freund Albrecht Dürers, bei dem Kaiser Friedrich III. (1486) und sein Sohn Maximi-

Nürnberger Hof, Schlußsteinwappen der Familien Kranich und Glauburg

lian I. (1517) Quartier nahmen. Das Nordpaar einander zugewandter Wappenkonsolen kennzeichnet Hert von Glauburg († 1424) und dessen Frau Guda Knoblauch als Bauherren, künstlerische Details lassen den am Dom tätigen Madern Gerthener als Baumeister und Bildhauer vermuten (um 1410); die weiteren Wappen gelten Mitgliedern der Glauburgschen Ganerbenschaft: an der Westseite (neben dem Glauburgschen Engel) Bern, Lüneburg, Spangenberg im Saal; an der Ostseite (neben den Knoblauch-Zwiebeln) Weiß von Limpurg, Oppen, Kranich.

Als dritter benachbarter Profanbau der Spätgotik steht südlich vom Domturm das Leinwandhaus. Der Weg dorthin zurück führt vorbei an Rotunde und Pfeilerhalle der **Kulturschirn,** einem überdimensionierten Gebäude postmoderner Architektur von 1983–85, das als monumentalisierte Motivkombination aus antiker Stoà und faschistischem Pantheon erscheint und als *Kunstgalerie* während des vergangenen Jahrzehnts zahlreiche renommierte Ausstellungen von der Vorzeit bis zur Gegenwart präsentierte. Der gestalterische Anspruch als gediegener Quaderbau mindert sich ein wenig durch das technisch zu vorgehängter Fassade überforderte Steinmaterial (Entwurf: D. Bangert, B. Jansen, S. Scholz, A. Schultes, Berlin); der eigenwillige Gebäudename leitet sich allerdings weniger aus kultureller als aus kulinarischer Tradition her – ›Schirn‹ hieß im alten Frankfurt eine Art Stehimbiß, wie ihn seit dem späten Mittelalter die Metzger um den Dom in offenen Läden boten.

Das *Metzgerviertel* lag im Mittelalter zum Main hin und endete ostwärts gegen das Judenviertel an der kleinen Straße Zum Pfarrturm, wo bis 1831 in der Achse des Domturms das Metzgertor die Stadtmauer öffnete. Noch bevor Kaiser Friedrich III. 1462 den Auszug der Juden aus ihrem angestammten Stadtquartier am Fluß veranlaßte (s. Kap. Am Rand der Altstadt: Das Liebfrauenstift im Norden), ließ der städtische Rat an dessen Eck zum Metzgerviertel ein öffentliches Gebäude errichten. Günstig schien die Gelegenheit, denn im Pestjahr 1349 vorausgegangen war die sog. zweite Judenschlacht, bei der – wie schon 1241 – erneut die jüdische Gemeinde nahezu ausgerottet wurde und auch der gerade vollendete Domchor Schaden nahm. Das Bauwerk sollte als Magazin für Tuche außerhalb der Messezeiten dienen. Bereits 1397 war es unter Jeckel Mengoz im Bau und vielleicht 1399 anläßlich einer Ratsversammlung darin oder 1400 vollendet. Offiziell hieß es **Leinwandhaus,** jedoch vereinte es vielfältige Funktionen: als Gerichtsstätte und Gefängnis, für den Stadtschreiber und für Geistesgestörte, zur Brotverteilung bei Hungersnot wie zu Banketten der Patrizier, zur Ledermesse (1790), als Lazarett napoleonischer Soldaten (1813), schließlich als Schlachthaus (1880), endlich als Stadtmuseum (1890). Auf den ersten Blick ähnelt das Leinwandhaus dem Steinernen Haus. In der Zeitfolge derartiger Bauten innerhalb von Frankfurt steht es an dritter Stelle (nach den Häusern ›Braunfels‹

Leinwandhaus

und ›Grimmvogel‹). Zwar beschränkt es sich auf nur zwei Geschosse und entstand gewölbelos mit großen Sälen übereinander, deren Balkendecken auf Holzpfeilern ruhen (nach Zerstörung 1944 rekonstruiert als *Kunst- und Fotogalerie* 1981; Entwurf: A. Giefer, V. Hepp, Frankfurt a. M.). Verkaufsarkaden und Kreuzstockfenster darüber entsprechen dem Melemschen Gebäude, ebenso wie motivisch der Bogenfries, auf dem ein Wehrgang (bereichert durch Bogenblenden) mit ausgekragten Ecktürmchen (hier mit Kegeldächern) umläuft. Der auf der Rückseite bis ans hohe Walmdach reichende Treppenturm ist modern. Vom Statuenschmuck der Fassaden, der in der Spätgotik nicht zustande kam, sind anläßlich des Museumsumbaues 1890 ritterliche Figuren ergänzt worden. Beim Wiederaufbau wurde von ihnen am Nordwesteck – über dem Relief des Stadtadlers (1503; von der abgebrochenen Stadtwaage) – die des Stadthauptmanns Hermann von Rodenstein restauriert. Nach einem Modell des zuvor am Domturm tätigen Karl Rumpf (s. Kap. Der Domhügel: Der Domturm) ist sie aus Kupferblech getrieben; Vorbild war die Grabplatte des sagenumwobenen Odenwaldritters Hans von Rodenstein († 1500) von Hans Eseler d. Ä. in der Pfarrkirche zu Fränkisch Crumbach.

Freiheitsbrunnen neben dem Leinwandhaus

Auf dem ruhigen Plätzchen hinter dem Haus steht seit 1994 der **Freiheitsbrunnen,** der einzige originale Pumpbrunnen von Johann Michael Datzerath, den der in Frankfurt führende Barockbildhauer Cornelius Andreas Donett ausgebildet hatte. Auf Kosten der Anwohner war er 1759 schräg gegenüber auf dem Hühnermarkt errichtet worden und somit Zeitzeuge der letzten drei Krönungsprozessionen; 1895 verdrängte ihn das Denkmal für den dort geborenen Friedrich Stoltze (s. Kap. In der Neustadt: Um die Hauptwache), und die Zeit nach dem Krieg entwurzelte ihn erneut. Auch ohne seine ehemals kunstvoll geschmiedeten Pumpenschwengel gilt er als einer der Höhepunkte hiesiger Rokokobildnerei. Außer den Namen der einst für sein Instandhalten verantwortlichen Brunnenschultheiß und -meister zeigt seine Deckplatte die alte Bezeichnung ›Freythoffsbrunnen‹ – eigentlich Hinweis auf einen umfriedeten Hof, doch volksethymologisch zu ›Freiheit‹ mißdeutet. Entsprechend trägt der Brunnenpfeiler als Allegorie der ›libertas‹ eine mit gesprengten Ketten und dem Herrenhut versehene Frauenfigur, die man eher in einem Schloßpark des mainfränkischen Rokoko ansiedeln könnte; am Pfeilerschaft Rocailles und Ansicht des seit 1356 nachgewiesenen Vorgängers auf dem Hühnermarkt – einem gotischen Ziehbrunnen, der offen und weniger hygienisch war, deshalb wie mehr als einhundert andere in der freien Reichsstadt seit dem 18. Jh. ersetzt wurde. – Im Hof hinter dem Domchor steht Datzeraths **Atlasbrunnen** vom Kornmarkt (1778; z. T. Kopie).

Westwärts entlang der *Saalgasse* reihen sich moderne **Stadthäuser.** Sie alle folgen Entwürfen renommierter Architekten (1981–86), deren Ideen zuvor schon bei einem internationalen Wettbewerb für die nach Kriegszerstörungen planierte Fläche zwischen Dom und

Stadthäuser in der Saalgasse

Römer gefragt waren. Diesen Wohnbauten gemeinsam sind kleine Parzelle und Position auf unterirdischem Parkhaus, dessen Südmauer – in der Flucht der Befestigungslinie jenes römischen Militärlagers (s. Kap. Der Domhügel: Krönungsweg und Kaiserpfalz) – die zum Fluß gewandten Hausfronten trägt. Fast alle Fassaden knüpfen mit Giebeln und Achsen an altstädtische Bürgerhäuser, variieren jedoch traditionelle Motive in Material und Detail zu originellen Gestaltungen, die auch Ironie oder Persiflage nicht scheuen.

Am Anfang – gegenüber Dom und Leinwandhaus – stehen drei identisch konzipierte und zum Winkel gruppierte Häuser (Weckmarkt/Saalgasse 2–4; Entwurf: D. Bangert u. andere, Berlin). Als differenzierende Leitmotive der Fassaden wirken anschließend Brettergiebel und halbrunder Balkon (Nr. 6; D. Herms, Berlin), übergreifender Bugerker (Nr. 8; M. v. Gerkan & V. Marg, Hamburg), Raster (Nr. 10; Chr. Mäckler, Frankfurt a. M.), Kontrast von fluchtender Fassade

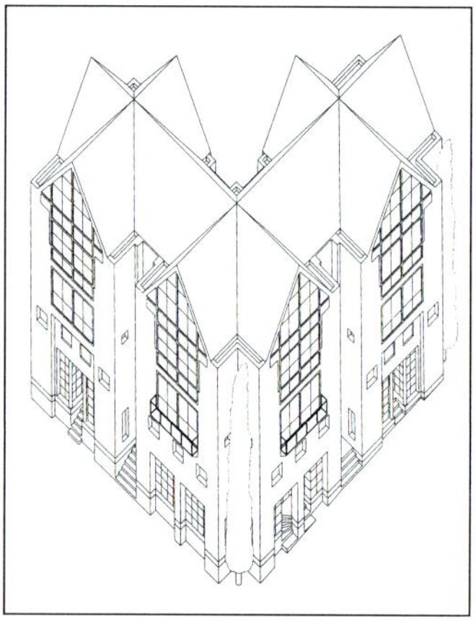

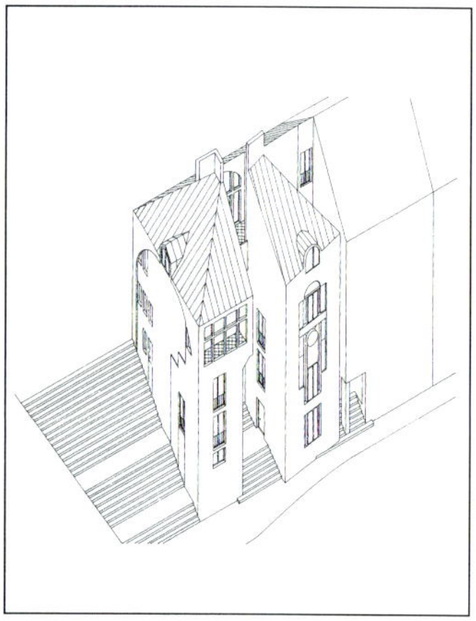

Saalgasse, Isometrien der Häuser 2-4 und 18

und dahinter übereckgestellter Transparentformen (Nr. 12; J. Eisele & N. Fritz, Darmstadt), konvexe Balkons und gestufter Giebel (Nr. 14; D. Unglaub & W. Horvath, Frankfurt a. M.), auf ziegelroter Fläche ein Erker als Grafik eines kopfstehenden Turmhauses (Nr. 16; N. Berghof, M. Landes, W. Rang, Frankfurt a. M.). Beiderseits der durch Flankentreppen und Segmentgiebel betonten Schirnfassade architektonisch überraschende Lösungen als gelb-rote Einachser (Nr. 18; C. Moore, Los Angeles) bzw. als lila Kunststeinbau mit Ecksäule und Farbmosaik (Nr. 22; G. Natalini, Florenz). An markanten Motiven folgen kristalliner Giebelerker auf ochsenblutfarbener Front (Nr. 24; S. Albrecht, J. Jourdan, B. Müller, Frankfurt a. M.), alternierende Fensterachsen (Nr. 26; P. Fischer, D. Glaser, D. Kretschmer, Frankfurt a. M.), Giebelbalkon und Garagenausfahrt (Nr. 28; K. P. Heinrici & K. G. Geiger, Frankfurt a. M.; von ihnen ebenso drei weitere formal unauffälligere Häuser).

Haus ›Großer Engel‹ an der Ostzeile des Römerbergs mit Durchblick zum Domturm ▷

Der Römerberg

Besonders sehenswert:
Schwarzer Stern
Großer Engel *
Justitiabrunnen *
Römer **
Kaisersaal
Altes Rathaus
St. Nikolai *
Historisches Museum *
Saalhof *
Haus Wertheim

Der Römerberg ist ein fünfeckiger Platz, dessen Spitze nordwärts weist. In Wirklichkeit bildet er keine Erhebung, sondern eine Senke, deren Sohle zum Main hin abfällt. Der Kommune galt er traditionell als Stätte spektakulärer Ereignisse wie Mysterienspiele oder Ritterturniere (etwa seit 1350). Für Reich und Nation gewann er Bedeutung als Bühne bei Königswahl und Kaiserkrönung, zu Parlamentariertreffen und Fürstenversammlung. Die seit dem Mittelalter hier ausgerichteten Handelsmessen steigerten sein wirtschaftliches Ansehen auf dem gesamten Kontinent. Von all dem hat nur der Weihnachtsmarkt überdauert; aus dessen eilig aufgeschlagenen Buden quellender Duft oder das Gedränge vieler Menschen vermag während einiger Wochen Vergangenes vorstellbar zu machen (als reiner Viktualienmarkt läßt er sich bis 1393, in heutiger Art bis ins 18. Jh. zurückverfolgen). Sein östlicher Hangstreifen zwischen Markt und Saalgasse heißt bis heute Samstagsberg – Hinweis auf einen frühen Wochenendmarkt, der zur Versorgung der Pfalz und ihrer Siedlung mit Lebensmitteln aus Höfen und Dörfern des Umlandes gedient haben dürfte.

Dort fällt im Pflaster ein ungewöhnlich groß dimensionierter *Steinring* auf: Jene Keimzelle der Stadt reichte im 11. Jh. bis zur Fahrgasse (Osten) bzw. zur Braubachstraße (Norden). Ihre westliche Wehrmauer folgte der Tallinie des Römerbergs. Zu deren Verstärkung ließ noch einer der staufischen Herrscher in den Jahrzehnten um 1200 einen *Rundturm* beginnen, der jedoch über Fundamente kaum hinauswuchs (1942 bzw. 1971–73 ergraben). Mit einem Durchmesser von fast 22 Metern (bei 6 m Mauerstärke) wäre er mindestens 40 Meter hoch geworden – wie später der untere Umgang am

Der Römerberg nach Süden, kolorierter Stich von Salomon Kleiner, 1738

Ostzeile des Römerbergs, Aquarell von W. Birkenholz, 1939

Domturm oder der obere am Eschenheimer Turm; nur Frankreich bot damals Vergleichbares – im Süden die ›Tour de Constance‹ in Aigues-Mortes, im Norden den Burgturm von Coucy-le-Château.

Vom ›Schwarzen Stern‹ zum ›Großen Engel‹

Als im Verlauf des 13. Jh. die Pfalzsiedlung über ihre Befestigung hinauswuchs, blieb der sich westlich dehnende Platz für Märkte und Messen ausgespart. Auch wenn schriftliche Überlieferung zu den ihn rahmenden Bauwerken erst im 14. Jh. einsetzt, dürfte deren Geschichte weiter zurückreichen. Auf der *östlichen Seite* reihen sich sechs Gebäude als Zeile, zu der – vorgeschoben jenseits einer Gasse – noch ein siebtes gehört (Ostzeile). Alle erscheinen sie in Bauformen von Renaissance und Barock, jedoch sind sie kaum älter als ein Jahrzehnt: Akribisch genau anhand vieler Fotos und Pläne hat man sie rekonstruiert – nach vier Jahrzehnte währender Diskussion gleichsam als geschichtstilgende Tat der Stadtreparatur, zu der Krieg und Zerstörung (1944) zugunsten harmonisierter Historie ausgeblendet wurden (1981–84; Entwurf: E. Schirmacher, Bad Soden bzw. für den ›Stern‹ Heinrici & Geiger, Frankfurt a. M.). Städtebaulich überzeugend zurückgewonnen hat der Römerberg dadurch seine Begrenzung gegen den Dom: Über einer Halle im Erdgeschoß aus Buntsandstein, dem typischen Baumaterial des mittelalterlichen Frankfurt aus den Spessartbrüchen um Miltenberg und Marktheidenfeld, sind sämtliche Häuser mehrstöckig in Fachwerk konstruiert.

»Einer jener Plätze, um die alle Stile und Launen der bürgerlichen Baukunst des Mittelalters und der Renaissance ihre Musterhäuser aufgereiht haben!«
Victor Hugo, 1889

Römerberg, Ostseite

Das von der Ostzeile isolierte Haus **Schwarzer Stern** (Römerberg 12) bildet zugleich den Kopfbau jener modernen Stadthäuser (s. Kap. Der Domhügel: Bürgerhäuser um den Dom). Seinen Namen verdankt es einstigem Fassadendekor, vielleicht einem Wappen. Großzügige Arkaden deuten auf ehemals lohnende Nutzung des Erdgeschosses als Verkaufslager zur Messezeit, dicht gereihte Fenster dreier darüber ausladender Geschosse sowie allseitig dem Dach vorgesetzte Zwerchhäuser auf gewinnträchtige Vermietung an Zuschauer bei den Darbietungen anläßlich der Krönungen. Gemeißelte Profile und Maskarons wie geschnitzte Brüstungszier aus Rautennetz und Andreaskreuz, schließlich die geschweiften Giebel kennzeichnen die Bauzeit um 1610.

Jenseits des Durchblicks zum einstigen *Fünffingerplätzchen,* einem pittoresken Anziehungspunkt der Altstadt bis 1944, von dem aus jetzt eine Treppe zur Kulturschirn führt, folgen die Häuser **Klein Laubenberg** und – viel niedriger – **Groß Laubenberg** (Nr. 16–18) mit ihrer in der Untermainregion um 1530/40 typischen Viertelkreiskrümmung von Fußstreben bzw. deren Überschneidung mit den Kopfstreben (vgl. Rathäuser in Bergen und Seckbach); sämtliches Fachwerk dieser Gebäude war übrigens seit etwa 1700 verschiefert. Unterschiede am Erdgeschoß lassen beim Haus **Kleiner Dachsberg/Schlüssel** (Nr. 20–22), erkennen, daß hier seit ca. 1550 zwei kleinere Gebäude unter gemeinsamen Fachwerkgeschossen zusammengefaßt waren. Im Kern spätmittelalterlich waren ebenso **Wilder Mann** und **Goldener Greif** (Nr. 24–26), doch nach 1790 verbargen barocke Putzfassaden ihre damals bereits als altfränkisch empfundene Holzkonstruktion; zuvor zur Krönung Leopolds II. hatte der ›Goldene Greif‹ seinem Eigentümer immerhin 5453 Gulden an Fenstermiete eingebracht.

Das Haus **Großer Engel** (Nr. 28) am Eck ist durch seinen Erkerturm das originellste Bauwerk dieser Reihe. Seit 1342 schriftlich bezeugt, prägten es zwei Umbauphasen 1475 und 1562. Anläßlich der Krönung Maximilians II. stand es vollendet wie heute am Ansatz des Prozessionsweges, dem es die Giebelfront zuwendet. Traditionell galt es als Eigentum von Goldschmieden und Münzern, die es als Schmuckladen und Wechselstube nutzten. Der aus Ulm eingeheiratete Goldschmied Siegfried Deublinger gab dem Haus die heutige Form. Sein über zwei Geschosse reichender Unterbau – ursprünglich Verkaufshalle und Kontor – weist die für die bürgerliche Renaissance charakteristischen Vorhangbögen auf. Ebenso formal ins späte 16. Jh. gehören die geschweiften Andreaskreuze im darüber ausgekragten Fachwerkstock. Kielbogenfenster zweier weiterer Stockwerke kennzeichnen den Fachwerkbau zum Ende der Spätgotik. Das Motiv des *Erkers* mit seinem oktogonalen Türmchen wertet die Platzfront als Fassade auf. Sämtliche Knaggen sind figürlich gestaltet, die Pfosten überzieht dichtes Relief aus Grotesken und Trophäen. Füllbretter am Erkerfuß zeigen das Relief eines Engels. Sein Motiv wiederholt sich höher am Hauseck zwischen Knaggen mit Wildleuten. Rückwärtig, wo bis 1562 der *Kleine Engel* als separates Haus anschloß, bietet der Eckpfosten zur Rapunzelgasse eine Darstellung des ›Sündenfalls‹ mit Adam und Eva in paradiesischer Nacktheit (verwandte Schnitzereien, wie sie Frankfurts noble Patrizierhäuser bis 1944 vielfach boten, finden sich als originale Bauzier der Renaissance noch jenseits des Taunuskammes in Idstein und Camberg im Goldenen Grund). – Die Rapunzelgasse greift mittelalterliche Dimensionen auf. Die beiden folgenden Paralleltrakte entstanden gleichzeitig modern (Entwurf: D. Bangert u. andere, Berlin); ihre östliche Fassadenflucht entspricht dem Verlauf der Befestigungsmauer jenes römischen Militärlagers (s. Kap. Der Domhügel: Krönungsweg und Kaiserpfalz). – Gleichzeitig rekonstruiert vor der Ostzeile wurde der **Minervabrunnen,** ein Pumpbrunnen des Rokoko mit ehemals kunstvoll geschmiedetem Gestänge, der zu privater Nutzung 1750 auf Kosten der Bewohner von Großem Engel bis Kleinem Laubenberg einen gotischen Ziehbrunnen ersetzte. Auf steinernem Pfeiler trägt er die Schutzgöttin für Handwerk und Künste, martialisch bewehrt mit Schild und Lanze (Kopie des 1944 demolierten Originals).

Der Justitiabrunnen

Die Mitte des Römerbergs markiert der Justitiabrunnen. Doch verdankt er seine volkstümliche Bedeutung nicht dem ethischen Anspruch, Gerechtigkeit zu symbolisieren, sondern der Überlieferung als kostenloser Weinspender während der Kaiserkrönungen. Beides ist nur bedingt wahr, der Brunnen dennoch in mancherlei Hinsicht

Justitiabrunnen auf dem Römerberg

für die Stadt einmalig. Auf ihrem bedeutendsten Platz gilt er als erster Zierbrunnen – an einer Stelle, wo zuvor ein öffentlicher Ziehbrunnen bestand, der nicht den Nachbarn, sondern den Markt- und Messebesuchern diente. Mit städtebaulicher Erneuerung von Frankfurts Zentrum im 16. Jh. einher ging auch die Anlage des Fließbrunnens, für den sich in dieser Stadt allerdings kein Vorbild bot. Fern vom Friedberger Feld (nahe der Warte, wo noch heute ein unterirdisches Bassin Trinkwasser für Frankfurt sammelt) wurde im Winter 1541 eine hölzerne Wasserleitung über zwei Kilometer hinunter geführt zum Römerberg und hier im Frühjahr 1542 ein Oktogon eingetieft. Durch Gefälle erzeugter Druck ließ Wasser in gehöhltem Tannenstamm steigen, und seit August floß es aus vier Röhren in ein Sandsteinbecken. Zugleich mit den Statuen für jüngere Brunnen auf Liebfrauenberg und Roßmarkt hat der Frankfurter Bildhauer Johann Hocheisen 1610 aus Sandstein eine ›Justitia‹ gemeißelt, die Philipp Uffenbach marmorgleich weiß bemalte und aus deren steinernem Postament zur Krönung von Kaiser Mathias am 14. Juni 1612 weißer und roter Wein flossen. Weil noch am selben Abend das begeisterte Volk Röhren und Hähne wie Trophäen entwendete – immerhin überstand die erhöhte Justitia unbeschadet die damit verbundenen Balgereien –, ließ der städtische Rat zu späteren Krönungen jeweils nur einen provisorischen Weinbrunnen in Form des Reichsadlers, aus dessen beiden Schnäbeln es zweifarbig quoll, aufrichten (auch er wurde stets demoliert).

Ebenso begehrt wie der Wein waren übrigens die Stücke vom Ochsen, den die Metzgerinnung benachbart in eigens aufgeschlagener Bretterbude am Spieß briet; vier mit ›OK‹ bezeichnete Pflastersteine kennzeichnen die Position der Eckpfosten jener ehemaligen Ochsenküche. Dort ging's genauso turbulent wie am Weinbrunnen zu, und außer dem Fleisch verschwanden schließlich auch die Budenbretter in der Menge. Beide Stätten fügten sich in den öffentlichen Trubel bei den Frankfurter Krönungsfeierlichkeiten, denn Reichserztruchseß und -mundschenk holten von hier zum Krönungsbankett des Kaisers im Römer (s. Kap. Der Römerberg: Vom Römer zum Alten Rathaus) ein Stück Ochsenbraten bzw. ein Glas Wein. Beides gehörte zum Verrichten der sog. Erzämter auf dem Römerberg – symbolischen Handlungen durch des Reiches höchste Würdenträger für den Kaiser, wie das Füllen eines Handwaschbekkens durch den Reichserzkämmerer, das Scheffeln von Hafer für des Kaisers Roß durch den Reichserzmarschall oder das Streuen eigens geprägter Krönungsmünzen durch den Reichserzschatzmeister.

All das spielte sich 1792 zur Krönung Franz' II. ein letztes Mal ab. Mit dem Wachstum der Stadt verlagerte sich deren Zentrum nordwärts. Als dort 1879 eine geschlossene Markthalle dem Römerberg seine Marktfunktion entzog, verlor der Justitiabrunnen vollends an Bedeutung und verfiel. Großbürgerlichem Mäzenatentum, von dem Frankfurt während der Gründerzeit vielfach profitierte, verdankte er sein Erneuern: Im Auftrag des Weinhändlers Gustav Dominikus

Manskopf hat der Bildhauer Friedrich Schierholz Hocheisens steinernen Brunnenstock und -statue aus dem Manierismus in Bronze kopiert. Am 11. Mai 1887, dem 16. Jahrestag des ›Frankfurter Friedens‹, wurde er in Anwesenheit Friedrich Stoltzes feierlich enthüllt, und darüber sprach Kaiser Wilhelm I. dem Stifter in einer Depesche ›allerhöchst‹ seine ›Befriedigung‹ aus. Seitdem blickt die Figur der ›Gerechtigkeit‹ wieder zum Römer, in den Händen als typische Attribute Waage und Schwert (seit 1947 wegen Diebstahls mehr als ein Dutzendmal ergänzt), doch unverbundenen Auges, als ob sie ihr Urteil parteiisch erst im Anblick von Kläger und Beklagtem fällen wolle – über wasserspeienden Sirenen und allegorischen Tugendreliefs (Caritas/Liebe und Spes/Hoffnung, Temperantia/Mäßigung und Justitia/Gerechtigkeit), derer sich der Magistrat rühmte. Die Sandsteinbrüstung des mehr als sechs Meter weiten Beckens entstammt teilweise noch dem Gründungsjahr 1542, das kunstvoll geschmiedete Gitter mit seinen vergoldeten Stadtadlern schuf Alexander Linnemann 1887.

Vom ›Römer‹ zum ›Alten Rathaus‹

Der architektonische Ruf des Platzes gründet sich auf seine Westseite. Sie ist seit mehr als einem halben Jahrtausend geprägt von den drei markanten Treppengiebeln des **Römers,** dem *Rathaus* als typischstem Profanbau der alten Stadt. Seit Karls IV. ›Goldener Bulle‹ (1356) war Frankfurt offiziell Ort der Königswahl. Deren Ansprü-

Römer

chen vermochte das vor 1288 an der Stelle des späteren Domturms (s. Kap. Der Domhügel: Der Domturm) errichtete ursprüngliche Rathaus nicht zu genügen; zuvor schon hatte Ludwig der Bayer den Frankfurtern den Bau eines größeren Rathauses gestattet (1329), doch den Beginn verzögerten andere finanzielle Belastungen (Stadtbefestigung 1333, Brückenneubau 1399, Niederlage vor Kronberg 1389). Dienen sollte es mehreren Zwecken zugleich: als Sitz der Stadtverwaltung, als Stätte für Reichstag und Königswahl, als Kaufhaus zur Messezeit. Kaum eine günstigere Lage ließ sich dafür denken als das stattliche Wohnhaus ›Römer‹ von Konz und Hinz Kölner am Marktplatz, über den sämtlicher Handelsverkehr von der Schiffslände aufwärts zum Liebfrauenberg rollte. Seit 1401 stapelte sich auf dem Römerberg von Miltenberg mainab verschiffter Buntsandstein, bereits behauen zu Stufen und Gewänden. Im März 1405 einigte man sich über den Verkauf, und sofort begann im Auftrag des Frankfurter Rats unter Friedrich von Königshofen ein radikaler Umbau vom Wohnhaus zum Rathaus. 1408 konnten erstmals die 14 städtischen Schöffen im Römer tagen; der Altbau blieb noch über die Messen von 1414 Wechselstube und wich anschließend dem Domturm.

Dies stand am Beginn einer erst 1908 endenden, einmaligen Kaufstrategie, durch die elf Patrizierhäuser zum Gebäudekomplex des Rathauses zusammenwuchsen: Mit dem ›Römer‹ war von den Kölners das rückwärtig im Winkel anschließende Haus **Goldener Schwan** erworben worden – ebenfalls 1322 erstmals schriftlich erwähntes Eigentum des zwei Jahre später auf seiner Pilgerreise nach Santiago de Compostela gestorbenen Patriziers Wigel Frosch, dem es den ursprünglichen Namen ›Goldener Frosch‹ verdankt. Eine andere Bewandnis hat es mit der Bezeichnung ›Römer‹, die sich aus dem Vermieten an römische Kaufleute während der Messen herleitet. – Das mit niedrigerem Stufengiebel links schmaler anschließende Gebäude heißt seit 1336 **Laderam,** und dies erklärt sich als vulgarisierte Form des päpstlichen Palastnamens ›Lateran‹; darin liegt ein zusätzlicher Hinweis auf Händler aus Rom. Als weitere Bestätigung solch eigentümlicher Etymologie mag ein im Mittelalter von Italienern genutztes Häuserpaar mit gleichem Namen im benachbarten Mainz gelten. Mitsamt seinem Hinterhaus **Silberberg** galt ›Laderam‹ ab 1495 als Versammlungslokal der vornehmen Patriziergesellschaft ›Alt-Limpurg‹ (von ihr übernahm es den Gebäudenamen), die es für private Feiern wie für parteiliche Debatten zur Zukunft der Stadt nutzte; denn fast alle ›Alt-Limpurger‹ saßen im Frankfurter Rat. Insofern änderte sich wenig bei seiner erst 1878 vollzogenen Eingliederung ins Rathaus. Zur Dreigiebelfront am Römerberg ergänzt rechts das Haus **Löwenstein**, dessen – wie seines Hinterhauses **Wanebach** – seit 1342 verfolgbare Entwicklung durch städtischen Erwerb 1596 mit der des Rathauses verschmolz.

»Der Reichtum, den ich auf dieser Messe vorfand, war ganz grenzenlos, besonders an einem Ort, >Unter dem Römer<, genannt, wo die Goldschmiede ihre Stände hatten.«
Thomas Coryate, 1611

Erstmals als optische Einheit boten sich die drei gestuften **Fassaden** ab 1651 durch gemeinsamen Anstrich, ornamentale Bemalung und übergreifendes Vordach. Die Dominanz des zentralen Römers steigert seit 1702 ein barockes Glockentürmchen. Vom spätgotischen Umbau (1405–08) blieben außen Portalgewände und die gestaffelten Fenster des Kaisersaals sichtbar. Alles andere ist neugotische Zutat nach einem vom Limburger Diözesanbaumeister Max Meckel gewonnenen Wettbewerb, auf den sogar Kaiser Wilhelm II. Einfluß genommen hatte (1896/97). Dazu griff Meckel formale Anregungen der reichsstädtischen Spätgotik auf: Als Vorbild diente die Alte Nikolaikirche für die Balkonbrüstung, das Salvatorchörlein an St. Leonhard für die Balkonwölbung, der Nürnberger Hof für deren Wappenkonsolen, die Front des Leinwandhauses für die ritterlichen Statuen. Stadt- und Reichsgeschichte spiegeln sich in heraldischem Programm: Eine untere Reihe aus elf Balkonkonsolen weist mit Wappen auf Frankfurts Beziehungen zu benachbarten Territorien (Kurmainz, Hessen, Hanau, Isenburg, Solms), Reichsstädten (Friedberg, Wetzlar, Gelnhausen) und Rheinstädten (Mainz, Worms, Speyer). Darüber reihen sich Schilde der wichtigsten patrizischen Ratsfamilien: Holzhausen, Weiß von Limpurg, Glauburg, Frosch, Wanebach, zum Jungen, Knoblauch, Marburg zum Paradies (= Mitglieder der Gesellschaft ›Alt-Limpurg‹), Barckhaus, Orth, Uffenbach (= Mitglieder der Gesellschaft ›Frauenstein‹). Unter den Giebeladlern von Stadt und Reich stehen gewappnet *Kaiserfiguren:* Der Staufer Friedrich I. Barbarossa (in Frankfurt 1152 zum König gewählt), der Wittelsbacher Ludwig der Bayer (seinen Privilegien verdankt Frankfurt 1330 seine zweite Jahresmesse und 1333 größere Stadtbefestigung) – beide von Joseph Kowarzik; der Luxemburger Karl IV. (er legitimierte mit der ›Goldenen Bulle‹ 1356 Frankfurt als Wahlort der Könige), der Habsburger Maximilian II. (als erster 1562 im Dom zum Kaiser gekrönt) – beide von Friedrich Hausmann. – Rechts am Haus Löwenstein sind Wappen acht weiterer Familien des Stadtadels angebracht, deren Handelskontore Frankfurts Ansehen als Messeort steigerten: Blum, Bromm, Heller, Neuhaus, Rohrbach, Stalburg, Steffan, Melem; die entgegengesetzte Gebäudeecke an Laderam/Alt-Limpurg ziert *Francofurtia* als Stadtgöttin mit Mauerkrone von Franz Krüger (1898).

Zum Rathaus gehören seit 1843 ebenso nach rechts Haus **Frauenstein** und **Salzhaus,** ehemals Fachwerkkonstruktionen der Spätgotik (nach 1484), deren eine der gleichnamigen Patriziergesellschaft als Versammlungslokal diente. Nur beider steinerne Erdgeschosse überdauerten den Zweiten Weltkrieg – bei ›Frauenstein‹ aus dem Rokoko (um 1750; bis 1944 bot seine darüber verputzte Fassade illusionistische Architekturmalerei aus dem Barock), beim Salzhaus aus dem Manierismus (um 1600; von reich beschnitzter Verbretterung blieben allegorische Reliefs der ›Jahreszeiten‹ aus dem Frühbarock).

Hinter hölzernen Flügeltoren, deren Gestaltung wiederum auf Alexander Linnemann zurückgeht, öffnet sich doppelschiffig die **Römerhalle,** der sich formal identisch nordwärts im rechten Winkel die **Schwanenhalle** anfügt. Über gleichfalls gewölbten Kellern entstammen beide Räume der ersten durch Friedrich von Königshofen 1405

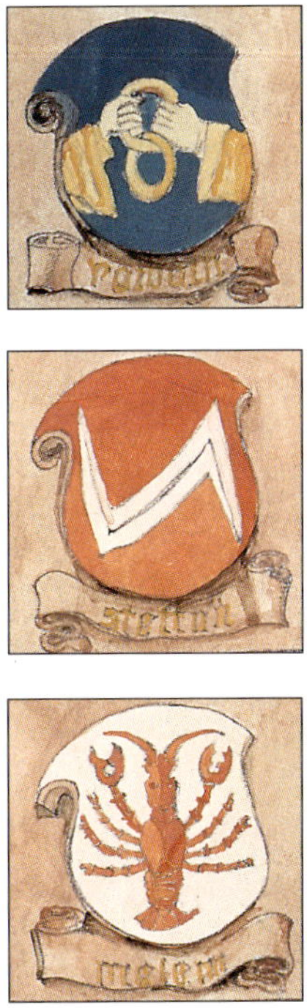

Römer, Patrizierwappen an den Balkonkonsolen: Rorbach, Steffan und Melem

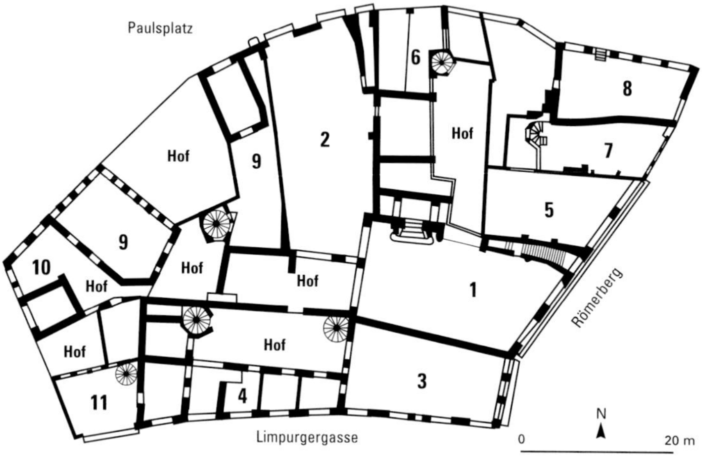

Römer, 11 historische Römerhäuser, Grundriß
1 Haus Römer
2 Haus Goldener Schwan
3 Haus Laderam (Alt-Limpurg)
4 Haus Silberberg
5 Haus Löwenstein
6 Haus Wanebach
7 Haus Frauenstein
8 Salzhaus
9 Haus Frauenrode
10 Haus Viole
11 Haus Schwarzenfels
(Nr. 9 - 11 sind abgebrochen)

begonnenen Umbauphase des Rathauses und dienten bis 1846 als Basar der Goldschmiede. Vollendet hatten sie die Maurer Wigel Sparre und Claus Mengoz 1406, denn der Königshofener scheiterte rasch am Einsturz seiner Gewölbe. Beide Hallen sind die einzigen gewölbten Profanräume der Spätgotik in Frankfurt: Ihre gekehlten Rippen verschneiden sich mit gedrungenen Rundpfeilern auf hohen Oktogonalbasen und entwickeln sich zu sternähnlichen Netzgewölben, deren Diagonalspannung und Wandpfeiler die jeweilige Raumtiefe von vier Jochen überspielen. Nordwärts öffnet sich hier der **Goldene Schwan** mit barocken Fenstern und Türen (1731), westwärts folgt seit der Jahrhundertwende der Ratskeller (1900). Zum Haus ›Löwenstein‹, das sich 1741 in ein glanzvolles Treppenhaus verwandelte, blieben Gewände und Gitter eines Rokokoportals und

Römer, fünf historische Giebelhäuser, Querschnitt: Alt-Limpurg, Römer (Römerhalle, Kaisersaal), Löwenstein, Frauenstein, Salzhaus

darüber eine schmale, auf Konsolen ausgekragte Mauerstiege, auf der bis dahin die Herrscher den Kaisersaal erreichten und auf der heute die im Standesamt frisch Vermählten herabschreiten.

Im Obergeschoß erinnert der **Kaisersaal** als einziger historischer Raum an den Glanz des alten Reiches. Bei verschobenem rechteckigem Grundriß sind seine Längswände in Blendbögen der Spätgotik aufgelöst. Seine ursprüngliche Funktion als Ratssaal wich, als 1612 anläßlich der Krönung von Kaiser Mathias die Frankfurter Ratsherren am Krönungstag zu einem Festbankett luden. Knapp einhundert Jahre später zur Krönung Karls VI. nutzte Konrad Unsin 1711 jene Bogenblenden als Rahmen für *Gemälde* sämtlicher Herrscher seit Konrad I. (ab 911), wobei deren Bronzefarbe den Eindruck gegossener Büsten erwecken sollte. – Zur festlichen Tafel hinauf schritt der Kaiser auf 1741 erneuerter Prunktreppe (1955 modern ersetzt) und nahm auf der Fensterseite des Saals Platz. Zu symbolischer Bekundung ihrer ›Untertänigkeit‹ reichte ihm vor dem Mahl der Reichserzkämmerer ein Handwaschbecken, aus dem Gedränge auf dem Römerberg brachten der Reichserztruchseß ein Stück vom gebratenen Ochsen, der Reichsmundschenk ein Glas Wein; weiteres Bedienen übernahmen Reichsgrafen als erbliches Privileg ihrer Familien. Unter jenen ausgemalten Bögen reihten sich Tische der Kurfürsten, und weitere Fürsten des Reichs saßen gemeinsam am anderen Ende des Raums unter einer Empore, von der herab Tafelmusik erklang. Mit einem letzten Krönungsmahl für Franz II. endete am 5. Juli 1792 die imperiale Bedeutung des Kaisersaals. Fortan diente er der städtischen Bibliothek als Magazin, und erst deren Neubau (1825) weckte den Wunsch zu seiner würdigen Renovierung.

So trat der seit 1830 als Leiter von Akademie und Pinakothek des renommierten Städelschen Kunstinstituts (s. Kap. Vorstädte und Vororte: Museen am Mainufer) wirkende Philipp Veit an den Frankfurter Senat mit dem Vorschlag, jenen Saal gemäß seiner einstigen Bedeutung mit einem zeitgemäßen Zyklus ganzfiguriger Ölbilder aller Herrscher seit Karl dem Großen auszustatten; sein Angebot, vier von 52 zukünftigen Gemälden selbst zu stiften, erleichterte eine positive Entscheidung (mangelnder Platz gebot den Verzicht auf Bilder der Interregnumsherrscher Konrad IV., Wilhelm von Holland, Richard von Cornwall sowie auf den vor seiner Wahl ermordeten Friedrich von Brandenburg). Als zündende Idee für dieses vaterländische Projekt erwies sich am 25. Jahrestag der Völkerschlacht von Leipzig der Vorschlag, die Fürsten des im Frankfurter Palais Thurn & Taxis tagenden Deutschen Bundes (s. Kap. In der Neustadt: Nordwärts zum Eschenheimer Tor), befreundete Städte und Kunstvereine als Geldgeber zu gewinnen. Veit hatte sofort 1838 die von ihm übernommenen Bilder (Karl der Große, Otto I., Friedrich II. Heinrich VII.; 1843) entworfen. Nach seinen Kartons malte Johann Jakob Jung (Ludwig der Fromme, Arnulf von Kärnten mit Ludwig dem Kind), der ebenso durch ihn geschult war wie der früh verstorbene Johann Franz Brentano (Karl IV.). Unter Veits Einfluß – als Schüler

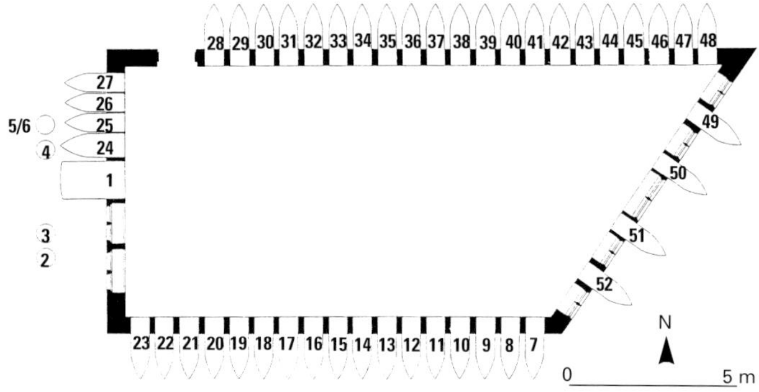

Römer, Kaisersaal, Anordnung der Kaiserbilder
1 Karl der Große (768-814) 2 Ludwig der Fromme (814-840) 3 Ludwig der Deutsche (840-876) 4 Karl der Dicke (876-887) 5 Arnulf von Kärnten (887-899) 6 Ludwig das Kind (900-911) 7 Konrad I. (911-918) 8 Heinrich I. (919-936) 9 Otto I. (936-973) 10 Otto II. (973-983) 11 Otto III. (983-1002) 12 Heinrich II. (1002-1024) 13 Konrad II. (1024-1039) 14 Heinrich III. (1039-1056) 15 Heinrich IV. (1056-1106) 16 Heinrich V. (1106-1125) 17 Lothar III. von Supplinburg (1125-1137) 18 Konrad III. (1138-1152) 19 Friedrich I. Barbarossa (1152-1190) 20 Heinrich VI. (1190-1197) 21 Philipp von Schwaben (1198-1208) 22 Otto IV. (1198-1215) 23 Friedrich II. (1215-1250) 24 Rudolf von Habsburg (1273-1291) 25 Adolf von Nassau (1292-1298) 26 Albrecht I. (1298-1308) 27 Heinrich VII. von Luxemburg (1308-1313) 28 Ludwig der Bayer (1314-1347) 29 Friedrich der Schöne von Österreich (1314-1330) 30 Karl IV. (1347-1378) 31 Günther von Schwarzburg (1349) 32 Wenzel (1378-1400) 33 Ruprecht von der Pfalz (1400-1410) 34 Sigismund (1410-1437) 35 Albrecht II. (1438-1439) 36 Friedrich III. (1440-1493) 37 Maximilian I. (1493-1519) 38 Karl V. (1519-1556) 39 Ferdinand I. (1556-1564) 40 Maximilian II. (1564-1576) 41 Rudolf II. (1576-1612) 42 Matthias (1612-1619) 43 Ferdinand II. (1619-1637) 44 Ferdinand III. (1637-1657) 45 Leopold I. (1658-1705) 46 Joseph I (1705-1711) 47 Karl VI. (1711-1740) 48 Karl VII. Albrecht (1742-1745) 49 Franz I. Stephan (1745-1765) 50 Joseph II. (1765-1790) 51 Leopold II. (1790-1792) 52 Franz II. (1792-1806)

oder Kollegen – wirkten Joseph Binder (Albrecht II., 1838), Karl Ballenberger (Konrad I., Ludwig der Bayer, Günther von Schwarzburg, Ruprecht von der Pfalz; ab 1836), Moritz Daniel Oppenheim (Otto IV., 1839; Joseph II., 1840), der Städelinspektor Johann David Passavant (Heinrich II.), Adolf Friedrich Teichs (Otto II.). Beteiligt waren ferner Johann Eduard Ihlée (Heinrich IV., 1845) und Joseph Anton Settegast (Otto III.), die zuvor gemeinsam unter dem führenden Wilhelm Schadow an der Düsseldorfer Kunstakademie ausgebildet worden waren. Ebenfalls aus Düsseldorf kamen die am Städel wirkenden Gustav Lasinsky (Rudolf von Habsburg), Alfred Rethel

(Philipp von Schwaben, Maximilian I., Karl V., Maximilian II.; 1839–43), Carl Trost (Ludwig der Deutsche, Karl der Dicke) und Johann Baptist Zwecker (Heinrich I., Heinrich VII.). Mehr als die Hälfte der Bilder entstand also in Frankfurt selbst.

Als prägende deutsche Malerschule blieb die Düsseldorfer Kunstakademie zudem durch Eduard Julius Friedrich Bendemann (Lothar von Supplinburg), Lorenz Clasen (Konrad II.), Julius Hübner (Friedrich III., 1842), Paul Joseph Kiedrich (Heinrich V.), Karl Friedrich Lessing (Friedrich I. Barbarossa), Heinrich Karl Anton Mücke (Adolf von Nassau) und Hermann Anton Stilke (Heinrich III.) mit insgesamt 18 Gemälden vertreten. Außer Münchener Künstlern – vorwiegend aus dem Kreis um den 1809–11 kurzfristig in Frankfurt tätigen Peter Cornelius, dem Philipp Foltz (Sigismund) und Max Hailer (Karl VII.) zuzurechnen sind – wurden auffällig viele österreichische Maler beauftragt. Dies lag weniger an Philipp Veit – wenn dieser auch den mit Cornelius in München arbeitenden Wiener Edward Jakob Steinle (Albrecht I., Ferdinand III.), dem Frankfurt später zahlreiche Glas- und Wandbilder verdankte, 1839 ans Städel holte –, sondern war durch die Wünsche habsburgischer Stifter begründet: Als Zeugnisse einer nahezu ein halbes Jahrtausend währenden Reichsherrschaft hatten Kaiser Ferdinand und seine Erzherzöge die Kosten für neun Kaiserbilder übernommen und zu deren Ausführung die vom Wiener Hof bevorzugten Porträt- und Historienmaler Johann Nepomuk Ender (Ferdinand I.), Carl Johann Nepomuk Hemerlein (Rudolf II., um 1850), Josef Danhauser (Mathias), Johann Peter Krafft (Ferdinand II.), Leopold Kupelwieser (Leopold I., Joseph I., Leopold II., Franz II.), Ferdinand Georg Waldmüller (Karl VI.) sowie den Oberitaliener Natale Schiavoni (Franz I.) herangezogen.

Zeitgleich mit Alfred Rethels bedeutendem Karlszyklus im Aachener Rathaus (1847) bieten diese Kaisergemälde stilistisch ein Kalei-

Römer, Kaisersaal: Karl IV. und Günther von Schwarzburg, Wenzel und Ruprecht

doskop deutscher Historienmalerei zwischen 1838 und 1853. Mit ihren – ab Maximilian I. – porträthaften Darstellungen und den meist frei erfundenen Sinnsprüchen auf Latein präsentieren sie sich als Kombination von Herrschergalerie und Tugendallegorie; somit stehen sie in einer über die Barockzeit zurückreichenden Tradition und wurden Vorbild für ähnliche Bildreihen in den Rathäusern zu Münster und Bremen. Idealisierte Nazarenerromantik paart sich in ihnen mit realistischen Details, die historischen Vorlagen (Abbildungen, Beschreibungen, zeitgenössische Gegenstände) kopieren; für Ballenbergers Gemälde des Günther von Schwarzburg bot dessen Grabplatte im Dom Anregung. Alle Bilder sind auf Leinwand gemalt, auf Rahmen montiert und – bis auf die Karolingerbildnisse – jenen spätgotischen Nischen angepaßt (ca. 0,80:2,45 m; bei der Auswahl künstlerisch verworfene Kaiserbilder zeigt das Historische Museum).

Über dem zwei Geschosse füllenden Kaisersaal hatten sich zur Germanistenversammlung, die im September 1846 unter Jakob Grimm zu einer Demonstration nationalen Bewußtseins geriet, beschnitzte Bretter zu flach gewölbter Tonnendecke geschlossen (1944 verbrannt, 1955 vereinfacht ersetzt). In ihm trafen sich am 18. Mai 1848 Abgeordnete der ersten Deutschen Nationalversammlung, bevor sie gemeinsam das Stück Weges hinüber zur Paulskirche (s. Kap. Der Rand der Altstadt: Die Paulskirche) zurücklegten. Angesichts der Gemälde von Herrschern eines Jahrtausends tafelten am 17. August 1863 die Teilnehmer am Deutschen Fürstentag, dem Preußen demonstrativ ferngeblieben war. – Wie alle sonstigen historischen Räume wurde die nordwärts im ›Goldenen Schwan‹ direkt zugängliche Wahlstube, wo kurfürstliche Gesandte wochenlang über kaiserliche Kandidaten und zu fordernde Privilegien verhandelten, 1944 ruiniert; hier ehemals Barockwappen der geistlichen Kurfürstentümer (Mainz, Köln, Trier) und der mehrfach wechselnden weltlichen (Bayern, Böhmen, Brandenburg, Hannover, Pfalz, Sachsen).

Nebenan im ›Laderam‹ der 1955 repräsentativ erneuerte **Limpurgsaal**. Über ihn geht der ›touristische‹ Weg zum Kaisersaal: Vom Römerberg weg führt die Limpurger Gasse entlang der Flanke der Häuser Laderam und Silberberg. Wo deren Reihe gleichförmiger Bogenfenster aus der Renaissance (mit den Gebäuden 1595 erneuert) endet, öffnet sich breit zwischen kannelierten Pilastern und Triglyphengebälk ein antikisierendes *Portal*, hinter dessen Netzgewölbe das **Römerhöfchen** folgt. Dessen Blickfang bildet das filigrane Oktogon eines *Treppentürmchens* aus der Renaissance, durch dessen offenes Pfeilerskelett sich unter glockenförmiger Dachkuppel eine Spindeltreppe hinauf zu jenem Limpurgsaal windet. Erbaut wurde es 1627 für die Patriziergesellschaft Alt-Limpurg, und es erinnert an französische Schloßarchitektur an der Loire; am Ansatz spätgotischer Ziehbrunnen bzw. Wächternische nach Entwurf Ferdinand Luthmers (1884), daneben Zugänge für Römer- und Schwanenhalle. Vom ›Silberberg‹ noch ursprünglich sind nur Erdgeschoß und schlanker Treppenturm gegenüber (1595; Zierfachwerk der Oberge-

Römerhöfchen

schosse nach 1944 in Stein ersetzt). Zur Beschaulichkeit des kleinen Hofs trägt Joseph Kowarziks **Herkulesbrunnen** (1901) bei – wie der Justitiabrunnen eine Stiftung von Gustav Dominikus Manskopf. – In kleiner Grünanlage jenseits der Limpurger Gasse steht seit 1959 der **Schöppenbrunnen**, benannt im 13. Jh. nach dem Schöffen Wobelin, erneuert im Rokoko 1776 auf dem Krautmarkt als Pumpbrunnen, ergänzt 1888 durch Johann Michael Datzeraths heimatlos gewordene Statue des in Frankfurt 1764 gekrönten Joseph II. (vom abgebrochenen Königsbrunnen in der Allerheiligenstraße).

Frankfurts Aufstieg zur Großstadt konnte das sich idyllisch vergrößernde und verändernde Rathausensemble organisatorisch auf Dauer nicht entsprechen. Der Entschluß, durch das historisch gewachsene Gassen- und Höfegewirr der Altstadt mainparallel eine großzügige Schneise zu schlagen (1898), gab schließlich den Ausschlag für den Bau eines neuen Rathauses – wie es sich kurz zuvor auch die Großstädte München (ab 1867) oder Hamburg (ab 1886) leisten mußten. Unter den königlichen Bauräten Franz von Hoven und Ludwig Neher, die gleichzeitig kaum minder bedeutende Projekte in Frankfurt realisierten (Senckenbergmuseum oder Bürgerhospital), entstand es als Wettbewerbsentwurf 1900-08 beiderseits der zugleich durchgebrochenen Bethmannstraße: Seine Verteilung über drei Gebäudekomplexe und deren Gruppierung um mehrere Höfe minderten die Störung durch die insgesamt recht gewaltige Baumasse innerhalb der kleinteiligen Umgebung, und das Aufgreifen von deren Materialien (Buntsandstein und Basalt), Stilformen (Spätgotik bis Barock) und Motiven (ca. 500 Bauplastiken aller Größen) erleichterten die städtebauliche Integration von Frankfurts größtem Monumentalbau der Jahrhundertwende, der vor dem Zweiten Weltkrieg bereits **Altes Rathaus** hieß.

Auf dem Areal der abgebrochenen Häuser Frauenrode (ab 1424 städtisch), Viole (ab 1510), Schwarzenfels (ab 1542) wuchs zunächst der **Bürgersaalbau** – mit seinen von Katzenskulpturen besetzten Stufengiebeln und dem Dachreiter (rekonstruiert) eine vergrößerte Kopie des Römers, dessen Firstrichtung er aufgriff. Zu platzartiger Straßenverbreiterung ist er hinter den ›Goldenen Schwan‹ zurückgesetzt, doch beider Winkel füllen Treppenturm und Vorhalle zum Ratskeller, die Barockmotive der 1731 unter dem aus Hanau berufenen Stadtbaumeister Johann Jakob Samheimer erneuerten Schwanenfassade aufgriffen; von dieser Front des ›Goldenen Schwans‹ überdauerte nur das durch Putzbänder strukturierte Erdgeschoß mit seinen symmetrischen Portalbögen, Ovalfenstern und Schilderhäuschen neben dem Senatsadler von Bernhard Schwarzenburger (1731).

Der dominierende Bürgersaalbau birgt über dem Ratskeller die ehemals repräsentativen Versammlungsräume für Magistrat und Stadtverordnete. Seine trotz eines Balkons (auf originellen Konsolen) vertikal gegliederte Steinfassade ist von dem in der wilhelminischen Ära favorisierten Stil der bürgerlichen Renaissance geprägt und stellt im bildnerischen Programm imperialer Ikonographie des Römers selbstbewußt ein System städtischer Tugenden und Taten gegenüber (nach 1945 vereinfacht): Hoch zwischen den Fenstern symbolisieren schlanke Frauenfiguren von Joseph Kowarzik ›Kunst, Wohlstand, Handel und Industrie‹ (jeweils auf Konsolen mit entsprechenden Emblemen). Die Giebel darüber bergen allegorische Statuen für ›Klugheit, Gerechtigkeit und Eintracht‹ von Anton Lußmann als Hinweis auf Kriterien der Stadtregierung; ihre Firste tragen blecherne Halbfiguren eines ›Zeremonienmeisters zwischen Mundschenk und Koch‹ – heiterer Kontrast zum Ernst benachbarter Zyklen, wie er bei genauem Hinschauen immer wieder Freude macht. Auf der Traufe dazwischen krümmen sich Blechdrachen. Lebensvoller wirken Gustav Herolds ›Kellermeister und Winzer‹ (1902) über jenem Portal zum Ratskeller (links). Nach rechts wird die einmündende Römergasse von einem Brückenbau überwölbt, dessen schräg gestellte Front an oktogonalem Treppenturm wieder die Flucht der traditionellen Römerbauten aufnimmt und in filigraner Laube (mit Adlerbrüstung und Traufenszenen zu Goethes ›Reineke Fuchs‹) seine Mitte findet.

Als einzig repräsentativer Saal überdauerte der **Ratskeller** Krieg und Modernisierung, eine zweischiffige Halle mit stämmigen Rundpfeilern und sternartigen Netzgewölben, die zwar als Raumtyp benachbarten Hallen entspricht, deren gotische Höhentendenz jedoch durch behäbige Breite dämpft. Über Frankfurter Lokalszenen entlang der Wände von dem als Porträtist und Pferdemaler hervorgetretenen Joseph Correggio – u. a. ›Messe‹ und ›Küferfest auf dem Römerberg‹ oder ›Ankunft des Hochheimer Weinschiffs‹ und ›Eislauf auf dem Main‹ – rankt sich im Gewölbe von Theodor Braun freskiertes Weinlaub.

Über Stufen beiderseits eines Zierbrunnens folgt westwärts das sog. **Kapellchen**, ein kleines Gesamtkunstwerk des Historismus, das viele Formen künstlerischer Gestaltung und Materialien sowie zu Empore und Festtreppe reizvolle Durchblicke bietet. Eigentlich ist der kleine Raum eine Vorhalle auf hexagonalem Grundriß mit Sterngewölbe und zentralem Pfeiler; Adlerschlußsteine entstammen dem abgebrochenen Archivturm des Hauses Frauenrode und gehen auf Eberhard von Friedberg (1436) zurück. Um jene Stütze hat der Bildhauer Julius Jordan Statuen bedeutender Frankfurter Baumeister aus

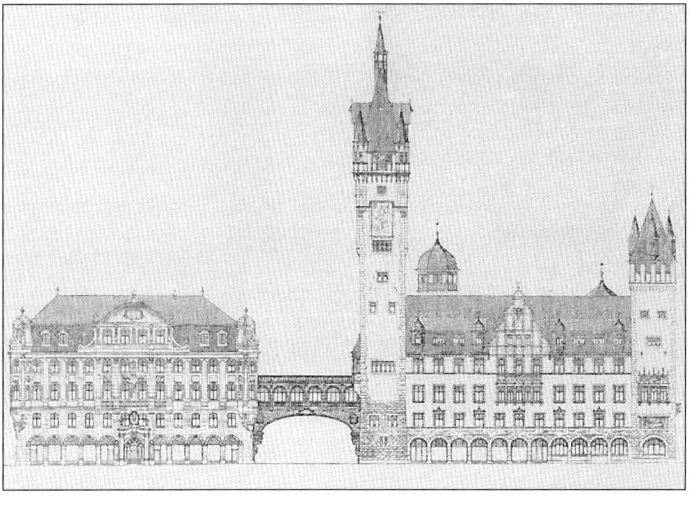

Altes Rathaus, Ansicht, 1908

Altes Rathaus, Ratskeller, ›Ankunft des Hochheimer Weinschiffs‹

dem Mittelalter versammelt (1904; jeweils mit ihrem herausragenden Bauwerk als Phantasieporträts): Engelbertus mit der Leonhardskirche, Walter (?) mit dem Sachsenhäuser Brückenturm (s. Kap. Am Rand der Altstadt: Die Deutschordenskommende im Süden), Jeckel Mengoz mit dem Leinwandhaus und Madern Gerthener mit dem Eschenheimer Turm. Das dreiteilige Farbfenster mit dem poetischen Titel ›Die Blüte der Arbeit im Gefolge des wahrhaften Friedens‹ von dem einheimischen Glasmaler Albert Lüthi war ein deutscher Beitrag zur Pariser Weltausstellung (1900); ornamentale Ausmalung und musizierende Genien im Geschmack der italienischen Frührenaissance stammen von Heinz Wetzel. Der Rahmen des rechten Zugangs vom Ratskeller zeigt Wappen der Weinorte Bacharach, Klingenberg, Hochheim und Würzburg, über beiden Portalen Ädikulen mit humoristischen Reliefs eines ›zechenden Ehemannes‹ und seiner ›mit dem Hausschlüssel drohenden Ehefrau‹.

Außerhalb axial davor unter dem neugotischen Gewölbe jenes Brückenbauwerks finden sich als Pendants Giebelreliefs eines ›jungen Liebespaares‹ – sie vornehm kostümiert, er mit leerem Geldbeutel (im Stil der Dürerzeit). Hier und im südwärts entsprechenden Durchgang karikieren Schlußsteine die zeitgenössischen jüdischen Straßenhändler ›Davidsburg‹ und ›Kannix‹ als Frankfurter Originale. Darüber großflächige Mosaikbilder zu ›Traubenlese‹ (mit der Stadtsilhouette von Hochheim, wo die von den Stiftskirchen mit der Säkularisierung 1854 übernommenen Weingüter der Kommune liegen) bzw. ›Apfelernte‹ (für das erst seit ca. 1754 allgemein in Frankfurt geschätzte Lokalgetränk ›Apfelwein‹) des Amorbacher Malers Max Roßmann. Ringsum an den Gesimsen humoristische Reliefs von Narren und Nixen. Dazwischen hat der Bildhauer Heinrich Petry nahe dem Erker des abgebrochenen Hauses Viole als steinerne Statuen ›Matthäus Merian und August Achilles von Lersner‹ verewigt, die Stadtgestalt und -geschichte Frankfurts im Barock überlieferten.

Jenseits der als Hof angelegten Römergasse folgt vom Alten Rathaus der **Südbau**. Er erstreckt sich über weitere 80 Meter entlang der Bethmannstraße. Wie sämtliche Türme ihrer Kuppel und Spitzen ist er seiner Giebel beraubt, so daß seine ›altstädtische‹ Dachsilhouette die anheimelnde Wirkung verlor. Stilistisch folgt er ebenso altdeutscher Architektur aus der Mitte des 16. Jh. – bis auf die hinüber zum neobarocken **Nordbau** gespannte **Brücke**, für die das 18. Jh. Anregungen gab: Deren beide in expressivem Dialog über die Börse einander zugekehrten ›Atlanten‹ modellierte Ernst Rittweger, die gegenüber abgewandten – ›Fischer‹ (mit Schilfkrone und Netz) und ›Gärtner ‹ (als Vertreter der vorwiegend im 1900 eingemeindeten Oberrad vertretenen Zunft) – Augusto Varnesi. In seiner Noblesse folgt der Nordbau dem in Frankfurt gleichermaßen geschätzten ›style Louis Seize‹. Als Block mit ursprünglich überkuppelten Eckerkern und ehemaligem Mansarddach schließt er mit seiner Ostfassade den Paulsplatz (wo seit 1833 das städtische Gerichtsgebäude stand). Auf

Altes Rathaus, Römergasse, ›Traubenlese‹

ihn als Domizil der städtischen Kämmerei weist sein Säulenportal, dessen gesprengter Giebel als wichtige Skulpturengruppe ›Francofurtia‹ (mit Gesetzbuch und Urkundenrolle) zwischen ›Voraussicht‹ (mit Spiegel, Steuer, Eule) und ›Sparsamkeit‹ (mit Stadtkasse und Rechnung) trägt. Franz Krüger, der wie Friedrich Hausmann oder Gustav Herold zur ersten Garnitur von meist an der Frankfurter Städelakademie ausgebildeten und im Atelier der Baufirma Ph. Holzmann tätigen Bildhauern zwischen Neobarock und Jugendstil gehörte, schuf sie 1902/03. Seitlich ›Medusenhäupter‹ als Konsolen der die Ecken betonenden Erker, rechts zurückgesetzt ein barocker Stadtadler vom Haus Frauenrode (1747). Entlang der Gebäudeflanken Embleme für ›Handel, Industrie, Verkehr‹ als Symbole städtischer Prosperität.

Bis zum einst 70 Meter hohen Eckturm ist auch die Straßenfront des **Südbaues** insgesamt symmetrisch angelegt. Ihre Mitte kennzeichnet ein aufwendiger Eingang zu den Ämtern, die längst ebenso das eigentlich für Verkaufsläden projektierte Erdgeschoß füllen: Das Portal verschachtelt Rahmungen aus Archivolten und Architrav auf kannelierten Säulen. Seinen Skulpturenschmuck bilden Baumeisterdarstellungen: seitlich Friedrich Hausmanns Kupferblechfiguren des Johann Wilhelm Dilich (er plante um 1635 die bastionäre Befestigung; rechts) und des Konrad Koler (auf ihn gehen 1602 Portale am Haus Frauenrode zurück; links); darüber in Zwickeln Porträtmedaillons der Architekten des Alten Rathauses: Ludwig Neher (1850–1916; links) und Franz von Hoven (1842–1924; rechts). Oberhalb am mittleren von drei identisch entworfenen Erkern Porträtbüsten des Metzgers Marx, des Bäckers Dietrich, des Brauers Binding als Vertretern des ›Nahrungswesens‹ und Teil eines Reliefzyklus' zum zeitgenössischen Frankfurter Handwerk, zu dem als weitere Dreiergruppe das ›Bauwesen‹ (links) mit Zimmermann, Maurer, Schlosser (= Meister Garny) und das ›Kleidungswesen‹ (rechts) mit Schuhmacher, Kürschner, Schneider (= Meister Weber) zählen.

Jener Eckturm, der **Lange Franz** (nach Oberbürgermeister Franz Adickes, dem Initiator des Rathausneubaues), ist die verlängerte Kopie des Sachsenhäuser Brückenturms, der 1345–80 unter einem sonst ganz anonymen Baumeister Walter errichtet und 1765 abgebrochen wurde (weil seine Durchfahrt sich für die Prunkkarossen anläßlich der Kaiserkrönung Josephs II. als zu eng erwiesen hatte): Buckelquadern aus Basalt an Sockel und Kanten verleihen ihm das

Gepräge eines Bergfrieds, hochragende Ecktürmchen und spitze Dachlaterne machten ihn bis 1944 zum stolzen Teil der Stadtsilhouette. Großflächige Farbmosaiken – hoch oben ›hl. Florian‹ (Osten) von Robert Forell, ›hl. Michael‹ (Westen) von Karl Graetz (1903); darüber ehemals vermauerte Adlerreliefs – sind seit 1953 an Friedberger bzw. Sachsenhäuser Warte eingebaut (s. Kap. Vorstädte und Vororte: Von Bornheim nach Bergen).

Ums Eck in der Buchgasse setzen sich die Porträtbüsten mit zeitgenössischen ›Vertretern der Künste‹ fort: der Dichter Friedrich Stoltze (1816–91), der Maler Philipp Veit (1793–1877), der Architekt Heinrich Burnitz (1827–88; mit Modell seines Malakoff-Turms), der Bildhauer Eduard Schmidt von der Launitz (1807–69; mit seinem Guiollett-Denkmal), der Schauspieler Friedrich Samuel Hassel (1798–1876; in seiner Paraderolle als ›Herr Hampelmann‹ in einem Volksstück von Karl Malß). – Als zweiter Eckturm zeigt der **Kleine Cohn** (= Nachbau des sog. Salmensteinschen Gartenhauses nahe der Südostecke der einstigen Stadtbefestigung; um 1350) das aus Kupfer getriebene Relief des ›Moenus‹ (= der Main als antiker Flußgott) von Wilhelm Maus und Friedrich Krieger; darüber weitere Reliefbüsten von Bauer, Ritter, Lehrer als ›Vertretern für Nähr-, Wehr-, Lehrstand‹ (mit entsprechenden Konsolen, deren eine die ›Rohrstock-Pädagogik‹ ironisiert).

Gegenüber steht der **Basler Hof**, eine neobarocke Dreiflügelanlage (1895; Buchgasse/Ecke Bethmannstraße), deren ursprünglich acht Häuser ab 1762 von den Gebrüdern Johann Philipp und Simon Moritz Bethmann für ihr Bankgeschäft erworben wurden und in deren einem, dem Haus zum **Strauß**, Martin Luther 1521 jeweils die Nacht vor und nach dem Reichstag zu Worms verbrachte (27./28. März bzw. 14./15. April).

In der Limpurger Gasse folgen ›Bartholomäusrelief‹ (der Dompatron mit einer Krone als Hinweis auf die Kaiserkrönung), ein Erker mit Wappen der Stadt sowie der 1877 bzw. 1895 eingemeindeten Vororte Bornheim (rechts) und Bockenheim (links; Kopie des Fahrtorerkers), Reliefs von ›Vertretern der Technik‹ – mit Johann Albert Eytelwein (1764–1848; dem Frankfurter Wasserbauingenieur), Peter Schmick (1833–99; Brückenbauer), Heinrich Remigius Fries (1820–98; Eisenkonstrukteur), Samuel Thomas Soemmering (1755–1830; Erfinder des Telegraphen), Rudolf Christian Böttger (1806–81; Erfinder der Schießbaumwolle); schließlich der Hintereingang mit dem Sinnspruch »Geht dir Rat aus, geh' aufs Rathaus« und der Durchgang zur Römergasse: darüber Standbild ›Karls des Großen‹ von Karl Rumpf (1903) auf einer Konsole, an die sich Einhard (sein Biograph) und Roland (einer seiner treuen Paladine) kauern; oberhalb das ›Karolus-Signum‹ (verwechselt mit dem seines Nachfolgers Karl des Dicken), rechts nochmals ein historischer Stadtadler vom Haus Viole (1511). Am Eck zum Römerberg porträtiert die vorderste Fensterkonsole des Hauses Laderam den Journalisten Friedrich August Müller-Rentz (1831–1903) beim Lauschen.

Die Ratskapelle St. Nikolai (›Alte Nikolaikirche‹)

Nach Süden, wo der Römerberg zum Mainufer hin abfällt, begrenzt ihn **St. Nikolai**; der offizielle Name ›Alte Nikolaikirche‹ entstand erst 1909 mit Vollendung einer neuen Nikolaikirche am Ostrand der City (an der Rhönstraße). Nicht nur sakrale Funktion und vom Turm bestimmte Form, sondern ebenso die Lage unterscheidet sie von benachbarten Profanbauten, denn als einziges Gebäude steht sie allseitig frei – auch wenn vom Fluß her bis auf die Breite einer Gasse der einst königliche Saalhof (s. Kap. Der Römerberg: Der Saalhof) heranrückt. An ihn knüpft sich die durch Grabungen inzwischen bestätigte Vermutung einer ursprünglichen Nutzung von St. Nikolai als Hofkapelle, die sich mit Übernahme in kommunalen Besitz in eine Ratskirche wandelte. Scheinbar einheitlich wirkt ihr blockhaftes Langhaus unter charakteristisch-hohem Walmdach, das an Leinwand- oder Steinernes Haus (s. Kap. Der Domhügel: Bürgerhäuser um den Dom) erinnert. Beiden ebenso vergleichbar ist die einen Laufgang am Dachfuß verdeckende Brüstung, deren spätgotisches Maßwerk sich jedoch von den wehrhaft wirkenden Zinnenkränzen jener Patrizierhäuser unterscheidet (aus Dreipässen, Fischblasen, Drehschneußen).

Ignoriert man zunächst den Turm, der schlank aus dem Winkel von verdecktem Chor und **Langhaus** ragt, so wirkt dessen *Nordseite* symmetrisch als Fassade gestaltet. Abweisend flächig kontrastieren darin hoher Sockel und grob dimensionierte Pfeiler zu gestuften Konsolen und filigranem Dreipaßfries unter der Dachbrüstung, die auf den Ecken oktogonale Maßwerkkanzeln trägt. Die darunter zurückweichende Mauerfläche öffnen Lanzettfenster (Maßwerk im 18. Jh. ausgebrochen). Das mittlere Fenster setzt höher an zugunsten eines axialen Portals. Übergangslos ohne Kapitelle bis zum Bogenscheitel steigendes Stufengewände sowie das davon umfangene Tympanon unterscheiden sich stilistisch von den spätgotischen Zierformen unter der Mauerkrone. Das Bogenfeld zeigt thronend die ›gekrönte Maria mit dem Kind‹ zwischen knienden Heiligen (durch

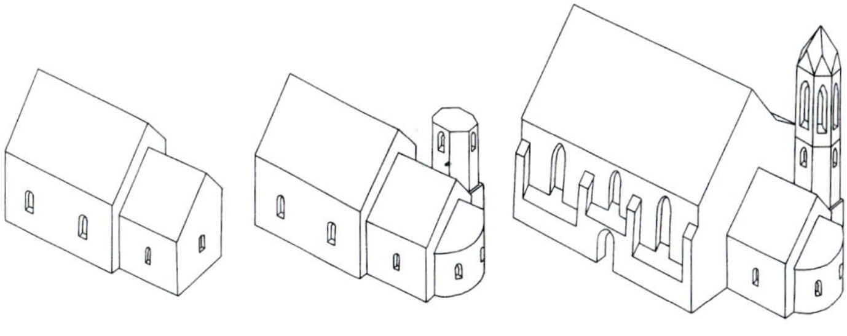

St. Nikolai, Rekonstruktion der Bauzustände um 1150, um 1250, um 1290

St. Nikolai, Ansicht vom Römer

Kronen als Märtyrerinnen ausgewiesen). Deren etwas starre Frontalhaltung steht zwar in der Tradition der Spätromanik (s. Kap. Am Rand der Altstadt: Die Bürgerkirche St. Leonhard), hingegen entsprechen Haarondulation und weicher Faltenwurf der Hochgotik gegen Ende des 13. Jh. Eine solche Datierung stimmt überein mit dem – allerdings erst im 16. Jh. – überlieferten Jahr 1290, während dem unter Rudolf von Habsburg die Kirche vollendet und ihr Hochaltar dem hl. Nikolaus geweiht worden sein soll. Aus derselben Epoche birgt eine Nische rechts oben dessen Statue im geistlichen Ornat mit Mitra und Krummstab: Nikolaus war Bischof im kleinasiatischen Myra († um 350); er gilt als Retter aus Seenot und als Schutzpatron der Schiffer. Vielleicht hielt seine abgebrochene rechte Hand einst drei goldene Äpfel, wie er sie der Legende nach den Töchtern eines armen Mannes als Mitgift nachts durchs Fenster warf (unser vorweihnachtlicher Brauch an Nikolaus' Namenstag leitet sich davon ab).

Gegen 1440–50 begann unter Eberhard von Friedberg der spätgotische Umbau für die Frankfurter Ratsherren; dabei hat das ehemals niedrigere Langhaus Schildgiebel und Satteldach eingebüßt – zugunsten jener 1467 nach Plan des Bartholomäus von Schopfheim durch Hans von Lich auf West- und Nordseite vollendeten Dachgalerie (mitsamt den Wasserspeiern um 1845 fast völlig erneuert). Damit verband sich die Rotfärbelung sämtlicher Natursteine (Buntsandsteine und Basaltlava), die anläßlich der Renovierung 1992 aus Befunden rekonstruiert werden konnte. Ohne sie im Lavagrau präsentieren sich nur die beiden an West- und Südseite vermauerten Tympana von veränderten Portalen um 1270/90 – jeweils mit Reliefs des hl. Nikolaus zwischen kauernden Krüppeln.

Vom **Turm** gehören zwei Oktogonalgeschosse mit Eckdiensten und Dreipaßblenden aus Wulstprofilen einer kaum früheren Phase um 1250/70 an, während der zudem mehrere Stiftungen zum Kirchenbau überliefert sind. Auf sie hat Hans von Lich ab 1459 ein drittes Stockwerk gesetzt, das in einem Umgang mit Balustrade endet und eine Türmerstube trägt. Deren spitzer Kupferhelm entstand in historisierender Form 1905. Ihm vorausgegangen war eine Maßwerkpyramide – nach Vorbild des Freiburger Münsterturms von Karl Friedrich Henrich entworfen und aus Eisen gegossen zum Abschluß der gotisierenden Wiederherstellung der Kirche, die der Stadtbaumeister Johann Friedrich Hess 1839 begonnen hatte. Vorausgegangen waren Jahrhunderte des Niedergangs und der Verwahrlosung, seit St. Nikolai 1530 profaniert, zum Magazin umgebaut und sein riesiger Dachraum Getreidelager geworden war. Oben vom Umgang hatte seit 1460 der Türmer geblasen, um v. a. die tägliche Ankunft des Mainzer Marktschiffs zu melden. Auf der Galerie darunter drängten sich bei Passionsspielen und Kaiserkrönungen die Frankfurter Ratsfamilien, denen es mit der Stiftung mehrerer Messen 1499 endgültig gelungen war, St. Nikolai zur Ratskapelle zu machen. Während geruhsamerer Zeiten florierten die vor die Strebepfeiler gebauten Marktbuden, wie sie ähnlich noch heute die Liebfrauenkirche (s. Kap. Am Rand der Altstadt: Das Liebfrauenstift im Norden) säumen. – Wenige Schritte ostwärts wird deutlich, daß das würfelartige Untergeschoß des Turms noch älter sein muß. Der dahinter verborgene, verhältnismäßig niedrige **Chor** gilt hingegen als jüngster Bauteil. Nach der Übergabe von St. Nikolai an das Frankfurter Bartholomäusstift durch König Adolf von Nassau 1292 wird er entstanden sein. Das Nikolauspatrozinium – mehrfach ist es in der Stauferzeit bei Burgkapellen nachweisbar – der bis dahin könig-

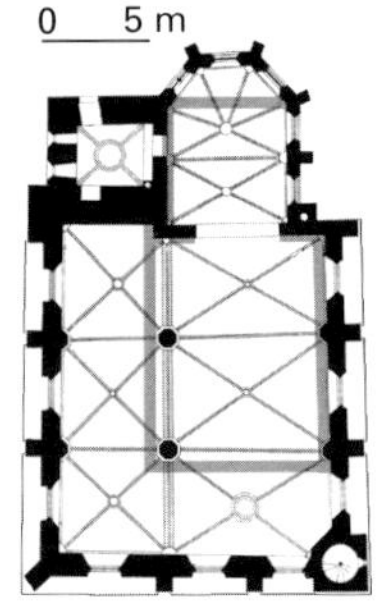

St. Nikolai, Grundriß der heutigen Kirche mit dem Bau von 1150

lichen Kirche bestärkt die Vermutung ihrer ursprünglichen Nutzung als Hofkapelle (im Zusammenhang mit dem Saalhof).

Das Innere des **Langhauses** bestätigt, was draußen seine Dachform ahnen ließ – eine *Hallenkirche* von allerdings nur zwei Schiffen, wobei der Chor wie abgeschnürt wirkt und durch fehlenden Achsbezug auf das südwärts verschobene Hauptschiff irritiert. Zur Klärung trägt jenes Turmerdgeschoß als ältester Bauteil bei: Bereits gegen 1230/50 wuchs es aus dem Nordwestwinkel von einschiffigem Langhaus und eingezogenem Chor einer bereits in der Romanik um 1150 errichteten *Saalkirche*; reizvoll wird die Vermutung einer etwas früheren Datierung, mittels derer diese zur Stätte der Reichstage Konrads III. (1140, 1142, 1147, 1149) aufgewertet würde. Ob zum Turmbau das offiziell 1240 an Frankfurt verliehene Privileg zur Frühjahrsmesse auf dem Römerberg und deren notwendige Überschaubarkeit ein zusätzliches Motiv bildete, bleibt ebenso interessante Spekulation. Seinetwegen fiel vom romanischen Chorquadrum die Nordmauer, und die Ostmauer wich – unter dem Eindruck der damals an St. Bartholomäus und St. Leonhard entstehenden Apsiden – einem halbrunden Abschluß. Allein die Südmauer ging ab 1292 im bestehenden Polygonalchor der Hochgotik auf ($^{5}/_{8}$-Schluß). Die Längsmauern des romanischen Saals, der wohl nicht gewölbt war, blieben für die breitere Hallenkirche ohne Bezug und waren gegen 1270 abgebrochen worden (ihr Verlauf durch Grabungen 1989 festgestellt und im Kirchenboden durch Metallstreifen markiert). – Kräftiger als im Dom proportionierte Oktogonalpfeiler auf hohen Sokkeln bzw. entsprechend polygonale Vorlagen und deren nach 1270 von unterschiedlichen Steinmetzen mit Blattkränzen skulptierte Kapitelle oder Konsolen tragen gekehlte Gewölberippen und Gurtbögen; statt derer in den Langhausecken figürliche Konsolen – Atlant und Büste (S) oder Kopf (NO), dessen symmetrische Haarrollen die Datierung um 1270/90 ebenso bestätigen wie die vegetabilen Schlußsteine (u. a. Blattmaske, Lamm Gottes, hl. Nikolaus). Die Rippen über Chorjoch und -polygon zeigen Birnstabprofil und treffen über Konsolen in umrankten Korbschlußsteinen zusammen.

St. Nikolai, Grabmal Siegfried zum Paradies

Kein Teil der mittelalterlichen **Ausstattung** hat Profanierung und Nutzung als protestantisches Gotteshaus (ab 1721 bzw. ab 1847) überdauert, auch die einstigen Altarnischen wurden vermauert (z. T. 1991 geöffnet). Nach Schäden im Zweiten Weltkrieg (1944; dabei Verlust letzter neugotischer Ausstattungsstücke und der Empore im Seitenschiff) erhielten die zweibahnigen Chorfenster Glasgemälde mit moderner Darstellung der ›Evangelisten‹ durch die Frankfurter Künstlerin Lina von Schauroth (1951). Gleichzeitig in die Langhausfenster gefügt wurde ihr in der Tradition gotischer Kathedralfenster stehender Bildzyklus zum ›Leben Christi‹ (1922 für die Industriellenfamilie von Weinberg geschaffen: ›Flucht‹, ›Kreuzigung‹, ›Anbetung‹, ›Auferstehung‹). Der steinerne ›Schmerzensmann‹ rechts am Triumphbogen ist nur die Kopie einer Eckfigur der 1840 abgebrochenen Hospitalkapelle ›Zum Heiligen Geist‹ (Original benachbart im

Historischen Museum) – expressive Haltung weist ihn ins Zeitalter der Mystik, symmetrische Barttracht in die Nachfolge der südlichen Querhausskulpturen am Dom (um 1370). Derselben Kapelle entstammen die Grabplatten an der Südwand (gegenüber dem Haupteingang): für Katharina Diemar zum Wedel († 1378) vom Meister der Holzhausen-Epitaphien (im Nordquerhaus des Doms; s. Kap. Der Domhügel: Stätten von Königswahl … – im Dom) und für ihren Gemahl Siegfried zum Paradies († 1386), wahrscheinlich vom Dombaumeister Madern Gerthener um 1415 im Auftrag des Sohnes Peter zum Paradies als Andachtsbild geschaffen – oben Christus zwischen Engeln mit Leidenswerkzeug, darunter kniend neben seinem Wappen Siegfried, der sechsmal als älterer Bürgermeister (ab 1365) amtierte und durch seine Freundschaft bei Karl IV. für Frankfurt den Erwerb des kaiserlichen Schultheißenamtes und des Stadtwaldes erreichte (1372). Siegfrieds Grabplatte, die ihn sicher porträtähnlich wiedergibt, gilt als eines der Hauptwerke der Frankfurter Bildnerei des Weichen Stils der Gotik (Farbfassung von 1891). Im Raum ferner einige neugotische Wasserspeier von Galerie und Turm (um 1845).

Der Saalhof – Stauferpfalz und Stadtmuseum

Den Durchblick zum Fluß versperrt das moderne Ausstellungsgebäude (1971) des **Historischen Museums**, ein Betonblock, dessen Exponate Frankfurts Geschichte anschaulich machen. Es bildet den nördlichen Flügel einer von Bauwerken aus unterschiedlichen Epochen rechteckig umschlossenen Hofanlage, die auf eine zur Zeit der Stauferkönige direkt am Fluß neu erbaute Pfalz zurückgeht. – Erst der Weg auf die Ostseite dieses Gebäudekomplexes offenbart dessen älteste Teile – niedrigen Palas und mächtigen Wohnturm, vor den flußauf eine halbrunde Kapelle tritt. Durch das Aufschütten der Uferstraße zur Flußregulierung büßten diese romanischen Bauteile nach 1840 ihre Proportionen ein; Ausgrabungen stellten sie wieder her und machten zugleich anhand tief vermauerter Buckelquadern eine Bauzeit nach 1150 wahrscheinlich.

Den *Ostflügel* bilden Reste einer unter Konrad III., spätestens unter Friedrich I. Barbarossa um 1140/60 begonnenen **Königspfalz**, die sich allerdings in ihrem Erscheinungsbild nicht mit bedeutenden Anlagen – wie z. B. Gelnhausen – zu messen vermochte; doch beide Könige, die jeweils acht- bzw. siebenmal hier am Main weilten, bedurften in Frankfurt keiner aufwendigen Residenz, da die treu zu den Staufern stehende Stadt in ihren Mauern für Gefolge und Gesinde Platz genug außerhalb der Pfalz bot. Schlicht blieben daher architektonische Formen des **Palas** am Hauptgeschoß mit (rekonstruier-

Saalhof, Uferfront, im Hintergrund der Domturm

ten) Biforien auf beiden Seiten des einstigen Festsaals – des ›rîches sal‹, dem der **Saalhof** seinen Namen verdankt; die anschließenden Kreuzstockfenster sind Zutat der Renaissance (um 1604). Erst die nächste Generation fügte jene **Kapelle** asymmetrisch an den Wohnturm und unterschied durch ausgeprägte Bauzier. Kleine Bogenfenster im Hauptgeschoß mit seinem Erker, darüber ein schöner Bogenfries und gleichermaßen reich profilierte Zwillingsfenster gelten als Indizien imperialer Architektur, die sich nur aus dem Zusammenhang besonderer geschichtlicher Ereignisse deuten läßt: Unmittelbar auf die Ermordung des Stauferkönigs Philipp von Schwaben in Bamberg folgte zu Frankfurt der Hoftag, bei dem 1208 dessen einstiger Widersacher Otto IV. zum Nachfolger gewählt wurde. Hier nahm der Welfe die Reichsinsignien in Empfang, zu deren Aufbewahrung zuvor eilig ein angemessener und sicherer Ort geschaffen worden war; dendrochronologisch ist durch einen Fundamentbalken die Bauzeit der Kapelle auf 1208 gesichert. Sie entstand als vorläufige Schatzkammer für Reichkrone, -apfel und -schwert etc.

Auf Dauer blieb der Saalhof nicht nur Herberge für Könige, denn seine prominente Position zwischen Hafen- und Meßplatz lockte zu lukrativer Nutzung: Schon bevor er 1317 erstmals als Lehen des Wetterauer Landvogts Eberhard von Breuberg überliefert ist, galt er als traditioneller Besitz für den Adel des Umlandes. Den mit Hilfe des Kaisers auf ihre Unabhängigkeit bedachten Frankfurter Bürgern konnte Ludwig der Bayer keinen größeren Gefallen tun, als gegen festgelegte Pfandsumme einem der ihren den Saalhof dauerhaft anzuvertrauen. Der Patrizier Jakob Knoblauch hat ihn 1333 übernommen und als Quartier für Kaiser und Kaufleute (aus den Niederlanden, wie einstige Hausnamen ›Brabant‹ und ›Brüssel‹ bezeugen) instand gesetzt; für Ludwig den Bayern, der zumeist jenseits des Mains bei den Deutschordensrittern zu Gast weilte (s. Kap. Am Rand der Altstadt: Die Deutschordenskommende), bedeutete dies keinen Verlust. Drohendes Einlösen des Pfandes durch den nachfolgenden Karl IV. vermochte Jakobs Schwiegersohn Siegfried zum Paradies zu verhindern (1361).

Nach völligem Neubau des Nordtrakts 1603–05 (anstelle des modernen Museumsbaues) in reichem Renaissancefachwerk (ähnlich dem ›Schwarzen Stern‹) haben die als Kaufleute aus Hanau zugewanderten Brüder Heinrich und Johann Bernus 1696 das gesamte Anwesen erworben. Für sie entstand 1715–17 nach Plänen des Arnsburger Zisterzienserpaters Bernhard Kirnde der barocke Südtrakt. Palastähnlich bildet dieser **Bernusbau** die stattliche Mitte der Uferfront. Über ehemals noch höher sichtbarem Sockel wendet er sich mit 13 gleichförmigen Achsen seiner drei Geschosse zum Fluß – die Beletage durch Segmentgiebel, die Bauwerksecken durch hohe Volutengiebel betont; Steindekoration von dem Bildhauer Johann Scheidel (z. T. 1971 kopiert).

Nachdem hierdurch bereits die dem Main folgende Stadtmauer der Stauferzeit gefallen war, wurden auch Teile des Wohnturms abgebrochen, als zu günstigerem Vermieten für Wohnungen 1842 nach Entwurf des bei Friedrich Weinbrenner in Karlsruhe geschulten städtischen Baurats Rudolf Burnitz der nach ihm benannte **Burnitzbau** hinzukam. Laubsägeartiger Dekor prägt dessen vom romantischen Klassizismus bestimmte Zinnenfassaden – akademisierter Rückgriff auf mittelalterliche Motive, wie er besonders im Frankfurter Wohnhausbau um 1850 häufig war.

Die südwestliche Ecke des Saalhofs akzentuiert der spätgotische **Rententurm**, der durch den Stadtbaumeister Eberhard von Friedberg 1455/56 dort, wo am Anlegeplatz der Marktschiffe die Stadtmauer zur Weitung eines Stapelplatzes zurücksprang, erbaut wurde; den Namen brachte 1489 die Nutzung als Rentamt, das die Hafen- und Zollgebühren erhob. Ungeachtet seiner steilen Dachpyramide, die – ähnlich wie am monumentalen Eschenheimer Turm (s. Kap. In der Neustadt: Nordwärts zum Eschenheimer Tor) – durch die Spitzdächer von vier Wichhäuschen gesäumt wird, büßte er 1840 seine schlanken Proportionen ein, denn damals ließ der Frankfurter Senat das Gelände um drei Meter aufschütten zur Minderung des steilen Anstiegs zum Römerberg, den man zugleich durch Abbruch des **Fahrtors** verbreiterte. Dieses ging als wichtigstes der sechs sich gegen den Fluß öffnenden Stadttore ebenfalls auf den Friedberger zurück (1459/60). Von ihm blieb ein spätgotischer Ziererker übrig, der

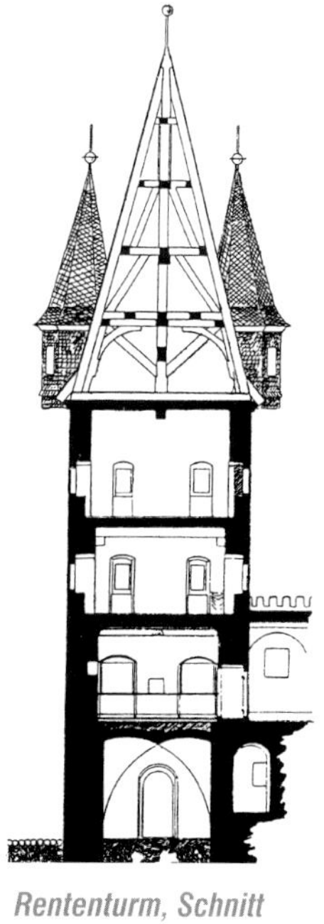

Rententurm, Schnitt

polygonal über der Durchfahrt hervortrat und beim neoromanischen Neubau des Rentamts dessen Fassade integriert wurde: Unter filigranem Fenstermaßwerk zeigt er den doppelköpfigen Reichsadler; dahinter ragt der Barockgiebel vom Seitentrakt des Bernusbaues auf.

Am *Museumseingang* empfängt die steinerne Kolossalstatue Karls des Großen, die der Schwanthaler-Schüler Karl Wendelstadt für die ›Alte Brücke‹ modellierte (1843 dort posthum aufgestellt). Im hinteren Teil des Neubaues fordern Modelle der Frankfurter Altstadt instruktiven Vergleich heraus – unzerstört (vor 1944), ruiniert (1945; wobei der Zerstörungsgrad zur Rechtfertigung modernen Wiederaufbaues übertrieben wurde) und modern (1990). Auf der anderen Hofseite ist das Hauptgeschoß des Bernusbaues, dessen Zwillingsportal das Bauherrenwappen ziert, als *Lapidarium* für Architektur- und Skulpturenfragmente aus der Altstadt (meist 16.–18. Jh.) genutzt. Dahinter – über Resten mittelalterlicher Kanalisation und Fundamente – Durchgang zu romanischem Wohnturm und *Kapelle*. Unter einem Gewölbe aus gekreuzten Bandrippen bietet sie entlang der Wände eine Gliederung aus Blendbögen, deren Säulenkapitelle stilisierte Blätter und Eckknollen in der Art staufischer Repräsentationsbauten der Umgebung (Münzenberg oder Gelnhausen) zeigen; unter dem Fußboden die einstige Tresorkammer. Anschließend ein Mauergang zum *Palas*, der – wie die anderen Bauteile aus der Romanik – der Präsentation mittelalterlicher Kunstwerke und Gebrauchsgegenstände dient.

Haus Wertheim – ältestes Fachwerk der Altstadt

Stadtseitig fügte sich um 1600 das **Haus Wertheim** an jenes Fahrtor; allerdings war ihm ein bereits 1383 erwähntes Bürgerhaus vorausgegangen, dessen Keller teilweise im Neubau aufgingen. Auch wenn es nicht zu den herausragenden Holzkonstruktionen der Mainstadt gehörte, bietet es den soliden Standard jener Architektur in der Spätrenaissance wie sie für die Messestadt die Ostzeile des Römerbergs (s. Kap. Der Römerberg: Vom ›Schwarzen Stern‹ zum ›Großen Engel‹) kopierte: Ein gemauertes Erdgeschoß, dessen profilierte Arkaden sich für Läden öffnen, trägt über Konsolen ausgekragtes Fachwerk, dessen als ›wilde Männer‹ ausgebildeten Ständer auf identische Zimmergröße in beiden Stockwerken schließen lassen. Gruppen dichter Fenster und Brüstungszier aus geschweiften Andreaskreuzen oder vergitterten Kreisen entsprechen z. B. dem ›Schwarzen Stern‹; reicher angelegt sind Eckpfosten und -konsole.

Als einziges von mehr als eintausend seiner Baugattung in der Altstadt überstand dieses Fachwerkhaus den Zweiten Weltkrieg – dank

Haus Wertheim

des Einsatzes seiner Besitzer und der Feuerwehr, die für die Bewohner des brennenden Zentrums hier eine Fluchtschneise zu Main und Eisernem Steg (s. Kap. Am Rand der Altstadt: Die Dreikönigskirche) frei gehalten hat.

Am Rand der Altstadt

Im Hochmittelalter bildete die zunächst auf Domhügel und Römerberg beschränkte Pfalzsiedlung nur noch einen Siedlungskern, den im Sichelbogen das in der Stauferzeit flußab- und landeinwärts gewachsene Stadtareal umgriff. Gegen Mitte des 12. Jh. erstreckte sich Frankfurt über 700 Meter entlang dem Fluß (zwischen Alter Brücke und Untermainbrücke) und reichte von dessen Ufer knapp 450 Meter nordwärts, wo Hirsch- und Holzgraben den Umriß einer zweiten Befestigung bewahren. Entlang unregelmäßig verlaufender Straßen reihten sich die Giebel meist in Fachwerk errichteter Bürgerhäuser, deren Konstruktion erst mit dem 15. Jh. brandhemmenden Vorschriften (Verbot von Strohdeckung und ausladenden Geschossen) unterlag. Ausgespart blieben kleine Plätze für Wochenmärkte einzelner Produkte (z. B. Kornmarkt). In ca. 1500 Häusern wohnten knapp 10 000 Frankfurter. Als Handwerker und Händler begründeten sie den wirtschaftlichen Aufstieg, der sich mit erstmals 1160 überlieferter Herbst- und 1330 zusätzlich privilegierter Frühjahrsmesse steigerte.

Seit dem 13. Jh. drängten die Predigermönche in die wohlhabende Stadt, deren 1311 zu selbständiger Verwaltung (durch jährliche Wahl zweier Bürgermeister) und 1372 zu territorialer Unabhängigkeit (durch Erwerb des königlichen Schultheißenamts) gestärkte Ratsfamilien sich als ihre Förderer hervortaten. Am Rand der Altstadt entstanden die Klöster der Bettelorden und die Konvente der Stifte. Sakral- wie Profanbauten wurden seit der Spätgotik aufwendig erneuert. Heraus bildete sich dabei als Bautyp das am ehesten für Messen geeignete Hallenhaus, dessen steinernes Erdgeschoß als Verkaufslokal, dessen hölzerne Stockwerke als Herberge, dessen Hof als Lager und Abstellplatz diente; dem entsprachen neue Kirchen mit ihrer Tendenz zu weitläufigen Gewölbehallen unter meist einheimischen Baumeistern.

Besonders sehenswert:
St. Leonhard *
Karmeliterkloster **
(Museum für Vor- und Frühgeschichte)
Paulskirche
Liebfrauenkirche *
Haus zum Paradies und Grimmvogel
Schönborner Hof (Stoltze-Museum)
Jüdischer Friedhof
Dominikanerkloster *
Deutschordenskommende *
Kuhhirtenturm
Dreikönigskirche
Eiserner Steg

Die Bürgerkirche St. Leonhard

Flußab fügt sich als schönster der mittelalterlichen Sakralbauten von Frankfurt die **Leonhardskirche** in die Häuserzeile entlang dem Main. Vollständig erfaßt sie der Blick herab vom Eisernen Steg. Noch bis 1808 war sie von einem Arm der Stadtmauer mit Turm und Tor umgriffen – gleichsam Schutz vor dem Hochwasser des Flusses, das zu bändigen erst mit dem Bau der Kaimauer nach 1870 einigermaßen gelang. Ihr geduckt erscheinender Baukörper verblüfft durch identische Höhe seines einheitlich über das Langhaus gebreiteten Daches und der beiden Türme zu Seiten des **Chors**. Dieser schiebt sich ostwärts weit vor – aufgelöst in hohe Maßwerkfenster, deren Bahnen in Drei- oder Vierpässen enden bzw. von entsprechendem Band horizontal geteilt werden. Dieser Chor gilt als Werk des Ma-

◁ Blick über den Main auf St. Leonhard

0
200 m
N
Goethe-
pl.
Roßmarkt
Kaiserstr.
Kathar.pforte
Holzgraben
Liebfrauenstr.
Holzgraben
Töngesgasse
Neue Kräme
Sandg.
Kornmarkt
Gr. Hirschgr.
Berliner Straße
Braubachstr.
Paulsplatz
Neue Kräme
Bethmannstr.
Römerberg
RÖMER
Limpurgerg.
Münzgasse
Buchgasse
Karmeliterg.
Alte Mainzer G.
Fahrtor
Saalgas
Weißfraueng.
Seckbächer G.
Alte Mainzer G.
Mainkai
Untermainkai
Eiserner Steg
Sachsenhäuser Ufer
Schaumainkai
Untermainbr.
Schifferstr.
Schaumainkai
Schweizer Str.
Metzlerstr.
1
2
3
4
5
6
7
8
9
27

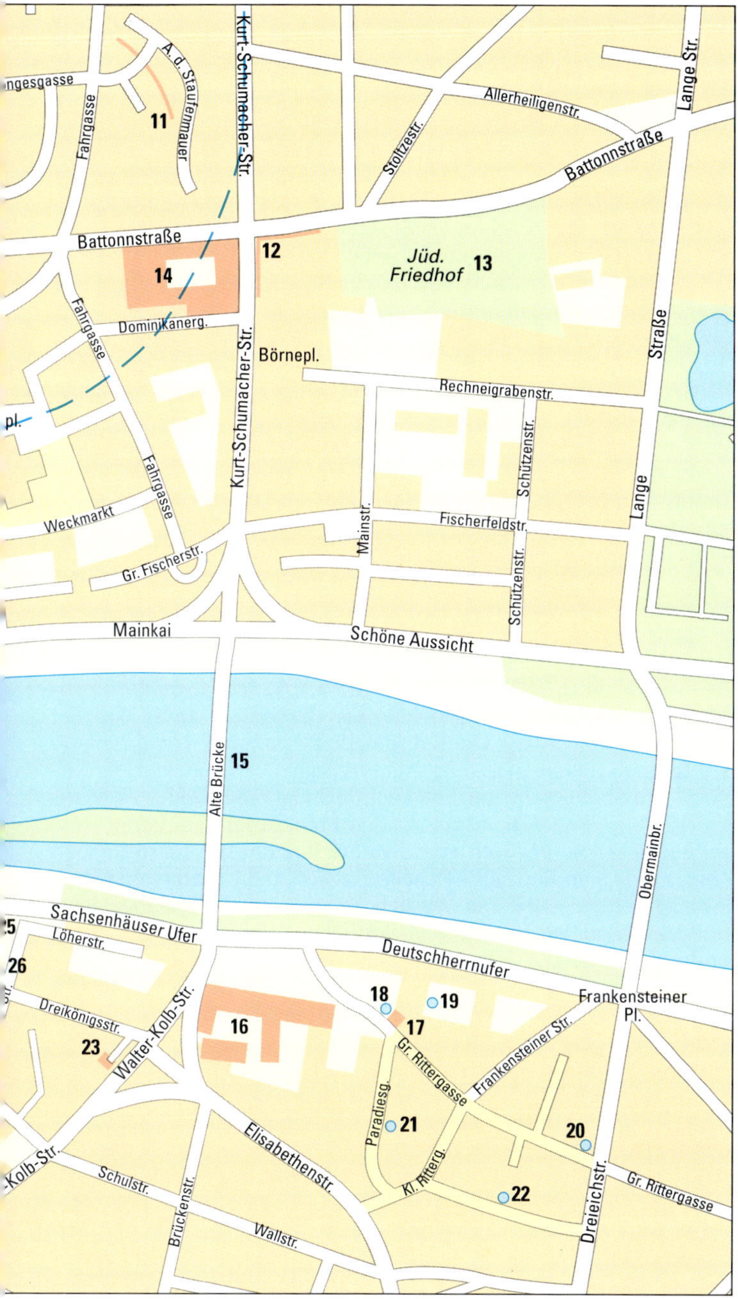

Am Rand der Altstadt
1 St. Leonhard
2 Karmeliterklosterkirche (Museum für Vor- und Frühgeschichte)
3 Frauenpforte
4 Paulskirche
5 Einheitsdenkmal
6 Liebfrauenkirche
7 Liebfrauenbrunnen
8 Haus zum Paradies und Grimmvogel
9 Schönborner Hof (Stoltze-Museum)
10 Tugendbrunnen
11 Staufermauer
12 Fundamente Judengasse (Stadtwerke)
13 Jüdischer Friedhof
14 Dominikanerkloster
15 Alte Brücke
16 Deutschordenskommende (Ikonenmuseum) mit Kirche St. Maria
17 Kuhhirtenturm
18 Fleischerbrunnen
19 Bäckerbrunnen
20 Hirschbrunnen
21 Paradiesbrunnen
22 Klappergaß'Brunnen
23 Schellgasse 8
24 Stadtbefestigung (Parkhaus W.-Kolb-Str.)
25 Dreikönigskirche
26 Dreikönigsbrunnen
27 Eiserner Steg

St. Leonhard, romanisches Portal

dern Gerthener, dem in Frankfurt führenden Baumeister der Spätgotik: Begonnen um 1425, wird er bei der für 1434 überlieferten Weihe vollendet gewesen sein. Von den offensichtlich älteren Türmen hat er nur die Höhe des Abschlußgesimses übernommen, denn Gertheners Chor steht am Anfang eines erweiternden Kirchenumbaues, der die ursprüngliche Struktur einer romanischen Anlage erst langsam offenbart.

Von der **Westseite** her, die wegen des ehemaligen Stadtturms (erbaut 1388–91, abgebrochen 1808) schlicht bleiben mußte, erscheint die Kirche fünfschiffig, obgleich Lisenen und Schildgiebel die beiden äußeren Achsen als Zutat kennzeichnen; vor dem Bogenfeld des Westportals eine aus dem Innenraum übernommene ›Madonna‹ des Weichen Stils der Spätgotik (um 1395; 1926 durch Kopie ersetzt, Original im Historischen Museum) – als Typ mit dem in der Bibel blätternden Knaben auf der einen und einstigem Zepter in der anderen Hand mehrfach während des ausgehenden 14. Jh. im mittelrheinisch-mainfränkischen Kunstschaffen nachweisbar.

Als symmetrische Fassade präsentiert sich die der Stadt zugewandte **Nordseite** – nach 1500 zunächst als spätgotische Vorhalle mit offener Arkade angelegt, bereits um 1520 zum äußeren Seitenschiff mit paarigen Eingängen und Fenstern umgebaut. Ihr Mittelpfeiler birgt die Statue des hl. Leonhard (frühes 15. Jh.; Kopie), Abt im Frankenreich der Merowinger († 599), Schutzpatron für Gefangene (daher mit gelösten Ketten eines Knienden dargestellt) und seit Erwerb seiner Armreliquie (1323) Titelheiliger dieser Kirche. Darüber vermauert ist eine Konsole als Rest der Außenkanzel mit einstiger Maßwerkbrüstung (vergleichbar der Dachgalerie an St. Nikolai; s. Kap. Der Römerberg: Die Ratskapelle St. Nikolai), von der herab den Bürgern Reliquien gezeigt und Privilegien verlesen wurden. Kirchen- und Stadtgeschichte sind auch hier eng miteinander verflochten: 1219 hat Kaiser Friedrich II. den Frankfurtern auf deren Bitte hin eine Parzelle des sich vom Saalhof flußabwärts erstreckenden Königsgutes zum Bau einer Kapelle geschenkt, die Maria und Georg geweiht werden sollte. Der Wunsch für ein zusätzliches Gotteshaus fern dem Domhügel verdeutlicht westliches Wachstum der Stadt unter den Staufern. Wo sich wohl schon im frühen Mittelalter nahe der Schiffslände ein Handelsplatz dehnte, war am späteren Kornmarkt eine Vorstadt entstanden, die nach der Wende zum 13. Jh. von der neuen Stadtmauer umschlossen wurde. Hiesige Kaufleute und Ministerialen, auf deren finanzielle Förderung die Wahl des ritterlichen Georg zum Schutzpatron verweist, hatten jenen frei von bischöflicher Abhängigkeit nur Reich und Stadt unterstellten Kirchenbau angestrebt – zu einer Zeit, als Frankfurt mit dem Ersatz des königlichen Vogtes durch einen Schultheißen ein erster Schritt zu kommunaler Selbstverwaltung gelang (1220).

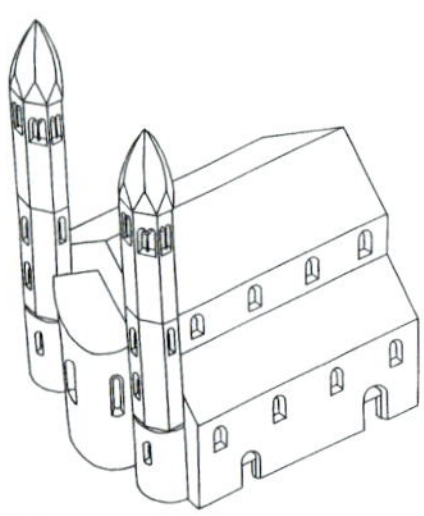

St. Leonhard, romanische Basilika, um 1250, Rekonstruktion

Die beiden viel zu niedrig scheinenden **Osttürme**, deren Querschnitt sich über halbrunden Apsiden zum Oktogon wandelt, gehörten zur spätromanischen Georgskirche. Sie enden in biforischen

Schallarkaden und allseits übergiebelten gekrümmten Steinhelmen, wie sie gleichzeitig für die St. Burkardkirche in Würzburg entstanden und später durch die Domturmkuppel in Frankfurt größer kopiert wurden; auf den nördlichen Turmhelm ließ Ludwig der Bayer 1330 den doppelköpfigen Reichsadler setzen (Kopie).

Dem entsprach eine gewölbelose *Basilika*, deren ursprüngliche Form beim Betreten des nördlichen Außenschiffs vorstellbar wird: Die Trennwand zum Innenschiff ist nichts anderes als die einstige Außenmauer jener Georgsbasilika, leicht deutbar anhand der beiden ehemaligen Außenportale (das östliche vermauert) und der halbrund anschließenden Apsis; die südliche Nebenapsis verbirgt sich mit Lisenen und Bogenfries außen im Chorwinkel. – Das ungewöhnlich reich skulptierte **Hauptportal** vermittelt also lediglich noch zwischen Räumen. In seinem dreifach gestuften Gewände birgt es Säulen mit bizarr verschlungenen Kelchblättern, wie sie die Architektur der Stauferzeit beiderseits der Alpen aufweist. Trichterartig tief fußen darauf Archivolten, von denen die weiteste wie von flach geschnitzten Ranken umhüllt wird. Als Relief im Tympanon thront ›Christus zwischen Petrus und Maria‹, zu seiten derer der Evangelist Johannes bzw. St. Georg knien. Durch seinen Namen ›Engelbertus‹ (auf der Konsole Christi) tritt der Bildhauer (vielleicht sogar Baumeister) aus der Anonymität mittelalterlichen Kunstschaffens – ähnlich wie Heinrich Vingerhut an der Gelnhäuser Marienkirche. Beider Werke sind stilistisch eng miteinander verwandt und erklären sich aus gemeinsamer Steinmetztätigkeit in den Bauhütten des Mittelrheins, v. a. am Mainzer Dom; von dort reichen die Wurzeln bis in die französische Bildnerei des 12. Jh. (Burgund oder Île-de-France) zurück. Allerdings befremden an diesem Eingang geringe Durchgangshöhe und fehlende Basis. Beider Ursache liegt im knapp meterhohen Auf-

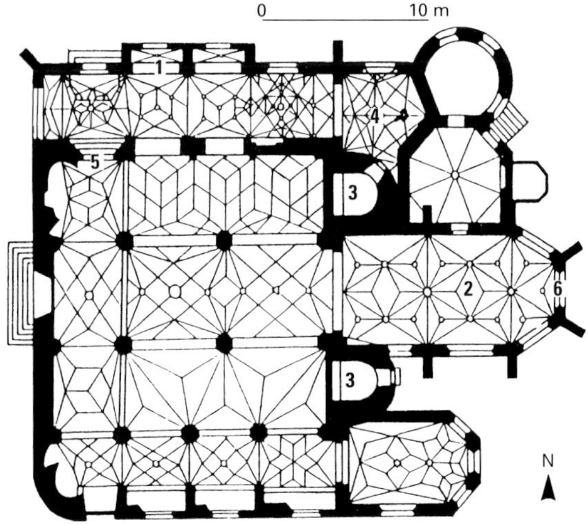

St. Leonhard, Grundriß
1 Ehem. Vorhalle
2 Chor
3 Ehem. Apsiden
4 Salvatorchörlein mit hängendem Schlußstein
5 Engelbertus-tympanon
6 Marienfenster

St. Leonhard, Schiff und Chor

schütten des gesamten Kirchenbodens als Maßnahme gegen Hochwasser, als mit tätiger Förderung des Fürstprimas Karl von Dalberg unter dem städtischen Bauinspektor Philipp Jakob Hoffmann ab 1808 St. Leonhard zur Pfarrkirche hergerichtet worden war. Unter den Riefelmanschetten der Gewändesäulchen, die – wie an den Kapitellen – in der Spätgotik um 1510 ausgekehlt wurden, verbirgt der Fußboden attische Basen und Sockel, wie sie benachbart im Graben vor dem vermauerten Jakobsportal sichtbar werden. Ungeachtet dessen einfacher Ornamentdekoration (Kerben, Kugeln, Zacken) erweist sich dieses gleichfalls als Engelberts Arbeit aus der Spätromanik um 1220/30; im dreipaßförmigen Tympanon ein Frontalrelief des ›hl. Jakob zwischen Knienden‹. Deren mit Muscheln besetzte Reisetaschen kennzeichnen beide als Pilger auf dem Weg zum Grab jenes Apostels im 2000 Kilometer entfernten Santiago de Compostela – außer dem noch beschwerlicher erreichbaren Heiligen Land während des Mittelalters für Gläubige aller Stände bedeutendstes Ziel im nordspanischen Galizien, zu dem hin durch ganz Europa Routen führten und Raststätten bestanden; eine davon war der Kompostellhof nahe dem Frankfurter Dominikanerkloster (s. Kap. Am Rand der Altstadt: Das Dominikanerkloster).

Hinter dem Hauptportal wechseln die Raumproportionen. Statt romanischer Basilika weitet sich eine spätgotische **Hallenkirche**, in ihrem Vertikaldrang gedämpft durch annähernd gleiche Gewölbehöhe und dreiseitig umgreifende Empore mit Maßwerkbrüstung. Die fast auf quadratischem Grundriß ab ca. 1500 unter Hans von Bingen erneuerten Binnenschiffe erhalten ihre Richtung durch Gertheners zwei Generationen älteren Chor. Neben dessen Triumphbogen zeichnen sich die einstigen Scheidbögen der romanischen Nebenapsiden im Mauerwerk ab (um 1508 aus statischen Gründen vermauert). – Wie die ehemalige Basilika entstand deren Umbau zur Halle mit den Geldspenden von Frankfurter Bürgern. Ihre Bereitschaft zu Stiftungen mag sich verstärkt haben, als der in Konkurrenz zum Bartholomäusdom eingesetzte Kanonikerkonvent (1317) für etwa 18 Zöglinge eine Lateinschule gründete. – Über schlanken Oktogonalpfeilern fußend, durchdringen sich gekehlte Rippen zu kunstvollen Gewölbesternen und -netzen, im Überspielen architektonisch vorgeprägter Joche ein Kennzeichen spätester Gotik, die hier bis ca. 1520 wechselnden Entwürfen folgte. Sie dennoch zentrierende Schlußsteine zeigen die Wappen von mehr als zwei Dutzend jener Patrizier, die den Kirchenbau finanziert haben; fehlende Rippen im südlichen Binnenschiff markieren einen Gewölbeersatz durch den Barockbaumeister Daniel Kayser (1698).

Im **Chor**, dessen filigranes Glasgehäuse Gertheners berühmterem Westchor an St. Katharinen in Oppenheim (ab 1415) ähnelt, dominieren die mit Rosen besetzten Wappenschilde der Familie von Holzhausen. Ebenso auf sie zurück geht das **Salvatorchörlein**, der originellste Teil der Leonhardskirche. Als Grabkapelle hat ihn Hans Baltz aus Mertenstein, der 1508 dem wegen Schäden am Fundament entlassenen Hans von Bingen gefolgt war, in den Winkel von älterer Nebenapsis und runder Sakristei (1453; ursprünglich Grabkapelle der Familie Bromm) an das nördliche Außenschiff gefügt – typisches Meisterwerk einer künstlerischen Endphase, die sich virtuos im Dekorativen jenseits konstruktiver Zwänge erschöpfte; Baltz selbst ist hier beigesetzt († 1516). Seinem netzähnlichen Rautengewölbe sind – gleich einem Gespinst – ohne Gewölbekappen frei durch den Raum geschwungene Rippen mit hängendem **Schlußstein** unterlegt. Über diesem steht als Verbindung beider Wölbungssphären wie vom Rippenwerk in einem Käfig gefangen eine Statuette des an die Geißelsäule gebundenen Christus – auch das ein Hinweis auf den Fes-

St. Leonhard, Schlußstein im Salvatorchörlein

seln lösenden St. Leonhard; darüber gibt durchbrochenes Maßwerk den Blick auf die Figur Gottvaters frei. Dieses Gefüge wurzelt in der Kunst Madern Gertheners, ebenso wie nahe von Bad Kreuznach als nächstverwandtes Beispiel das durch den in Frankfurt geschulten Philipp von Gmünd gleichermaßen kompliziert konstruierte Sterngewölbe über der Grabkapelle der Meisenheimer Schoßkirche (bis 1504); hinzu kamen Einflüsse aus dem Fränkischen, wie sie sich etwa mit dem Schlußsteingehänge der Grabkapelle des Nürnberger Johannisfriedhofs (bis 1515) erhalten haben. Das anschließende Joch des Nordschiffs mit seinem reich dekorierten Gewölbenetz schuf Baltz auf Kosten des Patriziers und mehrfachen Bürgermeisters Claus Stalburg d. J. (um 1510).

Kaum war der großzügige Umbau der Leonhardskirche vollendet, begann durch die Reformation in Frankfurt (1533) der Niedergang des Stifts, das sein Vermögen verlor und sich auf zwei Kanoniker verminderte (1589). Mit der französischen Okkupation der Stadt (1792) endete zunächst vollends kirchliches Leben, und wenig später wurde das Stiftsvermögen zum zweiten Mal konfisziert (1802). Die anschließende Profanierung des Gotteshauses als Magazin und Lazarett (1806) überdauerte an künstlerischer **Ausstattung** lediglich einiges an Wandmalerei im Chor: Zunächst am Triumphbogen ein ›Jüngstes Gericht‹, das wohl 1501 anläßlich der Vermählung Bernhard Rohrbachs mit Ursula Melem gestiftet wurde; darin thront ›Christus auf dem Regenbogen zwischen Maria und Johannes dem Täufer‹. Ferner von verschiedenen Meistern des frühen 16. Jh. ›Kreuzigung‹ und ›Schweißtuch der hl. Veronika‹ (Südseite) sowie von Hans Dietz aus Eppstein (1536) ›Christus und die Apostel neben St. Leonhard‹ mit Schriftbändern zum Glaubensbekenntnis, verbunden durch Ranken nach Art eines Stammbaumes (ähnlich der traditionellen Darstellung der ›Wurzel Jesse‹), der von Maria ausgeht (Nordseite); daneben als ältestes Wandbild ›Mariä Verkündigung‹ und die ikonographisch originelle ›Empfängnis‹ (durchs Ohr; um 1440, unmittelbar nach dem Chorbau).

Wichtig für den Raumeindruck in der Spätgotik war die *Farbverglasung*, doch nur von den Glasgemälden des Chors konnte etwa die Hälfte 1851 aus Privatbesitz zurückgekauft werden: Das Marienfenster in der Mitte zeigt im oberen Teil innerhalb rahmender Architekturmalerei ›Kreuzigung‹ und ›Trinität mit Maria‹; die unteren Bilder zum ›Marienleben‹, die in der ›Marienkrönung‹ gipfelten, sind verloren (wie die meisten Wappenscheiben der Stifter, von denen einige – wie die der Holzhausen oder Rohrbach – im westlichsten Chorfenster nachträglich zusammengefaßt sind). Der links flankierende Zyklus von Glasgemälden schildert ›Leben und Legende der hl. Katharina‹, die in Alexandria unter Kaiser Maxentius (um 310) das Martyrium erlitt. Die szenenreiche Erzählung folgt der im Mittelalter geschätzten ›Legenda aurea‹ des Genueser Erzbischofs Jacobus de Voragine (1292), die künstlerische Darstellung lehnt sich an Holzschnitte mit linearer Graphik und mittels Schwarzlot erreichter

Schraffur vor oft leuchtend blauem Grund. Pendelsäume und Schüsselfalten weisen die Bilder dieser Fenster einer mittelrheinischen Werkstatt des Weichen Stils, d. h. der unmittelbaren Bauzeit des Chors, zu (um 1430), deren Meister anonym blieb. Das rechts rahmende Fenster schildert die ›Vita des hl. Georg‹ (um 1470), der als Ideal des christlichen Ritters und Märtyrers unter Diokletian (um 300) gilt, ohne historisch nachweisbar zu sein. Zuletzt entstanden im vierbahnigen Südfenster ›Heilige‹ unter Darstellungen zum ›Marienleben‹ (um 1490; bis auf die ursprünglich zum Mittelfenster gehörige Scheibe mit ›Joachim und Anna‹); weitere Fenster neuzeitlich bzw. modern (1992).

Außer dem Weihwasserbecken (1477; im Salvatorchörlein) ist alles transportable Kunstgut nachträglicher Kauf oder Kopie. Aus Süddeutschland stammt der spätgotische *Hochaltar* (um 1480; 1866 erworben, ergänzt, bemalt): im Schrein St. Ulrich, der Schutzpatron von Augsburg, flankiert von Reliefs der Bischöfe Rupert und Valentin sowie der Pestheiligen Rochus und Sebastian, rückseitig Agnes und Barbara; oberhalb – in neugotischem Sprengwerk – Figürchen der ›Kreuzigung‹ (1523; vom zerstörten Lettneraltar), unterhalb als Predella ein qualitätvolles Tafelbild vom ›Ursulamartyrium‹ (um 1450; aus anderem Zusammenhang). – Seitlich davor neugotisches Chorgestühl (1852 von H. T. Wild), links über der Sakristeitür barocke ›Madonnenstatue‹ (um 1730), rechts am Triumphbogen neugotische ›Marienfigur‹ (19. Jh.; Kopie der sog. Hallgartener Madonna, um 1415).

Vor der Südapsis der niedersächsische *Kreuzaltar* (1890 unter Stadtpfarrer Münzenberger aufgestellt): zentrale ›Kreuzigung‹ ursprünglich (um 1520), seitliche ›Heiligen- und Apostelreliefs‹ meist ergänzt (um 1890), rückseitig ›Engel‹ bzw. ›Maria‹ der Verkündigung vom Meister des Hildesheimer Johannesaltars (um 1520); darunter zwei Predellen unterschiedlicher Provenienz – süddeutsch das ›Abendmahl‹, spanisch ›Christus zwischen Wächtern, Aposteln, Evangelisten‹ (15. Jh.) sowie steinerne Reste des Heilig-Grabaltars mit ›Christus im Sarg und kauernden Wächtern‹ (um 1500; unter der Sakristei ergraben) bzw. ›Jünger‹ (um 1470; vom abgebrochenen Ölberg). Auf dem Schrein barocker ›Salvator‹ (18. Jh.). – Vor der Nordapsis der flämische *Marienaltar* (1884 von Münzenberger erworben), ein spätgotisches Schnitzwerk aus der europaweit exportierenden Manufaktur von Antwerpen (um 1520): zentral im Schrein dreizoniges Relief ›Tod, Himmelfahrt, Krönung Marias‹ flankiert von ›Christi Geburt‹ und ›Anbetung der Könige‹, darunter ›Joachims Opfer‹ und sein ›Zusammentreffen mit Anna an der Goldenen Pforte‹ (links) bzw. ›Geburt- und Tempelgang Marias‹ (rechts) zu seiten von ›Anna selbdritt mit Propheten‹; Doppelflügel von Friedrich Stummel aus Kevelaer im Stil des 15. Jh. gemalt (1890) – innen ›Marienleben‹ nach Rogier van der Weyden, außen ›Heilige‹ nach Dürers Lehrer Michael Wolgemut; als Predella ein Tafelbild ›Christus mit den Aposteln‹ (spätes 15. Jh.), oben Schnitzfigur ›hl. Leonhard‹

(um 1890). – Links an der Wand Tafelbild ›Abendmahl‹ von Hans Holbein d. Ä. (1501; Kopie nach einem Teil der 1752 zersägten Predella des Hauptaltars der Dominikanerkirche, der 1809 nach St. Leonhard kam; Original jetzt im Städel). Barocke Beichtstühle von dem Seligenstädter Jakob Beckmann (um 1700; aus der benachbarten Karmeliterkirche) im südlichen Seitenschiff; im nördlichen Seitenschiff barocke Pietà (17. Jh.) und Madonna (18. Jh.). An den Pfeilern spätgotische Maßwerkkanzel (um 1520; neugotische Treppe 1967 ruiniert) und expressionistische ›Christusfigur‹ (1927 von Harold Winter, Frankfurt), an den Wänden Bilder des ›Kreuzweges‹ von dem Hanauer Expressionisten Reinhold Ewald (1927). Im Salvatorchor einstiges Altarblatt ›Madonna‹ von Edward Steinle (1855), im Westen ehemaliges ›Triumphbogenkreuz‹ (Korpus 16. Jh., Kreuz 19. Jh.); auf der Empore die spätgotische Konventsglocke (14. Jh.). – Von ehemals zahlreichen altstädtischen *Handelshöfen* überdauerte schräg gegenüber ein oktogonaler **Treppenturm** der Spätrenaissance (um 1600; Buchgasse 3) und ein barockes **Säulenportal** (um 1700; Buchgasse 9).

Das Karmeliterkloster im Westen

Westlich, wo auch die parallel zum Main flußab führende Mainzer Gasse von schlichter Architektur der 50er Jahre geprägt wird, signalisieren gestreifte Steinfronten eines modernen Eckbaues das ehemalige Karmeliterkloster. Ihn umgreift die einstige **Klosterkirche**, die seit 1989 das *Museum für Vor- und Frühgeschichte* beherbergt.

Von den Bettelorden hatten sich in der Mainstadt – nach den Dominikanern am Ostrand – 1246 die Karmeliter im äußersten Südwestwinkel der eine Generation zuvor vollendeten Befestigung niedergelassen. Von Heinrich Raspe, der als Konkurrent des fern in Italien residierenden Staufers Friedrich II. 1247 in Frankfurt zum König gewählt worden war, ließen sie sich rasch in ihrem Besitz bestätigen. Anfangs verfügten sie noch über kein ausreichendes Areal. Ihr Kloster wuchs allmählich während mehr als 250 Jahren zu einem erst in der Spätgotik gestalteten Gebäudekomplex, der allerdings nur als Torso Säkularisierung und Zweiten Weltkrieg überdauerte. Darin erscheint das in einer Baulücke zurückweichende Chorhaupt – mit $^5/_8$-Schluß, dreibahnigen Maßwerkfenstern und gestuften Strebepfeilern – wie die vereinfachte Variante zum Leonhardchor. Dessen Bauzeit (bis 1434) stimmt mit dem Umbau des Karmeliterchors unter dem Prior Peter Spitznagel (1431–43) überein, und die Vermutung eines Entwurfs durch Madern Gerthener liegt wiederum nahe. Damals hatten sich die Karmeliter in Frankfurt längst etabliert, erfreuten sich großen Zulaufs bei Predigten und reicher Stiftungen des Patriziats.

Karmeliterkirche von Osten

Mittelalterliche Kirchen der Altstadt

(ohne Dom)

um	1150	**St. Nikolai** (1. Bau)
ab	1219	**St. Leonhard** (ehem. Georg und Maria)
um	1230–um 1270	**St. Nikolai**, untere Turmgeschosse
	1238–1249	**Dominikanerkirche**, Chorunterbau
ab	1246–1306	**Karmeliterkirche** (1. Bau)
um	1270–um 1290	**St. Nikolai**, Langhaus
um	1280	**Dominikanerkirche**, Langhaus
	1290	**Karmeliterkirche**, Chorunterbau
ab	1292	**St. Nikolai**, Chor
nach	1294–vor 1342	**Johanniterkirche** (jetzt in St. Joseph, Nordend)
um	1308–1320	**Liebfrauenkirche** (1. Bau)
um	1309–um 1340	**Deutschordenskirche**
um	1344	**Liebfrauenkirche**, Langhaus
um	1415–um 1470	**Liebfrauenkirche**, Langhauserweiterung
um	1425–1434	**St. Leonhard**, Chor
um	1425–um 1435	**Karmeliterkirche**, Chorerhöhung
um	1440–1467	**St. Nikolai**, Langhauserhöhung
(ab	1443	**St. Justinus** in Höchst, Choranbau
um	1450–1478	**Karmeliterkirche**, Lang- und Querhaus
	1470–1474	**Dominikanerkirche**, Chorerhöhung
um	1480–um 1500	**Karmeliterkloster**, Kreuzgang
	1481–1494	**Karmeliterkirche**, Annakapelle
um	1500–um 1520	**St. Leonhard**, Langhausvergrößerung
	1506–1509	**Liebfrauenkirche**, Chor
	1517	**Deutschordenskirche**, Marienkapelle

Zweifelsfrei überliefert ist für 1270 eine erste Altarweihe, für 1290 die Weihe des Chors durch Bischöfe aus Verona und dem Samland – wie häufig im Mittelalter willkommene Gelegenheitshandlung hochrangiger Kleriker auf der Durchreise, die zwar auf Bautätigkeit, kaum aber auf -vollendung schließen läßt. In ihrer ersten bescheidenen Form gilt die Karmeliterkirche erst nach der Wende zum 14. Jh. als vollendet, wahrscheinlich 1306. Archäologische Grabungen (1982) haben anhand von Fundamenten drei Bauphasen verdeutlicht, während der innerhalb von 60 Jahren ab 1246 zunächst eine Saalkirche (22:9,5 m), dann östlich deren annähernd flächengleiche Verlängerung durch einen ebenfalls gewölbelosen Chor, schließlich dessen Ergänzung mittels polygonalem Abschluß entstanden. In die spätgotische Bautätigkeit unter Spitznagel fallen Erhöhung und Einwölbung dieses Chors mit entsprechenden Strebepfeilern und Maßwerkfenstern, deren Sohlbank etwa die anfängliche Dachtraufe markiert. Die ursprüngliche Wirkung des Chors wird auf der Südseite halbhoch durch die Nische eines hochgotischen Lanzettfensters ergänzt, das beim Umbau vermauert wurde.

Entlang der Alten Mainzer Gasse flankieren *moderne Museumstrakte* (1987–89; Entwurf: Josef P. Kleinhues, Berlin) eine Giebelfront der Gotik. Wenn auch schlicht, entstand diese mit formal zusammengefaßtem Axialportal und -fenster als eigentliche Kirchenfassade um 1450 anläßlich der Wölbung des damals schon ca. 100 Jahre lang südwärts ausgreifenden Querarms; der Karmeliterkirche fehlt also ebenso eine ausgeprägte Westfassade, erklärbar durch schleppenden Erwerb von Baugrund und einstige Enge der Seckbächer Gasse. Den Winkel von Chor und Querarm füllten Kapellen, von denen allein die unter Romuald von Laupach ab 1481 errichtete Annakapelle überdauerte; rahmende Sakristei (1320) und Sebastiankapelle (1482) wurden – ebenso wie die Ölbergkapelle (1491) auf dem Kirchhof – 1844 bzw. 1855 abgebrochen. Romuald war es während seines Priorats (1474–96) gelungen, mittels zahlreicher Zuwendungen die Karmeliterkirche durch Wölbung und Verlängerung (1478) sowie dem eigentlich als Kapellenreihe gedachten Westschiff am Querhaus fertigzustellen. Der schließlich 1503 in die unansehnlich-schräge Westfront gebrochene Eingang blieb bedeutungslos (am Bogen Wappenfragment der Familie von Rhein).

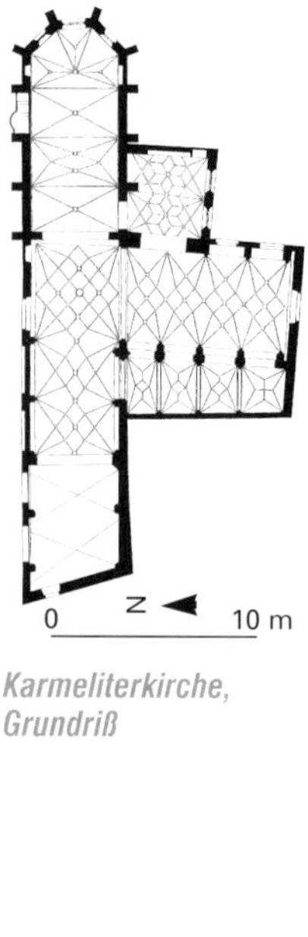

Karmeliterkirche, Grundriß

Der durch Bomben und Brand 1944 ruinierte Kirchenraum des Mittelalters, zugänglich von Südosten, dient als Hülle für moderne Präsentation meist antiker Funde. Jenseits des Kleihuesschen Vestibüls, dessen Glasarchitektur den Blick auf das Äußere des Chors freigibt, öffnet sich das **Querhaus** – formal eine doppelschiffige Stufenhalle in einer Tiefe von vier Jochen, die im weiten Hauptschiff ein Netzgewölbe vereint. Pfeiler von eigenwilligem Grundriß erklären sich als Reste einer Mauer (um 1350), die bei Anlage des Westschiffs (um 1450/70) herausgebrochen und durch Halbsäulen ergänzt wurde. Gekehlte Rippen und kannelierte Piedestale kennzeichnen diese späte Architekturphase während der zweiten Hälfte des 15. Jh. Zu ihr gehört ebenso die **Annakapelle,** deren sternbildendes Netzgewölbe (vgl. Chor in Liebfrauen) nachträglich einen Strebepfeiler des Chors (um 1435) umspannen mußte. Auch ihre Rippenkreuzungen sind plastisch durch Rankenschlingen betont, die Schlußsteine tragen Schilde. Sie waren ursprünglich bemalt mit Wappen patrizischer Stifter, die ebenso Kapitelle und Konsolen geziert haben. Unter der 1494 geweihten Annakapelle wölbt sich eine Gruft, in der Romuald von Laupach beigesetzt wurde. Das Konzept beim Wiederaufbau der Kirche beschränkte sich auf ein zurückhaltendes Komplettieren von Details unter Verzicht auf die Rekonstruktion eines verlorenen Raumeindrucks. Daher ist das **Langhaus** statt von Rippengewölben von einer eleganten Konstruktion aus Stahlbindern überspannt, die in Material und Farbe mit dem Museumsdesign harmonieren. Die z. T. zerborstenen Wandvorlagen aus rotem Sandstein lassen oberhalb ihrer Wappenschilde anhand von Verschneidungen der Rippenanfänger das ursprüngliche Netzgewölbe vorstellbar werden; ob bei den Karmelitern wie an Liebfrauen ebenfalls Jörg Östreicher plante, bleibt ungewiß. Nur die der Einwölbung als Verlängerung knapp vorausgegangenen beiden Westjoche unterscheiden sich formal – erklärbar mit barockem Ersatz (17. Jh.) ihrer 1521 eingestürzten Gewölbe. Ihre Nordseite gliedern zwei Bogennischen, die sich bis 1503 als Durchgänge zur Klostervorhalle geöffnet haben.

Unhistorisch ist der harte Kontrast zwischen dem Weiß der Mauerflächen und dem Steinrot ihrer Gliederung. Dennoch erleichtert der zu helle **Chor** die Vorstellung spätmittelalterlicher Raumfarbigkeit: Jenes bereits außen umrissene Lanzettfenster der Hochgotik birgt im Innern zweibahniges Maßwerk (vgl. Nikolaiturm), gefaßt von Resten rötlich grundierter Wandmalerei, flankiert von gemalten Fialen (um 1290). Einige der spätgotischen Fenster weisen ganz oben Rahmenmalerei im Wechsel rot-schwarz imitierter Steine auf (um 1430/40), und derselben Epoche des Weichen Stils gehören im Gewölbe des Chorhaupts Malereifragmente von ›musizierenden Engeln‹ an: Gestiftet hatte sie Johann von Holzhausen († 1424); gesehen hat er sie nicht mehr, lediglich das Wappen im Schlußstein wahrt sein Andenken. Im nächsten Schlußstein ein fein gearbeitetes Relief der ›thronenden Madonna‹, vor der ein Karmeliter – vielleicht jener Peter Spitznagel – kniet. Ebenso wie an Kapitellen und Konsolen waren die Schilde weiterer Schlußsteine ursprünglich bemalt mit den Wappen der Stalburg, Glauburg, Frosch, Weiß von Limpurg und all der anderen Stifter aus dem Patriziat; ringsum Reste später freskierter Ranken und Strahlen (um 1480). Im Barock diente der Karmeliterchor als Grablege der wenigen katholischen Familien, denen das Kloster während des Niedergangs Unterstützung verdankte. Als bekannteste gelten die Brentanos, von denen Maximiliane (geb. La Roche; † 19. 11. 1793), Mutter der romantischen Dichter Clemens und Bettina sowie Freundin Goethes, hier ihre letzte Ruhe fand. Sämtliche Grabmale zerstörte der letzte Krieg.

Mit der Säkularisierung des Klosters verlor die Karmeliterkirche 1803 ihre sakrale Funktion. Die neue Nutzung als **Museum für Vor- und Frühgeschichte** wandelte ihren Chor zum Lapidarium des Mithraskultes: Auf Altarreliefs der persische Lichtgott als Stiertöter (3. Jh.); sie stammen aus insgesamt vier Mithräen mit unterirdischen Grotten in der Gemarkung des nördlichen Vorortes Heddernheim, wo sich vom 1.–3. Jh. aus römischem Militärlager die regional bedeutende Kleinstadt Nida entwickelt hatte. Vom Kult der fast zwei Dutzend hier verehrten Götter und Genien zeugen im Langhaus bis zu sechs Meter hohe Jupitersäulen (die größte gemäß Inschrift im Jahr 240 restauriert). Eine aus mehr als 6000 Stuck- und Freskofragmenten zusammengesetzte Rekonstruktion fügt sich zu tonnengewölbtem Raum eines noblen römischen Wohnhauses (frühes 2. Jh.). Vitrinen bieten Besiedlungs- und Bestattungsfunde aus dem Frankfurter Gebiet vom Neolithikum bis in die Merowingerzeit, umfassen somit mehr als 6000 Jahre, innerhalb derer der Mensch seßhaft wurde, sich Werkzeug und Waffen, Gerät und Geschirr, Kleidung und Schmuck

Karmeliterkloster, Refektorium, Südwand rechte Hälfte, Wandbilder von Jörg Ratgeb ›Geschichte von Elias und Elisäus‹
›Elias‹ (1-20)
1 Prophezeihung der Dürre
2 Göttliche Speisung
3 Witwe vor Sarepta
4 Speisen in Sarepta
5 Erweckung des Kindes
6 Treffen mit Ahab
7 Opfer der Baalspriester
8 Opfer des Elias
9 Tötung der Baalspriester
10 Gebet auf dem Karmel
11 Vor Ahabs Wagen
12 Göttliche Speisung
13 Auf dem Berg Horeb
14 Salbung der Könige
15 Berufung des Elisäus
16 Bote des Ahasja
17 Vernichtung der Soldaten
18 Aufbruch zu Ahasja
19 Tod des Ahasja
20 Himmelfahrt des Elias

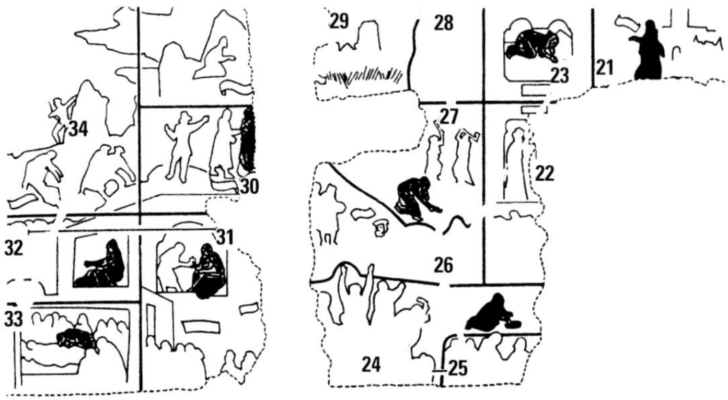

in immer mehr verfeinerter Technik und komplizierteren Materialien herstellte, u. a. vom groben Faustkeil des Steinzeitjägers bis zum ziselierten Metallschwert des fränkischen Kriegers, von derber Irdenware der Bandkeramiker bis zur kostbaren Terra sigillata der Römer. In der Eingangshalle Vorderorientalisches und Neuerwerbungen; davor im Freien (zur Kirche hin) zwei römische Steinsarkophage (3. Jh.; vgl. den im Technischen Rathaus).

Zwar grenzt die Kirche südlich unmittelbar an den Kreuzgang (Tür vorhanden), doch liegt der offizielle Eingang zur ehemaligen Klausur im Norden an der Münzgasse; Blick in Kreuzgang und -garten auf dem Weg dorthin in der Karmelitergasse durch den Ostflügel (1855 völlig erneuert). Den bis 1944 vom Winkelbau des Priorats verdeckten Konventualentrakt im Norden (jetzt Archiv- und Ausstellungsräume) öffnet ein axiales Portal zwischen ehemaligem Schlaf- und Speisesaal. Das **Refektorium** ist außer den Römerhallen (s. Kap. Der Römerberg: Vom Römer zum Alten Rathaus) der einzige groß dimensionierte Profanraum des Mittelalters, der in Frankfurt erhalten blieb – gemäß dem Zwillingsportal eine doppelschiffige Halle mit Rundpfeilern, Balkendecke und weiten Fenstern, deren formaler Gegensatz (nach Westen Maßwerk, nach Norden Kreuzstöcke) typisch für den Übergang der Spätgotik zur Renaissance wirkt (bis 1494).

Mehr als die Architektur zieht ein die gesamte Südwand auf knapp 30 Metern Länge bedeckendes Gemälde den Blick auf sich – durch Umschrift an kleinem Portalbogen als Auftrag der Annenbruderschaft ausgewiesen und auf das Jahr 1517 datiert. Sein Maler war der Schwabe *Jörg Ratgeb,* dessen tragischer Tod oft stärker als sein künstlerischer Rang beeindruckt. Zum Thema wählten Konvent und Bruderschaft die ›Geschichte des Karmeliterordens‹ aus propagandistischem Anspruch, bei dem die Anfänge des Ordens weit vor seine tatsächliche Gründung auf dem Berg Karmel durch Bertold von Kalabrien († 1195) in alttestamentliche Zeit zurückverlegt werden, um dadurch – jenseits konkurrierender Mönchsorden innerhalb der

›Elisäus‹ (21-34)
21 Tötung des Knaben
22 Ölvermehrung
23 Erweckung des Kindes
24 Nahrungswunder
25 Speisung der Hundert
26 Heilung des Hauptmanns
27 Axtwunder
28 Sieg über Aramäer
29 In Samaria
30 Prophezeihung des Königstodes
31 Salbung Jehus
32 Besuch König Joas'
33 Tod des Elisäus
34 Posthumes Wunder

Reichsstadt – für Stiftungen finanzkräftiger Handelsherren attraktiver zu erscheinen. Als Schöpfer des Bildprogramms gilt Hamman von Fleckenböhl, während dessen Priorat (1514–30) die sich über zwei Generationen hinziehende Reform der Frankfurter Karmeliter zu strengerer Observanz gipfelte. Die Karmeliter hatten sich bei ihrer Verehrung der hl. Sippe neben Maria besonders deren Mutter Anna angenommen; davon zeugen Gemälde eines Altars, den ein flämischer Meister anläßlich des Erwerbs einer Annenreliquie 1493 für deren Kapelle schuf (im Historischen Museum). Anna galt ebenso als Patronin der Kaufleute. So mag das Refektorium gerade zu Messezeiten außer den Mönchen auch den Mitgliedern der 1479 gegründeten Annenbruderschaft und ihren fremden Gäste für Festmahle gedient haben.

Der über vier Meter hohe *Gemäldezyklus* entfaltet vor dem weiten Panorama einer Kulissenlandschaft seine zweiteilige Bildfolge, die additiv-kleinteilig anfängt und links am Eingang in großzügiger Einzelszene endet – unterbrochen allerdings durch störende Fehlstellen als Folge von Fensterausbrüchen oder Wandeinbauten während profaner Nutzung für Stallungen (ab 1848) und Schule (ab 1881); die bereits 1809 völlig übertünchten Bilder wurden erst 1883 bzw. 1927 entdeckt, bis 1937 freigelegt, nach Kriegsschäden schließlich 1984 abschließend restauriert. Dennoch für immer verloren blieben leuchtendes Kolorit und farbige Dichte, deren einstige Wirkung zeitgenössischer Tafelmalerei gleichkam, also keineswegs so transparent und pastelltonig erschien wie jetzt (moderne Retuschen in pointillistischer Technik).

Dargestellt ist die ›Geschichte des Propheten Elias und der ihm nachgefolgten Eremiten auf dem Berg Karmel‹ bzw. ›Verfolgung und Martyrium der Karmelitereremiten unter dem Sassanidenherrscher Chosroes (537) bzw. dem Kalifen Omar (636) sowie ihre Rettung und Emigration mit Hilfe Ludwigs des Heiligen von Frankreich (1248)‹. Inschriftteppiche in Latein liefern historische Erklärungen, kleine

Schriftbänder erläutern die Topographie des Karmel und das biblische Buch der Könige. Mit bis zu fünf übereinander verschränkten oder ineinander fließenden Szenen ohne Binnenrahmung nach Vorbildern flämischer Malerei beginnt die ›Eliasgeschichte‹ ganz rechts unten: Elias prophezeiht König Ahab eine Dürre (1), wird am Bach Krit von göttlicher Speise genährt (2), trifft vor Sarepta eine Holz sammelnde Witwe (3), speist in deren Haus (4), erweckt deren totes Kind (5); Elias trifft Ahab erneut (6), erkennt das von dessen Baalpriestern verschmähte Opfer (7), sieht sein eigenes Opfer in göttlichem Feuer bestätigt (8), tötet daher alle Priester des Baal (9), betet auf dem Berg Karmel um Regen (10), läuft unverwundbar vor Ahabs Wagen (11), wird auf der Flucht von einem Engel genährt (12), gelangt zum Berg Horeb, wo er auf Gottes Geheiß (13) Hasael und Jehu zu Königen von Aram bzw. Israel salbt (14), Elisäus zum eigenen Nachfolger beruft (15); Elias hält den um Hilfe von Baal nach Ekron gesandten Boten des kranken Königs Ahasja auf und prophezeiht dessen Tod (16), wird durch göttliches Feuer vor des Königs Soldaten gerettet (17), begleitet die Überlebenden zu Ahasja (18), wohnt dessen Tod bei (19) und fährt in feurigem Wagen zum Himmel (20).

Die anschließende Bildfolge schildert ›Wirken und Wunder des Elisäus‹, teilweise als Wiederholung der Eliaslegende: Elisäus läßt Knaben, die ihn wegen seiner Glatze verhöhnen, von Bären zerreißen (21; über einem Fensterdurchbruch), vermehrt das Öl einer Wit-

Karmeliterkloster, Refektorium, ›Martyrium‹ von Jörg Ratgeb

we (22; Fragment), erweckt das tote Kind einer Sunamitin (23; vgl. 5), verwandelt während einer Hungersnot giftige Pflanzen zu Nahrung (24), speist hundert Männer mit Brot (25), heilt den aussätzigen Naëman (26), läßt die im Jordan versunkene Axt eines Eremiten aus dem Wasser tauchen (27; vgl. Vita des hl. Benedikt), bewirkt Erblinden und Gefangennahme feindlicher Aramäer (28), soll zur Abwendung der ihm geltenden Belagerung Samarias durch die Aramäer vom israelitischen König getötet werden (29), prophezeit den Tod König Benhadads von Aram (30), läßt Jehu zum König von Israel salben, um die Dynastie des baalgläubigen Ahab auszurotten (31), wird durch den nachgefolgten König Joas von Israel auf seinem Sterbebett besucht und läßt Pfeile als Zeichen zukünftigen Sieges über die Aramäer versenden (32), liegt auf der Totenbahre (33), bewirkt im Moabiterkrieg für einen auf seinen Leichnam geworfenen Toten die Auferweckung (34).

Die das Geschehen einbindende Eremitenlandschaft leitet kaum merklich zum zweiten Zyklusteil, der ›Geschichte des Karmeliterordens‹ über: Darin gewinnt der Karmel topographisch Individualität durch traditonelle Stätten (z. B. Fons = Quelle des Elias, Spelunca = Höhle des Elias) und zeitgemäße Architektur (Renaissancerotunde auf dem Gipfel). Ein Karmeliterkloster am Bergfuß und seine Mönche – erkennbar an Tracht und Tonsur – kontrastieren zu orientalischer Soldateska. Fast pastorale Ruhe einzelner Bilder weicht kämpferischer Wildheit im Gesamteindruck, für den das Schreckensarsenal spätmittelalterlichen Folterns und Mordens vorgeführt wird – zu Tode schleifen und stürzen, verbrennen und kreuzigen, erschlagen, erstechen, erschießen; dazwischen als Idylle und Ideal äsende Tiere und meditierende Eremiten im Gegensatz zum kollektiven Martyrium. Das Ende der Ordensgeschichte im Heiligen Land leitet Ludwig IX. beim sechsten Kreuzzug ein, als er im Hafen von Akkon die Prozession der vom Karmel vertriebenen Mönche empfängt, um sie auf seiner königlichen Galeere nach Frankreich zu führen; von hier aus breiteten sie sich – wie die Inschrift erklärt – über Deutschland aus. An Wänden und Pfeilern Reste dekorativer Architekturmalerei (um 1517).

Hinter der Refektoriumsmauer öffnet sich der **Kreuzgang,** innerhalb der hektischen Großstadt ein Ort der Ruhe, der trotz aller Veränderungen stimmungsvoll mittelalterliche Impressionen vermittelt. Gegen 1500 ist er im Karrée von ca. 51 zu 24 Metern entstanden, geprägt durch gleichartige Pfeilerarkaden, die bis zur Verglasung im Barock (1711) schlichtes Maßwerk halbierte (moderne Verglasung ab 1976); auf der Innenseite der Pfeiler leere Schilde, die bis 1645 mit gegossenen Bleiwappen von Stiftern gefüllt waren. Von hier aus Blick auf den Kirchenchor und den erneuerten Dachreiter (1833 abgebrochen, 1990 rekonstruiert). Wichtiger als die spätgotische Architektur ist die malerische Dekoration aus der Wende zur Renaissance, deren Schöpfer ebenfalls Jörg Ratgeb war. 1514 bereits hatte er für den reichen Großhändler Claus Stalburg d. J. († 1524), der damals

Karmeliterkloster, Kreuzgang, ›Dreikönigszug‹ von Jörg Ratgeb. Aquarellkopie von Christian Becker

erneut als jüngerer Bürgermeister amtierte, an der Südseite des Kreuzgangs (= Kirchenmauer) ein riesiges Wandbild (fast in den Dimensionen von Leonardos Mailänder ›Abendmahl‹) mit ›Ankunft und Anbetung der Hl. drei Könige‹ gemalt. Damit empfahl er sich den Karmelitern gerade rechtzeitig zur Ausschmückung ihres erneuerten Klosters.

Ab 1515 entfaltete Ratgeb auf drei Wänden der Konventsgebäude ein ursprünglich mehr als hundert Meter langes Panorama der gesamten christlichen ›Heilsgeschichte‹ von der ›Schöpfung‹ bis zum ›Jüngsten Gericht‹, eine Bibelillustration aus etwa 50 großformatigen Szenen nach Vorbild der im Mittelalter ihrer Holzschnitte wegen weit verbreiteten ›Biblia pauperum‹. Mit schließlich knapp 550 Quadratmetern gilt sein 1521 vollendetes Erzählwerk quantitativ als bedeutendste Leistung vorbarocker Wandmalerei nördlich der Alpen. Die an einer Außenfront zu wenig wetterbeständige Temperamalerei, deren Technik am ehesten der seiner Altargemälde vergleichbar ist, führte schon früh zum Abblättern der Farbe (im Gegensatz zu dem auf feuchtem Putz gemalten, besser haltbaren Fresko Italiens). Profanierung des Klosters zu Zollmagazin und Kaserne brachten Durchbrüche und Einbauten, Bombardements dezimierten verbliebene Reste (jüngste Restaurierung 1980–84).

Ganz links im Winkel zur Kirche begann der *Zyklus* am **Kapitelhaus** mit großflächiger Komposition, die Ereignisse der ›Genesis‹ zusammenfaßte (1). Spätgotische Fenster mit Maßwerk und Tür gehören zum ehemaligen **Kapitelsaal,** der modernen Schatzkammer für die ›Goldene Bulle‹, eine Handschrift des 14. Jh. mit Siegel in vergoldeter Bleikapsel (= Bulle), durch die Karl IV. 1356 die Reichsstadt zum ständigen Wahlort der ›römischen Könige‹ erhoben hat; hier ferner Kopien der Reichsinsignien. Daneben spätgotische Grabplatte mit Frontalrelief des Stadtschultheiß Thüngen von Reußenberg

(† 1486; ehemals im Kirchenchor), der vor dem Mund eine Pestbinde trägt.

Innerhalb von ›Christi Vor- und Kindheitsgeschichte‹ an der **Westseite** ist gleichfalls das ›Geschehen um die Großeltern Anna und Joachim‹ (2–4) sowie die ›Verkündigung an Maria‹ (5) verloren (Aquarellkopien aus dem 19. Jh. im Städel). Das ca. 4,5 Meter hohe Wandbild der ›Geburt‹ (6) kennzeichnet somit als erstes Ratgebs Darstellungsweise, die annähernd lebensgroß eine Hauptszene aus dem Neuen Testament in typologischem Bezug zu Weissagungen und Ereignissen aus dem Alten Testament – ›Moses vor brennendem Dornbusch‹ bzw. ›Aron vor blühendem Zweig‹ (= Symbole der jungfräulichen Geburt) – setzt. Ein Rahmennetz aus fragiler Architektur trennt thematisch, ohne die teppichhafte Gesamtwirkung entscheidend zu stören. Inschriftband und Wappen als unterer Bildrand informieren über zumeist patrizische Stifter – wie hier Conrad Weiß von Limpurg und seine Frau Anna Frosch –, von denen viele im Kreuzgang der Karmeliter begraben sind. Spurlos verschwanden ehemals bis zum Fußboden gemalte Draperie und illusionistischer Ausblick mit Ästen und Vögeln an der Balkendecke. Es folgen unter individuell, fast karikierend wiedergegebenen Prophetenbüsten ›Beschneidung‹ (7), ›Anbetung der Könige‹ mit ›Begegnung Salomos und der Königin von Saba‹ (8), ›Darbringung im Tempel‹ und darüber alttestamentliches ›Reinigungsopfer‹ (9), ›Flucht nach Ägypten‹

Karmeliterkloster, Kreuzgang, Westwand: Flucht nach Ägypten, Bethlehemitischer Kindermord, Zerbersten der Götzenbilder, Rückkehr aus Ägypten (von links nach rechts)

Karmeliterkloster, Kreuzgang, ›Flucht nach Ägypten‹

bzw. ›Jakobs Flucht vor Esau‹ und ›Davids Flucht vor Saul‹ (10), ›bethlehemitischer Kindermord‹ bzw. ›Rahels Klage um ihre Kinder‹ und ›Ermordung der Söhne Ahasjas‹ sowie ›Hinrichtung der mit David verbündeten Priester‹ (11), ›Zerbersten der Götzenbilder angesichts Jesu‹ (12; apokryphe Szene, die ebenso der Herzog von Berry in sein Stundenbuch aufnehmen ließ, die Ratgeb aber vom ›Bartholomäusfries‹ im Dom übernommen haben dürfte), ›Rückkehr aus Ägypten‹ bzw. ›Heimkehr Jakobs‹ und ›Aufforderung an den betenden David zur Heimkehr‹ (13); gänzlich zerstört ist das letzte Bild an der Westwand über einem Maßwerkportal, vermutlich ›Christus als Zwölfjähriger im Tempel‹ (14).

Das Geschehen setzt sich an der **Nordseite** mit einer Motivkombination aus ›Abschied von den Eltern‹, ›Taufe im Jordan‹, ›Versuchung in der Wüste‹ und ›Verklärung auf dem Berg Tabor‹ fort (15; aus kleinsten Fragmenten nach Zeichnungen von 1882 weitgehend 1983 rekonstruiert). – Jenseits eines Schwibbogens folgen in gewohnter Darstellungsweise drei im Krieg zerstörte Szenen, wahrscheinlich ›Wunder‹ und ›Einzug in Jerusalem‹ (16–18) und somit die Einleitung der ›Passionsgeschichte‹. In geringen Fragmenten und schwer erkennbar schließen sich an: ›Priesterrat zum Tod Christi‹ (19), ›Gastmahl im Haus des Simon mit Salbung der Füße Christi durch Magdalena‹ (20), ›Planung und Besoldung von Judas' Verrat‹ (21), ›Abschied von Maria‹ (22), ›Vertreibung der Wechsler aus dem Tempel‹ (23), ›Fußwaschung der Jünger durch Christus‹ (24), ›Abendmahl‹ (25; erkennbar blieb nur die Zentralgruppe), ›Gebet am Ölberg‹ (26) und ›Judaskuß‹ (27; nur noch Köpfe von Christus und Judas erhalten). Deutlicher in ihren Details blieben ›Gefangennahme‹ (28) und – hinter weitgehend ruiniertem ›Verhör durch den Hohepriester Hannas‹ (29) – ›Kaiphas zerreißt sein Gewand wegen der Aussagen Christi‹ (30), wobei Stiftungsinschriften dem Andenken der Priore Romuald von Laupach († 1496) und Albert von Nussa († 1507) gelten. ›Verhöhnung durch die Wächter‹ (31), ›Verhör durch Pilatus‹ (32), ›Verspottung durch Herodes‹ (33), ›Geißelung‹ (34), ›erneutes Vorführen bei Pilatus/Ecce homo‹ (35), ›Pilatus wäscht seine Hände als Zeichen der Unschuld und liefert Christus aus‹ (36) sind ungeachtet der Zerstörung leicht deutbar. An ›Kreuztragung‹ und ›Kreuznagelung‹ (37–38) erinnern nur Prophetenbüsten. Die ›Kreuzigung‹ (39) hinter einem zweiten Schwibbogen fehlt ganz, ebenso wie an der 1855 ersetzten **Ostseite** wahrscheinlich elf weitere Szenen von der ›Kreuzabnahme‹ (40) über ›Auferstehung‹ (43) und ›Himmelfahrt‹ (48) zur ›Marienkrönung‹ (50), für die als Stifter vier der zur Königswahl Karls V. 1519 in Frankfurt weilenden Reichsfürsten – u. a. Friedrich von Bayern und Erzbischof Matthias von Salzburg – gewonnen werden konnten; spätgotische Maßwerkfenster (um 1480/90) und barocke Grabplatten nachträglich an der Ostwand vermauert.

Das abschließende ›Weltgericht‹ an der **Südseite** (= Kirchenmauer) hatten wiederum Frankfurter Patrizier bezahlt. Unter ihnen war

Jakob Heller († 1522), der Eigentümer des Nürnberger Hofs (s. Kap. Der Domhügel: Bürgerhäuser um den Dom), der als Auftraggeber Dürers, Grünewalds und Backoffens Frankfurts künstlerische Blüte kurz vor der Reformation entscheidend förderte. – Ratgeb selbst ist 1526 im Schwäbischen als Rädelsführer des Bauernkriegs mit dem Tod durch Vierteilen gerichtet worden – härter als im fränkischen Würzburg Tilman Riemenschneider, dessen künstlerisches Schaffen nach ähnlicher Anklage mit dem Bruch der Handgelenke 1525 endete. Das Karmeliterkloster entging der Reformation, verlor allerdings 1546 seine Schätze und erreichte im Barock einen bescheidenen Wohlstand, der Renovierung und Neuausstattung ermöglichte (1690–1713). Kirchliches Leben endete endgültig erst 1808/09 zugunsten der benachbarten Leonhardskirche.

An wenig seriöse Nachbarschaft der Mönche erinnert die **Frauenpforte,** ein spätgotischer Torbogen, der 1456 in der Stadtmauer als kaum auffälliger Durchgang erneuert wurde (1896 in modernisierte Mauer versetzt); den Namen verdankt sie dem von Frankfurts Ratsherren im äußersten Winkel der Altstadt meistbietend verpachteten Bordell, das anläßlich der Kaiserkrönungen Hochkonjunktur hatte.

Die Paulskirche – von Barfüßern und Parlamentariern

Historistische Gebäude des Rathauses bilden den Hintergrund der Paulskirche, die mit der Revolution von 1848 zu einem Monument von nationaler Bedeutung überhöht und durch Verlust der Umgebung 1944 im Krieg städtebaulich herausgehoben wurde. Doch ihre architektonische Entwicklung setzte ein halbes Jahrtausend vor all dem ein: Als letzter der in Frankfurt ehemals heimischen Bettelorden begannen die Franziskaner 1271 mit dem Bau ihres Klosters, das durch günstige Lage an der über den Römerberg hinaufziehenden Reichsstraße unmittelbar am Rand des frühmittelalterlichen Siedlungskerns ausgezeichnet war. Gefördert wurde es von ringsum ansässigen Kaufleuten, deren Jodokus-Bruderschaft zuerst als Stifter urkundlich überliefert ist (1418). Allerdings war Frankfurt damals längst politisch und geographisch ein wohlorganisiertes Gemeinwesen, als dessen führende Schicht die in der städtischen Ratsversammlung tätigen Familien miteinander in der Förderung von Stiften und Klöstern wetteiferten. Dem verdankten die Franziskaner, die hier ›Barfüßer‹ hießen, ihren unter Hans von Lich ab 1478 erbauten spätgotischen Kreuzgang und die ab 1485 in zwei Schiffen erneuerte Hallenkirche, deren Chor Hans von Bingen 1510 vollenden konnte. Doch die Barfüßermönche übergaben 1529 – unter dem Eindruck der Reformation, die den Idealen ihres Ordens in manchem näher

Paulskirche, Nationalversammlung 1848, Farblithographie von E. G. May

als die katholische Kirche schien – ihr Kloster freiwillig dem städtischen Rat, der darin Frankfurts erste protestantische Pfarrkirche eingerichtet hat. Das Kloster wandelte sich zu Armenhaus und Schule.

In der Kirche wirkte zeitweise Philipp Jakob Spener als Prediger (ab 1666), Georg Philipp Telemann (ab 1712) als Kantor. Als die Spenden spärlich eingingen und der bauliche Zustand bedrohlich wurde, ließ der Rat die mittelalterlichen Gebäude 1786 unter seinem Stadtbaumeister Johann Andreas Liebhardt niederreißen – nicht ohne daß dieser sich zuvor den Planungsauftrag für einen Neubau sicherte. Sein Entwurf bot eine Rotunde, die – infolge langjähriger Diskussion um kreis- oder kreuzförmigen, vier- oder achteckigen Grundriß, wobei das Projekt des in Frankfurt mehrfach beschäftigten französischen Emigranten Nicolas de Pigage wohl das interessanteste war – erst 1790 nach Liebhardts Tod sein Nachfolger Johann Friedrich Georg Hess beginnen und nach erneuter Baupause dessen Sohn Johann Friedrich Christian Hess ab 1830 fertigstellen konnte. In seiner Eröffnungspredigt hat sie im Mai 1833 der als Stadthistoriker bekanntere Pfarrer Anton Kirchner als Paulskirche geweiht.

Auf 15 Jahre ruhiger Sonntagspredigt vor der Kirchengemeinde folgten 99 Sitzungen voll hitziger Werktagsdebatten durch die erste Nationalversammlung zur Einigung Deutschlands: Feierlich zogen deren gewählte Abgeordnete am 18. Mai 1848 in Viererreihen vom Römer durch militärisches Spalier hinüber zum Hauptportal der Paulskirche; ihm zur Seite erinnern daran *Bronzetafeln* von dem Bildhauer Franz Krüger (1898).

Ein Jahr später löste sich die Versammlung auf, nicht ohne zuvor unter der Leitung Heinrichs von Gagern Grundsätze einer bis heute gültigen Verfassung beschlossen zu haben. Doch mit dem Ansinnen, dem preußischen König Friedrich Wilhelm IV. die deutsche Kaiserkrone anzutragen, scheiterte sie, denn dessen Verständnis vom Herrschen ließ sich nicht mit einer Wahl des Herrschers durch das Volk vereinbaren. – Als mit finanzieller Unterstützung vieler deutscher Länder und Gemeinden aus Ost wie West einhundert Jahre später die 1944 ruinierte Paulskirche erneut vollendet war, wurde ebenso die Hoffnung, daß sie Sitz eines neuen Parlaments werden möge, enttäuscht: Bonn und nicht Frankfurt ist seit 1949 Hauptstadt der Bundesrepublik, und den Frankfurtern blieb nur, sich der mit der

Paulskirche von Süden

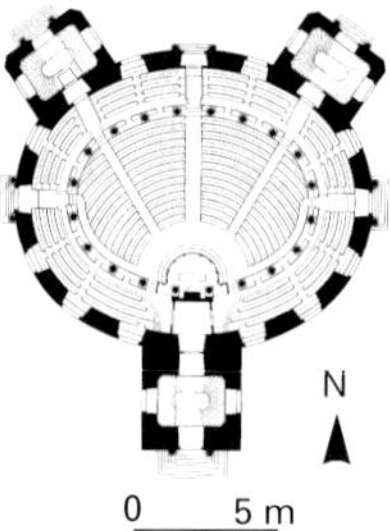

Paulskirche, Grundriß

Mainstadt in besonderer Weise verbundenen Politiker mittels außen am Gebäude angebrachter Gedenktafeln zu erinnern – u. a. des Freiherrn vom Stein, Theodor Heuss', John F. Kennedys (von den Frankfurter Bildhauern Knud Knudsen und Georg Krämer); heraus ragt dabei Richard Scheibes Symbolfigur der ›aufbrechenden Nation‹ (1950) als Denkmal für Friedrich Ebert, den ersten Präsidenten der Weimarer Republik.

Die ganz aus rotem Mainsandstein erbaute Paulskirche präsentiert sich als noble Architektur von zurückhaltenden Formen, für die protestantische Sakralbauten Mittelfrankens Pate standen. Originell wirkt Liebhardts Kombination eines quergelagerten Ovalbaues zwischen drei vortretenden Treppenhäusern, deren hintere entlang der die nördliche Bauflucht des einstigen Klosters aufgreifenden Berliner Straße ehemals eine Empore erreichbar machten. Noch immer einen Akzent in der Silhouette der Altstadt und auf dem modern planierten Platz setzt der zu Römer und Fluß axial im Süden vor die Langseite gestellte **Fassadenturm.** Nur sein Hauptgeschoß wird vom umlaufenden Gesimskranz eingebunden und entspricht als Kombination von antikisierendem Säulenportal mit Fenster den hohen Bogenfenstern des Kirchenbaues. Freier löst sich ein durchfenstertes zweites Geschoß mit dorischen Zwillingspilastern und über dessen Triglyphengebälk ein ionisches drittes, dessen quadratische Plattform eine Kuppelrotunde mit Kreuz wie einen Tempietto der Renaissance trägt. Gemessen am eleganten Klassizismus dieser Architektur, die Anregungen konkurrierender Entwürfe aufgriff, erschien die Kirche gedrungen unter glockenähnlichem Schieferdach. 1944 wurde sie ruiniert und brannte aus. Beim Wiederaufbau (bis 1948) unter dem Kölner Architekten Rudolf Schwarz verlor ihr Äußeres seine Proportionen: Für ein kryptenartiges Untergeschoß öffnete ein zusätzliches Band eckiger Fenster den Sockel, und den oberen Abschluß bildet seitdem ein flaches Kupferdach auf profillosem Gesims.

Das **Innere** ist modern im zurückhaltenden Geschmack um 1950 gestaltet und kann enttäuschen: Als ovaler Ring umgreift die zu ebener Erde niedrig proportionierte *Eingangshalle* einen zentralen Raumzylinder im Kranz schlichter Säulen. Ihn überzog der Berliner Johannes Grützke mit karikierendem Ölbild zur Nationalversammlung (1989), das aus ironischer Distanz – gleich einem Panorama ohne Anfang und Ende – deren Abgeordnete reiht und Szenen der Geschichte im Kontrast zu trivialem Geschehen vergröbert; außen in den Fensternischen erklärende Bilder und Texte zu den Geschehnissen von 1848/49. Genausowenig ursprünglich ist der darüber erhöhte *Sitzungssaal.* Einst reichte er über die volle Gebäudehöhe. Holzsäulen trugen einen Emporenring (daraus erklärt sich die obere Fensterzone), eine Kuppel wölbte sich über ihm. Statt derer überspannt ihn eine flache Holzkonstruktion wie Speichen eines Rades mit verglaster Mitte, und entlang der Wände reihen sich Fahnen deutscher Bundesländer.

Davor das **Einheitsdenkmal** (1903), ein Obelisk nach Entwurf von Fritz Hessemer mit Reliefs (und 1942 eingeschmolzenen Bronzegruppen) von Hugo Kaufmann: ›Abschied vom Vater‹, ›Schmieden der Waffen‹, ›Bereitschaft zum Kampf‹ unter der Statue der ›Clio‹. – An der Ostseite des leeren Platzes stand bis 1952 die Ruine der *Alten Börse.* Im Auftrag der hiesigen Handelskammer war sie 1840–44 nach Entwurf des Berliner Architekten Friedrich August Stüler erbaut worden – ein mäßig hoher Baublock mit farbig gestreiften Steinfassaden und gotisierenden Fächergewölben im Stil des romantischen Klassizismus (aus einer Tradition, die in die erste Organisation einer Devisenbörse anläßlich der Frankfurter Messen 1585 zurückreicht); von ihrer Bauplastik (u. a. von Eduard Schmidt von der Launitz, Johann Nepomuk Zwerger, Karl Wendelstadt) überdauerten Figuren der Erdteile (im Lapidarium des Historischen Museums).

Das Liebfrauenstift im Norden

Auch den Liebfrauenberg flankiert eine Kirche – wie St. Nikolai den Römerberg –, und beide sind axial aufeinander bezogen. Jene wichtigsten Plätze der staufischen Stadt verbindet die *Neue Kräme*, die ihren einstigen Namen *Reichsstraße* einbüßte, als sich seit der Reformation an ihr entlang und auf dem anschließenden Kirchhof der Barfüßermönche an Markt- und Messetagen Kramläden reihten, ähnlich denen, die noch heute die **Liebfrauenkirche** rahmen. Dieses Gotteshaus entstand ebenfalls an einem Marktplatz, der ursprünglich dem Pferdehandel diente und 1280 schon als ›Rossebühl‹ in

Liebfrauenkirche von Süden

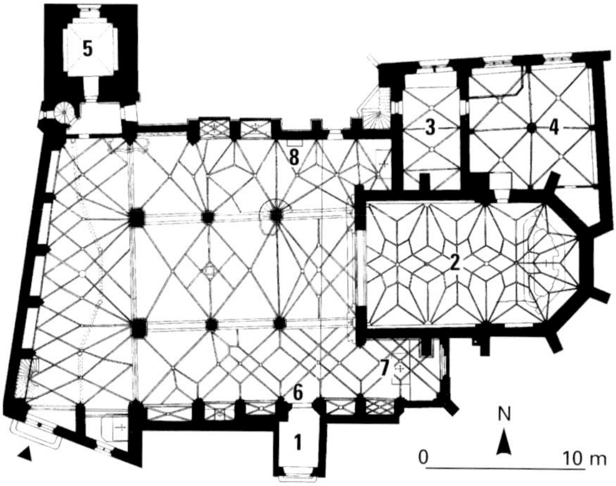

Liebfrauenkirche, Grundriß
1 Taufkapelle
2 Chor
3 Alte Sakristei
4 Neue Sakristei
5 Turm
6 Dreikönigstympanon
7 Pietà
8 Wanebach-Grabplatte

einer Urkunde erwähnt ist. Hier hatte der Ratsherr und Schöffe Wigel von Wanebach 1308 ein Grundstück erworben, das sich nordwärts bis hin zur Staufermauer erstreckte; damals bildete sie noch die Grenze der dicht bebauten Stadt. Gemeinsam mit seinem Schwiegersohn Wigel Frosch ließ er darauf eine Marienkapelle errichten. Da deren Baukosten jedoch die Mittel der Stifterfamilie überstiegen, sollten Ablaßprivilegien die Finanzierung erleichtern (1318); durch deren Ausweitung auf die Besucher der Kapelle ergab sich ein Abschluß der Bauarbeiten um 1320. Bereits 1322 konnte Wigel von Wanebach in dem neuen Gotteshaus beigesetzt werden, 1324 gefolgt von Wigel Frosch, der auf dem Weg nach Santiago de Compostela starb (s. Kap. Der Rand der Altstadt: Die Bürgerkirche St. Leonhard).

Auf Betreiben der Witwe Katharina von Wanebach wurde die Marienkapelle 1315 durch Angliedern eines Konvents von Kanonikern zum Kollegiatsstift erhoben – nach St. Bartholomäus und St. Leonhard das dritte in der Stadt. Dieser Aufwertung verdankt die Kirche ›Unserer lieben Frau‹ während des 14. Jh. den westwärts ergänzenden Anbau eines Langhauses in Hallenform, für das als Weihejahr 1344 überliefert ist. Erneuter Ablaßverkauf (ab 1415) deutet auf Weiterbau während des 15. Jh., wobei die erste Anlage weitgehend ersetzt worden ist.

Wie bei der Karmeliterkirche (s. Kap. Der Rand der Altstadt: Das Karmeliterkloster im Westen) gilt an Liebfrauen die **Südseite** als Schaufront. Ihr **Langhaus** beeindruckt durch die Konsonanz großflächiger, dreibahniger Fenster aus der Spätgotik, zwischen denen die Mauer auf bugartig endende Strebepfeiler reduziert ist. Dem von Fischblasen bestimmten Maßwerk entsprach bis zum barocken Einbau eines Kranzgesimses (1765) eine Reihe gotischer Giebel. Der nach den Bombardements (1944) vorgenommene Wiederaufbau brachte statt derer sägeartige Walmdächer (ab 1953; wie am Dom).

Vor dem mittleren der sieben Fenster errichtete der Klassizist Friedrich Rumpf 1824 eine kleine Fassade als *Hauptportal* (in der Bauflucht jener Läden). Durch Einbau eines modernen Betonfensters (1968) ging deren ehemalige Eingangsfunktion verloren; in der Giebelnische eine provinzielle ›Vespergruppe‹ aus der Spätgotik (um 1380; ehemals in der Stadtmauer, wo Goethe sie noch sah), darunter manieristische Kartusche mit Rollwerk und Renovierungsdaten (1572, 1765, 1818) sowie Familienwappen der Brun und Hohenhaus. – Dieses Hauptportal wurde um 1470 durch einen *zweiten Südeingang* ergänzt. Dessen Tympanon zeigt – wenn auch mehrfach verändert (v. a. 1847 von dem ebenso im Römer tätigen Maler Karl Ballenberger) – eine ›Kreuzigungsgruppe‹; Türflügel modern aus Kupferblech mit getriebenen Reliefs zum ›Marienleben‹ von dem Goldschmied Albrecht Welker (1953). Ursprünglich lag dahinter eine niedrige *Vorhalle*, deren Pultdach sich von der einst weitergeführten Bauflucht des Langhauses neigte. Beim Wiederaufbau hat man sie fassadenähnlich vorgezogen und mit den rückwärtig ausgebauten Maßwerkfenstern versehen, so daß eine Art Querbau entstand. Gleiche Details all dieser Fenster weisen auf gemeinsame Entstehungszeit der gesamten südlichen Langhausseite um 1470, und als ihr Baumeister läßt sich der ebenso an Domturm und Dominikanerchor tätige Jörg Östreicher vermuten. Das steiler dimensionierte *Chorpolygon* an Liebfrauen, dessen Schildgiebel den Langhausfirst beträchtlich überragt, entstand zuletzt – als Ersatz von Wigels Marienkapelle seit 1497 geplant, doch erst nach Erwerb des angrenzenden Grundstücks unter Förderung des Stadtrats 1506–09 durch ein Konsortium von Baumeistern errichtet. Kaiser Maximilians Besuch gilt als Abschluß und Höhepunkt kirchlicher Entwicklung von Liebfrauen (1517). Erste lutherische Predigt (1525) und zeitweiliges Verbot katholischer Gottesdienste (1533) signalisierten wenig später den Niedergang, den der Frankfurter Rat mit dem Konfiszieren des Stiftsvermögens beschleunigte (1546).

Liebfrauenkirche, Maßwerkfenster an der Südseite des Schiffs

Häuser verbargen bis 1855 die **Westseite** der Kirche. Damals erst wurde nordwärts zur Zeil hin als erster Durchbruch der Altstadt die *Liebfrauenstraße* trassiert und nach Süden städtebaulich wirkungsvoll unter Heinrich Burnitz mit romantischer Kulissenarchitektur verkleidet, die in symmetrischen Sandsteintürmen gipfelte – noch unter dem Eindruck des Krimkrieges ›Malakoff‹ genannt (1858 vollendet, 1944 endgültig zerstört; vgl. Burnitzbüste am ›Alten Rathaus‹). Sichtbar wird von hier der nach Norden angefügte **Glockenturm,** der zugleich zum System städtischer Wehrtürme zählte. Allein dieser Doppelfunktion verdankt er seine Existenz, denn als das Stiftskapitel 1452 seinen Wunsch, die Staufermauer zu überbauen, den Ratsherren vortrug, nutzten diese die Chance zu kostenloser Ergänzung der Stadtbefestigung. Von der Wehrmauer des späten 12. Jh. blieb an der Baunaht von Langhaus und Turm ein Rest sichtbar. Der Turm präsentiert sich über blockhaftem Erdgeschoß spätgotisch, im Oberbau barock, allerdings um ein Stockwerk höher als 1770 vollendet, um ihn innerhalb der nach dem Zweiten Weltkrieg aufwärts strebenden Stadtsilhouette nicht vollends versinken zu lassen.

Der **Innenraum** wirkt als weite, nur von Süden her großzügig belichtete Hallenkirche, doch ging deren Höhentendenz 1944 mit den Gewölben verloren. Schon 1948 begann der zugleich mit der Paulskirche beschäftigte Architekt Rudolf Schwarz aus Köln den Wiederaufbau – weniger mit dem Ziel, vergangenes Mittelalter zu rekonstruieren, als eine akuter Finanznot entsprechende Form zu finden. So entstand ein dreischiffiger Kastenraum, von dem allein die Außenmauern Reste des 1344 vollendeten Langhauses bergen. Wie die Westempore sind die Oktogonalpfeiler weitgehend modern und tragen eine flache Decke, deren Profilstäbe in ihrer Rhombendekoration annähernd an die gekehlten Rippen heruntergebrochener Netzgewölbe aus der Spätgotik (um 1470) erinnern. Dadurch aufgabenlos enden die Dienstbündel auf der Südseite in Blattkapitellen des 14. Jh. Mit ihnen verschneiden sich Gewölberippen über Altarnischen, die – gemäß Vorbildern in Franken oder Schwaben – im 15. Jh. zwischen die Strebepfeiler geschoben wurden.

Am weitesten nach außen reicht die *Taufkapelle,* die nichts anderes als der 1968 geschlossene Eingangskorridor des ehemaligen **Hauptportals** ist. Mit seinem dadurch zur Dekoration eines Nebenraumes degradierten *Tympanon* bietet es einen Höhepunkt künstlerischen Schaffens im mittelalterlichen Frankfurt: Ähnlich einem vielfigurigen Gemälde zeigt es in erzählender Komposition ›Ankunft und Anbetung der Heiligen drei Könige‹, die – unter der ›Verkündigung an die Hirten‹ in der Spitze des Bogenfeldes – auf getrennten Wegen mit Gefolge aus kulissenhafter Felsformation hinabreiten zu Maria. Die Hauptszene ist in die linke Ecke des Bogens gerückt; Marias über den Boden fließende Gewänder lassen nicht nur den sozialen Gegensatz zum vor ihr knienden Königs vergessen, sondern liefern zugleich den deutlichen Hinweis auf eine Entstehungszeit während des internationalen ›Weichen Stils‹ der Spätgotik. Seine vorzügliche Qualität weist das Relief, dessen Figürchen aus Terrakotta teilweise vollplastisch modelliert sind, dem Spätwerk des Dombaumeisters und Bildhauers Madern Gerthener um 1425 zu. Höfisch idealisiert wirkt die zentrale Gestalt des jugendlichen Königs, der sich mit leichter Körperdrehung dem Geschehen links zuwendet. Zwar lassen sich unmittelbare Vorbilder hierzu nicht benennen, doch spiegelt das Werk künstlerischen Einfluß der Höfe Frankreichs, Burgunds oder Oberitaliens. In zweiter Ebene umfängt Maßwerk wie ein Vorhang das Tympanon. Darüber in den Zwickeln Tondi mit Reliefs von ›Jesaias‹ und ›Jeremias‹ als Propheten des Kommens Christi (nach Vorbild des südlichen Domportals); unter dem Türsturz Konsolen mit Reliefs ›musizierender Engel‹, im Gewände leere Nischen mit Baldachinen (Statuen dafür wurden nicht ausgeführt).

Was im Hauptraum befremdet, ist der Anschluß des **Chors:** Breiter als das Mittelschiff, dennoch vom Triumphbogen stark eingeschnürt, stößt er von Osten ins Langhaus vor, asymmetrisch flankiert von platt endenden Nebenchören, deren südlicher tiefer reicht. Von ihm aus sichtbar wird ein Strebepfeiler, der – eigentlich Teil des Außenbaues – bis 1509 gegen den Schub der neuen Chorgewölbe im Langhaus aufgemauert wurde. Wigels Marienkapelle von 1320 dürfte in der Breite dem Triumphbogen entsprochen haben; ohne schlüssige Erklärung bleibt allerdings das altertümliche Motiv des beidseitig in halber Höhe ausgekragten Bogenfrieses. Unsicher scheint, ob im Chor von 1506 noch der Gründungsbau von 1320 vorhanden ist. Den hohen Chorraum formen schlanke Dienstbündel und sich durchdringende Sterngewölbe, die bis 1954 erneuert werden mußten (unter Verwendung von Rippen und Schlußsteinen aus dem Langhaus.

Die erst 1984 drapierte Gruppe ›Himmelfahrt Marias‹ mit der ›Dreifaltigkeit‹ ist Rest einer glanzvollen Rokokoausstattung, die Liebfrauen 1763–71 durch Mainzer Künstler erhielt: Sie wurde von Johann Jacob Juncker für Johann Peter Jägers zerstörten Baldachinaltar im Chor bzw. für die Kanzel geschaffen (1765); dazu gehören ebenso seitliche Statuen von ›Petrus und Paulus‹, die – wie z. B. ›Johannes d. T. und Johann von Nepomuk‹ – seit 1954 an den Pfeilern stehen. Fragment wurde auch das berankte Chorgestühl (1509); ferner im Chor zeitgenössische Tafelbilder der Spätgotik von süddeut-

Liebfrauenkirche, Dreikönigstympanon

schen Altären unterschiedlicher Provenienz: ›Beschneidung‹ und ›Geißelung Christi‹ (links) bzw. ›Anna selbdritt zwischen hll. Martin und Nikolaus‹ (rechts). Hier der Grabstein Ditwins von Friedberg († 1467) mit dem Verstorbenen kniend vor Christus (darin Motivkopie nach Siegfried zum Paradies in St. Nikolai). Dem frühen 16. Jh. gehören die mit ›Heimsuchung‹ und ›Mariengeburt‹ bemalten Altarflügel im südlichen Nebenchor an; zwischen weiteren Barockskulpturen findet sich das spätgotische Gnadenbild, eine ›Pietà‹ des Weichen Stils: Vermutlich ist sie identisch mit einer 1383 geweihten ›Vespergruppe‹, die ursprünglich frei in der Kirche auf einer Säule stand. Sie entstammt dem böhmisch-österreichischen Kunstkreis und entspricht in ihrer vorzüglichen Gestaltung nicht nur formal, sondern ebenso im Material Gußstein mehreren untereinander täuschend ähnlichen Werken um 1400 (Farbfassung barock). Zeitweiliger Aufstellungsort war eine Nische in jener Korridorkapelle nach Süden, die jetzt eine barocke ›Taufgruppe‹ (1676; aus Heidelberg) aufnimmt. Charakteristische Spiralsäulen des späten 17. Jh. bietet im nördlichen Nebenchor der Barockaltar des Miltenbergers Zacharias Juncker d. J. (1671); ein Rokokokruzifix (1763) ersetzt sein ursprüngliches Marienbild.

Sämtlich modern sind mariologische Glasgemälde der Fenster (1954 von W. Geier aus Ulm), Emporengitter (1954 von K. Glock aus Donauwörth) sowie Zelebrationsaltar und Ambo (1987 von B. Kleinhans). An der Nordwand hängen moderne Kreuzwegbilder von Hetty Krist (1996), und darunter vermauert ist die Deckplatte der Stiftertumba: Ab 1322 ruhte sie auf Wigels von Wanebach steinernem Hochgrab im Chor. Sie zeigt ihn jugendlich idealisiert im Sinn der Hochgotik, liegend mit dem Modell seiner Marienkapelle (Farbfassung um 1890). Stilistische Merkmale deuten auf einen Mainzer Bildhauer (deutlich wird die Ähnlichkeit mit dem Epitaph des Erzbischofs Matthias von Bucheck im Mainzer Dom, † 1328). Von künstlerisch geringerem Rang ist die Darstellung eines nicht identifizierbaren Patrizierpaares auf der Grabplatte an der nördlichen Außenmauer (1468), als deren Vorbild das Doppelepitaph der Holzhausen (im Nordquerhaus des Doms) gilt.

Benachbart schließt sich die 1430 errichtete **Alte Sakristei** (seit 1949 Anbetungskapelle) an. Ihre ursprüngliche Nordwand war Teil der Staufermauer. Von ihren drei Jochen wurde beim Neubau des Chors 1506 ein halbes abgebrochen, die andere Hälfte bis 1509 durch einen Strebepfeiler verstellt; in den Rippengewölben Wappensteine der Wanebach und Hohenhaus. Die spätgotische Ausstattung ist nicht ursprünglich (um 1510/20): Altar sächsisch (1880 von Stadtpfarrer Münzenberger erworben) mit Schnitzgruppe ›Anna selbdritt‹ zwischen ›Apostelreliefs‹ auf goldgrundierten Flügeln; am Strebepfeiler eine geschnitzte ›Abendmahlsgruppe‹ (einst eine Altarpredella) aus Franken. – Die ostwärts quadratisch anschließende **Neue Sakristei** (1509) war bis 1944 von spätgotischen Rippengewölben auf zentralem Oktogonalpfeiler überspannt.

Anstelle ehemaliger Stifts- und Schulgebäude entstand jenseits der einstigen Staufermauer mit Übernahme von Liebfrauen durch Kapuziner (1917) nach Entwurf von Martin Weber 1924/25 ein kleines **Stadtkloster** (inzwischen vielfach verändert). In manch expressionistischem Detail – wie dem Stalaktitbogen um das frühere Nordportal (zum Holzgraben) – wahrt es Anklänge der Gotik.

Doch zurück zum Platz, der spätere Namen ›Wigelsberg‹ dem Kirchenstifter, ›Frauen Plan‹ der Stiftskirche verdankte. Pflasterung (1416) und Verlegung des Ochsenmarktes hierher (1490) leiteten seine städtebauliche Aufwertung ein, der 1494 die Anlage eines Ziehbrunnens folgte. Bereits die Huldigung der Frankfurter vor Kaiser Maximilian (1486) deutete die Übernahme von Funktionen des Römerbergs an, was der Rat zum Steigern seiner Einnahmen während der Messezeiten durch das Aufschlagen zusätzlicher Marktbuden förderte; da sie nicht vermietbar waren, verschwanden sie schon 1573. Andere Parallelen in der Entwicklung dieser beiden bedeutendsten Plätze in der Altstadt erwiesen sich als dauerhafter, denn jener Ziehbrunnen ist ebenfalls bis 1610 erneuert worden, und aus der Mitte seines Steinbeckens ragte seitdem eine allegorische Figur. Als der Brunnen verfiel, ließ ihn der Stadtbaumeister Johann Andreas Liebhardt 1769 zugunsten eines eigenen Projekts abbrechen, und der gegen zwei Konkurrenten erfolgreiche Steinmetz Bernhard Scheidel erhielt im Mai 1770 den Auftrag, es zu realisieren. Mit dem Skulpturenschmuck des neuen Zierbrunnens betraut wurde der aus Düren zugezogene Johann Michael Datzerath, ein Schüler des renommierten Frankfurter Barockbildhauers Cornelius Andreas Donett. Das ovale Becken des **Liebfrauenbrunnens** wird von geschwungener Brüstung mit wulstigem Rand eingefaßt. In dessen Mitte steht konisch der Brunnenstock als Basis eines rustizierten Obelisken (1970 von Kurt Zobel kopiert). Zu seiten der hier durch die Glockengießer Johann Georg und Johannes Schneidewind eingelassenen Bronzetafeln gießen – antiken Flußgöttern gleich – Moenus und Rhenus aus Krügen Wasser in ausladende Muschelbecken, die auf gekreuzten Delphinkörpern ruhen. Deren Mäulern sowie dazwischen mit Blättern umrankten Maskarons entströmt zusätzlich Wasser direkt ins Bassin. Um ein frontales Relief des Stadtadlers über den Schrifttafeln versichern Putten durch ihre Attribute ›Waage, Spiegel, Glocke und Kette‹ den Bürger der Wach- und Schutzfunktion der Kommune. Der Obelisk endet in vergoldeter Strahlensonne. Seine ursprüngliche Wirkung ergänzte eine vollständige Ölbemalung – rot am Obelisk, weiß an Figuren, Reliefs und Becken –, die als Abschluß der Arbeiten im Juni 1771 von der Weißbinderzunft kostenlos (als Gegenleistung für ihre vom Rat bestätigte Gesellenordnung) ausgeführt worden ist.

Die südliche Platzfront gegenüber der Kirche bildet das **Haus zum Paradies und Grimmvogel,** ein nobler Eckbau des Spätbarock mit identisch gestalteten Fassaden. Als einziger Profanbau des 18. Jh. in der City überstand es bis auf das ausgebrannte Mansarddach (1995

Haus zum Paradies und Grimmvogel

rekonstruiert) den Zweiten Weltkrieg. 1775 hatte es die am Römerberg ansässige Patriziergesellschaft Alt-Limpurg nach Plänen von Johann Wilhelm Kayser stumpfwinkig um einen Hof bauen lassen, doch seine Geschichte führt über 400 weitere Jahre zurück: 1351 erwarb der aus Marburg zugewanderte Kaufmann Siegfried von Biedenkopf das kurz zuvor hier errichtete *Haus Paradies*, das seinen Namen vermutlich der benachbarten Liebfrauenvorhalle verdankte; fortan nannte sich auch jener für Frankfurts Politik so bedeutende Siegfried nach seinem Bau. Mit dessen Umbau als Messequartier und Fürstenherberge hat er ihn 1362 an den Kölner Erzbischof verkauft, um ihn anschließend als kurkölnisches Lehen zu verwalten. Seit 1366 ergänzte seinen Besitz die Eckparzelle zur alten Reichsstraße (= Neue Kräme), wo im folgenden Jahr das *Turmhaus Grimmvogel* entstand; Karl IV. und sein Sohn Wenzel stiegen als Siegfrieds Gäste mehrfach am Liebfrauenberg ab. Im Giebelfeld des nordwärts vortretenden Mittelrisalits weist ein Wappen auf die 1527 ausgestorbene Patrizierfamilie ›Marburg zum Paradies‹, und der Westrisalit zeigt den ›Grimmvogel‹ adlergleich mit erbeuteter Schlange. Darunter öffnete sich einst die Einfahrt zum Hof, über der fragmentarisch Gründungsinschrift und Wappen der Schad von Biberach, denen bis 1737 die beiden gotischen Vorgängerbauten zugefallen waren, sichtbar blieben. Das neobarocke Eckportal stammt von 1898; im Hof spärliche ältere Reste.

Gegenüber in der Neuen Kräme (Nr. 31) stand bis 1944 mit dem stattlichen *Großen Braunfels* das im Kern ehemals dem Steinernen Haus (s. Kap. Der Domhügel: Bürgerhäuser um den Dom) ähnliche

Gebäude der Familie Brun – seit 1360 traditionelles Quartier der Mainzer Erzbischöfe, in dem ebenso Friedrich III. und sein Sohn Maximilian (1442, 1474), nach kurzfristiger Nutzung für das Reichskammergericht (1495) später der ›Winterkönig‹ Friedrich von der Pfalz (1617) und anläßlich ihrer Krönung Ferdinand II. (1619) bzw. Leopold I. (1658) nächtigten; schließlich erwarb es 1682 die konkurrierende Patriziergesellschaft Frauenstein (s. Kap. Der Römerberg: Vom Römer zum Alten Rathaus) und veränderte es 1695 für die Börse als Beginn vollständiger Barockisierung des Liebfrauenberges.

Westlich der erst 1855 zur Zeil hin durchgebrochenen Liebfrauenstraße erinnert die *Bleidenstraße* an das städtische Arsenal mit seinen ›Blyden‹ (= Wurfmaschinen), östlich die *Töngesgasse* an das 1719 niedergebrannte Antoniterkloster. Hundert Meter weiter fällt unter einem Torbogen der Blick in den **Schönborner Hof** (Töngesgasse 34–36), aus den ehemaligen Häusern Lindwurm und Regenbogen im Spätmittelalter hervorgegangenes Anwesen jener weitverzweigten Adelsfamilie aus Franken, die im Barock als Besitzer zahlreicher Bischofsstühle zwischen Mainz und Wien die Reichspolitik prägte. Erhalten blieb die langgestreckte Fassade ihres spätbarocken Palais (um 1750) und aus der Renaissance ein oktogonaler Treppenturm (um 1600; 1978 z. T. rekonstruiert), der als **Stoltze-Museum** das Andenken an den Frankfurter Patrioten und Literaten Friedrich Stoltze (1816–91) wahrt (s. Kap. Galerie bedeutender Persönlichkeiten). – Wo von der Töngesgasse seit 1590 die Hasengasse nordwärts zur Zeil führt, steht seit 1967 wasserlos der **Tugendbrunnen** mit allegorischer Rokokostatue (1768): Unter dem rechten Fuß den Erdball, hält sie Meßstab, Kugelgewicht und Schwert in Händen – Mahnung und Drohung zum Einhalten regulärer Normen als Hinweis auf die Metzgerschirnen, angesichts derer sie ursprünglich am alten Heilig-Geist-Spital (1840 abgebrochen; nahe dem Leinwandhaus) aufgestellt war.

Ostwärts endet die Töngesgasse an der **Staufermauer** (Durchbruch modern), die sich nach 1152 um eine allseitig vergrößerte Altstadt legte. Einbezogen war ihr ebenso die Fahrgasse, beiderseits derer sich Wagner und Schmiede zur Hilfe für die vom Main heraufziehenden Gefährte und Gespanne bereithielten. Die Altstadt verließen sie bei der Bornheimer Pforte, einem Torturm, der (wie der Sachsenhäuser Brückenturm) 1765 wegen Baufälligkeit verschwand. Ihm schloß sich jener mit 15 Blendbögen erhaltene Mauerzug als nordöstliche Befestigungskurve an: Bei einer Stärke bis zu drei Metern und der sechs Meter erreichenden Höhe schulterten die Mauerbögen einen hölzernen Wehrgang mit Dach, wie er in vielen altdeutschen Städten erhalten blieb (z. B. in Rothenburg o. d. Tauber).

Als ab 1333 die ein vierfaches Stadtareal umfassende Befestigung der Spätgotik die Staufermauer militärisch nutzlos machte, wurde sie niedergelegt – bis auf dieses ca. 75 Meter lange Teilstück: Es bildete zugleich die Grenze zu dem nach Pogromen im Hochmittelalter (1241, 1349) unter kaiserlichem Schutz 1462 direkt vor der Stadt in

Staufermauer

»Das Steinpflaster war mit Kindern bedeckt; die Treppen, Schwellen und Dielen konnten vor Menschen kaum gesehen werden und aus den Fenstern von unten bis unters Dach ragte eine unzählbare Menge von Köpfen hervor, welche alle nach Luft zu schnappen schienen.« J. H. Campe, 1785 (Bearbeiter von Defoes ›Robinson‹)

der Enge zweier Häuserzeilen eingerichteten **Getto.** Nach dem Brand ihres Quartiers (1711; sog. Judenbrand) mußte daher die jüdische Gemeinde die Staufermauer bis hinunter zum Dominikanerkloster auf eigene Kosten erneuern lassen. Als mit allgemeiner Liberalisierung 1811 auch für Juden keine Beschränkung des Wohnquartiers mehr galt, leerte sich das Getto und wurde bis 1885 – außer dem barocken Stammhaus der Bankierfamilie Rothschild (1944 zerstört) – planiert. Ergrabene Fundamentreste von Wohnhäusern und Ritualbad in der ehem. **Judengasse** (18. Jh.; ebenso Jüdisches Museum) birgt der wellenartige Neubau an der Battonnstraße der **Stadtwerke** am Börneplatz (1990–92; Entwurf E. Gisel). – Östlich dahinter folgt der **Jüdische Friedhof,** dessen älteste Bestattungen bis 1272 zurückreichen und der seit 1828 nicht mehr genutzt wurde. Vorwiegend barocke Grabsteine überdauerten die Zerstörung ab 1938. 1995 wurde er zum Mahnmal für die 11 134 jüdischen Opfer des Nazi-Regimes gestaltet (Entwurf: N. Hirsch, W. Lorch, A. Wandel).

Das Dominikanerkloster im Osten

Das ehemalige **Dominikanerkloster** markiert den östlichen Rand der Altstadt, wo nach dem Zweiten Weltkrieg für eine ›autogerechte Stadt‹ breite Schneisen Flächen voller mittelalterlicher Trümmer aufteilten. Verloren ging dabei der topographische Zusammenhang, denn die still gewordene *Fahrgasse* war z. B. bis ins 19. Jh. eine von Frankfurts wichtigen Verkehrsadern, durch die Fuhrwerke zur Alten Brücke rollten.

Als erster Predigerorden hatten sich die Dominikaner – schon 18 Jahre nach ihrer Gründung durch Dominicus de Guzman in Spanien – 1233 in der Mainstadt niedergelassen. 1944 gingen ihre 1802 profanierten Konventsgebäude im Bombenhagel unter. Auf mittelalterlichen Fundamenten sind sie 1955–60 vereinfacht neu entstanden (Entwurf: Gustav Scheinpflug, Darmstadt). Lediglich in der Höhe ihrer Dächer unterscheiden sie sich auf den ersten Blick von benachbarten Blocks mit Sozialwohnungen der 50er Jahre, und zwischen frühen Hochhäusern setzt ihr rekonstruierter Dachreiter einen Akzent. Aus dem geschlossenen Geviert der einstigen Klausur stößt als einzig erhaltener Baukörper der Gotik ostwärts der **Kirchenchor.** Im Bogen umgriff ihn einst schützend die staufische Stadtbefestigung, auf der – fast in der Chorachse – um 1350 als mächtiger Steinzylinder mit Dachkegel der Mönchsturm errichtet worden war (1795 eingestürzt, danach abgetragen). In seinem $^5/_8$-Schluß ist dieser Chor vom Grundriß her mit dem 1238–49 entstandenen Gründungsbau identisch. Anläßlich einer Klosterreform unter dem Prior Peter Trautmann hat ihn der zuvor am Dom tätige Jörg Östreicher jedoch 1470–74 erhöht und neu gewölbt. Zwischen gestuften Strebepfeilern entstanden dabei größere Maßwerkfenster der Spätgotik aus rotem Sandstein, die im Detail denen an der Südfront von Liebfrauen (s. Kap. Der Rand der Altstadt: Das Liebfrauenstift im Norden) ähneln: Flankiert von halbrunden Dreipässen, endet jeweils die mittlere Fensterbahn in einem Kielbogen; entsprechend einer Bettelordenskirche schlichter blieb bei den Dominikanern darüber das Maßwerk aus Fischblasen. Die ursprüngliche Fensterhöhe läßt sich an den ins Außengewände gestellten Diensten aus Basaltlava erkennen; sie enden aufgabenlos und sind mit Tellerbasen wie rundem Querschnitt typisch für die Frühgotik vor 1250.

Mit ihrer Vollendung gegen 1280 galt die **Dominikanerkirche** als zweitgrößtes Gotteshaus der Stadt – eine frühgotische Halle aus acht Travéen mit einer Gesamtlänge von 56 Metern, die zweihundert Jahre später durch höhere Rundpfeiler und Rippengewölbe ihr endgültiges Aussehen erhielt und bis ins Jahr 1600 von einem Lettner in Mönchs- und Laienraum geteilt blieb. Der Neubau der 50er Jahre übernahm davon für ein um zwei Joche nach Westen verkürztes **Langhaus** nur die Nordmauer (hier Gewölbeansätze der Gotik).

Der polygonale **Chor** zeigt frühgotische Dienste aus Basaltlava, die oberhalb von Hakenkapitellen in Bündel zerlegt sind (vor 1250), und darauf ein spätgotisches Netz-/Sterngewölbe mit gekehlten Rippen und skulptierten Schlußsteinen aus Sandstein (bis 1474; rekonstruiert): axiale Reliefs von ›Gottvater, Schmerzensmann, Taube‹, flankiert von Patrizierwappen; Basen durch zu hohes Fußbodenniveau verborgen. An der Nordwand des Chors barocke Grabplatte für den Bierbrauer Thomas Haselbeck aus Straubing († 1638) als Andachtsbild der Familie unter dem Gekreuzigten, gegenüber spätgotisches Epitaph des Klosterprokurators Johann Rorbach († 1459) mit Wappenschild kniend vor Maria, ebenso ein Andachtsbild in der

Dominikanerkirche, Chor, Querschnitt

›Himmelfahrt und Krönung Mariä‹, Gemälde von Jobst Harrich, 1614. Kopie nach Albrecht Dürers Thomasaltar, 1509

Tradition Siegfrieds zum Paradies in St. Nikolai (s. Kap. Der Römerberg: Die Ratskapelle St. Nikolai). Nichts mehr erinnert entlang der Südseite an Kapellen, die seit Ende des 14. Jh. für Bruderschaften und Patrizier entstanden. Gerade sie waren ab 1261 durch päpstliche Billigung von Laienbegräbnissen in der Kirche dauerhaft als Geldgeber gewonnen worden (Grabungen 1954 ergaben 87 Bestattungen vor dem 18. Jh.). Ihnen verdankte das Dominikanerkloster politische Bedeutung, durch die wegen Bauarbeiten im Dom seine Marienkirche dreimal zur Wahlstätte deutscher Herrscher werden konnte – bei den glücklosen Gegenkönigen Adolf von Nassau (1292) und

Günther von Schwarzburg (1349) sowie für den Luxemburger Heinrich VII. (1308), der als letzter vergeblich versucht hat, das Stauferreich mit Italien zu erneuern.

Die gewölbelose Skelettarchitektur der modernen **Heiliggeist-Kirche** (ehem. Dominikanerkirche) vermag kaum noch eine Vorstellung der glanzvollen Ausstattung der einstigen Dominikanerkirche aus dem Beginn des 16. Jh. zu vermitteln, die 1501 mit Hans Holbeins d. Ä. ›Sippenaltar‹ begann, 1509 in dem von Jakob Heller gestifteten ›Thomasaltar‹ Albrecht Dürers gipfelte. All ihre Gemälde aus der Wende der Spätgotik zur Renaissance überdauerten den über Frankfurt mit der Reformation (1533) hereingebrochenen Bildersturm; die Stadt hatte es sogar den Stiftern freigestellt, die von ihnen bezahlten Kunstwerke zurückzunehmen. Was trotz Barockisierung (1646–1752) und Säkularisierung übrigblieb, rettete durch seinen Kunstsinn Fürstprimas Karl von Dalberg, indem er Wertvolles an Museen, weniger Bedeutendes an Kirchen der Umgebung vermittelte (im Städel ›Christi Stammbaum‹ und ›-Passion‹ von Holbeins Sippenaltar, ebenso wie ›hll. Cyriakus und Laurentius‹ Grünewalds vom Thomasaltar, dessen Zentralbild ›Himmelfahrt und Krönung Marias‹ von Dürer 1729 in der Münchener Residenz verbrannte; Kopie im Historischen Museum).

Das Kloster wurde anschließend Kaserne und Magazin, beim Durchbruch der Battonnstraße halbiert (1881) und danach Schule. Von seinen bereits im Barock erneuerten Gebäuden (1679–95) sind Pfeilerarkaden des **Kreuzgangs** auf Süd- und Ostseite erhalten; hier spätgotische Schlußsteine aus den verlorenen Gewölben des Langhauses, dem auch weitere Grabplatten des Barock entstammen. Nördlich neben der Kirche der ehemalige **Kapitelsaal** mit zentraler Säule.

Niederlassungen geistlicher Orden

1220	**Deutschordenritter**	1246	**Karmeliter**
1233	**Dominikaner**	1271	**Franziskaner**
1236	**Antoniter**	vor 1294	**Johanniter**

Die Deutschordenskommende im Süden

Viele Stadtveduten rücken die **Alte Brücke** wirkungsvoll in die Mitte zwischen Frankfurt und Sachsenhausen. Mit ihren 15 gotischen Steinbögen entstammte sie dem 14./15. Jh. (um 1400 völlig erneuert). Bereits zuvor querte den Main ein hölzerner Steg (wahrscheinlich schon 1036, aber erst 1222 bezeugt), danach eine ältere Steinbrücke (1276 überliefert, 1306 bzw. 1342 bei Hochwasser demoliert). Wirtschaftlich wie strategisch ist diese Brückenposition für Frankfurt immer lebenswichtig gewesen (1741–44 zuletzt saniert). Im Dreißigjährigen Krieg kämpften auf ihr Frankfurter mit den Schweden (5. 8. 1635), am Ende der Herrschaft Napoleons Bayern gegen Franzosen (31. 10. 1813).

Ihre ehemals meisterliche Konstruktion schien nur mit dem Satan erklärbar. Der Sage nach hat sich ihr Baumeister der Hilfe des Teufels bedient – um den Preis, daß diesem die Seele des ersten über die Brücke kommenden Lebewesens zufallen solle. So trieb der Baumeister angesichts der staunenden Ratsherren vor sich einen Hahn nach Sachsenhausen hinüber, und der Teufel war hereingelegt. Daran erinnert der ›*Briggegickel*‹ (Kopie von 1967 nach dem 1401 aufgestellten Brückenhahn).

Obwohl sie 1914–26 zur Durchfahrt größerer Schiffe mit acht weiten Bögen ersetzt wurde (Entwurf: Hermann von Hoven und Franz Heberer), behielt sie den Namen ›Alte Brücke‹ bei (im Gegensatz zu den 1868–1913 entstandenen neuen Brücken).

Wo sich jenseits des Mains die Rampe der Alten Brücke nach *Sachsenhausen* senkt, steht links die barocke Gebäudegruppe der ehemaligen **Deutschordenskommende,** beherrscht vom Fassadenturm der Kirche, der als einziger innerhalb der Frankfurter City in einer Zwiebelkuppel endet. Weiträumige Gestaltung ihrer Umgebung kennzeichnet eine moderne Entwicklung, die mit dem Abbruch der Stadtbefestigung begann und vor einer Generation südwärts in verbreitertem Straßendurchbruch (Walter-Kolb-Straße) endete.

Bis zur Säkularisierung galt die Kommende als hervorragendes Bauwerk in Sachsenhausen. Darauf deutet noch immer die prominente Lage am Fuß der damals einzigen Brücke nach Frankfurt. Den heute freien Blick auf Maininsel und Stadtsilhouette verstellte über Jahrhunderte die mittelalterliche Stadtmauer, als deren markantester

Alte Brücke, Gemälde von Anton Radl, um 1800

Deutschordens-kommende von Nordwesten

Teil sich seit 1348 ein Brückenturm nur wenige Schritte vor dem Deutschordenshaus erhob. Isoliert vor der Stadt hatte hier wahrscheinlich schon 1182 Kuno von Münzenberg, Vogt der Frankfurter Pfalz und des Reichsforstes Dreieich im Süden sowie Kämmerer Kaiser Friedrich I. Barbarossas, ein Hospital gestiftet – vermutlich Beginn eines Brückenkopfes, aus dem sich Sachsenhausen entwickelt hat. Um den Unterhalt des Hospitals zu sichern, schenkte Kaiser Heinrich VI. 1193 den bei Niederrad gelegenen Sandhof (modern im Bereich des Universitätsklinikums durch ein Schwesternhaus überbaut). Die enge Bindung der Münzenberger Ministerialen an die staufische Dynastie verdeutlichte sich auch eine Generation später, als Friedrich II. 1221 im apulischen Tarent Ulrich I. von Münzenberg bewog, dieses Spital den seit 1219 in Rödelheim ansässigen Deutschordensrittern zu überlassen; denn wie auf den Dienstadel konnten sich die Staufer auf den 1190 im Heiligen Land für Krankenpflege und Kampf gegen die Ungläubigen gegründeten Ritterorden stützen, der zudem – weitgehend frei von Familien- und Feudalinteressen – vielseitig verwendbar war (nach Ende der Kreuzzüge besonders zur Kolonisation in Polen und im Baltikum).

Zeitgleich mit dem ursprünglich der Gottesmutter geweihten Vorgängerbau von St. Leonhard (s. Kap. Der Rand der Altstadt: Die Bürgerkirche St. Leonhard) entstand somit auch in Sachsenhausen eine **Marienkirche,** zu deren Bau durch Albertus Magnus, dem damaligen Mainzer Erzbischof, 1263 Ablaß gewährt und 1309 als Weihejahr genannt wurde. Ursprünglich reichte das Areal des Ritterordens bis zur Ecke an der Elisabethenstraße, die nach Südosten zu Affentor und Darmstädter Landstraße abknickt; eine geradlinige Fortsetzung der Brückenstraße versperrte seit etwa 1270 die Friedhofskapelle der Ordensritter, deren Patrozinium der gerade aufgekommenen Verehrung für die thüringische Landgräfin Elisabeth folgte. Sie fiel mit der Stadtbefestigung 1809, so wie Nebengebäude der Kommende nach deren Verkauf an die Stadt ab 1881 Mietshäusern in Stilformen des Historismus weichen mußten.

Seine heutige Form verdankt das **Deutschordenshaus** dem Hochmeister Franz Ludwig von Pfalz-Neuburg, der es gemäß dem durch Kaiserkrönungen gewachsenen Repräsentationsbedürfnis als Palais erneuern ließ. Den Entwurf dazu steuerte der besonders als Schloßarchitekt der Schönborns hervorgetretene Militäringenieur Maximilian von Welsch aus dem benachbarten Mainz bei, dem ebenso die Nassauer Herzöge ihr Sommerschloß Biebrich am Wiesbadener Rheinufer verdankten. Unter Leitung des einheimischen Baumeisters Daniel Kayser sank im Frühjahr 1709 die gotische Ordensburg mit ihren bizarren Türmchen in sich zusammen – zuvor jahrhundertelang herrschaftliche Herberge und Stätte glanzvoller Begegnung mit den als Gönnern des Ordens bewährten Patriziern, aber ebenso Schauplatz der Reichspolitik, wo Ludwig der Bayer während seiner Auseinandersetzung mit dem Papsttum Ansprüche Johannes' XXII. oder Benedikts XII. öffentlich zurückwies (›Sachsenhäuser Appellation‹ von 1324 bzw. 1338) und Kaiser Mathias zum Ende des Fettmilch-Aufstands einen neuen Bürgervertrag verkünden ließ (1613). Über ihren Kellern entstand bis 1725 auf L-förmigem Grundriß eine *Komturei* von zwei Geschossen, in der Mainfront durch Erker rhythmisiert, zur Straße mittels breitem Portal als Fassade aufgewertet. Die Gebäudeecke schmückt eine Muttergottesbüste des Frankfurter Bildhauers Bernhard Schwarzenburger mit dem Wappenschild des Pfalzgrafen Franz Ludwig (1721). Nach Westen unterfangen diagonal aufgestellte Portalsäulen einen kurvigen Verkündbalkon, auf dessen Brüstung überlebensgroß zwei Ordensritter in antikisierender Rüstung stehen. Beide stammen von dem aus der Bauhütte an St. Katharinen (s. Kap. In der Neustadt: Um die Hauptwache) hervorgegangenen Idsteiner Bildhauer Erich Neuberger (um 1715; Köpfe 1975 ergänzt). Die sich dahinter im Bogen öffnende Fenstertür wird von ionischen Pilastern und verkröpftem Friesgebälk gerahmt – letzter Rest des bis 1943 aufwendigen Fassadenabschlusses, der wie das ursprüngliche Mansarddach beim Wiederaufbau spannungslosschlicht ersetzt wurde (ab 1960).

Nichts überdauerte von den Prunkräumen des Barock, die allerdings nach zeitweiliger Vertreibung der Ordensritter (1809) bereits als Lager und Lazarett mißbraucht worden waren; unter ihren stukkierten Plafonds richtete ab 1843 der damals als Direktor des Städels zurückgetretene Nazarener Philipp Veit sein Atelier ein, ebenso nach 1897 der aus der Städelakademie hervorgegangene Bildhauer

Fritz Boehle. Für das elegante Treppenhaus im Ostflügel hatte zuvor Cornelius Andreas Donett mythologische Figuren geschaffen (1722). Im Aufwand steigern ließ die Innenausstattung Kurfürst Clemens August, als Kölner Erzbischof auch Bauherr von Schloß Brühl, in seiner Funktion als Hochmeister des Deutschritterordens (seit 1732) mit dem Ziel, am Krönungsort der deutschen Kaiser eine glanzvolle Residenz zu bewohnen. Rechtzeitig zur Wahl seines Bruders, des Wittelsbachers Karl VII., galt sein Ordenspalais 1741 als vollendet.

Daneben konnte die **Kirche St. Maria** (s. u.) mit ihrer zurückweichenden Fassade aus der Gotik dauerhaft nicht konkurrieren. In der Bauflucht des Deutschordenshauses ist ihr deshalb bis 1751 nach Plänen des aus dem Ordensschloß zu Bad Mergentheim berufenen Ferdinand Kirchmeyer von dem Frankfurter Baumeister Bernhard Scheidel eine neue Front vorgeblendet worden. Dabei entstand ohne Rücksicht auf benachbarte Gesimshöhen eine schmale Barockfassade, die steile Proportionen des anschließenden Kirchenraums aus der Hochgotik ahnen läßt. Sie endet in gewichtigem Sandsteingiebel mit anschwingenden Voluten, zusätzlich überhöht durch einen knapp dahinter doppelgeschossig aufragenden Kuppelturm, der städtebaulich eindrucksvoll die Mitte einer symmetrischen Baugruppe hätte bilden können. Ihr Axialportal bekrönt eine Rokokokartusche, deren lateinische Inschrift auf die ursprüngliche Kirchenweihe (1309) sowie auf die Erneuerung unter Clemens August (1750) verweist. Dessen Wappen birgt eine größere Kartusche über dem Bogenfenster des Hauptgeschosses. Die Giebelvoluten tragen Vasen.

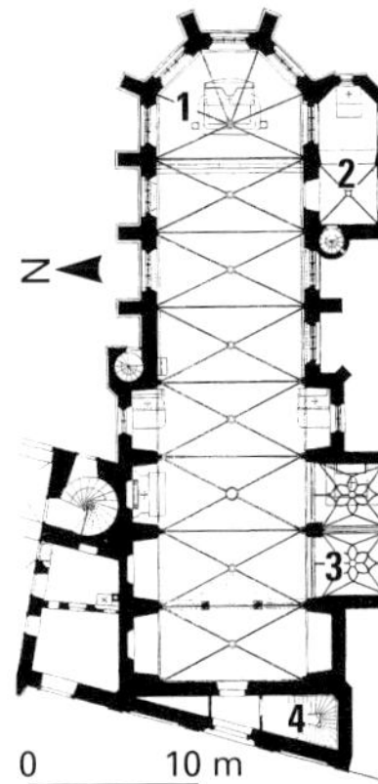

Deutschordenskirche St. Maria, Grundriß
1 Chor
2 Marienkapelle
3 Sakristei
4 Turm

Den Hof dahinter prägen auf zwei Seiten großzügige Pfeilerarkaden des **Ordenspalais,** etwas reicher profiliert als knapp eine Generation zuvor die am Dominikanerkreuzgang (s. Kap. Der Rand der Altstadt: Das Dominikanerkloster). Wie die Straßenfronten haben auch sie Kriegszerstörung und modernen Ausbau als Verwaltungs- und Wohngebäude (bis 1964 bzw. 1990; Entwurf: Oswald M. Ungers, Köln) überdauert; im Erdgeschoß neuerdings ein **Ikonenmuseum** (s. Kap. Vorstädte und Vororte: Museen am Mainufer) mit vorwiegend altrussischen Heiligenbildern.

Der vom Hof zugängliche, schmale Kirchenraum aus der Hochgotik ist einschiffig. Bei fast identischer Tiefe differieren *Langhaus* und *Chor* in der Breite um das Maß der Strebepfeiler; der Westteil integriert sie dem Raum zur Ausbildung seitlicher Altarnischen, am polygonal endenden Ostteil treten sie vor die Mauer und markieren die Jochfolge. Zudem zeichnen den Chor dreibahnige Fenster aus, die stilistisch – da sie in Profilen und gestaffeltem Maßwerk aus Vierpässen dem nördlichen Domquerarm nahestehen – der Zeit um 1340 angehören; Erzbischof Peter von Mainz konnte 1309 demnach keine vollendete Kirche, allenfalls einen Altarbereich weihen. Vermauert erhalten hat sich an der Hofseite des Chors (Norden) der Eingang für die Ordensritter und deren Gäste (das Westportal war traditionell der umwohnenden Sachsenhäuser Bevölkerung vorbehalten). Vor dem mit Maßwerk dekorierten Tympanon dieses Portals blieb die

Konsole einer verlorenen Statue (Christus oder Maria), die fein skulptiert zwischen Einhorn und Löwe einen ›Pelikan‹ zeigt: Das Mittelalter hat diesen Vogel durch ungenaue Naturbeobachtung zum Symbol für Christi Opfertod überhöht; so zeigt ihn das Konsolenrelief, wie er sich die Brust aufhackt, um mit seinem Blut die Jungvögel zu nähren, während er ihnen tatsächlich Nahrung aus seinem Schnabelsack anbietet.

Beim Gang um den Kirchenchor fällt der Blick links auf das ehemalige **Amtshaus.** Bereits im 14. Jh. war es zur Verwaltung des ausgedehnten Grundbesitzes der Kommende in und um Frankfurt errichtet worden, doch davon blieben nur gewölbte Kellerräume (1987 ergraben). Mit seiner Umgestaltung unter dem Hochmeister Karl Alexander von Lothringen endete 1767 die barocke Erneuerung der Ordensgebäude. Sie brachte – wenn auch niedriger als beim Palais – eine systematisierte Fassade und das Mansarddach. Ein niedrigerer Renaissanceanbau an der Südseite war bereits 1565 unter Wolfgang Schutzbar entstanden; an der Fachwerkfront rahmen Rollwerkkartuschen sein Hochmeisterwappen aus Balkenkreuz, Lilien und Adler. – Ein weiterer Kircheneingang weist südwärts auf das **Pfarrhaus,** das bis 1896 nach Entwurf des Dombaumeisters Max Meckel in Stilformen des frühen 16. Jh. erbaut wurde; voraus ging die Übernahme der Ritterkirche durch Sachsenhausens katholische Gemeinde (1881), kurz nachdem in der Nachbarschaft die Dreikönigskirche als protestantische Pfarrkirche erneuert worden war (s. Kap. Der Rand der Altstadt: Die Dreikönigskirche).

Von Westen öffnet sich die **Deutschordenskirche St. Maria** – hinter dem von beiden Fassaden umschlossenen Raumzwickel – als gestreckter Saal gegen das durch seine großen Fenster erhellte Chorhaupt. Harmonische Proportionen prägen diesen Raum der Hochgotik, der Zeitgenossen als »ornatissimum templum Teutonicorum« galt. Nur die auf Pfeilerbreite verringerten Chormauern zeigen dreiteilige Dienstbündel, die in halber Höhe auf Konsolen fußen (vgl. Dominikanerchor). Im Chorpolygon bieten sie Blätter, an den Langseiten schön skulptiert die Evangelistensymbole (Stier für Lukas, Löwe für Markus, Adler für Johannes, Mensch für Matthäus – stilistisch der Pelikankonsole außen verwandt), ähnlich den Laubkränzen um Kapitelle und Schlußsteine, zwischen denen dünne Rippen mit Birnstabprofil gespannt sind. Von all dem unterscheiden sich die vier Joche des weitgehend dunklen Langhauses durch jene Altarnischen zwischen tiefen Wandpfeilern sowie deren halbrunde Vorlagen und gekehlte Rippen, die einer zweiten Bauphase um die Wende zum 15. Jh. angehören.

Südwärts greift die **Marienkapelle** aus. Sie entstand 1517 mit Stiftung der Marien- und Sebastiansbruderschaft durch den Ordenskomtur Walther von Kronberg. Ihre beiden niedrigen Joche sind von Sterngewölben überzogen, deren Rippen sich ungelenk mit den Wandvorlagen verschneiden, hierin den Patrizierkapellen an der Kirche St. Leonhard verwandt. Ihre Schlußsteine sind kunstvoll als

Deutschordenskirche, Schiff nach Osten

Wappen ausgebildet, doch dem Maßwerk ihrer Fenster fehlt formale Eleganz der Spätgotik.

Qualitativ bleibt die mehrfach veränderte **Ausstattung** der Kirche weit hinter ihrer Architektur zurück. Zwischen Fenstern und einstigem Gestühl ziehen sich über beide Längswände des *Chors* zwei *Bildzyklen* zum Leben von Heiligen, die im Ritterorden verehrt wurden. Zeitgleich mit den bedeutenderen Wandgemälden

Deutschordens-kommende, Maßwerkfenster im Chor

Ratgebs im Karmeliterkloster schuf sie an der Wende zur Renaissance ein allerdings provinziellerer Künstler um 1520; unter barokkem Anstrich entdeckt wurden sie erst anläßlich der Regotisierung als Pfarrkirche und unter Leitung Edward von Steinles im süßlichen Geschmack des Historismus ergänzt (1883). Nachfolgende Restaurierungen haben zwar ikonographische Zusammenhänge verdeutlicht, originale Wirkung aber weitgehend verdorben. Die *Südseite* begleiten 14 Szenen zur ›Vita der hl. Elisabeth‹ (von links): ›Prophezeihung ihrer Geburt durch den weisen Klingsor auf der Wartburg‹, ›Geburt im fernen Ungarn‹, ›Vermählung mit Landgraf Ludwig von Thüringen‹, ›Geißelung im Schlafgemach‹, ›Verzicht auf Schmuck‹, ›Einkleidung mit schlichtem Mantel durch einen Engel‹, ›nächtliches Gebet‹, ›Pflege eines Aussätzigen im Ehebett‹, ›Gründung eines Spitals am Fuß der Wartburg‹, ›Abschied von der Wartburg nach Ludwigs Tod im Heiligen Land‹, ›Krankenpflege in Marburg‹, ›Wunderheilung eines Lahmen‹, ›Tod‹, ›Beweinung‹ – z. T. in typologischem Bezug auf Christus und Maria. – Dem entspricht an der *Nordwand* die nicht mehr in allen Szenen deutbare ›Legende des hl. Georg‹, dem Ideal des christlichen Ritters (vgl. Chorfenster in St. Leonhard) – vom geläufigen Motiv des ›Drachenkampfs‹ bis hin zu verschiedenen Stufen des ›Martyriums‹ unter Kaiser Diokletian (um 300).

Aber ebenso aus der Bauzeit bietet wenige Schritte weiter das *Langhaus* einen Zyklus hochgotischer *Wandbilder* (um 1340) zur ›Passion Christi‹: drei Streifen vom ›Judaskuß‹ bis zur ›Himmelfahrt‹ um den ›Gekreuzigten zwischen Maria und dem Lieblingsjünger Johannes‹; darüber in Maßwerkbögen die ›thronende Madonna zwischen hll. Katharina und Elisabeth‹ als Fürbittern des durch seine Wappen gekennzeichneten Stifterpaares aus dem ritterlichen Geschlecht von Sachsenhausen-Praunheim. – Die Farbigkeit an Wänden und Wölbung entspricht weitgehend der ursprünglichen Wirkung, doch während Glaubenskriegen und Barockisierung ging die mittelalterliche Möblierung der Deutschordenskirche verloren. Anläßlich ihrer Neuweihe als Pfarrkirche sorgten Dombaumeister Mekkel und Dompfarrer Münzenberger für stilgemäße *Altäre,* die sich noch heute aus Teilen der Spätgotik wie Neugotik zu scheinbar mittelalterlicher Einheit zusammenfügen (vgl. Dom). Der neben dem Passionszyklus in einer Nische aufgestellte Annenaltar entstammt der Spätgotik Südtirols (um 1460), doch sein Schrein birgt eine neugotische Schnitzgruppe ›Anna selbdritt‹ (Jesus, Maria, deren Mutter Anna) von dem Frankfurter Bildhauer Caspar Weis (1891); oberhalb im Gesprenge die ehemaligen Schreinfiguren ›Maria, hll. Margarethe und Valentin‹, auf den gemalten Flügeln die ›hll. Katharina und Barbara‹, in der Predella Büsten bzw. Bilder von Brixener Bischöfen und Märtyrern. Gleichfalls der Sammlung Münzenbergers entstammt in der rechts anschließenden Nische der Notgottesaltar mit spätgotischem Schnitzrelief ›Christi Gebet in Getsemaneh‹ (um 1500) zwischen

Flügelbildern der ›Passion‹ sowie der etwa gleichzeitige Johannesaltar mit ›Enthauptung des Täufers‹, flankiert durch Reliefs der ›hll. Crispin und Crispinian‹ (Patronen der Schuhmacher; in neugotischer Rahmung). – In der letzten Nordnische aus der Spätrenaissance das hölzerne Kenotaph des Komturs Hans Georg von Dachenhausen, betend vor dem Gekreuzigten, zum Andenken seiner Aufnahme in den Ritterorden (1567) gestiftet (um 1587); benachbart neugotisches Taufbecken (um 1890) und ein lebensgroßes Barockkruzifix von Johann Wolfgang Frölicher (um 1690).

Vor der Westwand hängt seit 1750 über eigener Empore die *Orgel* mit geschwungenem Prospekt und Posaunenengeln von Christian Köhler, bedeutendster Rest der Barockisierung von St. Marien, zu der ebenso daneben die eleganten Statuen der ›hll. Georg und Elisabeth‹ gehören; sie hat Cornelius Andreas Donett 1731 für den großen Choraltar des Mergentheimers Joseph Roth modelliert, wo sie Giovanni Battista Piazzettas großartiges Ölbild ›Himmelfahrt Marias‹ (1735) flankierten (1796 durch französische Revolutionstruppen geraubt; jetzt im Musée du Louvre, Paris). Unter der Empore barocke Grabplatten (vom 1812 aufgelassenen Friedhof südlich der Kirche).

Südlich in der *Marienkapelle* ein von Caspar Weis geschnitzter Schreinaltar zur ›Passion‹ (1889; als verkleinerte Kopie des Tiefenbronner Altars von 1469) mit Flügelgemälden von Robert Hieronymi und spätgotischer Predella (um 1500), die gleichfalls ›Christus zwischen Maria und Johannes‹ zeigt. Am Ansatz des schmaleren Kirchenchors folgt der Kreuzaltar, u. a. mit barockem Votivbild eines knienden Stifters vor dem Gekreuzigten (um 1650). Kaum jünger ist an der Chorsüdwand das große Gemälde ›Himmelfahrt Marias‹ von dem Würzburger Hofmaler Oswald Onghers (1663); als Kopie nach Rubens entstand es für den barocken Hochaltar des Doms und kam bei dessen Regotisierung um 1880 in die Deutschherrenkirche zum Ersatz des verlorenen Piazzetta-Bildes. Caspar Weis' neugotischer Hochaltar (1885) reiht Heilige zu seiten des Tabernakels: nach links ›Maria und Johannes d. T., Franziskus und Sebastian‹, nach rechts ›Joseph und Anna, Elisabeth und Klara‹, in der Predella vorwiegend Büsten der Kirchenväter. Die Flügel mit ihren durch Hans von Kulmbach gemalten Szenen zum ›Marienleben‹ entstammen der Spätgotik (um 1510). Dahinter in einer Wandnische eine steinerne ›Madonna‹ der Hochgotik (um 1300), mit Abstand das qualitätvollste Kunstwerk im Kirchenraum.

Daneben barock erneuerter Durchgang zur **Sakristei** auf der Südseite, die ebenfalls dem frühen 14. Jh. entstammt; vielleicht bezieht sich das überlieferte Weihejahr 1309 nur auf diese einstige Ritterkapelle, die dann mit Vollendung der Ordenskirche zum Nebenraum wurde. Während zweier Phasen ist sie völlig ausgemalt worden; allerdings wurden ihre *Bilder* erst 1896 bzw. 1911 entdeckt, freigelegt und allzu schöpferisch restauriert. Auf mennigerotem Grund – wie in den Chören von Dom und St. Leonhard – zeigen die Wände des Ostjochs statuarisch gereihte Figuren von verschiedenen Meistern, wobei idealisierte Gesichter und ondulierte Gewandung den Weichen Stil der Spätgotik um 1400 kennzeichnen: Fast axial unter kleinem Dreipaßfenster der ›Gekreuzigte mit trauernder Maria und dem Evangelisten Johannes‹; diese traditionelle Dreiergruppe flankieren ›hl. Helena (Mutter Kaiser Konstantins, die im Heiligen Land Christi Kreuz wiederfand) und ein Bischof‹ (vielleicht der Kirchenvater Augustinus). Neben dem Fenster ›Schweißtuch der Veronika‹ mit Christi Antlitz. In größerem Format links ›Madonna auf der (umgedrehten) Mondsichel zwischen hl. Agnes (mit Lamm) und Johannes d. T.‹ bzw. rechts ›Landgräfin Elisabeth (die als Werk der Barmherzigkeit einen Bettler kleidet) zwischen hll. Katharina (mit Schwert und Rad als Zeichen ihres Maryriums) und Barbara (mit Turm)‹. Die untere Wandzone füllen kniende Ritter als Stifter.

Ungewöhnlicher ist die *Bemalung des Gewölbes,* einer übergangslos der Wand entwachsenden und sich zum Chor hin verjüngenden Spitztonne, die dichtes Astwerk überrankt: Auf der Nordseite finden sich in bräunlicher Grisailletechnik der ›hl. Christophorus‹ mit geschultertem Christkind und der ›hl. Georg‹, unter dem sich der besiegte Drache windet. Zwischen beiden umfassen zwei Engel einen Rosenstock, über dessen Blüten Kinderköpfe für die gekrönte ›Madonna‹ die Basis bilden; zwar lassen im Gerank dahinter weitere Köpfe die Wiedergabe des Stammbaumes Christi nach Art der Wurzel Jesse vermuten, doch verhindert die Kombination mehrerer christlicher Motive eine klare Deutung dieser im Kern mariologischen Darstellung. Ebenso verwirrt die Inschrift mit der Jahreszahl 1515 und dem Monogramm Albrecht Dürers – trotz bewußt altertümlicher Stilmittel handelt es sich um ein viel späteres Werk des Nürnberger Kopisten Jobst Harrisch, der 1614 in Frankfurt weilte, um für die Dominikaner Albrecht Dürers Altargemälde ›Marienkrönung‹ zu kopieren; Stifter dieser Gewölbemalerei dürfte der damalige Hochmeister Erzherzog Maximilian von Österreich gewesen sein.

Als bedeutendster aus dem Dutzend weiterer Adelshöfe fügte sich flußauf an die Kommende der *Frankensteiner Hof,* ein Renaissancebauwerk mit dominierendem Turm (um 1616), dessen Geschichte auf ein hochmittelalterliches Rittergeschlecht von Sachsenhausen weist (1943 ruiniert, 1950 abgebrochen und durch ein Verwaltungsgebäude ersetzt). Die Erinnerung an die Adelshöfe wahren Große und Kleine Rittergasse sowie die beide verbindende Paradiesgasse, deren Name sich von einem Hofgut des einstigen Bürgermeisters Siegfried zum Paradies herleitet (um 1360). Sie beginnt am **Kuhhirtenturm,** dem einzig sichtbaren Rest der Sachsenhäuser Stadtbefestigung. Um 1490 entstand er als größter von fünf Türmen oberhalb der Brücke auf rechteckigem Grundriß aus gemauertem Schaft mit dekorativen Eckquadern und einer Türmerstube, deren spätgotisches Fachwerk sich charakteristisch aus ›wilden Männern‹ fügt (1957 ersetzt); darüber ein Walmdach mit

Apfelweinstube in Sachsenhausen, Gemälde von Johann Heinrich Hasselhorst

›Storch und Mainnixe‹ als Wetterfahnen (historisierend modern). Seinen Namen verdankt er dem Sachsenhäuser Kuhhirten, der hier wohnte und tagsüber städtisches Rindvieh vor dem Affentor weidete; 1923–27 durfte *Paul Hindemith* (s. Kap. Galerie bedeutender Persönlichkeiten) den Turm zur Wohnung umbauen. Hier komponierte er seine Oper ›Cardillac‹, das ›Marienleben‹ und trank seinen Apfelwein.

Flußauf flankiert ein Tor, das bis zur Mainregulierung (1870–80) zu den Bleichwiesen am Ufer führte (heute Teil der Jugendherberge). Links vor ihm steht der spätbarocke **Fleischerbrunnen** mit bekrönendem Putto, einer der zahlreichen Pumpbrunnen des ausgehenden 18. Jh., wie sie aus hygienischen Gründen zum Ersatz öffentlicher Ziehbrunnen des Mittelalters im altstädtischen Bereich dies- und jenseits des Mains zahlreich aufgestellt wurden (der Fleischerbrunnen stammt vom Fünffingerplätzchen am Römerberg und wurde 1968 – ohne sein Gestänge – weitgehend rekonstruiert); formal ähnlich mit hohem Pfeiler aus Buntsandstein der **Bäckerbrunnen** von 1794 (hinter dem Kuhhirtenturm), der **Hirschbrunnen** von 1796 (Große Rittergasse), der **Paradiesbrunnen** von 1786 (Paradiesgasse), der **Klappergaß'Brunnen** von 1798 (auf sie alle geht seit 1490 das Sachsenhäuser Brunnenfest zurück).

Das bis zur Wallstraße anschließende **Alt-Sachsenhausen,** wo die Tradition des Ausschanks von Apfelwein über mehr als 250 Jahre zurückreicht, gilt als kleinbürgerliches Vorstadtquartier. Nur wenige historische **Wohnhäuser,** wie aus der Spätgotik der Steinbau in der Klappergasse 3 (um 1500) oder das Barockhaus in der Klappergasse 33 (1793), entgingen einigermaßen der rasanten gastronomischen Veränderung des Viertels.

Die Dreikönigskirche – Pendant zum Dom

Fachwerkhaus Schellgasse 8

Flußab, wo sich unterhalb der Brücke seit dem Mittelalter an Handwerkern besonders Lohgerber angesiedelt hatten, duckt sich kaum auffällig an der Böschung gegenüber der Deutschordenskirche ein architektonisch interessantes **Fachwerkhaus** (ehemals Schellgasse 8), eigentlich nur zufällig in seiner Jahrhunderte währenden Hinterhoflage erhalten und anläßlich baulicher Erneuerung ringsum entdeckt (1978). Durch das nachweisbare Fällungsjahr seiner Hölzer ist dieser schlichte Ständerbau der Hochgotik mit dem Baujahr 1292 zweifelsfrei datiert. Somit gilt er im gesamten Untermaingebiet als ältester, fast archaisch wirkender Vertreter dieser Baugattung, wies allerdings ursprünglich doppelte Länge auf und ist kaum als reines Wohnhaus, sondern eher als Werkstatt oder Lagerraum mit Feuerstelle und offenem Rauchabzug durchs Dach (ohne Kamin) zu deuten. Die nördliche Giebelfront zeigt noch lineare Konstruktion aus firsthohem Mittelständer und doppelgeschossigen Diagonalstreben, die sämtlich altertümlich verblattet und nicht verzapft sind. Schiefer verbirgt einen der Südfront integrierten Oktogonalpfosten. Mit seinen Kopfbändern wurde er anläßlich des Umbaus zur zweischiffigen Halle im Erdgeschoß aufgestellt (um 1350); nachträglich kam noch ein unter den Hausfundamenten weiter nach draußen reichender Gewölbekeller hinzu (um 1350). Ständerbauten mit ihren geschoßübergreifenden Pfosten kennzeichnen bis nach 1400 die Holzarchitektur Zentraleuropas; während des 15. Jh. wurden sie von der Rähmbauweise abgelöst, die durch ihr geschoßweise versteiftes Rahmenwerk (= Rähm) eine Steigerung von Höhe und (mittels Auskragung) Breite bei Fachwerkhäusern ermöglichte (s. Kap. Der Römerberg: Haus Wertheim).

Seit sich im 19. Jh. Sachsenhausen südwärts gegen den ehemaligen Reichsforst hin ausdehnte, ist im Straßenbild die Grenze zwischen mittelalterlicher und neuzeitlicher Bebauung verlorengegangen. Nur unterirdisch erinnert an sie ein 15 Meter langer Mauerrest der spätgotischen **Stadtbefestigung**, verborgen im Keller des benachbarten Parkhauses (Walter-Kolb-Straße) und bei dessen Errichtung 1985 entdeckt. Bei mehr als sechs Metern Höhe zeigt er – wie jenseits des Mains die Ufermauer entlang der ›Schönen Aussicht‹ – monolithische Schießscharten, deren Form überdimensionierten Schlüssellöchern ähnelt. Mit vorgelagertem Wassergraben war das Mauerstück im Lauf des 15. Jh. errichtet und nach der Belagerung von 1552 verstärkt worden. – Draußen wird beim Blick zum nahen Fluß deutlich, daß Sachsenhausen bis gegen 1800 wirklich nicht mehr als ein befestigter Brückenkopf gewesen ist.

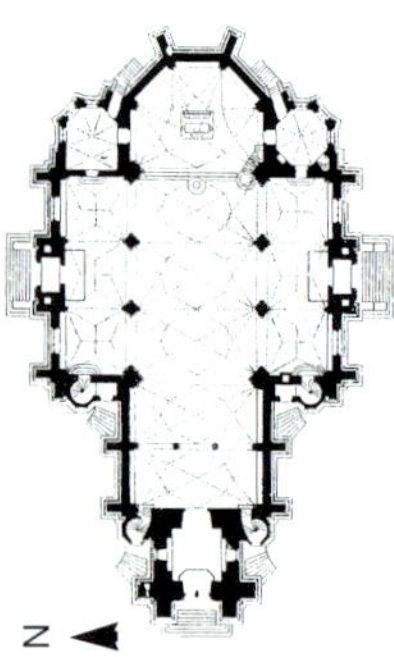

Dreikönigskirche, Grundriß

Gegenüber der Deutschordenskirche mündet die Dreikönigstraße, an deren anderem Ende nur einen Häuserblock weiter seit mehr als einhundert Jahren die **Dreikönigskirche** steht. Kleiner zwar als

Dreikönigskirche von Nordwesten

der Frankfurter Dom, bildet sie jenseits des Mains städtebaulich dessen Pendant und bestimmt ebenso das Flußpanorama durch schlanken Fassadenturm wie hohes Schieferdach. Solche Gemeinsamkeiten waren geplant, denn an beiden Sakralbauten wirkte als Architekt Joseph von Denzinger; nach dem Dombrand (1867, s. Kap. Der Domhügel: Der Domturm) aus Regensburg berufen, fiel ihm als Aufgabe nicht nur die Wiederherstellung von Frankfurts bedeutendstem Gebäude, sondern wenig später ebenso der Neubau der ältesten Sachsenhäuser Pfarrkirche zu. Danach gedrängt hatte er sich allerdings nicht, als Gutachter sogar zur Erhaltung der spätgotischen Spitalkapelle geraten (1872), die der Sachsenhäuser Heile Dymar zu

Ehren der Heiligen Drei Könige 1338 stiftete. Ihrer Erhebung zur Pfarrkirche 1452 (gleichzeitig mit St. Peter, s. Kap. Vorstädte und Vororte: Vom Petersfriedhof zum Hauptfriedhof) verdankte sie Wölbung und Erweiterung als doppelschiffige Halle (darin St. Nikolai vergleichbar), schließlich die Erhöhung mittels Dachreiter (1498 bzw. 1504). Gegen 1820 galt die vielfach veränderte Kirche als baufällig, doch noch zwei Generationen diskutierten über ihre Erhaltung. Denzingers Rat blieb vergeblich, und dem Abbruch (1875) der spätgotischen folgte der Bau der neugotischen Dreikönigskirche nach seinem Entwurf.

Heute wird kaum noch deutlich, daß dieser am südlichen Mainufer dominierende Sakralbau zugleich als Teil eines städtebaulichen Großprojekts entstand, d. h. im Zusammenhang von Ober- und Untermainbrücke (1872–76) und den kanalisierenden Hochkais; entsprechend lang dauerten Gründung und Fundamentierung. Erst im Herbst 1880 konnte Denzingers Dreikönigskirche mit dem in 80 Metern Höhe ihrem Turm aufgesteckten Goldknauf als vollendet gelten. Für Frankfurt markiert sie den Beginn neugotischen Kirchenbaues, der über zahlreiche Varianten des Historismus erst ein halbes Jahrhundert später (z. B. 1926 mit der Bonifatiuskirche) zu unverwechselbarer moderner Form fand. Im Grundriß wählte Denzinger das Kreuz, allerdings ohne streng ausgebildete Seitenfassaden. Ganz in der Tradition der Frankfurter Gotik stehen statt derer sägezahnartig (gemäß der Jochzahl) gereihte Giebel (vgl. Liebfrauenkirche). Gleichermaßen der Domarchitektur entspricht der Turm mit seinem wie Harfensaiten den Schallarkaden vorgespannten Maßwerk, der durchbrochenen Brüstung des Umgangs sowie den als Oktogon um die steile Dachpyramide gruppierten Wimpergen und Fialen. Solch einen Giebelkranz tragen ebenso die wie Nebenapsiden den Polygonalchor flankierenden Sakristeien. Gleichfalls in die Gebäudesymmetrie fügen sich die Treppentürmchen (als Emporenzugang) zu seiten des Fassadenturms. Der Haupteingang kombiniert bei teilendem Trumeau, verglastem Tympanon und den Tondi oberer Zwickel Motive der Portale von Domquerhaus und Liebfrauenkirche – jedoch ohne figürliche Bauplastik, auf die Denzinger generell verzichtete.

Das **Innere** erscheint wider Erwarten ohne Querhaus als Raumtyp zwischen Saal- und Hallenkirche, der mit seinen hohen Maßwerkfenstern dem spätmittelalterlichen Raumideal der Reichsstadt nahekommt. Seine sternähnlich ausgebildeten Rippengewölbe ruhen auf kantonierten Rundpfeilern, zwischen denen – wie auch nach Westen – Emporen in die knappen Seitenschiffe gehängt sind; unter der Emporenbrüstung Reste geschnitzter Barockengel aus der abgebrochenen Dreikönigskirche, die der Werkstatt Johann Wolfgang Frölichers entstammen (um 1690). Der Harmonie der Architektur entsprach seit 1881 eine perfekte Dekoration und Ausstattung im Geschmack der Neugotik, von der immerhin u. a. Steinkanzel und Kirchenbänke überdauerten (dazu in der Kirche Ölgemälde ›Einweihung der Dreikönigskirche am 8. Mai 1881‹ von J. W. Rumpler).

Eiserner Steg mit Turm der Nikolaikirche und Dom

Exakt ein Jahrhundert älter als die Kirche ist der **Dreikönigsbrunnen,** der vor ihrer Südseite 1781 als Ersatz eines gotischen Ziehbrunnens (1392) aufgestellt wurde. Sein klassizistischer Sandsteinpfeiler trägt die etwas derbe Dreiergruppe der Könige (Reste von Bemalung erkennbar; Pumpgestänge fehlt).

Nur wenige Schritte flußab überbrückt der **Eiserne Steg** den Main, eine zunächst neugotische Fachwerkkonstruktion nach Entwurf von Peter Schmick für Fußgänger, die zu direkter Verbindung der wachsenden Sachsenhäuser Unterstadt mit dem Herzen der Frankfurter Altstadt seit 1869 den hier 160 Meter breiten Fluß quert. Zwar entfiel mit ihm der Umweg über die Alte Brücke, da aber die zum Bau notwendigen 120 000 Gulden von einer Privatgesellschaft aufgebracht waren, kostete sein Beschreiten ursprünglich eine Gebühr. Die Stadtverwaltung übernahm den Steg 1886, ließ ihn mehrfach verändern (zuletzt 1993), wobei er bereits 1911 die über beiden Strompfeilern hochragenden Zwillingsfialen eingebüßt hat. Dennoch ist er einer der besten Standorte für den vergleichenden Blick auf die Kirchtürme des alten wie die Bankentürme des neuen Frankfurt und zugleich eines der architektonischen Wahrzeichen der Stadt.

In der Neustadt

Gegen Mitte des 16. Jh. hatte sich das vitale Zentrum nordwärts zur Neustadt verlagert, und Giebelhäuser begannen sich als Zeile vor dem verfüllten Graben der Staufermauer zu reihen. Deren Abbruch (seit 1583) folgte 1586 das Pflastern des davor gegen Norden noch unbebauten Straßenstreifens, der seitdem ›die **Zeil**‹ hieß. Gedacht war er für die Viehmärkte, die dadurch endlich aus der engen Altstadt mit ihren dem Verkauf von Lebensmitteln vorbehaltenen Plätzchen (wie Heu-, Korn-, Kraut- oder Weckmarkt) verlegt werden konnten. Fortan diente ihr breites Straßenfeld zwischen Bockenheimer und Bornheimer Pforte als Markt für Schlachtvieh, und sein südwärts abknickender Teil wurde Roßmarkt.

Seit Ludwigs des Bayern Privileg zu erweiterndem Mauerbau (1333) hatte sich rings um die Altstadt als Polygon jene Neustadt gelegt, die hinter einer auf insgesamt 1200 Meter verlängerten Flußsilhouette gegen den Taunus maximal 900 Meter weit ausgriff. Zwischen beiden Stadtteilen bildete die Zeil eine dauerhafte Zäsur, aber zugleich die Querverbindung der mit Großer Eschenheimer bzw. Alter (Friedberger) Gasse bis zur Altstadt vordringenden Fernstraßen. All dem verdankt die Zeil ihren Aufstieg als Boulevard vor 1800 und zur umsatzkräftigsten Kaufhausmeile des Kontinents nach 1900, auch wenn ihre städtebauliche Gestaltung derzeit nicht zu überzeugen vermag.

Während die Altstadt bis zum Zweiten Weltkrieg ihre Baudimensionen weitgehend bewahrte, verdoppelten bereits vor der Jahrhundertwende repräsentative Monumentalbauten in der Neustadt gewohnte Architekturhöhen. Mitsamt ihren wilhelminischen Verlängerungen wurde dabei die Zeil zur Schlagader städtischen Lebens zwischen Hauptbahnhof und Zoologischem Garten.

Besonders sehenswert:
- Hauptwache
- St. Katharinen *
- Goethe-Haus *
- Eschenheimer Turm
- Jüdisches Museum
- Börse
- Alte Oper *
- Kaiserstraße
- Frankfurter Hof
- Hauptbahnhof *
- Justizpalast
- Gesellschaftshaus / Zoologischer Garten
- Hochhäuser (Bankenviertel)

Um die Hauptwache

Inmitten pulsierenden Verkehrs, der sie oberirdisch umrundet und unterirdisch kreuzt, steht die **Hauptwache** – durch ihre Funktion als Café eine beschaulich anmutende Oase, die 1904 ihr martialisches Gepräge verlor.

Auf weitläufigem Areal der im 14. Jh. eigentlich viel zu groß bemessenen Neustadt blieb früh bereits eine Platzfolge im nordwestlich offenen Winkel von Gallus-, Bockenheimer und Eschenheimer Gasse ausgespart (inzwischen zu Straßen aufgewertet). Trennend dazwischen schoben sich lediglich locker bebaute Flächen zu seiten des Steinwegs, der seit 1341 nachweisbar ist und um 1400 als erste Straße der Stadt gepflastert wurde. 330 Jahre später entstand 1671 an der inneren Platzspitze erstmals eine Wachstation für die Frankfurter Miliz – einer Bürgerwehr, zu der jedes der 14 städtischen Quartiere sein aus allen Wehrfähigen bestehendes Fähnlein unter dem Befehl

◁ Katharinenkirche

In der Neustadt
1 Hauptwache
2 Goldener Brunnen
3 Kaufhaus Les Facettes
4 St. Katharinenkirche und Springbrunnen
5 Stoltze-Denkmal
6 Goethe-Haus und Goethe-Museum
7 Palais Thurn und Taxis
8 Fernmeldegebäude
9 Eschenheimer Turm
10 Kopfbau Große Eschenheimer Str. / Schillerstr.
11 Volksbildungsheim
12 Portikus (ehem. Stadtbibliothek)
13 Eckhaus Schützenstraße 1
14 Obeliskbrunnen
15 Heilig-Geist-Hospital
16 Rechneibastion
17 Schopenhauerdenkmal
18 Lessingdenkmal
19 Uhrtürmchen
20 Rinzdenkmal
21 Odeon
22 Bethmannbüste
23 Landhaus
24 Hessendenkmal
25 Kirchnerdenkmal
26 Maurisches Haus
27 Reisdenkmal
28 Schwind-Haus
29 Nebbiensches Gartenhaus
30 Stadtbad Mitte
31 Burgturm
32 Ring der Statuen
33 Marschallbrunnen
34 Guiollettdenkmal
35 ›Liegende‹ (R. Kipp)
36 ›Flora‹ (P. Seiler)
37 Lachhannes-Brunnen

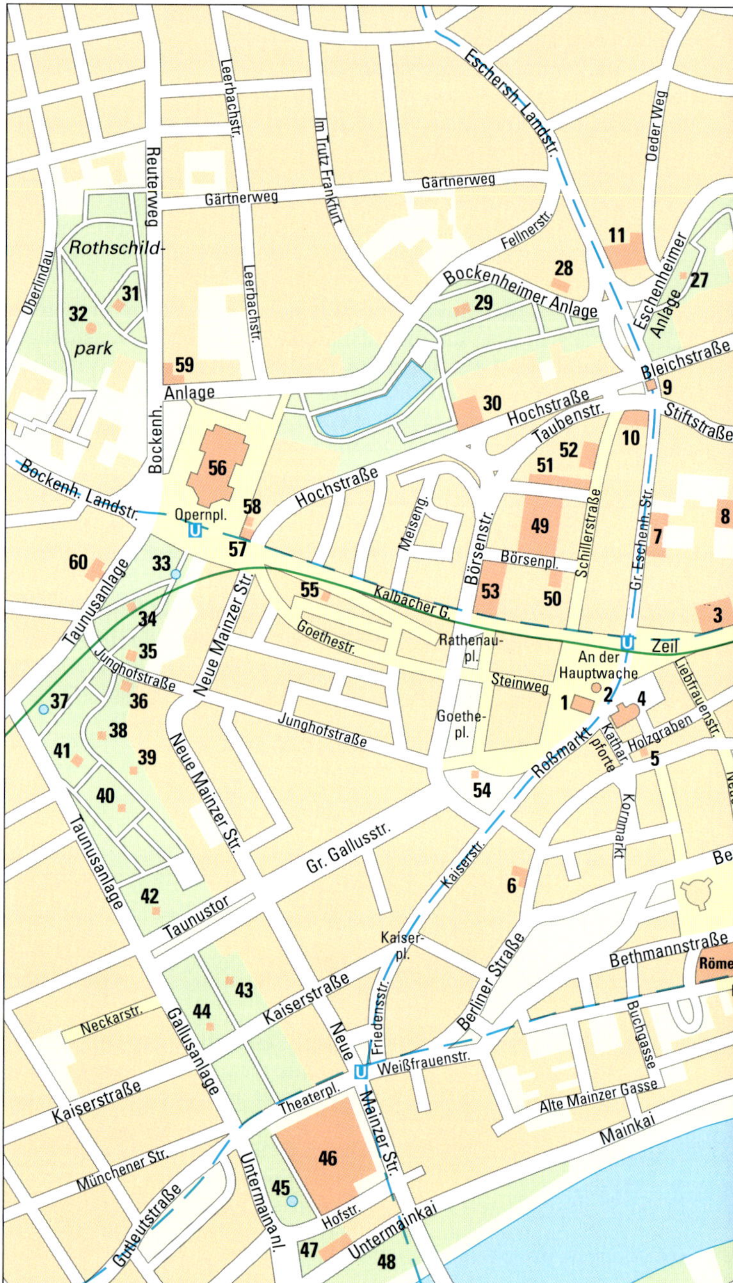

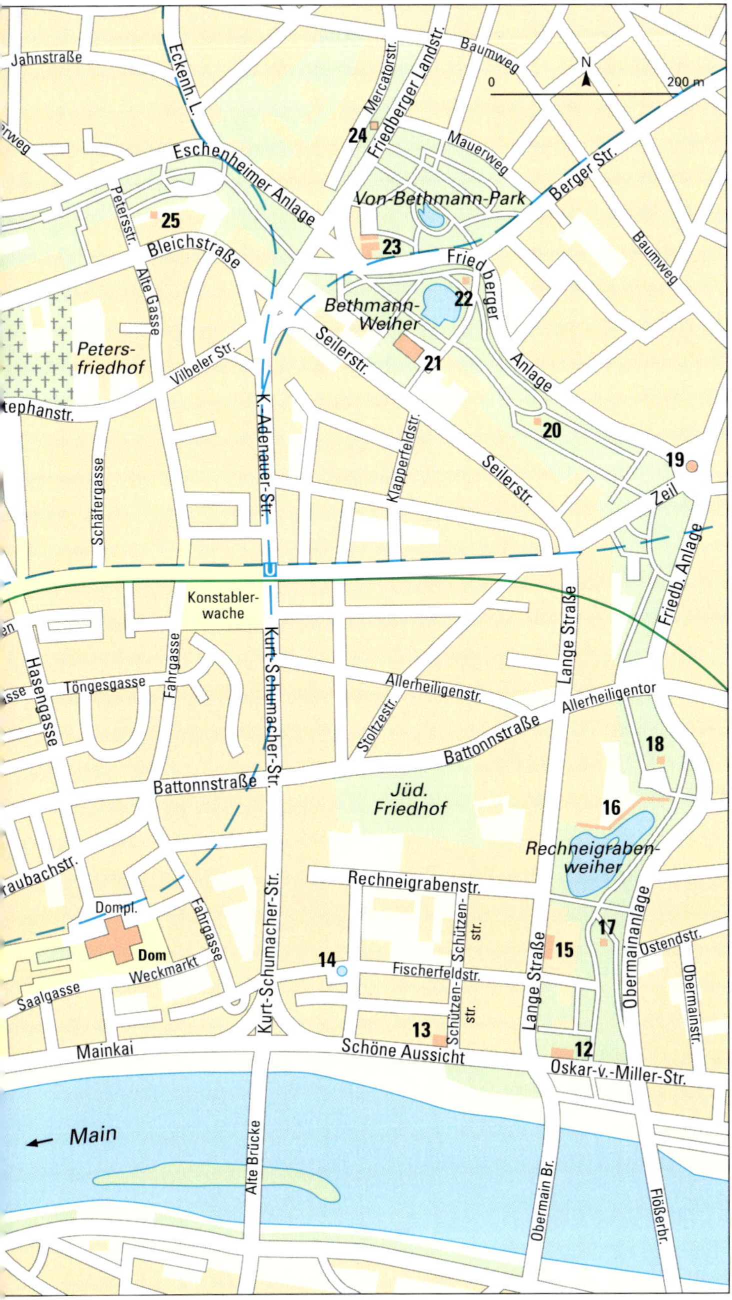

38 Beethovendenkmal
39 Schneewittchen-Monument
40 Heinedenkmal
41 Ein Haus für Goethe
42 Schillerdenkmal
43 Opferdenkmal
44 Goethedenkmal
45 Märchenbrunnen
46 Schauspielhaus
47 Rothschild-Palais (Jüdisches Museum)
48 Nizza-Anlagen
49 Neue Börse
50 Geschäftshaus Börsenplatz 5
51 Taubenhof
52 Verlagsgebäude ehem. ›Generalanzeiger‹
53 Geschäftshaus Börsenstr. 2-4
54 Gutenbergdenkmal
55 Rokokohäuschen (Gr. Bockenheimer Str. 31)
56 Opernhaus (Alte Oper)
57 Doppelhaus Opernplatz / Hochstr. 56
58 Mietshaus Opernplatz 8
59 Verwaltungsgebäude Reuterweg 14
60 Verwaltungsgebäude Taunusanlage 20

eines Bürgerkapitäns zu stellen hatte. Über den eingeschossigen Bau zog sich ein Walmdach tief herab. Hölzerne Schranken begrenzten vor der Fassade im Süden einen Platzstreifen zum Patroullieren, rückwärtig einen Exerzierplatz, auf dem das jeweilige Wachbataillon auf kämpferische Einsätze vorbereitet wurde. Dem Abbruch dieser baufällig gewordenen Holzkonstruktion (1728) folgte 1729/30 der repräsentative Neubau der Hauptwache. Ihren Entwurf lieferte der aus Hanau berufene Stadtbaumeister Johann Jakob Samheimer. Zwar wahrt der Barockbau die Grundfläche des Vorgängers, doch wirkt er weit nobler durch seine gediegenen Formen, wie sie mit dem 18. Jh. Zeil und Roßmarkt ebenso zu prägen begannen. Nach Süden treten die drei mittleren Pfeilerarkaden als Risalit knapp vor, den vor einem mit Gaupen reich besetzten Mansarddach ein Giebel krönt. Der einheimische Bildhauer Bernhard Schwarzenburger hat ihn mit Reliefs von Trophäen als Emblemen für Kampf und Sieg gefüllt (Kopie von 1968), auch wenn sich die Aufgaben der Bürgersoldaten erfahrungsgemäß mehr aufs Eskortieren und Spalierstehen beim Besuch hoher Herrschaften beschränkten. Jenes Dach über dem Wachlokal nahm die Stuben privilegierter Gefangener auf. Im Keller lagen die Verliese von Schwerverbrechern; die nur zur Schanzarbeit

Plan von Carl Friedrich Delkeskamp, 1864

Hauptwache

auf den Festungswällen herauskamen. Bis gegen Mitte des 18. Jh. standen benachbart ein hölzerner Schandesel als Pranger und ein Galgen für Soldaten abschreckend auf diesem zentralen Platz.

Hier an der Hauptwache (ebenso an der Konstablerwache) scheiterte am 3. April 1833 ein gewaltsamer Versuch in Frankfurt versammelter Studenten zur Änderung der politischen Zustände und zur Einigung der Nation (›Frankfurter Wachensturm‹) am Widerstand der Miliz wie am Einsatz des vom Deutschen Bund bereitgestellten Linienregiments. Anstelle des Exerzierplatzes öffnet sich heute wie ein Schlund der Zugang zu U- und S-Bahnstationen hinter dem Wachgebäude; dafür wurde es 1968 um einige Meter nach Südwesten versetzt, ebenso wie der im Klassizismus um 1790 erneuerte **Goldene Brunnen** mit seiner Urne und dem eisernen Pumpgestänge. – Im barocken Fulda ließ sich Andreas Gallasini 1757 beim Bau der dortigen Hauptwache vom Vorbild in Frankfurt beeinflussen.

Für die Zeil löste die neue Hauptwache eine glanzvolle Gestaltung älterer Bürgerhäuser und traditioneller Gasthöfe aus, die im Rokoko mit dem *Roten Haus* (1767), im Klassizismus mit Nicolas de Pigages *Palais Schweitzer-Allesina* (1795) gipfelte (Zeil 110–106; seit 1895 **Hauptpost;** beiden gegenüber stand das *Palais Barckhaus,* wo Kaiser Karl VIII. 1752–45 hof gehalten hatte).

Als transparentes Bauwerk steht benachbart aus Stahl und Glas das hypermoderne Kaufhaus **Les Facettes,** das in Konstruktion wie Kontur den Rahmen üblicher Warenhausarchitektur 1992 sprengte (Entwurf: Rüdiger Kramm). Um eine nach amerikanischem Vorbild durch alle Etagen offene Zentralhalle, in der eine gläserne Aufzugskabine zur mobilen Skulptur wird, winden sich Rampen aufwärts zu

»Die Straßen wimmeln von wohlgekleideten Leuten aus allen Klassen, von schönen Equipagen und allem Gewühl einer großen Handelsstadt.«
Johanna Schopenhauer (Mutter des Philosophen), 1828

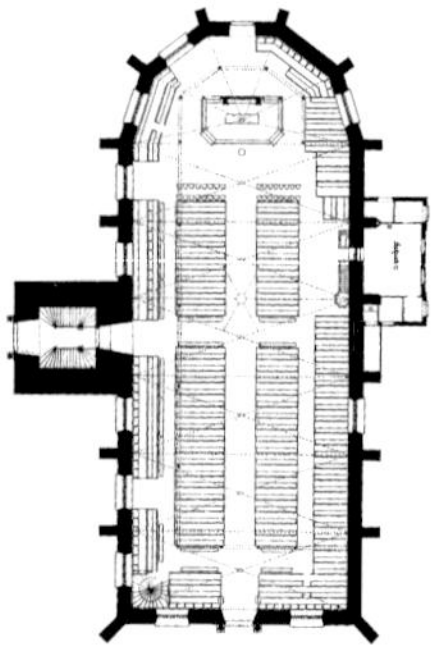
Katharinenkirche, Grundriß

gereihten Läden und zur dekonstruktivistischen Dachterrasse, die den Blick über die Altstadt und den nahen Platz freigibt.

Am Ansatz der Zeil wird der Platz *An der Hauptwache* zur Altstadt hin wirkungsvoll begrenzt durch die **St. Katharinenkirche,** ein architekturhistorisch eigenartiges Zwittergebäude, in dem sich Stilelemente unterschiedlicher Epochen vermischen. Ihre Fassade kehrt sie nordwärts, und der axial vortretende *Glockenturm* wird dadurch zum Pendant des Eschenheimer Turms am Ende der Großen Eschenheimer Straße – ähnlich wie beim Blickbezug von Nikolai- und Liebfrauenkirche; jedoch übertreffen die Maße des Kirch- die des Wehrturms (Gesamthöhe 54 : 47 m, Umgangshöhe 36 : 30 m). Jener Turm verdeckt den Übergang von Langhaus zu Chor, die ihn beide fast symmetrisch mit drei Achsen nachgotischer Maßwerkfenster bzw. Strebepfeiler und barocken Säulenportalen flankieren. Bereits die dritte seiner auf quadratischem Grundriß errichteten Etagen überragt den First des gewaltigen Schieferdachs auf dem Kirchenraum, und oberhalb ummantelt eine Maßwerkbrüstung der Neugotik (1869; anstelle barocker Baluster) das schlanke Oktogon für die Glocken, das in offener Laterne und barocker Kuppel endet.

Die Katharinenkirche ist ein völliger Neubau aus jener nur eine Generation nach dem Dreißigjährigen Krieg umspannenden Ära intensivierter Frömmigkeit, die sich – als äußerlich sichtbarem Bekenntnis – bewußt künstlerisch überholter Motive eines religiös idealisierten Mittelalters bediente. Allein dadurch lassen sich 1678–81 seitens des Stadtbaumeisters Melchior Heßler stilistische Rückgriffe auf den Kirchenbau der Frankfurter Gotik erklären. Allerdings reicht auch die Tradition dieses Gotteshauses in die Mitte des 14. Jh. zurück. Im sicheren Schutz des sich seit einem Jahrzehnt (ab 1333) rings um die vergrößerte Stadt schließenden Mauergürtels hatte der Patrizier Wicker Frosch, Kantor an St. Bartholomäus zu Frankfurt und Scholaster (= Lehrer) an St. Stephan zu Mainz, 1343 unmittelbar vor der Staufermauer eine Parzelle erworben zur Stiftung von *Spital* und *Hl.-Kreuz-Kapelle,* deren Grundstein wohl 1345 gelegt wurde. Um für die hier untergebrachten etwa 20 Kranken ausreichend Pflege zu gewährleisten, gliederte er wenig später ein Kloster für 30 Nonnen an, für die als eigene Kirche bis 1353 eine *Katharinenkapelle* entstand. Unter Erzbischof Gerlach von Mainz, der sich als tätiger Förderer erwies, erfolgte 1355 die Schlußweihe der gesamten Anlage, in deren Mitte beide Kapellen als Saalkirchen mit polygonalen Chören Mauer an Mauer standen. Wie zuvor sein Vetter Wigel bei Liebfrauen hat Wicker Frosch aus dem Grundbesitz seiner in Frankfurt reich begüterten Familie den Unterhalt von Krankenhaus und Kloster gesichert, das den Bettelordensregeln der Klarissen folgte und der Deutschordenskommende drüben in Sachsenhausen (s. Kap. Der Rand der Altstadt: Die Deutschordenskommende) unterstand. Erleichtert haben mag all dies das ererbte Vermögen seiner Schwägerin Katharina zum Rebstock (sie entstammte dem Anwesen, in dem 1816 der Frankfurter Lokalpoet Friedrich

Stoltze zur Welt kam; s. Kap. Der Domhügel: Krönungsweg und Kaiserpfalz), deren Namensheilige zur Patronin geworden ist. Seitdem hieß das benachbarte Bockenheimer Tor, vor dem im Mittelalter Schindanger und Richtstätte lagen, *Katharinenpforte*. Nach den Spitälern Heilig-Geist, Deutschorden und Antoniter war Wickers Werk die letzte karitative Stiftung von Bedeutung im mittelalterlichen Frankfurt.

Im Jahr, nachdem Martin Luther auf seinem Weg zum Reichstag in Worms eine Nacht in Frankfurt verbracht hatte (1521), hielt 1522 der aus Marburg gekommene Barfüßermönch Hartmann Ibach in St. Katharinen eine erste die Ideen des Reformators in Frankfurt verbreitende Predigt – mit ausdrücklicher Billigung des vom Rat als Pfleger von Spital und Konvent eingesetzten Patriziers Hamman von Holzhausen (s. Kap. Vorstädte und Vororte: Vom Petersfriedhof...). In den sich mit der neuen Lehre anbahnenden religiösen und sozialen Unruhen – draußen vor der Stadt revoltierten die Bauern, drinnen die Zünfte (1525) – verließ 1526 die Hälfte der Nonnen das sich rasch auflösende Kloster, und die Katharinenkapelle wurde zur Pfarrkirche.

Dafür erwiesen sich während der folgenden anderthalb Jahrhunderte die beiden Kapellen als zu klein und zu baufällig, so daß ab 1678 Abbruch und Neubau folgten. Fast auf den Tag genau 333 Jahre nach Versenken des Grundsteins für die Hl.-Kreuz-Kapelle (8. März 1345/14. März 1678) begann die drei Jahre währende Errichtung der neuen Katharinenkirche, die unter Heßler zum bedeutendsten Gotteshaus der Protestanten im damaligen Frankfurt wurde. Es dürfte die Gemeinde gewesen sein, die unter dem inspirierenden Eindruck des in Frankfurt 20 Jahre als Prediger wirkenden Pietisten Philipp Jakob Spener danach strebte, eine seinen erneuernden theologischen Einsichten auch vom architektonischen Anspruch her gemäße Form zu finden. So ist Heßlers Katharinenkirche Ergebnis vielfacher Einflüsse. Topographisch entspricht sie – wie der vorangegangene Baukomplex der Hochgotik – dem durch die Staufermauer (1583 abgebrochen) vorgegebenen Verlauf, d. h. ihr folgt die Kirche in der Längsachse und dadurch dem gewünschten Prinzip einer Orientierung. Schwieriger gestaltete sich ein Bewältigen der im Westen durch Kornmarkt und Katharinenpforte geprägten Situation. Zwar galt der Kornmarkt (wie östlich die parallele Fahrgasse) als eine der beiden wichtigen Nord-Süd-Schneisen der Altstadt, dichte Bebauung verhinderte jedoch das Entfalten eines anspruchsvollen Sakralbaues. Heßler hat die sich statt dessen prominent bietende städtebauliche Situation zwischen der Zeil bzw. dem Platz mit dem Bezug nach Norden erkannt und genutzt. Weil im Westen eine Möglichkeit zur Fassadenausbildung fehlte (die innere Katharinenpforte fiel 1790, die äußere erst um 1844), wählte er als Hauptfront die nördliche Langseite seiner Kirche, wobei zu derartigen Lösungen die Frankfurter Sakralarchitektur des Mittelalters mit ihren fassadenartig aufgewerteten Flanken von Leonhards-, Liebfrauen- und Karmeliterkirche

Katharinenkirche, Querschnitt

Vorbilder bot. Sämtliche Portale sind von Säulen flankiert und mit gesprengten Segmentgiebeln überfangen (nach 1968 allerdings durch Erhöhen des Platzniveaus in ihren Proportionen gemindert).

Eigentlich läßt der Außenbau eine Hallenkirche erwarten, doch präsentiert sich das Innere als weiter **Saal** von betonter Schlichtheit unter verlattetem Rippengewölbe. Der Raum, in dem Johann Wolfgang Goethe getauft und konfirmiert wurde, erscheint leer. Was ihm vor allem fehlt, ist seine einst L-förmig in zwei Geschossen umgreifende Holzempore. St. Katharinen brannte 1944 völlig aus, zugrunde ging dabei ihre barocke Ausstattung bis auf 80 (von 83) *Emporengemälde*, die im Bezug auf die Predigten Speners nach Art einer ›Biblia pauperum‹ das Heilsgeschehen illustrieren – etwas provinzielle Arbeiten von Hermann Boos, Heinrich Furck, Valentin Grambs, Christian Metzger und Daniel Thielen, die rechtzeitig im Zweiten Weltkrieg geborgen und bis heute im Dominikanerkloster magaziniert sind. Acht von ihnen – ›Moses erblickt das gelobte Land vom Berg Nebo aus‹, ›Predigt des Propheten Hosea‹ (mit dem Bildnis Speners), ›Predigt des Micha‹ und ›Allegorie des Todes‹ bzw. die neutestamentlichen Gleichnisse ›Sämann‹, ›Zöllner und Pharisäer‹, ›Propfreis‹ und ›Auge und Fernrohr als Embleme‹ – sind an der modernen Orgelempore angebracht worden (1681).

Katharinenkirche, ›Predigt des Propheten Hosea‹ (Ausschnitt) mit dem Bildnis Jakob Philipp Speners

Einen Eindruck von der ursprünglichen Raumwirkung kann man in den Dreifaltigkeitskirchen von Speyer und Worms gewinnen, deren Neubau (nach Verwüstung der Pfalz durch Truppen Ludwigs XIV.) ab 1689 als Kopie von St. Katharinen in Frankfurt erfolgte.

Statt dessen wurde das Heilsgeschehen 1953 in den 16 großflächigen *Fenstern* durch den ehemals in München lehrenden Hallenser Charles Crodel, der ebenso Kirchenfenster für die protestantischen Frankfurter Pfarrkirchen St. Jakob (Bockenheim), St. Peter und Dreikönig schuf, illustriert – traditionell in ihrer Maltechnik mit Schwarzlot und in der Geometrie vertikal aufeinander bezogener Medaillons: Entlang der Nordseite (von Westen) das Alte Testament mit ›Schöpfung‹ (1. Fenster), ›Sündenfall‹ (2.), ›Vertreibung‹ (3.), ›Arbeit‹ (4.), ›Brudermord‹ (5.), ›Sehnsucht nach Erlösung mit Hiob und dem aktuellen Hinweis auf das Zerstörungsdatum 22. März 1944‹ (6.). Um den Chor das Neue Testament mit ›Geburt und Kindheit Christi‹ (7.), ›Predigt und Wunder‹ (9.), ›Passion und Auferstehung‹ (8.; in der Raumachse), ›Bekehrung des Paulus‹ (10.), davor in thematischem Bezug eine moderne Altarwand mit Reliefs von ›Bergpredigt‹ und ›Gebet in Getsemaneh‹ von dem Darmstädter Bildhauer Fritz Schwarzbeck (1954). An der Südseite ›Gleichnisse‹ (11.–14.), im Westen, hinter der Orgel, ›Andachtsbilder‹ (15.–16.). Dort vermauert sind auch zwei Kenotaphien der Hochgotik: für den Hofkaplan Wicker Frosch († 1363) mit dem Modell der von ihm gestifteten Katharinenkapelle und für seinen gleichnamigem Neffen († 1375) in ritterlichem Habit (vgl. Grabsteine im Dom). Sie wurden aus den abgebrochenen Kapellen geborgen, ebenso wie im Turmjoch die spätgotische Skulptur der hl. Katharina, das Werk eines mittelrheinischen Bildhauers aus dem Kreis um Hans Backoffen (um 1520). Innen wie außen sind entlang der Kirchenwände barocke Grabsteine aus dem Trümmerschutt eingebaut.

Auf der Südseite ein kleiner **Springbrunnen** in Formen der Neurenaissance (um 1870). Weiter südlich, jenseits des der einstigen Staufermauer vorgelagerten Holzgrabens, hat das **Stoltze-Denkmal** nach 100 Jahren einen endgültigen Standort gefunden: 1895 war es zu Ehren des benachbart aufgewachsenen Dichters (s. Kap. Der Domhügel: Krönungsweg und Kaiserpfalz; Galerie bedeutender Persönlichkeiten) auf dem Hühnermarkt aufgestellt worden. Sein Entwurf stammt von dem Bildhauer Friedrich Schierholz, der darüber hinstarb, so daß Fritz Klimsch das zugleich als Brunnen dienende Monument vollenden mußte: Unter Stoltzes zur Altstadt gewandter Bronzebüste erkennt man die aus seinen Mundartpoemen bekannten Köpfe von ›David‹, dem ›roten Schornsteinfeger‹ und dem ›Gärtner Kiezehipper‹; darunter Tauben und Stadtreliefs (Kopien) sowie zungenartig drei Wasserschalen.

Zwischen Gebäuden der 50er Jahre setzt sich westwärts der **Holzgraben** im **Hirschgraben** fort; statt schmaler Straßen legten sich beide während fast vier Jahrhunderten – breit und tief ausgehoben – schützend um die Staufenmauer. Am Holzgraben lagerten Balken zum Bauen, im Hirschgraben äste Wild, das sich der Rat der Reichsstadt für besondere Festmahle bis 1583 hielt, nachdem durch die äußere Stadtbefestigung aus der Gotik jene romanische Mauer mitsamt den Gräben ihre militärische Bedeutung eingebüßt hatte. Bis auf die Tore wurde sie abgebrochen und ihre Gräben verfüllt zu Straßen und Parzellen. Vorwiegend niederländische Emigranten durften gegen 1590 entlang dem Hirschgraben ihre Häuser aus Fachwerk errichten (vgl. Haus Wertheim am Römerberg), und zwei davon erwarb Cornelia Goethe, des Dichters Großmutter, nach dem Tod ihres Mannes, der nahe der Hauptwache das Gasthaus ›Weidenhof‹ betrieben hatte (s. Kap In der Neustadt: Nordwärts zum Eschenheimer Tor), am 1. April 1733. Im kleineren Gebäude wurde am 28. August 1749 Johann Wolfgang Goethe geboren, und sein Vater, der kaiserliche Rat Johann Caspar Goethe, veranlaßte 1755 den Zusammenschluß der beiden unterschiedlich dimensionierten Häuser zu einem einzigen Gebäude – beraten von dem befreundeten Johann Friedrich Uffenbach, der als Architekt zuvor im Römer die Kaisertreppe eingezogen hatte (1741).

»Wenn mich jemand früge, wo ich mir den Platz meiner Wiege bequemer, meiner bürgerlichen Gesinnung gemäßer oder meiner poetischen Ansicht entsprechender denke, ich könnte keine liebere Stadt als Frankfurt nennen.« Johann Wolfgang von Goethe, 1824

Daß Goethes den Umbau einem Neubau vorzogen, erklärt sich aus der Chance, vorhandene Geschoßüberstände (und dadurch mehr Raum) zu bewahren; denn nach dem sog. Christenbrand (1719), bei dem im Bereich der Töngesgasse mehr als 400 Häuser niedergebrannt waren, blieb es in Frankfurt dauerhaft verboten, öffentliche Straßen mit mehr als einem Geschoßvorsprung zu verengen. Das **Goethe-Haus** (Großer Hirschgraben 23) aber kragt in jedem seiner drei Geschosse gesondert und zusätzlich noch zweimal

Goethehaus am Großen Hirschgraben

im übergiebelten Zwerchhaus aus. Hinter seiner wie steinern wirkenden Barockfassade – sie ist symmetrisch angelegt und mißt sieben Achsen – verbarg sich Fachwerk der Renaissance. Dennoch ist das bestehende Gebäude ein Neubau, eine Kopie von 1949; denn das vom ›Freien Deutschen Hochstift‹ 1863 erworbene und als Ort der Kindheit von Frankfurts größtem Sohn zeitgenössisch renovierte wie möbilierte Anwesen (der Dichter wohnte hier bis zu seinem Weggang nach Weimar 1775 und ließ sich in seinen Werken wie in der Autobiographie ›Dichtung und Wahrheit‹ mehrfach zu Beschreibungen inspirieren) war im Bombenkrieg 1944 nahezu vollständig zerstört worden.

Mit dem **Goethe-Museum** (Nr. 25), zu dem ebenso ein umfangreiches *Archiv* und eine *Bibliothek zur deutschen Literatur* gehören, entstand es als *nationale Gedenkstätte* zu Goethes 200. Geburtstag (1949) neu als Kopie – erster Akt einer punktuell gebliebenen Stadtreparatur, die im Laufe einer Generation von der Hauptwache bis zum Römerberg reichte: Zwischen geschmiedeten und mit Blumen gefüllten Fernsterkörben öffnet sich von der Straße her axial das Hauptportal (üblicher Zugang rechts durch das Museum), wo hinten links Frau Ajas Küche mit großer Kaminhaube und zum Gewölbekeller reichender Wasserpumpe beeindruckt. Darüber gruppieren sich Zimmer um das zentrale Stiegenhaus. Im Aufwärtsschreiten verdeutlicht sich ein Stilwandel vom Barock übers Rokoko zum ›Louis Seize‹ im zweiten und dritten Obergeschoß. Entlang der Wände rei-

Goethe-Haus, Gemäldezimmer im zweiten Stock

hen sich Veduten von der Italienreise des Vaters (1740), Möbel, Fayencen, Gemälde oder Stiche von Familie und Freunden auf dem Weg zu Geburts-, Bibliotheks- und Pinakothekszimmer; dahinter idyllisch ein kleiner Hof mit Wandbrunnen und das Gärtchen. Daneben steht das moderne Museum mit zeitgenössischen Sammlungen und Schriften (1995/96 völlig umgebaut).

Nordwärts zum Eschenheimer Tor

Von der Hauptwache greift nach Norden die **Große Eschenheimer Straße** aus. Außerhalb der Neustadt setzt sie sich in der nach demselben Dorf benannten Landstraße fort, über die im Mittelalter Warenfuhren gegen das Gebirge und jenseits des Taunuskammes über Limburg nach Köln rollten. Frankfurts Verbindungen mit der einst dreimal größeren Handelsstadt am Rhein (10 000 : 30 000 Einwohner) waren vielfältig; allein die Route für Postreiter und -kutschen galt als die meist genutzte und daher gewinnträchtigste. Noch weiter weg residierten in Brüssel die Fürsten von Thurn und Taxis, die innerhalb zweier Jahrhunderte aus dem Kaufmannsstand im oberitalienischen Bergamo zu einer der reichsten Adelsfamilien Europas aufgestiegen waren – und dies auf der Basis eines monopolisierten Postprivilegs, das Kaiser Maximilian, nachdem er mit Maria von Burgund die Erbin der Niederlande geheiratet hatte (1477), zu rascher Verbindung seiner Residenzstadt Wien mit Brüssel an Francesco de Tassis verliehen und ihn aufgrund des Erfolgs geadelt hatte (1512).

Von dort verlegte bereits Fürst Eugen Alexander 1702 die Generaldirektion seiner längst das gesamte Reich mit einem Netz von Stationen und Straßen überziehenden Post in das zentrale Frankfurt; mitsamt seiner Gemahlin und seinen früh verstorbenen Kindern ist er im Frankfurter Dom beigesetzt, dessen Gönner er war (s. Kap. Der Domhügel: Stätten von Königswahl…). Verständlich erscheint daher der Wunsch Karls VI., den als Generalpostmeister 1715 nachgefolgten Anselm Franz von Thurn und Taxis vollends an Frankfurt zu binden. Und mit der Aufforderung an ihn verband der Kaiser 1724 eine entsprechende Mitteilung an den Rat der freien Reichsstadt. Doch im protestantischen Frankfurt war ein so mächtiger, dazu noch katholischer Adliger nicht erwünscht. Nur über einen Strohmann gelang diesem in der Neustadt der Kauf des großflächigen *Weißen Hofes* an der Eschenheimer Gasse (später: Straße), direkt an dem noch durch seinen Vater von der Verlegerfamilie Merian gemieteten Eckhaus *Drei Könige* (heute: Parzelle des *Kaufhofs*) zur Zeil, neben dem wiederum der darüber gar nicht erfreute Schneidermeister Friedrich Georg Göthe als Gastwirt den ›Weidenhof‹ betrieb; daß dessen Enkel Johann Wolfgang später mit seinem Schauspiel ›Torquato Tasso‹ (1790) einen Ahnherren jenes ungeliebten Nachbarn als

Thema wählte, wirkt wie Ironie der Geschichte. Was 50 Jahre später den Bolongaros dauerhaft verwehrt blieb (s. Kap. Fahrten in die Umgebung: Flußabwärts von Höchst bis Hochheim) – nämlich der Bau eines für hiesige Verhältnisse außergewöhnlich aufwendigen Barockpalais innerhalb der Stadtmauer –, gelang Anselm Franz, obwohl die Ratsherren sein Projekt durch allerlei Vorschriften und Verzögerungen zu verhindern suchten: 1727 hatte er sich schon mit einem ausgearbeiteten Entwurf um Rat an Robert de Cotte, den Hofarchitekten Ludwigs XV. (›premier architecte du roi‹), nach Paris gewandt, und mit dessen völlig neuen Plänen konnten endlich 1731 unter dem aus Mannheim berufenen Guillaume d'Hauberat die ein Jahrzehnt währenden Arbeiten beginnen (bis 1741).

Zur Eschenheimer Gasse wandte sich das **Palais Thurn und Taxis** als Dreiflügelanlage mit heraustretenden Eckpavillons, von denen die rückwärtigen einen mit Giebelfront zum Hof und mit konvexem

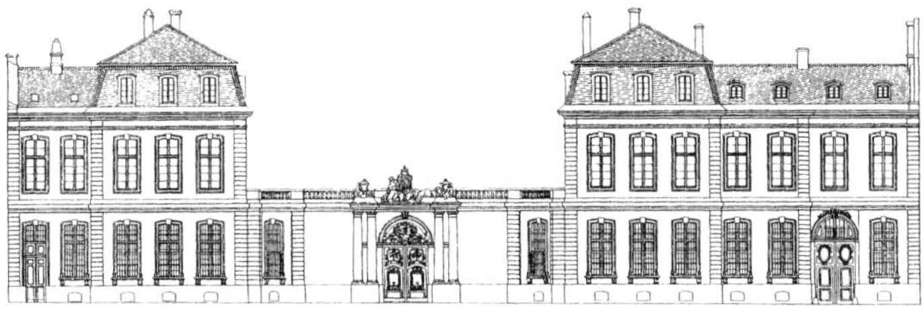

Palais Thurn und Taxis, Straßenfront

Kuppelsaal zum Garten betonten Corps de logis (Wohn- und Repräsentationstrakt) rahmten. Zwischen den vorderen Pavillons zieht sich konkav die axial geöffnete Tormauer zurück, über toskanischen Säulen gegen den Hof durch einen Laufgang verbunden, der den Umgang auf Höhe der Belétage ermöglichte und im gründerzeitlichen Grandhotel ›Frankfurter Hof‹ eine späte Entsprechung finden sollte. Nur diese Straßenpartie hat den Zweiten Weltkrieg überdauert und vermag den Eindruck weltläufiger Eleganz zu vermitteln, hinter dem bürgerliche Barockbauten der Reichsstadt – wie das Haus Grimmvogel am Liebfrauenberg (s. Kap. Der Rand der Altstadt: Das Liebfrauenstift) – qualitativ zurückblieben.

Das Palais, wo der nachgefolgte Fürst Alexander Ferdinand seine glanzvolle Hofhaltung mit 160 Dienern und eigenem Orchester entfaltete (1739 bis zur Übersiedlung nach Regensburg 1748) und Könige anläßlich ihrer Krönung nächtigten (bis 1792), wo der unter Napoleon zum Primas der Fürsten Deutschlands aufgestiegene Karl von Dalberg residierte (1806–13) und schließlich die Abgeordneten der 32 verbliebenen Staaten des Deutschen Bundes vergeblich nach Einheit strebten (1816–48, 1849–66), zertrümmerten Bomben 1943; allerdings hatten die Fürsten 1895 ihr Palais mit dem zur Stiftstraße und zur Zeil reichenden Garten und den Nebengebäuden an die Reichspost verkauft, zuvor aber alle mobilen Kunstwerke nach Regensburg überführt. Zugrunde ging die noble Architektur, die bis heute in de Cottes gleichzeitig errichtetem Palais Rohan zu Straßburg eine enge Entsprechung findet, mitsamt dem von Luca Antonio Colomba ausgemalten Kuppelsaal und den Skulpturen des bei dem berühmten Balthasar Permoser zum Bildhauer gereiften Mannheimers Paul Egell (1735). Davon blieb allein die exakte Kopie (1898) seiner *Wappengruppe* über dem *Tor* erhalten: der fürstliche Schild mit Turm (für Thurn) und Dachs (für Taxis), flankiert vom springenden Löwen des Valsassina (aus diesem Tal stammten die Tassis), dem Minerva abwehrend ein Medusenhaupt entgegen hält, sowie zwei Vasen.

Dahinter ergänzte die Bundespost durch eine moderne Dreiflügelanlage und asymmetrisch mit einem **Fernmeldegebäude,** das mit 64 Metern und seinem charakteristischen Flugdach 1954 den Anfang für Frankfurts innerstädtische Hochhaussilhouette machte (Entwurf: Heinrich Ebert). Gleichzeitige Geschäftshäuser gegenüber weichen zugunsten des barocken Bautorsos platzbildend zurück.

Eschenheimer Turm, Stadtseite

100 Meter weiter verstellt der **Eschenheimer Turm** den Blick nach Norden. Schwer vermag man sich heute vorzustellen, daß noch 1806 – als Kaiser Franz II. im Taxis'schen Fürstenpalais eine um die Wahrung ihrer städtischen Freiheiten bemühte Delegation aus Honoratioren empfing – die bebaute Fläche Frankfurts hier endete: Statt der inneren Häuserflucht von Bleich- oder Hochstraße griffen nach Osten und Westen spätgotische Mauern aus, zur Feldseite begleitet von einem Wassergraben anstelle des Asphaltstreifens; beidseitig der staubig durch Wiesen auf Eschersheim zu ziehenden Chaussee wichen innerhalb eines zweiten Wassergrabens keilförmige Barockbastionen zurück – durchzogen von Kurtinen und bestückt mit Kanonen. Spätestens während mehrfacher Belagerung durch französische Revolutionstruppen (ab 1792) hatte sich all das militärisch als unzureichend erwiesen und verschwand bis 1810 zugunsten eines Ringparks (s. Kap. In der Neustadt: Rund um die Neustadt – der Anlagenring). Auch der spätgotische Torturm stand damals zum Abbruch, den die Fürsprache des französischen Gesandten Graf Hédouville beim Fürstprimas Dalberg verhinderte.

Von den 60 Wehrtürmen, die auf der Stadtmauer ab 1333 bis weit ins 15. Jh. hinein rings um die somit auf vierfache Fläche gewachsene Reichsstadt beiderseits des Flusses entstanden, gilt er als der aufwendigste, und innerhalb des alten Reiches gehört er zu den bedeutendsten Torbauten altstädtischer Wehrarchitektur, qualitativ vergleichbar dem Heilig-Kreuz-Tor südlich in Ingolstadt (ab 1385) oder dem Holsten-Tor nordwärts in Lübeck (ab 1466), zwischen denen er zudem eine zeitliche Mitte wahrt. Vermutlich aus Verteidigungsgründen leicht aus der Straßenachse verschoben (alter Gassenverlauf durch Pflaster markiert), war er zunächst als Rundturm mit der Wehrmauer 1346 erbaut worden. Dieses *Eschenheimer Tor* galt nur als eine die Mauer weitende Plattform auf dem Niveau des in acht Metern Höhe umlaufenden Wehrgangs zu besserer Kontrolle der sich darunter öffnenden Durchfahrt. Dem Abbruch mit der Jahrhun-

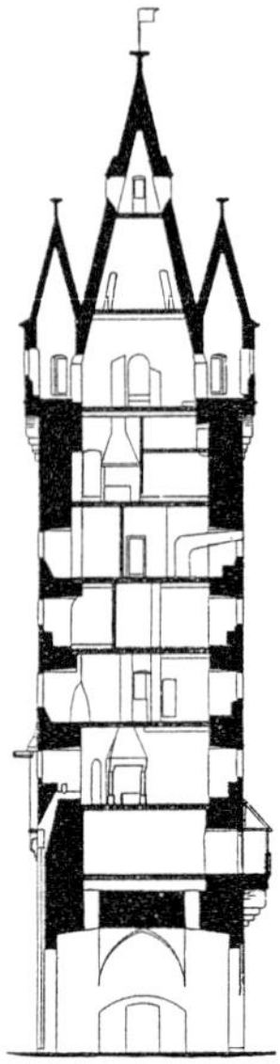

Eschenheimer Turm, Schnitt, 1428

dertwende sollte 1400 ein großzügiger Neubau auf quadratischem Grundriß (10 : 10 m) nach Entwurf des Claus Mengoz folgen, der aber alsbald über der Mauerkrone provisorisch verdacht wurde.

Erst 1426 machte sich als Stadtbaumeister der noch mit dem Domturm beschäftigte Madern Gerthener an die zwei Jahre währende Vollendung (bis 1428). Dabei vollzog sich der entscheidende Wandel durch Gertheners Kombination eines kubischen Unterbaues mit seinem zylindrischen Oberbau. Ungeachtet des damit verbundenen fortifikatorischen Vorzugs (Geschosse richteten, weil sie selten frontal aufprallten, geringeren Schaden an) lag darin die Chance zu repräsentativer Gestaltung, wie sie der Rat der Stadt gewünscht, wegen anderer Bauprojekte aber noch nicht verwirklicht hatte: Den Übergang vom quadratischen zu kreisförmigem Grundriß kaschiert auf der Stadtseite der auf gestuften Konsolen gleich einer Manschette herumgeführte Wehrgang. Zur Feldseite entwachsen dagegen oktogonale Erkertürmchen, die über die Zwickel der Plattform hinaus ebenso auf Bogenfriesen vorkragen. Zwischen ihnen bleibt ein großer Blendbogen, in dessen Nut ein eisernes Fallgatter mittels Winden über der spitzbogigen Durchfahrt hochgezogen werden konnte. Zwischen den allseitig von Giebeln umgebenen Dachpyramiden dieser Zwillingstürmchen ist ein ›Reichsadler‹, entsprechend über dem Wehrgang der ›Stadtadler‹ eingelassen – beide angeblich von dem gleichermaßen als Bildhauer tätigen Gerthener skulptiert, dessen vermutbares Porträt der Schlußstein des südlichen Torbogens zeigt. Über fünf weiteren Geschossen folgt im Turmzylinder ein wiederum auf Rundbögen verbreiterter Wehrgang mit Zinnen und nach den Himmelsrichtungen weisenden Zylindertürmchen, zwischen den ein steiler Dachkegel abschließend auf 47 Meter Höhe strebt (= die Hälfte des von Gerthener gleichfalls geplanten Domturmes); im oberen Bereich des Turmschafts wurden bereits während des Aufmauerns etwa 80 am Boden durchbrochene Tonkrüge vermörtelt – zur Raumbelüftung oder als Nistplätze für Vögel, die diese noch heute nutzen. Für jenes Abschlußmotiv der fünf Turmspitzen mag der Adolfsturm in der Burg zu Friedberg (s. Kap. Fahrten in die Umgebung: Reichs- und Residenzstädte) Vorbild gewesen sein. Die sich auf dem Knauf drehende Wetterfahne zeigt fünf Löcher – der Sage nach Einschüsse, die der Wilderer Hans Winkelsee in Formation einer ›9‹ als letzten Wunsch zur Erinnerung an neun im Turmzimmer unter knarrender Fahne vor seiner Hinrichtung verbrachte Nächte setzte (der Frankfurter Rat ließ ihn dafür frei).

Eschenheimer Turm, Stadtadler

Das Innere des Eschenheimer Turms ist, da die Außentreppen mit der Mauer fielen, über eine Spindeltreppe (1865) zugänglich. Über der gewölbten Durchfahrt (Restaurant) lagerte ursprünglich Schutt, der bei Gefahr zur Blockade der hölzernen Torflügel hinabstürzte. Das darüberliegende Kaminzimmer diente der Besatzung und deren Bewaffnung (4 Feuerbüchsen, 44 Bleibarren, 1 Sack Pulver, 4 Armbrüste, 3 Töpfe mit Giftpfeilen); einer hielt Wache auf dem oberen Wehrgang, um sich nähernde Feinde oder optische Signale von der zwei Kilometer entfernten Landwehr rechtzeitig zu erkennen. Über den Binnengraben spannte sich eine zweibogige Steinbrücke (mit herausnehmbaren Balken), die 1445 durch doppeltürmiges Außentor und Zwinger kurzfristig verstärkt war (bei Belagerung durch protestantische Truppen wegen der Beeinträchtigung des Schußfeldes 1552 durch den kaiserlichen Stadtkommandanten Konrad von Hanstein abgebrochen). Wo an deren Stelle heute ein moderner Brunnen die provisorische Mitte eines seit den 50er Jahren mit Fahrspuren und Verwaltungsgebäuden städtebaulich völlig unbewältigten Platzes bildet, stand 1807–64 das *Carlstor,* eines jener im Klassizismus von Johann Friedrich Christian Hess für alle Ausfallstraßen entworfenen Wachhäuschen (vgl. Affentorhäuser).

Frankfurt, des »berühmtesten und vornehmsten Handelsplatzes und Wahl-Statt, einer der allerführnehmsten Reichs-Stätte, an Bürgerschaft sehr reich, rings herum mit Mauern, Wassergräben und Wällen sehr wohl verwahrt und in aller Welt hochberühmt.« Beatus, 1614 (Reiseschriftsteller)

Von den rahmenden Bauten des Historismus, die in Material und Form noch ein wenig Rücksicht auf den Turm nahmen, überdauerten der **Kopfbau** zwischen Großer Eschenheimerstraße und Schillerstraße (1890; Entwurf J. W. Proesler) und das neobarocke **Volksbildungsheim** an der Eschersheimer Landstraße (1908; Entwurf Franz Vietze und Wilhelm Helfrich). Wie niedrig im Gegensatz dazu Sockel von Stadtmauer und Eschenheimer Turm ursprünglich lagen, verdeutlichen 250 Meter weiter westlich bzw. östlich die *Zwingergasse* (hinter den Häusern ab Hochstraße 27) und der *Petersfriedhof* (an der Bleichstraße; s. Kap. Vorstädte und Vororte: Vom Petersfriedhof zum Hauptfriedhof – das Nordend).

Rund um die Neustadt – der Anlagenring

Vom internationalen Klassizismus, der mit monumentalem Säulenfrontispiz als Leitmotiv seit Ende des 18. Jh. Straßen und Plätze Europas prägte, bietet Frankfurt drei Beispiele. Als deren ältestes kennzeichnet der **Portikus** der einstigen **Stadtbibliothek** den östlichen Endpunkt der Neustadt. Zugleich bildet er den Abschluß ihres ab 1792 entstandenen Fischerfeld-Quartiers wie dessen ehemals harmonischer Uferzeile. Zusätzlich aufgewertet wurde das Bibliotheksgebäude durch die von Ingenieur Peter Schmick 1872–74 auf vier Pfeilern über den Fluß gespannte **Obermainbrücke.** Über sie hinweg wird der stattliche Überrest von Sachsenhausen her zum Point de vue, obwohl in den 60er Jahren unseres Säkulums ein dahinter errichtetes Hochhaus solchen Zusammenhang ignorierte. Ermöglicht wurde das historische Bauwerk durch das Testament des Senators Johann Karl Brönner, Drucker und Verleger zu Frankfurt, der seiner Vaterstadt 1812 einen Teil seines Vermögens zur Errichtung einer öffentlichen Bibliothek hinterlassen hatte. Zwar legte dafür der gerade berufene Stadtbaumeister Johann Friedrich Christian Hess 1817 einen Entwurf vor, doch die Diskussion um den Standort verschob den Baubeginn bis 1820. 1825 konnten schließlich Bücher und Folianten, deren älteste auf eine Schenkung des als letzter seines Geschlechts 1527 verstorbenen Ludwig zum Paradies zurückgehen, aus dem Kaisersaal in den Neubau an der ›Schönen Aussicht‹ übertragen werden.

Das Gebäude erschien bis 1943 als ein rechteckiger Baukörper aus zwei wohlproportionierten Geschossen, unten nobel rustiziert, oben glatt verputzt und mitsamt rückwärtig heraustretendem Treppenhaus von einer das flache Walmdach kaschierenden Attika umgriffen. Gleich einer Tempelfront überdauerten davon sechs Kolossalsäulen, erhöht mittels Sandsteinstufen und bekrönt in Kompositkapitellen des Bildhauers Matthäus Krapf. Darauf ruht ein breiter Giebel, dessen dreieckiges Feld Friedrich Schierholz in seinem letzten Lebensjahr mit antikischem Relief ›Minerva umgeben von den Figuren der Bildhauerkunst, Baukunst, Literatur und des Handels‹ dekorieren konnte (1893/94); darunter am Architrav in goldenen Lettern passendes Motto LITTERIS RECUPERATA LIBERTATE CIVITAS (= nach wiedergewonnener Freiheit [weiht] die Stadt [dieses Gebäude] den Wissenschaften; aus städtischem ›Küchenlatein‹ von dem damals benachbart wohnenden Philosophen Arthur Schopenhauer korrigiert). – Hinter der Eingangsmauer, wo bis 1944 im Vestibül imponierend ›Goethe‹ aus Marmor von dem Mailänder Pompeo Marchesi (1840) thronte, öffnen sich moderne Containerräume für avantgardistische Kunstausstellungen.

Flußab schließt sich jenes **Fischerfeld** an, das der ältere Johann Friedrich Georg Hess in beeindruckender Personalunion als Stadtbaumeister initiiert (1788) und projektiert (1790), als Privatarchitekt bebaut (ab 1792) und als Unternehmer vermakelt hatte (bis 1816). Zuvor füllte sumpfiges Gelände den östlichen Uferwinkel zwischen staufischer und gotischer Stadtmauer. Bis zu drei Meter hohe Aufschüttungen erleichterten Austrocknen und Einbau hoher Gewölbekeller für noble Etagenhäuser, die – nach dem Öffnen des engen Gettos in der Nähe (1811) – mit ihren lichten Wohnungen das bevorzugte Quartier des jüdischen Mittelstandes bildeten. Diese erste planvolle Stadterweiterung erfolgte nach strenger Bauordnung (1809) mit regelmäßigen Zeilen drei- bis viergeschossiger Wohnbauten auf einem Raster von vier zu zwei Straßen und galt mit 76 Häusern 1811 als halbvollendet. Dazu gehörte ebenso das *Wohnhaus Arthur Schopenhauers* (Schöne Aussicht 17), wo der Philosoph seine letzten 29 Jahre verbrachte. In der jüngeren Osthälfte des Quartiers blieb von all dem nur – über z. T. noch spätgotisch befestigtem Ufer (u. a. Schießscharten in Schlüssellochform um 1500) – das klassizistische **Eckhaus Schützenstraße 1** (um 1820): Auf fast quadratischem Grundriß zeigt es ein durch Pilaster betontes Erdgeschoß aus Sandstein und Fenstergiebel in der Belétage. – An der westlichen Kreuzung zur Altstadt hin setzt der **Obeliskbrunnen** einen Akzent in veränderter Umgebung: Als öffentliche Wasserstelle entstand er 1812 mit Pumpgestänge und Becken; mit der durch Napoleons Feldzug (1798/99) ausgelösten Ägyptomanie erklären sich seine konische

Form und sein Relief von Flügelsonne und Uräusschlangen (an der Sockelvoute).

Der in Paris an der École des Beaux Arts geschulte Friedrich Rumpf hat 1833–39 die Bebauung des Fischerfeldes an dessen östlicher Peripherie mit einem neuen **Heilig-Geist-Hospital** vollendet (dessen gotischer Vorgängerbau neben dem Saalhof konnte 1840 abgebrochen werden; s. Kap. Der Römerberg: Der Saalhof) – eine traditionelle Dreiflügelanlage des Klassizismus (stark verändert; Lange Straße 4), offen zur Stadt und nur im Erdgeschoß mittels Torbau begrenzt, dessen axiales Säulenportal einen dreieckigen Giebel trägt. Ihm zur Seite bergen Nischen etwas pathetische Frauenstatuen, die ›Krankheit‹ (rechts) und ›Genesung‹ (links) symbolisieren, von dem vielbeschäftigten Thorvaldsen-Schüler Eduard Schmidt von der Launitz (1841–42). – Nördlich daneben machen Weiher und Treppe, die wieder hinab in den Anlagenring führt, dessen ursprüngliche Funktion vorstellbar, wie sie am besten der Blick auf jeden Frankfurter Stadtplan erkennen läßt: Dieser Grüngürtel ist nichts anderes als der planierte Bastionsring des Barock, wie er während des Dreißigjährigen Krieges nach Vorschlägen des Festungsbaumeisters Johann Wilhelm Dilich (1627) der spätgotischen Stadtmauer vorgebaut wurde. Winkelform und Name jenes *Rechneigrabenweihers* erinnern an den davor angelegten Wassergraben, der mit dem Main verbunden war, bzw. an die **Rechneibastion,** von der Gebüsch das geböschte Glacis sichtbar läßt. Vorbilder dafür hatten Befestigungssysteme der Renaissance Italiens geliefert, die zwei Generationen später im Frankreich Ludwigs XIV. durch Sébastian le Prestre de Vauban perfektioniert und zeitgleich bis um 1700 für Frankfurt verwirklicht wurden. – Benachbart **Denkmäler** mit den Büsten von Arthur **Schopenhauer** (1788–1860; 1895 nach Modell von Friedrich Schierholz) und Gotthold Ephraim **Lessing** (1729–81; von Gustav Kaupert 1882).

Jenseits des der zackigen Kontur von elf Bastionen rings um die Innenstadt folgenden *City-Rings* (aus Obermain-, Friedberger,

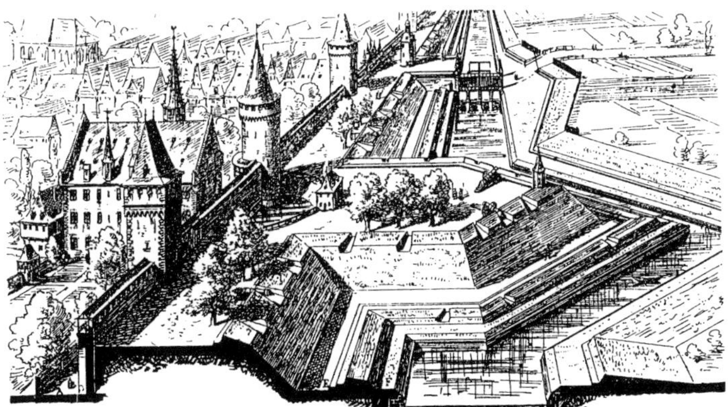

Gotische Stadtmauer und barocke Bastionen, Rekonstruktion südlich des Friedberger Tors

Eschenheimer, Bockenheimer, Taunus-, Gallus- und Untermainanlage) führt die nach dem Rest jenes Wassergrabens benannte **Weiherstraße** ostwärts. Wie die bald kreuzende **Uhlandstraße** ist sie knapp zwei Generationen nach dem Schleifen der Befestigung (s. u.) 1863 trassiert und noch von einigen Mietshäusern aus der Frühzeit der Frankfurter Vorstädte flankiert (Weiherstr. 1 und 6; Uhlandstr. 38, 42, 47, 48, 49, 55, 57 von 1861–65): solid-biedere Funktionsarchitektur von Maurermeistern aus drei bis vier Vollgeschossen (ganz oben mit zusätzlichem Halbgeschoß für die Dienstboten), einheitlich verputzt und hell gestrichen, klassizistisch streng oder mit spärlichen Motiven der Romantik (z. B. an den Brüstungen), wie sie bis in die preußische Ära durch ihre Gärten am Rand des Ostends das Grün der Wallanlagen ergänzten. – Als Schneise durch die dritte Bastion führt seit 1881 die ostwärts verlängerte *Zeil,* und seit 1894 steht hier ein zierliches **Uhrtürmchen** – wie eine Standuhr, filigran aus Kupferblech und Schmiedeeisen im Auftrag des damaligen ›Ostendvereins‹ gestaltet, bekrönt von einem Uhrkasten, dessen Dachknauf Laterne und Ritterstatuette trägt.

Denkmäler für Persönlichkeiten

(Jahr der Aufstellung)

1837	**Jakob Guiollett** (1746–1815)	Taunusanlage
1844	**Johann Wolfgang von Goethe** (1749–1832)	Gallusanlage
1856	**Johannes Gutenberg** (1394/99–1468)	Roßmarkt
1859	**Friedrich von Schiller** (1759–1805)	Taunusanlage
1864	**Johann Christian Senckenberg** (1707–72)	Senckenberganlage/ Bockenheim
1868	**Simon Moritz von Bethmann** (1786–1826)	Friedberger Anlage
1879	**Anton Kirchner** (1779–1834)	Eschenheimer Anlage
1881	**Rudolf Christian Böttger** (1806–81)	Senckenberganlage
1882	**Gotthold Ephraim Lessing** (1729–81)	Obermainanlage
1893	**Sebastian Rinz** (1782–1841)	Friedberger Anlage
1895	**Arthur Schopenhauer** (1788–1860)	Obermainanlage
1895	**Friedrich Stoltze** (1816–91)	Holzgraben
1899	**Otto von Bismarck** (1815–98)	Brüningstraße/Höchst
1911	**Johann Philipp Reis** (1834–74)	Eschenheimer Anlage
1913	**Heinrich Heine** (1797–1856)	Taunusanlage

1915	**Theodor Körner** (1791–1813)	Körnerwiese/ Westend
1932	**Jakob Hermann Bockenheimer** (1837–1908)	Oppenheimer Platz/Sachsenhausen
1948	**Ludwig van Beethoven** (1770–1827)	Taunusanlage
1961	**Carl von Weinberg** (1861–1943)	Flughafenstr./ Niederrad
1978	**Otto Hahn** (1879–1968)	Ziegelgasse
1982	**Erzherzog Johann von Österreich** (1782–1859)	Berliner Straße

Rinzdenkmal

Nordwestlich der Zeil wahrt der Anlagenring das lebensgroße Konterfei seines Schöpfers: Vor der Kulisse von Baum und Gebüsch steht ein Denkmal für **Sebastian Rinz,** der während 55 Jahren als Stadtgärtner die Verwandlung des Bastionsringes zum englischen Park plante und betrieb – auf hohem Postament ein kleiner Herr im Gehrock mit Stock, sinnend auf einem Gartenstuhl. Als Sohn des Schloßgärtners von Schleißheim war er nahe München aufgewachsen, hatte die um Wörlitz bei Dessau entstehenden Grünanlagen früh kennengelernt und für den Park von Schönbusch bei Aschaffenburg unter Friedrich Ludwig von Sckell (dem späteren Schöpfer des Englischen Gartens in München) gewirkt. Aus der Einsicht, daß die während der napoleonischen Kriege fortifikatorisch überforderten Wälle die Stadt nicht schützen, sondern nur ihr Wachstum hemmten, gab der ab 1806 in Frankfurt sein Großherzogtum regierende Karl von Dalberg seine Zustimmung zum Abbruch – und als sein Bürgermeister organisierte Maire Jakob Guiollett das städtische ›Befreiungswerk‹, dessen Ergebnis Goethes Mutter Elisabeth (›Frau Aja‹) als ›Feerey‹ faszinierte. Dalberg selbst berief sofort aus seiner ländlichen Residenz Schönbusch den 24jährigen Rinz (1782–1861), und der Frankfurter Bildhauer Heinrich Petry modellierte später sein Denkmal (1893).

Finanzierbar wurde die seit 1810 mit Hilfe einer begeisterten Bevölkerung – wie in vielen einst befestigten Städten Europas – rasant betriebene Maßnahme durch den Verkauf von Bauplätzen am Außenrand der Wallstraßen (Lange, Seiler-, Bleich-, Hoch-, Neue Mainzer Straße), an deren beiden Seiten sich seit Mitte des Jahrhunderts klassizistische Mietshäuser mit großzügigen Etagenwohnungen und stadtauswärts tief in die Wallflächen vorgeschobene Privatgärten reihten. Späteres Vergrößern der öffentlichen Grünflächen und der Zweite Weltkrieg ließen davon nur Rudimente übrig, z. B. entlang der **Seilerstraße** (in Höhe des Rinz-Denkmals) die beiden noblen Wohnhäuser 15 und 17 von 1855 bzw. 1864.

Weit wirkungsvoller erscheint im Areal der vierten Bastion das **Odeon** auf seinem Hügel vor künstlichem Weiher. Seinem Landhaus benachbart (s. u.), wußte sich der Bankier Simon Moritz von Beth-

Odeon (Ariadneum)

mann dieses Areal zur Erweiterung seines privaten Parks zu sichern, zu dessen Gestaltung ihn 1810 ein Besuch in Stuttgart motivierte, denn mit der Begeisterung des Antikensammlers hatte er das Atelier des am württembergischen Hof wie von Antonio Canova hochgeschätzten Johann Heinrich von Dannecker besucht, das Tonmodell einer ›Ariadne auf dem Panther‹ erspäht und eine lebensgroße Marmorgruppe danach bestellt. Für sie und andere Kunstwerke seiner antik-klassisch ausgerichteten Sammlung galt es daher rasch ein Museum zu schaffen – und rechtzeitig zur Ankunft der Skulptur stand es 1816 nach Entwurf von Adam Friedrich Kayser als Blickfang im Anlagenring bereit. Ein Jahr vor der Pinakotheksstiftung des Kaufmanns Johann Friedrich Städel gilt es als erster Vertreter dieser Baugattung in Frankfurt – ein rechteckiger Baukörper des Klassizismus, der mit allseitig verglasten Arkaden seine formale Ableitung aus der Architektur barocker Orangerien nicht verleugnen kann. Über den Bögen reihen sich stuckierte Fruchtgehänge von gleichem Radius; Gesims und Attikageschoß, hinter dem sich das Dach verbirgt, bilden den oberen Abschluß. (Nach Rückkauf des Anwesens durch die Stadt wurde jene Ariadne 1853 in ein neues, durch Oskar Pichler oktogonal geplantes Ariadneum überführt, mit ihm 1944 demoliert und bis 1977 für das Skulpturenmuseum ›Liebieghaus‹ am Main restauriert; s. Kap. Vorstädte und Vororte: Museen am Mainufer; daher nahm das ursprüngliche *Ariadneum* die Bezeichnung Odeon an, wurde Café und schließlich Disco).

Gegenüber jenseits des Weihers nahe der ehemaligen Bastionsspitze ließ die Stadt 1868 als Denkmal die Büste von **Simon Moritz von Bethmann** (1768–1826) nach Entwurf Eduard Schmidts von der Launitz aufstellen. Dem diplomatischen Geschick jenes damals bedeutendsten Bankiers und russischen Generalkonsuls, den Zeitgenossen gar als ›roi de Francfort‹ bezeichneten, verdankte die Mainstadt die Minderung französischer Kontributionsforderungen (1801) sowie ihre Schonung durch Abbruch einer Kanonade auf Befehl Napoleons, der nach der Völkerschlacht von Leipzig bei Bethmann in der Nacht zum 1. November 1813 zu Gast weilte; von dessen seit 1784 im Winkel zwischen Berger- und Friedberger Landstraße klassizistisch erneuertem **Landhaus** blieb nur ein Nebengebäude (dahinter im Bethmann-Park traditioneller *chinesischer Garten;* 1990).

Das sich bis 1806 hier öffnende *Friedberger Tor* wurde bereits am 2. Dezember 1792 Schauplatz des erfolgreichen Sturmes preußischer und hessischer Truppen auf die von General Custine besetzte Stadt. Zum Gedenken an die dabei gefallenen Soldaten und ihren Feldherren Prinz Carl von Hessen-Philippsthal stiftete König Friedrich Wilhelm II. von Preußen das **Hessendenkmal.** Auf der Grundlage eines Projekts des Berliner Hofarchitekten Carl Gotthard Langhans (auf ihn geht das Brandenburger Tor zurück) haben es in Kassel der kurhessische Hofbaudirektor Heinrich Christoph Jussow und der Bildhauer Johann Christian Ruhl 1793 entworfen; in seiner monumentalen Schlichtheit gilt es als dessen bestes Werk. Über schräg geschichtetem Säulenbasalt trägt als Symbol der Stärke ein imponierender Steinwürfel Inschrifttafeln sowie Trophäen – Helm und Schild, Löwenfell und Keule des Herkules als Zeichen des Mutes –, sämtlich gegossen aus der Bronze französischer Beutekanonen (weil es dem kreuzenden Autoverkehr hinderlich schien, wurde es 1973 nordwärts in die Friedberger Landstraße verrückt).

Ohne Kontinuität und weitgehend durch die Tunnelmündung einer U-Bahn zerstört ist das Anlagensegment der ehemals *fünften Bastion,* deren Spitze auf die *Eckenheimer Landstraße* weist. Als weiteres Werk von Heinrich Petry (1879) folgt das Denkmal für **Anton Kirchner** (1779–1834) mit der Büste des als Pädagoge und Publizist v. a. durch eine doppelbändige Frankfurter Stadtgeschichte (1810) hervorgetretenen Theologen. Wenig später erfaßt der Blick durch die Bäume am Rand der Eschenheimer Anlage als originelles Gebäude das **Maurische Haus** (Blumenstraße 2), eine typische Vorstadtvilla des Klassizismus aus zwei Geschossen mit Mezzanin und Mittelrisalit, doch mit hufeisenförmigen Fensterbögen, dichtem Rahmenrelief und minarettähnlichen Eckfialen unter Einfluß der Publikationen des Städellehrers Maximilian Hessemer orientalisch geprägt (1857). – Gleichermaßen im Geschmack des romantischen Klassizismus, wie er Frankfurt zwischen Paulskirchenparlament (1848) und Preußenokkupation (1866) formte, entstanden schräg gegenüber auf der südlichen Anlagenseite in der **Krögerstraße** die Häuser Nr. 11 und 9 (1858) sowie Nr. 2 von dem ebenso als Theoretiker hervorgetretenen Architekten Christian Gramm (1854). – Den Parkring als Ehrenhain hervorragender Persönlichkeiten ergänzte im Jugendstil Frankfurts damals bedeutendster Bildhauer Friedrich Hausmann 1911 mit einem Denkmal für **Johann Philipp Reis** (1834–74) – über die traditionellen Büstenmonumente hinaus der

Maurisches Haus

Versuch vor architektonischer Kulisse Reales und Allegorisches künstlerisch überzeugend zu verbinden: Fast unbeteiligt schaut Reis von kanneliertem Pilaster, der zwei miteinander telefonierende Jünglinge voneinander trennt.

Störend unterbrochen zwischen sechster und siebter Bastion wurde der Anlagenring am Eschenheimer Turm (s. Kap. In der Neustadt: Nordwärts zum Eschenheimer Tor). Ein kaum in seiner Originalität hinter dem Maurischen Haus zurückstehendes Gebäude bietet der Nordrand der *Bockenheimer Anlage* (Nr. 3) – das **Schwind-Haus:** Als idealen Kubus klassizistischer Villenarchitektur ließ es 1845 der damals am Städel lehrende Maler Moritz von Schwind nach eigenen Plänen errichten. Auch die farbigen Terrakottareliefs an Brüstungen und Dachfries folgen seinen romantischen Zeichnungen (nach links wurden im späteren 19. Jh. zwei Achsen angebaut). – Strenger, aber zierlicher wirkt das **Nebbiensche Gartenhaus** (um 1810) gegenüber in der Achse der einst siebten Bastion. Übrig blieb es vom Anwesen des dänischen Verlegers Markus Johann Nebbien, dessen Wohnhaus dort stand, wo sich seit 1960 über großzügig verglaster Schwimmhalle vom **Stadtbad Mitte** schwungvoll ein Betondach wölbt. Die palladianesk geöffnete Giebelfront jenes Gartenhäuschens flankieren symmetrisch Flügelbauten (für Ausstellungen genutzt); daneben ein Renaissancebrunnen aus Florenz (nach 1550; aus dem Weinberg-Park in Schwanheim).

Hinter Weiher und Opernhaus (s. Kap. In der Neustadt: Neue Börse – Alte Oper) überdauerte jenseits des Reuterwegs an frühen Privatgärten außerhalb der Wälle der ebenso im englischen Landhausstil ab 1832 angelegte *Rothschildpark* mit seinem romantischen *Burgturm,* in dessen Nähe 1954 posthum Georg Kolbes Denkmalanlage **Ring der Statuen** aus sieben überlebensgroßen Bronzefiguren zwischen 14 Steinpfeilern im monumentalisierten Stil der frühen 30er Jahre aufgestellt wurde. – Südlich des Opernplatzes wahrt seit 1963 Toni Stadlers **Marshallbrunnen** das Andenken George C. Marshalls (1888–1959), dem Initiator humanitärer Hilfe für das hungernde Deutschland nach dem Zweiten Weltkrieg – innerhalb steinerner Ringbank ein Rundbecken, in dem moderne Bronzefiguren – nach Goethes ›Faust‹ (2. Teil) Grazien als Allegorien für ›Geben, Nehmen und Danken‹ – hingestreckt sind (damals ein in Frankfurt lebhaft diskutiertes und umstrittenes Monument).

Beethovendenkmal

Weit älter ist Eduard Schmidts von der Launitz Denkmal für **Jakob Guiollett** (1746–1815) von 1837, der den Abbruch von Wällen und Bastionen sowie deren Wandlung zum Park organisierte – ein traditionelles Monument, das auf oktogonalem Postament symbolische Reliefs und die Büste des Maire trägt. Anschließend in dichter Folge Skulpturen von verschiedenen Frankfurter Künstlern zwischen Tradition und Moderne: Rudolf Kipps **Liegende** (1937), Paul Seilers **Flora** (1934), in der Spitze der neunten Bastion – nahe einem Gefallenen-Monument (1938) – der **Lachhannes-Brunnen** Johann Nepomuk Zwergers (1859) mit der Büste eines lächelnden Weingärtners, dann erhöht auf dem für den Du-Fayschen Garten belassenen Hügel der neunten Bastion Georg Kolbes gleichermaßen monumentales Denkmal für **Ludwig van Beethoven** (1770–1827) als heroisierte Dreiergruppe (1948), schließlich das **Schneewittchen-Monument** von August Haag (um 1930) und mit ›Ruhender‹ und ›Schreitendem‹ ein frühes Bronzewerk von Georg Kolbe (1913) als Denkmal für **Heinrich Heine** (1797–1856); dazwischen die offene Betonkonstruktion **Ein Haus für Goethe** des spanischen Bildhauers Eduardo Chillida (1986).

Viel in Frankfurt herumgekommen ist **Friedrich Schiller** (1759–1805) – als er in Sachsenhausen und am Steinweg wohnte sowie posthum als Statuendenkmal: Dieses markiert seit 1955 das Ende der Taunusanlage und zeigt auf schlichtem, hohen Syenitsockel überlebensgroß den jugendlichen Dichter als ›Poeta laureatus‹, für dessen Haupt Danneckers berühmte Schiller-Büste (1794; in Weimar) Vorbild war. Der als Bildhauer am Städel lehrende Johannes Dielmann hatte 1859 zum 100. Geburtstag auf dem Römerberg ein Gipsmodell aufgestellt. Spenden ermöglichten bis 1864 Bronzeguß und Montage westlich der Hauptwache, wo 1878 nordwärts die Schillerstraße zur neuen Börse durchgebrochen wurde. Als Verkehrshindernis mußte das Denkmal später vom umbenannten Schillerplatz zum Goetheplatz ausweichen und stand dort während Jahrzehnten dem älteren ›Frankfurter Kollegen‹ wie im Dialog gegenüber.

Schillerdenkmal

Die anschließende *Gallusanlage* zeigt – wenige Schritte von dem durch Gebüsch verborgenen **Opfer-Denkmal** Benno Elkans (1920)– das Denkmal für **Johann Wolfgang von Goethe** (1749–1832). Unmittelbar nach den Freiheitskriegen war in Frankfurt bereits der Wunsch laut geworden, der Stadt größten Sohn durch ein Monument zu ehren. Eine Generation verging, bis ausreichend Spenden zusammenkamen. Am 22. September 1844 konnte auf der fortan Goetheplatz (ab 1849) genannten Nordhälfte des Roßmarktes das in München nach dem Modell Ludwig von Schwanthalers gegossene erste Goethe-Denkmal Deutschlands feierlich enthüllt werden; 1952 wurde es gegenüber dem Theater (= Willy-Brandt-Platz), 1976 schließlich exponiert ohne Bezug zur Umgebung auf die Ecke zur Kaiserstraße gestellt: Als reifer Mann (mit dem Lorbeerkranz in der Hand) schaut der Dichter von seinem Postament, das figürliche Reliefs als Allegorien oder aus Goetheschen Werken zieren – ›Naturwissenschaft zwischen dramatischer und lyrischer Poesie‹ (vorn); ›Faust und Mephisto, König Thoas mit Orest und Iphigenie‹ (links); ›Hermann und Dorothea, Wilhelm Meister mit Harfner und Mignon‹ (rechts); ›Siegesgöttin mit Egmont und Tasso, Erlkönig, Nixe, Prometheus und der Braut von Messina‹ (hinten). – Übrigens verdankt die Gallusanlage ihren Namen indirekt dem ehemaligen *Galgentor*. Diese Bezeichnung galt seit 1783 als gar zu unpassend, zumal durch dieses Tor flußauf von Mainz her der Erzbischof zu den Kaiserkrönungen in Frankfurt einzog; daher mußte damals statt der west-

Goethedenkmal

lich benachbarten Richtstätte der irische Missionsmönch Gallus Pate stehen.

Die Bezeichnung des letzten Anlagenabschnitts entspricht dem ersten: Mit der *Untermainanlage* endet das Parkpolygon. Als einziges Kunstwerk bietet sie den **Märchenbrunnen** des führenden Jugendstilbildhauers Friedrich Hausmann. Dank einer Stiftung (1899) des Industriellen Leo Gans, dessen Cassella-Werk in Fechenheim steht, konnte er neben Heinrich Seelings einst monumentalem **Schauspielhaus** (1903; nach 1960 völlig modernisiert) als einer der schönsten Zierbrunnen der Stadt 1908–10 entstehen. Aus seinem in Tuffstein eingefaßten Becken, das eine mit flachen Schalen besetzte Brüstungsmauer rückwärtig abschirmt, türmt sich bizarr der Brunnenstock. Zungenartig aufgerollt, erscheint der wulstige Rand seiner vier Wasserschalen als Basis für symmetrische Bronzegruppen aus Kindern und Fischen (1941 eingeschmolzen). Sie dienten als Wasserspeier, wie dazwischen aus Höhlen kriechende Bronzemolche (ebenfalls Opfer der ›Reichsmetallspende‹ in der Nazi-Zeit) und die oberhalb zwischen Muscheln und Quallen skulptierten Maskarons. Über jenem feuchten Grottengebilde stützt sich auf bossierten Stein eine Mainnixe – abgesetzt gegen die phantasievolle Wasserwelt im Weiß von südtiroler Marmor und durch klar konturierte Form, für die eine 19jährige Wäscherin Modell saß.

Obwohl Peter Schmick für seine Untermainbrücke 1876 nicht das **Rothschild-Palais**, sondern die Neue Mainzer Straße zur Achse wählte, ähnelt die Situation der Obermainanlage: Jenes noble Gebäude war mit vier weiteren Wohnbauten unmittelbar nach Schleifung der Schneidwallbastion (1819) von Stadtbaumeister Johann Friedrich Christian Hess errichtet und 1821 dem Kaufmann Joseph Isaac Speyer verkauft worden. Von ihm erwarb es 1846 Baron Mayer Carl von Rothschild, dessen dem Haus ›Zum roten Schild‹ in der Judengasse entstammende Familie nach zwei Generationen erfolgreicher Leih- und Geldgeschäfte längst aus der Enge des Frankfurter Gettos zu einem der führenden Bankhäuser Europas aufgestiegen war. Für ihn hat Friedrich Rumpf wenig später das Gebäude um fünf auf zwölf Achsen verlängert. Von den Nachbargebäuden unterscheidet sich das Rothschild-Palais (Untermainkai 15) durch eine aufwendigere Fassade und das nachträgliche Verlegen des Eingangs zur Giebelseite flußab in eine polygonale Exedra, die einer Terrasse dient. Dem akademisch in seiner Plastizität verminderten Stil der Florentiner Frührenaissance folgt das Erdgeschoß mit Bänderrustika und Bogenfenstern, die der Piano nobile auf Türgröße steigert – bei als Kämpfern auf Pilastern durchlaufendem Gesims und dicht reliefierten Tympana; über schlichtem zweiten Stockwerk symmetrisch aufgesetzte, dreiteilige Zwerchhäuser.

Originale Interieurs bilden seit 1989 den dekorativen Rahmen des **Jüdischen Museums** (Entwurf: A. J. v. Kostelac; s. Kap. Vorstädte und Vororte: Museen am Mainufer), das – außer Gebrauchs- und Kultgegenständen des Judentums – ein Modell der Frankfurter Judengasse (im Zustand vor 1885; s. Kap. Am Rand der Altstadt: Das Liebfrauenstift) ausstellt. Integriert ist ihm ebenso das gleichzeitig von Hess für seine Familie schlichter erbaute Nachbarhaus (Untermainkai 14), das jener Simon Moritz von Bethmann (s. o.) 1821 kaufte. Zwar sperrt diese klassizistische Baugruppe den Durchblick zum Fluß, doch war es 1860 dem greisen Sebastian Rinz noch vergönnt, nachdem hier die vorgelagerte Insel und der Winterhafen durch Aufschütten dem Ufer integriert und dieses mittels Kaimauer gesichert war, das **Nizza** zu gestalten– eine geschützte *Uferpromenade* mit mediterraner Flora, die allerdings erst sein als Stadtgärtner nachgefolgter Enkel Andreas Weber um 1880 vollenden konnte.

Moderne Skulpturen auf Straßen und Plätzen der City

Affentorplatz	**Zunftbrunnen**	1971, Anneliese Sund
Alte Mainzer Gasse	**Jakobspilger**	1990, Franziska Lenz-Gerharz
An der Hauptwache	**Struwwelpeterbrunnen**	1985, Franziska Lenz-Gerharz
Berger Straße/ am Uhrtürmchen	**Bornheimer Marktbrunnen**	1977, Edwin Hüller
Bockenheimer Anlage	**Torso II**	1973, Waldemar Grzimek
Bockenheimer Anlage	**Karyatide**	1966, Gerson Fehrenbach
Börsenplatz	**Bulle und Bär**	1985, Reinhard Dachlauer
Eschenheimer Anlage	**Weibliche Bronzefigur**	1983, Wanda Pratschke
Friedrich-Ebert-Anlage	**Hammering Man**	1991, Jonathan Borofsky
Goetheplatz	**Brunnen mit Stele**	1983, Gio Pomodoro
Große Bockenheimer Straße	**Liegende**	1977, Willi Schmidt
Große Bockenheimer Straße	**Köpfe**	1977, Marita Kaus
Grüneburgpark	**Holzstele**	1964, Hans Steinbrenner
Jürgen-Ponto-Platz	**Brunnen**	1983, Heinz Mack
Kornmarkt/Parkhaus	**Stahlplastik Dos a Dos**	1979,Wilfried Fiebig
Mainzer Landstraße/ DG-Bank	**Kragen mit Krawatte**	1994, Claes Oldenburg und Coosje van Bruggen

Sandgasse	**Holzfigur**	1961, Hans Steinbrenner
Sandgasse	**Steinvariation I und II**	1967, Marita Kaus
Sandgasse	**Stehender aus Eisen**	1975, Michael Croissant
Sandgasse	**Bronzestele**	1978, Christa von Schnitzler
Schaumainkai/Städel	**Große Granitstele**	1984, Ulrich Rückriem
Taunusanlage	**Ein Haus für Goethe**	1986, Eduardo Chillida
Taunusanlage/ Deutsche Bank	**Kontinuität**	1986, Max Bill
Zeil/an der Hauptwache	**David und Goliath**	1970, Richard Heß

(Weitere Werke moderner Kunst – u. a. von Heinz Heierhoff oder Otto Hajek – in vielen zeitgenössischen Schulgebäuden, v. a. in der Ernst-Reuter-Schule/Nordweststadt)

Neue Börse – Alte Oper

Von ihrer Wohnung gegenüber der Hauptwache mußte Goethes Mutter (›Frau Aja‹) nur einhundert Meter zum ›Comoedienhaus‹ gehen, wo das von ihr so geschätzte Theater durch den Barockbaumeister Johann Andreas Liebhardt 1781 dauerhaft eine Spielstätte erhalten hatte. Doch kaum ein Jahrhundert später erwies sie sich bereits als zu klein, und der Magistrat fürchtete gar, daß all die während der Gründerjahre rasch reich gewordenen und kulturbeflissenen ›Rentiers‹ Leipzig statt Frankfurt als Ruhesitz und Investitionsort bevorzugen könnten, denn in jenem Comoedienhaus bestand für Neubürger kaum eine Chance zu dauerhaftem Abonnement prestigeträchtiger Logen. Vor dem deutsch-französischen Krieg, der offiziell mit dem ›Frankfurter Frieden‹ endete (geschlossen am 10. Mai 1871 zwischen Außenminister Jules Favre und Reichskanzler Otto von Bismarck im einst benachbarten ›Hotel zum Schwan‹ im Steinweg 12), betrieb ein Komitee honoriger Bürger den Neubau eines großen Opernhauses und sammelte dafür Geld. Im anschließenden Wettbewerb (1871) konkurrierten v. a. Architekten aus der Reichshauptstadt mit Frankfurtern. Unter Einfluß des damals (durch sein Operngebäude für Dresden) führenden Gottfried Semper entschied sich die Jury für den Entwurf des Berliner Akademieprofessors Richard Lucae – und somit für ein Opernhaus für 2000 Zuschauer, das nördlich hinter dem abzubrechenden Comoedienhaus auf dem Areal des Rahmhofs entstehen sollte (dessen Name erklärt sich aus den Webrahmen der in Frankfurt traditionell bedeutenden Tuchmacherzunft).

Damals stand der hiesigen Handelskammer der Bau einer neuen Börse bevor. Erworben hatte sie dafür vor dem Bockenheimer Tor Privatgärten am Anlagenring (s. Kap. In der Neustadt: Rund um die Neustadt – der Anlagenring). Doch als ein Vergleich der Standorte zur Erkenntnis führte, daß ein Börsengebäude inmitten der Stadt und ein Opernhaus nahe dem großbürgerlichen Wohnquartier ›Westend‹ eigentlich viel günstiger seien, kam es zwischen Kultur und Kommerz zum Tausch der beiden Baugrundstücke. Bei anschließender Architekturkonkurrenz um die neue **Börse** setzte sich der Frankfurter Heinrich Burnitz, der beim Opernhaus gescheitert war, gegen 38 andere Entwürfe durch. Sein gemeinsam mit dem Städelarchitekten Oskar Sommer (s. Kap. Vorstädte und Vororte: Museen am Mainufer) ausgearbeitetes Projekt wurde 1874–79 verwirklicht (also rechtzeitig zum 300-jährigen Jubiläum der 1585 während der Messe in Frankfurt gegründeten Devisenbörse) – und dabei fiel Frau Ajas Wohnhaus ›Zum Goldenen Brunnen‹ dem Durchbruch einer den Baustellenverkehr erleichternden Verbindung zum Opfer, die den Namen Schillerstraße erhielt (1878).

Museum und Theater, Bahnhof oder Börse für Großstädte gehörten im ausgehenden 19. Jh. zu den architektonischen Herausforderungen, deren Bewältigung ein Übertragen neuer Funktion auf traditionelle Formen verlangte. Auch für das unter Preußen expandierende Frankfurt sollte es, da sich Friedrich August Stülers romantischer Börsenneubau (1844) neben der Paulskirche rasch als zu klein erwiesen hatte, ein monumentales Palais werden, zu dessen Baudi-

Alte Oper und Neue Börse, Kalenderblätter von 1875

Börse, östlicher Risalit

mension und Raumorganisation sich den beiden Architekten in den kaum älteren Gebäuden der konkurrierenden Börsenplätze Amsterdam (1858–72) oder Wien (1870–77) ausreichend Anregungen boten: Die einem Platz zugewandte noble *Fassade* aus warmtonigem Gelbsandstein um Heilbronn wird durch breite Eckrisalite begrenzt, als deren variierte Vorbilder sich Pierre Lescots bzw. Charles Perraults Louvrefronten anboten – Leistungen des klassisch-strengen Barocks in Frankreich, zwischen denen Säulengalerien Motive der italienischen Hochrenaissance, v. a. von Andrea Palladios Basilika zu Vicenza (1549–1614), frei kopieren. Ihr folgt ebenso die gewaltige *Schieferkuppel,* die während zweier Generationen ein Akzent im Weichbild der Stadt war. Den ursprünglich in drei Geschossen hochstrebenden *Börsensaal* überwölbte sie mit doppelschalig verglaster Eisenkonstruktion nach Art eines zentralen Lichthofs (Saal und Kuppelraum sind völlig modernisiert und durch zusätzliche Geschosse genutzt). Seitlich symmetrisch bis zu Kuppelpavillons (vgl. Hauptbahnhof) über insgesamt 109 Meter Fassadenlänge ausgreifende Flügelbauten wurden bereits ab 1930 höher ersetzt. Zusätzlich heben Stufen das Gebäude über das Platzniveau. Sein um das Erdgeschoß laufender Triglyphenfries ruht im Mittelteil auf toskanischen Zwillingssäulen einer Vorhalle, aus der ins Innere Arkaden führen. Deren Bogenmotiv steigert das hinter einer Terrasse (in der Tiefe der Vorhalle) zurückgenommene Obergeschoß, bereichert um kannelierte Säulen sowie in den Bogenzwickeln einander zugewandte ›Meer- und Erdgötter‹ als Symbolen für Fischfang und Ackerbau (ähnlich an Hauptbahnhof oder Altem Rathaus) von Heinrich Petry (zwei Paare links), Friedrich Schierholz (drei mittlere Paare) und Gustav Herold (zwei Paare rechts).

Sie sind Teil eines *Skulpturenprogramms,* mit dem insgesamt acht renommierte, zumeist am Städel geschulte Bildhauer beschäftigt waren, und das als ›Allegorie für Wohlstand und Fortschritt‹ die Brüstungen beider Geschosse belebt (in vertikalem Bezug; von links nach rechts): Auf der unteren Balustrade verspielte Kinderpaare als Hinweis auf ›Post‹ (mit Horn und Briefmappe) bzw. ›Handel‹ von Heinrich Petry, für ›Schiffahrt‹ (mit Spielzeugschiff) und ›Eisen-

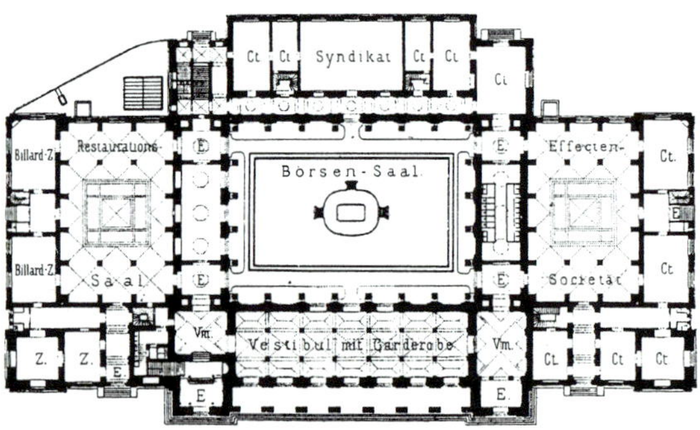

Börse, ursprünglicher Grundriß, um 1880

bahn‹ (mit Lokomotive) von Friedrich Schierholz, für ›Industrie‹ und ›Telefon‹ wiederum von Gustav Herold. Auf der oberen Balustrade entsprechen schlanke, meist antikisierende Statuen gleichermaßen der ›Post‹ von Rudolf Eckhardt, dem ›Handel‹ (Merkur) von Karl Rumpf, der ›Schiffahrt‹ (mit Anker) und der ›Eisenbahn‹ von Schierholz, der ›Industrie‹ (Schmied mit Amboß) von Rumpf und der ›Telegraphie‹ von Georg Wilhelm Schwind. – Noch unter dem Eindruck des Deutsch-Französischen Krieges und des danach für Frankfurt folgenden Aufschwungs tragen die Eckrisalite als monumentale Doppelgruppen ›Trauer und Krieg‹ bzw. ›Wohlstand und Glück‹ von Gustav Kaupert zu seiten der Wappenkartuschen der Börsenstädte Wien und Berlin; für die Bogenfenster darunter modellierte August von Nordheim entsprechende Genienpaare, u. a. ganz links Relief der ›Tapferkeit‹, rechts ›Frieden‹ und ›Gerechtigkeit‹; ebenso schuf er die beiden Medaillons mit dem ›Reichsadler‹ (ums Eck).

Auf modern gestaltetem *Börsenplatz* Bronzefiguren von ›Bulle und Bär‹ (für ›Hausse‹ bzw. ›Baisse‹ an Devisen- und Aktienbörse) des Würzburger Bildhauers Reinhard Dachlauer (1985). – Nach Eröffnung der neuen Börse setzte ringsum im Areal spätmittelalterlicher Manufaktur- und Handelshöfe ein großstädtischer Bauboom ein, aus dessen Frühzeit gegenüber das durch den Neurenaissancearchitekten Christian Ludwig Schmidt entworfene **Geschäftshaus** erhalten blieb (*Börsenplatz* 5; 1882): Seine Fassade aus rotem Mainsandstein beeindruckt durch gereihte ›Atlanten‹ (wahrscheinlich von Franz Born; s. u. ›Frankfurter Hof‹), die als vorgeblendeten Architekturrahmen Balkon, Säulen und Architrav schultern; entlang der Schillerstraße anschließende Mietshäuser entstanden 1879–81 (Nr. 1–9). Erst nach der Jahrhundertwende folgte die großflächige Bebauung von Tauben- und Hospitalhof: 1908 mit neobarockem Geschäftshaus **Taubenhof** nach Plänen von Hans Weidmann und Rudolf Ostrinski (Schillerstraße 13), 1913 mit dem **Verlagsgebäude** des ehemaligen ›Generalanzeigers‹ (Frankfurts einst führender Zeitung) nach Entwurf von Adam Assmann und Ludwig Bernoully (Schillerstraße 19–25) hinter einer Fassade auf geschwungenem Grundriß, im Erdgeschoß bestimmt durch kraftvolle dorische Säulen, die sich (hinter ›Kindergruppen‹ auf dem Architrav) in weich modellierten Pilastern fortsetzen; über ursprünglichen Eingängen aus Kupferblech getriebene Köpfe der Göttin ›Athene‹ als Hüterin von Kunst und Handwerk sowie des Druckers ›Johannes Gutenberg‹.

Liebhardts Comoedienhaus (s. o.) schräg gegenüber jenem Börsenpalais wich 1911 einem **Geschäftshaus** im Stil des Neoklassizismus (*Börsenstraße 2–4;* Entwurf: Wilhelm Schmitt und Hermann Ritter). Es kehrt seine noble Hauptfront einer langgestreckten Platzfolge aus Rathenauplatz, Goetheplatz und Roßmarkt zu, wo zu Ehren Kaiser Mathias' 1612 Pferde um die Wette liefen, 1616 der Revolutionär Vicenz Fettmilch unter dem Fallbeil endete – ebenso wie später die Kindsmörderin Margaretha Brandt (1772; deren Schicksal regte Goethe zur Gretchenfigur im ›Faust‹ an) – und zu späteren Kaiserkrönungen ringsum barocke Häuser nachts prachtvoll illuminiert waren. Die gesamte Fläche hatte im 18. Jh. als städtischer Zimmerplatz gedient zum prüfenden Ausbreiten der Holzgebinde vor dem Errichten altstädtischer Fachwerkhäuser und schließlich als ›Stadtallee‹ mit ordentlichen Baumreihen und Monumenten zwischen Straßencafés für Flaneure.

Gutenbergdenkmal

Am südlichen Ende, weit gegenüber dem verschwundenen Comoedienhaus, steht seit 1858 das **Gutenberg-Denkmal.** Unter den einst benachbarten Denkmälern des Frankfurter Biedermeier ist es das aufwendigste, und wie diese (für Goethe 1844, für Schiller 1859; s. o.) verdankt es seine Entstehung der Spendenfreudigkeit der Frankfurter Bürger: Als kurzlebiges Gipsmodell hatte es Eduard Schmidt von der Launitz 1840 für den Römerberg anläßlich des 400-jährigen Jubiläums der Erfindung des Buchdrucks entworfen. Doch in Frankfurt, wo seit dem 16. Jh. berühmte Offizinen arbeiteten (Gutenberg selbst lebte hier 1454–57) und während der Messen entlang der Buchgasse ihre selbst verlegten Werke anboten, wollte man ein Monument von Dauer. Seit 1854 entstand es als hochragendes Steinpostament in gotischen Formen für die Galvanoplastiken der überlebensgroßen Dreiergruppe von ›Johannes Gutenberg‹ (mit Buch und Lettern), seines Geldgebers und Widersachers ›Johannes Fust‹ (mit Büchern) und des Mitarbeiters ›Peter Schöffer‹ (mit Prägehammer und Matrizen). Ihre Standplatte umzieht ein Fries aus Porträtköpfen der berühmtesten Buchdrucker Europas: Coster von Harlem, Mentelin, Caxton, Manutius sen. und jun., die Frankfurter Christian Egenolff, Sigmund Feyerabend und Johann Philipp Andreae, Firmin Didot, Tauchnitz, Bodoni, die Erfinder der Schnelldruckpresse König und Bauer sowie ein Selbstporträt des Bildhauers Schmidt von der Launitz. Spitzbogige Nischen bergen wappentragende Statuen für die Druckstätten Mainz, Frankfurt, Venedig und Straßburg. Zungenartig vorgezogene Piedestale tragen Sitzfiguren als Allegorien von ›Theologie, Poesie, Naturwissenschaft und Industrie‹ und an ihrer Front für die Erdteile Tierköpfe von ›Elefant, Stier, Lama und Löwe‹ (1983 durch Edwin Hüller kopierend ergänzt) als Wasserspeier hexagonaler Brunnenbecken (sie erinnern an den dafür abgebrochenen ›Herkulesbrunnen‹ B. Schwarzenburgers aus dem Barock von 1711).

Bevor benachbart die Goethestraße (1893) durchgebrochen wurde, führte aller aus der Neustadt gen Westen gerichteter Verkehr durch die *Freßgass'*, die eigentlich Große Bockenheimer Gasse hieß. Ihre Gabelung bei modernem *Straßenbrunnen* (1977) galt als ›Säuplätzi‹ dem Schweinemarkt, und wenige Schritte weiter überdauerte links eher zufällig ein zwischen Geschäftshäusern aus Historismus und Nachkriegsära winzig wirkendes **Rokokohäuschen** als zweitältestes Wohngebäude der Neustadt (Große Bockenheimer Straße 31; um 1760).

200 Meter weiter dominiert auf der Winkelfläche der ehemaligen Barockbastion im Nordwesten das **Opernhaus** mit 34 Metern Höhe

als architektonischer Solitär – entsprechend seiner künstlerischen und gesellschaftlichen Bedeutung. Mit seiner Errichtung aus leicht getöntem Kalkstein (Reparationsleistung Frankreichs nach dem 1871 verlorenen Krieg aus dem französischen Savonnières-en-Perthois) war 1873 – kurz nach Richard Lucaes Berufung zum Direktor der Berliner Bauakademie (1872) – begonnen worden; nach dessen Tod (1877) wurde es unter den Mitarbeitern Albrecht Becker und Eduard Giesenberg zum 20. Oktober 1880 vollendet und mit Mozarts ›Don Juan‹ eröffnet. Beindruckt meinte der dabei anwesende Kaiser Wilhelm I., daß er sich in Berlin ein solches Gebäude nicht leisten könne. Als einzigem Monumentalbau des Frankfurter Historismus blieb dieser sog. **Alten Oper** ungeteilt ein weitläufiger Platz, der *Opernplatz,* der Größe und Form dieses ältesten wilhelminischen Repräsentationsbaues in der Stadt vollends zur Geltung bringt. Ihm kehrt sie als Musentempel von basilikalem Querschnitt ihre Südfassade zu.

Steil entwächst der Kernbau (für den zentralen Saal) einem niedriger umgreifenden Mantelbau (für Korridore und Kommunikationsräume), vor dessen Flanken Treppenhäuser treten. Von dem für Vorfahrt und Vestibül weit vor jene Fassade reichenden Frontispiz vermitteln elegant auf einem Viertelkreis in die Winkel zu den Flankenrisaliten geschobene Rundräume. Über rustiziertem und arkadiertem Erdgeschoß setzt eine großzügige Gliederung durch bogige Fenstertüren ein, vor die im Stil der Hochrenaissance kannelierte Pilaster mit Kompositkapitellen unter umlaufendem Fries und Balustrade gestellt sind, nur südwärts plastisch zu Säulen gesteigert. Innerhalb dieser Baugattung gilt das Pariser Opernhaus von Charles Garnier

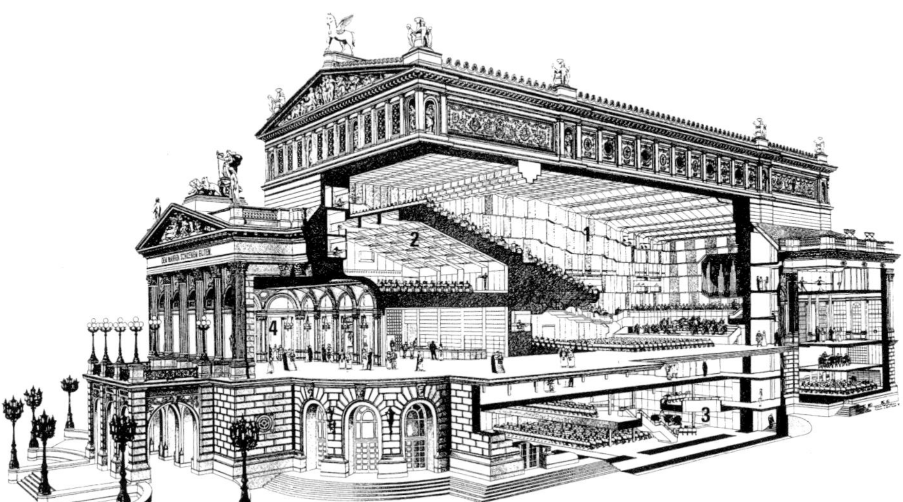

Alte Oper, Isometrie, 1980
1 Großer Saal
2 Hindemithsaal
3 Mozartsaal
4 Café

ZÜRICH HAUS
SGZ BANK

Alte Oper am Opernplatz, links das Zürichhaus

(1874 eröffnet) formal als unmittelbares Vorbild. Die Wirkung der Architektur ist durch deren Dekoration verstärkt – außer Sgraffiti in Chiaroscuro mit Ornamentgrotesken, Emblemen, Wappen v. a. die Bauplastik, für die sämtliche renommierten Bildhauer im damaligen Frankfurt herangezogen wurden.

Erstmals in dieser Stadt entstand damit ein ikonographisch allerdings nicht immer überzeugendes Programm, das dennoch trotz seiner Opulenz hinter dem Pariser Opernhaus zurückbleibt und dem hier die darstellenden Künste als Gestaltungsgrundlage dienten: Den niedrigeren *Dreiecksgiebel* auf dem Foyer füllte der neobarock geschulte Berliner Emil Hundrieser – über Goethes Widmungsmotto ›DEM WAHREN SCHOENEN GUTEN‹ (als idealistischer Verschmelzung von Ästhetik und Ethik) – mit dem ›Frankfurter Adler zwischen den lagernden Flußgöttern Rhenus und Moenus‹ (= Rhein und Main). Auf ihn gestellt wurde als Ersatz von ›Apolls greifengezogenem Sonnenwagen‹, der beim Brand des Opernhauses 1944 schmolz, während des Wiederaufbaues (1976–81) eine ›Quadriga‹ aus Kupferblech, die der gleichermaßen in Berlin ausgebildete Franz Krüger 1899 für das weitgehend abgebrochene Schauspielhaus geschaffen hatte – ein von siegreicher Muse gelenkter Kampfwagen der Antike, gezogen von vier Panthern.

»Als durch unser Vaterland lauter unsolider Prunk seinen verheerenden Einzug hielt..., da ist wie durch ein Wunder noch dieser reine Bau in Frankfurt entstanden.« Benno Reifenberg über die Alte Oper, 1953

Komplizierter ist die Darstellung des Städelprofessors Gustav Kaupert im darüber schwebenden *Hauptgiebel:* Zentral die durch eine Girlande verbundenen nackten ›Grazien‹ (Euphrosyne – die Frohsinnige, Aglaia – die Glänzende, Thalia – die Heitere), zu denen von links – als ›Allegorie für Komödie und Scherz‹ – zwei Amoretten einen Panther zu Bacchus führen, der ihm eine Trinkschale reicht und auf Jokus blickt; neben ihnen rechts – als ›Allegorie für Tragödie und Schmerz‹ – steht mit gesenkter Fackel der Genius des Todes, gefolgt von der ›Schuld‹ als düster verhüllter Frau, in deren Schoß sich verzweifelt ein Mädchen wirft und neben der eine Furie wartet. Auf ihm erhebt sich das Flügelroß ›Pegasus‹ (moderne Kopie von dem Seligenstädter Georg Hüter für Ludwig Brunows im Krieg zerstörtes Original). Seitlich ragen über die Dachtraufe ›von Knaben umringte Schalen‹, aus denen einst zu nächtlicher Illumination Gasflammen loderten (Kopien von Hermann zur Strassen); auf dem unteren Giebel die Statuen ›Recha‹ (aus Lessings ›Nathan‹) und ›Isabella‹ (aus Schillers ›Braut von Messina‹) von Gustav Herold, darunter in den Arkaden zur Terrasse ›Mozart‹ von Friedrich Schierholz bzw. ›Goethe‹ wiederum von Herold.

Über den Arkadenscheiteln dieses Hauptgeschosses umzieht das gesamte Bauwerk ein Zyklus aus *24 Porträts von Dichtern oder Komponisten,* modelliert von Gustav Herold sowie den aus Berlin hinzugezogenen Max Wiese und Ludwig Tendlau (beginnend über der Mozartstatue nach rechts): Schiller, Beethoven, Weber, Lessing. An der Ostflanke Gluck, Meyerbeer, Wagner; Cherubini, Spontini, Rossini – darüber die Nischenstatuen für ›Sage‹ und ›Geschichte‹ von Heinrich Petry; Aischylos, Sophokles, Euripides – darüber

Alte Oper, Café

›Volkslied‹ von Wilhelm Schwind und ›Märchen‹ von Friedrich Schierholz. An der Nordfront Lope de Vega und Calderon – oben ›Kaliope‹ (für Dichtung) von Rudolf Eckhardt, ›Terpsichore‹ (für Tanz und Chorgesang) von Schwind, ›Musik‹ wiederum von Eckhardt, ›Rache‹ von Schwind; das darüber aufragende Giebelfeld gestaltete Karl Rumpf aus antiken Anregungen: beiderseits der drei ›Parzen‹ (Lachesis, Klotho, Atropos), den Göttinnen menschlichen Schicksals, eine Relieffolge zu Lebensaltern und -stimmungen von der Kindheit bis zum Tod sowie zur Liebe (›Amor und Psyche‹); auf dem First Friedrich Schierholz' Skulpturengruppe ›Die Poesie als Lehrmeisterin des Genius‹. Entlang der Westflanke folgen Auber, Boieldieu, Mehul – darüber die Statuen ›Ehre‹ und ›Frohsinn‹ von Heinrich Petry; Corneille, Molière, Racine – darüber ›Eitelkeit‹ von Petry, ›Wahrheit‹ von Herold; schließlich am westlichen Eckrundbau die Porträts Grillparzer, Kleist und Shakespeare.

Das Arkadenmotiv prägt ebenso die nur unmittelbar hinter der Fassade in beiden Geschossen rekonstruierten Flanierräume – unten das *Vestibül* in sonorer Farbigkeit mit originalem Teppichmosaik und imitierter Kassettendecke, oben licht und tonnengewölbt das *Foyer* (= Café) mit farbiger Stuckierung und Bemalung (kopiert von dem Maler Kurt Haas aus Langen); hier blieben von theatralischen Decken- und Wandgemälden nach Entwürfen Edward von Steinles, Friedrich von Thierschs oder Matthäus Keuffels lediglich Lünettenbilder mit Porträtmedaillons berühmter Dichter oder renommierter Theaterarchitekten wie Leo von Klenze (Münchener Staatsoper),

Friedrich Schinkel (Berliner Schauspielhaus), Gottfried Semper (Dresdner Oper), Richard Lucae (ergänzt bzw. kopiert von Friedrich Leonhardi und Kurt Haas). Das ehemals anschließende *Prunktreppenhaus,* dessen doppelläufige Treppen und umlaufende Säulengalerien an das Barockschloß bei Pommersfelden erinnerten, wurde ab 1976 für das Vergrößern eines modernen *Kongreß- und Konzertsaals* herausgebrochen. – Lucaes Entwürfen folgen auch *Kandelaber* und *Brunnen* auf dem *Opernplatz,* und eine moderne *Kolonnade* begrenzt ihn südwärts zum Anlagenring (1985; Entwurf: Helmut Braun und Martin Schlockermann, die den Wiederaufbau der Alten Oper planten).

Natürlich war die Vollendung des Opernhauses Ansporn zu angemessener Architektur in der Nachbarschaft, und den Anfang dafür machte der unter Lucae geschulte Franz Jakob Schmitt: Wo bis 1864 klassizistische Wachhäuschen und Lanzengitter des Bockenheimer Tores die Freßgass' westwärts gesperrt hatten (ähnlich den Affentorhäusern in Sachsenhausen), entwarf er als Kopfbau auf trapezoidem Grundriß ein **Doppelhaus** (1881; *Opernplatz 6/Hochstraße 56*). In dessen aufwendiger Steinfassade bilden Verkaufs- und Kontorgeschoß die Basis für drei noble Wohnetagen, die sich in einem an der Hochrenaissance orientierten Geschmack mit doppelten Bogenfenstern öffnen und von Pilastern zusammengefaßt werden. Diese steigern sich an abgeschrägten Gebäudeecken zu Kolossalsäulen unter Kuppeln, für deren Segmentgiebel Gustav Herold Skulpturenpaare modelliert hat. Schmitts anschließendes **Mietshaus** *(Opernplatz 8)* variiert diese Gestaltung durch neobarocke Säulenrisalite, deren gesprengte Giebel allegorische Liegefiguren von Rudolf Eckhardt – u. a. als motivische Kopie von der Alten Oper ›Moenus‹ und ›Francofurtia‹ – tragen. – Entferntere Rahmenbauten entstammen erst der Jahrhundertwende: noble **Verwaltungsgebäude** wie im Norden von 1905 (*Reuterweg 14;* Entwurf: Hermann Ritter und Emil Hessler) oder im Süden von 1900 (*Taunusanlage 20;* Entwurf: Hermann Ritter und Theodor Martin).

Vom ›Frankfurter Hof‹ zum Hauptbahnhof – die Kaiserstraße

Für die Fortsetzung der Zeil bietet sich die Vermutung einer historischen Straße an, wie sie flußparallel seit Ende des Mittelalters die gesamte Neustadt durchquert haben könnte. Doch das wäre falsch, denn noch vor 130 Jahren endete das zentrale Platzgefüge um die Hauptwache am Westrand des Roßmarktes. Nicht etwa die Einsicht des Frankfurter Senats, daß eine Straßenöffnung durch Gärten und Anlagenring nach Westen nötig sei, sondern die Initiative von Bo-

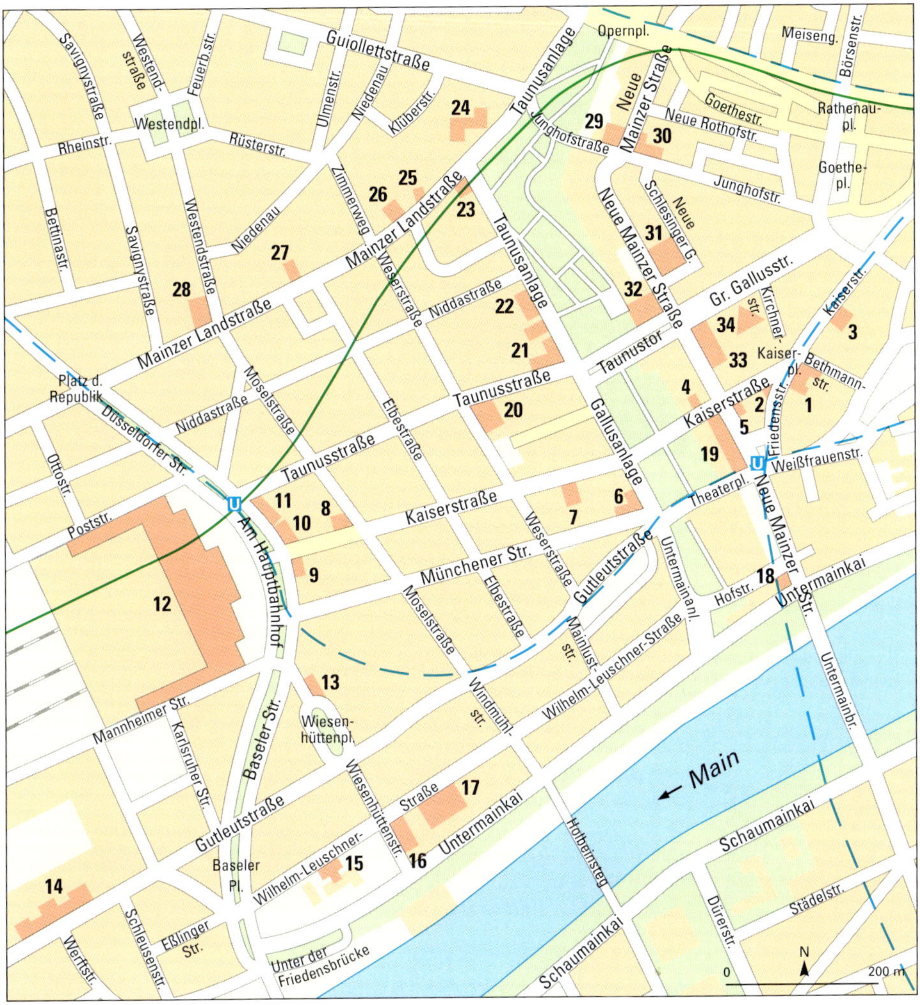

Vom ›Frankfurter Hof‹ zum Hauptbahnhof – die Kaiserstraße 1 Frankfurter Hof 2 Juniorhaus 3 Dreikaiserbau 4 Bankgebäude (Kaiserstraße 30) 5 Privatbank (Kaiserstraße 25) 6 Fürstenhof 7 Logenhaus 8 Kaiser-Friedrich-Bau 9 Haus Austria 10 Englischer Hof 11 Merkurbau 12 Hauptbahnhof 13 Parkhotel 14 Gutleutkaserne 15 Gewerkschaftshaus 16 DG-Bank 17 Intercontinental Hotel 18 Nationalhaus 19 Euro-Tower 20 Dresdner Bank 21 Verwaltungsgebäude Taunusanlage 1 und 3 22 Ehem. Reichsbank / Hessische Landeszentralbank 23 Chase Manhattan Bank 24 Deutsche Bank 25 Bankhaus Hypotheken- und Kreditverein 26 Trianon-Haus 27 Frankfurt Büro-Center 28 DG-Hochhaus 29 Citi-Bank 30 Ehem. Reichsbank / Hessische Landesbank 31 HeLaBa-Türme (Hessische Landesbank) 32 Japan-Center 33 Zwei-Scheiben-Haus (alte Commerzbank) 34 Commerzbank

Taunus-Bahnhof, Stich, um 1845

denspekulanten, die aus Bahnanschluß und Bevölkerungsanstieg Kapital schlagen wollten, ermöglichte den Durchbruch: Bereits 1839 war Frankfurt im langsam geknüpften Netz deutscher Bahnstrecken Station für die ›Taunusbahn‹ nach Wiesbaden geworden, und während weniger Jahre folgten flankierende Empfangsgebäude für die mit Heidelberg verbindende ›Main-Neckar-Bahn‹ (1848) bzw. für die nach Kassel führende ›Main-Weser-Bahn‹ (1852), derer sich ebenso zwei private Bahngesellschaften (nach Bad Homburg, 1860 und nach Mainz, 1863) bedienten. Drei klassizistische Gebäude reihten sich also westlich vor der Stadt gegenüber den Wallanlagen, und ihre Schienen füllten weitgehend das einstige Galgenfeld zwischen Main und Mainzer Landstraße. Dadurch blieben die Bahnhöfe isoliert und ihre Bindung an die Stadt unbequem. Daher leuchtete die Idee einer direkten Straße vom Roßmarkt zu den Westbahnhöfen ein – 1855 zunächst vages Projekt, ab 1865 konkretisierbare Planung, deren rasche Realisierung der preußische Einmarsch (1866) verzögerte.

Erst 1873 lagen Richtung und Dimension des Durchbruchs fest, der zunächst der südlichen Bauflucht des Roßmarktes folgt und in zentralem Platz abknickt, um axial auf den Taunusbahnhof zu treffen. Seitdem gelten **Kaiserstraße** und **Kaiserplatz** als früheste Leistung für den Städtebau des Historismus im preußischen Frankfurt; es verband sich damit zugleich ein den Fluß auf der **Untermainbrücke** (1876–78) übergreifendes Straßensystem zum sternförmigen *Schweizer Platz* (1877; nach Pariser Vorbild) in Sachsenhausen und weiter über eine Platzlünette zu dem ursprünglich in Fachwerk konstruierten *Südbahnhof* (1875; 1912–16 nach Entwurf von Armin Wegener im Stil des Neoklassizismus ersetzt). Mit ihrer Breite von 30 Metern wurde diese Kaiserstraße für Frankfurt zu einem Boulevard von bisher ungewohnter Größe. Dem Römerberg folgte ihr Kaiserplatz in seiner pentagonalen Form, blieb jedoch hinter dessen Fläche um ein Drittel zurück. Auch ihn zentriert ein **Brunnen** (1876); dahinter aufragende Hochhäuser sind städtebaulich hier allerdings dominierender (s. Kap. In der Neustadt: Punkthochhäuser ...).

Während weniger Jahre wuchsen beiderseits elegante Geschäftshäuser vorwiegend mit Fassaden in kraftvollen Formen der Neurenaissance aus gelbem Sandstein. Weitgehend unversehrt überdauerten davon die *Häusergruppe Nr. 18–22* (1874–76; Entwurf: Adolf Hänle) und das *Eckhaus Nr. 14* (1875; Erdgeschoß 1912 verändert, 4. Obergeschoß 1951 aufgestockt), dessen Pläne Jonas Mylius und Friedrich Bluntschli gezeichnet hatten. Beide kannten sich aus der Architekturklasse von Gottfried Semper, dem für die Gründerzeit stilbildenden Baumeister im deutschen Sprachgebiet, am Züricher Polytechnikum und betrieben seit 1870 in Frankfurt ein gemeinsames Büro. Als ihr Meisterwerk entstand gegenüber 1874–76 der **Frankfurter Hof,** ein weit nach Süden ausgreifender Gebäudekomplex auf H-förmigem Grundriß, in der Tradition eines Hôtel de Ville als offene Dreiflügelanlage mit – kaum merklich konvex geschwungener – Galerie, die nordwärts den Durchblick zum Kaiserplatz und seinem monolithischen Schalenbrunnen (1876) erlaubt. Auch international galt der Frankfurter Hof Zeitgenossen – neben dem ›Kaiserhof‹ in Berlin – von Architektur und Ausstattung her als vorbildliches Palasthotel, das seine Bezüge zum repräsentativen Schloßbau nicht leugnet. Das sich aus dem Wechsel von Architrav und Archivolte ergebende Palladiomotiv jener Säulengalerie variieren die zur Cour d'honneur anschließenden Seitenflügel – durch rustizierte Pfeiler. Die Plastizität ihrer von manieristischem Rollwerk umfaßten Städtewappen – Rom, Paris, Wien, Berlin, London, Petersburg als Reiseziele der mondänen Welt – steigert der rückwärtige Haupttrakt mit Kolossalsäulen und ›Atlanten‹ von Franz Born; ein ursprüngli-

»Der Luxus von Frankfurt hat für mich etwas Aufreizendes, weil er gar kein Ende nimmt... Auf allen Häusern schwere Kalotten oder stämmige Kuppeln, aufgedonnerte Voluten dazwischen wie riesige Scheuklappen.« Joris-Karl Huysmans, 1904

Frankfurter Hof, Hauptfront, um 1880

Kaiserstraße, historische, sich gegenüberliegende Fassaden der Nr. 31-49 (die Nr. 32-46 sind zur besseren Vergleichbarkeit spiegelbildlich dargestellt), um 1910

ches Mansarddach mit Uhrtürmchen machte bis 1944 die formale Abhängigkeit seiner Fassade von Jacques Lemerciers ›Pavillon d'Horloge‹ am Pariser Louvre noch deutlicher. Verzahnte Eckrustika, durchlaufende Balusterbänder und alternierende Fenstergiebel der Belétage folgen dem klassischen Motivrepertoire des späten 16. Jh. Interieurs ruinierte der Zweite Weltkrieg.

Doch die prominenteste Position am Platz beansprucht seit 1951 das **Juniorhaus** *(Nr. 19)*, entworfen von Werner Berentzen mit identischen Bürotrakten, die in verglaster Treppenrotunde zusammentreffen, als eines der charakteristischsten Nachkriegsgebäude, das in seiner Symmetrie städtebaulich dem Vorgängerbau von 1874 entspricht. – Aus der zweiten Bauphase der Kaiserstraße zu betrachten verdienen der neobarocke **Dreikaiserbau** von 1893 (*Nr. 3–5a;* Entwurf Eugen Greiss, 1952 aufgestockt), an dem monumentale Porphyrsäulen überlebensgroße Statuen aus Kupferblech von Josef Keller tragen – Allegorien für ›Handel‹ (Merkur), ›Tugend‹, ›Kunst‹, ›Industrie‹ (Vulkan) – und ein neoklassizistisches **Bankgebäude** von 1906 (*Nr. 30;* Entwurf: Hermann Ritter, Theodor Martin, Wilhelm

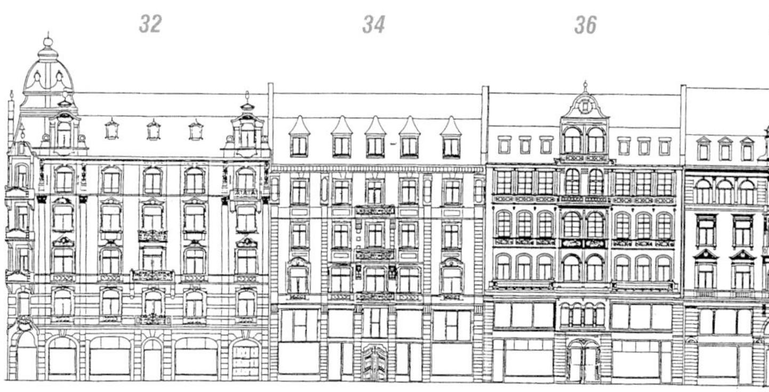

Schmitt), dessen weibliche Säulenfiguren – Allegorien für ›Bergbau‹, ›Industrie‹, ›Handwerk‹ – ebenso Modellen Kellers folgen; er leitete damals das Bildhaueratelier der Baufirma Philipp Holzmann, die fast alle Gebäude entlang der Kaiserstraße errichtete. – Schräg gegenüber war bereits 1875 eine **Privatbank** entstanden *(Nr. 25)*, deren Entwurf der aus dem Büro Mylius & Bluntschli hervorgegangene und später in Berlin mit dem Reichstag (ab 1894) hervorgetretene Paul Wallot lieferte. Den Eindruck seiner Italienreisen spiegeln kubische Form und durchgestaltete Fassaden nach Art eines Palazzo des Cinquecento in Rom. Auf voluminös rustizierten Arkaden des Erdgeschosses ruht ein Oberbau aus Backstein, den gleichermaßen gelber Sandstein kraftvoll gliedert. In altertümlich abschließendem Mezzanin ein Freskofries aus Ornamentgrotesken in Chiaroscuro. Zwei von ihnen halten jeweils ein farbiges Majolikamedaillon (in der Tradition der Florentiner Robbia-Werkstatt) mit den Profilporträts bedeutender Renaissancekünstler: Michelangelo, Raffael, Albrecht Dürer, Peter Vischer, Donato Bramante, Hans Holbein d. J. und Adam Krafft.

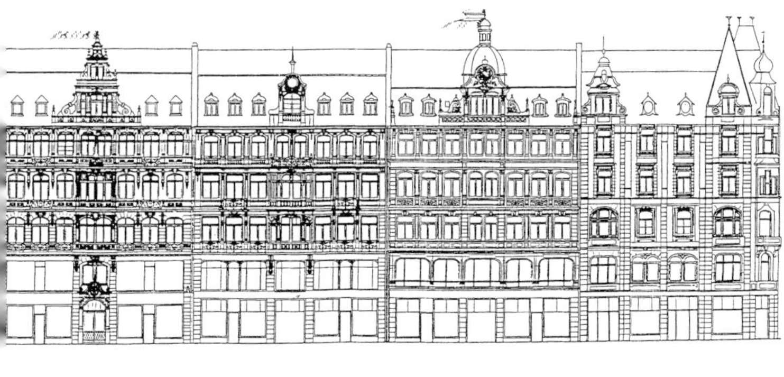

Am Goethedenkmal durchbricht die Kaiserstaße den Anlagenring um die Neustadt und strebt – erneut mit leichter Richtungsänderung – westwärts, wo gleich einem Residenzschloß in der Ferne der **Hauptbahnhof** erkennbar wird. Für Straßenverlängerung und Zentralstation gilt aber nicht nur der architektonische, sondern gleichermaßen ein historischer Bezug, denn wo jene ansetzt, stand seit 1839 der Taunusbahnhof (s. o.) im Wege: Zeitgleich mit der Diskussion um den Durchbruch der Kaiserstraße vom Roßmarkt her erwies der Deutsch-Französische Krieg (1870/71) bei Truppen- und Verwundetentransporten, daß Kapazität und Koordination der unterschiedlichen Kopfbahnhöfe nicht ausreichten. Sofort danach entwickelte daher der preußische Staat als Betreiber fast aller einmündenden Bahnstrecken das Projekt eines großdimensionierten Kopfbahnhofs außerhalb der bebauten Stadt. Ein Wettbewerb mit äußerst präzisen Vorgaben lockte 1880 zur Teilnahme außer renommierten Bahnarchitekten wie Franz Schwechten (Berlin) und Hubert Stier (Hannover) auch die Frankfurter. Doch Mylius & Bluntschli scheiterten darin ebenso wie ihre einstigen Mitarbeiter Paul Wallot und Friedrich Thiersch oder Oskar Sommer. Draußen im Galgenfeld 600 Meter vor der Stadt konnte schließlich ab 1883 der Frankfurter Hauptbahnhof entstehen. Dadurch stand für die Planung eines neuen Geschäftsviertels das ehemalige Gleisfeld jener sieben Eisenbahngesellschaften zur Verfügung.

In rasantem Bauboom ist das *Bahnhofsviertel* innerhalb eines Vierteljahrhunderts realisiert worden (1888–1913); 100 Jahre nach dem Fischerfeld als erster planvoller Stadterweiterung (s. Kap. In der Neustadt: Rund um die Neustadt – der Anlagenring) schloß es die letzte Lücke im Kranz der Vorstädte. Die verlängerte Kaiserstraße nutzte darin den Gleisdamm der abgebrochenen Taunusbahn, so wie parallel die Münchener Straße dem Schienenverlauf der einstigen Main-Neckar-Bahn, die Taunusstraße dem der Main-Weser-Bahn folgt; der großzügige Umriß des halbrunden Bahnhofsplatzes ist von der Verbindungskurve zwischen den alten Bahnstrecken bestimmt worden. Deutschland bietet kaum ein überzeugenderes Beispiel für Bahnbau als Wegbereiter des Städtebaues; allerdings verliert sich durch Umbau und Umnutzung allmählich die zum Ausbruch des Ersten Weltkriegs erreichte Einheitlichkeit des Viertels.

Am Ansatz der jüngeren Kaiserstraße fällt der Blick links auf den pompösen **Fürstenhof** (Gallusanlage 2), anstelle des Main-Neckar-Bahnhofs 1901/02 als Palasthotel erbaut (Entwurf: Oskar Heußner; 1990 für Büros ausgekernt). Die historischen Gebäude der hier als Allee angelegten Kaiserstraße entstammen dem Jahrzehnt zwischen 1893 und 1903: Gleich rechts als Neurenaissancegruppe *Nr. 36–44;* gegenüber links aus dem Neobarock *Nr. 37* nach Entwurf von Oskar Sommer und Franz von Hoven – im Hof mit symbolbemaltem **Logenhaus,** das einen Festsaal im Geschmack des zweiten Rokoko (1894; Bilder von Joseph Correggio und Matthäus Keuffel) bietet, und daneben *Nr. 39* nach Entwurf von Eugen Greiss – unter den Balkons Karyatiden und Atlanten (s. Nr. 37) von Josef Keller wie hoch oben seine allegorischen Säulenfiguren für ›Industrie‹, ›Tugend‹, ›Kunst‹ und ›Handel‹ (s. Nr. 3–5a). Wie die Erdgeschosse wurden viele Dächer nach dem Krieg unpassend verändert. Betonte Funktion als Eckhäuser wahren anschließend *Nr. 49* und *Nr. 59* mit Giebeln und Kuppeln, wie sie bis 1944 sämtliche Kreuzungen der Hauptachse mit den rechtwinklig einmündenden Nebenstraßen zierten. Am deutlichsten wird eine solche Rhythmisierung der Zeilen noch am **Kaiser-Friedrich-Bau** (Nr. 68; 1896), dessen Neurenaissancefassaden unter skulptierten Giebeln und gestufter Kuppel am Kontorgeschoß den Reichskanzler und seine Feldherren in Medaillons zeigen: Einander im Profil zugewandt ›Otto von Bismarck und Helmuth von Moltke‹ bzw. ›Albrecht von Roon und Edwin von Manteuffel‹ – Ausdruck eines erst lange nach 1866 auch Frankfurt erfassenden Prussianismus, der sich vor 1933 an Denkmälern sowie Gebäude- und Straßennamen noch deutlicher darstellte.

Nach wenigen Schritten weitet sich der *Bahnhofsplatz,* den ursprünglich wilhelminische Repräsentationsbauten umgaben. Als zentrale Gruppe davon erhalten blieben nur **Haus Austria** (Kaiserstraße 81/Am Hauptbahnhof 8; 1899, Entwurf: Alfred Günther), **Englischer Hof** (Kaiserstraße 76/Am Hauptbahnhof 10; 1903, Entwurf: Wilhelm Müller) und **Merkurbau** (Am Hauptbahnhof 12; 1908, Entwurf: Wilhelm Müller) – ihrer Mansarddächer, Giebel und Eckkuppeln beraubte, von Kolossalpilastern oder -säulen gegliederte Geschäftshäuser aus fünf Geschossen, deren beiden nördliche unter ihrer Bauplastik jeweils auf gesprengtem Portalgiebel schlanke Frauen- und Jünglingsfiguren mit Weinschale und Früchten tragen. Skulptiert hat sie Franz Krüger, übernehmen konnte er ihre motivische Komposition gegenüber von der Uhr des Hauptbahnhofs, dessen Vorplatz eine moderne Stadtplanung vorläufig zerstört hat.

Als erster Monumentalbau seiner Gattung wurde der Frankfurter **Hauptbahnhof** zum Prototyp des deutschen Großstadt-Bahnhofs. Bis zur Errichtung des Zentralbahnhofs in Leipzig (ab 1913) galt er zudem als größtes Bauwerk dieser Art auf dem Kontinent, denn über die Dächer seiner 270 Meter breit gelagerten *Stadtfassade* aus gelbem Sandstein ragen die verglasten Lünetten von insgesamt fünf Schiffen der in Eisen konstruierten Gleishalle. Den Umriß des mittleren Schiffs übernahm das Empfangsgebäude für seine tonnengewölbte Eingangshalle, und mit ihr stößt es weit vor in den Platz. Deren großes *Thermenfenster,* vielleicht das charakteristischste Motiv für Bahnhofsarchitektur der Jahrhundertwende, ersetzt die filigranen Eisensprossen benachbarter Schiffe durch schlanke Steinpfeiler entsprechend der durch Portalbögen vorgegebenen Dreiteilung. Zwischen turmartig als Widerlager ausgebildeten Eckpfeilern spannt sich ein gleichermaßen kraftvoll profilierter Giebelbogen, auf dessen Scheitel ›Atlas‹ steht (s. u.). Das von Arkaden umgriffene **Empfangsgebäude** folgte 1883–88 dem siegreichen Entwurf des preußischen Landbauinspektors Hermann Eggert aus Berlin; geschult an der dor-

Hauptbahnhof, Stadtfassade

tigen Bauakademie, beteiligte er sich z. B. am Wettbewerb für das ›Niederwald-Denkmal‹ (1873) bei Rüdesheim und konnte – nach dem Kaiserpalast in Straßburg (ab 1883) – mit dem gewaltigen Rathaus von Hannover seinen größten Erfolg verbuchen (ab 1909). Der Hauptbahnhof zeigt formal wie funktional überzeugend das Zusammenwirken von Architekt und Ingenieur, wie es der in Frankfurt gleichfalls mit einem Vorschlag beteiligte Franz Schwechten beim Anhalter Bahnhof in Berlin (1872–79) wegweisend für Deutschland realisiert hat.

Die Architektur des vor einem Jahrhundert größten Gebäudes der Stadt war durchdrungen vom Gegensatz runder und spitzer Giebel als Abschluß teilweise ineinander verschachtelter Motive, doch viel davon verschwand in den Jahren des Wiederaufbaues bis 1958. Während sich die *Empfangshalle* zur gegenüber mündenden Kaiserstraße wendet, richten sich auf deren Parallelstraßen die beiden *Eckpavillons,* von denen der linke einst das Fürstenzimmer barg (beide sind übrigens Kopien der ehemals auch die neue Börse flankierenden Kuppelpavillons). Dazwischen öffnen sich aufwendig gerahmte *Portale,* in übergiebelten Ädikulen mit den Wappen der Stadt Frankfurt (links) bzw. der Kombination der 1866 durch Preußen annektierten Bahnstaaten Hessen-Nassau, Hessen-Kassel und wiederum Frankfurt (rechts) von dem einheimischen Franz Born, der für die gesamte Bauplastik verantwortlich war. Exakt dahinter auf dem Scheitel der Hallenschiffe jeweils mit ausgebreiteten Flügeln der *Reichsadler* – modelliert aus Kupferblech wie jene Monumentalgruppe ›Atlas, die Erdkugel tragend, unterstützt von Dampf und Elektrizität‹ des am Städel bei J. N. Zwerger ausgebildeten Schweizers Gustav Herold (1885; ihr Vorbild ist eine ›Herkulesgruppe‹ des Florentiner Renaissancebildhauers Vincenzo de'Rossi am Tor der dortigen Villa Poggio Imperiale).

Ihr ordnet sich ein steinernes *Skulpturenprogramm* unter, das – in der Nachfolge bildnerischer Zyklen an den Fernbahnhöfen von

Paris – bemüht war, sämtliche Bindungen des enthusiastisch gepriesenen Verkehrsmittels ›Eisenbahn‹ zu personifizieren: Unter Franz Borns Schlußstein des Vestibülbogens mit Wappen und Krone Preußens ist die vom Platz her ablesbare *Bahnhofsuhr* von hingestreckten Frauenfiguren als Allegorien für ›Tag‹ und ›Nacht‹ flankiert – unter dem Eindruck der Medicigräber Michelangelos (um 1525; an San Lorenzo in Florenz) modelliert von dem an der Städelakademie lehrenden Gustav Kaupert, dem das Kapitol in Washington seine Kuppelstatue der ›Amerika‹ verdankt. Die den Vestibülbogen tragenden Eckpfeiler sind beidseitig gehöhlt von Muschelnischen für weibliche Symbolfiguren in voluminösem Neobarock, die sich durch ihre Attribute deuten lassen: Ostwärts zur Stadt hin ›Handel‹ und ›Ackerbau‹ des Berliner Akademieprofessors Alexander Calandrelli bzw. ›Eisenindustrie‹ (südwärts) und ›Schiffahrt‹ (nordwärts) des vorwiegend in der Reichshauptstadt, aber auch am Frankfurter Opernhaus tätigen Königsbergers Emil Hundrieser, auf den das Reiterstandbild Kaiser Wilhelms I. am ›Deutschen Eck‹ (an der Moselmündung) zurückgeht (1897).

Von all dem ging erstmals bei Erweiterung des Hauptbahnhofs einiges zugrunde, als 1912–24 unter Regierungsbaumeister Franz Schenck die gleisparallelen Seitenflügel Hermann Eggerts den um die Breite zweier zusätzlicher Hallenschiffe auseinandergerückten *Ersatzbauten* weichen mußten. Sie allerdings fügen sich im Stil des Neoklassizismus sehr harmonisch wiederum zur Dreiflügelanlage an Eggerts Haupttrakt aus der Neurenaissance. Der diesem parallele *Kopfbahnsteig* öffnet sich entsprechend mit antikischen *Torbauten* nach Süden und Norden; hinter deren dorischen Säulen jeweils Schlußsteinreliefs von den Brüdern Rudolf und Bruno Schäfer (1927), nach Norden u. a. Armin Wegeners Architektenporträt. Auf dem Nordosteck eine noch jüngere ›Arbeitergruppe‹ von Carl

Hauptbahnhof, Gleishalle, um 1890

Stock von 1938, eines der spärlich erhaltenen Kunstwerke des Faschismus.

Zu riesigen Dimensionen multipliziert die **Gleishalle** den erstmals durch die Fernbahnhöfe Londons erreichten Eindruck, der Zeitgenossen Bahnhöfe als ›Kathedralen der Technik‹ erscheinen ließ. Völlig identisch sind ihre drei ursprünglichen *Schiffe* unter dem technisch damals wegweisenden Johann Wilhelm Schwedler aus jeweils über 56 Meter gespannten Bogenbindern konstruiert, deren Lünettenkontur und Eisenfachwerk auf dem Höhepunkt zeitgenössischen Ingenieurbaues stand. In einer Scheitelhöhe von 29 Metern treffen die Bogenhälften zusammen. Über 186 Meter Länge (das exakte Längenmaß der Peterskirche in Rom) reihen sich zwischen ihren Arkaden als Variation in Material und Transparenz zu dem außen gemauert umlaufenden Architekturmotiv. Pfeilerbasen und Bogenzwickel kennzeichnen den hohen Standard dieses vorbildlichen Verkehrsbauwerks, unter dessen Glasschürzen zunächst 18 (später 24) Gleise nach einem bereits 1879 souverän von dem Eisenbahninspektor Alfred Hottenrott koordinierten System mit Unter- und Überführungen aus Frankfurt strebten, sich verzweigten und Maßstäbe für zukünftige Stadtentwicklung setzten.

Bei genauem Hinsehen erweist sich die Front der *Empfangshalle* zum *Kopfperron* als architektonisches Spiegelbild ihrer Stadtfassade; allerdings überdauerten nur der große Tonnenbogen und seine Eckpfeiler (wie die Fahrkartenschalter wurden bis 1958 Bogenportale und Thermenfenster mitsamt der ebenso von Frauenfiguren flankierten Uhr herausgerissen). Die Pfeiler bergen in ihren Nischen martialische Sitzfiguren von dem Allgäuer Josef Keller als Vertretern für ›Bergbau‹ und ›Heereswesen‹, das zum wilhelminischen Idealbild eines Germanenkriegers stilisiert ist (ähnlich wie am Fürstenpavillon des Bad Homburger Bahnhofs; s. Kap. Fahrten in die Umgebung: Residenz und Kurstadt – Bad Homburg); hoch oben als Paare ›Hochzeitsreisende‹ (links) von Anton Carl Rumpf bzw. ›Bildungsreisende‹ (rechts) von Friedrich Schierholz.

Benachbart erinnern an die wilhelminische Ära ebenso im Südosten das **Parkhotel** (Wiesenhüttenplatz 36–38), neobarock 1905 unter Franz Vietze und Wilhelm Helfrich erbaut, wobei auch die Bauplastik von Vietze stammt, sowie im Südwesten die **Gutleutkaserne** (Gutleutstraße 112), ein langgestrecktes Gebäude aus mehrfarbigem Backstein, das unter den Garnisonsbaumeistern F. Bruhn und A. C. Zacharias 1877–79 in dem von Preußen favorisierten Bauschema lombardischer Burgen errichtet wurde; zwischen den Zwillingstürmen seines Kopfbaues ein neoromanischer Versammlungssaal (dahinter bis 1979 zur Vierflügelanlage ergänzende Winkelbauten wurden 1990–94 durch ein modernes Finanzamt ersetzt).

Entlang der Zeil zum Zoo

Ostwärts flankieren *Kaufhäuser* die **Zeil.** Ihre Vorgänger aus der Jahrhundertwende zerstörte der Zweite Weltkrieg. Und statt gediegener Fassaden in Stein oder Stahl aus Neobarock und Jugendstil reihen sich – frugal bis opulent – Fronten von den 50er bis zu den 90er Jahren unseres Säkulums.

Vor dem einstigen Bornheimer Tor der Staufermauer, durch das die Fahrgasse von Süden her in die Zeil mündete, erhob sich seit 1753 die *Konstabler Wache* (anstelle des Hochhauses *Bienenkorb,* Zeil 69; 1955, Entwurf: Johannes Krahn) – Pendant zur barocken Hauptwache und bereits 1822 abgebrochen, dennoch aber im Namen des seit 1953 einfallslos-modernen Platzkarrees überliefert. Der darüber hinaus nach Osten 1881 begonnene Zeil-Durchbruch schuf den Zugang zur *Pfingsweide,* wo der Zoologische Garten entstand. Mit der Kaiserstraße kann sich diese Zeilverlängerung vom repräsentativen Anspruch her nicht messen.

Kaum zu vermuten ist daher, daß sich hinter modernem Gebäuderiegel in der Achse der von links kreuzenden Klingerstraße etwas Sehenswertes verbirgt – der **Justizpalast:** Wie der zeitgleich entstandene Hauptbahnhof kommt er in Ausdehnung und Wirkung einem Schloß nahe, obwohl ihm zu städtebaulicher Geltung der Vorplatz fehlt. Erbaut wurde er 1884–89 nach Plänen des Berliner Regierungsbaumeisters Karl Friedrich Endell. Als Preußen 1866 Frankfurt annektierte, führte das nicht nur zu einer personellen, sondern ebenso zu einer baulichen Reform der Verwaltung. Leid war man es bereits zuvor, zur Urteilsverkündigung beim Schwurgericht im Leinwandhaus (s. Kap. Der Domhügel: Bürgerhäuser um den Dom) vom Blöken der im Erdgeschoß geschlachteten Schafe gestört zu werden; längst als unzureichend erwiesen hatte sich zudem das 1830–33 vom Stadtbaumeister Johann Friedrich Christian Hess errichtete Gerichtsgebäude neben der durch ihn gleichzeitig vollendeten Paulskirche. Gewonnen aber war für Frankfurts Bedeutung schon viel, daß man sich in Berlin überhaupt entschloß, am Main einen alle Stufen der Justiz (Amts-, Land-, Oberlandesgericht) umfassenden Neubau anzusiedeln. Immerhin konnte man hier durch das für 897 erstmals nachweisbare Schöffengericht mit einer fast 1000-jährigen Tradition der Rechtspflege imponieren.

Wenn auch der Beschluß seit 1874 feststand, verging bis zum Baubeginn nahezu ein Jahrzehnt, denn ein entsprechend großes Grundstück in zentraler Lage ließ sich schwer finden. Man hat sich schließlich auf das *Klapperfeld* im Nordosten der Neustadt geeinigt – ungeachtet des schlechten Rufes dieser Gegend, in der für das Mittelalter ein Aussätzigenspital vermutet (Aussätzige warnten durch Klappern vor ansteckender Berührung) und 1740 ein Arresthaus errichtet wurde.

Zur Zeil wendet sich Endells Justizpalast mit der Südfassade, zwischen deren Eckpavillons die Mitte in schmalen Ehrenhof zurückweicht (ursprünglicher Abschluß durch eisernes Gitter). Für dieses um zwei Höfe von ähnlicher Größe entlang der Heiligkreuzgasse gruppierte **Gerichtsgebäude A** bot die deutsche Profanarchitektur der Spätrenaissance um 1600 eine Fülle stilistischer Anregungen. Im rötlichen Farbspiel von Miltenberger Buntsandstein und glattem Backstein erscheinen Erdgeschoß und Gebäudekanten kraftvoll rustiziert, Fenster und Giebel sowie die in beide Hofwinkel gefügten Oktogonalerker plastisch modelliert: Faunsköpfige Maskarons von dem Bildhauer Franz Born schließen die Fensterbögen im Erdgeschoß. Die Tympana biforischer Bogenfenster im Hauptgeschoß füllen – zu seiten des Frankfurter Adlers – die Wappen von Hechingen und Limburg, Neuwied und Wiesbaden als Sitz weiterer Landgerichte, und an den mit identischen Vorbauten bereicherten Seitenfronten folgen entsprechend Bad Homburg und Sigmaringen bzw. Wetzlar und Hanau. Über sämtlichen Risaliten entwickeln sich auf dem von Obelisken und Vasen besetzten Dachgesims doppelgeschossige Ädi-

Gerichtsgebäude A

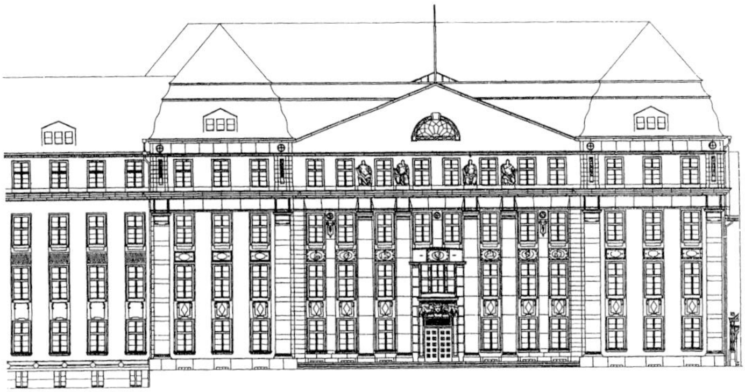

Gerichtsgebäude B, Teilansicht von der Seilerstraße

kulen zwischen Voluten und Hörnern; Muschelnischen höhlen, -giebel bekrönen sie, wobei der Mittelrisalit statt des üblichen Reichsadlers eine Uhr trägt, hinter der ein (leeres) Glockentürmchen aufragt. Den axialen Bogenportalen ist jeweils ein antikisierender Rahmen aus Säulen und Architrav vorgestellt, der einen Balkon trägt. Die nördliche Fassade degradiert dieses Motiv für Nebeneingänge und wertet die ehemals ins Grüne weisende Mitte durch Zwillingstürme und großzügig durchfenstertes Zentrum auf (nach Vorbild der Florentiner Casa Cocchi aus der Hochrenaissance um 1500). – Von allen Innenräumen hat eigentlich nur das dem Hof zugewandte Treppenhaus im Westflügel ständige Veränderungen überdauert, eine Pfeilerarchitektur unter kassettierter Wölbung.

25 Jahre später haben sich die Raumprobleme der inzwischen für eine vierfache Einwohnerzahl verantwortlichen Justizverwaltung wiederholt. Zu deren Bewältigung entstand 1913–17 nördlich gegen die Wallanlagen hin nach Plänen des Regierungsbaumeisters Karl Stausebach erneut ein repräsentativer Baukomplex von annähernd gleicher Größe um vier Höfe – allerdings gewandelt im Stil eines akademisch-spröden Klassizismus und im Material (außen gelber Sandstein, innen polierter Muschelkalk bzw. Verputz). Dem älteren Gerichtsgebäude A kehrt dieses neue **Gerichtsgebäude B** seine zwischen zwei ›Seufzerbrücken‹ (nach venezianischem Vorbild; die östliche modern ersetzt) symmetrisch ausgebildete Fassade zu (Gerichtsstraße 2). Aus deren in weitem Bogen zurückweichender Mitte tritt halbrund und halbhoch als Pavillon das *Vestibül* vor – ein Wechsel konkav und konvex, wie er konsequent beispielsweise im Palazzo Carignano des Turiner Barockarchitekten Guarino Guarini vorgeprägt war (ab 1679). Am zentralen Risalit ist flach ein monumentales Bogenmosaik angedeutet (in dessen Tympanon eine stilisierte Krone), das jenes Vestibül umfängt. Zu dessen Terrasse öffnet sich eine Fenstertür, deren Giebelstücke allegorische Frauenfiguren im Stil archaischer Plastiken Griechenlands tragen. – Dahinter empfängt das Vestibül mit großzügigen Pfeilerarkaden, auf denen ein Muldengewölbe ruht. Zu einer auf ionischen Säulen eingehängten

Empore steigen seitliche Treppen; an ihrem Ansatz skulptierte Gänse als Hinweis auf die Wachsamkeit der Justiz (Anspielung auf das warnende Schnattern von Gänsen beim Keltensturm auf das Kapitol; 387 v. Chr.). Die als Blickfang aus dieser Doppelgeschossigkeit entwickelte Kulissenarchitektur kopiert das imperiale Arkadenmotiv im Innern der Aachener Pfalzkapelle. – Schräg nach Norden gerichtete Korridore treffen in *kleinem Vestibül* zusammen, dessen Decke Stuckmedaillons mit den Zeichen des Tierkreises dekorieren. Neben ihm öffnet sich zu sämtlichen Geschossen ein gewaltiges *Treppenhaus*, über dem sich eine kassettierte Tonne spannt – im Kern ein von poliertem Muschelkalk überzogenes Betonskelett, das in Dimension und Material wie ein Vorwegnehmen der Architektur des Faschismus, in der Durchdringung eingehängter Emporen und Treppenläufe wie die dreidimensionale Umsetzung von Piranesis ›Carceri‹ wirkt (nach 1743; venezianischer Zyklus von Radierungen mit phantastischer Kerkerarchitektur).

Davor ist die *nördliche Fassade* zur Seilerstraße ebenfalls symmetrisch gestaltet. Dorische Kolossalsäulen übergreifen ihre Mitte, deren Giebel und Mansarddach der Zweite Weltkrieg zerstörte. Auf dem Hauptgesims, das zur optischen Milderung der Gebäudehöhe unter dem vierten Geschoß verläuft, thronen antikisierende Frauengestalten als Hüterinnen des Rechts. In den Fensterbrüstungen darunter zeigen Medaillons gemmenartig Profile zur griechischen Mythologie (Athene oder Hermes) oder symbolische Szenen (›Graetia‹ als Quelle demokratischen Rechtsverständnisses). Über dem Portal ein Medusenhaupt inmitten eines lagernden Paares (wie bei der Uhr des Hauptbahnhofes ebenfalls unter Einfluß der Medici-Gräber Michelangelos an San Lorenzo in Florenz, um 1525). An seitlichen Lisenen (gegen die Kopfbauten des Westhofs) januskköpfige Reliefs, Satyre, Masken und Porträts nach Vorbildern der griechischen oder römischen Antike; insgesamt ein unvollständiger (und dadurch auch nicht ganz verständlicher) Zyklus zur Darstellung der unterschiedlichsten Aspekte der Rechtsprechung. – Von den **Mietshäusern,** die mit dem östlichen Teil der Zeil entstanden, überdauerten nur wenige – markant am Ende im Stil der Neurenaissance das Eckhaus Zeil 1 von 1885 mit Kuppelturm und weiblichen Nischenstatuen als Allegorie des Wohlstands.

Jenseits von unterbrochenem Anlagenring und Uhrtürmchen (1894; Kap. In der Neustadt: Rund um die Neustadt – der Anlagenring) führt die Pfingsweidstraße – früher von Villen flankiert – hinaus zur ehemaligen *Pfingsweide.* Draußen vor den Wällen feierten im 17. Jh. Bäckerburschen und Milchmädchen ihre Feste, und bis ins 18. Jh. grasten auf ihr städtische Mastochsen, um von den Metzgern zu Pfingsten dekoriert und prämiert zu werden (manch einer ließ zu den Kaiserkrönungen für die Ochsenküche auf dem Römerberg sein Leben; s. Kap. Der Römerberg: Der Justitiabrunnen). Mit der Wende zum 19. Jh. diente das Areal als Lazarett oder Exerzierplatz, während Napoleons Kontinentalsperre gingen in Frankfurt gestapelte englische Waren hier in Flammen auf. Riegen vaterländisch gesinnter Turner formierten sich im Grünen, Steinmetze meißelten die Quadern zum Aufbau des Doms (nach 1867), und zu noch lauterem Wettbewerb kamen mehrfach aus allen deutschen Landen Schützen zusammen (bis 1887).

Bereits ab 1874 begann sich über die Pfingsweide Frankfurts **Zoologischer Garten** zu breiten: Seit Sultan Suleyman II. aus dem fernen Konstantinopel 1562 eine mit Kamelen berittene Gesandtschaft zur Krönung Kaiser Maximilians II. an den Main gesandt hatte, waren die Frankfurter immer wieder zu den Messen in Herbst oder Frühjahr durch reisende Schausteller und deren Menagerien mit dem Anblick exotischer Tiere verwöhnt worden. 30 Jahre nach Gründung des ersten europäischen Zoos in England entstand 1858 auf dem Gelände des Städelschen Kunstinstituts draußen vor dem Bockenheimer Tor ein erster Tiergarten (westlich der Unterlindau dem Palmengarten benachbart; s. Kap. Vorstädte und Vororte: Vom Bockenheimer Tor ...) nach Plänen des Architekten Christian Gramm und des Stadtgärtners August Weber. Doch zum Umzug zwang der Ablauf des Mietvertrags, wenn auch der Deutsch-Französische Krieg eine neue Anlage zunächst verzögerte.

Was hinter Straße und Fontäne zum Blickfang wird, ist das **Gesellschaftshaus** dieses neuen Zoos: Ein helles Gebäude von 1874–76, das sich aus der Nähe als wilhelminischer Repräsentationsbau der Neurenaissance erweist, allerdings ohne die Dominanz sichtbaren Steines und durch einheitlichen Anstrich eher klassizistisch-traditionell. Für seine Planung zusammengefunden hatten sich der Karlsruher Hochschullehrer Josef Durm, der sich als wissenschaftlicher Autor mit der Renaissance Italiens befaßte, und der junge Adam Friedrich Kayser, der einer hiesigen Baumeister-Dynastie entstammte und Erfahrungen vom Palmengarten her mitbrachte. Ihr für die Zooverwaltung, aber ebenso zu Vorträgen und Bällen einer großbürgerlichen Mäzenatengesellschaft errichtetes Bauwerk präsentiert sich blockhaft auf rechteckigem Grundriß mit vortretenden Eckpavillons und einem als Risalit betonten Zentrum, das sich durch

Zoo-Gesellschaftshaus

reichere Gliederung zur Mitte hin steigert. Durch Bogenfenster galerieartig (vgl. Städelpinakothek) wirken Seitenflügel und Nebenfronten in ihrer kanonischen Gliederung durch toskanische unter ionischen Pilastern. In Säulen wandelt sie die zu überwölbter Vorfahrt nochmals vorgeschobene Mitte. Sie tragen im Obergeschoß einen von Girlanden behängten Fries und das Kranzgebälk. Vor dem darauf zurückgesetzten dritten Geschoß scheinen vier schlanke Frauenstatuen in etwas koketter Haltung mehr aus der Tradition barocker Gartenskulpturen als für einen Repräsentationsbau des Bürgertums geschaffen, dem sie sich thematisch nur schwer zuordnen lassen (vermutlich nicht der ursprünglichen Planung entsprechend). Den Hermenpfeilern von Franz Born an mehrteiligen Fenstern galten die Karyatiden des Athener Erechtheions als klassisches Vorbild (um 415 v. Chr.); die im Wechsel von Architrav mit Archivolte kombinierten Erdgeschoßfenster der Eckrisalite folgten einem 2000 Jahre jüngeren Architekturmotiv des italienischen Renaissancearchitekten Andrea Palladio (um 1550). Er hatte auch mit offenen Säulengalerien seines Palazzo Chiericanti in Vicenza Anregungen für die zu Weiher und Gehegen gerichtete Rückfassade geliefert (nach Kriegsschäden modern erneuert); nur geringe Reste blieben ringsum von den meist durch Otto Lindheimer entworfenen Tierhäusern und Volieren.

Rechts auf der anderen Straßenseite das **Heinrich-von-Gagern-Gymnasium** (ehemals Kaiser-Friedrich-Gymnasium; Am Tiergarten 6), ein in fünf Renaissancegiebeln gipfelnder Schulbau – wiederum nach Entwurf Karl Friedrich Endells (1887), für dessen zentrale Aula der mit Hans Thoma befreundete Wilhelm Steinhausen seinen Bildzyklus ›antike und christliche Erziehungsideale‹ gemalt hat (1899–1904).

Punkthochhäuser – Hochhauspulks: das Bankenviertel

Bereits zwischen den Weltkriegen wurde in Frankfurt ein Beginn extremer Parzellennutzung deutlich, wie er jenseits des Atlantiks schon während zweier Generationen New York oder Chicago geprägt hatte und vorläufig entlang der Pazifikküste in Hongkong oder Singapur gipfelt. Abbruch großbürgerlicher Villen und Planieren parkartiger Gärten gingen voraus, bis 1930 nahe dem Mainufer erstmals ein richtiges Hochhaus über traditionelle Gebäudehöhen einer damals noch intakten Umgebung hinauswuchs. Als frühe ›Modernisten‹ hatten dafür Max Taut und Franz Hoffmann aus Berlin die Pläne geliefert für einen Bauherrn, dem ebenso das Ändern sozialer Strukturen als Programm galt – den deutschen Gewerkschaftsbund. Trotz

Gewerkschaftshaus, Foto um 1935

des Protests umwohnender Nachbarn und langer Diskussionen auf allen Regierungsebenen entstand bis 1931 das **Gewerkschaftshaus** (Wilhelm-Leuschner-Straße 75) im Raster eines tragenden Skeletts aus Eisenbeton, in das Fassadenelemente und variable Wände wie eingehängt scheinen – funktional in der Form ohne Dekor, rechteckig in Grund- und Umriß als konsequentes Produkt einer sich mit den 20er Jahren ausbreitenden Sachlichkeit der Architektur, wie sie in der gesamten Baugeschichte immer wieder auf eklektizistisch-überladene Phasen folgte. Von seinen neun Geschossen lösen sich nur die oberen sechs aus symmetrisch breit angelegtem Basisbau, dessen Traufe die nahen Wohnhäuser aus der Jahrhundertwende aufgriff. Ein Solitärgebäude ist dies allerdings längst nicht mehr und im Vergleich zu höher strebenden Nachbarn mit seinen ›nur‹ 31 Metern eher bescheiden zu nennen. Für Frankfurt aber leitete das Gewerkschaftshaus eine Entwicklung ein, der die heutige Stadt ihre auf zehnfache Höhe gesteigerte und dadurch innerhalb Europas einmalige Silhouette verdankt.

Flußauf, oberhalb von Albert Speers **DG-Bank** (Wiesenhüttenstraße 2–12), die 1976 für zwei Jahrzehnte durch ihre zum Oktogon gefasten Granitecken einen massiven Akzent in die Uferlandschaft setzte, und dem 21-geschossigen **Intercontinental Hotel** (Wilhelm-Leuschner-Str. 43), mit dem 1963 erstmals die Baudimensionen

»Bei seinem blühenden und ausgebreiteten Handel ist Frankfurt eine der reichsten Städte Deutschlands... Überall sieht man Beweise der Arbeitsamkeit, der Betriebsamkeit und des Überflusses.«
Nicolai Michailowitsch Karamsin, um 1800

innerhalb der Uferzeile gesprengt wurden (Entwurf: O. Apel, H. Beckert, G. Becker), markiert das in sein Außenskelett wie in Metallbügel gehängte Haus der Schweizer Nationalversicherung (= **Nationalhaus;** Neue Mainzer Straße 1) seit 1964 den Brückenkopf der Untermainbrücke (Entwurf: Max Meid); leider wurde die sich 20 Jahre später beim Neubau des Eckhauses zwischen Main und Mainzer Straße bietende Chance, als Pendant eindrucksvoll das Entrée zur Innenstadt zu gestalten (Idee: Chr. Mäckler), vertan. Daher asymmetrisch flankiert wendet sich weit dahinter, wo die Neue Mainzer Straße zur ›Bankenschlucht‹ wird, mit bugartiger Gebäudekante der **Euro-Tower** (ehem. BfG-Hochhaus und derzeit Sitz des Vorläufers der ›Europäischen Zentralbank‹; Kaiserstraße 29) zum Fluß – ein Vertreter der mit den 70er Jahren der 150-Meter-Marke zustrebenden zweiten Hochhausgeneration (Entwurf: R. Heil). Seine dreigeschossige Basis (1995 modernisiert) wahrt die Trauflinie rahmender Bankgebäude des Historismus (s. Kap. In der Neustadt: Vom Frankfurter Hof zum Hauptbahnhof), doch das sich darüber auf Z-förmigem Grundriß vielflächig entwickelnde Punkthaus übertrifft sie mit 148 Metern um das Sechsfache. Erstmals wurden hier 1975 aus der Tradition der für die Jahrhundertwende in den Metropolen Europas üblichen Verkaufsgalerien ein öffentliches Ladenzentrum als großzügige Halle mit Rolltreppen und das seiner Mitte entwachsende Bankgebäude kombiniert. Dieses gilt für Frankfurt außerdem als früher Versuch, ein großes Gebäude in seiner bedrückend wirkenden Schwere mittels Brechung der Grundfläche und Glättung seiner (allerdings dennoch vertikal gegliederten) Fassade aus üblicher Kartonform zu befreien bzw. durch variable Lichtspiegelung zu entlasten.

Konsequenter noch läßt sich dieser aus den USA importierte Trend zum ›Entmaterialisieren‹ beim 1978 bis zu 166 Meter hoch strebenden **Dresdner Bank-Hochhaus** (Jürgen-Ponto-Platz 1) erkennen, dessen kanten- und stufenloser Übergang von Fensterbändern zu Aluminiumhaut den Vergleich zu einem in den Boden gerammten Flugzeugrumpf aufdrängt (Entwurf: H. Beckert, G. Bekker). – Es bildet im Bahnhofsviertel die westliche Grenze des über das Stadtzentrum hinausgreifenden Bankenviertels, das ebenso bereits in den 60er Jahren das benachbarte Westend erfaßt hatte. Am Weg dorthin ordnen sich ihm neoklassizistische **Verwaltungsgebäude** entlang der Taunusanlage städtebaulich unter (Nr. 1 von 1915; Entwurf: H. Oswalt & E. Rückgauer bzw. Nr. 3 von 1913; Entwurf: G. & C. Schmidt) – ähnlich wie der als Vorläufer faschistischer Architektur deutbare Neubau der einstigen **Reichsbank** (Taunusanlage 4–5 von 1929–33; Entwurf: Amsler & H. Wolff), der 1987 ausgehöhlt wurde als Torbau einer sich dahinter weitenden Halle aus Stein, Stahl und Glas für die **Hessische Landeszentralbank** (Entwurf: J. Jourdan, B. Müller, S. Albrecht, N. Berghof, M. Landes, W. Rang). – Am Ende dieser Gebäudezeile markiert das 1972 für die **Chase Manhattan Bank** vollendete Hochhaus (Taunusanlage 11) den Übergang von Bahnhofsviertel zu Westend (Entwurf: M. Meid & H.

Reichsbank in der Taunusanlage

Deutsche Bank

Romeick) – klar strukturiert auf quadratischem Grundriß und ursprünglich nach New Yorker Vorbild provokant in Schwarz verkleidet, die Basis mehrgeschossig als Halle, den Kopf voller Technik.

Ihm gegenüber ragen seit 1984 die *Zwillingstürme* der **Deutschen Bank** 155 Meter hoch (Taunusanlage 12) – von fern auffälliger Teil der Stadtsilhouette und im Straßenbild vielfach von überraschendem Effekt durch ihre spiegelnden Flächen (Entwurf: W. Hanig, H. Scheid, J. Schmidt): Einer dreistrahligen Basis, deren facettenartig gebrochenen Flächen Mietshaushöhe erreichen, entwachsen sie auf jeweils dreieckigem Grundriß und kehren einander ihre nur 13 Meter voneinander entfernten Spitzen (mit den Aufzugsschächten) zu. Beide Türme sind nicht als Skelettbauten konstruiert, sondern auf (z. T. verstellbaren) Stelzen doppelschalig wie ineinander geschachtelte Betonkörper (mit Öffnungen für Fenster und Türen) gegossen. Zu ihrer kristallinen Monumentalität kontrastiert als Granitmonolith die kurvige Skulptur ›Kontinuität‹ von Max Bill (1986). Die Korridore beider Türme bieten außerdem ein Kaleidoskop zeitgenössischer Malerei Deutschlands von Beuys bis Wewerka. – Wie ein Anachronismus aus dem wilhelminischen Frankfurt wirkt daneben mit seiner gediegenen Steinfront des Neobarock das **Bankhaus** für den einstigen *Hypotheken- und Kreditverein* von 1903 (Mainzer Landstraße 10–12; Entwurf: F. Sandner).

An der ehemaligen Chaussee nach Mainz, der entlang während Jahrhunderten außer Waren auch Geld nach Frankfurt rollte – ob auf den Karren der Kaufleute oder in den Karossen der Kurfürsten –, reihen sich seit den 90er Jahren Hochhäuser der dritten Generation. Mit 186 Metern und 47 Etagen machte 1993 das **Trianon-Haus** (Nr. 16) den Anfang, kurzfristig das dritthöchste Gebäude der Stadt (Entwurf: Novotny & Mähner, Hentrich & Petschnigg, Speer & Partner). Unter Einfluß der Grundrißdisposition der benachbarten Deutschen Bank ist es im Auftrag der *Bank für Gemeinwirtschaft* wie ein dreiseitiges Glasprisma errichtet, dessen Ecken (für Versorgungsschächte) massiv verstärkt und als Fixpunkte eines als Segel schwebenden Flugdachs (aus der Tradition der 50er Jahre) überhöht sind.

Stadtauswärts folgt – westlich des ab 1973 am Blittersdorffplatz 140 m hoch gebauten **Frankfurt Büro-Center** (Nr. 46; Entwurf: R. Heil) – das **DG-Hochhaus** (= Deutsche Genossenschaftsbank, Nr. 58), ein im Zusammenspiel geometrischer Formen aus Kanten und Kurven bzw. unterschiedlicher Materialien wie Granit und Glas 1993 zu unverwechselbarer Originalität gewachsener Doppelturm, mit dem – nach dem Messeturm (s. Kap. Vorstädte und Vororte: Zwischen Mensa und Messe) – erneut ein amerikanisches Architekturbüro einen Akzent in die Frankfurter Skyline setzte (Entwurf: Kohn, Pedersen, Fox, New York). Seiner haushohen Granitbasis, die sich im Innern als weitläufige Halle für Konsum und Spektakel präsentiert, entwachsen beide Schäfte variierten Grundflächen, wobei der kleinere in 150 Metern – wie die nur 15 Jahre jüngeren Hochhäuser – abbricht, sein Nachbar mit 53 Geschossen 208 Meter erreicht und dekorativ einen Kranz zehn Meter langer Strahlen ausbreitet – Reminiszenz an die Strahlenkrone der New Yorker Freiheitsstatue. Als moderne Skulptur wirbelt davor die ›Krawatte‹ von Claes Oldenburg und Coosje van Bruggen im Aufwärtstrend.

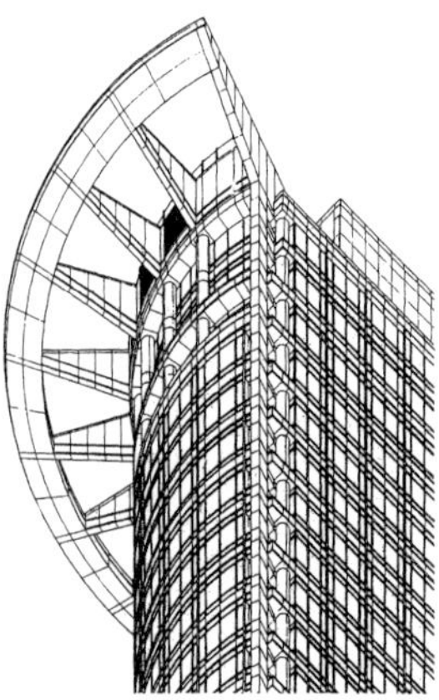

DG-Hochhaus, ›Kronenturm‹

Im innerstädtischen Areal des Bankenviertels erhebt sich seit 1984 – an der erst 1862 durch die neunte Bastion gebrochenen Junghofstraße – das Hochhaus der **Citi-Bank** (Neue Mainzer Straße 75), ein abgerundeter Eckbau, der sich zwischen seinen Fassadenscheiben gläsern zu Anlagenring und Alter Oper öffnet und in rundem Aufsatz

Neubau der Commerzbank und Zwei-Scheiben-Haus (re.), Modell

– gleich einer Hutschachtel – 89 Meter hoch endet (Entwurf: G. Balser, H. v. Allwörden, R. Schloen). – Gegenüber blieb das ursprüngliche **Reichsbankgebäude** (= Hessische Landesbank; Neue Mainzer Straße 72) erhalten, solide im Stil der italienischen Hochrenaissance bis 1874 unter dem Berliner Regierungsbaumeister Lange erbaut. In der Bankenklamm folgten einhundert Jahre später die **HeLaBa-Türme** (Hessische Landesbank, Neue Mainzer Straße 48–50) wie 127 Meter hoch gestaffelte Dosen aus Glas und Stein (Entwurf: F. Novotny, A. Mähner, D. Marinovic). Bis auf 196 Meter Höhe strebt seit 1996 ein weiterer Neubau der *Hessisch-Thüringischen Landesbank* (Entwurf: P. Schweger, Hamburg). – Am Eck gegenüber steht seit 1995 das 114 Meter hohe **Japan-Center** (Taunustor), ein zwischen Basispfeilern und schwarzem Dachhut konisch auslaufender Betonkörper, verkleidet im Quadratraster roter Granitplatten, im Umriß angeblich japanischer Steinlaternen, aber sicher von der Architektur der 50er Jahre inspiriert (Entwurf: Ganz & Rolfes, Berlin).

Benachbart am Kaiserplatz (s. Kap. In der Neustadt: Vom Frankfurter Hof zum Hauptbahnhof – die Kaiserstraße), neben dem älteren **Zwei-Scheiben-Haus** (1974; Entwurf: R. Heil nach modifiziertem Wettbewerbsentwurf von L. Mies van der Rohe, Höhe: 108 m), endet für dieses Jahrtausend vorläufig der vor zwei Generationen von der Gewerkschaft begonnene ›Wettlauf zu den Wolken‹ im Hochhaus der **Commerzbank** – mit 259 Metern das höchste Bürogebäude Europas. Mit ihm hat der in vorausgegangenem Wettbewerb siegreiche englische Architekt Norman Foster für Frankfurt gleich mehrfach Maßstäbe gesetzt: Während dreier Jahre galt es als spektakulärste Baustelle der Stadt. Aus mehrgeschossig ausgehobener Baugrube war 1995 sein Skelett aus präfabrizierten, bis zu 18 Meter langen Eisenträgern über 150 Meter hoch verschraubt worden. Dieser Montagebau entwickelt sich über dreieckiger Grundfläche, deren konvex vortretende Seiten über jeweils 60 Meter reichen. Den Außenfronten entsprechen Fassaden zum dreieckigen Lichthof, den transparente Zwischendecken in gleichmäßigen Abständen unterteilen. Wie am Trianon-Haus (s. o.) dienen die Winkel der Versorgung, wobei verglaste Aufzugsschächte und -kabinen den Beschauer über der Stadt entschweben lassen. Ungewöhnlich ist die Ausbildung von Gartenterrassen mit Bäumen in regelmäßigem Geschoßabstand und an wechselnden Gebäudeseiten über die gesamte Höhe hinweg – ein ökologischer Aspekt der Gebäudegestaltung, der sich angesichts der zum Funktionieren einer solch gewaltigen Baumasse notwendigen Energie relativiert. Die Antenne reicht sogar 299 Meter hoch.

Domturm (55m) und Messeturm (256m) im Größenvergleich

Ein derartiges Gebäude inmitten einer historisch gewachsenen Stadt bleibt allerdings problematisch, denn ihre Straßen und die von ihnen gesäumten Bauplätze sind zu eng oder zu klein. Auch der gefällige Zugang vom Kaiserplatz, dessen wilhelminische Rahmenbauten von oben zur Baukastenlandschaft schrumpfen, vermag nicht über die Zerstörung traditioneller Stadtstrukturen hinwegzutäuschen. Nicht Innenstädte, sondern deren Ausfallstraßen – wie flußab die Mainzer oder flußauf die Hanauer Landstraße – böten Architekturgiganten ausreichend Platz; hier sollten sie nach der bevorstehenden Jahrtausendwende stehen – gereiht im Raster statt konkurrierend als Cluster.

Frankfurts höchste Gebäude

331 m	**Fernmeldeturm**	1972–78	*Ginnheim,* Wilhelm-Epstein-Straße
259 m	**Commerzbank**	1995–97	*Innenstadt,* Kaiserpl.
256 m	**Messeturm**	1988–91	*Bockenheim,* Messegelände
208 m	**DG-Hochhaus**	1991–93	*Westend,* Mainzer Landstraße 58
186 m	**Trianon-Haus**	1990–93	*Westend,* Mainzer Landstraße 16
166 m	**Dresdner Bank**	1975–80	*Bahnhofsviertel,* Jürgen-Ponto-Platz
162 m	**Plaza-Büro-Center**	1972–75	*Bockenheim,* Hamburger Allee
155 m	**Deutsche Bank**	1978–84	*Westend,* Taunusanlage 12
148 m	**Euro-Tower** (ehem. BfG)	1975–77	*Innenstadt,* Kaiserstraße 29
143 m	**City-Haus (Selmi-Haus)**	1973–76	*Westend,* Friedrich-Ebert-Anlage
140 m	**Frankfurt Büro-Center**	1973–80	*Westend,* Mainzer Landstraße 46
130 m	**Pollux-Haus**	1995–97	*Gallusviertel,* Friedrich-Ebert-Anlage
127 m	**Hessische Landesbank** (HeLaBa)	1973–76	*Innenstadt,* Neue Mainzer Straße 48
120 m	**Henninger Turm**	1960	*Sachsenhausen,* Hainer Weg
117 m	**Messe-Torhaus**	1984/85	*Bockenheim,* Messegelände
114 m	**AfE-Turm**	1970–72	*Bockenheim,* Senckenberg-Anlage
114 m	**Japan-Center**	1994–96	*Innenstadt,* Taunustor
110 m	**Shell-Hochhaus (FH)**	1964–66, 1991–93	*Nordend,* Nibelungenplatz
108 m	**Commerzbank (›Altbau‹)**	1974	*Innenstadt,* Neue Mainzer Straße 32
100 m	**Hochhaus am Grüneburgpark**	1969–75	*Westend,* Grüneburgweg
95 m	**Domturm**	1415–1880	*Altstadt,* Domstraße

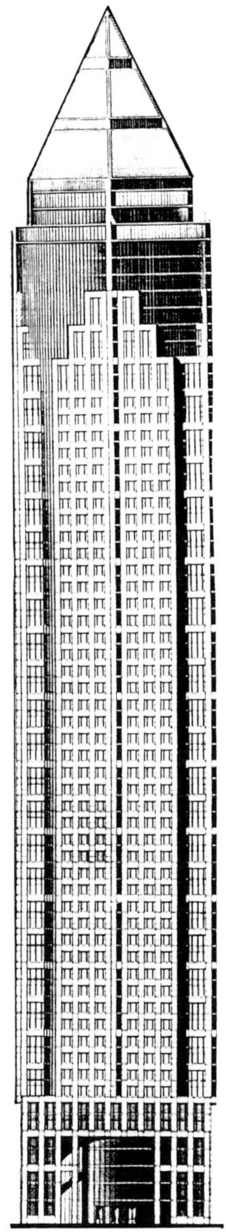

Vorstädte und Vororte

Zwei bis drei Kilometer außerhalb seiner Stadtbefestigung war Frankfurt seit dem ausgehenden Mittelalter zusätzlich von dem mehrfach erweiterten Ring einer Landwehr umgeben. Sie sicherte das von Gebäuden meist freie Vorfeld der Reichsstadt und öffnete sich für die aus dem Zentrum strebenden Chausseen. Dreizehn Klappbrücken oder Schlagbäume sicherten hier den Zugang von draußen. Zusätzliche Türme bewachten die wichtigsten, nach Friedberg und Bockenheim, Mainz oder Darmstadt führenden Landstraßen; die als Arsenale angebauten Wehrhöfe gaben diesen Warten das Gepräge kleiner Burgen. Jene aus trockenem, manchmal verdoppeltem Graben und beidseitig von dichten, übermannshohen Hecken gebildete *Landwehr* konnte Überfälle nicht verhindern, aber zumindest so lange verzögern, bis durch Feuersignale hoch oben aus der Türmerstube die Stadt im Flußtal vor drohenden Feinden gewarnt und gewappnet war. In unregelmäßigem Abstand reihten sich nahe der Landwehr mit separaten Mauern bewehrte *Gutshöfe,* deren landwirtschaftliche Erträge der Versorgung Frankfurts dienten.

Nachweisbar sind sie heute meist nur noch in Straßen- oder Siedlungsnamen: Im Westen der **Gutleuthof** am Mainufer und jenseits der **Galluswarte** der **Hellerhof,** gegen die **Bockenheimer Warte** zu die in sumpfiger Niederung stadteinwärts gelegenen **Kettenhöfe;** im Norden vor der **Friedberger Warte** der **Kühhornshof;** im Osten exponiert an der Hanauer Landstraße der **Große Riederhof** bzw. jenseits des Flusses, wo jetzt der moderne Kaiserleikreisel den Autoverkehr ordnet, der **Strahlenberger Hof** nahe der Offenbacher Landstraße. Im Südwesten weit in sumpfiger Niederung an der Mörfelder Landstraße zurückgenommen der **Riedhof,** gegen den Main zu der **Sandhof,** auf dessen Gelände in Richtung Niederrad die Universitätskliniken (ab 1886) entstanden; schließlich isoliert im Feld und somit eigentlich außerhalb dieses Verteidigungssystems die Hofgüter **Goldstein** (südliche Mainseite) und **Rebstock** (nördliche Mainseite, wo 1911 Frankfurts erster Flughafen angelegt wurde).

Bereits im 18. Jh. hatte die Landwehr ihre militärische Bedeutung eingebüßt. Mit dem Schleifen der Wälle (ab 1806; s. Kap. In der Neustadt: Rund um die Neustadt – der Anlagenring) wurde sie zur Grenze zukünftiger Vorstädte, und stetig ging deren Urbanisierung über das Areal einstiger Gutshöfe hinweg: Der Erwerb einiger Parzellen vor dem Bockenheimer Tor durch die dem Getto in der Judengasse entstammende Bankiersfamilie Rothschild mag 1818 das Signal für die Entwicklung des **Westends** gegeben haben (zwischen Mainzer und Eschersheimer Landstraße). Das Projekt eines großen Friedhofs an der Eckenheimer Landstraße weit vor der Stadt (= Hauptfriedhof) setzte 1828 dem zukünftigen **Nordend** ein Ziel (zwischen Eschersheimer Landstraße und Berger Straße). Die Eisenbahnlinie nach Hanau mit ihrem ehemaligen Ostbahnhof markierte 1848 die Ausdehnung für das **Ostend** (zwischen Berger Straße und Mainufer). Der Eiserne Steg als Mainbrücke und die Anlage eines Hangfriedhofs an der Darmstädter Landstraße 1868 erleichterten das Wachsen von

Besonders sehenswert:
Deutsches Architekturmuseum
Festhalle
Hauptfriedhof
Historisches Museum
Holzhausen-Schlößchen
IG-Farben-Hochhaus
Liebieghaus – Museum alter Plastik**
Messeturm
Museum für Kunsthandwerk*
Museum für Moderne Kunst
Museum für Völkerkunde
Naturmuseum Senckenberg*
Römerstadt*
Städelsches Kunstinstitut**
Westendsynagoge

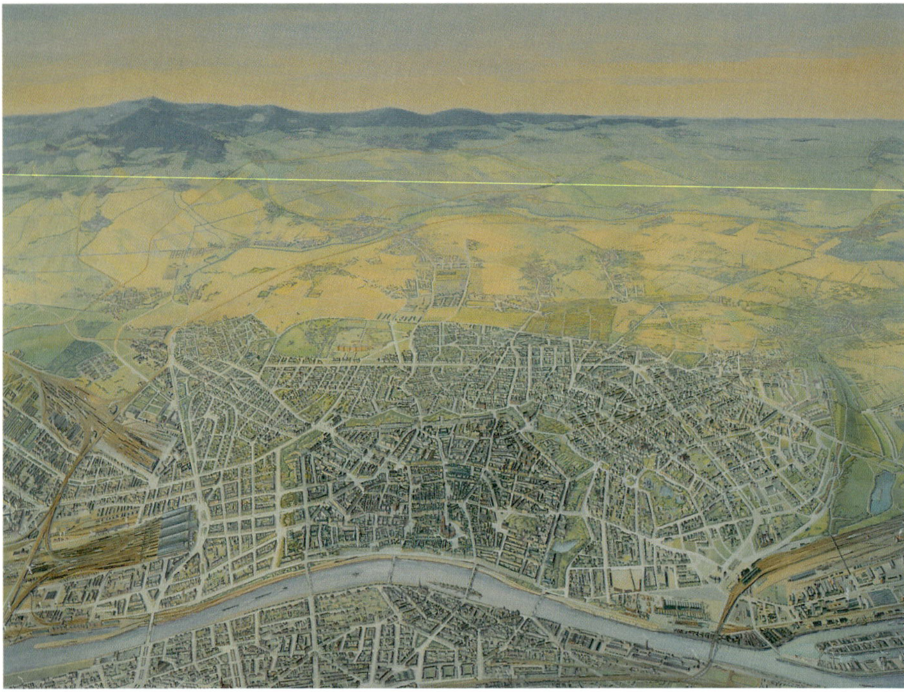

Vogelschauplan, 1934, Philipp Diehl

Sachsenhausen nach Süden. Schließlich ist 1888 im Galgenfeld der Hauptbahnhof eröffnet worden (s. Kap. In der Neustadt: Vom Frankfurter Hof zum Hauptbahnhof …), und 100 Jahre nach dem Fischerfeld (s. Kap. In der Neustadt: Rund um die Neustadt – der Anlagenring) als erster Frankfurter Planstadt (1788) begann sich mit dem **Bahnhofsviertel** das letzte Segment im Kranz der die Innenstadt umgebenden Vorstädte zu füllen (zwischen Mainufer und Mainzer Landstraße).

Die Entwicklung dieser Vorstädte begann am Anlagenring, und zwischen den sie trennenden Landstraßen wurden seit 1840/50 erste Querstraßen trassiert. Bis zum Beginn der Vorstadtentwicklung lassen sich ebenso Überlegungen zu deren Begrenzung zurückverfolgen: Schon 1862 lag ein erster Vorschlag zu einer äußeren Ringstraße vor. Doch deren 50 Meter breiter Ausbau setzte erst gegen Ende des 19. Jh. ein (1895) und wurde 1912 eingestellt. Dieser sog. **Alleenring** überspannt von Sachsenhausen her (Stresemannallee) den Main, setzt sich jenseits von Friedensbrücke (im Kern eine Eisenbahnbrücke von 1848) und Hauptbahnhof nordwärts auf der ursprünglichen Trasse der Main-Weser-Bahn (Friedrich-Ebert-Anlage) fort und umgreift die bis zur Jahrhundertwende längst urbanisierten Vorstädte (Senckenberganlage, Zeppelin-, Miquel-, Adickes-, Nibelungenallee, Habsburger Allee); ein Verbreitern der dazwischen liegenden Höhenstraße wurde versäumt. Als dennoch großzügige städtebauliche Leistung des wilhelminischen Frankfurt folgt der Alleenring im Nordwesten der mittelalterlichen Landwehr (Senckenberganlage und Miquelallee). Auch im Osten hätte er sich an ihr orientieren sollen. Doch ein Überbrücken von Ostbahnhof (1906–13), Osthafen (1908–12) und Main parallel der Deutschherrenbrücke (1912/13) sowie die Fortsetzung zur Offenbacher Landstraße verhinderte der Erste Weltkrieg.

Wie der Anlagenring zwischen Innenstadt und Vorstädten bildet der Alleenring deren Zäsur gegen die Vororte, von denen die nördlichen nahe der Nidda (entsprechend der Ausdehnung des preußischen Landkreises Frankfurt) 1910 eingemeindet wurden. Die meisten gehörten vorher zu größeren Territorialstaaten (Kurfürstentum Hessen-Kassel – zuvor Grafschaft Hanau, Herzogtum Nassau – zuvor Kurfürstentum Mainz). Mehrere sind im karolingischen Niddaoder Maingau bereits vor Frankfurt urkundlich bezeugt (wie Nieder-Eschbach 772 oder Preungesheim 778). Einige gehen auf fränkische Meierhöfe zurück, deren Gründer ihr Name überliefert (Bornheim von Brun, Eckenheim von Ecco, Rödelheim von Radilo). Den im freien Feld davor über jene zweite Ringstraße hinaus ausfransenden Rand der Stadt hat Ernst May als Stadtbaurat 1925–30 mit seinen Siedlungen zu säumen versucht. Noch aber dehnen sich zwischen ihnen und den erst im 20. Jh. eingemeindeten Dörfern und Kleinstädten, deren einige ihr historisch-individuelles Erscheinungsbild zu wahren vermochten, Äcker und Wiesen – zukünftiges Bauland für die weitere Entwicklung Frankfurts nach der Jahrtausendwende.

Urkundliche Ersterwähnung der Vororte

768	Bockenheim
772	Ginnheim, Nieder-Eschbach
778	Preungesheim
779	Kalbach, Nieder-Erlenbach
786	Harheim
788	Rödelheim
790	Höchst
794	Zeilsheim
795	Berkersheim, Eckenheim
797	Sindlingen
802	Heddernheim, Unterliederbach
804	Praunheim
850	Griesheim
880	Schwanheim
882	Seckbach
977	Fechenheim
1001	Eschersheim
1057	Bergen
1132	Hausen, Niederursel
1151	Enkheim, Niederrad, Oberrad
1194	Bornheim
1218	Nied, Sossenheim
1251	Bonames

Urbanisierung der Vorstädte

ab 1788	Fischerfeld
ab 1818	Westend
ab 1828	Nordend
ab 1848	Ostend
ab 1868	Sachsenhausen
ab 1888	Bahnhofsviertel

Plan der Eingemeindungen

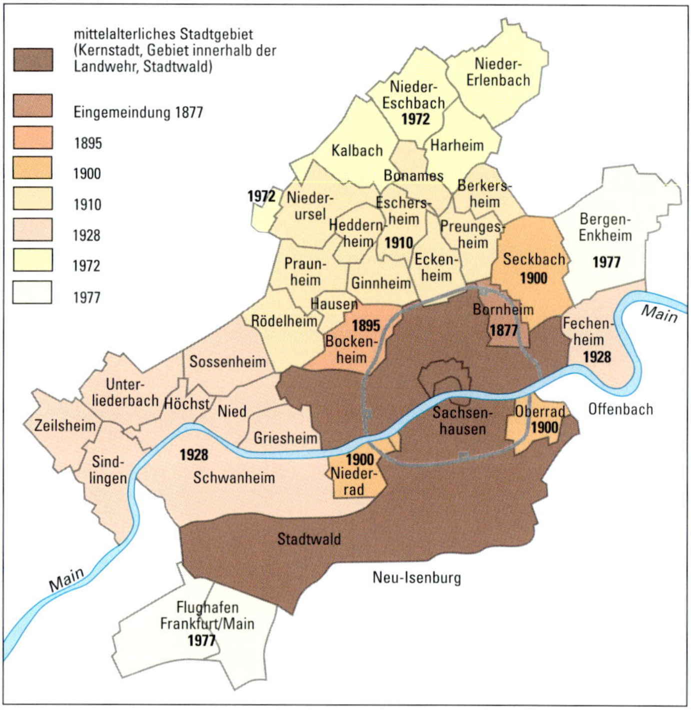

Eingemeindung der Vororte

1877	Bornheim
1895	Bockenheim
1900	Niederrad, Oberrad, Seckbach
1910	Berkersheim, Bonames, Eckenheim, Eschersheim, Ginnheim, Hausen, Heddernheim, Niederursel, Praunheim, Preungesheim, Rödelheim
1928	Fechenheim, Griesheim, Höchst, Nied, Schwanheim, Sindlingen, Zeilsheim
1972	Harheim, Kalbach, Nieder-Erlenbach, Nieder-Eschbach
1977	Bergen, Enkheim

Museen am Mainufer

Der längere Teil der Sachsenhäuser Uferstraße heißt **Schaumainkai** als Pendant zum Mainkai auf der Frankfurter Flußseite, auf die sich der Blick richtet. Jener Schaumainkai führt vom Eisernen Steg flußab, wo sich vor der ehemals ummauerten Vorstadt seit Mitte des 18. Jh. große Gärten mit Sommerhäusern reihten, denen gegenüber sich die Silhouette der alten Reichsstadt türmte. Seit Anlage des Hochkais zwischen neuen Brücken (ab 1874) und eines planvollen Straßensystems zur Urbanisierung *Sachsenhausens* entwickelte sich entlang dieser Uferstraße ein Villenviertel, das nach Süden von der 1849 durch weitläufiges Privatgelände gebrochenen Gartenstraße begrenzt wird.

In jene 70er Jahre des 19. Jh. zurück reicht auch die erste Ansiedlung eines Museums, des Städelschen Kunstinstituts, dessen Administration für seine in der Neuen Mainzer Straße längst beengte Gemäldesammlung preiswert Gelände nahe der Untermainbrücke erworben hatte. So steht ›das Städel‹ 1878 am Beginn einer Entwicklung, aus der nach mehr als 100 Jahren das Frankfurter **Museumsufer** hervorgegangen ist. Dieser 1977 politisch erstmals propagierte Begriff folgt dem Konzept der Berliner Museumsinsel (ab 1841), wo sich Sammlungen eines schließlich vom Bildungsbürgertum des 19. Jh. getragenen Kollektionismus ebenso in einen städtebaulichen Zusammenhang fügen (1930 vollendet). Daß die am Sachsenhäuser Ufer über eine Distanz von 800 Meter in vorhandenen Villen oder eigens errichteten Gebäuden untergebrachten Sammlungen sämtlich bei einem Rundgang besichtigt werden könn-

Villa Metzler

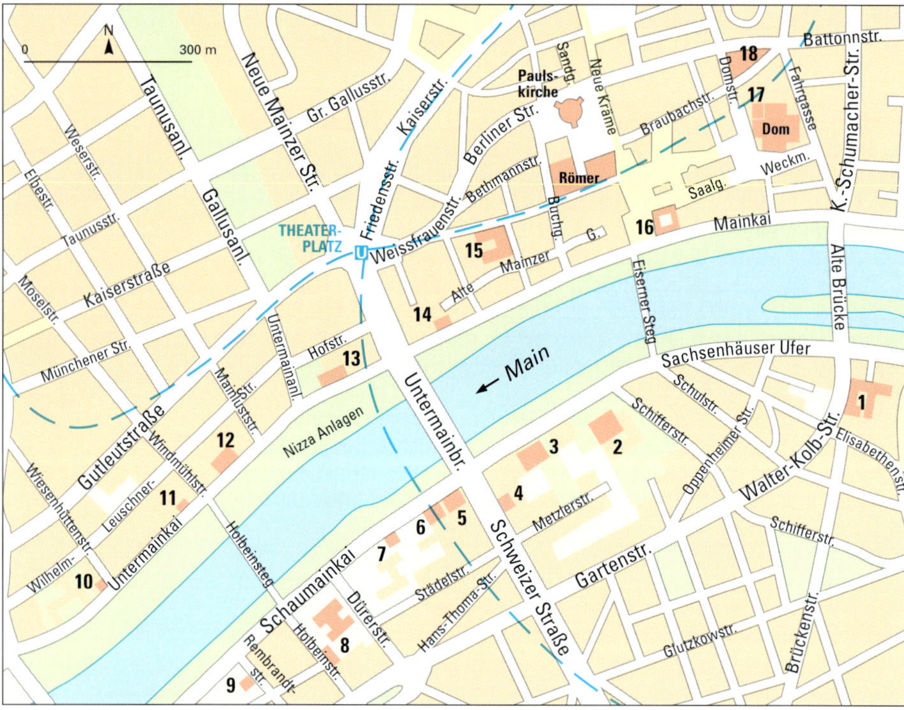

Museen am Mainufer 1 Ikonenmuseum (Deutschordenskirche) 2 Museum für Kunsthandwerk (Villa Metzler) 3 Museum für Völkerkunde (Villa Andrea) 4 Schweizer Straße 3 (Wohnhaus Max Beckmann) 5 Deutsches Filmmuseum 6 Deutsches Architekturmuseum 7 Museum für Post und Kommunikation (Villa Neufville) 8 Städelsches Kunstinstitut 9 Liebieghaus / Museum alter Plastik 10 Villa Neher 11 Villa Bonn 12 Doppelhaus Neher (Untermainkai 29/30) 13 Jüdisches Museum 14 Hermann-Schlosser-Haus (Firmenmuseum DEGUSSA) 15 Museum für Vor- u. Frühgeschichte (Karmeliterkirche) 16 Historisches Museum (Saalhof) 17 Dommuseum 18 Museum für Moderne Kunst

ten, bleibt allerdings eine Fiktion: Mit den Institutionen am Nordufer sind es weit mehr als ein Dutzend Museen am Main. Insgesamt bieten sie einen Überblick künstlerischer Gestaltung vom Neolithikum bis zur Moderne.

Flußauf beginnt die Reihe mit dem **Ikonenmuseum** (Brückenstraße 3–7), das 1989/90 für eine der Stadt gestiftete Privatsammlung im *Deutschordenshaus* eingerichtet wurde (Entwurf: Oswald Mathias Ungers, Köln). Eine Flucht gleichmäßig klar strukturierter Räume im Erdgeschoß zeigt mit etwa 200 Ikonen rund ein Viertel der Sammlung – zumeist russische Tafelbilder des 17.–19. Jh. mit Darstellungen Christi und Marias sowie Heiligen der Ostkirche in traditionell-orthodoxem Gestus. Einen Schwerpunkt formen Bildnisse von Heiligen, die als Ärzte tätig waren (wie z. B. Cosmas und Damian), entsprechend dem Beruf des Königsteiner Stifters Dr. Jörgen Schmidt-Voigt.

Wo unterhalb des Eisernen Stegs die Schifferstraße die einstige Reichweite barocker Bastionen markiert, steht das **Museum für Kunsthandwerk** (Schaumainkai 17), ein Gebäudekomplex aus zwei Epochen, der den Ausbau zum Museumsufer eingeleitet hat. Den Anfang als Landhaus machte die sog. **Villa Metzler,** die unmittelbar nach dem Planieren der Sachsenhäuser Befestigung 1802–04 entstand, 1865 unter den Bankiers Metzler allseitig übergiebelt und im Park durch ein sog. Schweizer-Häuschen (Museumswerkstatt) ergänzt wurde. Einhundert Jahre später nahm diese Villa 1965 die Sammlungen des bereits 1877 durch Frankfurter Bürger gegründeten Mitteldeutschen Kunstgewerbevereins auf (1921 in städtischen Besitz übergegangen), die mit ihren ca. 30 000 Exponaten allerdings eines viel größeren Gebäudes bedurfte.

Im Modul der Villa lieferte dazu der amerikanische Architekt Richard Meier (New York) 1980 einen Wettbewerbsentwurf, der 1982–85 realisiert worden ist: Zur älteren Villa korrespondieren Meiers drei zu umgreifender L-Form gruppierte Kuben, geprägt von klarer Funktionalität in der Nachfolge Le Corbusiers und somit anknüpfend an Frankfurts frühe Moderne unter Ernst May – auf Weiß

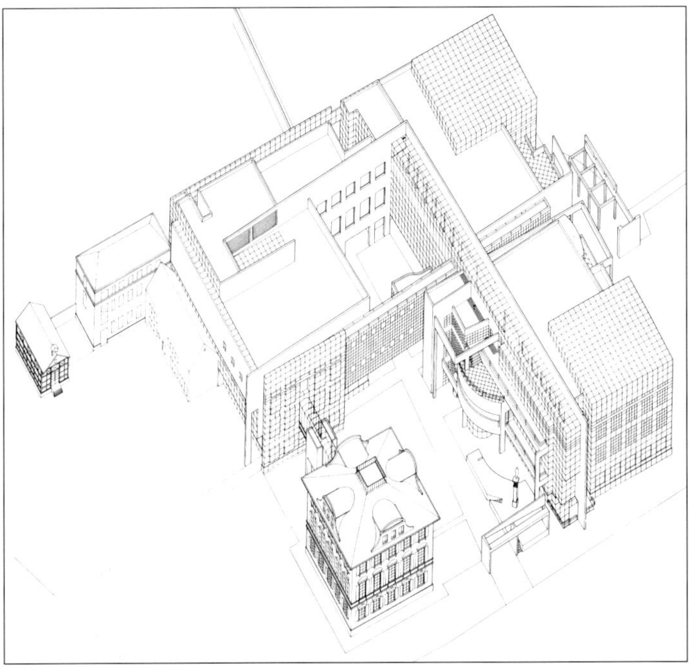

Museum für Kunsthandwerk, Villa Metzler (1802-04 und 1865) und Neubau von Richard Meier (1982-85), Isometrie

Museum für Kunsthandwerk, Keramikteller mit Unterglasurmalerei, Iznik, Türkei, drittes Viertel 16. Jh.

beschränkt und streng gegliedert ein äußerst ästhetisches Bauwerk, das Architekturpuristen weit mehr um seiner selbst als wegen der darin ausgestellten Kunstwerke schätzen.

Dieses Institut gilt als eines der international bedeutendsten Museen für angewandte Kunst und verdankt seine Gründung dem ehemals zeitgemäßen Ziel, Vorbilder und Anregung zur Formgebung zu liefern. Es bietet u. a. mittelalterliches Bronzegerät (Weihrauchfässer, Leuchter, Aquamanilien), Medaillen und Porträtplaketten von der Renaissance bis zur Moderne, venezianische Gläser (15./16. Jh.), eine hervorragende Porzellansammlung aller namhaften Manufakturen des barocken Europa (18. Jh.), eine Kollektion europäischer Möbel und -modelle (16.–18. Jh., darunter von so berühmten Kunstschreinern wie der Familie Roentgen), spätmittelalterliche Bildteppiche und ca. 700 Werke zur Schrift- bzw. Buchkunst mit Miniaturen oder Ornamentstichen (16.–19. Jh.); ferner eine islamische Abteilung mit persischer Keramik und Gläsern (9.–15. Jh.), Stoffen und Teppichen aus dem vorderen Orient, türkischer Keramik und indischer Kunst der Mogulzeit (16.–18. Jh.); schließlich eine ostasiatische Abteilung mit Kunstwerken aus China, Japan und angrenzenden Ländern (Bronze, Keramik, Lack, Malerei etc.). Die Villa ist teilweise im Geschmack des 18. Jh. möbliert. – Außer auf die mittels Rampen und Brücken verbundenen Museumsräume greift Meiers Gestaltung in einen lichten *Park* über, dessen zentrales Wegekreuz moderne Propyläen öffnen. – Südlich an der Gartenstraße blieb zwischen größeren Gebäuden eines jener ländlichen **Sommerhäuser** aus dem Biedermeier erhalten (Oppenheimer Landstraße 1; 1840), wie sie seit dem Barock ebenso vor der Stadt entlang der Mainufer entstanden waren.

Dem **Museum für Völkerkunde** (Schaumainkai 29) dient seit 1970 die neobarocke **Villa Andreae** (1904) – Teil eines Ensembles mit zwei mainab folgende Villen, hinter denen Richard Meier einen

Museum für Kunsthandwerk

modernen Verbindungsbau errichten sollte. Doch dieses Vorhaben ist vorerst an mangelndem Geld gescheitert. Statt dessen werden wechselnde Ausstellungen zu begrenzten Themen gezeigt, denn die Räume eines großbürgerlichen Einfamilienhauses sind der Präsentation von rd. 65 000 Gebrauchs- und Kultgegenständen überseeischer Naturvölker nicht gewachsen (1982 umgebaut). Der größte Teil der seit etwa 1817 auf Privatexpeditionen und Wissenschaftsreisen in Nord- und Südamerika, Ozeanien oder Indonesien und Afrika (z. B. durch Leo Frobenius) zusammengetragenen Sammlungen ist am Stadtrand magaziniert (mit Übernahme durch die Stadt Frankfurt waren sie 1877 im Historischen Museum, 1908–44 im Palais Thurn und Taxis als selbständigem Völkerkundemuseum ausgestellt).

Gleichzeitig mit Ufermauer und Tiefkai wurde 1875 in Verlängerung der 1874 über den Fluß geschlagenen Untermainbrücke die *Schweizer Straße* trassiert. Im noblen **Neurenaissancehaus** Nr. 3 (1886; Entwurf: Fritz Kaysser) wohnte 1916–33 der seit 1925 an der Städelakademie lehrende Maler Max Beckmann (Gedenktafel); einige seiner Studien zu Frankfurter Motiven (z. B. zu seinen Ölbildern ›Eiserner Steg‹, ›Synagoge‹, ›Hauptbahnhof‹) sind hier entstanden.

An der Ecke flußab imponiert mit neoklassizistischen Kolossalsäulen ein ehemaliges Mietshaus (1912; Schaumainkai 41), das 1981–84 zum **Deutschen Filmmuseum** umgebaut wurde (Entwurf: Helge Bofinger, Wiesbaden) – ein technisches Institut zum Anfassen, das Rekonstruktionen von historischem Ambiente (z. B. das Café der Lumière-Vorführungen von 1895 oder das Studio Georges Milies' von 1897), Bewegungssimulatoren und Guckkästen als Vorläufer oder Modelle von Film und Fotografie, Kameras und Projektoren sowie Fotos (200 000), Filme (2000), Plakate (10 000) und eine Spezialbibliothek (45 000 Bände) vereint.

Vom geographischen Rahmen her gleichermaßen anspruchsvoll präsentiert sich daneben das **Deutsche Architekturmuseum** (Schaumainkai 43), das 1984 aus einem Wohnhaus des Historismus hervorging (Entwurf: Oswald Mathias Ungers, Köln). Von der durch Fritz Geldmacher 1912 in Formen des Neoklassizismus entworfenen Doppelvilla blieben lediglich Außenmauern. Sie umhüllen den von Ungers mit reizvollen Durchblicken eingestellten Neubau (›Haus im Haus‹), bei dem die von ihm immer wieder favorisierte Quadratform in Architektur und Mobiliar dominiert. Zeichnungen, Entwürfe und Modelle zeitgenössischer Architekten werden hier gesammelt und in wechselnden Ausstellungen dargeboten; daß dabei Frankfurts jüngste Bauentwicklung nicht zu kurz kommt, versteht sich von selbst (Museumsdependance südlich in der Hedderichstraße 108).

Dem Nachkriegsintermezzo eines zweigeteilten Deutschlands verdankt Frankfurt, daß der westliche Teil des noch durch Heinrich von Stephan 1872 in Berlin gegründeten Reichspostmuseums hierher kam; 1958 wurde er in der *Villa Neufville* als Bundespostmuseum, 1990 in erweiterndem Neubau als **Museum für Post und Kommunikation** (Schaumainkai 53) vorgestellt. Die 1891 nach Plänen Franz

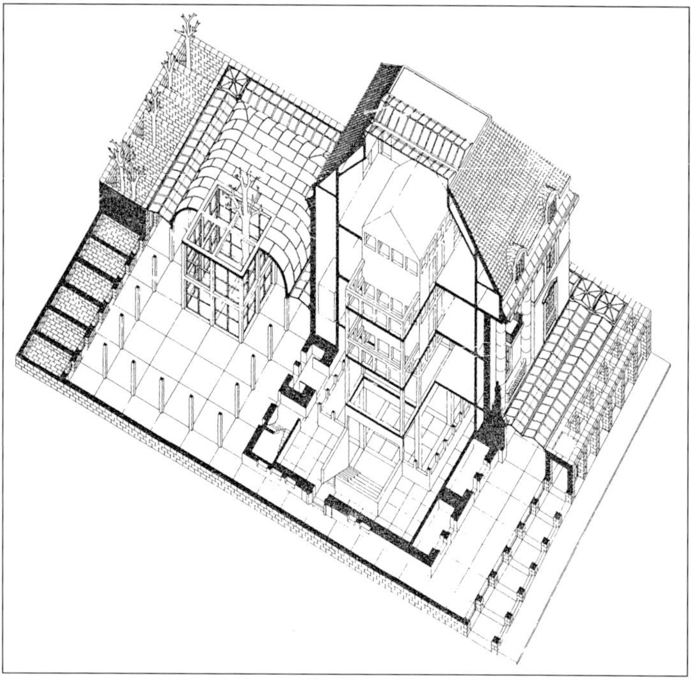

Deutsches Architekturmuseum, Isometrie

von Hovens entstandene Villa haben Zweiter Weltkrieg und Günter Behnischs Umbau weitgehend ihres Dekors beraubt. Dennoch wirksam bleibt ihr Kontrast in Material und Kontur zu Behnischs Ausstellungshalle, die sich in Stahl und Glas mehrgeschossig im einstigen Park rundet, unterirdisch jedoch erst die größere Ausstellungsfläche bietet. Gleichermaßen als Technikmuseum gibt sie einen Überblick zu Nachrichtenübermittlung und Transportwesen als traditionellen Tätigkeitsfeldern der Post bis zurück in die Zeit, als die Familie Thurn und Taxis durch das kaiserliche Postmonopol reich wurde: die Darstellung von Großprojekten wie das Verlegen eines Transatlantikkabels oder die drahtlose Telekommunikation mittels Weltraumsatellit, dazu Briefkästen unterschiedlicher Provenienz oder Kollektionen von Briefmarken, Telegrafen und Telefonen im Wandel der Zeit wie Postkutschen oder Dreiradautos, verschiedenartige Modelle (zum Ausprobieren) sowie den Nachlaß des ersten Generalpostmeisters Heinrich von Stephan.

Zum **Städelschen Kunstinstitut** (Schaumainkai 63) gehört das bedeutendste Museum am Main. Aus einer hier bis ins 17. Jh. zurückreichenden bürgerlichen Sammlungstradition und unter dem Eindruck der französischen Revolutionsforderung zur Publizität privater Kollektionen hatte sich der hiesige Kaufmann Johann Friedrich Städel (1728–1817) bereits 1793 entschlossen, die von ihm zusammengetragenen Kunstwerke (fast 500 Gemälde, 123 Graphiken) in einer öffentlich zugänglichen Stiftung zu vereinen. Wie Senckenberg zählt Städel zu den bekanntesten Stiftern Frankfurts; der greise Goethe nannte ihn 1815 »Dekan aller hier lebenden Kunstfreunde«. Seine Administratoren, zu denen zeitweilig auch die Dichter Clemens Brentano und Achim von Arnim gehörten, stellte er den Verkauf seiner Bilder frei, mit dem Ziel Besseres zu erwerben. Unter Johann David Passavant als Inspektor (1840–61) gelang das in hervorragender Weise (u. a. erwarb er Werke von Van Eyck, Van der Weyden, Campin, Memling, Botticelli, Moretto), wenn auch die zuvor bis 1828 währende Auseinandersetzung mit Städels Verwandten den Kauf der berühmten Sammlung der Brüder Boisserée scheitern ließ (sie bildet in Münchens Alter Pinakothek den Grundstock altdeutscher und altniederländischer Malerei). Für die Stadt wurde ›das Städel‹ durch seine *Akademie* zudem künstlerische Kaderschmiede, an der zunächst als Architekt der Klassizist Heinrich Hübsch (ab 1824), als Bildhauer Johann Nepomuk Zwerger (ab 1829), als Maler und Leiter der Nazarener Philipp Veit (1830–43) wirkten.

Den entscheidenden Anstoß auf ihrem Weg zu europäischem Rang gab der Pinakothek Georg Swarzenski, der 1907 parallel die *Städtische Galerie* (mit gestifteten Neuerwerbungen und Werken aus dem Historischen Museum) gründete und die meisten Skulpturen (ins Liebieghaus) ausgliederte. Ungeachtet des Rückschlags in der Naziära (1937 mußte Swarzenski emigrieren, und ein Teil moderner Werke endete als ›entartete Kunst‹) hat das Städel den Anschluß an die jeweilige Moderne gewahrt und besticht durch hohe Qualität auch in seiner reichen graphischen Sammlung.

Nach Städels Privathaus am Roßmarkt (ab 1817) und einem Umbau in der Neuen Mainzer Straße (ab 1828) steht am Sachsenhäuser

Städelsches Kunstinstitut und Städelsche Galerie, Grundriß Altbau, zweites Obergeschoß
Raum A-D, 1-3: deutsche, flämische und französische Malerei 15.-16. Jh.
Raum E-F, 4-5: italienische Malerei 14.-18. Jh.
Raum G-H, 17-18: europäische Malerei 17.-18. Jh.
Raum I, 6-15: niederländische und flämische Malerei 17. Jh.
Raum 16, 19-25: deutsche und niederländische Malerei 16.-18. Jh.
Raum K: Malerei und Skulpturen 19.-20. Jh.

Erweiterungs- und Neubau, erstes Obergeschoß
Raum L-N, P, 26-32: deutsche Malerei spätes 18.-19. Jh.
Raum O: französische Malerei 19. Jh.
Raum Q-V, 33-37, 38-41: deutsche und internationale Kunst 20.Jh

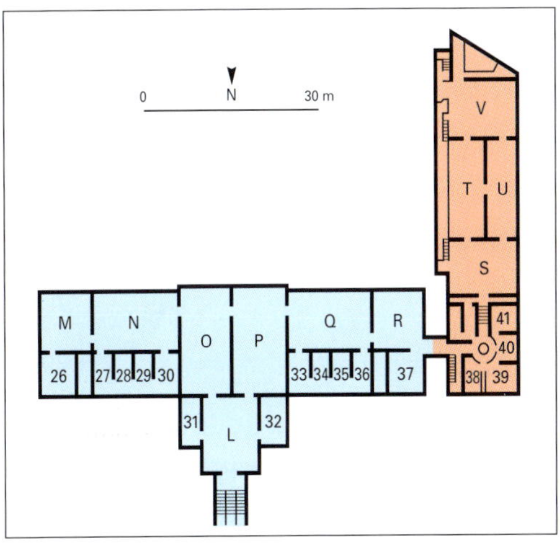

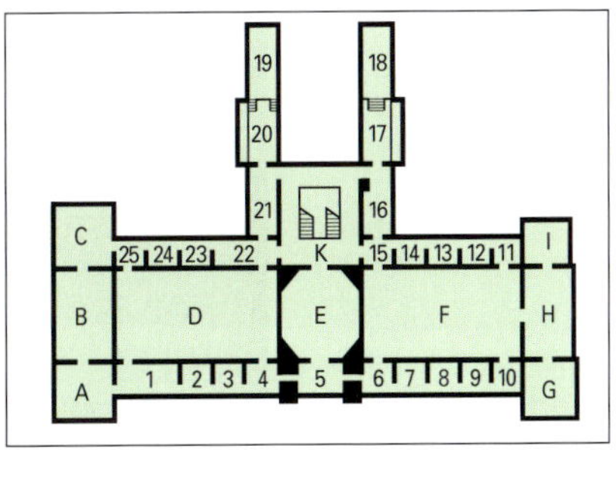

Ufer das dritte Gebäude der **Pinakothek.** Nach Plänen Oskar Sommers entstand es 1874–78 zwischen Ufervillen in dominierenden Formen der italienischen Hochrenaissance gleichzeitig mit der Neuen Börse; entsprechend ähnlich sind beider Formen (ermöglicht durch den Gewinn beim Verkauf seines Westendgeländes an den Palmengarten): Über rustiziertem Erdgeschoß mit Bogenfenstern gewinnt der Oberbau an Noblesse durch Zwillingssäulen und Dachbalustrade. Vor seine überkuppelte Mitte schiebt sich ein Portalrisalit; die Freitreppe flankiert er mit geschoßhohen Piedestalen, zwischen deren Kolossalsäulen August von Nordheim Statuen von ›Albrecht Dürer‹ und ›Hans Holbein d. J.‹ stellte. Dahinter öffnet sich die Fassade als Triumphbogen im Palladiomotiv, dessen Zwickel ›Musenreliefs‹ füllen. Ähnliche Eckrisalite, die der Krieg ruinierte, hat der Frankfurter Johannes Krahn modern ersetzt (1960). Axial dahinter entstand 1915–21 für die Kunst des späteren 19.–20. Jh. ein historisierender *Anbau* (Entwurf: Franz Heberer und Hermann von Hoven), den Krahn ebenfalls (wenn auch nicht immer formal überzeugend) umgestaltete. Den modernsten Teil der Sammlung nimmt seit 1990 der kristallin-spröde **Neubau** an der Holbeinstraße auf (Entwurf: Gustav Peichl, Wien).

Am Tiefkai betont Ulrich Rückriems ›Granitstele‹ (1984) die prominente Position des Städels. Dessen eiserne Einfriedung umgibt einen *Skulpturengarten* mit zeitgenössischen Werken aus Stein und Bronze von Joannis Avramidis, Michael Croissant, Reg Butler, Hans Steinbrenner sowie älteren Reiterstandbildern von August Gaul und Arthur Volkmann (1910–12; wechselnde Aufstellung).

J.H.W. Tischbein, ›Goethe in der römischen Campagna‹, Gemälde

›Paradiesgärtlein‹, Oberrheinischer Meister, Gemälde, um 1410

Im **Foyer** empfängt eine Büste Johann Friedrich Städels, die der hier als erster Lehrer für Bildhauerei tätige Johann Nepomuk Zwerger geschaffen hat (1828/29); seitlich Säle für wechselnde Ausstellungen bzw. graphische Sammlung (links) und Bibliothek (rechts). Der axiale Treppenlauf weist auf Johann Heinrich Wilhelm Tischbeins berühmtes Gemälde ›Goethe in der Campagna‹ (nach 1787). Um die Treppe Bronzeskulpturen von Rodin bis Beuys (1880–1989) und Bilder der jüngsten Moderne (G. Graubner, A. Kiefer, A. R. Penck, R. Serra).

Die Chronologie der Sammlung setzt im 2. Obergeschoß des **Altbaus** ein: Im Zentralsaal des **Ostflügels** (Raum D) altdeutsche Altarbilder von der Gotik bis an die Wende zur Renaissance (14.–16. Jh.), z. T. aus Frankfurter Kirchen von Hans Holbein d. Ä. und Matthias Grünewald; zur Mainseite ergänzt in drei Kabinetten (Räume 1–3) um kleinere Tafelgemälde, u. a. ›Paradiesgärtlein‹ eines Anonymus, ›Bartholomäusmartyrium‹ (vgl. Dom), Werke von Dürer, Cranach, den beiden Holbein.

Im Ostrisalit eine vorzügliche Kollektion altniederländischer Malerei (Raum A) mit ›Madonnen‹ von Jan van Eyck (›Lucca-Madonna‹), Rogier van der Weyden, Robert Campin, Hugo van der Goes, einer ›Verkündigung‹ des Gerard David, einem Männerporträt des Hans Memling (15. Jh.). Es folgen altdeutsche Gemälde (Raum B) wie Albrecht Altdorfers ›Anbetung‹, Conrad Fabers ›Stalburg-Bildnisse‹ und weitere Bürgerporträts von Bartholomäus Bruyn sowie dem Meister WB (um 1500); schließlich niederländische und französische Malerei (Raum C), u. a. von Joos van Cleve und Quinten Mas-

Bartolomeo da Venezia, ›Weibliches Brustbild‹, Gemälde

sys (16. Jh.). – Zum Fluß bieten die beiden anschließenden Kabinette (Räume 4 und 5) und der **Kuppelsaal** (Raum E) altitalienische Tafelmalerei aus Trecento und Quattrocento (14./15. Jh.) wie ›Johannes‹ aus dem Kreis um Cimabue (um 1300), ›Madonna‹ von Barnaba da Modena bzw. von dem Florentiner Fra Angelico; aus der Renaissance Raffaels ›hl. Ambrosius‹ und ›hl. Augustinus‹, Bartolomeos da Venezia reizvolles Frauenbildnis, sog. ›Lukrezia Borgia‹.

Im Zentralsaal des **Westflügels** (Raum F) ergänzen ›Madonnen‹ vorwiegend von Florentiner und venezianischen Malern der Renaissance wie Botticelli und Verrocchio, dem Raffaellehrer Perugino, Giovanni Bellini und Vittore Carpaccio, Cima da Conegliano und Carlo Crivelli (um 1500), hinzu kommt Sandro Botticellis schönes Profilbildnis der ›Simonetta Vespucci‹; Malerei des Manierismus wie Tintorettos ›Quellwunder‹, ›Damenporträt‹ des Pontormo, ›Madonna‹ des Brescianers Moretto (16. Jh.); Bilder des Barock von dem Neapolitaner Luca Giordano oder dem Venezianer Giovanni Battista Tiepolo und seinem Sohn Giovanni Domenico.

Im Westrisalit vermischen sich Strömungen europäischer Barockmalerei von dem Niederländer Peter Paul Rubens und Italienern wie Giovanni Battista Crespi, Giovanni Battista Pittoni, Pompeo Batoni sowie dem Spanier Murillo (Raum H); vorwiegend ›Porträts‹ von Frans Hals, Jacob Jordaens, Peter Paul Rubens und dem Spanier Diego Velásquez sowie ›Landschaften‹ der Franzosen Claude Lorrain und Nicolas Poussin (Raum G); Holländer wie Rembrandt mit seiner dramatischen ›Blendung des Samson‹ (Raum I).

Die Kabinette im östlichen Gebäudewinkel zum Garten zeigen vorwiegend deutsche Kleinmeister des Barock (17./18. Jh.), z. B. mit ›Stilleben‹ von Georg Flegel (Räume 22–25), Bildnisse der Familie Holzhausen (Raum 21) – dabei ist auch Conrad Fabers ›Porträt Hammans von Holzhausen‹ (1529) –, schließlich auf Adam Elsheimers sublimen ›Kreuzaltar‹ bezogen (frühes 17. Jh.) miniaturhafte niederländische ›Stilleben‹ und ›Landschaften‹ u. a. von Jan Breughel d. Ä., Karel van Mander, Lucas van Valckenborch (Räume 19 und 20). Entsprechend in den Kabinetten im Westwinkel zunächst deutsche Barockmalerei (Raum 16), z. B. von Franz Anton Maulbertsch, Christian Georg Schütz d. Ä. oder Januarius Zick (18. Jh.); französische und italienische Gemälde (Räume 17 und 18) von Antoine Watteau und Jean-Baptiste Chardin bzw. Canaletto und Francesco Guardi sowie von dem Spanier Francisco Goya. Daneben weitere holländische Gemälde des 17. Jh. (Räume 11–15): ›Seestücke‹, ›Landschaften‹ etc. von Aert van der Neer, Jan van Goyen, Willem van de Velde, Jacob Isaacksz van Ruisdael, Isaack van Ostade, wie sie die Mainseite gegenüber (Räume 6–10) ergänzt – dort auch derbe ›Genreszenen‹ von Adriaen Brouwer und Adriaen van Ostade, Vermeers ›Geograph‹, zwei ›Frauenporträts‹ von Rembrandt und sein ›vor Saul Harfe spielender David‹.

Mit Tischbeins ›Goethebild‹ (s. o.) im **Verbindungssaal** (Raum L) beginnen im 1. Obergeschoß des **Erweiterungsbaues** die Sammlungen nachbarocker Kunst (ab ca. 1800): Hier zunächst ›Veduten‹ und ›Landschaften‹ (oft italienische Motive) von Domenico Quaglio, Jacob Philipp Hackert, Johann Christian Claussen Dahl, Carl Rottmann, Carl Friedrich Lessing, Joseph Anton Koch und Ludwig Richter sowie ›Porträts‹ von Alfred Rethel, Philipp Veit und Edward von Steinle. Flankierend weitere Bilder verschiedener Malerschulen der deutschen Romantik und der Nazarener (Raum 31) von den Städelleitern Philipp Veit und Johann David Passavant, von Franz Pforr, Peter von Cornelius und Edward von Steinle und des Biedermeier (Raum 32) von Carl Spitzweg und Ferdinand Georg Waldmüller, Wilhelm von Kobell und Moritz von Schwind, Carl Blechen und Eduard Wilhelm Pose. – Von den beiden anschließenden Zentralsälen birgt der östliche (Raum O) Gemälde von Delacroix und Courbet sowie von Charles François Daubigny und Jean François Millet als Vertretern der Schule von Barbizon und Wegbereitern des französischen Impressionismus, der mit vielen großen Namen vertreten ist – Cezanne und Degas, Manet und Monet, Renoir, Sisley und Van Gogh. An deutschen Zeitgenossen folgen ostwärts (Raum N) mit ihren Bildern Arnold Böcklin, Anselm Feuerbach, Wilhelm Leibl, Hans von Marées, Viktor Müller und Hans Thoma; dahinter Anton Burger und Otto Scholderer (Raum M) als führende Vertreter der gleichzeitigen Kronberger Malerschule, in parallelen Kabinetten (Räume 26 und 30) ergänzt um Werke von Jakob Becker, Karl Peter Burnitz, Jakob Fürchtegott Dielmann, Louis Eysen, Carl Morgenstern, Anton Radl, Philipp Rumpf, Wilhelm Steinhausen und Philipp Winterwerb – meist mit Motiven aus Frankfurt oder Kronberg.

An deutschen Impressionisten präsentieren sich nach Westen (Raum P) Max Liebermann, Max Slevogt, Lovis Corinth, Wilhelm Trübner u. a. Es folgen Expressionisten und die Maler der ›Brücke‹ (Raum Q), Erich Heckel, Ernst Ludwig Kirchner, Otto Müller, Emil

Max Beckmann, Synagoge, Gemälde, 1919

Nolde, Karl Schmidt-Rottluff, aber auch Edvard Munch und Plastiken von Wilhelm Lehmbruck; die Klassische Moderne in Frankreich und Deutschland (Raum R) mit Pablo Picasso, Henri Matisse und Lyonel Feininger, August Macke und Franz Marc; in Kabinetten (Räume 33–37) Vertreter aller Strömungen der ersten Hälfte des 20. Jh. – u. a. Ferdinand Hodler, Paula Modersohn-Becker, Otto Dix (alles kleinere Formate) – als Übergang zum **Neubau,** der moderne und modernste Kunst der letzten vier Jahrzehnte bietet: Um die Treppenrotunde (Räume 38–41) Bilder von Paul Klee und Max Ernst; Oskar Schlemmer, Alexej von Jawlensky, Skulpturen von Georg Kolbe, Wilhelm Lehmbruck, Hans Mettel, Gerhard Marcks; Gemälde der Quadrigakünstler Otto Greis, Heinz Kreutz, Bernard Schultze, von Sergej Poliakoff, Willi Baumeister und Ernst Wilhelm Nay, Skulpturen u. a. von Fritz Wotruba und Alexander Calder.

Zum Point de vue werden Max Beckmanns ›Frankfurt-Motive‹ ›Synagoge‹ (1919), ›Eisgang am Eisernen Steg‹ (1922) und ›Hauptbahnhof‹ (1943) zwischen Werken von Picasso oder Alberto Giacometti (Raum S). Namen der folgenden Modernen (Horst Antes, Georg Baselitz, Fernando Botero, Lucio Fontana, Rainer Jochims, Yves Klein, Markus Lüpertz, Piero Manzoni, Arnulf Rainer, Antonio Saura, Emil Schumacher, Antonio Tàpies, Günther Uecker etc.) verdeutlichen langwährende Sammlungskonkurrenz zum Museum für Moderne Kunst (Räume T und U). Großformate von Anselm Kiefer aus den letzten Jahren bilden vorläufig den Abschluß der Sammlung (V).

Den Abschluß des südlichen Museumsufers bildet mit dem **Liebieghaus** (Schaumainkai 71) wiederum eine ehemalige Villa. Für die

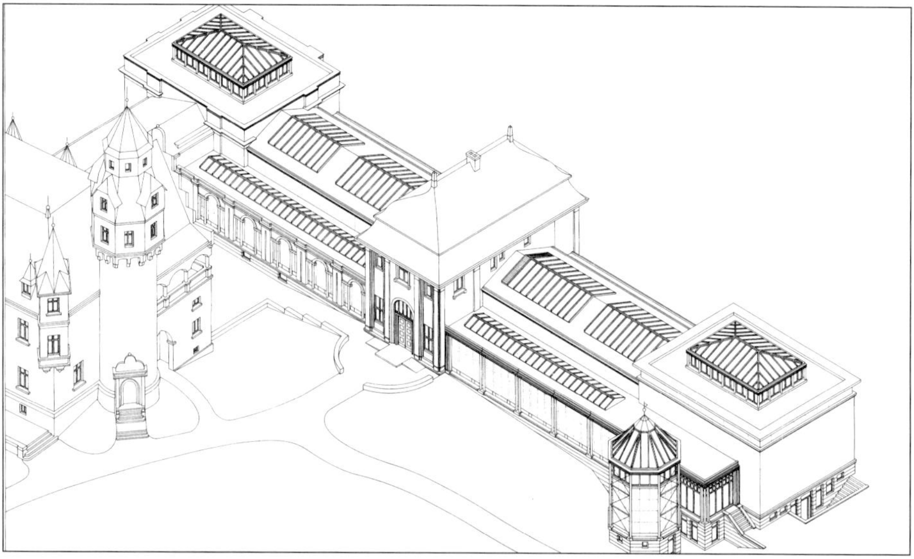

Liebieghaus – Museum alter Plastik, Isometrie

noch verbliebene vierte Gattung der Kunstgeschichte (nach Kunsthandwerk, Architektur, Malerei) wurde es 1909 als städtisches **Museum alter Plastik** eröffnet und bereits unter dem zugleich als Direktor des Städels tätigen Georg Swarzenski mit Hilfe zahlreicher Stiftungen während einer Generation zur erlesenen Sammlung ergänzt. Eigens dafür erworben wurde jene Villa des Industriellen Heinrich von Liebieg, die der Münchener Architekt Leonhard Romeis 1896 in Formen der Renaissance am Mainufer errichtet hatte. An das im Innern ebenso stilvolle Ambiente des wie eine Burg hinter Zaun und Bäumen hochragenden Gebäudes fügte der städtische Bauinspektor Paul Kanold 1908/09 rückwärtig einen *Galerietrakt* im Dekor von Neobarock und Jugendstil. Dessen westliches Drittel wurde erst 1987–89 gemäß ursprünglich geplantem Grund- und Umriß modern ergänzt (Entwurf: Ernst Ulrich Scheffler und Thomas Warschauer).

Von Miniatur- bis zur Großplastik bietet das Liebieghaus einen Überblick der Bildnerei an exzeptionellen Objekten von der Antike bis zum Klassizismus, u. a. die Statuette eines ›sumerischen Beamten‹ aus Mesopotamien und Reliefs von ›Opfertieren‹ aus einem Pharaonengrab der 5. Dynastie in Abusir (beides Mitte 3. Jt. v. Chr.), den Marmorkopf eines griechischen ›Kouros‹ (Mitte 6. Jh. v. Chr.) und einige römische ›Porträtköpfe‹ (1. Jh. n. Chr.), als herausragendes Kunstwerk lebensgroß eine römische Marmorkopie der ›Athena des Myron‹ (1. Jh. n. Chr. nach einem verschollenen Bronzeoriginal um 445 v. Chr. von der Athener Akropolis; Stiftung von Frankfurter Bürgern zur Museumseröffnung 1909) sowie zahlreiche Gewandtorsi, Grabreliefs der griechischen und römischen Antike, altägyptische Uschebtis ebenso wie archaisch-griechische Statuetten (6. Jh. v. Chr.) oder klassisch-griechische Vasen und Schalen (5. Jh. v. Chr.), Mumienporträts aus dem Fayum in Ägypten und Grabreliefs aus Palmyra in Syrien (2.–3. Jh.); streng-frontal eine ›thronende Muttergottes‹ der Romanik (nach 1050; aus Koblenz) oder einen ›Herrscherkopf‹ von der Königsgalerie einer französischen Kathedrale (um 1160; Ile de France oder Burgund), aus der Hochgotik eine schlanke Statue der ›Maria mit Kind‹ (um 1340; aus Österreich), aus dem Weichen Stil eine ›Pietà‹ (um 1420; vgl. Liebfrauenkirche) oder aus Alabaster den aus Nordfrankreich stammenden ›Riminialtar‹ mit der Kreuzigung (um 1430); aus der Spätgotik die Büste des ›Bärbele von Ottenheim‹ des Nicolaus Gerhaert van Leyden (1464), Werke vom Mittelrhein oder aus Mainfranken, von Hans Multscher, Jörg Syrlin d. Ä. und Tilman Riemenschneider (nach 1450); toskanische Plastik von der Gotik zur Renaissance, von Tino da Camaino bis zu Andrea della Robbia (um 1300–um 1500); noble Marmorbüsten des französischen Barock von Jean-Baptiste Lemoyne oder Jean-Antoine Houdon, aus Deutschland Skulpturen u. a. von Paul Egell und seinem Schüler Ignaz Günther (Mitte 18. Jh.); aus dem Klassizismus Antonio Canovas ›Allegorie des Winters‹ (1779), Berthel Thorvaldsens ›Alexanderfries‹ (1812) oder seine Reliefs aus der Bethmanngruft des Hauptfriedhofs (1813 bzw. 1830–32), v. a. Johann Heinrich

Liebieghaus, Athena, Kopie des 1. Jh. n. Chr. nach einem Vorbild des Myron aus dem 5. Jh. v. Chr.

von Danneckers berühmte ›Ariadne auf dem Panther‹ (1812–14; aus dem Ariadneum in der Friedberger Anlage); ebenso auch Skulpturen aus Ostasien wie Buddhaköpfe aus China (7.–9. Jh.) bzw. Kambodscha (11./12. Jh.) oder ein Tonpferd der Tang-Dynastie.

Benachbart quert seit 1990 als Hängebrücke der **Holbeinsteg** den Fluß, entsprechend einer Planung von 1893 und als Pendant des formal verwandten Eisernen Stegs (Entwurf: König & Heunisch bzw. A. Speer & Partner, Frankfurt).

Villa Bonn, Ansicht, um 1840

Bevor am Nordufer weitere Museen locken, lohnt der Weg zu einigen Wohnbauten: Zunächst mainabwärts, wo sich am Eck zur Wiesenhüttenstraße Ludwig Neher (Architekt des Alten Rathauses) 1898 seine eigene **Villa** erbauen ließ *(Untermainkai 64)*, schräg gegenüber dem Liebieghaus, trotz Giebeln und Turm weniger monumental, aber ebenfalls mit Anklängen an altdeutsche Renaissance, wie sie auch die Innenräume bewahren. Flußauf versteckt sich zwischen höheren Hotel- und Bürobauten die **Villa Bonn** (Untermainkai 44), ein 1798 (bevor die Eisenbahn das Stadtviertel umformte) noch in verputztem Fachwerk konstruiertes Sommerhaus (um 1830 aufgestockt). In älterer Mietshauszeile (1876) folgt dann ein pompöses **Doppelhaus** gleichfalls einem Entwurf Nehers (1894; *Untermainkai 29–30*) – axial in genauem Bezug auf das Städel.

Das **Jüdische Museum** (Untermainkai 14–15) schließlich, dessen beide Häuser der Stadtbaumeister J. F. Ch. Hess im Klassizismus errichtet (1819–21), Friedrich Rumpf westwärts verlängert (um 1850) und Ante Josip von Kostelac als jüdisches Ausstellungs- und Dokumentationszentrum umgebaut hat (1984–88), ergänzt die Museumsreihe auf der Frankfurter Flußseite (s. Kap. Rund um die Neustadt).

Das kaum jüngere **Hermann-Schlosser-Haus** (Untermainkai 4) hat Hess gleichfalls entworfen (1823); es dient der DEGUSSA als

Hermann-Schlosser-Haus mit Japan-Center

Historisches Museum, Ansicht des Liebfrauenbergs, Christian Georg Schütz d. Ä., Gemälde, um 1754/55

Firmenmuseum und birgt u. a. eine reichhaltige Münzsammlung. Im Hof daneben steht der klassizistische **Mägdleinbrunnen,** der mit seiner Pumpe 1798 einen mittelalterlichen Ziehbrunnen in der Alten Mainzer Gasse ersetzt hatte.

Dort ragt hinter der Uferzeile die als **Museum für Vor- und Frühgeschichte** umgebaute *Karmeliterkirche* hoch (1987–89, Entwurf: J. P. Kleihues; s. Kap. Am Rand der Altstadt: Das Karmeliterkloster). Mit neolithischem Werkzeug bietet es die ältesten Artefakte der Ufermuseen; als selbständiges Institut ging es 1937 aus dem Historischen Museum hervor, allerdings scheint die Sammlungsgrenze beider Häuser zwischen Spätantike und Frühmittelalter nicht immer klar.

Das 1878 zunächst im Leinwandhaus, 1954 im *Saalhof* eingerichtete und hier 1972 erweiterte **Historische Museum** (Saalgasse 19) gibt mit seinen zu Gruppen gefügten Ausstellungsstücken (ca. 3000 Gemälde, ca. 50 000 Skulpturen, Schmuck- und Gebrauchsgegenstände) einen Überblick für verschiedene Epochen der Frankfurter Stadtgeschichte.

Im Neubau präsentiert sich hinter Schaufenstern bereits von außen barocke Bauplastik, die aus dem Trümmerschutt des Zweiten Weltkriegs geborgen wurde (17./18. Jh.); ferner im Erdgeschoß – hinter Karl Wendelstadts Monumentalfigur ›Karl der Große‹ (1843; von der Alten Brücke) – Modelle der Altstadt im Zustand vor und nach der Kriegszerstörung (1944). Über der graphischen Sammlung (ca. 70 000 Fotos, Graphikblätter, Zeichnungen) und der Frankofurtensien-Bibliothek (ca. 20 000 Bücher) dokumentiert der Neubau im 2. Obergeschoß Frankfurt in Renaissance und Barock mit Geräten und Gegenständen des täglichen Lebens (Möbel, u. a. Frankfurter Schränke) oder für besondere Ereignisse (Krönung, Messe, Pfeifer-

Museum für Moderne Kunst, Ansicht von der Domstraße

gericht) sowie ›Bürgerporträts‹ und ›Stadtveduten‹ (z. B. von Christian Georg Schütz d. Ä. ›Hauptwache‹, ›Liebfrauenberg‹, ›Römerberg‹; um 1750).

Im Hof überlebensgroßer ›Bronzeakt‹ von Richard Scheibe (1926; im Nationalsozialismus von der Paulskirche entfernte erste Variante des Denkmals für Friedrich Ebert). Dahinter im *Burnitzbau* Architektur- und Skulpturenfragmente der Altstadt aus dem Mittelalter und (hinter der Kapelle) im Palas Porzellan der Frankfurter Manufaktur (1666–1772) bzw. das Ratssilber (1899–1914; u. a. Tafelaufsätze nach Modellen von Ferdinand Luthmer, Augusto Varnesi, Friedrich Hausmann); darunter im Keller ausgegrabene staufische Fundamente und gewölbte Kanäle (ein Teil im Hof rekonstruiert) sowie Funde der Altstadtgrabung im Bereich Dom – Römerberg.

Im Obergeschoß das Münzkabinett (ca. 200 000 Münzen und Medaillen) bzw. bürgerliche Kunstsammlungen (v. a. die Kabinette mit Miniaturgemälden des Konditors Johann Valentin Prehn sowie der Maler Johann Ludwig Morgenstern und seinem Sohn Johann Friedrich; spätes 18. Jh.). In reichlichem Abstand vom Main folgt das **Dommuseum** (s. Kap. Der Domhügel: Kreuzgang und Dommuseum).

Nicht am Rand, sondern inmitten der Stadt bildet das **Museum für Moderne Kunst** (Domstraße 10) geographisch und zeitlich das Ende der Doppelreihe von Sammlungen beiderseits des Mains. Auf leer gebliebener Winkelparzelle zweier Altstadtschneisen (Braubachstraße von 1905 und Berliner Straße von 1953) entstand es nach einem

Wettbewerbsentwurf des Wiener Architekten Hans Hollein 1989/90. In der Akzeptanz von Maßstab und Material der Umgebung (Traufhöhe bzw. Buntsandstein) schuf Hollein eine Architektur, die im Zusammenspiel transparenter und geschlossener Flächen, konvexer Erker oder konkaver Einschnitte fast wie eine Skulptur wirkt; die Frankfurter werten sie als ›Tortenstück‹. Wenn auch nicht in jedem Detail stimmig, überrascht der Bau in der Kombination moderner Formen mit historischen Zitaten. Eine zentrale Halle als Lichthof, gegeneinander versetzte Etagen und sich in der Diagonalen öffnende Räume werden zum Bestandteil ungewöhnlicher Kunstpräsentation aller Strömungen von den 50er bis zu den 90er Jahren. Den Grundstock bildete – in Konkurrenz zum Städel – der Erwerb der Pop-Art-Sammlung des Darmstädter Industriellen Karl Ströher mit Werken von Roy Lichtenstein und Robert Rauschenberg, Jasper Johns und George Segal, Andy Warhol und Claes Oldenburg. Internationalität erweisen hier vertretene Künstlernamen wie Francis Bacon, Piero Dorazio, Yves Klein, Arnulf Rainer oder Antoni Tàpies. Raumfüllend aufgestellt sind Joseph Beuys' umstrittener ›Blitzschlag mit Lichtschein auf Hirsch›, Katharina Frischs ›Tischgesellschaft‹ oder Dan Flavins ›Lichtinstallationen‹. Gerhard Richters in Grau gemalter Zyklus ›18. Oktober 1977‹, On Kawaras ›Datumsbilder‹ oder Thomas Ruffs ›Fotoporträts‹ und die ›Industriefotographien‹ von Bernd und Hilla Becher bedecken ganze Wände. Ständiger Szenenwechsel der Exponate spiegelt die Aktualisierung der Sammlung und vermittelt immer neue Impressionen einer sich stets verändernden Kunstszene.

Vom Petersfriedhof zum Hauptfriedhof – das Nordend

Im Bereich der seit den 50er Jahren zum anonymen Platz gewandelten Konstablerwache bleibt Frankfurts Stadtgeschichte nur noch an historischen Straßennamen ablesbar. Die dort als Sackgasse endende Große Friedberger Gasse bildete im hohen Mittelalter vor der Bornheimer Pforte (s. Kap. In der Neustadt: Entlang der Zeil zum Zoo) den Ansatz für die zur Wetterau führende Landstraße. Fort setzte sie sich in der Alten Gasse, die eigentlich Alte Friedberger Gasse hieß und zum Friedberger Tor führte.

Unter den kleinbürgerlichen Häusern der Neustadt, die sie rechts flankieren, gilt die sog. **Krawallschachtel** (ein ehemals durch laute Gäste bekanntes Restaurant) als ältestes Wohnhaus der Innenstadt (Alte Gasse 24). Wegen seiner geringen Höhe fällt es kaum auf, doch sein auf Knaggen ausgekragtes Obergeschoß kennzeichnet eine Fachwerkkonstruktion der Spätgotik, als deren Baujahr 1546 überliefert ist.

Vom Petersfriedhof zum Hauptfriedhof - das Nordend

1 Krawallschachtel (Alte Gasse 24)
2 Kreuzigungsgruppe Petersfriedhof
3 Peterskirche
4 Brönnerstraße 22-26
5 Sternstraße 11
6 Jahnstraße 11-9
7 Jahnstraße 7-3
8 Eckenheimer Landstraße 9-11, 13-15
9 Biedermeierhaus Eiserne Hand 9
10 Bernarduskirche
11 Holzhausen-Schlößchen
12 Epiphaniaskirche
13 Bürgerhospital
14 St. Marienkrankenhaus
15 Wiesenhüttenstift
16 Altes Portal Hauptfriedhof
17 Gruftenhalle
18 Gruft Bethmann-Hollweg
19 Torbau Israelitischer Friedhof
20 Reichenbachsches Mausoleum
21 Rotunde
22 Neue Trauerhalle
23 Torbau Neuer Jüdischer Friedhof

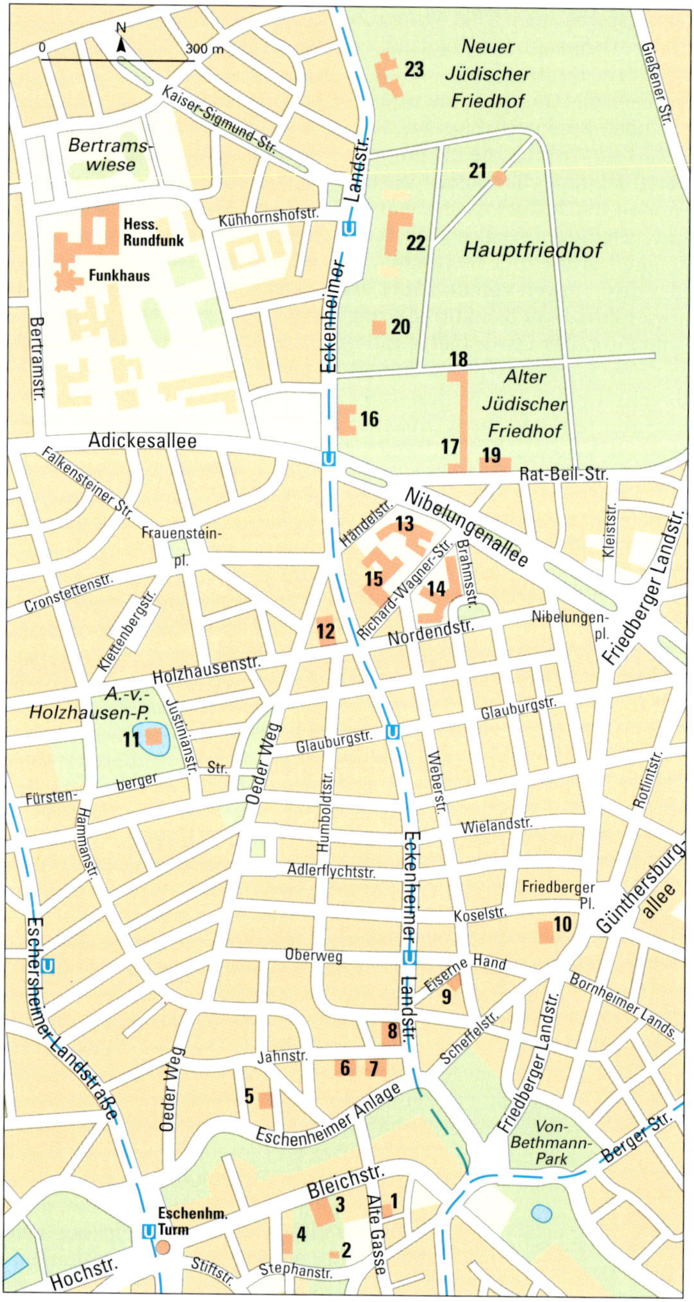

Am Straßeneck schräg gegenüber (Ecke Schäfergasse) stand bis 1896 die 1393 als Grabkapelle gestiftete *Peterskirche*, die 1452 zur Pfarrkirche der Neustadt (ähnlich wie drüben in Sachsenhausen die Dreikönigskirche) wurde. Während der Erweiterung und Wölbung als spätgotische Saalkirche unter Förderung der Patrizierfamilie Glauburg wuchs westlich der **Petersfriedhof** zum neustädtischen Begräbnisplatz; 1509 übernahm er schließlich die Funktion des geschlossenen Domkirchhofs. Bis 1828 fanden hier bedeutende und unbekannte Frankfurter Bürger ihre letzte Ruhestätte. Doch wie die Dreikönigskirche jenseits des Mains mußte die Peterskirche 1896 einem größeren Neubau (s. u.) weichen. Mit dem Durchbruch der Stephanstraße ist 1904 der Kirchhof zerschnitten, durch ein klobiges Bürohaus in den 70er Jahren seine südliche Hälfte überbaut worden. Eine *Kreuzigungsgruppe* markiert die ursprüngliche Mitte des Friedhofs. Hans Backoffen hatte sie 1511 in jener barocken Phase mittelrheinischer Spätgotik mit dem für ihn charakteristisch hochwirbelnden Lendentuch Christi geschaffen; im Gegensatz zu seiner berühmteren Gruppe im Dom besteht sie allerdings aus nur drei Figuren (Kopie; Original im Historischen Museum). Entsprechend desolat präsentiert sich der Petersfriedhof heute in einer zwar zentralen Gegend, die dennoch wie der vernachlässigte Hinterhof der Kaufhäuser entlang der Zeil wirkt.

Ein modernes Rondell im Hof der benachbarten *Liebfrauenschule* birgt die *Grablege* der *Familie Textor.* In ihr ist auch Elisabeth Goethe (1731–1808), Mutter des nach seinem Großvater, dem Stadtschultheißen Johann Wolfgang Textor, benannten Dichters, beigesetzt. 200 Meter weiter am Westrand des ummauerten Gevierts liegt ihr Mann Johann Caspar Goethe (1710–82) begraben, kaiserlicher Rat und Privatier (Bauherr des Goethe-Hauses; s. Kap. In der Neustadt: Um die Hauptwache), dessen Vermögen ihm gestattete, lebenslang seinen Liebhabereien nachzugehen; in derselben Reihe vor der Mauer liegt u. a. die Grabstätte der Bankiersfamilie von Bethmann. Künstlerisch heraus ragt das *Grabmal* für *Noë du Fay,* das ihm sein Sohn gegen 1680 von dem aus Solothurn als damals bedeutendstem Bildhauer der Reichsstadt zugewanderten J. W. Frölicher meißeln ließ – eine auf Korkenziehersäulen mit einer Tonne überwölbte Ädikula, die einen für das Faysche Familienwappen gesprengten Giebel, flankiert von verwitternden Tugendfiguren und getragen durch Pilaster mit Putten, umfängt (die Du Fays waren 1560 als Glaubensflüchtlinge aus den Niederlanden nach Frankfurt gekommen, hatten es hier als Tuchhändler zu Wohlstand und Grundbesitz gebracht, der auch den Hirschgraben einbezog, wo später die Familie Goethe wohnte). Weitere Epitaphien aus Barock und Klassizismus reihen sich entlang der Friedhofsmauern, deren nördliche in ihrer Gesamthöhe den Terrainunterschied zwischen mittelalterlicher Innenstadt und aufgeschütteten Grabenstraßen deutlich macht (ca. 4 m).

Petersfriedhof, Grabmal für Noë du Fay

Auf gleich hoher Terrasse schiebt sich von ihr die neugotische **Peterskirche** in den Petersfriedhof: Wirkungsvoll kontrastiert zum dunklen Basalt des Gebäudes dessen Dekoration aus gelbem Sandstein. Als zweischiffige Halle in der Tradition altstädtischer Kirchen entstand sie 1892–95 nach siegreichem Wettbewerbsentwurf der Berliner Architekten August Dinklage und Hans Grisebach (1944 ruiniert; bis 1965 unter Theo Kellner als Saalkirche erneuert mit Glasgemälden von Charles Crodel). Neben ihrem südwärts auf die City gerichteten Chorpolygon ragt schlank der Turm hoch, flankiert von reich dekoriertem Säulenportal. Eckpfeiler der nach Norden zur Bleichstraße weisenden Fassade tragen Kolossalstatuen der Apostel Petrus und Johannes von dem Berliner Franz Krüger bzw. der Evangelisten Markus und Matthäus von dem Wiener Friedrich Hausmann (1893/94), die beide um 1900 zu den führenden Bildhauern in Frankfurt zählten.

Eine Mappe arabischer und italienischer Motive, die der an der Städelakademie lehrende Architekt Maximilian Hessemer 1842 publizierte, gab der Fassadendekoration des biedermeierlichen Frankfurt entscheidende Impulse. Nicht allein das Maurische Haus (Blumenstraße 2; s. Kap. In der Neustadt: Rund um die Neustadt – der Anlagenring), sondern z. B. auch drei **Etagenhäuser** entlang der westwärts eine Zäsur zwischen Petersfriedhof und einstigen Bleichwiesen (ihnen verdankt die Bleichstraße ihren Namen) schaffenden *Brönnerstraße* (*Nr. 22–26;* 1855) sind davon geprägt: Streng antikisierende Form mildern Bogenfriese und Brüstungsfelder nach Art des romantischen Klassizismus – wenn auch bescheiden und provinziell, gemessen an gleichzeitiger Bebauung der Maximilianstraße in der Residenzstadt München. – Auf dem anschließend spitz zum Eschenheimer Turm weisenden Areal hatte übrigens 1763 der Frankfurter Arzt Johann Christian Senckenberg sein Bürgerspital gestiftet, und diesem verdankt die es südwärts begrenzende Stiftstraße ihren Namen (s. u.).

Verwandte Beispiele jener nur etwa 25 Jahre währenden Phase des romantischen Klassizismus folgen im jenseits des Anlagenrings benachbarten **Nordend,** wo vor der Spitze der fünften Bastion 1846 die Bebauung der nach Eckenheim führenden Landstraße einsetzte und gleichzeitig westwärts durch Gärten und Wiesen Querstraßen gebrochen wurden (Unter- bis Oberweg). Zugrunde lag dem Baubeginn dieser Vorstadt ein neues Statut (1851), das zu rascherem Bewältigen der Wohnungsnot auf aneinandergrenzenden Parzellen das Errichten von Doppelhäusern ermöglichte (Frankfurts Bevölkerung war während der ersten Hälfte des 19. Jh. stetig um knapp 2 % pro Jahr gewachsen). Qualitativ heraus ragen dabei die **Zwillingsbauten** *Sternstraße 11* bzw. *Jahnstraße 11–9* (1863), die **Einzelhäuser** *Jahnstraße 7–3* (1861), schließlich die **Doppelhausgruppe** *Eckenheimer Landstraße 9–11* und *13–15* (wiederum 1863). Auch wenn umgebende Gärten heute fehlen, machen sie mit ihren verputzten und einst in lichten Pastelltönen gehaltenen Fassaden Alexandre Dumas' begeisterte Wertung »Frankfurt gleicht in seinen weiß, pistaziengrün und rosa angemalten Häusern einem riesigen Blumenbukett« (1841) verständlich.

Gegenüber zweigt in der Eckenheimer Landstraße nach rechts die Straße **Eiserne Hand** ab. Ihr eigenwilliger Name wahrt die Erinnerung an einen Hinweis, der bis zum Vermauern des alten Friedberger Tores (1380 am Ansatz der 1862 durchgebrochenen Petersstraße errichtet) und seinen ostwärts verschobenen Neubau (1628; dem späteren Hessen-Denkmal benachbart; s. Kap. In der Neustadt: Rund um die Neustadt – der Anlagenring) auf die alte Wegverbindung zur besser ausgebauten Friedberger Landstraße wies. Auf winkliger Parzelle am Knick der Eisernen Hand (rechts) hat ein 1858 verschachtelt errichtetes **Biedermeierhaus** 1873 für die damals nordwärts planierte Weberstraße die Bauflucht bestimmt (Nr. 9).

Benachbart in der von ihr rechts abzweigenden Koselstraße (1862 trassiert) entstand schließlich 1905/06 nach Entwurf der Frankfurter Architekten Hans und Christoph Rummel die katholische **Bernarduskirche:** Unter den hiesigen Sakralbauten aus der Jahrhundertwende in Formen der Neoromanik ist sie die bedeutendste. Die Brüder Rummel hatten dazu Anregungen unterschiedlicher Stilphasen kombiniert. Verhältnismäßig schlichte Giebel deuten außen eine kreuzförmige Anlage an, die durch eine Vierung mit hohem Tambour zentriert wird. Nach Süden schiebt sich die Apsis mit halbrundem Umgang vor (vgl. Peterskirche), symmetrisch gerahmt von Treppen-

Bernarduskirche von Südosten

türmchen und Nebenräumen (Sakristei u. a.). Dieser zur Innenstadt gewandten *Chorfront* entspricht nach Norden eine traditionelle *Doppelturmfassade*. Großzügige Blendbögen an Türmen und Seitenfronten greifen Motive der Vorromanik des 11. Jh., die üblichen Bogenfriese solche der Stauferzeit um 1200 auf. Spärliche Bauplastik beschränkt sich auf jene Nordfassade, die platzbildend aus der Häuserzeile zurückweicht. Zwischen seitlichen Eingängen, deren Bogenfelder in gefälligen Reliefs ›Maria mit dem Kind‹ bzw. ›Christus als guten Hirten‹ zeigen, öffnet sich das zweigeteilte *Hauptportal* innerhalb eines tiefen Säulengewändes. Überspannt wird es in Kämpferhöhe von einem heroisch-streng stilisierten Relieffries, der Szenen aus dem ›Leben St. Bernhards‹ um die zentrale Darstellung seiner ›Segnung der ausziehenden Kreuzritter‹ gruppiert. In dieser Personenreihe des am Städel ausgebildeten Bildhauers Johann Joseph Belz aus Schwanheim überraschen Gruppen lauschender Arbeiter und Bauern (über den Kapitellen), die auf den ersten Blick mehr einem Profanbau und motivisch eher faschistischer Kunst zu entsprechen scheinen. Das Tympanon darüber hat Georg Poppe erst 1930 mit kaltfarbenem Mosaik des ›hl. Bernhard‹ gefüllt: Zwischen Kirchenlehrer und Bischof zeigt es den bedeutendsten Heiligen der Zisterzienser frontal in der weißen Kutte dieses Mönchsordens; darüber ein Rundfenster zwischen Biforien und zwei Fabelwesen (am Giebelansatz) in der Nachfolge mittelalterlicher Wasserspeier (von apotropäischer Bedeutung).

Der *Innenraum* (48 : 25 m) weitet sich jenseits von unterwölbter Empore und seitlichen Loggien in die von tonnengewölbten Jochen gerahmte Kuppelvierung und endet südwärts in halbrundem Chor, dessen Säulenarkaden die Ringtonne des niedrigen Umgangs umgreifen. Die Vierungspfeiler sind als Durchgänge bzw. für halbrunde Nebenchöre gehöhlt. Insgesamt wirkt der Raum kahl und somit völlig unterschiedlich im Vergleich zu sakralen Kuppelbauten desselben Dezenniums in der Nachbarschaft wie z. B. die Westendsynagoge (1908–10; s. Kap. Vom Bockenheimer Tor zur Bockenheimer Warte – das Westend). Wie diese und ebenso die Erlöserkirche in Bad Homburg (1902–08; s. Kap. Fahrten in die Umgebung: Residenz und Kurstadt – Bad Homburg) ist die Bernarduskirche bei ihrem Raumkonzept vom Kirchenbau der justinianischen Ära beeinflußt, d. h. von der Haghia Sophia und der Irenenkirche in Istanbul. Und entsprechend der Erlöserkirche, mit der sie die Stilkombination von neoromanischem Äußerem und byzantinisierendem Inneren verbindet, war auch bei St. Bernardus ursprünglich an eine leuchtende Dekoration mit Mosaiken gedacht.

Westwärts durch die Koselstraße stößt man wieder auf die Eckenheimer Landstraße und schließlich auf den *Oeder Weg*, dessen Name keineswegs auf desolaten Straßenzustand deutet. Bereits im späten Mittelalter verband er die ummauerte Stadt mit den ihr vorgelagerten Hofgütern des Patriziats. Mehrfach leicht geknickt, führt er noch heute vom Eschenheimer Turm in das Areal jener um die Jahr-

Holzhausen-Schlößchen

hundertwende überbauten ›Oeden‹ (= Gut; wie bei ›Kleinod‹), von denen rechts (Glauburgstraße 80) die um 1495 vom einstigen Bürgermeister Claus Stalburg (s. Kap. Am Rand der Altstadt: Das Karmeliterkloster) erworbene **Stalburgsche Oede** bei planvoller Erschließung dieses Gebiets beiderseits der Glauburgstraße (1873–79) allmählich verschwand; ihr barockes Herrenhaus (1734) ging 1876 in einem Mietshaus auf.

Auf der gegenüber der Glauburgstraße den Oeder Weg flankierenden Grünanlage steht links funktionslos ein *Tor:* Seine eisernen Gitterflügel hängen an Sandsteinpfeilern, die klassizistische Urnen tragen (um 1800). Doch weder Zaun noch Mauer fügen sich daran. Erst der Blick zwischen den Bäumen hindurch erfaßt hinter dem Tor eine geradlinige Kastanienallee und an deren Ende als point de vue das barocke **Holzhausen-Schlößchen** (Justinianstraße 5). Von den suburbanen Gütern, die Frankfurter Patrizier außerhalb der Stadtbefestigung besaßen, gilt es als das bekannteste. Gegen Mitte des 13. Jh. waren die Holzhausens aus Burgholzhausen im Bad Homburger Umland als Landadlige in die staufische Messestadt gekommen.

Während der knapp 500 Jahre kommunaler Selbständigkeit (1311–1806) stellte diese Familie etwa 70mal den allerdings nur jeweils für ein Jahr amtierenden älteren bzw. jüngeren Bürgermeister.

Vor 1398 hatte sie jenes Hofgut erworben, das fortan die **Holzhausensche Oede** hieß. Ursprünglich dürfte es sich dabei um ein Weiherhaus gehandelt haben, d. h. um einen turmartigen Steinbau in einem künstlichen See, den Justinian von Holzhausen 1540 mit einem Fachwerkgeschoß aufstocken ließ (Dürer wählte derartige Gebäude mehrfach als Hintergrund seiner Kupferstiche, jeweils eines blieb z. B. in Amorbach oder Rothenburg o. d. T. erhalten). Bereits unter Hamman, dem berühmtesten Vertreter der Familie (s. Kap. In der Neustadt: Um die Hauptwache), der für Frankfurt als Förderer von Humanismus und Reformation gilt, hatte sich die Holzhausensche Oede zu einem patrizischen Musenhof zu entwickeln begonnen. Anläßlich der Belagerung Frankfurts durch protestantische Truppen 1552 mußte Justinian (nach dem die Justinianstraße benannt ist, ähnlich wie die benachbarte Straße nach seiner Gattin Anna Fürstenberger) am 18. Juli mit ansehen, wie sächsische und hessische Landsknechte seine kleine Wasserburg in Flammen aufgehen ließen (auf Conrad Fabers zeitgenössischem Belagerungsplan ist die brennende Oede gut zu erkennen). Sein Sohn Achilles ließ sie 1571 wieder aufbauen, und dieses Renaissancegebäude ging im barocken Schlößchen auf. Mit dessen Planung hatte Hieronymus von Holzhausen schon 1722 den landgräflich-hessischen Hofbaumeiser Louis Rémy de la Fosse in Darmstadt beauftragt. Doch der Umbau begann erst 1727 und zog sich bis 1729 hin; der Architekt war bereits 1726 gestorben.

Bis heute entsprechen rechteckiger Grundriß und Position im Wasser dem einstigen Weiherhaus. Seine insgesamt fünf Geschosse sind allerdings durch de la Fosse egalisiert, einheitlich durchfenstert und mit charakteristischem Mansarddach überzogen worden, über dessen Mitte wie ein ›Luginsland‹ ein Belvederchen den Blick auf Stadt und Gebirge bot. Anstelle der ursprünglichen Zugbrücke führt von Osten auf zwei gewölbten Jochen eine *Steinbrücke* zum Mittelportal, dessen Bogen mitsamt dem darüber vermauerten Wappen noch in die Renaissance gehört. Jenes Wappen zeigt die von Frankfurts Kirchen der Spätgotik her bekannten drei Rosen und die Jahreszahl 1571; seitlich die Bauinschrift des Hieronymus von Holzhausen. Im Unterbau deuten extrem dicke Mauern und Wölbung gleichfalls auf eine Entstehungszeit im 16. Jh. Nur durch Fenstergröße und -gesims ist das erste Stockwerk als Beletage ausgewiesen. Während der Sommermonate 1743–48 war hierhin aus der Hitze der Stadt Fürst Alexander Ferdinand von Thurn und Taxis ins Grüne entflohen (s. Kap. In der Neustadt: Nordwärts zum Eschenheimer Turm). Erst 1771 entschlossen sich die Holzhausens zu dauerhaftem Bewohnen ihres Anwesens. Bei entsprechendem Ausbau entstand ab 1793 die *Kastanienallee* mitsamt flankierenden *Wirtschaftsgebäuden*, und umgebende Wiesen wandelten sich zu einem englischen

Wohnhaus in der Fürstenbergerstraße, Ernst May, um 1916

Hans Thoma, ›Offenes Fenster nach dem Holzhausenpark‹, Gemälde, 1883

Landschaftspark um den nun gerundeten See; auch Bürgermeister Anton Ulrich von Holzhausen, unter dem Frankfurt 1806 seinen Status als selbständiger Kleinstaat verlor, wohnte hier. Als letzter seines Geschlechts hat Adolph von Holzhausen 1910 Schloß und Park der Stadt Frankfurt übereignet und das – trotz näher rückender Bebauung – bis hinab zur Lersnerstraße freigebliebene Gelände an eine Terraingesellschaft verkauft (immerhin 33 000 m^2).

Den Ausblick auf das Schlößchen, den der Maler Hans Thoma noch 1883 als Motiv eines Ölbildes wählte (im Städelschen Kunstinstitut), verstellten rasch Villen des als noble Enklave gedachten Wohnviertels, für das der Darmstädter Hochschullehrer Friedrich Pützer den städtebaulichen Entwurf geliefert hatte. Im Schlößchen, dem Zentrum des **Holzhausenviertels,** richtete der Frankfurter Architekt Ernst May (1886–1970), der spätere Wegbereiter der Moderne in dieser Stadt, 1913 sein Atelier ein. Bis zum Ende des Ersten Weltkriegs plante er hier einige benachbarte Wohnhäuser und erwies sich dabei aus einstiger Verbindung zu seinem älteren Partner Clemens Musch als Traditionalist, der Formen des Neoklassizismus bevorzugte; alle diese Häuser sind abgebrochen oder verändert (wie z. B. Kleebergstraße oder Fürstenbergerstraße). Das Holzhausen-Schlößchen ist nach Brand und Umbau (1951) schließlich im Innern völlig modern gestaltet worden (1995; Entwurf: Heinrich Wörner und Partner, Frankfurt) und dient für kulturelle Veranstaltungen.

»Frankfurt hat doch auch seine verschiedenen Seiten: Es steckt eigentlich doch – vielleicht versteckter als anderswo – etwas solid Deutsches in Frankfurt.«
Hans Thoma, 1885

Weiter oberhalb mündet der Oeder Weg, kurz hinter dem neugotischen Turm der evang. **Epiphaniaskirche** (1900–03 nach Entwurf von Aage von Kauffmann; basilikaler Wiederaufbau 1956 durch Karl Wimmenauer), in die Eckenheimer Landstraße. Jenseits des Alleenrings wird dann der Hauptfriedhof erkennbar.

Doch bevor dieser durch seine klassizistischen Torbauten anzieht, lohnen wenige Schritte nach rechts in die Nibelungenallee, wo der Begräbnisstätte gegenüber 1904–06 unter dem Architekten Franz von Hoven das neue **Bürgerhospital** entstand. Als stumpfwinklig nach Nordwesten weisende Dreiflügelanlage vereint es Formen des mainfränkischen Barocks bei seinen überkuppelten Zwillingstürmen und dem axialen Dachreiter. Sein übergiebelter Mitteltrakt bietet das damals bereits aus den ursprünglichen, 1944 schließlich ruinierten Barockgebäuden an der Stiftstraße (s. o.) übertragene Grabmal des Stifters Dr. Johann Christian Senckenberg († 1772; er starb beim Sturz vom Gerüst seiner Stiftsbauten und wurde als erster in der dortigen Anatomie seziert). Südöstlich dahinter weitere damals großzügig angelegte Pflegeanstalten (beiderseits der Richard-Wagner-Straße: von 1907 das *St. Marienkrankenhaus* nach Entwurf von Hans Rummel bzw. von 1909 das *Wiesenhüttenstift* nach Plänen von Gustav Schaumann und Rudolf Restle).

Die Mauerecke des **Hauptfriedhofs** wird von Fast-Food-Buden verstellt – ein zunächst makaber anmutender Eindruck. Bis heute zeugt es von Weitblick, daß der Frankfurter Senator und hessische Hofrat Johann Adam Beil das von ihm mit Eifer zum Ersatz des Petersfriedhofs propagierte Projekt eines Zentralfriedhofs für die sich einer Einwohnerzahl von 50 000 nähernde Stadt in angemessener Entfernung von deren bewohntem Gebiet verwirklichte (immerhin beträgt die Distanz zwischen Anlagen- und Alleenring 1,5 km). Wo er bis 1828 unter dem Architekten Friedrich Rumpf ein Rechteck von 310 zu 180 Metern ummauern und durch den bewährten Stadtgärtner Sebastian Rinz gestalten ließ, hatte sich zuvor freies Feld gedehnt. Rinz erschloß die ostwärts zur Friedberger Landstraße gestreckte Friedhofsfläche durch ein axiales Wegekreuz, das er mitsamt den dadurch unterteilten vier Gewannen mit gefälligem Ringweg nach Art eines englischen Parks umgab.

Auf die untergehende Sonne zu öffnet sich der Friedhof an der einst als Ulmenallee angelegten Eckenheimer Landstraße in Rumpfs kulissenhaftem **Alten Portal,** dessen Wirkung – blendend weiße Architektur inmitten grüner Natur – damals sicher überwältigend war. Engelsköpfe auf den Giebelecken schuf der Frankfurter Bildhauer Johann Nepomuk Zwerger. Die von zwei dorischen Säulen klassisch geprägte Torfront wird durch niedrige Seitenflügel monumentalisiert und zu einer sich nach innen öffnenden Hufeisenanlage ergänzt (diese Flügelbauten nahmen bis 1909 Trauerkapelle bzw. Leichenhalle auf und waren – gemäß damaligen Erkenntnissen von Technik und Hygiene – in jeder Totenzelle zusätzlich mit Glöckchen und Seilzug ausgestattet, um Scheintote vor dem im Zeitalter der Romantik besonders gefürchteten Lebendig-begraben-werden zu bewahren). Die abweisend flächig gestalteten Anbauten wirken wie antike Totentempel.

Ihre Proportionen und Akroterien wiederholen sich am östlichen Friedhofsende in der **Gruftenhalle,** deren formale Vorbilder bis ins Mittelalter zurückreichen (z. B. der Campo Santo in Pisa). Hinter offenen Arkaden der hier jeweils auf ein Joch beschränkten Familienkapellen reihen sich altarähnlich steinerne Epitaphien (z. T. gewaltsam beschädigt und vorsätzlich zerstört) von oft hervorragenden Künstlern aus Klassizismus und Historismus; darunter gewölbte Grüfte bergen Sarkophage. Als Grablege der Familie von Bethmann dient der linke Kopfbau. Er birgt Berthel Thorvaldsens *Grabmal* für den frühverstorbenen *Johann Philipp von Bethmann-Hollweg* († 1812 in Florenz) – ein friesartiges Triptychon aus weißem Marmor mit antikisierender Darstellung des ›Verstorbenen zwischen jüngerem Bruder und Todesgenius, der ihm Mohnkapseln (= Symbol des Schlafs) reicht und die Fackel des Lebens löscht‹, links flankiert von ›klagender Mutter und trauernden Schwestern‹, rechts von ›Klio, die des Toten Taten aufzeichnet, mit Wappenlöwen und Flußgott der Stadt am Arno‹ (1830–32; allerdings handelt es sich hier um Kopien, die Originale befinden sich im Liebieghaus; s. Kap. Museen am Mainufer). An bekannten Frankfurter Familien folgen in der Gruftenhalle (zur Rat-Beil-Straße hin) u. a. Städel, Metzler, Gontard, Brentano, Passavant und Manskopf.

Hier neben dem seitlichen Friedhofseingang öffnet sich von der Rat-Beil-Straße her der gleichfalls bis 1828 von Rinz angelegte **Israelitische Friedhof** (als Ersatz des Begräbnisplatzes nahe dem Getto; s. Kap. Am Rand der Altstadt: Das Liebfrauenstift). Der ebenso von Friedrich Rumpf errichtete **Torbau** wirkt mit dreifacher Säulenreihe allerdings harmonischer. Auf dem Friedhof im Winkel zur Gruftenhalle sind in oft aufwendigen Grabmalen aus carrarischem Marmor u. a. Mitglieder der Bankiersfamilie Rothschild und viele andere als Wohltäter oder Wissenschaftler hervorgetretene Frankfurter beigesetzt.

Doch zurück zum christlichen Friedhofsteil: Typisches Grabmal der Frühzeit innerhalb der zu vier Gewannen (A–D) gruppierten Flächen war das inzwischen selten gewordene Steinkreuz (mit Name und Daten). Hinzu kamen rasch eindrucksvollere Monumente, an denen z. B. der Thorvaldsen-Schüler Eduard Schmidt von der Lau-

Hauptfriedhof, Israelitisches Portal

nitz, später die ebenfalls als Bauplastiker bekannten Bildhauer Gustav Kaupert oder v. a. Friedrich Hausmann beteiligt waren. Natürlich fanden auch die Schöpfer des Hauptfriedhofs hier ihre letzte Ruhestätte (Beil † 1852/Gewann C, Grab 7; Rinz † 1861/C, 155; Rumpf † 1867/an der Mauer 269a). Zwischen ihnen und auf bald ostwärts notwendigen Erweiterungsflächen (1845, 1857, 1859) mögen Namen von Philosophen oder Künstlern überraschen (von Arthur Schopenhauer † 1860/A, 24 zu Theodor W. Adorno † 1969/K, 119; von Edward von Steinle † 1886/D, 215 zu Ernst May † 1970/A, 274).

Hauptfriedhof, Mausoleum Reichenbach

Jenseits von ältester Nordmauer und kleiner Allee, deren *Obelisken* an die Opfer der Kämpfe um die Paulskirchenverfassung von 1848 erinnern (E, 17–21 bzw. 243), folgt mit dem **Reichenbachschen Mausoleum** das bedeutendste Monument des 19. Jh. Leicht erhöht hat es Maximilian Hessemer 1846 zwischen Diagonalwegen wirkungsvoll plaziert im Auftrag des Kurfürsten Wilhelm II. von Hessen-Kassel. Dessen morganatische Gemahlin Gräfin Emilie von Reichenbach-Lessonitz, geb. Ortlöpp, sollte hier ruhen († 1843; sie wurde jedoch in der Gruftenhalle beigesetzt). Das Mausoleum ist ein kreuzförmiger Zentralbau aus rotem Sandstein in byzantinisch-spätromanischen Mischformen. Ein oktogonaler Kuppeltambour strebt zwischen seinen übergiebelten Kreuzarmen hoch; Dekoration mittels Bogenfriesen (unter Einfluß der Gelnhäuser Marienkirche) und fialenartigen Blumengebinden als bizarrer Ausdruck romantischer Baugesinnung. In unterirdischer Gruft Marmorsarkophage mit lebensgroßen Liegefiguren des Paares von Eduard Schmidt von der Launitz. Rechts vor dem Gebäude steht der Grabstein des Architekten Hessemer († 1860/F 11), dessen Porträtmedaillon Johann Nepomuk Zwerger, sein Kollege an der Städelakademie, modellierte.

Frankfurts Wandel zur Großstadt ließ auch die Zahl seiner Toten wachsen. Für einen nach der Jahrhundertwende nach Norden vielfach vergrößerten Hauptfriedhof verband der damalige Gartenbaudirektor Karl Heicke 1908 den vorgegebenen Raster älterer Gewanne mit diagonalen Alleen, die sich aus leichter Kurve der rahmenden Eckenheimer Landstraße ergaben. Als Blickfang der breiten Nord-Ost-Allee erscheint eine zierliche **Rotunde** mit Säulenkranz, umlaufendem Balkon und Kuppel – von der Architekturgattung her ein Tholos als Kopie von Bramantes Tempietto S. Pietro in Montorio in Rom aus der Hochrenaissance (1502), der Columbarien aufnimmt. Davor laufen wie in einem barocken Schloßpark all die Alleen in weitem Gartenparterre zusammen, hinter dem als monumentaler Baukomplex **Neue Trauerhalle** und Verwaltungsgebäude beiderseits eines tiefer liegenden Ovalbeetes einander gegenüberstehen. Beide sind Teil eines städtebaulich überzeugenden, wenn auch in den neoklassizistischen Details etwas spröden Wettbewerbsentwurfs, den die Berliner Architekten Heinrich Reinhardt und Georg Süßenguth 1909 verwirklichen konnten. Die Trauerhalle wählt darin die Synthese aus frühchristlicher Architektur und Frührenaissance – breite

Hauptfriedhof, Neue Trauerhalle

Freitreppe und Vorhalle wie einst bei St. Peter in Rom und eine dominierende Kuppel, die ihre Ähnlichkeit mit Brunelleschis Florentiner Domkuppel (ab 1420) erst im Innern offenbart. Steile Proportionen dieses Kirchenraumes werden durch Tempelfassaden wie im archaischen Griechenland, die stämmig unter die Vierungsbögen gestellt sind, gemildert; an Wänden und Wölbung Sgraffiti und tröstende Bibelsprüche in Chiaroscuro. Nordwärts schließen sich – äußerlich wie eine Basilika – *Leichenhalle* und *Krematorium* an.

Weit dahinter folgt der **Neue Jüdische Friedhof,** dessen Eingangsarchitektur von Fritz Nathan stammt, ein in Formen der klassischen Moderne symmetrisch mit offenen Pfeilerstellungen um rechteckigen Hof gruppierter Klinkerbau (1928/29).

Hauptfriedhof, Neue Trauerhalle, Längsschnitt

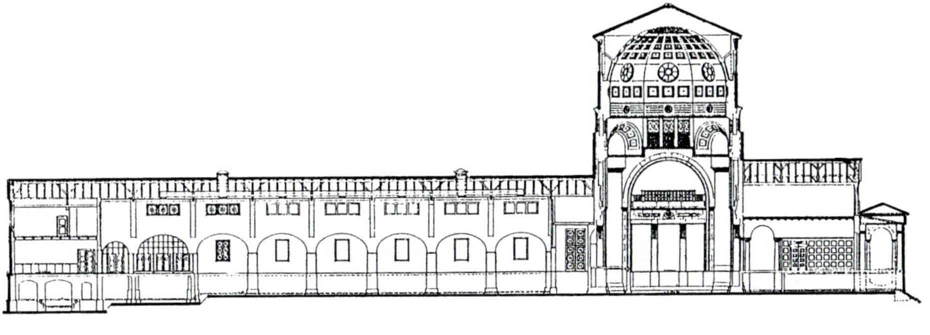

Kirchen vom Historismus bis zum Ersten Weltkrieg

1862/63	**Nazarethkirche** (ev.)	*Eckenheim,* Eckenheimer Landstraße 332	Maurer & K. Wild
1863–90	**Segenskirche** (ev.)	*Griesheim,* Alte Falterstraße	H. Burnitz & Götz
1868–72	**St. Elisabethenkirche** (kath.)	*Bockenheim,* Kurfürstenplatz	G. G. Ungewitter
1875–80	**Dreikönigskirche** (ev.)	*Sachsenhäuser Ufer*	F. J. v. Denzinger
1881/82	**Höchster Stadtkirche** (ev.)	Leverkuser Straße	Heyden & Kyllmann
1883	**Nothelferkapelle** (kath.)	*Sossenheim,* Kurmainzer Straße	J. Kunz
1885–91	**Kirche des Südfriedhofs**	*Sachsenhausen,* Darmstädter Landstraße	J. Lieblein
1888	**Zionskirche** (ev. meth.)	*Nordend,* Merianplatz	C. Baresel & C. J. Bauer
1892–95	**Peterskirche** (ev.)	*Innenstadt,* Bleichstraße	K. Dinklage & H. Grisebach
1892/93	**Peter- und Paul-Kirche** (kath.)	*Heddernheim,* Oranienstraße	J. Röder
1893	**Herz-Jesu-Kirche** (kath.)	*Oberrad,* Mathildenstraße	M. Meckel
1893/94	**St. Antoniuskirche** (kath.)	*Rödelheim,* Alexanderstraße	Röderich
1895/96	**Mariä-Himmelfahrtskirche** (kath.)	*Griesheim,* Linkstraße	J. Röder
1895–99	**Herz-Jesu-Kirche** (kath.)	*Eckenheim,* Eckenheimer Landstraße	M. Meckel
1896	**Herz-Jesu-Kirche** (kath.)	*Alt-Fechenheim*	M. Meckel
1896–98	**Thomaskirche** (ev.)	*Heddernheim,* Heddernheimer Kirchstraße	
1898	**Sossenheimer Pfarrkirche** (ev.)	Siegener Straße	L. Hofmann
1898–1900	**St. Antoniuskirche** (kath.)	*Westend,* Savignystraße	A. Menken
1898–1901	**St. Mauritiuskirche** (kath.)	*Schwanheim,* Mauritiusstraße	J. Dormann
1905–09	**St. Markuskirche** (kath.)	*Nied,* Mainzer Landstraße	H. Rummel

1906	**Bernarduskirche** (kath.)	*Nordend,* Koselstraße	H. Rummel
1908	**St. Josephskirche** (kath.)	*Höchst,* Hostatostraße	R. Saran
1909	**Kirche des Hauptfriedhofs**	*Nordend,* Eckenheimer Landstraße	H. Reinhardt & G. Süßenguth
1910	**Markuskirche** (ev.)	*Bockenheim,* Markgrafenstraße	E. Faust & A. Wagner
1911	**Martinskirche** (ev.)	*Schwanheim,* Martinskirchstraße	O. Bäppler
1912	**Kirche der ›Colonie‹** (ev.)	*Zeilsheim,* Frankenthaler Weg	A. Günther
1914	**St. Josephskirche** (kath.)	*Eschersheim,* Josephskirchstraße	A. Schenck

Affentor und Hügelgräber – über den Sachsenhäuser Berg in den Stadtwald

Für **Sachsenhausen** machte sich der Frankfurter Senat nicht die Mühe, den Befestigungsring in eine Parkanlage zu verwandeln. Schul- und Wallstraße markieren dessen inneren Umriß, Schiffer- bzw. Willemerstraße und Wasserweg den äußeren. Um die Tiefe der einst dazwischen vom gotischen Affentor (vor 1391; 1809 abgebrochen) weit nach Süden vorgeschobenen Barockbastion setzte Stadtbaumeister Johann Friedrich Christian Hess 1810/11 seine **Affentorhäuser** zurück. Wie fast alle anderen von ihm und seinem Vater für das Erheben von Warenzoll entworfenen Stadttore sind sie als Zwillingsgebäude angelegt, zwischen denen ein Eisengitter mit Tor die Kontrolle von Passanten und Wagen ermöglichte. Formal folgen sie damit einem allen europäischen Städten im Klassizismus gemeinsamen Bauschema. Ihre übergiebelten Straßenfronten öffneten sich ursprünglich für tonnengewölbte Wartehallen (an rustiziertem Blendbogen ablesbar).

Affentorhaus

Seinen Namen trägt das Tor seit dem Mittelalter vermutlich nach einem Nachbarhaus ›Zum Affen‹. Die weniger vulgär scheinende Bezeichnung *Aschaffenburger Tor* hielt sich nur kurzfristig im 19. Jh., und der Bezug zum ›Affen‹ (= Alkoholrausch), den mancher Zecher aus nahen Apfelweinschänken nach Hause bringt, ist nur eine volkstümliche Namensdeutung; daran erinnert Georg Krämers traditionell gestalteter **Affenbrunnen** (1958; neben dem Ostbau).

Sachsenhausen
1 *Affentorhäuser*
2 *Affenbrunnen*
3 *Carolusbrunnen*
4 *Kranichsteiner Straße 22-26*
5 *Quirinbrunnen*
6 *Jugendstilmauer*
7 *Auf dem Mühlberg 45*
8 *Willemerhäuschen*
9 *Villa Oehler (Krankenhaus)*
10 *Goethe-Tempel*
11 *Henninger Turm*
12 *Portalbauten Südfriedhof und Friedhofskapelle*
13 *Sachsenhäuser Warte*
14 *Boehle-Park*
15 *Boehlehaus*
16 *Goethe-Turm*
17 *Hügelgräber Rainheeggruppe*
18 *Hügelgräber Hainer-Weg-Gruppe*
19 *Waldbahnhof und ehem. Forsthaus*

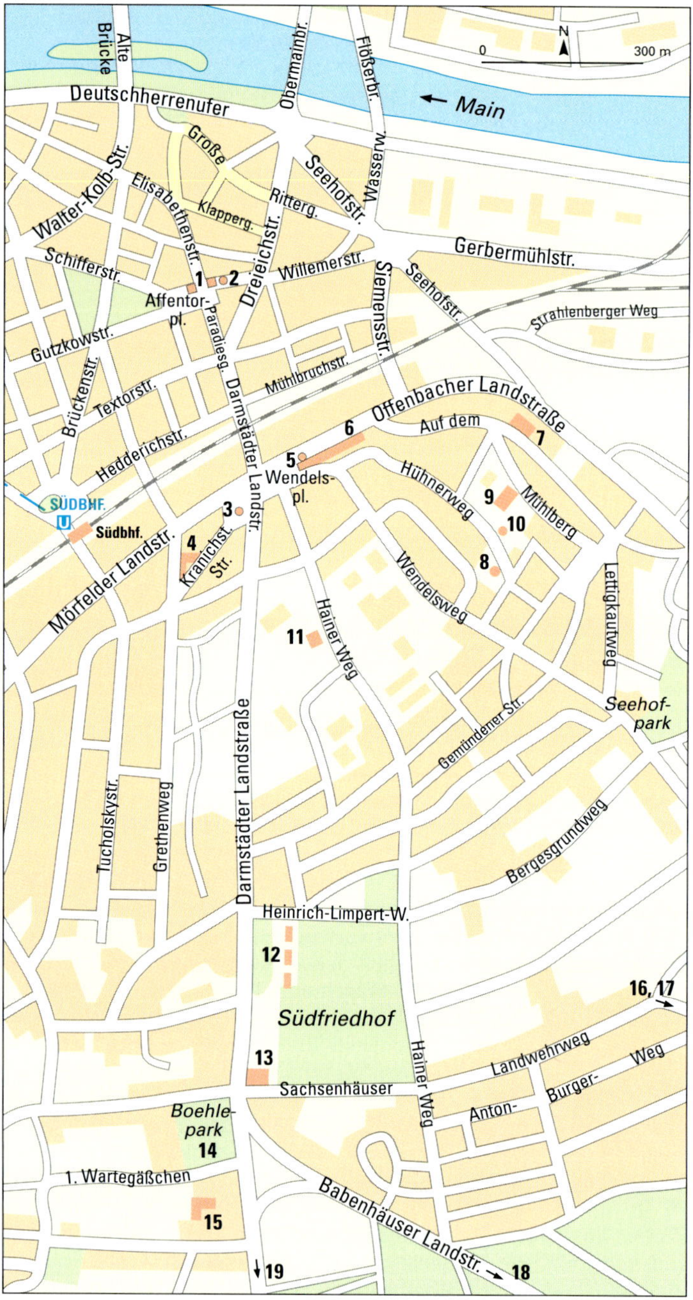

Südwärts jenseits der Eisenbahnbrücke (Dammtrasse der Bebraer Bahn von 1875) sind Landstraßen ins Umland im *Wendelsplatz* zentriert. Hier, wo die Wahl des Hirtenpatrons als Namengeber auf erst spät im 19. Jh. einsetzende Bebauung des Sachsenhäuser Berges deutet, steht klein der **Carolusbrunnen** mit dem Reiterstandbild Kaiser Karls des Großen. Sein Bronzeguß entstand 1967 nach einem Gipsmodell, das der Bildhauer Fritz Boehle 1910 im Deutschordenshaus für ein monumentales Reiterstandbild auf der gotischen Alten Brücke (s. Kap. Am Rand der Altstadt: Die Deutschordenskommende im Süden) entworfen hatte (deren Abbruch verhinderte das Projekt); stilistisch folgt es Donatellos berühmten Renaissancemonument für den venezianischen Condottiere Gattamelata in Padua (1453). – Rechts vom Wendelsplatz endet die hier einmündende *Kranichsteiner Straße* in einer für die frühe Moderne charakteristischen **Wohnhausgruppe** von Ernst Balser (1926; Nr. 22–26) aus Backstein, mit gerundeter Ecke und bugartigen Fenstern.

Vom Wendelsplatz steigt ein Bündel schmaler Straßen südöstlich zum **Mühlberg,** der einst freien Blick auf die ummauerte Reichsstadt bot. Seit dem 18. Jh. entstanden daher hier oben Sommerhäuser von reichen Frankfurtern. Oberhalb des **Quirinbrunnens,** typisch für den Klassizismus mit Obelisk und Urne (1790; Becken fehlt), und der den Hang sichernden **Jugendstilmauer** (1907; mit Aussichtspavillon und Brunnennische) blieb ein **Barockhaus** unter charakteristischem Mansarddach (Auf dem Mühlberg 45; 1760) erhalten. Noch höher steht das klassizistische **Willemer-Häuschen** (Hühnerweg 74), das sich der Bankier Johann Jakob Willemer um 1810 wie einen Aussichtsturm gestalten ließ. Mit ihm und dessen Frau verbrachte Goethe hier die Nacht zum 18. August 1814 angesichts der zum Jahrestag der Leipziger Völkerschlacht auf den Höhen ringsum lodernden Freudenfeuer; im folgenden Jahr suchte Goethe das Paar in der Gerbermühle am Mainufer auf, und zum literarischen Produkt dieser Begegnung mit Marianne Willemer wurden beider Gedichte in seinem ›West-östlichen Divan‹. – Gegenüber hinter der Parkmauer der zum Krankenhaus erweiterten *Villa Oehler* (1871) ist der **Goethe-Tempel** sichtbar (Auf dem Mühlberg 30), eine kleine Kuppelrotunde des Klassizismus mit hufeisenförmiger Außentreppe: Zur Erinnerung an ihr Zusammentreffen mit dem Dichtergast der Nachbarn hat ihn Sophia Bansa-Streiber errichten lassen (um 1820).

Willemer-Häuschen am Hühnerweg

Pumpbrunnen aus Barock und Klassizismus

1759	**Freiheitsbrunnen**	*Altstadt,* Weckmarkt
1770	**Liebfrauenbrunnen**	*Altstadt,* Liebfrauenberg
1776	**Schöppenbrunnen**	*Altstadt,* Limpurger Gasse
1778	**Atlasbrunnen**	*Altstadt,* Weckmarkt 2
1781	**Löwenbrunnen**	*Altstadt,* Fahrgasse
1781	**Dreikönigsbrunnen**	*Sachsenhausen,* Dreikönigsstr.

1786	**Paradiesbrunnen**	*Sachsenhausen,* Paradiesgasse
1788	**Goldener Brunnen**	*Neustadt,* Hauptwache
1789	**Artischockenbrunnen**	*Sachsenhausen,* Dreieichstraße
1790	**Quirinsbrunnen**	*Sachsenhausen,* Offenbacher Landstraße
1794	**Bäckerbrunnen**	*Sachsenhausen,* Große Rittergasse
1794	**Weißer Lilienbrunnen**	*Neustadt,* Goetheplatz
1796	**Hirschbrunnen**	*Sachsenhausen,* Große Rittergasse
1798	**Klappergaß' Brunnen**	*Sachsenhausen,* Klappergasse
1798	**Mägdeleinbrunnen**	*Neustadt,* Untermainkai 4
um 1800	**Fleischerbrunnen**	*Sachsenhausen,* Große Rittergasse
1812	**Obeliskbrunnen**	*Neustadt,* Brückhofstraße
1815	**Riedhofbrunnen**	*Sachsenhausen,* Mörfelder Landstraße 212
1822	**Tugendbrunnen**	*Altstadt,* Töngesgasse
1827	**Hoher Brunnen**	*Alt-Bornheim*
1828	**Zehntgassenbrunnen**	*Alt-Schwanheim*
um 1830	**Sindlinger Pumpbrunnen**	*Sindlingen,* Huthmacherstraße
ab 1839	**Heddernheimer Pumpbrunnen**	*Alt-Heddernheim*
um 1840	**Westendbrunnen**	*Westend,* Bockenheimer Landstraße
1859	**Winzerbrunnen**	*Neustadt,* Taunusanlage
1864	**Luisenhof-Brunnen**	*Bornheim,* Weidenbornstraße
um 1900	**Gärtnerbrunnen**	*Sachsenhausen,* Mühlbergschule

Steiler bergan führt der *Hainer Weg,* historische Fernstraße durch den die Stadt von Süden umfassenden Reichswald Dreieich (s. Kap. Fahrten in die Umgebung: Im Reichsforst Dreieich), dessen Großteil die Frankfurter 1372 von Kaiser Karl IV. als Stadtwald erworben haben. Rechts dominiert der **Henninger-Turm** (Nr. 37), das Hochsilo einer der bekanntesten Frankfurter Brauereien (Entwurf: Danuse und Thomas Russ). Als erstes Gebäude Frankfurts, von dessen in fast 120 Meter Höhe rotierendem Restaurant aus sich nicht nur Sachsenhausen und Stadtwald überschauen lassen, übertraf es 1960 die Höhe des Domturms.

Bergauf folgt der **Südfriedhof,** 1868 als Ersatz des Sachsenhäuser Friedhofs an der Brückenstraße angelegt. Seine Schauseite entlang der Darmstädter Landstraße bilden spätklassizistische **Portalbauten** von Jakob Lieblein (1885–91): Zwischen symmetrischen Verwaltungstrakten und Kolonnaden steht die **Friedhofskapelle,** ein kreuzförmiger Zentralbau mit Vorhalle und Apsis, dessen allseitige Giebelfronten eine oktogonale Tambourkuppel und ihre Laterne überragen.

Bescheiden im Vergleich zu gegenüber terrassierten Wohntürmen nimmt sich die anschließende **Sachsenhäuser Warte** aus. Kaiser Ludwigs des Bayern Privileg zum Mauerbau (1333) hatte infolge rascher Entwicklung weittragender Schußwaffen gegen Ende des 14. Jh. auch zur Anlage der die Stadt im Abstand von mindestens zwei Kilometern umgebenden Landwehr geführt. Ein deren Gräben überragender Wartturm ist für Sachsenhausen erstmals 1396 auf dem Mühlberg überliefert, doch diese frühe Holzkonstruktion wurde schon 1425 abgebrochen. Fortwährende Grenzverletzungen und der Raub weidender Viehherden durch umwohnende Territorialherren ließen den Frankfurter Rat 1470 bei Kaiser Friedrich III. die Erlaubnis zum Bau einer neuen Sachsenhäuser Warte in beherrschender Position am Waldrand erwirken. Ungeachtet ständiger Übergriffe der

Sachsenhäuser Warte

sich in ihren Rechten geschmälert fühlenden Wildbannherren der Dreieich (die Grafen Ludwig zu Isenburg-Büdingen, Philipp d. Ä. von Hanau, Kuno von Solms), konnte die kleine Grenzfestung im Schutz von städtischer Miliz bis 1471 aufgemauert werden.

Dabei entstand eine über 50 Meter entlang der Landwehr gestreckte Hofanlage der Spätgotik, gesichert durch die mindestens sechs Meter hohe Mauer und zugänglich durch ein Tor an der Landstraße. Zu ihr hin schiebt sich neben dem Tor wie ein Bergfried ein zylindrischer **Wachturm** (bewohnt) – wie eine separate Kleinburg von oktogonalem Zwinger umgeben und in ausgekragtem Oberbau mit verschiefertem Fachwerkgeschoß endend (Höhe 27,5 m). Ihn und die Mauern öffnen Schießscharten in typisch spätgotischer Form von Schlüssellöchern. Außen am Zwinger verblieben Konsolen des einst die Chaussee sperrenden Schlagbaums. Der Turm trägt das Stadtwappen (1470; der an der Außenmauer südwärts gerichtete Stadtadler stammt vom Turm des Alten Rathauses). Vom barocken *Forst-* und *Geleitshaus* (= Restaurant), das Stadtbaumeister Johann Andreas Liebhardt 1767 an die südliche Hofseite fügte, fehlen Oberbau und Mansarddach; nach Norden ein Mauerbrunnen der Spätgotik, im Osten späteres *Stall-* und *Scheunengebäude.*

Neben der Darmstädter Landstraße verbirgt sich im kleinen *Boehle-Park* das neoromanische **Portalgebäude** eines unterirdischen Trinkwasserreservoirs (1899–1901), Pendant zum Hochbehälter an der Friedberger Warte und mit ihm über eine unter dem Main geführte Leitung verbunden. – Dahinter entstand 1910 das neobarocke **Boehle-Haus** (1. Wartegäßchen 5), das dem vorwiegend für die Binding-Brauerei am Sachsenhäuser Berg tätigen Bildhauer Fritz Boehle (s. o.) als Wohnung und Atelier gedient hat; den von ihm geschätzten Renaissancestil bezeugt im Hof ein steinerner Ziehbrunnen.

Wie nach Westen die Wartegäßchen markiert ostwärts der durch eine Siedlung führende *Sachsenhäuser Landwehrweg* den Verlauf dieser spätmittelalterlichen Grenzsicherung. Wo er auf den Stadtwald trifft, wurde 1867 zur Aussicht auf die Stadt der **Goethe-Turm** aufgestellt (1931 erneuert) – eine Holzkonstruktion, die formal an Türme des römischen Limes oder amerikanischer Wild-West-Forts erinnert. Der den Waldrand begleitende Landwehrweg wird gegen das Tal von einem *Doppelgraben* flankiert, der innerhalb des Stadtgebiets als einziger Geländerest von ehemals ca. 30 Kilometern dieser Grenzbefestigung sichtbar blieb.

Zum Spielplatz *Scherwald* hin verliert sich der Doppelgraben der Landwehr gelegentlich im Gelände. Kurz zuvor schon führt nach rechts die Maunzenweiherschneise bergab tiefer in den Wald, wo nach 700 Metern links der Rainweg abzweigt. Hier am benachbarten Südosthang der *Rainheegdüne* weist der Boden des Mischwaldes flache Erhebungen auf, die am künstlichen Einschnitt einer Sandgrube enden. Erst beim genauen Hinsehen wird deutlich, daß es sich dabei um keine natürliche, sondern um eine künstlich gestaltete Geländeformation handelt. Beim Sandabbau 1924 wurden diese Hügel entdeckt und gleich zwei davon zerstört (Nr. 1–2). Übrig blieben immerhin noch elf weitere (Nr. 3–13). Es handelt sich bei ihnen um *Grabhügel* der älteren Eisenzeit (um 500 v. Chr.). Im Neolithikum (6. Jt. v. Chr.) hatten bereits die fruchtbaren Uferterrassen frühe Akkerbauer zur Ansiedlung am Main angelockt. Doch jene **Hügelgräber** der Hallstattkultur (benannt nach dem Hauptfundort in Österreich) sind mit die ältesten vor Ort oberirdisch sichtbar erhaltenen Zeugen einer mehr als 5000 weitere Jahre nachweisbar zurückreichenden Besiedlung des Frankfurter Territoriums. Als Bautyp steht das Hügelgrab in einer ins Neolithikum zurückreichenden Tradition, wie sie im mediterranen Gebiet später auch bei Etruskern wie Römern üblich war. Innerhalb des Stadtwaldes sind noch ca. 250 derartige Hügelgräber, konzentriert auf 12 Gruppen (maximal 69 Hügel an der Kreuzung Niederräder Landstraße/Kennedy-Allee), erhalten.

Der Basisdurchmesser dieser kreisrunden Grabbauten beträgt etwa 10 bis 20 Meter; von ihrer oft sechs Meter erreichenden Höhe blieb infolge Bodenerosion kaum mehr als ein Zehntel. Wie bei all den anderen Formationen setzt die entlang einer Geländeschwelle gereihte **Rainheeggruppe** eine waldlose Landschaft voraus, die – vor Erreichen der bäuerlichen Siedlung am Uferhang – von prähistorischer Straße her eindrucksvoll aus der Ferne erschien (als bescheidene Variante vergleichbar den Nekropolen an den Ausfallstraßen antiker Städte).

Aufbau und Inhalt solcher durch den späteren Wald sicher geborgenen Hügelgräber sind bei gelegentlich notwendigen Ausgrabungen bekannt geworden. Ihren Kern bildet eine aus Holz für den in der

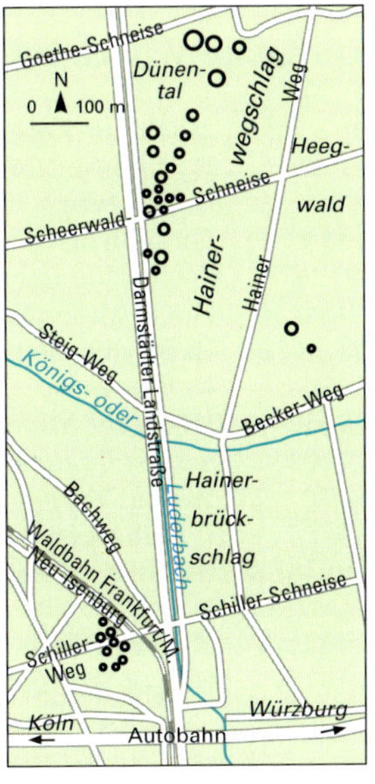

Hügelgräber im Stadtwald: Rainheeggruppe und Hainer-Weg-Gruppe

Regel aufgebahrten Toten konstruierte Grabkammer, die ebenso Platz für Beigaben bietet: Tongeschirr, Schmuck, selten Waffen (aus Bronze bzw. Eisen; Funde im Museum für Vor- und Frühgeschichte; s. Kap. Am Rand der Altstadt: Das Karmeliterkloster). Innerhalb größerer Hügel finden sich manchmal auch spätere Nachbestattungen. Über allem ist Sand gehäuft und mit Grassoden bedeckt. Funde aus Hügelgräbern sind meist beschädigt, da die dauerhaft dem Druck nicht standhaltenden Hohlräume zusammenstürzten (Grabräuber sorgten vielfach für weitere Schäden).

Eine mit 33 Grabhügeln weit größere Gruppe reiht sich entlang der Darmstädter Landstraße, ehemals in Sichtweite des bereits in prähistorischer Zeit über den Sachsenhäuser Berg zum Main hinab führenden Hainer Wegs: Am Dünental der querenden Goetheschneise (sie weist vom Goetheturm nach Südwesten) erhebt sich mit über zwei Metern der höchste Grabhügel (Nr. 33) dieser an drei Standorten verdichtet erhaltenen **Hainer-Weg-Gruppe** (Nr. 33–12).

Außerhalb des Stadtwaldes am Ende der Darmstädter Landstraße folgt rechts der **Waldbahnhof** von 1888 aus Fachwerk und Backstein (= Endstation der Straßenbahn); schließlich links ein ehemaliges **Forsthaus** von 1701 (Nr. 741; 1777 erweitert, jetzt Restaurant ›Frankfurter Haus‹). Hier endet das Frankfurter Stadtgebiet am Rand von **Neu-Isenburg,** einer 1699 von Graf Johann Philipp zu Isenburg-Büdingen gegründeten Hugenottensiedlung (links an der Frankfurter Straße/B 3); von dieser barocken Planstadt blieb nur der rechteckige Grundriß mit seinen beiden sich in zentralem Marktplatz kreuzenden Diagonalstraßen.

Gotische Wehrbauten

ab 1355	**Höchster Zollturm**	Schloßplatz
ab 1413	**Bonameser Ortsbefestigung**	
1414	**Galluswarte**	Mainzer Landstraße
ab 1426	**Eschenheimer Turm**	Eschersheimer Landstraße
1434/35	**Bockenheimer Warte**	
ab 1440	**Berger Ortsbefestigung**	
1456	**Rententurm**	Mainkai
1465	**Höchster Maintor**	Schloßplatz
1470/71	**Sachsenhäuser Warte**	Darmstädter Landstraße
1472	**Weißer Turm**	Bergen, Gangstraße
1478	**Friedberger Warte**	Friedberger Landstraße
um 1490	**Kuhhirtenturm**	Sachsenhausen, Große Rittergasse
1492	**Großer Rieder Hof**	Hanauer Landstraße
1557	**Berger Warte**	Vilbeler Landstraße

Vom Bockenheimer Tor zur Bockenheimer Warte – das Westend

Als neben der ruinierten Alten Oper 1960–62 das **Zürichhaus** mit 20 Geschossen emporwuchs, erschien dies vielen Frankfurtern als städtebauliches Ärgernis (Entwurf: Udo von Schauroth, Frankfurt und Werner Stücheli, Zürich). Damals galt es mit seinen glänzenden vorgehängten Fassaden in Blau-Silber als erster Vertreter einer amerikanisch geprägten Hochhausgeneration und folgte einem Konzept, das am Ansatz aller Ausfallstraßen ähnliche Bürobauten wie erhobene Zeigefinger vorsah (›Fingerplan‹). Ungeachtet des Gegensatzes zu benachbarter Repräsentationsarchitektur des Historismus – z. B. dem pompösen **Providentia-Haus** (Taunusanlage 20) mit seinem Säulenrisalit (1898–1900; Entwurf: Hermann Ritter und Theodor Martin) – wurde das Haus der Zürich-Versicherung (Bokkenheimer Landstraße 2–4) stilistisch zum Vorbild der Frankfurter Architektur des späten 20. Jahrhunderts. Dennoch ist es nicht das älteste Hochhaus der Stadt (dies entstand 1921–26 als expressionistischer *Klinkerturm* der *Seifenfabrik J. G. Mouson* im Ostend – heute: **Mousonturm** –, Waldschmidtstraße 4, nach Entwurf von Fritz Mouson und Robert Wollmann, aus dessen Büro Udo von Schauroth hervorging). Von 90 000 Gebäuden Frankfurts gilt mittlerweile jedes 100. als Hochhaus, und seit diese die Stadtsilhouette prägen, sind despektierliche Vergleiche mit Schuhkartons und Keksdosen verklungen.

Bereits in seinem Vestibül präsentiert sich das Zürichhaus allerdings in Materialien und Motiven als Werk im Geschmack der späten 50er Jahre, und eigentlich liegt in solcher Kombination zeittypischer Interieurs mit nahezu avantgardistischem Äußeren der Reiz seiner Architektur – auch wenn sie damals als Signal für das Umstrukturieren des nobelsten Frankfurter Wohnquartiers zum Büroviertel empfunden wurde: Westlich der ummauerten Stadt hatten sich vor mehr als 200 Jahren bereits entlang der Chaussee ins hanauische Dorf Bockenheim vermögende Frankfurter angesiedelt. Aus Literatur und Handel so bekannte Namen wie Gontard, Brentano oder Rothschild liefern zugleich einen Hinweis auf den wirtschaftlichen Erfolg der am Main ansässig gewordenen Minderheiten – französische Reformierte, italienische Katholiken und schließlich Frankfurter Juden, für die sich 1811 das Getto öffnete. Oft wichen deren ursprüngliche Gartenhäuser nach 1790 aufwendigen Vorstadtpalästen, die in Formen eines französisch geprägten Klassizismus – z. T. nach Entwürfen von Nicolas de Pigage oder Alexandre Salins de Montfort – entstanden.

An ein frühes Anwesen der Rothschilds, mit dessen Erwerb eigentlich erst 1818 die Urbanisierung des **Westends** begann, erinnert der von Hochhäusern gesäumte **Rothschildpark** (am Reuterweg

Vom Bockenheimer Tor zur Bockenheimer Warte – das Westend

1 Zürichhaus
2 Providentia-Haus
3 Burgturm Rothschildpark
4 Ring der Statuen
5 Niedenau 51
6 Villa Zickwolff
7 Villa Cronhardt
8 Niedenau 78
9 Villa Ellissen
10 Guiollettstraße 25
11 Niedenau 58-60
12 Livingstonscher Pferdestall (Bürgerhaus)
13 Hoch-Tief-Haus
14 St. Antoniuskirche
15 Westend-Synagoge
16 Villa Bonn
17 Villa Riesser
18 Gesellschaftshaus
19 Palmenhaus
20 Villa Leonardsbrunn
21 Gartenhaus Leonardi
22 Villa Merton
23 Villa Hauck
24 Villa Quincke
25 Villa Herxheimer
26 Frauenfriedenskirche
27 Bockenheimer Warte
28 Bockenheimer Depot
29 Jügelhaus / Johann-Wolfgang-Goethe-Universität
30 Bibliotheca Senckenbergiana
31 Senckenberg-Museum
32 Institut für Sozial forschung
33 Chemag-Haus
34 Merkurbrunnen
35 Festhalle

36 Vestibül und Messehalle 1
37 Messeturm und Hammering Man
38 Messe-Torhaus
39 American-Express-Haus
40 Hochhäuser Kastor und Pollux
41 Poseidon-Haus
42 Polizeipräsidium

hinter dem Zürichhaus). Als Reminiszenz englischer Ruinenromantik birgt er einen pseudomittelalterlichen **Burgturm.** Benachbart steht Georg Kolbes **Ring der Statuen** (postum 1954 von Richard Scheibe vollendet): Zwischen Pfeilern sieben Bronzestatuen, die – idealisiert in ihrer Nacktheit und durch ihre Namen (›Junges Weib‹, ›Hüterin‹, ›Auserwählte‹, ›Amazone‹, ›Herabschreitender‹, ›stehender Jüngling‹, ›Sinnender‹) – faschistischer Kunst stilistisch nahestehen.

Am *Kettenhofweg,* der über die Bockenheimer Landstraße einst jene vorgelagerten Hofgüter mit der Stadt verband, blieb ein architektonisches Ensemble aus einer viel späteren Phase des Frankfurter Klassizismus erhalten, der nach der Annektion durch Preußen (1866) von Schinkels Bauten in Berlin beeinflußt war. Zur Kreuzung mit der Niedenau formieren sich vier unterschiedlich gestaltete Eckhäuser: als **Mietshaus** *Niedenau 51* mit etwas skurril anmutender Putzfassade (in originaler Farbgebung von 1876), **Villa Zickwolff** (Niedenau 53; 1871), **Villa Cronhardt** (Kettenhofweg 29; 1872), deren gerundete und erhöhte Mitte den reich stuckierten Festsaal aufnimmt; schließlich als Pendant **Niedenau 78** mit axialer Rotunde (1876), daneben die **Villa Ellissen** (Nr. 80; 1870) mit Säulenfrontispiz.

Unter zeitgenössischen Nachbargebäuden wirken die **Häuser** *Guiollettstraße 25* (1863) durch klassizistischen Giebelrisalit oder *Niedenau 58–60* (1859) durch Details des romantischen Klassizismus. Von all den ursprünglich in Pastelltönen gestrichenen Fassaden unterscheidet sich der **Livingstonsche Pferdestall** (auch: *Rothschildscher Pferdestall;* Ulmenstraße 20) wegen seiner kraftvollen Motive der Neurenaissance aus rotem Sandstein. Nach Entwurf des wie sein Bruder Heinrich Theodor die Frankfurter Architektur der 80er Jahre prägenden Christian Ludwig Schmidt ließ ihn der Bankier Marx Livingston 1880–82 nach Vorbild eines noblen Hôtel de Ville als Dreiflügelanlage errichten – eigentlich eine Baugattung der Feudalarchitektur, die vom wilhelminischen Großbürgertum für ihren Bedarf umfunktioniert wurde: Den allseitig arkadierten Hof flankierten manieristische Giebel (mit Voluten und Obelisken), hinter denen schlank das axiale Uhrtürmchen des Haupttrakts hochstrebt. Balusterbrüstungen der Fenster setzen sich als bestimmende Horizontale über Säulen und Arkaden der Einfahrten fort; am Eck zum Kettenhofweg als Atlant das Porträt des Architekten (jetzt *Bürgerhaus*).

Unter den Bürogebäuden der Bockenheimer Landstraße, deren Entstehen nach 1968 manchmal den militanten Protest benachbarter Studenten und vertriebener Bewohner ausgelöst hatte, zeichnet sich mit seinen originell als äußere Fluchtwege umlaufenden Balkons das **Hoch-Tief-Haus** (Nr. 24) aus. In zwei Phasen entstand es 1966–68 bzw. 1972–74 mit 22 Stockwerken (Höhe 83,5 m) nach Entwurf von Egon Eiermann (durch Rudolf Wiest vollendet). Frankfurt bietet noch zwei andere Gebäude des Poelzig-Schülers und Karlsruher Hochschullehrers Eiermann: In der *Bürostadt Niederrad* die beiden kelchförmigen **Olivetti-Häuser** (Lyoner Straße 10; 1969–72) und im Industriegelände vor Fechenheim das **Neckermann-Versandhaus** (Hanauer Landstraße 360; 1959/60 mit Kesselhaus) mit ähnlichen äußeren Umgängen bzw. charakteristischen Außentreppen.

Obwohl auch weiter westlich gegen Ende des 19. Jh. schon die Bauplätze kleiner und rarer wurden, gelang es der auf 20 000 Frankfurter angewachsenen jüdischen Gemeinde inmitten des dichter geknüpften Straßennetzes ein ganzes Karree zum Bau einer neuen Synagoge zu erwerben. Sieht man von der peripheren **St. Antoniuskirche** ab (1898–1900 neugotisch an der Savignystraße erbaut), entstand mit der **Westend-Synagoge** 1908–10 in dieser Vorstadt der erste bedeutende Sakralbau. Der Entwurf entstammte einem Wettbewerb, den der später im Frankfurter Siedlungsbau hervorgetretene Franz Roeckle gewonnen hatte (1906). Von den großen Frankfurter Synagogen ist sie die jüngste (nach den **Innen-**

Westend-Synagoge, Ansicht

Westend-Synagoge, Raum nach Osten

stadt-Synagogen an der **Allerheiligenstraße** 1855–60 von Johann Georg Kayser, am **Börneplatz** 1881–82 von S. Kuznitzky, an der **Friedberger Anlage** 1905–07 von Juergensen und Bachmann). Zeitgenossen galt sie als ›Zierde des Westends‹, und als einzige entging sie der Zerstörung im faschistischen Progrom der ›Reichskristallnacht‹ (9. November 1938). Zwischen rahmenden Mietshäusern wirkt der Gebäudekomplex fremdartig wegen der roten Ziegel seiner geschweiften Dächer und flachen Kuppeln, blockhaft-monumental und abweisend durch seine grauen Fassaden, die von Kolossalpilastern geprägt sind. Als Baustil dominiert ein strenger Neoklassizismus mit Anklängen der orientalischen Antike, die – vielleicht als baulichen Ausdruck eines liberalen Judentums – Einflüsse der Sakralarchitektur anderer Religionen vereinen. Die Westend-Synagoge ist ein Zentralbau, zwischen dessen übergiebelten Kreuzarmen die außen gleichermaßen kreuzförmige Vierung mächtig emporwächst; daß sich darin eine zentrale Rotunde verbirgt, läßt der Kuppelansatz ahnen. Nach Norden zur Friedrichstraße riegelt der *Schul- und Verwaltungsbau* ab. Zur Freiherr-vom-Stein-Straße im Westen öffnet sich ein überkuppelter *Torbau* mit seiner Pfeilerfront; dahinter ein Hof, dessen Löwenbrunnen an die Alhambra über Granada erinnert.

Der *Innenraum* der Westend-Synagoge unterliegt formal dem Einfluß der Haghia Sophia in Istanbul (vergleichbar der Bernarduskirche im Nordend oder der Erlöserkirche in Bad Homburg) – zum Kreuz gruppierte Tonnenjoche, zwischen denen sich eine spärlich belichtete Pendentifkuppel wölbt (Scheitelhöhe 27,5 m). Mit Marmor verkleidete Säulen, darüber die Brüstungen der Frauenemporen mit teigigem Jugendstilornament und deren darunter verspannte Kassettendecken beeindrucken durch intensive Farben und reiche Vergoldung. All dies scheint von zeitgenössischen Rekonstruktionen alt-mesopotamischer Palastarchitektur angeregt zu sein und klingt am Ansatz der weiten Gurtbögen allmählich ab, denn nur bis hierhin ist 1989–94 die ursprüngliche Dekoration dieser Synagoge wiederhergestellt worden (nach Plänen und Ideen von Henryk Isenberg). Vorherige Nutzung als Lager oder Kino sowie ein 1950 gewandelter Zeitgeschmack haben in diesem Raum ebenso Spuren hinterlassen: in Blei gefaßte Fenster und die Bemalung der Kuppel mit den Dreiecksmotiven von Hans Leistikow, der auch nach Osten die Wand für den Thora-Schrein (zum Aufbewahren der Schriftrollen des Alten Testaments) mit dem mehrfach auftauchenden Motiv des Löwen gestaltet hat. Unter der Kuppel das ebenso 1950 erneuerte Pult für den Vorleser. Originale oder rekonstruierte Dekoration von 1910 blieb ähnlich in einigen Nebenräumen (z. B. dem **Hochzeitssaal**) erhalten.

Das sich gegen Ende des 19. Jh. immer rasanter mit neuen Querstraßen auf Bockenheim (1895 eingemeindet) zu entwickelnde Westend ergänzten während einer letzten Phase noch einmal Wohnbauten großen Stils. Von ihnen überdauerte die herrschaftliche Villa des Bankiers Wilhelm Bonn als herausragendes Beispiel (Siesmayerstraße 12). Ihr Entwurf stammt vom preußischen Oberhofbaurat Ernst Eberhard von Ihne, der 1894 im nahen Kronberg (s. Kap. Fahrten in die Umgebung: Taunusburgen) für die Witwe Kaiser Friedrichs III. Schloß Friedrichshof (Schloßhotel) vollendet und sich zuvor als Hofarchitekt des deutschen Hochadels einen Namen gemacht hatte. So spiegelt auch die Wahl des Baumeisters das Selbstbewußtsein des Großbürgertums in Preußens reichster Stadt, zu deren Einwohnern damals weit über 500 Millionäre zählten.

Die **Villa Bonn** entstand 1895–97 nach Vorbild des Petit Trianon, das sich Ludwig XV. in klassisch anmutenden Formen des französischen Barock am Rand des Versailler Schloßparks erbauen ließ (1763–67). Die Verwandtschaft erweist der Blick auf die symmetrischen Fassaden zu Straße und einstigem Garten (Süden). Auf dem als Sockel rustizierten Erdgeschoß setzen kannelierte Kolossalpilaster an, die Belétage und Mezzanin zusammenfassen. Über dem Friesgebälk verbirgt eine Balustrade mit Vasen zugunsten kubischer Wirkung das Dach. Der mit Terrasse überwölbten Vorfahrt und anschließendem Vestibül mit Treppe entsprechen rückwärtig Speisesaal und polygonaler Wintergarten. Äußerer Noblesse im Stil des Neoklassizismus entspricht die zentrale Halle, deren hölzerner Vertäfelung sich die Treppe zu Galerie und schlichteren ehemaligen Privaträumen integriert (seit 1924 Sitz der ›Frankfurter Gesellschaft für Handel, Industrie und Wissenschaft‹); im Speisesaal als Relief eine ›Allegorie der Lebensalter‹ von dem Jugendstilbildhauer Friedrich Hausmann. – Nebenan ähnlich herrschaftlich die **Villa Riesser** (1894; Friedrichstraße 63).

Villen und Künstlerhäuser* vom Historismus zur Moderne

1798	**Villa Bonn**	Untermainkai 44	
1802	**Villa Metzler** (Museum)	Schaumainkai 15	
1823	**Hermann-Schlosser-Haus** (Museum)	Untermainkai 4	J. F. C. Hess
1829	**Villa Passavant**	Ginnheimer Straße 9	J. F. C. Hess
1845	**Haus Schwind***	Bockenheimer Anlage 3	M. v. Schwind
1857	**Maurisches Haus**	Blumenstraße 2	J. F. Weinsperger
1862	**Villa Leonhardsbrunn**	Miquelallee 2	M. Ritter
1870	**Villa Ellissen**	Niedenau 80	
1871	**Villa May**	Bockenheimer Landstraße 31	F. Schädel
1872	**Villa Cronhardt**	Kettenhofweg 29	
1885	**Häuser H. Thoma*/ W. Steinhausen***	Wolfsgangstraße 150/152	S. Ravenstein
1886	**Villa Varrentrapp**	Grüneburg-weg 113	L. Neher & A. v. Kauffmann
1889	**Villa Kissel**	Freiherr-von-Stein-Straße 65	L. Neher & A. v. Kauffmann
1892	**Villa Kleyer**	Wiesenhütten-platz 33	H. Th. Schmidt
1893	**Villa Hanau**	Friedrichstraße 61	R. Dielmann
1894	**Villa Riesser**	Friedrichstraße 63	
1894	**Villa Manskopf**	Flughafenstraße 4	F. v. Hoven
1896	**Villa Liebieg** (Museum)	Schaumainkai 71	L. Romeis
1897	**Villa Bonn**	Siesmayer-straße 12	E. E. v. Ihne
1898	**Villa Neher***	Untermainkai 64	L. Neher
1904	**Villa Meister**	Allesinastraße 1	F. v. Hoven
1904	**Villa Mumm**	Kennedyallee 151	A. v. Kauffmann
1907	**Villa Kratz**	Bockenheimer Anlage 11	F. A. Schaffner & A. Albert
1910	**Villa Herxheimer**	Zeppelinallee 37	B. Paul
1912	**Villa Hoffmann**	Bockenheimer Landstraße 102	A. Engelhard
1913	**Villa Quincke**	Zeppelinallee 38	H. Muthesius
1922	**Haus Kertess**	Eschenbach-straße 25	F. Voggenberger
1923	**Villa Hauck**	Ditmarstraße 4	H. Muthesius
1925	**Haus May***	Ludwig-Tieck-Straße 11	E. May

1926	**Haus Elsässer***	Höhenblick 37	M. Elsässer
1927	**Villa Merton**	Am Leonhards-brunn 12	A. Eyssen
1930	**Haus Erlenbach**	Hans-Sachs-Straße 6	F. Kramer
1953	**Häuser Giefer*/ Mäckler***	Wilhelm-Beer-Weg 119 bzw. 77	A. Giefer & H. Mäckler

Gegenüber dehnt sich der **Palmengarten,** weitgehend das Werk jenes Heinrich Siesmayer, nach dem die Straße benannt ist. Mit der Annexion seines Herzogtums durch Preußen (1866) war Adolf von Nassau nach Frankfurt gezogen, wo ihn Siesmayer überzeugen konnte, seine berühmte Sammlung exotischer Pflanzen im Biebricher Schloßpark einem dafür eigens in seiner neuen Heimat gegründeten Bürgerkomitee zur Anlage eines öffentlich zugänglichen Parks mit Gewächshäusern zu verkaufen (1868/69). So entstand westlich des noch 1858–74 an der Bockenheimer Landstraße auf Städelschem Gelände (zwischen Unterlindau und Wiesenau) bestehenden Zoologischen Gartens (s. Kap. In der Neustadt: Entlang der Zeil zum Zoo) ab 1869 nach Plänen des bei Stadtgärtner Sebastian Rinz ausgebildeten Siesmayer der Palmengarten.

Von seinem 1874 im englischen Geschmack vollendeten Landschaftspark vermittelt der Weg durch den Nebeneingang im Osten, wo sich *Verwaltungsgebäude* (1870), *Gewächshaus* mit Glaskuppel (1905/06 nach Entwurf von Theodor Martin; 1987–89 über einer Tiefgarage erneuert) und moderne *Pflanzhäuser* reihen, einen nur spärlichen Eindruck. Vom erhöht durch Heinrich Theodor Schmidt im Stil der Neurenaissance 1878/79 errichteten **Gesellschaftshaus** (vgl. Zoo; der Vorgänger von 1869–71 brannte aus) blieb immerhin die Seitenfront. An sie fügt sich als Eisen-Glas-Konstruktion wie eine frühe Bahnsteighalle das ursprüngliche **Palmenhaus** (1869, d. h. kurz nach Joseph Paxtons vorbildlichem Kristallpalast in London von 1851). Und hinter ihm verbirgt sich tonnengewölbt der *Ballsaal,* dessen weitgehend von Friedrich Thiersch (vgl. Alte Oper)

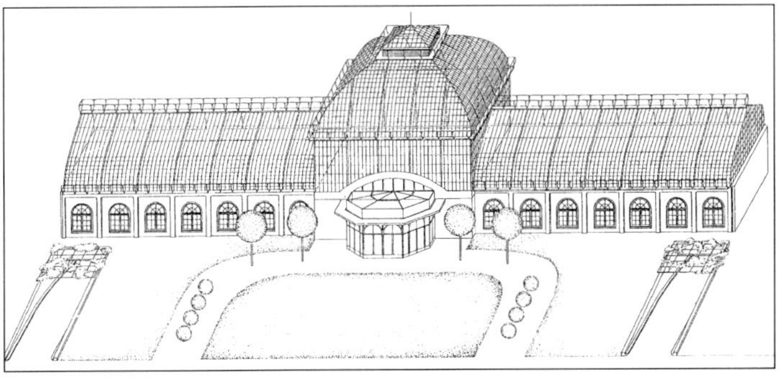

Palmenhaus im Palmengarten, 1906, Isometrie

entworfene Dekoration übertüncht oder zerstört ist. Der nach Süden zum Haupteingang an der Bockenheimer Landstraße weisende Kopfbau des Gesellschaftshauses wurde vor Übernahme des Palmengartens seitens der Stadtverwaltung (1931) durch einen modernen Querbau Martin Elsässers ersetzt (1928/29).

Künstlicher See, Berg und Grotte im Norden geben noch am besten das Siesmayerische Gestaltungskonzept der Gesamtanlage wieder. Ihr wurden 1908 bzw. 1907 ebenso die spätklassizistische **Villa Leonhardsbrunn** (Miquelallee 2) mit ihren originell unter spitzen Glaskuppeln angebauten *Gewächshäusern* (1860–62 erbaut nach Entwurf von Martin Ritter für die bei den Rothschilds tätige Gärtnerei Grüneberg; jetzt Berufsschule) und das **Gartenhaus Leonhardi** des führenden Klassizisten N. A. Salins de Montfort (Zeppelinallee; erbaut 1806, zuletzt 1987–89 weitgehend als Kopie des aus der Bokkenheimer Anlage übertragenen Pavillons erneuert; jetzt Restaurant) integriert.

Seit der Eingemeindung des zur Industriestadt gewachsenen **Bokkenheim** bot sich ab 1895 Frankfurt die Chance für weitere Freiflächen zu anspruchsvoller Wohnbebauung angesichts der Taunusberge. Jenseits von Palmengarten und der vom Alleenring überlagerten Landwehr wuchs seit 1910 auf der **Ginnheimer Höhe** ein das Westend fortsetzendes Villenviertel, das auch renommierte Architekten anlockte. Erst am Ende dieser Entwicklung entstand 1928 in großzügigen Dimensionen die neobarocke **Villa Merton** (Am Leonhards-

Palmengarten, Gesellschaftshaus, Großer Saal, Dekoration von Friedrich von Thiersch

brunn 12) nach Plänen von Anton Eyssen. Kaum älter ist die strenger geformte **Villa Hauck** (1923; Ditmarstraße 4) von Hermann Muthesius, der ebenso in der benachbarten Zeppelinallee die **Villa Quincke** (1913; Nr. 38) als asymmetrische Dreiflügelanlage entworfen hat. Ihr schräg gegenüber steht die **Villa Herxheimer** (1910; Nr. 47) von Bruno Paul in der Tradition genuesischer Stadtpaläste der Hochrenaissance.

In exponierter Lage über den Niddaauen entstand 1927–29 als Abschluß der Zeppelinallee die **Frauenfriedenskirche** nach einem Wettbewerbsentwurf des Stuttgarters Hans Herkommer – eine blockhafte Hallenkirche der frühen Moderne mit extrem schmalen Seitenschiffen. Ihren Raum bestimmen monumentale Arkaden, wie sie auch der im Westen abweisend vorgesetzte Fassadenturm schon außen zeigt (vgl. Heilig-Kreuz-Kirche in Bornheim). Sie sind mit farbigen Mosaiken hinterlegt, wobei aus der mittleren eine der Volkskunst verwandte Statue ›Maria als Friedenskönigin‹ des Karlsruher Bildhauers Emil Sutor hinausdrängt. Links schließt als Rotunde die Taufkapelle, rechts der Kreuzgang als Gedenkstätte für Kriegsopfer an.

Das Ende der Bockenheimer Landstraße markiert die **Bockenheimer Warte** – bezugloses Relikt aus dem Mittelalter, als die Reichsstadt gegen das zur Grafschaft Hanau gehörende Bockenheim durch die Landwehr gesichert war. Von der ehemaligen Kleinburg überdauerte nur der spätgotische **Wachturm,** der wie einer Manschette seiner Treppe und Eingang bergenden Mantelmauer entwächst. Entstanden 1434/35, entspricht er in Zylinderform und fast 30 Metern Höhe Sachsenhäuser oder Friedberger Warte (die an der Mainzer Landstraße völlig eingeengte **Galluswarte** von 1414 ist viel kleiner), ebenso mit dem auf einem Bogenfries ausgekragten Oberbau, der in Fachwerk mit Kegeldach endet (um 1550 erneuert).

Gegenüber steht das **Bockenheimer Depot,** eine Backsteinbasilika, die 1899 als retardierende Holzbinderkonstruktion für die Wagen der städtischen Straßenbahn entstand und jetzt als Theater dient (Umbau 1988; Entwurf: K. P. Heinrici und K. G. Geiger).

Bockenheimer Warte

Moderner Kirchenbau

1925–28	**Friedenskirche** (ev.)	*Gallusviertel,* Frankenallee	K. Blattner
1926/27	**Bonifatiuskirche** (kath.)	*Sachsenhausen,* Holbeinstraße	M. Weber
1927/28	**Gustav-Adolf-Kirche** (ev.)	*Alt-Niederursel*	M. Elsässer
1927–29	**Frauenfriedenskirche** (kath.)	*Bockenheim,* Zeppelinallee	H. Herkommer
1928/29	**Heilig-Kreuz-Kirche** (kath.)	*Bornheim,* Kettelerallee	M. Weber

1930	**Christkönigskirche** (kath.)	*Praunheim,* Damaschke-anger	M. Weber
1930/31	**Heilig-Geist-Kirche** (kath.)	*Riederwald,* Schäfflestraße	M. Weber
1931/32	**St. Josephskirche** (kath.)	*Nordend,* Berger Straße	H. u. C. Rummel
1932	**Bonifatiuskapelle** (kath.)	*Bonames,* Hainstraße	M. Weber
1932/33	**St. Jakobuskirche** (kath.)	*Harheim,* Philipp-Schnell-Straße	J. H. Pinand
1948	**Bethanienkirche** (ev.)	*Bonames,* Wickenweg	O. Bartning
1953	**Allerheiligenkirche** (kath.)	*Ostend,* Thüringer Straße	A. Giefer & H. Mäckler
1953/54	**St. Michael** (kath.)	*Nordend,* Gellertstraße	R. Schwarz & K. Wimmenauer
1956/57	**St. Wendel** (kath.)	*Sachsenhäuser Berg*	J. Krahn
1963–65	**St. Ignatius** (kath.)	*Westend,* Gärtnerweg	G. Böhm
1967	**Kirche Cantate Domino** (ev.)	*Römerstadt,* Ernst-Kahn-Straße	W. Schwagenscheidt & T. Sittmann

Zwischen Mensa und Messe – am Rand von Bockenheim

Wo der Winkel zwischen Bockenheimer Landstraße und Senckenberganlage eigentlich einen leeren Campus erwarten läßt, empfängt das disparate Ensemble von Universitätsbauten aus allen Jahrzehnten der Nachkriegsära. Dahinter erst verbirgt sich mit dem **Jügelhaus** (Mertonstraße 17) der Kernbau der **Johann-Wolfgang-Goethe-Universität**. Allerdings bildet dieses nur den Nordtrakt einer Dreiflügelanlage im Stil des Neobarock, die in der einstigen Bockenheimer Gemarkung als eine Gruppe wissenschaftlicher Institute 1904–08 aus der Planung der um die Jahrhundertwende in Frankfurt führenden Architekten Ludwig Neher und Franz von Hoven (vgl. Altes Rathaus) hervorging. Der zugleich trassierten *Senckenberganlage* (ursprünglich ›Viktoriallee‹ zur Erinnerung an Kaiser Friedrichs III. Witwe und nicht an deutsche Siege) wendet der Gebäudekomplex seine mit 160 Metern Länge dem Maß der Würzburger Residenz nahe kommende Hauptfassade zu – ungeachtet der Autoströme des als Bundesstraße und Autobahnzufahrt aufgewerteten Alleenrings vom Stadtzentrum her ein Blickfang zwischen weniger eindrucksvollen Hochhäusern.

Wie die meisten sozialen und kulturellen Einrichtungen der Stadt verdankt die Frankfurter Universität ihre Gründung der Spendenbereitschaft der Bürger. Sie vermochte als letztes Projekt der scheidende Oberbürgermeister Franz Adickes 1912 v. a. mit Hilfe des Industriellen Wilhelm Merton (Gründer der ›Metallgesellschaft‹) durchzusetzen.

Schon 1906 stand das **Jügelhaus** für die als Vorläufer eingerichtete ›Akademie für Sozial- und Handelswissenschaften‹, ein langgestrecktes Sandsteingebäude, dessen Mitte wie der Corps de logis eines Schlosses erhöht vortritt; am ehesten mag dafür die kurpfälzische Residenz in Mannheim (ab 1720) als Vorbild gelten. Diesem Vergleich entspricht die Gestaltung der oberen Fassadenhälfte, wo gewohnte Bänderrustika einer rhythmisierten Folge elegant im Stil Louis' Seize dekorierter Pilaster und mit Okuli kombinierter Bogenfenster weicht; bereits von außen markiert ist dadurch die Lage der *Aula*. Zwischen jenen paarig geordneten Fenstern zeigen Rocaillekartuschen scherenschnittartig Profilbüsten von ›Johann Wolfgang von Goethe‹ zwischen ›Immanuel Kant‹ und ›Wilhelm von Humboldt‹, darunter entsprechen Sinnsprüche als Motivation zum Studium.

»Eine freie Stadt, die seit den frühesten Epochen unserer Geschichte eine ausgezeichnete Stelle unter den deutschen freien Städten behauptete, deren Bürger durch Gewerbefleiß den Wohlstand der Nation und durch Liebe zur Wissenschaft und Kunst ihren literarischen Ruhm vermehrten, bei denen zu allen Zeiten und in den schwierigsten Verhältnissen treue Anhänglichkeit an das deutsche Vaterland sich aussprach.«
Karl Freiherr vom und zum Stein, 1817

Des Universitätsbaumeisters Ferdinand Kramer zentraler Einbau aus modernem Portal und Seminar hat 1950 das einst großzügige Entrée ohne Not zerstört; rechts im Vestibül die *Granitstatue* ›Empedokles‹ von Gerhard Marcks (1964). Seitlich öffnet sich ein symmetrisches Stiegenhaus mit Säulenstellungen, zwischen denen Balustraden doppelläufig steigende Treppen flankieren. Vor der als Festsaal dekorierten Aula schuf Augusto Varnesi ovale Bronzeporträts der an der Universitätsgründung mit zwei Millionen Mark beteiligten Buchhändler Carl Christian bzw. seiner Söhne August und Franz Jügel.

Die symmetrische Gesamtfront ergänzt links als Verlängerung die **Bibliotheca Senckenbergiana**, durch die der spitze Winkel des Baugeländes zur Allee gefüllt wird. Sie ist Teil jener Sammlungen, die der Frankfurter Arzt Johann Christian Senckenberg ab 1763 am Eschenheimer Turm zu seiner Stiftung vereint hatte (s. Kap. Vom Petersfriedhof zum Hauptfriedhof); für die dritte, schließlich erfolgreiche Universitätsgründung hätten sie den Namen ›Senckenbergo-Goethiana‹ liefern sollen (vorausgingen 1812 Karl von Dalbergs ein Jahr bestehende Landesuniversität und 1384 das Bemühen der Reichsstadt, vom päpstlichen Schisma in Rom und Avignon durch Verlegen der Pariser Universität nach Frankfurt zu profitieren). Später gingen aus all dem ›Senckenbergische Naturforschende Gesellschaft‹ (1817) und ›Physikalischer Verein‹ (1824) hervor, die sämtlich aus neustädtischer Enge an den Rand nach Bockenheim verlegt werden konnten.

Zwischen dem Jügelhaus und dem als *Südtrakt* mit turmartiger *Sternwarte* schlichteren Bau des *Physikalischen Vereins* (Robert-Mayer-Straße) bildet das **Naturmuseum Senckenberg** die Mitte jener Dreiflügelanlage, in die es durch arkadierte Säulengalerien (vgl.

Naturmuseum Senckenberg

Hotel ›Frankfurter Hof‹) eingebunden ist. Äußerlich erscheint es wie eine größere Kopie des Vorgängerbaus an der Stiftstraße. Diesem entspricht ebenso der vor hohem Mansarddach übergiebelte Mittelrisalit. Auch sein Scheitel trägt, aus Kupferblech modelliert, eine Statue ›Saturns‹ (mit Stundenglas und Sense) von den in Bockenheim tätigen Gebrüdern Knodt, flankiert von Knabenfiguren (mit Taube bzw. Fisch) und großen Gruppen ›Europa auf dem Stier‹ bzw. ›Rossebändiger mit riesigem Seepferd‹, die als Allegorien der Museumsexponate von Land und Meer gelten. Im skulptierten Giebelfeld wird dieses antik-überhöhte Programm durch ›Krokodil, Löwe, Adler‹ ergänzt. Hinweise auf die Naturforscher Carl von Linné (1707–78), Charles Darwin (1809–82), Georges de Cuvier (1769–1832) zieren die Schlußsteine großer Fensterarkaden im Wechsel mit emblematischen Reliefs der dazwischen eingehängten Brüstungen.

Auch hier empfängt ein großzügiges *Treppenhaus* in der Tradition fränkischer Schlösser. Doch unter Senckenbergs Büste führt ein axialer Durchgang nicht wie in Pommersfelden zum Garten, sondern in den *Lichthof* des Museums: Für das weltweit renommierte Forschungsinstitut machen ihn innerhalb der umfangreichen Sammlungen zur Geschichte unserer Erde und ihrer Lebewesen die Skelette fossiler Reptilien (z. B. der riesige Tyrannosaurus) zum Anziehungspunkt. – Im Vorgarten neben Ammonshorn, Säulenbasalt und versteinerten Bäumen *Denkmäler* für Johann Christian Senckenberg (1707–72; von August von Nordheim, 1864) und Rudolf Christian Böttger (1806–81; von Friedrich Schierholz, 1881).

Schräg gegenüber steht das traditionsreiche **Institut für Sozialforschung**, an dem Adorno und Horkheimer wirkten (Senckenberganlage 26; Neubau 1951, Entwurf: Alois Giefer, Frankfurt; als Ersatz von Franz Roeckles 1924 errichtetem Vorgängerbau); benachbart das **Chemag-Haus** (Nr. 10–12; 1951/52, Entwurf: Ernst Balser, Frankfurt) – mit seinem halbrunden, verglasten Treppenturm ein für die Architektur der 50er Jahre vorbildliches Verwaltungsgebäude.

Den Knick des Alleenrings nach Südosten, hinter dem sich das ab 1919 ständig gewachsene **Messegelände** dehnt, markiert seit 1954 der **Merkurbrunnen** (Ludwig-Erhard-Anlage) des Hamburger Bildhauers Hugo Lederer, 1916 als neoklassizistisch-strenge Variante von Adrien de Vries' manieristischem Brunnen des antiken Handelsgottes in Augsburg für den Rathenauplatz geschaffen.

Als weiterer wilhelminischer Repräsentationsbau erscheint dahinter die **Festhalle**. Als sie ab 1907 entstand, lag die Umwandlung des Gleisdammes der Main-Weser-Bahn (Theodor-Heuss- und Hamburger Allee) bzw. der Main-Neckar-Bahn (Friedensbrücke und Stresemannallee) zum südwestlichen Segment des Alleenrings, dem entlang Reich und Stadt ihre bedeutendsten Verwaltungsgebäude reihten, gerade zwei Jahrzehnte zurück. Mit dem Niedergang der Frankfurter Messen nach der Annektion durch Preußen (1866) hatten internationale Expositionen bereits außerhalb der Altstadt stattfinden müssen: 1881 die ›Patent- und Musterschutzausstellung‹ im Palmengarten, 1891 die ›Elektrotechnische Ausstellung‹ im Gelände des späteren Bahnhofsviertels. Für den als Ausstellungs- und Kulturhalle auf dem zukünftigen Messegelände am Güterbahnhof vorgesehenen Neubau waren – wie ehemals beim Hauptbahnhof – Architekt und Ingenieur gleichermaßen gefragt. Zur kurzfristig größten Konstruktion Europas wuchs die Frankfurter Festhalle bis 1909 (schon 1913 von der Breslauer Jahrhunderthalle übertroffen) auf rechteckiger Grundfläche (115 : 45 m) nach dem Wettbewerbsentwurf des inzwischen geadelten Friedrich von Thiersch. Zwischen Ecktürmen und Umgängen aus rotem Sandstein wölben sich wie Speichen eines Schirms durchbrochene Stahlbinder zum 18,5 Meter weiten Sprengring einer 30 Meter hoch reichenden Glaskuppel. Minarettähnli-

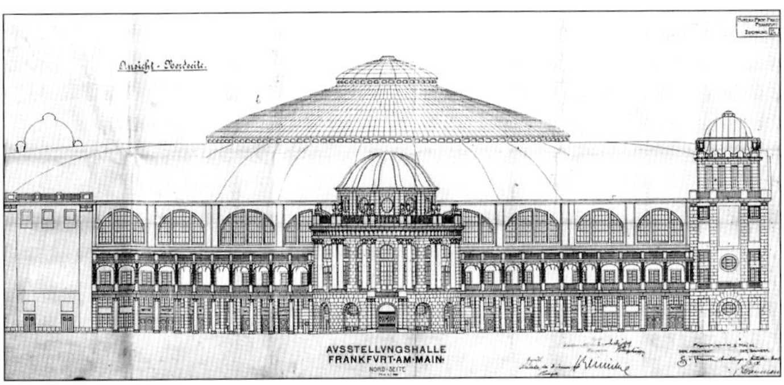

Festhalle, Aufriß

ches Erhöhen der neoklassizistischen Türme (durch sie wäre die Anlage zumindest formal der Haghia Sophia nahegekommen) unterblieb ebenso wie ein Ausbilden symmetrisch vorgeschobener Seitenflügel. Lediglich das als Säulenrotunde ausgebildete Vestibül (ein Tempietto wie er ähnlich nach Bramantes klassischem Vorbild von S. Pietro in Montorio/Rom auf dem Hauptfriedhof steht) wurde vor die Fassade gestellt (Kuppel zerstört). Zwischen jene Stahlrippen sind mehrgeschossig geschwungene Emporen gehängt für ehemals insgesamt 12 000 Besucher, von denen die ersten 1909 den Chören beim ›Deutschen Sängerfest‹ zuhörten, die vorläufig letzten 1995 beim ›ATP-Turnier‹ den acht besten Tennisspielern der Welt zuschauten; zwischendurch hat die Festhalle als Radrennbahn und Reitparcours, als Konzertsaal oder Autosalon gedient.

Zu ihren jüngsten Rahmengebäuden zählen **Vestibül** und **Messehalle 1** (1989) des Deutsch-Amerikaners Helmut Jahn, der zuvor zusammen mit C. F. Murphy (Chicago) den dominierenden **Messeturm** vollendet hatte. (1988–91). Mit 256 Metern galt er bis 1996 von Frankfurts Hochhäusern als das höchste. Mit seiner Bleistiftform – Hommage an das New Yorker Chrysler Building (1928–30; William Van Alen) – wurde der Messeturm dauerhaft zum Teil der Stadtsilhouette, der mittels illuminierter Dachpyramide auch vor dem nächtlichen Himmel seine Position unverwechselbar wahrt: Seine Würfelbasis (Fläche nur 45 : 45 m) trägt einen Mantelbau von kreuzförmigem Querschnitt, dessen oktogonaler Kern erst vom 60. Stockwerk an (bei insgesamt 70 Geschossen) hell verglast aus rötlicher Steinverkleidung stößt. Wie alle spektakulären Hochhäuser der 90er Jahre besticht der Messeturm durch modernste Technik und edles Material als Mietanreiz angesichts der in Frankfurt leerstehenden Quadratmeter Büroraum. – Wie ein Scherenschnitt bewegt sich monoton davor Jonathan Borofskys überdimensionierte Metallskulptur **Hammering Man** (1991).

Messe-Torhaus von O.M. Ungers (1984/85)

Nordwestlich zum Stadtrand hin, wo am Rand des Messegeländes ein Gleisdreieck an den Verlauf der Landwehr erinnert, ragt das von ähnlichem Materialwechsel geprägte **Messe-Torhaus** 117 Meter hoch (1984/85; Entwurf: Oswald Mathias Ungers, Köln) – humorvoll mit einer Wäscheklammer vergleichbar, so wie ihm schräg gegenüber in der zu Bockenheim zählenden City-West das **American-Express-Haus** den Vergleich mit einem Fernsehapparat herausfordert (am Opelrondell, 1992/93; Entwurf: Novotny, Mähner und Marinkovic).

Auf der Südseite des Messeturms entstehen seit 1995 die nach Söhnen des Zeus benannten **Hochhauszwillinge Kastor und Pollux**, wobei beim unbefangenen Beobachter solch hypertechnisierten Baugeschehens die Frage keimen mag, ob er es mit Architektur oder einer riesigen Maschine zu tun hat. Auf ihrer gleich einem Schiff ausgewölbten, angespitzten Grundfläche erscheinen die beiden glänzend verkleideten Solitäre über hoher Pfeilerhalle unterschiedlich aufgrund horizontaler Gliederung zu gemeinsamem Platz – ei-

Messeturm von Helmut Jahn (1988-91)

Hochhäuser Kastor und Pollux, Modell

nem als Forum begrünten Karrée mit kreisrundem Abgang zur U-Bahn – bzw. vertikaler Strukturierung gegen die angrenzende Straße (Entwurf: Kohn, Pedersen, Fox, New York bzw. Nägele, Hofmann, Thiedemann, Frankfurt, die formal von ihrem im nahen Winkel von Hamburger und Theodor-Heuss-Allee 1985/86 errichteten **Poseidon-Haus** profitieren konnten). Beide Hochhäuser bestehen aus einem längst üblich gewordenen Versorgungskern (mit Aufzügen und Leitungen) und einem äußeren Kranz aus Büros. Als originellen Beitrag zur ›Kunst am Bau‹ birgt das niedrigere **Kastor-Haus** (94 m) ein großflächiges Wandbild der klassischen Moderne von dem Darmstädter Eberhard Schlotter (1953; aus dem Casino der hier abgebrochenen Bundesbahn-Direktion). Höher ist das **Pollux-Haus** (130 m).

Stadteinwärts folgt das neobarocke **Polizeipräsidium** (1914; Friedrich-Ebert-Anlage 5–11), schließlich die *Mainzer Landstraße*. Wenn sich ihr entlang die City zu Anfang des 21. Jh. über den unterirdische versteckten Gleisfeldern von Güterbahnhof und Hauptbahnhof – gemäß der ›Vision Frankfurt 21‹ – mit neuen Hochhausgebieten erweitert, wird die ferne **Galluswarte** (1414) vollends auf Zwergengröße geschrumpft erscheinen.

Zierbrunnen

1770	**Liebfrauenbrunnen**	Liebfrauenberg	Johann Michael Datzerath
1858	**Gutenberg-Denkmal-brunnen**	Roßmarkt	Eduard Schmidt von der Launitz
1876	**Kaiserbrunnen**	Kaiserstraße, Kaiserplatz	
1887	**Justitiabrunnen**	Römerberg	Friedrich Schierholz
1895	**Stoltze-Denkmal-brunnen**	Holzgraben	Friedrich Schierholz
1904	**Herkulesbrunnen**	Römerhöfchen Limpurger Gasse	Joseph Kowarzik
1909	**Neptunbrunnen**	Bolongarogarten, Bolongarostraße	Josef Keller
1910	**Brüningbrunnen**	Höchst, Schloß-platz	Karl Wach, Johann Joseph Belz, Hermann Leonhardt
1910	**Märchenbrunnen**	Untermainanlage	Friedrich Haus-mann
1912	**Rotkäppchenbrunnen**	Gartenstraße	Johann Joseph Belz
1913	**Obeliskbrunnen**	Bockenheim, Kurfürstenplatz	Caspar Lennartz, Emil Hub
1916	**Merkurbrunnen**	Theodor-Heuss-Allee	Hugo Lederer
1925	**Struwwelpeter-brunnen**	Schwimmstadion, Mörfelder Land-straße	Johann Joseph Belz, Martin Henrich

Affenstein und Diebsgrund, Dornbusch und Knoblauchfeld

Was fern vom Domturm wie eine Stadtkrone erscheint, erinnert aus der Nähe an den Terminal eines modernen Flughafens – das Verwaltungsgebäude der ehemaligen ›Interessen-Gemeinschaft Farbenindustrie Aktiengesellschaft‹. Aus der Fusion von sieben Chemiewerken Deutschlands zum führenden Monopolisten des Kontinents (1925) ergab sich rasch die Notwendigkeit zu zentraler Verwaltung, als deren Standort sich Frankfurt wegen geographischer Situation und durch bevorstehende Eingemeindung von Höchst (1928) beson-

Affenstein und Diebsgrund, Dornbusch und Knoblauchfeld
- *1 IG-Farben-Hochhaus*
- *2 Ehem. Pförtnerhaus Grüneburgpark*
- *3 Schönhof-Pavilion*
- *4 Griechisch-orthodoxe Kirche*
- *5 Wasserturm*
- *6 Deutsche Bundesbank*
- *7 Fernmeldeturm*
- *8 Funkhaus am Dornbusch*
- *9 Wohnturm Kühhornshof*
- *10 Oberfinanzdirektion*
- *11 Bertramshof*

ders empfahl. Als Bauplatz ausgewählt wurde von einem Industriellengremium der Park um die Rothschildsche Grüneburg nahe dem Alleenring, doch Stadtbaurat Ernst May erreichte einen Tausch mit dem östlich angrenzenden **Affensteiner Feld**, wo für das Mittelalter ein Bildstock zur Marienverehrung (= ›Ave-Stein‹) zu vermuten, im 16. Jh. Weinbau nachgewiesen ist.

Somit ließen sich zwei städtebauliche Aufgaben auf einmal bewältigen: Statt der auf Betreiben des Nervenarztes Dr. Heinrich Hoffmann (er ist als Verfasser des ›Struwwelpeter‹ seit 1844 weltweit bekannt) errichteten ›Irrenanstalt‹ (1861; nach Entwurf von Oskar Pichler), konnte nun jenseits des Mains in *Niederrad* eine moderne *Nervenklinik* im Geschmack des Bauhauses von Martin Elsässer geplant werden (1929/30; Heinrich-Hoffmann-Straße 2–18); zugleich entstand am Grüneburgweg das **I. G.-Farben-Hochhaus**, dessen eigens ausgeschriebenen Wettbewerb Hans Poelzig aus Berlin gewonnen hatte. Seine Konkurrenten, unter denen sich auch Paul Bonatz (Architekt des Stuttgarter Hauptbahnhofs) oder Fritz Hoeger (Architekt des Hamburger Chile-Hauses) befanden, schlugen zumeist für die unterzubringenden 1600 Angestellten als städtebauliche Dominante ein Punkthaus vor – ebenso Ernst

IG-Farben-Hochhaus am Grüneburgpark

May, der sich mit seinem Baudirektor Martin Elsässer zusammengetan hatte. Doch Zeitgeist und Weltgeltung des Konzerns schien der Jury besser in jenem monumentalen Gebäudekomplex verkörpert, bei dem sechs Radialbauten aus gebogenem Verbindungsbau heraustreten. Das I.G.-Farben-Hochhaus erstreckt sich über 250 Meter am Fuß des von Max Bromme gestalteten Parkgeländes in weithin sichtbarem bewußten Kontrast zu benachbarten Westend-Villen. Sein klares Gefüge aus Kuben mit schwingender Fassade und kurvigem Grundriß, wie es Poelzig bevorzugte, überzeugt durch ›imposante Zweckschönheit‹ – ›Machtzentrum und Arbeitsstätte‹ zugleich. Die helle Travertinfassade täuscht allerdings einen soliden Steinbau nur vor. Statt dessen handelt es sich um einen Skelettbau auf genormtem Raster, dessen Montagebauweise die Entstehungszeit auf zweieinhalb Jahre zu verkürzen half (1929–31). Seine Mittelachse betonen *Vorhalle* und *Vestibül*, dessen inneres Rund von Hufeisentreppe und Empore umgriffen wird. Unter ihr öffnet sich der Durchblick ins ansteigende Gelände, wo sich *Bassin* (mit Bronzefigur einer ›Liegenden‹ von Fritz Klimsch, 1928–30) und *Casino* staffeln; östlich der *Laborbau*.

Wo ursprünglich ein Chemieimperium regiert und auch über die Produktion von ›Zyklon B‹ entschieden wurde (das Giftgas diente der Menschenvernichtung in den Konzentrationslagern des Dritten Reiches), zogen 1945 nach Zerschlagung des Konzerns (u. a. in Farbwerke Hoechst, Bayer-Leverkusen, BASF-Ludwigshafen) unter dem General und späteren US-Präsidenten Dwight D. Eisenhower die Amerikaner mit ihrem ›Headquarter‹ ein (Übernahme durch die Frankfurter Universität 1996).

Westlich schließt der **Grüneburgpark** an, wo seit 1714 der Wirt ›Zum Weidenhof‹ (s. Kap. In der Neustadt: Nordwärts zum Eschenheimer Tor), Goethes Großvater, eine Wiese besaß. Seinen Namen verdankt dieser Volkspark einem Landgut der Bankiersfamilie Bethmann-Metzler (seit ca. 1790). 1837 ging es an Amschel Mayer von Rothschild über, dessen Familie es 1845 schloßähnlich ausbauen ließ. Auch die Umgebung wurde damals – vielleicht durch Sebastian Rinz – als englischer Landschaftspark gestaltet; ihn haben bis 1901 die Bockenheimer Landschaftsgärtner Heinrich und Philipp Siesmayer mit Baum- und Buschgruppen, kurvigen Wegen und weiten Wiesen vergrößert, die nach Übernahme durch die Stadtverwaltung 1938 ihre endgültige Größe erreichten. Nach Süden blieb das ehemalige **Pförtnerhaus** (August-Siebert-Straße) erhalten, ein durch Franz von Hoven geplantes zierliches Fachwerkgebäude (1886). Nordwärts folgt der **Schönhof-Pavillon**, ein doppelgeschossiges Oktogon mit Umgang nach Entwurf des Klassizisten Friedrich Rumpf (um 1820; 1964 vom herrschaftlichen Schönhof in Bockenheim transloziert). Die Rothschildsche Orangerie mußte nach 150 Jahren 1995 dem historisierenden Neubau einer *griechisch-orthodoxen Kirche* weichen; das zentral erhöhte Schlößchen ging bereits 1944 zugrunde (eine moderne Holzstele von dem Mettel-Schüler Hans Steinbrenner erinnert daran).

Wo sich wie ein Bergfried der Rothschildsche **Wasserturm** (Sebastian-Rinz-Straße) erhebt, führt eine Eisenbrücke über den Alleenring zum **Diebsgrund**, einem prähistorischen Weg, dem später auch die Landwehr folgte. Ihn wählte die **Deutsche Bundesbank** für ihre Verwaltungsgebäude (1968–72; Entwurf: Hermann Beckert, Günther Becker) – Schatzkammer nicht nur fürs Geld, sondern ebenso für Kunst mit Gemälden der klassischen Moderne (u. a. von Otto Dix, Paul Klee, Karl Schmidt-Rottluff) und einer bis in die Antike zurückreichenden Münzsammlung. Benachbart ragt der **Fernmeldeturm** 331 Meter hoch, 1972–78 als höchstes Bauwerk in Frankfurt zur Telekommunikation errichtet (Entwurf: Fritz Leonhardt, Stuttgart). Als Attraktion dreht sich als Ring der im Querschnitt 57 Meter breiten Kanzel ein Restaurant. Aus 218 Metern Höhe bietet es den Blick auf die Taunusberge und über die Stadt in der Mainebene.

Ostwärts markiert der *Marbachweg* ungefähr die mittelalterliche Grenze zwischen Frankfurt und den umliegenden Dörfern. Der alte Wasserlauf ist längst verschwunden, und die sich beidseitig dehnende Feldmark **Dornbusch** ist überbaut. Da Frankfurt bei Gründung der Bundesrepublik durch seine Vergangenheit als Krönungs- und Parlamentsstadt gute Chancen hatte, deutsche Hauptstadt zu werden, sollte hier am Dornbusch der *Plenarsaal* der jungen Demokratie entstehen. Mit deutlichen Reminiszenzen an die Paulskirche entwarf ihn Gerhard Weber 1949 als Rotunde, vor deren verglastes Rund kubisch Treppenhäuser aus rotem Sandstein treten; der ›Windmühlengrundriß‹ steigert sie allerdings auf vier. Als sich hiesige Hoffnungen zugunsten Bonns zerschlagen hatten, stand erst der Rohbau. Ihn übernahm der Hessische Rundfunk, und Weber baute ihn 1951–53 mit Hilfe Gustav Schäfers zum **Funkhaus am Dornbusch** (Bertramstraße 8) um. Lediglich die Halle im Erdgeschoß mit ihren schlanken Rundpfeilern läßt das ursprüngliche Konzept erahnen.

Unterschiedlich moderne Rundfunkgebäude verbergen dahinter den im Kern mittelalterlichen Wohnturm des **Kühhornshofs:** Ihn hatte der Frankfurter Patrizier Jakob Knoblauch 1323 von den Breubergern erworben. Gegen Mitte des 14. Jh. errichtete sein Sohn hier in einem vom Marbach bewässerten Weiher ein Steinhaus – den ›steinen stog‹, von dem die benachbarte Straße ›Am Steinernen Stock‹ ihren Namen erhielt. Der Hof verdankt seine endgültige Bezeichnung dem späteren Eigentümer Bernhard Kuhorn (ab 1561). Nur jener **Wohnturm** überdauerte den 1868 einsetzenden Abbruch des Hofs und die Umwandlung seiner Felder in Bauland. Fehlendes Wasser und aufgeschüttetes Gelände erschweren heute die Vorstellung seiner ursprünglichen Höhe, durch die er bis zum Bau der Friedberger Warte (1478) als Teil des Wachtsystems der nahen Landwehr galt. Brandschäden durch protestantische Truppen Moritz' von Sachsen (1552) wurden in der Renaissance behoben (1581–86; 1715 barocker, 1991 moderner Ausbau). – Anstelle des Parkhauses gegenüber (Am Steinernen Stock) tagte im 16. Jh. ein Bauerngericht zum Aburteilen von Feldfrevlern. Von diesem *Feldgericht* bewahrt der Kühhornsturm im Innern ein *Steinrelief*, das einen Fuchs mit Laute zeigt (ehemals ebenso Maus, Maulwurf, Kröte; rahmende Steinbänke sind verschwunden).

Den Durchblick südwärts zur Stadtmitte verstellt seit 1954/55 die **Oberfinanzdirektion** mit ihrem elfgeschossigen Verwaltungsgebäude. Vor ihren streng mit Keramikfeldern und Fenstern gerasterten Fronten wächst jeweils auf kurvigem Grundriß asymmetrisch ein Treppenhaus hoch; von der Fassade schiebt sich ein mittels Brücke verbundener Stelzenbau für Kantine und Präsidentensuite zur Adikkesallee (Nr. 32). Innerhalb von Frankfurts Verwaltungsarchitektur der 50er Jahre gilt dieses Gebäude als ästhetisch wichtigste Lösung (Entwurf: Hans Köhler mit R. Himmelreich und Ernst Schirmacher).

Dem Kühhornsturm nördlich gegenüber liegt der **Bertramshof**, ein in Stil der Neurenaissance 1888/89 auf rechteckigem Areal symmetrisch konzipiertes Mustergut aus hellem Klinker. Zurück geht es auf die landwirtschaftlich sehr engagierte Luise von Rothschild, die es zur Milchproduktion am Rand der wachsenden Großstadt anlegen ließ (es verbindet sich damit die Anekdote von einer mit dem Kutscher durchgebrannten Rothschild-Tochter, für die es der Vater erwarb). Seit 1911 verlor es seine Funktion, und das Weideland wurde parzelliert. Der Umbau des Bertramshofs, der übrigens seinen Namen einem ehemaligen Besitzer des Kühhornshofs (um 1660) verdankt, für Zwecke des Hessischen Rundfunks hat dessen Charakter weitgehend bewahrt (1990–92; Entwurf: Klaus Peter Heinrici und

Karl-Georg Geiger): Den von Bäumen bestandenen Hof flankieren einstige Stallungen und Remisen, als Kopfbau dient das an klassizistische Villen erinnernde Herrenhaus, rückwärtig ragt oktogonal der Wasserturm auf.

Aus dem **Knoblauchfeld** ostwärts zur Friedberger Landstraße hin, wo jene im Saalhof ansässige Patrizierfamilie im Mittelalter über ausgedehnten Landbesitz verfügte, sprudelte seit 1542 aus gefaßter Quelle Wasser durch Holzröhren hinab zum Brunnen auf dem Römerberg und in ein Bassin nahe dem Liebfrauenberg; 1607 wurde dieser Strang zu Frankfurts erster Wasserleitung ausgebaut. 1828–34 ergänzte ihn der städtische Bauinspektor Philipp Jakob Hoffmann durch unterirdische *Quellgalerien*, die von der Holzhausenschen Öde schließlich bis ins Friedberger Feld reichten. Hier am Hang unterhalb der Friedberger Warte entstand 1872–89 (zunächst nach Plänen des Ingenieurs und Brückenbauers Peter Schmick) ein mehrfach erweitertes *Wasserreservoir*, dem jenseits des Mains an der Sachsenhäuser Warte das nach dem Prinzip der kommunizierenden Röhren funktionierende Ausgleichsbecken entspricht (s. Kap. Affentor und Hügelgräber).

Ins künstlich modellierte Grün eines Landschaftsparks (Friedberger Landstraße 338) ducken sich entlang der Längsachse die **Eingangsbauten** zum unterirdischen Gewölbelabyrinth (137 : 62 : 4,5 m), das mehr als 25 000 Kubikmeter Wasser aus den bis zu 66 Kilometer entfernten Quellen von Vogelsberg und Spessart aufnehmen kann. Als rote Sandsteinarchitektur des Stadtbaumeisters Gustav Rügemer präsentieren sie sich im Stil altdeutscher Renaissance mit rustizierten Fassaden, flankierenden Treppen, Giebelportalen oder Kuppeln (bis 1888). Hierhin übertragen wurde 1880 auch einer der **Portalobelisken** (um 1830), durch die Hoffmanns damals aufgegebene Knoblauchfeld-Galerien zugänglich gewesen waren.

Historische Parks

Bernuspark	*Bockenheim,* Schloßstraße	ab 1771
Bethmannpark	*Nordend,* Berger Straße	ab 1822
Brentanopark	*Rödelheim,* Auf der Insel	ab 1770
Goldsteinpark	*Schwanheim,* Am Goldsteinpark	ab 1844
Grüneburgpark	*Westend,* Grüneburgweg	ab 1837
Günthersburgpark	*Nordend,* Günthersburgallee	ab 1837
Höchster Stadtpark	*Höchst,* Breuerwiesenstraße	ab 1911
Holzhausenpark	*Nordend,* Justinianstraße	ab 1793
Huthpark	*Seckbach,* Auerweg	ab 1906
Lohrpark	*Seckbach,* Friedrich-Heyl-Weg	ab 1919
Ostpark	*Ostend,* Ostparkstraße	ab 1900
Rothschildpark	*Westend,* Reuterweg	ab 1832

Römerstadt – antik und modern

Die bequemste Möglichkeit, an Frankfurts Nordrand die **Römerstadt** zu erreichen, bietet eine Stadtautobahn (Rosa-Luxemburg-Straße). Die Geländeschwelle am Nordufer der aus der Wetterau dem Main zufließenden *Nidda* ist uralter Siedlungsplatz, dessen strategisch günstige Position seit den Chattenkriegen Vespasians (ab 73 n. Chr.) auch die Legionäre Roms zur Anlage von mindestens einem Dutzend hölzerner Kastelle nutzten. Mit Befestigung der Taunusgrenze (s. Kap. Fahrten in die Umgebung: Grenze des Römerreichs – zur Saalburg) galt dieses nur noch als Etappe an der vom Domhügel nordwärts ziehenden Fernstraße (s. Kap. Der Domhügel, Blick vom Parrtorn). Aus dem Lagerdorf des zuletzt steinern erneuerten Kastells konnte sich im befriedeten Chattenland die römische Provinzstadt **Nida** entwickeln (ab ca. 110 n. Chr.) – Zentrum der vom Main bis zum Gebirge reichenden ›Civitas Taunensium‹ und mit weit mehr als 10 000 (vielleicht sogar 20 000) Bewohnern deutlich größer als die Reichsstadt Frankfurt 1200 Jahre später. Nida wurde in den Alamannenstürmen des 3. Jh. bei Zurücknahme der römischen Reichsgrenze aufgegeben (um 260).

Erst in unserem Jahrhundert beseitigte eine Trabantensiedlung im Nordwesten für knapp 5000 Menschen die meisten archäologischen Spuren: Mit seiner modernen *Römerstadt* konnte dabei der fortschrittliche Stadtbaurat Ernst May für den Wohnungsbau Europas Maßstäbe setzen (1927–29), die bis heute Architekturinteressenten aus aller Welt anlocken. Auch in Frankfurt hatte gemeinnütziger Wohnungsbau mit dem Bevölkerungswachstum als Folge industriellen Aufschwungs um die Mitte des 19. Jh. eingesetzt. Den Anfang machte in Sachsenhausen die kommunal geförderte **Mühlbruchsiedlung** (ab 1860) mit Mietskaserne und Einfamilienhäusern, rasch ergänzt durch **Werkssiedlungen** expandierender Weltfirmen wie *Farbwerke Hoechst* oder *Cassella* in *Fechenheim* (ab 1863).

An diese von Erstem Weltkrieg und Wirtschaftskrise unterbrochene Entwicklung konnte Ernst May mit Unterstützung des tatkräftigen Oberbürgermeisters Ludwig Landmann anknüpfen. Am Ende seiner nur fünf Jahre währenden Tätigkeit hatte 1930 fast ein Zehntel der Frankfurter Bevölkerung 15 000 moderne Wohnungen bezogen. Zuvor durch Eingemeindung umliegender Dörfer für Frankfurt gewonnene Freiflächen boten ausreichend Platz zu großzügiger Realisierung von Trabantensiedlungen, wie sie sich gerade entlang der Nidda reihen. Hier ließ sich gleichermaßen humanes und funktionelles Bauen verwirklichen, denn zugleich hatte sich allgemein – unter Einfluß des 1925 in Dessau unter Walter Gropius erneuerten ›Bauhauses‹ – die Abkehr von der Dekorationsarchitektur des Histo-

Römerstadt, Heddernheim und Niederursel mit Lage der römischen Stadt Nida (3. Jh.)
1 Geschwister-Scholl-Schule
2 Emmauskirche (Eschersheim)
3 Tabakscheune (Niederursel)
4 Alt Niederursel 20
5 Solms-Rödelheimsches Rathaus
6 Frankfurter Rathaus
7 Gustav-Adolf-Kirche

rismus zugunsten kubischer Zweckbauten vollzogen. Die übliche enge Blockrandbebauung mit bis zu fünf Stockwerken wich nun ein- bis dreigeschossigen Zeilen, wobei im Idealfall an nur einer Straßenseite Häuser standen.

Angestrebte Kostensenkung zugunsten niedriger Mieten konnte jedoch nur durch konsequente Rationalisierung erreicht werden, d. h. Beschränkung auf wenige Wohnungstypen kleinen Zuschnitts, deren Grundrißraster nach Personenzahl der Nutzer und Lage in leicht deutbarem Code ablesbar blieb (EFA = Einfamilienhaus, EFA-

KI = Einfamilienhaus für Kinderreiche, MEFANOKI = Mehrfamilienhaus in Nordlage für Kinderreiche etc.); Fertigung eigens als Forschungsauftrag vergebener Kunststeinplatten, die unter Minderung üblicher Wandstärke zugunsten der Raumfläche ähnliche Dämmeigenschaften wie herkömmliches Mauerwerk aufwiesen; maximale Raumnutzung durch Einbaumöbel (z. B. perfekte Küchengarnituren wie die berühmte ›Frankfurter Küche‹ nach Ideen von Margarete Schütte-Lihotzky) und deren Großeinkauf; zentrale Wärme- und Heißwasserversorgung.

Frankfurter Siedlungsbau der Ära Ernst May

Bedeutende Siedlungen

Bornheimer Hang	1926–30	*Bornheim*; zwischen Ketteler Allee und Saalburgallee	Planung: Ernst May, Herbert Boehm Ausführung: E. May, C. H. Rudloff, Adam Assmann Grünanlagen: Max Bromme, Ulrich Wolf	1540 Wohnungen

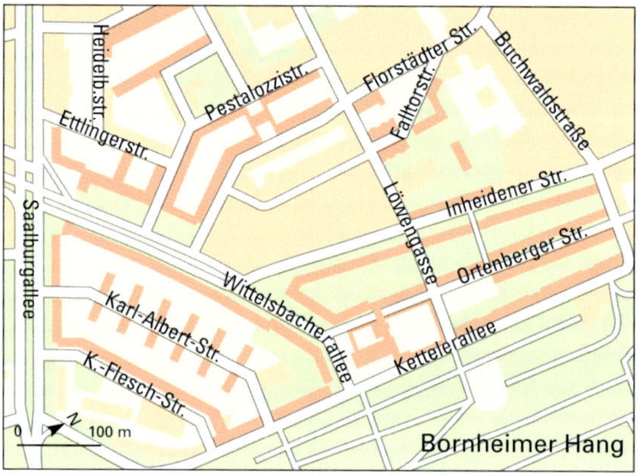

Heimatsiedlung (= Riedhof-West)	1927–34	*Sachsenhausen*; an der Mörfelder Landstraße	Planung: E. May, H. Boehm, Fritz Berke Ausführung: Franz Roeckle	1098 Wohnungen
Hellerhof	1929–32	*Gallusviertel*; zwischen Frankenallee und Bahngleisen	Planung: Mart Stam	1194 Wohnungen
Niederrad (= Zick-Zack-Hausen)		*Niederrad*; an Bruchfeldstraße und Hardtwaldplatz	Planung: E. May, H. Boehm Ausführung: E. May, C. H. Rudloff, Ferdinand Kramer Grünanlagen: M. Bromme	654 Wohnungen
Praunheim	1926–29	*Praunheim*; an der Heerstraße	Planung: E. May, H. Boehm, Wolfgang Bangert Ausführung: E. May,	1441 Wohnungen

			Eugen Kaufmann, Adolf Meyer, Ludwig Becker, Anton Brenner Grünanlagen: Leberecht Migge, M. Bromme	
Riederwald	1926/27	*Riederwald*; zwischenErlenbruch und Raiffeisenstraße	Planung: E. May, H. Boehm Ausführung: A. Moritz, Eduard u. Otto Fucker, Franz Thyriot, M. Elsässer Grünanlagen: Hans Beckstein	313 Wohnungen
Römerstadt	1927–29	*Heddernheim*; zwischen Nidda und In der Römerstadt	Planung: E. May, H. Boehm, W. Bangert Ausführung: E. Kaufmann, C. H. Rudloff, K. Blattner, G.Schaupp, F. Schuster, M. Elsässer, M. Schütte-Lihotzky Grünanlagen: L. Migge	1182 Wohnungen

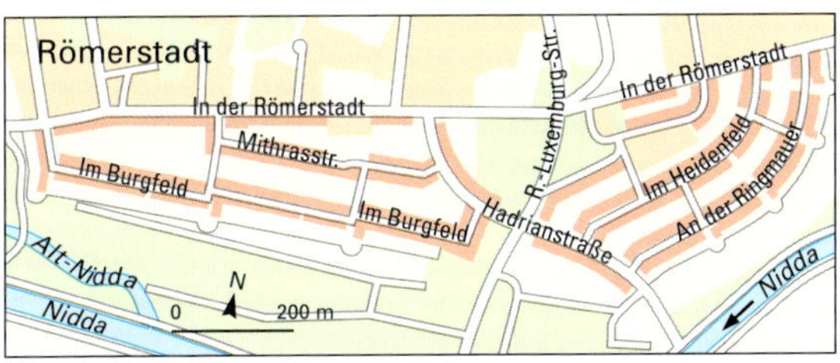

Westhausen	1929–31	*Hausen*; zwischen Ludwig-Landmann-Straße und Kollwitzstraße	Planung: E. May, H. Boehm, W. Bangert Ausführung: E. Kaufmann, L. Becker, F. Kramer, Eugen Blanck, O. Fucker, F. Schuster Grünanlagen: M. Bromme	1116 Wohnungen

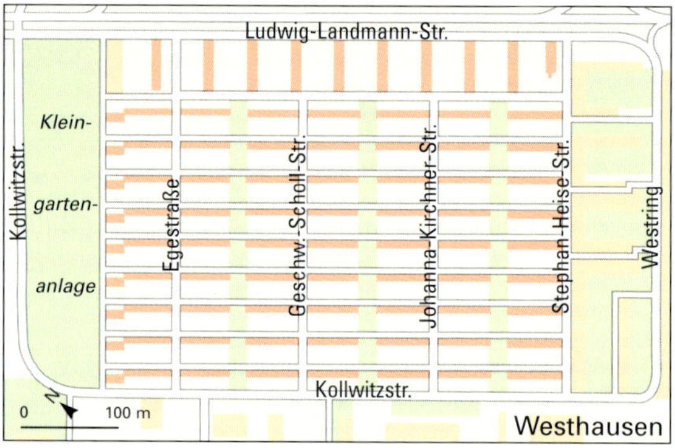

Kleinere Siedlungen

Friedrich-Ebert-Siedlung	1930–32	*Gallusviertel*; an der Mainzer Landstraße	E. May, H. Boehm, W. Schwagenscheidt, Walter Kratz, Albert Winter
Goldstein	1932	*Schwanheim*; am Schwanheimer Ufer	E. May, H. Boehm, W. Schwagen scheidt, B. Mauthner u. v. a.
Höhenblick	1926/27	*Eschersheim*; an der Kurhessenstraße	E. May, H. Boehm, C. H. Rudloff, M. Bromme
Hügelstraße	1926–29	*Dornbusch*; beiderseits der Eschersheimer Landstraße	F. Roeckle, Ludwig Bernoully, Gustav Schaupp, Karl Ollson, Ziegler
Lindenbaum	1930	*Eschersheim*; Am Lindenbaum	Walter Gropius
Mammolshainer Straße	1927/28	*Gallusviertel*; an der Idsteiner Straße (1981 abgebrochen)	E. May, Wilhelm Derlam, A. Brenner

Marbachweg	1927–29	*Dornbusch*; am Marbachweg	K. Ollson
Miquelallee	1930–36	*Dornbusch*; beiderseits der Hansaallee	E. May, C. H. Rudloff, H. Boehm
Nonnenpfad	1929/30	*Oberrad*; nahe der Buchrainstraße	Friedrich Sander
Raimundstraße	1926–30	*Ginnheim*; beiderseits der Raimundstraße	F. Roeckle, E. May, C. H. Rudloff
Riedhof-Ost	1930–33	*Sachsenhausen*; an der Mörfelder Landstraße	E. May, H. Boehm, Fritz Berke
Strahlenberger Lehen	1929	*Oberrad*; am Speckweg	H. Boehm, E. Kaufmann
Teller	1927	*Oberrad*; am Friedhof	F. Roeckle

Von den zahlreichen Stadtrandsiedlungen der Ära May – z. B. *Zick-Zack-Hausen* (Niederrad) oder *Hellerhof* (Gallusviertel), *Bornheimer Hang* oder *Westhausen* –, an denen international renommierte und viele junge Architekten teilhatten, ist die **Römerstadt** durch ihre der Landschaft angepaßte Planung die bekannteste. Sie entstand als zweiter Abschnitt innerhalb eines die gesamte Niddaaue erfassenden, aber nie vollendeten Projekts (nach *Praunheim* 1926). May selbst entwickelte mit Herbert Boehm und Wolfgang Bangert die Planung, bei deren Ausführung ihn C. H. Rudloff, Karl Blattner (Im Heidenfeld), Gustav Schaupp (An der Ringmauer) und Franz Schuster (S-förmiger Block an der Hadrianstraße) unterstützten.

Allerdings nur kurz im Vorbeifahren ermöglicht die Rosa-Luxemburg-Straße den besten Überblick des östlichen Siedlungsareals. Dem um 1930 bis auf einen Bogen begradigten Niddalauf fügen sich am Ufer als Raster ausgebreitete Schrebergärten mit einst gleichförmigen Gartenhäuschen in Leberecht Migges vorgeschriebene Grünplanung. Diese untere Zone endet abrupt an der wie eine Stadtbefestigung anmutenden *Mauer*, die sich gegen die Flußlandschaft mit halbrunden Bastionen vorschiebt. Mit dahinter künstlich aufgeschüttetem Gründgürtel aus Promenade und Privatgärten folgt auch die äußere Häuserzeile der Ondulation des Flusses. Höhere Kopfbauten und Bäume auf den Bastionen rhythmisieren die Hausreihen beiderseits der in immer engerem Radius geführten drei Straßen, wobei deren asymmetrische Grüngestaltung die sonnige Südseite bevorzugt. Zwischen den Zeilen dehnen sich Wiesen, zerschnitten durch wenige, radial von den Bastionen aufwärts zur begrenzenden Tan-

›Römerstadt‹, Aquarell von Hermann Treuner, 1929

gentialstraße *In der Römerstadt* führende Wege. Ungeachtet ihrer antik inspirierten Namen (*Im Heidenfeld* oder *Am Forum*) vermeiden Mays Straßen jeden topographischen Bezug zum römischen Nida. In den trotz unterschiedlicher Architekten einheitlichen Gebäudezeilen sind jeweils zwei Einfamilienhäuser mittels Zwillingsportal und gemeinsamem Vordach einander zugeordnet. Zumindest für die Baugruppe *An der Ringmauer* 19–31 gelang 1993 die Rekonstruktion der originalen Farbigkeit – lachsfarbene Straßenfronten und Kopfbauten bzw. weiße Gartenseiten im Kontrast zu dunkelblauen Türblättern und Fensterrahmen –, die der Römerstadt zusätzliche Wirkung in der Landschaft verlieh. Den Umriß dieser Osthälfte ergänzt der S-förmige, abgerundet endende Mietshausblock entlang der *Hadrianstraße*, deren Zäsur seit 1972 jene Schnellstraße verstärkt. Jenseits folgen in der Westhälfte – hinter der **Geschwister Scholl-Schule** von Martin Elsässer (1928/29, erweitert 1991 durch Günter Behnisch, Darmstadt; Im Burgfeld 1–13) – zwei flußparallele Straßen mit ähnlichen, wenn auch versetzten Einfamilienhäusern, vor die sich als nördlicher Abschluß Mietshäuser mit rotem Fassadenanstrich wie 1929 schieben *(In der Römerstadt)*.

Mit seiner Römerstadt hatte May lediglich die beiden flußnahen Quartiere des bereits von den Römern durch ein Straßenkreuz zerlegten Nida überbaut; auf den nördlichen Restflächen breitete sich 1961–73 als Wohnsiedlung für weitere 25 000 Einwohner die **Nordweststadt** aus (Entwurf: Walter Schwagenscheidt und Thassilo Sittmann, Frankfurt).

Wer in diesen modernen Siedlungen Fixpunkte für den Stadtplan des in keinem literarischen Werk der Römerzeit überlieferten **Nida** sucht, tut sich schwer: Einzig linearer topographischer Bezug bleibt die Straße *In der Römerstadt*, deren noch im Mittelalter benutzte Verlängerung (z. B. 754 beim Transport von Bonifatius' Leichnam von Mainz nach Fulda) westlich von der Mainmündung heraufzog und nachträglich – zwischen Zeilsheim und Rödelheim – mit der Autobahn A 66 bzw. in Praunheim mit der Heerstraße identisch wurde. Die zunächst geradlinige Fortsetzung dieser Fernstraße ist östlich der Rosa-Luxemburg-Straße durch keine neuere Straßenachse markiert; jenseits des antik bebauten Areals knickte sie nordwärts leicht ab, um der Nidda über Bad Vilbel in die Wetterau zu folgen. Von Zwillingstürmen flankierte Tore, wie sie allen bedeutenden Niederlassungen der Römer eigen und der Saalburg formal noch am ehesten vergleichbar sind, ermöglichten den Zugang zur Stadt, deren von äußerem Spitzgraben (7 m breit) umgriffene Mauer (5 m hoch) in regelmäßigem Abstand durch ebenso auf quadratischem Grundriß errichtete Türme gesichert wurde. Die dazu nötigen 1500 Wagenladungen mit Steinen dienten seit dem Mittelalter umwohnenden Bauern als Baumaterial.

Im östlichen Viertel, das zunächst von kleineren Kastellen beansprucht war, kreuzte die über sechs Kilometer vom Domhügel kommende sog. *Saalburgstraße*. Vor Überbrückung der Nidda folgte sie zuletzt der heutigen Woogstraße – in Sichtweite von zwei anderen Straßen und Brücken flankiert, die an ähnlichen Torbauten die Stadt erreichten (auf Höhe der Straße Im Burgfeld bzw. am südlichen Kopfbau der Hadrianstraße). Die Saalburgstraße verließ Nida knapp oberhalb des modernen Nord-West-Zentrums und gabelte sich in zusätzliche Straßenäste in Richtung Niederursel (Westen) bzw. Okarben (Osten). Um jenes den einstigen Übergang von ›castrum‹ und ›vicus‹ kennzeichnende Straßenkreuz erstreckte sich das beide umfassende Nida vom 2. Jh. an in West-Ost-Richtung über ca. 950 Meter, in Süd-Nord-Richtung über etwa 500 Meter (annähernd modern begrenzt durch Im Weimel und Nesselbuschstraße bzw. Bernadottestraße).

Offensichtlich verhinderte Nidas schubweises Wachstum seine Befestigung als regelmäßiges Rechteck parallel der beiden Hauptstraßen, wie es (gemäß dem ›Hippodamischen Planschema‹) einer römischen Idealstadt entsprochen hätte. Nur unter Vorbehalt läßt sich daher die heutige Achse ›In der Römerstadt‹ (= Platea novi vici/Neustadtstraße) oder gar die mit ihr in spitzem Winkel am Westtor (= Porta Praetoria) des Steinkastells zusammentreffende sog. Platea Praetoria als Decumanus maximus deuten; in anderen Städten des römischen Imperiums wird er mit dem kreuzenden Cardo maximus zur Grundlage eines Rasters, in dem Nebenstraße bebaute ›Insulae‹ von gleicher Größe rahmen. Viele der Repräsentations- und Funktionsbauten dieser peripheren Provinzstadt sind durch archäologische Grabungen während 100 Jahren bekannt geworden (gleich 1896 konnten Fundamentreste jenes Steinkastells gefunden werden): Nekropolen an den Ausfallstraßen (v. a. im Norden) und ein Hafen an der Nidda, Thermen beiderseits der Platea novi vici und ein Theater am Südrand, fast 100 *Töpferöfen* (derer zwei wurden 1972 an der Böschung der Rosa-Luxemburg-Straße durch ein Schutzhaus gesichert), aber kaum Fundamente von Wohnhäusern (allerdings außerhalb der Stadtmauern Fundamente suburbaner Villen und Landgüter = villae rusticae; übrigens rund 80 im gesamten Frankfurter Stadtgebiet).

Trotz einer seit dem Mittelalter währenden Nutzung als Steinbruch und der wissenschaftliches Arbeiten kaum ermöglichenden Überbauung durch jene beiden modernen Siedlungen sind zahlreiche Denkmäler und Gegenstände für täglichen Gebrauch (v. a. Gefäße aus Ton und Glas), religiöse Kulte (u. a. Votivfiguren verschiedener Gottheiten – allein die Mithrasmysterien hinterließen in Nida vier Kultstätten) oder militärische Ausrüstung gefunden worden; im Museum für Vor- und Frühgeschichte (s. Kap. Am Rand der Altstadt: Das Karmeliterkloster im Westen) vermitteln sie eine Vorstellung vom Rand eines ehemaligen Weltreichs, wo sich zwei Kulturen von unterschiedlichem Niveau in Kampf und Handel durchdrangen.

Noch andauernde jüngste Ausgrabungen auf der vermutlich einzigen nie seit der Antike überbauten Parzelle (gegenüber ›In der Römerstadt‹ Nr. 169) lassen auf zusätzliche Funde hoffen (seit 1993 Straße, Brunnen, Töpferöfen, Keller mit bemaltem Putz freigelegt, die vielleicht innerhalb eines zukünftigen Freilichtmuseums in situ erhalten werden können).

Zwischen Urselbach und Erlenbach

Fünf Bäche sind es, die von den bewaldeten Hängen der Taunusberge der Flußniederung bei Frankfurt zustreben. Alle münden in die aus der Wetterau strömende *Nidda*, die ihre Gewässer vereint erst vor Höchst dem Main zuführt. Ihre sanft terrassierten Ufer mit fruchtbaren Böden boten bereits Bauern im Neolithikum Acker- und Weideflächen (nach 6000 v. Chr.). Die Geschichte der hier im Dunstkreis der Großstadt längst umgewandelten Dörfer läßt sich bis ins frühe Mittelalter zurückverfolgen. Hervorgingen sie zumeist aus Gutshöfen fränkischer Adliger (die Nekropole bei Niederursel/Wiesenau lieferte dazu mit reich ausgestatteter merowingischer Bestattung 1878/79 einen Beweis), deren Namen sie bewahrten. Unter den karolingischen Herrschern gehörten sie zum *Niddagau*, und nach dessen Auflösung unter den Staufern (Ende 12. Jh.) gerieten sie an wechselnde Herrschaften oft untereinander verschwägerter Ministerialenfamilien – ungeachtet enger Bindung zum aufstrebenden Frankfurt.

Wo im Norden Bahn- und Straßenbrücken die Nidda queren, thront auf einem Hügel die **Emmauskirche** von **Eschersheim**. Mit ihrer Ringmauer erinnert sie an eine mittelalterliche Kirchenburg, doch nur ihr polygonaler Chor entstammt der Gotik (um 1461 als Peterskirche erbaut); Langhaus und turmähnlich über die Fassade ragender Dachreiter sind barock (1752–54). Ehemals dominierte diese Dorfkirche das südliche Niddaufer und die 1310 hinüber geschlagene Brücke (ältere Römerbrücken gingen voraus, deren eine sich in der Achse der Höllbergstraße fortsetzte). Den Grafen von Hanau, die 1351 von Karl IV. mit dem Gericht ›Bornheimer Berg‹ (s. Kap. Von Bornheim nach Bergen) auch Eschersheim erworben hatten, war der hier erhobene Wegzoll wichtig genug, um 1428 das ganze Dorf durch fronende Bauern mit einer Landwehr zu sichern. Übrig blieb davon nichts. Als Grenze der Eschersheimer Gemarkung, in der ebenso Frankfurter Patrizier – wie die Glauburgs und Knoblauchs (ab 1316), die Froschs (ab 1323) oder die Holzhausens (ab 1387) – Ländereien besaßen, gilt die Nidda, in die oberhalb des Kirchhügels der **Urselbach** mündet (der *Steinbach* fließt weiter westlich an der Römerstadt in die Nidda). Allein 15 Mühlen sind entlang seinem Lauf auf Flurkarten des 18. Jh. verzeichnet (an einige erinnern heutige U-Bahnstationen wie ›Sandelmühle‹ oder ›Kupferhammer‹). Drei Ortschaften in breitem Wiesental angesichts des Hochtaunus gab er den Namen.

Am Rand von **Niederursel**, wo auch Johann Caspar Goethe Getreide mahlen ließ, blieb von der *Untermühle* ein Speicherhaus erhalten (Krautgartenweg 3) – eine **Tabakscheune**, über deren zerfallendes Fachwerk sich der mächtige Rücken eines Mansarddachs breitet. Drei Reihen flacher Schleppgaupen belüften seinen Raum, dessen Zwischenböden dem Trocknen von Tabakblättern dienten. Der mit dem Dreißigjährigen Krieg gesteigerte Tabakgenuß ließ 1695 dieses Speicherhaus notwendig erscheinen (Zwerchhaus auf der Hofseite frühes 19. Jh.); es steht in der Tradition fränkisch-alemannischer Fachwerkarchitektur. Derartige Trockenhäuser sind im industriellen Zeitalter überflüssig und daher selten (z. B. das ›Siebendächerhaus‹ in Memmingen von 1601, der Hopfenspeicher des Hofguts Mühlreißig von ca. 1710 nahe Nürnberg).

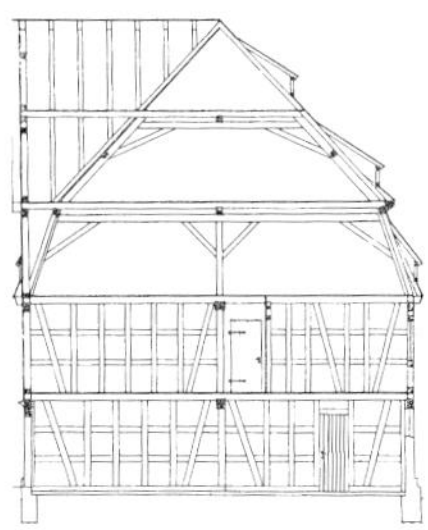

Niederursel, Tabakscheune

Das Straßenkreuz aus *Spielsgasse* und *Alt-Niederursel* bildet die Ortsmitte. Von seinen **Eckbauten** fällt einer durch seitlich zum Hof über einem Holzpfeiler ausgekragten Erker auf (Alt-Niederursel 20). Als eines der wenigen Fachwerkhäuser, die in dem während des Dreißigjährigen Kriegs mehrfach verheerten oder gebrandschatzten, von Plünderungen und Pest dezimierten Dorf überdauerten, entstand es bereits 1581. Schräg gegenüber zeigt ein Nachbarhaus (Nr. 21) sich überkreuzende Kopf- und Diagonalstreben von 1529, wie sie gegen Ende der Gotik im hessischen Fachwerk typisch waren (ähnlich den kaum jüngeren Rathäusern in Bergen oder Seckbach; s. Kap. Von Bornheim nach Bergen). Ebenfalls eine Eckposition beansprucht das 1718 unter den *Grafen von Solms-Rödelheim* errichtete **Rathaus** (Nr. 29); zurückgesetzt folgt auf der anderen Straßenseite ein **Rathaus** (Nr. 28), das 1716 von der *Reichsstadt Frankfurt* erbaut worden war. Diese Duplizität läßt sich bis ins Jahr 1436 zurückverfolgen, als der vom Reich mit der Niederurseler Vogtei belehnte Henne von Ursel, dieses erblich gewordene Lehen an zwei neue Grundherren verkaufte. Die durch Frank von Kronberg erworbene Dorfhälfte erbten 1461 die Solmser Grafen; die Frankfurter behielten ihre Hälfte bis 1806. Fortwährende Auseinandersetzungen führten schließlich zu einer geradlinigen Trennung durch das Reichskammergericht (1700); dabei ging 1714 der südwestliche Dorfteil an Frankfurt, der nordöstliche an Solms-Rödelheim, und die Hauptstraße galt als Grenze. Die beiden wenig später konstruierten Rathäuser ähneln sich in Dimensionen und Dekoraton (ungeachtet des steinernen Erdgeschosses bzw. der Krüppelwalme), so daß sie demselben Zimmermeister im Barock zugeschrieben werden können.

Auf der Frankfurter Seite erhebt sich der *Kirchhügel*, dessen Ringmauer den Eingang des dahinter ausgehöhlten Kerkers (1600), Maßwerkfenster der spätgotischen St. Georgskirche (1402; 1927 abgebrochen) sowie den dreieckigen Türsturz einer vorromanischen Kapelle (10. Jh.?) aufnahm. Seit 1928 umgibt sie den modernen Neubau der nach Entwürfen Martin Elsässers als Betonoktogon mit Südwestturm errichteten ev. **Gustav-Adolf-Kirche**, deren grüne Dächer

Niederursel, Gustav-Adolf-Kirche

fremdartig über rahmende Fachwerkhäuser ragen. Allein ihr gegossenes Zeltdach galt Zeitgenossen als revolutionär, und der Raster ihrer Fenster erinnert an Frankfurter Profanarchitektur der 20er Jahre. – Dazu schuf Martin Weber 1932 mit seiner **St. Bonifatiuskapelle** in Bonames (s. u.) am Kalbacher Weg eine schlichtere Variante.

Mit diesem ›Apostel der Deutschen‹ ist Niederursel in noch anderer Weise verbunden. Nachdem die Friesen 754 Bonifatius bei Dokkum (Friesland) erschlagen hatten, wurde sein Leichnam rhein- bzw. mainauf bis Hochheim verschifft und von dort in feierlicher Prozession unter Führung des Mainzer Bischofs Lullus nach Fulda überführt. Im Gehöft eines fränkischen Kolonisten, wo auf der Hochebene vor Kalbach eine Quelle sprudelte (seit 1972 durch ein in irisch-germanischer Tradition gestaltetes *Steinkreuz* markiert als **Bonifatiusbrunnen**), verbrachte man eine Nacht. Stiftungen ließen hier nach 779 die Holzkirche ›ad crucem‹ (= zum Kreuz, vulgarisiert: Crutzen) entstehen. Rasch wurde sie kultisches Zentrum umliegender Höfe und bevorzugter Begräbnisplatz; obwohl erst 1256 urkundlich erwähnt, dürfte sie spätestens um die Wende zum 11. Jh. in Stein erneuert worden sein (Niedergang mit der Reformation seit 1524 und Abbruch während des Dreißigjährigen Kriegs machten sie für Kalbach und Niederursel zum Steinbruch). – Dorthin führt ostwärts die Spielsgasse, zunächst über den Urselbach, dann jenseits der U-Bahn-Trasse unter dem Namen Kreuzerhohl über die neue L 3001 zur Kreuzung mit der **Steinstraße** (originaler Rest der mit Flußwakken 5 m breit gepflasterten Römerstraße, die von Nida über 14 km zur Saalburg führte; s. Kap. Fahrten in die Umgebung: Grenze des Römerreichs) und geradlinig weiter, bis nach einem Kilometer vor moderner Bebauung rechts im Feld jenes Bonifatiuskreuz auftaucht. – Wie Eschersheim wurde Niederursel 1910 Teil Frankfurts; der ehemals nördlich folgende Weiler **Mittelursel** ging im Dreißigjährigen Krieg zugrunde.

Nördlich der Frankfurter Stadtgrenze liegt **Oberursel**, das der einstigen Reichsstadt und ihren Stiftskirchen eng verbunden war. 791 zuerst als ›Ursela‹ überliefert, kam es nach Auflösung des Niddagaus schließlich 1418 an Eppstein, im Erbgang dann an die Königsteiner Grafen (1538) bzw. die Mainzer Erzbischöfe (1583) und blieb katholisch. Vor Oberursels auf ovalem Hügel bis 1481 ummauertem Ortskern dehnt sich rechteckig ein Marktplatz. Links (Marktplatz 1) birgt das **Vordertaunusmuseum** frühgeschichtliche Funde (u. a. von den Ringwällen) und den Nachlaß des Malers Hans Thoma (er fertigte um 1900 Entwürfe für eine hiesige Majolika-Manufaktur). Hier eine Hinweistafel auf das erste Seifenkistenrennen, das am 31. Juli 1904 startete. Als bedeutender Rest der Ortsbefestigung blieb das mit Verleihung der Stadtrechte 1444 begonnene **Untertor**. Nach Schäden im Dreißigjährigen Krieg wurden 1659 zwischen seinen spätgotischen Torbögen Gewölbe gespannt und darüber das *Alte Rathaus* errichtet. Dessen Giebelfront präsentiert sich im reichen fränkischen Fachwerk mit ›Wilden Männern‹, diagonalen Brüstungsstreben und -rauten, wie es aus der Mitte des 17. Jh. am Ort mehrfach erhalten ist.

Oberursel, Stich von Matthäus Merian, 1646

Hinter dem Tor steigt die St. Ursulagasse bergan, wo weithin sichtbar die **Pfarrkirche St. Ursula** thront. Links wird der Kirchplatz von zwei stattlichen **Fachwerkbauten** mit ähnlich kraftvollem Holzgefüge wie am Rathaus flankiert: Nr. 15 von 1662 und Nr. 17 (= Pfarrhaus) von 1657. – Auf ummauertem Plateau kehrt die Kirche dem Platz ihre Südflanke zu. Unterschiedliche Details lassen erkennen, daß St. Ursula drei Bauphasen der Spätgotik entstammt. Zuletzt entstanden der dominierende *Westturm* und das Westjoch 1479–81 (ein diagonal versetzter Strebepfeiler markiert die einstige Südwestecke des Langhauses). Zweibahnige Maßwerkfenster, wie sie am Turm drei der fünf Geschosse öffnen, sind dafür typisch. In den Winkel zum Langhaus fügt sich ein Treppenturm mit Maßwerkfries am Übergang von oktogonalem zu rundem Querschnitt. Reicherer Fries und durchbrochene Brüstung rahmen die Aussichtsplattform des Turms, die verschieferte Wächterstube und Dachpyramide trägt (der Turm ist zugänglich und läßt die idyllisch-verschachtelte Bebauung der Altstadt gut erkennen). – Dreibahniges Maßwerk mit Fischblasen zeigt das *Langhaus* von 1457–64, das 1560 einen übergiebelten Anbau erhielt; an seinem Südwesteck ›Ritterfigur mit Urseler Wappen‹, an der Ostseite vermauerte Köpfe ›Christus zwischen Maria und Johannes‹ (Fragmente einer spätgotischen Kreuzigung in der Art von Hans Backoffen; um 1520). Dahinter verbirgt sich der Polygonalchor des frühen 15. Jh. – Der Innenraum überrascht als Stufenhalle von nur zwei Schiffen, wobei das größere über alten Oktogonalpfeilern in Holz gewölbt ist (1957/58 als Ersatz der 1645 demolierten Rippenwölbung). In Westjoch und Nordschiff, über dem sich ursprüngliche Gewölbe spannen, wurde bis 1659 eine Holzempore im Knorpelstil des Frühbarock eingezogen; zu ihr passen Kanzel, Chorgestühl und Hochaltar (bis 1671) im merkwürdig abgeknickten *Chor*. Er bewahrt aus der Spätgotik eine Tabernakelnische und Reste von Glasmalerei mit Heiligen (zwischen neugotisch 1877 ergänzten Scheiben) – u. a. hl. Ursula mit Pfeilen (Hinweis auf ihr Martyrium vor Köln 452 durch die Hunnen) – als Stiftung der vermögenden Weberzunft (um 1450). Barock sind ›Immakulatastatue‹ (um 1740),

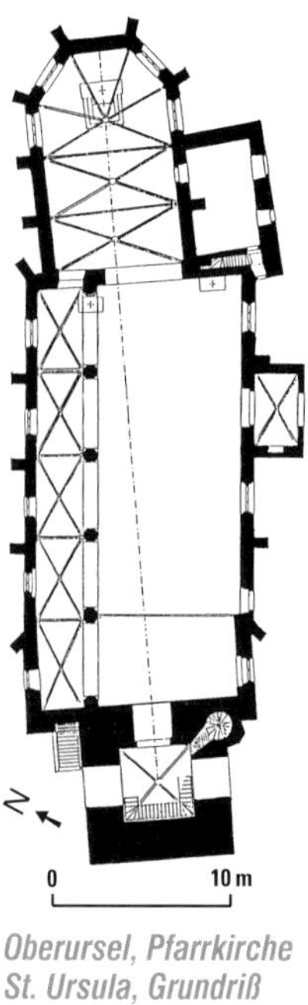

Oberursel, Pfarrkirche St. Ursula, Grundriß

›Pietà‹ (1770) und Orgel (1790); in der einst offenen Turmhalle eine ›Kreuzigungsgruppe‹ (1676) und ein spätgotischer Taufstein (um 1490).

Nördlich, wo die bis 1803 ergänzte **Herrenmühle** wie ein Riegel den erhöhten Ortsrand bildet, mündet die Obergasse in die Altkönigstraße – letzte Etappe der vorgeschichtlichen Fernstraße, die aus dem Maintal dem Urselbach folgte und über Fuchstanz und Feldberg den Hochtaunus erschloß. Dort, in der **Hohe Mark,** besaß Oberursel fast 1000 Jahre lang (817–1816) wie alle Dörfer des ehemaligen Niddagaus (auch Eschersheim, Nieder-Erlenbach, Bonames) Waldrechte. – Einige bäuerliche Fachwerkhäuser und ländliche Saalkirchen des Barock bieten ebenso andere ehemals selbständige Dörfer diesund jenseits der nördlichen Stadtgrenze von Frankfurt wie **Kalbach** (St. Laurentius, 1733–65) und **Nieder-Eschbach** (ev. Pfarrkirche, 1617/18 bzw. 1747–72) oder **Bommersheim** (St. Aureus und Justina, 1736–38 mit vorzüglichem Hochaltar innerhalb zeitgenössischer Ausstattung), **Ober-Eschbach** (ev. Pfarrkirche, 1728–31 mit qualitätvoller Kanzel von 1623) und **Ober-Erlenbach** (St. Martin, 1765 mit schöner Rokokokanzel von 1768 und figurenreichen Altären von 1691–1714 aus dem Kloster Ilbenstadt – s. Kap. Fahrten in die Umgebung: Burgen und Klöster in der Wetterau).

Rechts vom gleichnamigen Wasserlauf liegt **Nieder-Erlenbach** zwischen zwei Mühlen. Seit dem 14. Jh. war sein Zentrum von einem Haingraben (ähnlich der Frankfurter Landwehr) umgeben, der sich mit turmbewehrten Toren für die Z-förmig querende Hauptstraße (wie in Niederursel) öffnete. – Eine fränkische Siedlung am Erlenbach ist urkundlich bereits 779 erwähnt, das Dorf an seinem Unterlauf jedoch erst 1274. Ein Jahrhundert später haben es die Frankfurter 1376 von Karl IV. erworben, seitdem verdrängten reichsstädtische Patrizier benachbarte Klöster und einst als Vögte amtierende Taunusritter aus dem Besitz bäuerlicher Hofreiten. Die für den Amtmann Frankfurts 1402 im Nordostwinkel des Dorfs erneuerte **Niederungsburg** der Stauferzeit haben die im 13. Jh. aus dem Büdinger Land in Frankfurt heimisch gewordenen Glauburgs erworben (Untere Burggasse 1; Schule). Hieronymus von Glauburg ließ sie zum barocken Herrenhaus ausbauen (1698–1701; mitsamt dem vorgelagerten Wirtschaftshof).

Zwei Generationen später erwarb Maximilian von Glauburg gegenüber den einst Hattsteinschen **Möserhof** (Alt-Erlenbach 29) und verwandelte ihn in ein stattliches Anwesen aus barockem Fachwerk (1779). Das daneben durch sein Mansarddach auffallende **Pfarrhaus** (Nr. 27) ließ der Frankfurter Ratsherr Karl Ludwig von Lersner 1748 errichten. Seiner im 15. Jh. aus Marburg an den Main übergesiedelten Familie entstammte Frankfurts früher Stadtchronist (1734) Achilles August von Lersner. Auch die ev. **Pfarrkirche** (im Kern 15. Jh.), deren Patronat die Reichsstadt 1596 von den Hattsteinern erworben hatte, birgt im barockisierten Saal (ab 1637) ein Lersnersches Epitaph des Frankfurter Barockbildhauers Bernhard Schwarzenburger; ferner eine geschnitzte Kanzel (spätes 17. Jh.). Schießscharten am spätgotischen *Westturm* deuten auf einstige Wehrfunktion. – Dahinter ließ jener Karl Ludwig 1746 sein **Lersnersches Schloß** erbauen (Hofgiebel 1893), das 1840 Herrenhaus eines Hofguts, 1980 aber dem Verfall preisgegeben wurde.

Noch außerhalb des Rings aus Wiesen und Äckern, aber doch näher am Stadtzentrum liegt **Bonames** über dem Mündungswinkel des *Kalbachs* – Rastplatz an der Kreuzung römischer Fernstraßen zu Taunus und Wetterau, womit sich auch der ungewöhnliche Ortsname erklären läßt (›bona mansio‹ = gute Herberge). Um fortan den Brückenzoll am Niddaübergang zu kassieren, haben es die Frankfurter 1367 von Karl IV. erworben und ab 1413 – nach der gegen die Taunusritter verlorenen Schlacht bei Kronberg (1389) – mit turmbewehrter Mauer umbaut (Reste erhalten).

Unterhalb der zentralen **Pfarrkirche**, die – ab 1642 barockisiert – dem gewohnten Typ dörflicher Gotteshäuser folgt und mit bemalter Empore ein wenig an das einstige Innere der Frankfurter Katharinenkirche erinnert, thront neben dem verschwundenen Untertor ein repräsentables **Landhaus** des Klassizismus (Alt-Bonames 6). Hervor ging es 1827 aus Friedrich Rumpfs Umbau eines barocken Hofguts (1770), bei dem ebenso der **Junckerturm** der Ortsbefestigung romantisch umgestaltet und durch Sebastian Rinz ein zur Nidda terassierter Garten angelegt wurde. – Neben der Bachmündung lag außerhalb der Ortschaft die von Wasser umsäumte **Niederungsburg** staufischer Ministerialen (13. Jh.). Im Schmalkaldischen Krieg wurde sie ruiniert (1546). Ihr durch zwei Türme verstärktes Mauerpolygon (Durchmesser 20 m) machten Fundamentgrabungen 1993 wieder vorstellbar (durch Pflaster vor moderner Wohnanlage markiert)

Von Bornheim nach Bergen – altfränkisches Frankfurt

Mehrere Straßen führen aus der Stadtmitte nach **Bornheim**, dem ehemals reichsten Dorf im Umland. Bei seiner Eingemeindung 1877 brachte es Frankfurt 16 000 zusätzliche Bewohner und wurde zugleich dessen ältester Vorort. Als traditionelle Verbindung von Stadt und Dorf gilt die *Berger Straße*. Vor der Bornheimer Pforte in der Staufermauer (wo an der Konstablerwache die Fahrgasse ansetzt) bzw. vor dem Friedberger Tor (nahe dem Hessendenkmal am Anlagenring) erreichte sie nach zwei Kilometern über die erst nach 1877 bebaute **Bornheimer Heide** (an sie erinnert noch die nordwestlich fast parllele Heidestraße) die Mitte von Bornheim und teilt es in Hang- und Talsiedlung. – Auf der Bornheimer Heide war François Blanchard am 3. Oktober 1785 mit einem Heißluftballon zur ersten

Von Bornheim nach Bergen
1 Heilig-Kreuz-Kirche (Bornheim)
2 Gasthaus zur Sonne
3 Altes Rathaus
4 Johanniskirche
5 Luisenhof
6 Friedberger Warte

Luftreise über deutschem Boden aufgestiegen (nach 39 Minuten landete er in Weilburg); am 18. September 1848 sind hier die preußischen Paulskirchenparlamentarier Fürst Lichnowsky und General von Auerswald während der Unruhen bei Ausbruch des preußisch-dänischen Kriegs ermordet worden.

Doch seit sich vor 1900 um die Vorstädte der Alleenring legte, wurden das Nordend über das großzügige Straßensystem der Günthersburgallee, das Ostend über die Wittelsbacherallee planvoll mit Bornheim verbunden. Unmerklich vollzieht sich dadurch der Übergang von Vorstadt zu Vorort, wenn auch Namen wie *Eichwaldstraße* oder *Bornheimer Landwehr* (als südliche Gemarkungsgrenze) vage Vorstellungen von ursprünglicher Topographie wecken. Deutlich erkennbar im Gelände ist bis heute mit dem **Röderberg** die historische Ostgrenze der Bornheimer Gemarkung. Ihm entlang zog sich seit 1488 über der sumpfigen Flußniederung des Mains die **Bornheimer Landwehr**. Die dominierende Position über jenem Röder-(= Rieder)bruch nutzte 1926–29 als Stadtbaurat Ernst May für die hinter dem **Bornheimer Hang** tief gestaffelte **Siedlung** (1540 Wohnungen). Ihr von unten her wirkungsvolles weißes Band durchbrach Martin Weber 1928/29 mit seiner kath. **Heilig-Kreuz-Kirche**. Deren Turm prägen von fern gestelzte Monumentalarkaden (ähnlich wie bei Herkommers Frauenfriedenskirche in Bockenheim), und aus der Nähe wirken Skulpturen des Wiesbadener Bildhauers Arnold Hensler – wie Wasserspeier die ›Evangelistensymbole‹, darunter als Relief ›Antlitz Christi‹.

Von der Siedlung Bornheimer Hang aus führt die *Buchwaldstraße* hinab zum oberen Teil der Berger Straße; hier läßt sich aus unterschiedlichen Gebäudehöhen und -fluchten auf Entstehungsjahre vor oder nach der Eingemeindung schließen. An ehemals mehr als 100 auf L- oder U-förmigem Grundriß gereihte Höfe erinnern zwei stattliche Fachwerkhäuser aus der Mitte des 18. Jh., beide mit hohem Zwerchhaus: das **Gasthaus zur Sonne** (Nr. 312) und das **Alte Rathaus** (Nr. 314), wo damals der Bornheimer Dorfschultheiß wohnte und seit 1776 kurzfristig protestantische Gottesdienste stattfanden.

Barocke Dorfkirchen in den Frankfurter Vororten

ab 1617	**Ev. Kirche**, *Nieder-Eschbach*
ab 1637	**Ev. Kirche**, *Nieder-Erlenbach*
ab 1642	**Ev. Kirche**, *Bonames*
ab 1683	**Ev. Kirche**, *Bergen*
ab 1699	**Ev. Bethlehemkirche**, *Ginnheim*
ab 1716	**Ev. Kirche**, *Unterliederbach*
ab 1717	**Ev. Kirche**, *Enkheim*
ab 1752	**Ev. Johanniskirche**, *Bornheim*
bis 1754	**Ev. Emmauskirche**, *Eschersheim*
bis 1765	**Kath. St. Laurentiuskirche**, *Kalbach*
ab 1766	**Ev. Michaeliskirche**, *Berkersheim*
ab 1770	**Ev. Auferstehungskirche**, *Praunheim*

Gleichfalls seit dem Barock thront auf erhöhtem Plateau, wo weit vor erster urkundlicher Erwähnung des Dorfes (1071 bzw. 1194) für fränkische Zeit das Hofgut eines Adligen Brun vermutet wird, die ev. **Johanniskirche** – historische Mitte und Wahrzeichen dieses Vororts, das der für Frankfurt originellen Kuppelform seines Turms die volkstümliche Bezeichnung ›Zwiwwelkersch‹ verdankt. Unter den Dorfkirchen rings um die Stadt ist sie die eindrucksvollste, rahmende Wohnhäuser wahren respektvoll Abstand. Angelegt ist sie als Saalbau, dessen Chor sich polygonal einzieht und durch vorgestelltes Treppenhaus abstuft. Hinter schwungvoll konturiertem Mansarddach ragt an der Westseite auf dem Kirchhof jener Turm hoch, der im Untergeschoß als spätgotisch gilt und mit Maurerarbeiten auf Kosten der Patrizierfamilie Glauburg 1492 bzw. 1520 zusammenhängt. Seine verschieferte Stufenkuppel wurde bis 1781 aus Holz konstruiert. Lange zuvor war 1475 bei Auflösung der Grafschaft Bornheimer Berg das Dorf schon einmal in den Besitz der freien Reichsstadt Frankfurt übergegangen und seine damals noch katholische Kirche in die Abhängigkeit des Domstifts geraten (als Frankfurt 1806 seinen Status als Kleinstaat verlor, löste sich Bornheim für 70 Jahre von der Stadt). Daraus verständlich wird, daß die Frankfurter 1752/53 die

Bornheim, Johanniskirche, Aufriß Südseite

Kosten für einen damals notwendig gewordenen Neubau der Bornheimer Pfarrkirche übernahmen. Doch bereits 1776 fuhr in ihn ein vernichtender Blitz. Um nun den Wiederaufbau, dessen Planung der Frankfurter Stadtbaumeister Johann Andreas Liebhardt übernahm, bezahlen zu können, mußte Bornheim seinen benachbarten Buchen- und Eichenwald fällen und das Holz verkaufen (s. o. Straßennamen). 1781, kurz bevor Liebhardt als sein letztes Werk die Planung der Paulskirche begann, konnte er das Gotteshaus vollenden, das erst seit 1896 Johanniskirche heißt. Deren flach überwölbten Raum umfängt eine hölzerne Empore, die in dem von Johann Leonhard Aufmuth geschaffenen Kanzelaltar zusammenläuft. Er ist als Kombination zweier Kirchenmöbel typisch für das protestantische Franken – eigentlich eine katholische Landschaft, die ebenso bei der Turmkuppel Pate stand (vgl. Kloster Banz).

Oberhalb von Günthersburgpark und Luisenhof, die aus Rothschildschem Besitz 1891 von Frankfurt zu weiterer Stadtentwicklung erworben wurden, führt die Dortelweiler Straße zum höchsten Punkt der Bornheimer Gemarkung. In dem für Carl Mayer von Rothschild 1837 durch Sebastian Rinz angelegten **Günthersburgpark** stand bis 1855 eine mittelalterliche Wasserburg (die *Bornburg*, die damals durch die längst demolierte *Günthersburg* ersetzt wurde); im weitläufigen Gelände u. a. lebensgroße Bronzefiguren – ›Sämann‹ von dem Belgier Constantin Meunier (1899; wie sein ›Hafenarbeiter‹ auf der Friedensbrücke in Sachsenhausen Teil eines nie vollendeten Arbeitermonuments) und ›Stier‹ von dem Frankfurter Fritz Boehle (1910). – Der **Luisenhof** wurde 1864 als Musterökonomie unter Luise von Rothschild angelegt; erhalten blieben das klassizistische Herrenhaus und davor ein Pumpbrunnen (Ecke Weidenbornstraße im Hof des Stadtreinigungsamts).

Der Wunsch der Frankfurter Ratsherren, gegen die Raubritter aus der Wetterau einen Wachturm zu errichten, tauchte erstmals 1456 auf. Aus dem Erwerb des Dorfes Bornheim (1475) ergab sich bald der Zwang, dessen Gebiet dem städtischen Verteidigungssystem zu integrieren. Und seit Sommer 1476 zogen 1500 Bürger und fronende Bauern an den erhöhten Nordrand der Gemarkung zum Ausheben eines Grabens und zum Anpflanzen einer Hecke für die Landwehr (deren Nordostbogen ist fast mit der 1995 freigegebenen Autobahn identisch). Auf der Anhöhe – mehr als 100 Meter über dem Wasserspiegel des Mains – entstand 1478 die **Friedberger Warte** (sieben Jahre nach Vollendung der Sachsenhäuser Warte, die Frankfurt im Süden sicherte; s. Kap. Affentor und Hügelgräber). Dieser zunächst völlig isolierte Wehrbau, dessen ursprünglicher Name ›Bornheimer Warte‹ sich nicht durchzusetzen vermochte, besteht aus einem rechteckigen Hof (26 : 30 m). Dessen sechs Meter hohe Mauern weisen Schießscharten in Schlüssellochform auf (umgebendes Terrain mindestens 1,5 m zu hoch aufgeschüttet). Innen fügen sich daran Schuppen und Wohnräume. In Eckposition auf der Stadtseite ragt fast 30 Meter hoch der *Wartturm* auf (Durchmesser 10 m), wie üblich im

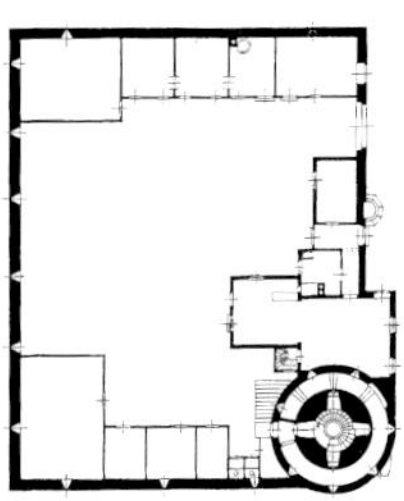

Friedberger Warte, Grundriß

Unterbau für die Außentreppe ummantelt; Oberbau auf einem Bogenfries in Mauerstärke ausgekragt bzw. aus Fachwerk und verschiefert. Am Turmfuß erhalten blieb das Auflager des Schlagbaumes; halbhoch ein Relief des doppelköpfigen Reichsadlers (der große Stadtadler auf der Feldseite stammt vom Turm des ›Alten Rathauses‹). Daneben öffnet sich die Ringmauer mit beidseitig nutzbarem Ziehbrunnen und spätgotischem Torbogen. Trotz einiger Schäden durch marodierende Kroaten 1634 gilt die Warte an der Friedberger Landstraße als die besterhaltene (1637 Wiederherstellung, 1895 Einbau eines Entlüftungsrohrs für die Kanalisation; jetzt Gastwirtschaft). Bis heute weitgehend unverbaut blieb ihr Sichtkontakt zum Domturm, der einst für Frankfurt lebenswichtig war.

Fachwerk in Frankfurt

1292	**Schellgasse 8**	*Sachsenhausen*
1481	**Haus Zum Anker**	*Höchst*, Bolongarostraße
um 1530	**Berger Rathaus**	*Bergen*, Marktstraße
1542	**Seckbacher Rathaus**	*Seckbach*, Hofhausstraße
1546	**Krawallschachtel**	*Neustadt*, Alte Gasse
1562	**Großer Engel** (rekonstruiert)	*Altstadt*, Römerberg
1581	**Alt-Niederursel 20**	*Niederursel*
1587	**Dalberger Haus**	*Höchst*, Bolongarostraße
um 1600	**Haus Wertheim**	*Altstadt*, Fahrtor
um 1610	**Schwarzer Stern** (rekonstruiert)	*Altstadt*, Römerberg
1619	**Vierhäusergasse 2**	*Schwanheim*
1695	**Huthmacherstraße 16**	*Sindlingen*
um 1710	**Sossenheimer Rathaus**	*Sossenheim*, Alt-Sossenheim 41
1716	**Frankfurter Rathaus**	*Niederursel*, Alt-Niederursel 28
1718	**Solmssches Rathaus**	*Niederursel*, Alt-Niederursel 29
1728	**Alte Mühle**	*Enkheim*, Alt-Enkheim 9
1756	**Bornheimer Rathaus**	*Bornheim*, Berger Straße 314
1886	**Gärtnerhaus Grüneburgpark**	*Westend*, August-Siebert-Straße 20
1898	**Pförtnerhaus Weinberg**	*Niederrad*, Flughafenstraße 20
1902	**Fechenheimer Rathaus**	*Fechenheim*, Pfortenstraße 2

Etwa einen Kilometer oberhalb der Warte zweigt von der Friedberger Landstraße rechts die Hofhausstraße ab. Zwischen Feldern und Wiesen mit Apfelbäumen führt sie an **Huthpark** und **Lohrpark** vorbei – beides Volksparks, die unter den städtischen Gartenbaudirektoren Karl Heicke und Max Bromme bis 1913 bzw. 1930 angelegt wurden – ins Zentrum des fränkischen Dorfes **Seckbach**. Urkundlich erstmals 882 erwähnt, ist es kurz vor 1200 als Lehen dem im benachbarten Bergen ansässigen Ministerialengeschlecht der Schelme übertragen worden. An deren daher wohl in staufische Zeit zurückreichendes Hofgut erinnert jene *Hofhausstraße*, entlang der sich altfränkische Hofreiten und barocke **Fachwerkhäuser** über älteren Gewölbekellern (Nr. 3 von 1567, Nr. 4 von 1561) reihen.

Am Eck zur bald steil ansteigenden Wilhelmshöher Straße, die als Teil eines uralten Handelswegs halbhoch über der Mainniederung mit den slawischen Staaten oder den Donauländern verband (über Hanau, Fulda, Leipzig bzw. entlang dem Main), steht das **Seckbacher Rathaus**. 1542 wurde es als reiner Fachwerkbau errichtet, allerdings im Erdgeschoß barock aufgemauert und auf dem First durch den Dachreiter mit der Feuerglocke ergänzt (1688 bzw. 1767). Charakteristisch für das Holzgefüge sind die sich zu seiten seiner Ständer kreuzenden Kopf- und Fußstreben, wie sie häufig mittelrheinisch-mainfränkisches Fachwerk der Renaissance kennzeichnen. Mit seinem polygonalen Kuppelerker und der zweischiffigen Halle im Erdgeschoß ähnelt es dem Rathaus im nahen Bergen. Bis zu Seckbachs Eingemeindung im Jahr 1900 residierte hier der Dorfschultheiß.

Seckbach, Rathaus

Überschauen läßt sich Seckbach vom 180 Meter hohen **Lohrberg** aus, jenem unmittelbar nach dem Ersten Weltkrieg (ab 1919) zum Volkspark umgewandelten, ehemals kahlen Höhenrücken, auf dessen Südhang spätestens seit fränkischer (vielleicht sogar römischer) Zeit Wein angebaut wird. Von hier aus erfaßt der Blick im Westen Frankfurt, dessen charakteristische Hochhaustürme für Bornheims Johanniskirche den Hintergrund bilden; gegenüber im Süden Industrieflächen, Flußsenke und der Sachsenhäuser Berg, dessen bewaldeten Kamm der Goetheturm (1931) überragt. Ostwärts zum Spessartgebirge hin schimmert deutlich der sich durch sein breites Tal windende Main, und fern hinter den dampfenden Kühltürmen des Kraftwerks Krotzenburg ist Seligenstadt zu vermuten.

Auf den sich hinter dem Lohrberg dehnenden Stoppelfeldern und Wiesen hatte Landgraf Wilhelm IX. von Hessen-Kassel im Herbst 1790 ein Heerlager aufgeschlagen (23. 9.–17. 10). Von hier oben aus konnte er die unter ihm liegende Reichsstadt kontrollieren. Am Nachmittag des 9. Oktober verkündeten Böllerschüsse auf den Wällen, daß im Frankfurter Dom Leopold II. zum deutschen Kaiser gekrönt war. Hoch über der Stadt konnte der Kurfürst zwei Tage später der neuen Majestät huldigen und sich nach Erfüllen seiner Schutz- und Geleitfunktion eine Woche später über die Friedberger Landstraße (1780–82 ausgebaut) in seine Kasseler Residenz zurückziehen. An all das erinnert eine fast im Gebüsch versteckte **Ehrensäule** des Klassizismus mit Inschrift und Draperie (am Zaun des nahen Umspannwerks).

Seckbach, Ehrensäule

Am benachbarten Rand der Vilbeler Landstraße verbergen Bäume einen weiteren Wehrturm, die **Berger Warte**. Hier an der Grenze seines Territoriums, wo auf der historischen Höhenstraße der Geleitschutz für die nach Frankfurt reisenden Herrschaften und Kaufleute

Seckbach und Bergen-Enkheim
1 Rathaus Seckbach
2 Ehrensäule
3 Berger Warte
4 Rathaus Bergen (Heimatmuseum)
5 Weißer Turm
6 Schelmenburg
7 Königshof / Nikolauskapelle

endete, hatte sie Graf Philipp III. von Hanau 1557 aufmauern lassen (die als Fachwerkturm bereits 1340 überlieferte *Geierswarte* brannte eine protestantische Soldateska aus Hessen und Sachsen 1552 nieder). Durch ihre ehemals isolierte Position auf dem kahlen Kamm über Vilbeler Wäldchen und Enkheimer Ried gewann dieser Wartturm 300 Jahre später überraschend strategische Bedeutung, als der kaiserliche Befehlshaber Marschall de Broglie diesen höchsten Punkt des heutigen Stadtgebiets (210 m) am Karfreitag 1759 für die ›Schlacht bei Bergen‹ (13. 4.) als Feldherrnhügel wählte. Zuvor hatte sich das hauptsächlich aus französischen Kontingenten bestehen-

de Reichsheer auf dem Rückzug vor den unter dem Herzog von Braunschweig anrückenden Truppen Friedrichs II. von Preußen in Bergen verschanzt. Denen gelang trotz schwerem Geschützfeuer aus 45 Kanonen von Osten in das Dorf zu dringen. Dennoch endete diese Episode des Siebenjährigen Kriegs unentschieden mit dem Rückzug des Braunschweigers. Für das kaiserliche wie für das mit etwa 30000 Mann gleichstarke königlich-preußische Heer waren die Verluste ungefähr gleich hoch (zusammen rd. 1000 Gefallene und 3000 Verwundete). In Frankfurt blieb währenddessen die Stadt von Franzosen okkupiert, und im Hirschgraben fühlte sich Goethes Vater durch Einquartierung des Grafen Thoranc ›reichlich incommodiert‹.

1844 zeigte sich Friedrich-Wilhelm II. von Hessen-Kassel, in dessen Kurfürstentum die Hanauer Grafschaft bereits 1736 aufgegangen war, von dem sich über damals noch rund 200 Dörfer und Weiler bietenden Panorama so beeindruckt, daß er die Berger Warte mit einer bequemen Außentreppe ummanteln ließ (zuvor hatte nur eine Holzleiter das Betreten des Turminnern ermöglicht); die dafür verwendeten Steine stammten vom *Berger Galgen*, der auf der Höhe 1484 errichtet worden war.

Bergen, Rathaus

Hinab in das 1977 als jüngster Vorort eingemeindete **Bergen** sind es quer durch die Felder (jenseits der Vilbeler Landstraße B 521) ca. 20 Minuten. Dort sperrt das **Rathaus** die zentrale Marktstraße: Über gemauertem Erdgeschoß aus der Hochgotik (um 1340) ist es an der Wende zur Renaissance in Fachwerk aufgestockt worden (um 1530). Sein polygonaler Erker und die Holzkonstruktion erinnern an das Rathaus im nahen Seckbach, die zu Viertelkreisen gekrümmten Fußstreben im Giebel an das Haus Anker in Höchst (s. Kap. Fahrten in die Umgebung: Flußabwärts von Höchst nach Hochheim); barocker Dachreiter von 1704. Außen angefügt werden mußte um 1530 ebenso das Treppenhaus, an dem ein ehemals am Untertor auf Frankfurt weisender ›Fratzenstein‹ vermauert ist (1479; Kopie). Das Berger Rathaus beherbergt seit 1959 ein **Heimatmuseum** (kulturhistorische und naturwissenschaftliche Sammlungen zur Ortsgeschichte; u. a. auch ein Diorama aus 2260 Zinnsoldaten mit der ›Schlacht bei Bergen‹).

Mit dem Untertor verschwand bis 1872 der größte Teil der ab 1429 von den Hanauer Grafen im Rechteck angelegten Ortsbefestigung. Als bedeutendster Rest übrig blieb davon im Nordwesteck (Gangstraße) der **Weiße Turm** (1472), ein spätgotischer Turmzylinder mit Bogenfries unter dem Wehrgang und Kegeldach (ähnlich den Warten).

Längst dem Vorort integriert ist die ihm ehemals auf Frankfurt zu vorgelagerte **Schelmenburg** – optisch eher ein Wasserschlößchen des Barock (1700 erneuert; Marktstraße 13), das an jenes hier seit 1194 nachweisbare Ministerialengeschlecht der Stauferzeit erinnert. Mit ihm verbindet sich manche Sage aus der Umgebung Kaiser Friedrichs I., in deren bekanntester ein ehrloser Berger Henker beim Maskentanz zu Frankfurt die Kaiserin zum Tanz aufforderte und bei seiner Entdeckung dem Tod nur durch Barbarossas großzügigen Ritterschlag zum ›Schelm von Bergen‹ entging. Dennoch waren Frankfurter Bürger und Messegäste im ausgehenden Mittelalter mehrfach Opfer der Berger Schelme geworden. Erst das Eindringen reichsstädtischer Söldner über die im Winter 1381/82 zugefrorenen Gräben ihrer die Handelsstraße sperrenden Wasserburg setzte dem Unwesen der Raubritter ein Ende.

In die Epoche der Stauferkaiser reicht ebenso der **Königshof** zurück, den Friedrich II. 1220 der nordhessischen Zisterzienserabtei Haina überließ. Zu ihm gehörte auch ein sich in die Ebene ziehender Rebhang, wo der westlichste Frankenwein gedieh. Laienmönche haben dieses Landgut bewirtschaftet, und für sie ließ das Mutterkloster

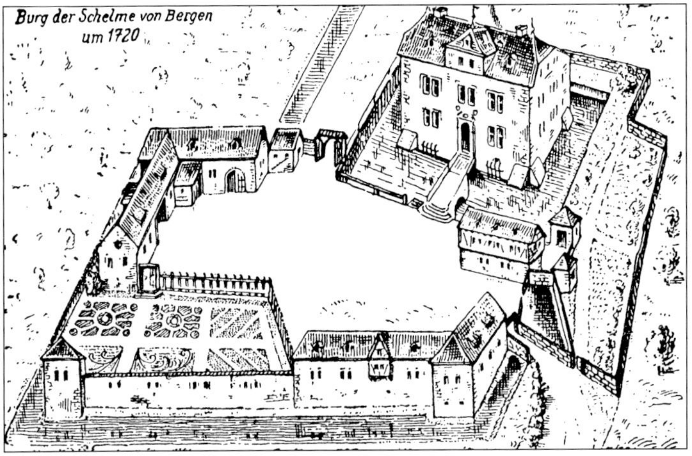

Schelmenburg, Rekonstruktion, um 1720

1524 die **Nikolauskapelle** erbauen. Zwischen giebelständigen Fachwerkhäusern aus dem 18. Jh. weicht sie zurück und wendet der Marktstraße die Nordflanke zu. Hier erinnert ein vermauerter Torbogen an langfristige Nutzung als Scheune eines Bauernhofs, denn durch die Reformation verlor Haina bereits 1526 seinen Berger Besitz. Zweibahnige Maßwerkfenster mit Fischblasen der Spätgotik belichten v. a. den polygonalen Chor der steil proportionierten Saalkirche. Ihre Fassade zeigt im Giebelfeld noch die Aufzugsluken zu den Getreideschüttböden im Dach; auf der Südseite ein Zugang zum Keller. Im Innern blieben von einstigen Gewölben nur Konsolen mit Rippenanfängern, aus denen sich auf spätgotische Stern- und Netzmotive schließen läßt (beim Umbau als Kulturhalle modern nachempfunden). Grabungen brachten 1986 an der Südseite das Fundamentquadrat und die Halbkreisapsis der ursprünglichen Kapelle aus der Spätromanik (um 1220) ans Tageslicht.

Die Bedeutung Bergens, das unter den Grafen von Hanau nach Erwerb des größten Teils der verpfändeten Reichsgrafschaft ›Bornheimer Berg‹ (17 von 20 Dörfern) 1481–84 anstelle des damals Frankfurt zugefallenen Bornheim zum Gerichtsplatz und Amtssitz aufstieg, spiegelt sich noch heute – trotz der ab 1759 nach Beschuß und Brand notwendigen Erneuerung – in Bauernhäusern und Ziehbrunnen aus dem Barock. Sie bestimmen das altfränkische Gepräge abzweigender Gassen und der Handelsstraße, die ostwärts dem sich im Schutz seiner gotischen Ringmauer bergenden **Hochstadt** (heute: Stadt Maintal) zustrebt.

Fahrten in die Umgebung – zwischen Taunuskamm und Forst Dreieich

Die traditionellen Ausflugsziele von Frankfurt reihen sich entlang dem Main und den ihm zugewandten Südhängen des Taunus, reichen bis in die Wetterau oder ins Vorland des Odenwalds und Spessarts. Dabei bleiben sie innerhalb historischer Grenzen, die während der letzten vorchristlichen Jahrhunderte durch eine Kette keltischer Fliehburgen auf den Bergkuppen (wie auf dem Altkönig) oder unter den Römern seit dem späten 1. Jh. n. Chr. entlang dem Gebirgskamm durch den Limes (beiderseits der Saalburg) im Gelände noch sichtbar sind. Mit der Landnahme der vom Rhein vordringenden Franken (ab 496) wurde dieses weitläufige Gebiet nicht Teil eines Stammesherzogtums, sondern Krongut mit königlichen Gutshöfen und Pfalzen. Seine Gaue – der königliche Sondergau (Königsundragau von der Mainmündung bis Hochheim), Nidda- und Maingau, die Wetterau (Wedereiba) im Norden und im Süden Rod- und Bachgau (die spätere Dreieich) – hat Karl der Große eigens eingesetzten Gaugrafen unterstellt.

In untergeordneten Marken hielten sich in die Zeit der Chatten zurückreichende altgermanische Thingverfassungen für die Genossenschaft freier Bauern zur Wahrung von Wald- und Weiderechten (z. B. in der Hohe Mark). Mit dem von den staufischen Herrschern unternommenen Versuch einer Sicherung des durch Schenkungen (meist zur Ausstattung neuer Klöster) verringerten Reichsguts verband sich der Burgenbau durch Ministerialenfamilien. Als eine Art königlicher Beamter stiegen sie aus dem niedrigen Dienstadel zu Herren kleiner Gebiete auf – wie die Herren von Bolanden in Falkenstein und Königstein, die Dorfelder in Hanau, die Hainhausener in Eppstein, die Eschborner in Kronberg, die Isenburger in Büdingen und Offenbach. Dabei erlangten sie hohe politische Ämter (wie die Münzenberger und Falkensteiner als Reichskämmerer oder -truchsesse) oder geistliche Würden und Länder (wie die Falkensteiner, Eppsteiner und Kronberger als Erzbischöfe von Mainz oder Trier). Auf sie gehen die zahlreichen Höhen- und Wasserburgen aus Romanik und Gotik zurück.

Wie die Ritter wurden die Städte zu Stützen des Staats im hohen Mittelalter, allen voran die Reichsstädte Friedberg und Gelnhausen (ab 1170), kurzfristig auch Seligenstadt (ab 1175). Ungeachtet des solche Bemühungen ins Gegenteil wendenden Interregnums, als Staufer- und Welfenherrscher konkurrierend versuchten, durch Lehen Anhänger zu gewinnen, brachte die Epoche bis zu Karl IV. mit Privilegien für Mauern und Märkte vielen Orten das Stadtrecht (Dreieichenhain 1256, Babenhausen 1295, Hanau 1303, Münzenberg 1304, Königstein 1313, Eppstein 1318, Büdingen, Homburg und Kronberg 1330). Wo es die Industrialisierung im 19. Jh. zuließ, haben sich reizvolle Ortsbilder in Fachwerk von der Spätgotik bis zum Barock erhalten. Daß dennoch kriegerische Auseinandersetzungen oder räuberische Überfälle zwischen Städte- und Ritterbünden nicht ausblieben, kostete die Frankfurter 1389 nach der verlorenen ›Schlacht bei Kronberg‹ 72 000 Gulden Lösegeld für 613 Gefangene

Besonders sehenswert:
Kronberg
Königstein*
Bad Homburg
Saalburg*
Münzenberg*
Arnsburg*
Gelnhausen, Kaiserpfalz**
Büdingen, Schloß*
Ronneburg*
Friedberg
Offenbach, Schloß
Hanau
Seligenstadt*
Höchst, Justinuskirche**

◁ *Seligenstadt, Abteikirche, Blick über den Main von Nordosten*

Die Schlacht zwischen den Frankfurtern und den Rittern von Kronberg im Jahre 1389, Gemälde, Kopie aus dem 17. Jh.

und 1420 dem von den Frankfurtern gefangenen Raubritter Bechtram V. von Vilbel den Kopf. Obwohl weibliche Erbfolge beim Aussterben der miteinander verschwägerten Familien (die Nürings 1171, Münzenberger 1255, Falkensteiner 1418) deren Herrschaften sichern sollte, sind sie zumeist noch vor der Mediatisierung (1803) benachbarten Flächenstaaten integriert worden: An Kurhessen fiel Hanau (1736); Eppstein (1535), Königstein (1581) und Kronberg (1704) kamen zu Kurmainz, wodurch z. B. das Wirken von Mainzer Künstlern an Kirchen, Amtshäusern oder Residenzen des Frankfurter Umlandes erklärlich wird. Mit Frankfurt ging auch die Umgebung 1866 in Preußen auf. Die im Historismus folgende Architektur unterlag fortan dem Einfluß von Berlin.

Taunusburgen – Kronberg, Falkenstein, Königstein, Eppstein, Oberreifenberg

Alle wichtigen Kleinstädte am Südhang des Taunus sind mit Frankfurt durch Schnellstraßen verbunden. Hinter dem Vorort *Rödelheim* und dem von Hochhäusern geprägten *Eschborn* (an der L 3005) heben sich angesichts des Großen Feldbergs (880 m) zwei Burgen ab: Kronberg und Falkenstein.

Kronberg geht auf die Herren von Eschborn zurück, die bei der Neuorganisation des Kronguts um Frankfurt unter den staufischen Herrschern um 1220 auf einem Ausläufer des *Altkönigs* (798 m) in ca. 250 Metern Höhe eine **Reichsburg** gründeten. Sie wurde als einzige im gesamten Taunus nicht zur Ruine. Rechts oberhalb der dem Handelsweg von Frankfurt nach Köln folgenden Durchgangsstraße ist sie erreichbar über steile Gassen, die am Torturm (um 1450, 1692 ergänzt) der den Einwohnern als Refugium dienenden **Unterburg** enden; dahinter links der gotische Chor einer Burgkapelle (1342) mit Epitaphien der Kronberger Ritter (ab 1372), von denen Hartmut XII. († 1549) als Bewunderer Luthers die Reformation, Johann Schweickart († 1626) als Mainzer Erzbischof die Gegenreformation betrieb.

Auf höherer Terrasse folgt hinter Abschnittsmauer und Kuppelturm (1891 weitgehend erneuert) die gotische **Mittelburg** aus winklig aneinander gebauten Wohntrakten (um 1420; für Kronen- und Flügelstamm des Geschlechts). Beide Gebäude waren anfangs nur über eine Spindeltreppe zugänglich (1444) und bewahren u. a. Burgküche und zweischiffige Halle mit Holzpfeilern (ursprüngliche Stufengiebel um 1630 durch geschweifte Renaissancegiebel ersetzt). Zum Hof ein Turm, der ehemals Erkertürmchen trug (um 1420). Die zum Karree ergänzenden Wehrmauern erneuerte der Homburger Louis Jacobi (s. Saalburg) im Auftrag der verwitweten Kaiserin Auguste Victoria (1897). – Den historischen Kern der Gesamtanlage bildet die romanische **Oberburg** auf pentagonalem Grundriß (um 1220–50), zu der auch der mit seiner Höhe von 43 Metern weithin sichtbare *Bergfried* gehört (1500 im Innern von der Basis zylindrisch verstärkt und aufgestockt). Aus dem Torturm wölbt sich ein Kapellenerker (vgl. Gelnhäuser Pfalz), den Wehrturm an der Nordspitze unterhöhlen Kasematten (um 1450).

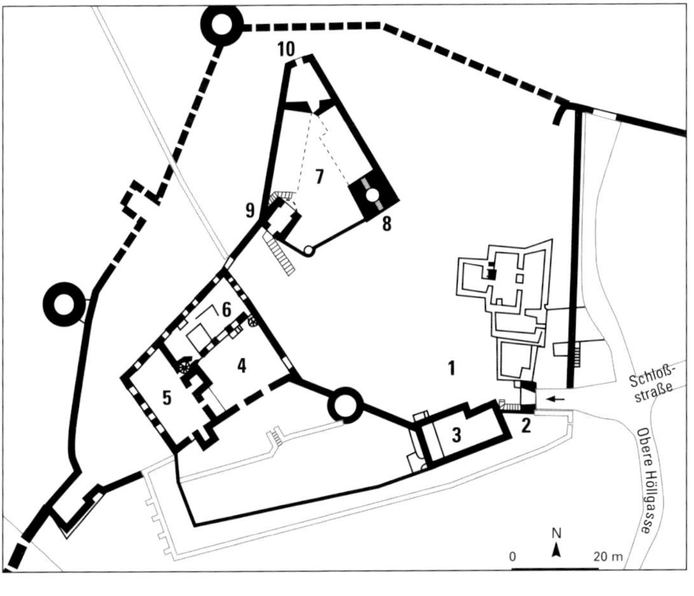

Kronberg, Burg, Grundriß
1 Unterburg
2 Torturm
3 Burgkapelle
4 Mittelburg
5 Kronenstammhaus
6 Flügelstammhaus
7 Oberburg
8 Bergfried
9 Torturm mit Kapelle
10 Nordturm

Kronberg, Johanniskirche

Die Burg ist Teil eines **Mauerrings,** der ab 1330 um die bergab gewachsene Altstadt gezogen wurde; davon blieben auf halber Höhe v. a. der **Eichentorturm** sowie noch tiefer Befestigungsreste um Neustadt (um 1390) und ›Thal‹ (um 1450) erhalten. – Unterhalb steht an der Straße die ev. **Johanniskirche** mit ihrem charakteristischen Zinnenturm, 1440–51 unter dem aus der Frankfurter Dombauhütte berufenen Steffan von Irlebach errichtet – Stiftung Franks IX., der in seinem 90jährigen Leben Kronberger Vermögen und Gebiet vergrößerte und dabei auch den Frankfurter Vorort Rödelheim oder die Umgebung von Friedberg einnahm († 1461; die Gebiete fielen danach an Solms). Das Saalschiff der Kirche überspannt eine Holztonne mit manieristischer Ornamentmalerei (1617; Freskierung des Triumphbogens erst 1897), den rippengewölbten Chor der Spätgotik schmücken die kleine Terrakottagruppe des ›Marientods‹ (um 1450) und ritterliche Grabplatten (1470–1549; als Grablege der Kronberger der Pfarrkirche im oberhessischen Lich mit den Epitaphien der Falkensteiner vergleichbar); Epitaph für Walter von Kronberg († 1517) von Hans Backoffen. Südlich ist die Sakristei einem Turm der Stadtbefestigung eingebaut.

Meist barocke Fachwerkhäuser prägen die Umgebung; benachbart im Osten die für Katholiken begonnene **Streitkirche** (1737–68; profaniert) und die Schönbornsche **Kellerei** (um 1710; sog. Receptur) – Repräsentationsbauten des Barock nach Aussterben der Kronberger Ritter (1704) und Übernahme ihres Territoriums durch Kurmainz. Seit 1855 fanden sich hier am Taunusrand unter den Städellehrern Jakob Fürchtegott Dielmann und Anton Burger meist Frankfurter Künstler zur ›Kronberger Malerkolonie‹ zusammen. – Kronbergs Tradition als bevorzugter Wohnort reicher Frankfurter bezeugen großbürgerliche Villen des Historismus. Sie alle übertrifft **Schloß Friedrichshof,** das sich Auguste-Victoria, die Witwe Kaiser Friedrichs III. († 1888), 1889–94 vom Berliner Hofarchitekten Ernst Eberhard von Ihne am Nordrand der Stadt im englischen Tudorstil erbauen ließ (Schloßhotel).

Die Burgruine **Falkenstein** erhebt sich auf mehr als 500 Meter hohem Ausläufer des *Altkönigs,* dessen Bäume ihr Bergfried weit überragt. Die Mevenberger hatten sich im 11. Jh. hier auf dem Nüringberg niedergelassen. Er lieh ihrer Burg und der unter den salischen Herrschern zu Grafen von Niddagau und Wetterau aufgestiegenen Familie den Namen (übrig blieb davon fast nichts). Die noch sichtbare Ruine (Neu-)Falkenstein ist erst um 1280 unter dem eigentlich in der Pfalz ansässigen Werner von Bolanden begonnen worden, dessen Mainzer Ministerialengeschlecht 1171 im Taunus das Nüringsche Erbe angetreten hatte. Wie ihre Nachbarn waren die Falkensteiner Raubritter, die einmal sogar den Frankfurtern 163 Kühe von der Weide stahlen. Als Philipp VI. von Falkenstein sich dabei 1364 mit den Wetteraustädten (u. a. Frankfurt, Friedberg, Gelnhausen) anlegte, trafen ihn Reichsacht und Eroberung seiner Burgen.

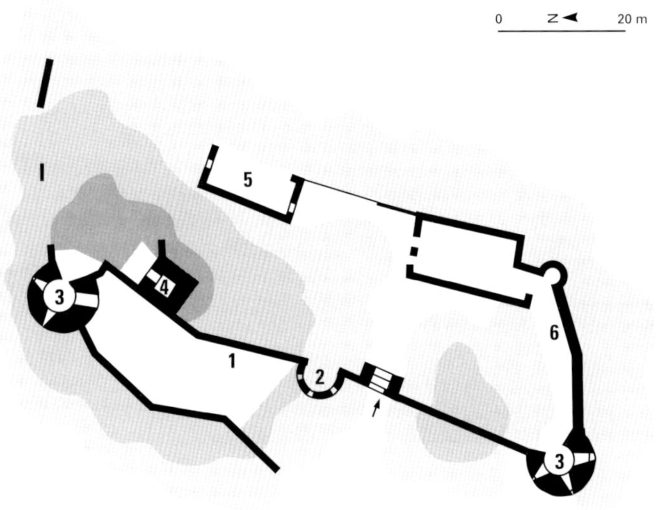

Falkenstein, Burgruine
1 Westmauer
2 Torturm
3 Batterietürme
4 Bergfried
5 Ehem. Palas
6 Schildmauer

Der rechteckige Grundriß der Burgruine ist gut zu erkennen. Direkt auf hoch anstehendem Fels wurde ihre Mauer ab 1365 erneuert, ihre die Ecken sichernden Batterietürme folgten unter den Kronbergern erst um 1500. Unmittelbar an der Mauer wächst über der höchsten Felsplatte der **Bergfried** 18 Meter hoch, erreichbar durch das von einem Schalenturm gesicherte innere Burgtor (1855 rekonstruiert; davor ehemals eine Zwingermauer im früher kahlen Gelände). Über dem Turmschaft (14. Jh.) entstand der zylindrische Aufsatz erst in der Spätgotik neu (um 1460). Zwischen Altkönig (Norden) und Mainebene (Süden) sind von hier oben die Burgen von Kronberg (Osten), Eppstein und Königstein (Westen) zu sehen. Auf der Talseite Fundamente des 1635 durch protestantische Truppen ruinierten Palas, an der schmalen Südseite die stärkere Schildmauer und ein künstlicher Halsgraben (weiter nach Süden spärliche Fundamentreste der Nüringburg). Die hier oben kletternden Steinböcke entstammen dem benachbarten *Opel-Zoo* an der Straße nach Königstein.

Vermutlich auf den Reichsministerialen Kuno von Münzenberg geht die nahe Burgruine **Königstein** zurück (nach 1171; 1225 erstmals erwähnt), aus der während 500 weiteren Jahren die bedeutendste Festung im Taunusgebiet hervorging. Ihre strategisch günstige Position 450 Meter hoch über dem Mündungswinkel von Reichen- und Liederbach ermöglichte die Kontrolle der von Köln über das Gebirge nach Frankfurt führenden Handelsstraße. Die Sage führt allerdings die Gründung auf den Frankenkönig Chlodwig zurück, der bei einer Rast während der Jagd auf einen Stein das Kreuz ritzte und durch eine Jungfrau von seinem künftigen Sieg über die Alamannen (496) erfuhr.

Königstein, Burgruine

Hinter dem Königsteiner **Rathaus** (*Heimatmuseum* mit Modell der intakten Burg), das 1673 über spätgotischem Stadttor (15. Jh.) in Fachwerk entstand, führt der Weg bergauf unterhalb der sich nach Süden weit den Hang hinabziehenden **Keilbastionen.** Ihre Anlage um 1665 verdanken sie der Kurmainzer Herrschaft (1581–1803) anläßlich des Ausbaus zur Grenzveste des Erzbistums. Hinter gleichzeitigem Außentor umgreift der Pfad den Festungskern nach Osten, von links überwacht durch dem Fels steil entwachsende **Rondells,** die ab 1535 als Batterietürme der Grafen Stolberg (1535–81) erbaut

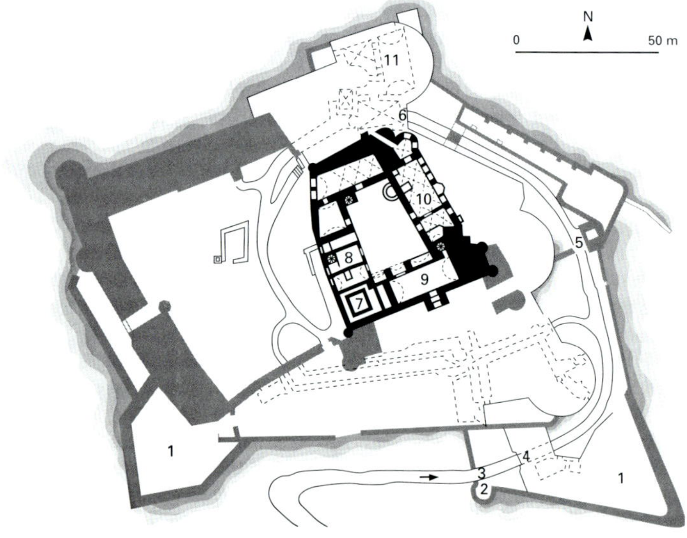

Königstein, Burg
1 Keilbastionen
2 Rondell
3 - 6 Tore
7 Bergfried
8 Kapellenbau
9 Palas (später Kapelle)
10 Küchenbau
11 Kasematten

wurden; darüber wird bereits auf dritter Plateaustufe die Kernburg erkennbar. Zuvor sind spätgotische Reste von Zugbrücke und gestaffelten Toren zu passieren, deren letztes einer gewölbten Kasematte integriert ist (am Ausgang Fischgrätmauerverband der Romanik). Es folgt der erhöhte Hof der Vorburg, den bis zu einer die gesamte Anlage ruinierenden Explosion durch französische Revolutionstruppen (1796) kurmainzische Magazine und Kasernen beiderseits eines Pulverturms (Nordwesteck) umgaben; im Hof eine Pferdetränke. Die fast im Quadrat darüber thronende **Kernburg** beherrscht der 34 Meter hohe **Bergfried,** den der Trierer Erzbischof Werner III. von Falkenstein 1409/10 über staufischen Resten im Südwesteck hochführen ließ; auf einem Bogenfries trug seine Plattform bis 1819 Erkertürmchen und Spitzdach.

Dreigeschossig im Karree den Hof rahmende Trakte lassen Ansätze von Erkern und Gewölben erkennen. Sie entstammen der Spätgotik, als nach dem Aussterben der Münzenberger (1255) und der ihnen nachgefolgten Falkensteiner 1418 die Herren von Eppstein die spätere Grafschaft Königstein erworben und bis Butzbach (Norden), Breuberg (Süden) und mit Oberursel bis vor die Tore Frankfurts erweitert hatten (bis 1535). Im Westen (am Eingang) ehemals die doppelgeschossige *Kapelle,* im Süden zwischen Türmen der *Palas,* im Ostflügel die doppelschiffige *Küche* (nahe dem Brunnen). Ein mehr als 50 Meter langer *Kasemattentunnel* (viele Abzweige) führt unter dem Festungskern zurück zum Aussentor.

Weiter westlich thront über dem *Lorsbachtal* die Burgruine **Eppstein,** vor 1122 (vielleicht sogar bereits 926) an der Grenze von Niddagau und Königssundragau zur Sicherung des Taunusübergangs bei Niedernhausen auf einer Felskuppe errichtet, 1137 durch den Gaugrafen Gerhard von Nürings übernommen. Mit dem Aussterben der Nürings (1171) faßten hier die Herren von Hainhausen (bei Seligenstadt) Fuß, die als neue Herren von Eppstein allein im 13. Jh. viermal Mainzer Erzbischöfe stellten und vom Erbe der Falkensteiner profitierten (1418), bis auch ihr Geschlecht 1535 erlosch und (wie in Königstein) die Stolberger ihre Nachfolge antraten. Die Burg dürfte nach Verleihung der Stadtrechte (1318) erneuert worden sein, 1776 begann ihr Verfall.

Durch das Polygon einer doppelten Zwingermauer mit Schalentürmen steigt aus der Stadt der Weg von Westen durch zwei Tore zur rechteckigen **Kernburg;** die Angriffseite im Osten sicherte ein überbrückbarer Halsgraben, über dem verstärkt die Schildmauer steht. Links im Burghof bilden Palasruine und Küchentrakt einen ehemals viergeschossigen Gebäudewinkel (14-16. Jh.), aus dem sich auf rechteckiger Basis (12. Jh.) der zylindrische **Bergfried** (14. Jh.) erhebt. Die östliche Hofhälfte füllt das sog. Mainzer Schloß (*Heimatmuseum;* 1765 zur Kirche umgebaut). Unterhalb bewahrt die ev. **Pfarrkirche** aus der Spätgotik (um 1435) schöne Bildnisgrabsteine der Eppsteiner.

Burgruine Reifenberg und Großer Feldberg

Nordwärts hinter dem *Großen Feldberg* (880 m) beherrscht die Burgruine **Reifenberg** (Gemeinde Oberreifenberg) in 600 Metern Höhe das obere *Weiltal.* Ihre einstigen Besitzer wurden durch Fehde und Raub zum Schrecken der Gegend (1374 haben sie sogar die Burg Königstein eingenommen). Der runde **Bergfried** (25 m hoch) wird noch dem 13. Jh. angehören, Schildmauer mit Ecktürmen und nordwärts isolierter **Wohnturm** (6-geschossig) entstammen dem 14. Jh. (seit 1689 ruiniert).

Residenz- und Kurstadt – Bad Homburg

Wer sich aus der Mainebene Bad Homburg nähert, erkennt vor den Bergen des Taunus aus der Ferne bereits die Türme seines Schlosses und seiner Kirchen auf einer Geländeschwelle über dem Heuchelbach. Südlich im flachen Tal benachbart liegt der von Armin Wegener entworfene **Bahnhof** (1904–07), über dessen Empfangshalle ein weiterer Turm ragt. Sein neobarockes Ensemble ergänzt ein **Fürstenpavillon,** in dem zur Kur anreisende Majestäten würdig empfangen wurden; am Eingang Skulpturen des Cheruskers ›Hermann und seiner Gattin Thusnelda‹ – Idealfiguren für den Heroenkult der wilhelminischen Ära, der die Stadt ihre repräsentativsten Gebäude verdankt.

Über der kleinbürgerlichen Talsiedlung **Dietigheim** (Homburgs 782 erstmals erwähnte *Altstadt*) im Norden, über die sich in Formen der ehemaligen Ortsbefestigung (15. Jh.) die **Ritter-von-Marx-Brücke** seit 1905 als Europas erster ›Fly-over‹ spannt, thront das **Schloß.**

Landgraf Friedrich II., dessen Großvater die Herrschaft Hessen-Homburg 1622 zugefallen war, ließ seine Trakte 1680–85 nach Entwurf des Hamburgers Paul Andrich um zwei Höfe, aber offen gegen den Taunus gruppieren. Den einzigen Schmuck seiner schlichten Fassaden bilden die **Portale** mit ihren Pilastern und gedrehten Säulen. Im Inneren sprengt Friedrich II., der Sieger von Fehrbellin, dem Heinrich von Kleist in seinem ›Prinz von Homburg‹ ein bleibendes (wenn auch unhistorisches) Denkmal setzte, hoch zu Roß originell zwischen Trophäen hervor; das untere trägt die in Berlin von Andreas Schlüter modellierte Büste des Landgrafen ›mit dem silbernen Bein‹ (er hatte bei der Belagerung von Kopenhagen einen Unterschenkel verloren und trug eine Prothese). Im oberen Hof reckt sich der unter Eppstein'scher Herrschaft (um 1200–1487) als Bergfried erbaute **Weiße Turm** (1368–73; barock überkuppelt), gestuft mit Wehrgängen wie zwei ineinandergesteckte Röhren (sog. Butterfaßform; vgl. Idstein). Daneben stehen romanische Arkadenreste des **Klosterkreuzgangs** von Brauweiler bei Köln (um 1170/80; 1810 abgetragen, 1901 hier aufgebaut).

Der Darmstädter Hofbaumeister Georg Moller hat die Residenz im Geschmack des Klassizismus umgestaltet und aufgestockt (1830–35), v. a. den *Ostflügel* (›Königsflügel‹), wo *Vestibül* (mit dem Original der Schlüterschen Bronzebüste Friedrichs II.), *Treppen-*

Bad Homburg
1 Bahnhof und Fürstenpavillon
2 Ritter-von-Marx-Brücke
3 Schloß und Weißer Turm
4 Erlöserkirche
5 Pfarrkirche St. Marien
6 Siamesischer Tempel
7 Kaiser-Wilhelms-Bad
8 Monopteros
9 Rundtempel Elisabethenbrunnen
10 Brunnensälchen (Spielcasino)
11 Russische Kapelle
12 Gotisches Haus (Dornholzhausen)

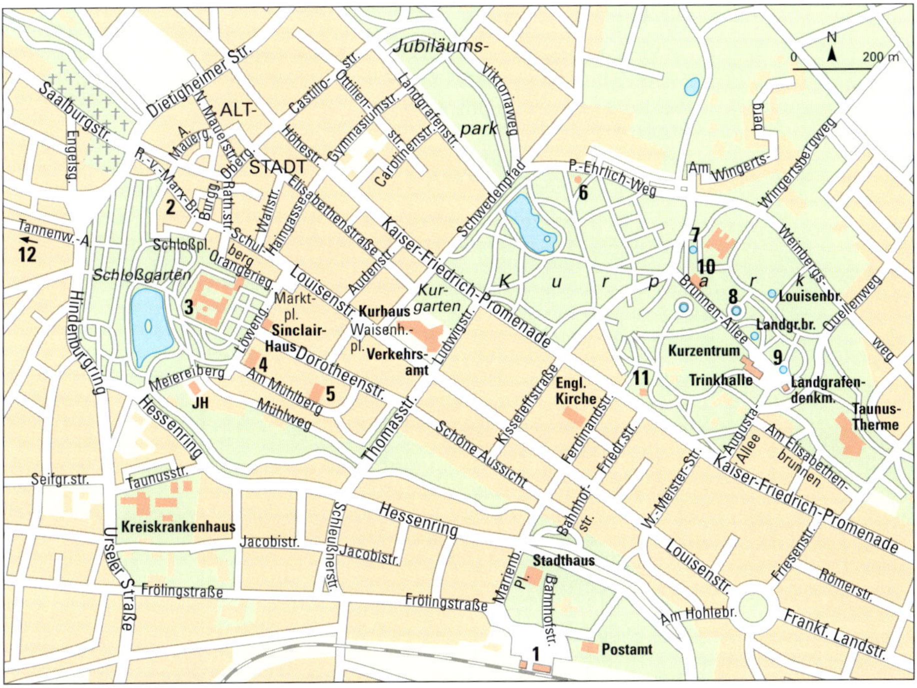

Bad Homburg, Portal mit der Reiterfigur Friedrichs II. im oberen Schloßhof

haus (mit Marmorskulptur der ›Hebe‹ von dem italienischen Klassizisten Antonio Canova) und *Speisesaal* liegen, und den *Westflügel* mit dem *Pompejanischen Zimmer*. Von allen Räumen, die zahlreiche Gemälde und Möbel (17.–19. Jh.) bewahren (u. a. von David Roentgen), erscheint das **Spiegelkabinett** mit seinen reichen Intarsien im reinsten Barock (1728; Geschenk der Homburger Schreiner zur Hochzeit Friedrichs III.).

Viele der von Ludwig XIV. vertriebenen Hugenotten flohen 1685 in die Landgrafschaft, und für sie entwarf Andrich östlich des Schlosses die sich mit zwei Parallelstraßen bergab ziehende **Neustadt.** Erhalten sind einige ihrer Reihenhäuser (doppelgeschossig unter Mansarddach) in der Dorotheenstraße (in der Achse des Weißen Turms). An deren Ansatz dominiert die ev. **Erlöserkirche** des Berliner Hofarchitekten Franz Schwechten (1902–08; vgl. Berliner Gedächtniskirche), im Untermaingebiet der bedeutendste Sakralbau

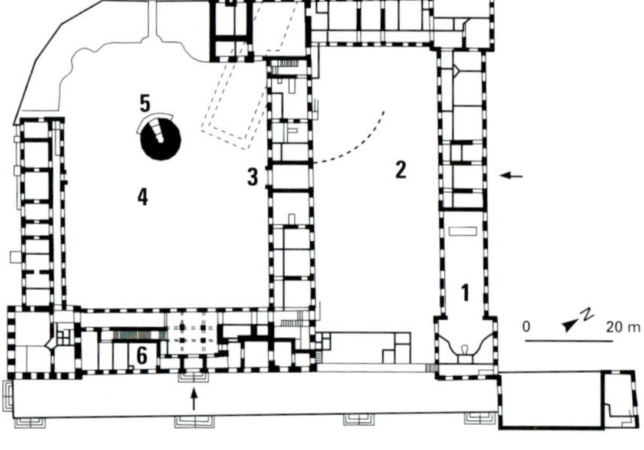

Bad Homburg, Schloß Grundriß
1 Schloßkirche
2 Unterer Schloßhof
3 Prinz-von-Homburg-Portal
4 Oberer Schloßhof
5 Weißer Turm (Bergfried)
6 Königsflügel

des Historismus in einer als Pfarrkirche und Palastkapelle die Vielfalt europäischer Romanik verwertenden Kombination – viertürmig aus rotem Sandstein wie die Kaiserdome in Speyer oder Worms, mit einem Weltgerichtsportal von Gotthold Riegelmann wie in St-Gilles oder St-Trophime in Arles (Provence), vom Schloß her aufwendigem Kaiserportal (für die Loge) in staufischer Tradition und einem Chor unter Einfluß der Klosterruine Heisterbach (bei Königswinter). Der von Marmorinkrustation (ähnlich der toskanischen Protorenaissance) und Goldmosaik bestimmte Raum erscheint mit seitlichen Emporen und weit überkuppelter Vierung als Zentralbau, geprägt von byzantinischer Architektur wie Haghia Sophia und Irenenkirche oder dem Markusdom in Venedig.

Unterhalb folgt als neugotische Basilika neben einem Fassadenturm die kath. **Pfarrkirche St. Marien** von Ludwig Becker (1892–95). Aus der Spätgotik besitzt sie eine ›Pietà‹ des Weichen Stils (um 1380), im Triumphbogen ein ›Kruzifix‹ (um 1500) und ein Klappaltärchen (um 1550). In der parallelen Louisenstraße entstand 1907 ein wilhelminischer *Marktplatz* (ursprünglich mit später verglasten Ladenarkaden). Solch kleinstädtische Idylle weicht noch zwei Straßen weiter dem zumindest anhand der Architektur vorstellbaren Flair eines ehemaligen Weltbades: Flankiert von noblen Villen des Klassizismus trennt die *Kaiser-Friedrich-Promenade* Wohnstadt

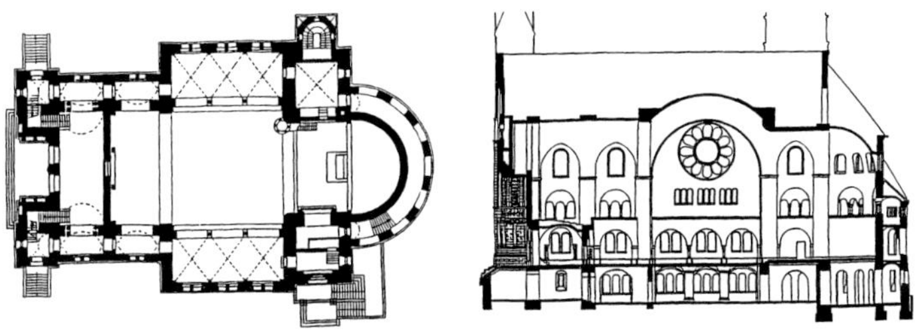

Bad Homburg, Erlöserkirche, Grundriß und Längsschnitt

und Kurpark. Mit dem Wiederentdecken einer bereits den Römern bekannten Heilquelle hatte sich 1809 Homburgs Wandel von einer Duodezresidenz zum mondänen Badeort angebahnt. Zu dessen Voraussetzung wurden erste Quellfassung (1834), Eröffnung der Spielbank (1843) und der Eisenbahn von Frankfurt (1860). Peter Joseph Lenné, der königlich-preußische Hofgärtner aus Berlin, schuf zu all dem den heiteren Rahmen mit dem um 1850 begonnenen **Kurpark;** nachdem die Landgrafschaft im preußischen Territorialstaat aufgegangen war (1866), hat ihn sein Mitarbeiter Friedrich Jühlke 1867 vollendet.

Vom Weiher, hinter dem golden der **Siamesische Tempel** glänzt (1907; Stiftung des thailändischen Königs Chulalongkorn nach erfolgreicher Kur), windet sich ein Weg zum monumentalen **Kaiser-Wilhelms-Bad,** das Louis Jacobi wie ein Schloß als Dreiflügelanlage mit zentraler Kuppel 1887–89 erbaute. Davor die Bronzestatue Wil-

Bad Homburg, Russische Kapelle im Kurpark

helms I. (1905; von Friedrich Gerth), unter dem sich Homburg zur Hohenzollernschen Sommerresidenz entwickelte; benachbart der **Monopteros** der Auguste-Victoria-Quelle (1911) und in weiterem **Rundtempel** der Elisabethenbrunnen (1915–19) sowie Georg Mollers **Brunnensälchen** (1838; *Spielcasino*). An der Promenade Denkmäler für Kaiser Friedrich III. und seine Gattin Auguste-Victoria (1892–1902; auch von Friedrich Gerth).

Hier im Kurpark hatten englische Adlige die Anlage des ersten Golfplatzes in Deutschland gefördert (1890), und für die russische Kolonie – zu ihr gehörten Fürsten und Künstler wie Fjodor Dostojewski, der seine Novelle ›Der Spieler‹ in Homburg durchlebte (1867) – entstand 1896–99 unter dem Petersburger Architekten Louis Benois die **Russische Kapelle** (vgl. Darmstadt); zu ihrer Grundsteinlegung war damals Zar Nikolaus II. mit seiner Familie angereist.

Geradlinig nach Westen führt vom Schloßtor des um 1780 im Landschaftsstil veränderten Parks aus die Tannenwaldallee über zwei Kilometer zu einem ehemals einsamen Jagdschlößchen am Rande des Stadtteils *Dornholzhausen.* Mit Hilfe des englischen Architekten Geoffrey Wyatville hat Georg Moller 1823–24 für Landgraf

Friedrich V. Ludwig, dessen Frau Elisabeth Engländerin war, dieses sog. **Gotische Haus** erbaut *(Stadt- und Hutmuseum).*

Ebenso wie die Homburger Neustadt hat Landgraf Friedrich II. 1687 für Glaubensflüchtlinge drei Kilometer nördlich die Hugenottenstadt **Friedrichsdorf** gegründet. Entlang der geradlinig angelegten Hauptstraße blieben davon einige barocke Siedlungshäuser und benachbart die im Klassizismus von Georg Moller 1828 als Saal mit Frontturm entworfene *Pfarrkirche der Französisch-Reformierten* erhalten.

Grenze des Römerreichs – zur Saalburg

Die heute vom Ende der Autobahn (A 661) an Bad Homburg vorbei zum Taunuspaß ins Usinger Becken führende Bundesstraße (B 455/456) ist nicht mit der römischen Heerstraße identisch. Diese strebte weiter westlich vom antiken Nida (Heddernheim; s. Kap. Vorstädte und Vororte, Römerstadt – antik und modern) über 13 Kilometer geradlinig bergauf zum Südtor (Porta Praetoria) der **Saalburg.** Unter Kaiser Hadrian ist sie um 135 n. Chr. für eine zur Verkehrssicherung zwischen Mainebene und Wetterau im Gebirge stationierte Kohorte angelegt worden. Im Umriß eines regelmäßigen Rechtecks entspricht sie dem üblichen Schema römischer Kastelle, bei einer Seitenlänge von 147 zu 221 Metern (500 : 700 römischen Fuß) erreicht sie allerdings nur mittlere Größe (das Steinkastell Nida maß 200 : 300 m). Die heutige Anlage ist Ergebnis einer teilweise

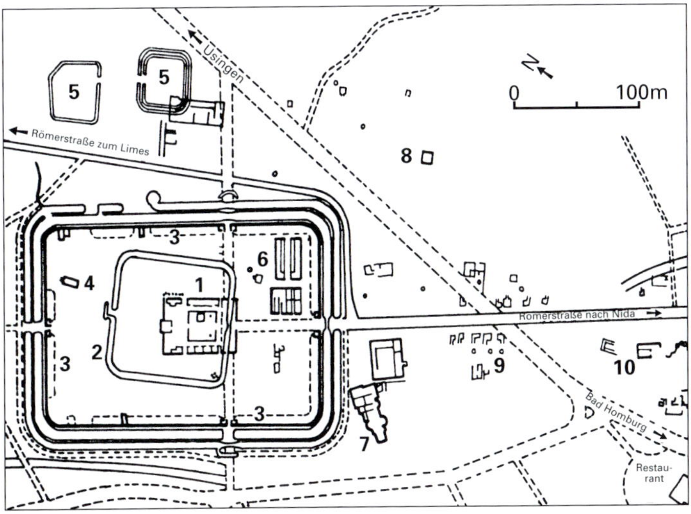

Saalburg, Kastell und Lagerdorf, Übersichtsplan
1 Mittelgebäude
2 Kleines Holzkastell
3 Holz-Stein-Kastell
4 Bad
5 Schanzen
6 Mannschaftsbaracken (Modelle)
7 Bad
8 Gallisches Heiligtum
9 Kastelldorf
10 Mithräum

schöpferischen Rekonstruktion, die der Homburger Architekt Louis Jacobi (nach Ausgrabungen seit 1853) 1898–1907 mit Förderung durch Kaiser Wilhelm II. durchführen konnte.

Dennoch vermittelt sie in Europa die beste Vorstellung eines römischen Militärlagers der Kaiserzeit. Ein auch ursprünglich trockener Doppelgraben von V-förmigem Querschnitt umgibt die in einem Wehrgang mit Zinnen endende Mauer (Zinnenabstand ehemals doppelt so groß). Jenes **Südtor** öffnet sich zwischen Zwillingstürmen und ist über eine feste Brücke zugänglich. Alle Mauerflächen waren in der Antike weiß verputzt und mit einem roten Fugenraster bemalt. Vor dem Tor ließ Wilhelm II. die *Bronzestatue* des Imperators *Antoninus Pius* († 161; um 1900) aufstellen. Wie römische Städte wird das Kastell über ein zentrales Straßenkreuz erschlossen, das zu vier Toren führt. Das heute fast parkartige Innere täuscht über einst dichte Bebauung mit Kasernen, Magazinen, Werkstätten der 500 Mann starken Truppe hinweg.

Im Gegensatz zu der 5500 Mann Soll-Stärke einer regulären Legion, von denen für Obergermanien drei in den Garnisonen zu Mainz, Straßburg und Regensburg lagen, galt eine Kohorte als eine im Grenzland einsetzbare Hilfstruppe Fremdstämmiger (Auxiliarii). Sie setzte sich zusammen aus sechs Zügen Infanterie (jeweils 60 Mann unter einem Centurio)und vier Zügen Kavallerie (30 Mann unter einem Decurio), deren Soldaten nach 25 Dienstjahren mit dem römischen Bürgerrecht belohnt wurden. Die Kohorte unterstand einem Praefectus, einem Offizier aus römischem Adel. – Rechts hinter dem Eingang ist das Horreum, der Getreidespeicher, als **Museum** rekonstruiert; außer Gelände- und Kastellmodellen zeigt es mit Waffen, Werkzeug und Instrumenten, einfachem Geschirr und kostbarer Terra sigillata, Gläsern und Tonlampen, Kleidung und Ausrüstung alle Aspekte des täglichen Lebens am Rand des römischen Reichs.

Saalburg, Südtor mit der Bronzestatue des Imperators Antoninus Pius

Obergermanischer Limes, Rekonstruktion

Im Kastellzentrum öffnet sich hinter der **Kommandantur** (Principia) ein *Atrium*, flankiert von *Arsenalen* (Armamentaria; jetzt für prähistorische Gegenstände sowie Funde aus den Kastellen Zugmantel und Echzell). Statt zweitem Hof folgten dahinter Halle und Fahnenheiligtum (Aedes; mit Feldzeichen und Imperatorenstatuen). Rings um die zentrale Baugruppe zeichnet sich im Gelände der Graben eines kleineren *Holzkastells* ab, das um 90 n. Chr. für eine Besatzung von ca. 120 Mann entstanden war. Außer einigen *Brunnen* (z. T. mit hölzernen Aufbauten rekonstruiert und ausgemauert) sind rückwärtig nahe dem innen am *Nordtor* (Porta Decumana) aufgeschütteten Erdwall *Backöfen* freigelegt (römische Soldaten mußten sich als Stubengemeinschaften ihr Essen selbst bereiten).

Vor dem Südtor der Saalburg liegen *Herberge* (Mansio) und *Thermalbad* (Balineum) sowie Fundamente giebelständiger, oft unterkellerter *Wohnhäuser* eines Lagerdorfs und ein *Mithrasheiligtum* (Mithraeum), schließlich (wenn auch sehr viel bescheidener als entlang der Via Appia) *Gräberfelder;* ähnlich auch zu seiten der rechts am Kastell vorbei zur Grenze zwischen Ober- und Untergermanien führenden Römerstraße.

Die Saalburg entstand in der letzten Ausbaustufe der römischen Grenze zu Untergermanien, wurde im 3. Jh. mehrfach ergänzt und in den Alamanneneinfällen um 260 beim Rückzug der Römer zur Rheinlinie aufgegeben. Etwa 200 Meter nördlich zieht sich auf dem Taunuskamm der sog. *Pfahlgraben* entlang, der vom Rhein (nahe Koblenz) über Arnsburg in die Wetterau ausgreifend, bis zum Main (bei Krotzenburg) angelegte **Limes,** der bis zur Donau (bei Kelheim) insgesamt 548 Kilometer (knapp ein Viertel der Länge der Chinesischen Mauer) umfaßte. Etwa 25 Kastelle und 330 Wachttürme (jeweils in Sichtweite für Feuer- oder Hornsignale) reihten sich entlang seiner Südseite. Zunächst war er in den Chattenkriegen Kaiser Domitians als Schneise durch die Wälder geschlagen, als Grenzweg planiert und mit hölzernen Wachtürmen ausgestattet worden (83–85 n. Chr.). Voraus gingen die im Teutoburger Wald an dem Cherusker Hermann (9. v. Chr.) gescheiterte Expansionspolitik Kaiser Tiberius', Germanien bis zur Elbe zu unterwerfen, und der Ausbau der Rhein-

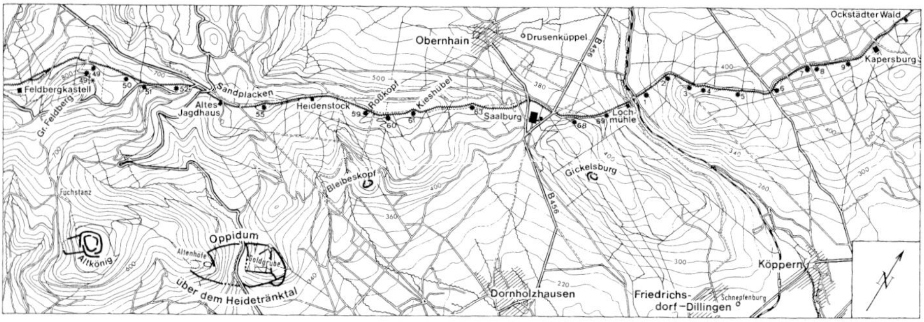

Der Limes im Hochtaunus vom Feldbergkastell bis zum Kastell Ockstädter Wald

- ■ *Römisches Kastell*
- ∗ *Römischer Wachtturm*

grenze bei Mainz. Jene Holztürme sind seit Hadrian von steinernen Wachtürmen ersetzt und durch eine vorgelegte Palisade als Hindernis gegen germanische Überfälle ergänzt worden (Mitte 2. Jh.). Zuletzt kamen Wall und Graben auf der inneren Palisadenseite hinzu (Ende 2. Jh.).

Westlich knapp drei Kilometer entfernt wächst jenseits des nahen Taunuskamms seit 1970 bei **Neu-Anspach** als **Freilichtmuseum** der **›Hessenpark‹**, der nicht nur aus sämtlichen hessischen Landschaften zwischen Diemel und Neckar translozierte Fachwerkhäuser (meist aus dem Barock), sondern ebenso die meisten Gattungen dörflicher Architektur von der Kirche bis zur Mühle in Originalen zu künstlichem Ambiente vereint, zudem durch Anschauung und Vorführung traditioneller Handwerkstechniken bäuerlich-kleinstädtischen Lebens vermittelt.

Ein elf Kilometer langer Wanderweg von der Saalburg (405 m hoch) westwärts den Limes entlang (über maximal 770 m Höhe) zu dem am *Kleinen Feldberg* um 150 angelegten **Feldbergkastell** (685 m hoch) bietet einen Eindruck des Grenzausbaus (11 Wachtürme, zwei Kleinkastelle) und reizvolle Ausblicke in die Landschaft.

Ein halbes Jahrtausend älter sind die verfallenen Befestigungsreste auf der Kuppe des benachbarten **Altkönigs** (798 m; zu Fuß 6 km vom Feldbergkastell bzw. 4 km von Falkenstein). Über den von ihnen besiedelten fruchtbaren Tälern legten Kelten in der Früh-Latènezeit etwa ab 400 v. Chr. um den Berggipfel einen doppelten **Ringwall** an – Teil einer Kette von Gebirgsfestungen vom Taunus zur Rhön, denen sie (wie den Flüssen Rhein und Main) die Namen gaben. Der äußere Ovalring (400 : 500 m) der einstigen Mauer öffnete sich nach Süden und Osten mit Toren, deren Mauerzungen überlappen (sog. Zangentore zu zweiseitigem Flankenangriff auf eingedrungene Feinde). Konstruiert waren sie aus einem Skelett von beidseitig eingerammten und miteinander durch Querhölzer verbundenen Pfosten, das vier Meter stark und übermannshoch mörtellos ummauert wurde (murus gallicus); darüber lief ein (vielleicht überdachter) Wehrgang. Dieser Außenring dürfte als *Fliehburg* gedient haben, von der südwestlich bis auf 640 Meter hinab zu einer Quelle ein umwalltes

Altkönig, rekonstruierte Ringmauer, im Hintergrund Zustand nach dem Zerfall

Karree reichte. Der innere Ring (300 : 360 m) reichte bei 6,70 Meter Stärke ca. 4,60 Meter hoch, entstand später als der Außenring (z. T. aus dessen Material) und umschloß vielleicht ein *Bergheiligtum.*

Unwahrscheinlich ist, daß die seit dem 1. Jh. v. Chr. von Nordwesten in den Taunus vordringenden germanischen Chatten solche Festungen der über den Main zurückgewichenen Kelten genutzt haben. Als die Römer vordrangen, waren die Ringwälle auf dem Altkönig infolge verrotteter Hölzer längst zerfallen (1882/83 ausgegraben).

Das größte keltische *Oppidum* Hessens bestand östlich an der **Heidetränke** (zu Fuß ca. 5 km vom Altkönig bzw. 1 km von der U-Bahn-Endstation Hohemark). Beiderseits der Straße zum Sandplakken und des tiefen Bachtales (identisch mit dem Oberlauf des Urselbachs) trugen die Berge *Altenhöfe* (576 m) und *Goldgrube* (492 m) jeweils separate *Ringwälle* der Früh-Latènezeit (um 400 v. Chr.), die in der Spätzeit des Latène (1. Jh. v. Chr.) zur Sicherung der 230 Meter tieferen Wasserzufuhr von einem beide umfassenden Ovalwall (425 : 950 m) mit einer Gesamtlänge von fast zehn Kilometern umgeben wurden. Die Bautechnik des Heidetränk-Oppidums, dessen Binnenmauern auf eine größere Siedlung mit Werkstätten deuten, ist den Altkönig-Wällen ähnlich.

Reste kleinerer *Ringwälle* blieben nordöstlich in Richtung Saalburg auf den Hügeln *Bleibeskopf* (480 m; Spätphase der bronzezeitlichen Urnenfelderkultur 8. Jh. v. Chr.) und *Gickelsburg* (471 m; späte Hallstattzeit, um 500 v. Chr.) erkennbar.

Burgen und Klöster in der Wetterau – Bad Vilbel, Ilbenstadt, Münzenberg, Arnsburg

Wo die von Frankfurt in die Wetterau führende Handelsstraße (alte B 8) die *Nidda* überquert, ist seit 774 **Bad Vilbel** urkundlich bezeugt. Angeblich leitet sich sein Name aus dem Lateinischen von ›villa bella‹ her; als sicher gilt, daß Römer um die Zeitenwende bis ca. 260 n. Chr. hier siedelten und die inzwischen auf 22 angewachsenen Mineralquellen schätzten.

Vilbel diente als nördlicher Grenzort des karolingischen Niddagaus, seit 1128 war hier ein Ministerialengeschlecht ansässig. Südlich des Flüßchens, dessen Brücke einst die Zollgrenze bildete, weitet sich die Straße zum Marktplatz für das **Rathaus,** ein ursprünglich arkadierter Renaissancebau mit beschnitztem Fachwerkgeschoß (1570–73; ab 1747 verändert). Nördlich liegt die demolierte **Wasserburg,** die auf die Herren von Münzenberg zurückgeht (um 1200; staufische Buckelquadern an der äußeren Mauerbasis auf Süd- und Ostseite). Doch 1399 war die Anlage nach Bechtrams V. von Vilbel jahrelangen Überfällen auf Kaufleute und Marktschiffe von den Frankfurtern im Bund mit Friedberg und Hanau erobert und zerstört worden. Als später Erbe der Münzenberger ließ sie Werner III. von Falkenstein (Erzbischof von Trier) 1409–14 spätgotisch erneuern; französische Revolutionstruppen ruinierten sie 1796 endgültig (seit 1959 *Heimatmuseum*).

Innerhalb eines Wassergrabens bildet ihre Außenmauer ein gestrecktes Hexagon, dessen spitzbogiger Eingang im Norden (mit Falkensteiner Wappen) ehemals über eine Zugbrücke erreichbar war und von einem Turm flankiert wird. Nach Süden lag der Palas mit axialem Treppenturm zum Hof und Eckturm zum Graben. Von seinem gewölbten Keller soll ein unterirdischer Fluchttunnel unter der Nidda südwärts geführt haben (vermutlich nutzte er 1399 auch jenem Raubritter Bechtram).

Ilbenstadt, ehem. Klosterkirche, Kanzelträger

Nördlich liegt an der Nidda das **Prämonstratenserkloster Ilbenstadt** mit den weithin sichtbaren Zwillingstürmen seiner Kirche St. Peter und Paul. Vermutlich als Sühne hat es der westfälische Adlige Gottfried von Cappenberg 1123 über dem Mündungswinkel des Notbachs im Areal eines römischen Landguts (eine von ca. 250 villae rusticae der Wetterau) gegründet, und als er kaum 30jährig 1127 bereits starb, lockte es Stifter und Wallfahrer an.

Vom *Untertor* (ab 1588) der Klostermauer steigt die Straße zwischen Wirtschaftsgebäuden (16./17. Jh.) zur romanischen **Klosterkirche,** die 1132–59 für das älteste Kloster der Wetterau entstand. Hinter ihrer zwischen den Fassadentürmen gewölbten Vorhalle folgt sie als Pfeilerbasilika (Rundpfeiler mit vier Diensten) mit knapp ausladenden Querarmen und von Apsiden flankiertem Rechteckchor dem von Benediktinern für das schwäbische Hirsau entwickelten Bauschema (Gottfried hatte dorthin verwandtschaftliche Bindungen). Architekturmotive und Bauplastik (Knotensäulchen, Adler- und Kentaurenkapitelle in Schallarkaden und Vorhalle sowie der Vierung) weisen auf Einflüsse rheinischer Dombauhütten (Speyer und Mainz), ebenso auf die Tätigkeit lombardischer

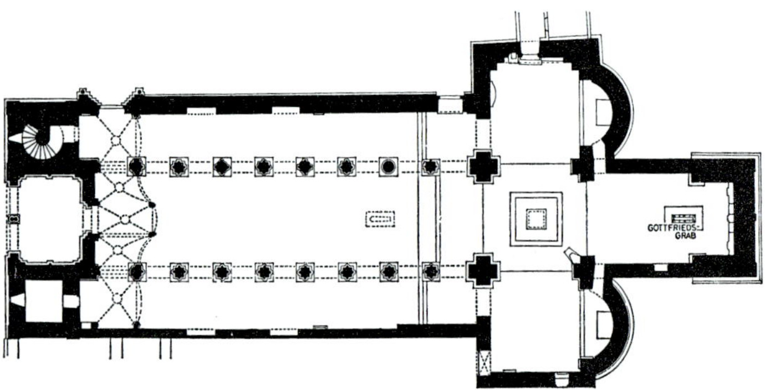

Ilbenstadt, ehem. Klosterkirche, Grundriß

Ilbenstadt, ehem. Klosterkirche, Schiff nach Westen

Steinmetzen (vgl. S. Abbondio in Como oder S. Sigismondo in Rivolta d'Adda). Ein lastendes Rippengewölbe der Spätgotik (um 1500) mindert den Eindruck des ursprünglich flach gedeckten Mittelschiffs. Die Neuausstattung des Innenraums (nach Schäden im Schmalkaldischen und Dreißigjährigen Krieg) im Barock veranlaßte der rührige Abt Andreas Brandt (1709–25) durch Künstler aus Mainz. Im Chor u. a. Fragmente gotischer Wandmalerei (um 1350) und Hochgrab des Stifters (barocke Kopie um 1700 des verlorenen Originals aus dem 13. Jh.).

Von den *Klosterbauten,* die v. a. (wie die unter dem Gewölbeschub ausgewichene Nordmauer) im Barock durch Abraham Spohrer südwärts ersetzt wurden (1687–1715), besticht qualitativ das **Obertor:** Der Arnsburger Zisterziensermönch Bernhard Kirnde hat es 1721 erbaut, der Frankfurter Bildhauer Bernhard Schwarzenburger seinen Dekor gemeißelt.

Burg Münzenberg

24 Kilometer trennen den ›Dom der Wetterau‹ vom ›Wetterauer Tintenfaß‹, wie **Burg Münzenberg** wegen ihrer beiden hoch über die Ringmauer ragenden Rundtürme genannt wird: Auf ihrem Basaltkegel über dem Nordufer der Wetter muß sie von Süden her mit hell verputztem Mauersockel, gelblich schimmernden Buckelquadern ihres Palas, dem sie zunächst allein und weiß gestrichen überragenden Ostturm besonders eindrucksvoll gewesen sein. Neben der Wartburg in Thüringen galt sie als eine der schönsten Ritterburgen der Stauferzeit, deren höfisches Leben zeitgenössische Epen schildern (z. B. Wolfram von Eschenbachs ›Parzival‹). Zwei Geschlechter, die Münzenberger und die Falkensteiner, haben während vier Generationen über 120 Jahre an ihr gebaut; um 1500 folgten Veränderungen, danach Verfall, 1621 und 1628 endgültige Zerstörung.

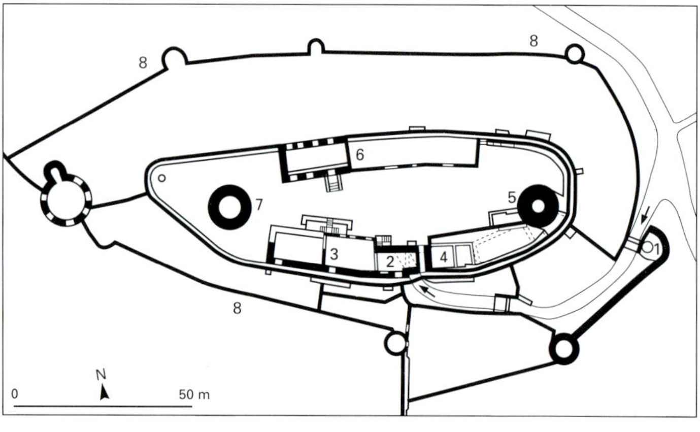

Münzenberg, Burg, Grundriß
1 Pfortenhaus
2 Burgkapelle
3 Münzenberger Südpalas
4 Küchenbau
5 Östlicher Bergfried
6 Falkensteiner Nordpalas
7 Westlicher Bergfried
8 Zwingermauer

1152 hatte Kuno von Hagen, Verwalter der Kaiserpfalz zu Frankfurt und Vogt des Reichsforstes Dreieich, auf Betreiben Friedrichs I. Barbarossa beim Kloster Fulda sein Hofgut Güll nahe Arnsburg (s. u.) gegen den ›Minzenberg‹ inmitten der Wetterau mit dem Ziel eingetauscht, die zum Schutz des Reichsguts über Bad Vilbel und Dreieichenhain bis Tannenberg an der Bergstraße geplante Kette von Ministerialenburgen zu ergänzen. Kurz nachdem er zum Reichskämmerer aufgestiegen war (1162), nannte sich Kuno ›von Münzenberg‹ (ab 1165). Mit dem Bau der dem Oval des Hügels angepaßten Burg (120 : 40 m) wird er kurz vor 1174 begonnen haben (d. h. vor Übergabe seines mütterlichen Erbes Arnsburg an Zisterzienser aus Eberbach, s. u.).

Die kleine **Stadt** am Nordhang wird von Fachwerk und Hofreiten (16.–18. Jh.) bestimmt und zentriert in erhöhtem Marktplatz, wo das **Rathaus** (eine zwischen getreppten Giebelmauern gehängte Holzkonstruktion von 1551–54; vgl. altes Rathaus in Hanau) und benachbart die ev. **Pfarrkirche** (im Kern 12./13. Jh., innen durch hölzernes Tonnengewölbe von 1559–60 geprägt) stehen.

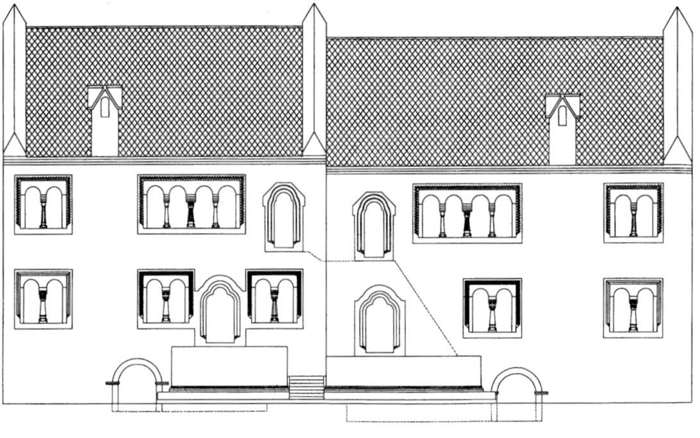

Burg Münzenberg, Nordansicht des Palas, Rekonstruktion

Im Südwesten, wo für Burgmannen der **Hattsteiner Hof** (16. Jh., 1750 barock erweitert) entstand, lag die *Vorburg*. Durch die **Altstädter Pforte** (15. Jh.) führt der Burgweg bergan bis zu scharfem Linksknick, wo sich als Tor durch die äußere Zwingermauer das **Pfortenhaus** (um 1500) öffnet. Vor der staufischen Talfassade führt erst ein drittes Tor (um 1500 für Geschützlafetten verbreitert) unter der ehemaligen *Burgkapelle* in den Hof der *Kernburg*. Hier einander gegenüber stehen Münzenberger und Falkensteiner **Palas,** jeweils dreigeschossig auf der Ringmauer, jedoch unterschieden durch ihr Material (Sandstein bzw. Säulenbasalt).

Im ca. 1197 vollendeten **Südpalas** lagen über den Magazinen im Erdgeschoß zwei Wohn- bzw. Schlafräume, zugänglich über ursprünglich hölzerne Treppe und heizbar mittels Kaminen; zum Tal Schießscharten und Aborterker, zum Hof Fenster (ehemals mit

Holzläden und gerahmten Häuten verschließbar). Solche gekoppelten Bogenfenster bietet ähnlich der darüber das gesamte dritte Geschoß füllende Festsaal. Zum Tal steigert er sie zu achtteiliger Fensterarkade, die weiten Ausblick bot. Details an Kapitellen, Säulchen und Rahmen deuten auf lothringisch-elsässische Einflüsse und stilistische Verwandtschaft zur Klosterkirche Ilbenstadt bzw. der Gelnhäuser Kaiserpfalz. Ostwärts folgen der **Küchenbau** (um 1500 mit mächtigem Kamin erneuert) und der 30 Meter hohe **östliche Bergfried** (Ende 12. Jh.); ehemals zehn Meter über gewölbtem Verlies erhöhter Eingang, von den Falkensteinern um 1400 mit Kegeldach und Erkertürmchen bekrönt (vgl. Adolfsturm in Friedberg; seit 1847 Aussichtsturm mit gutem Überblick der Burganlage). – Nach dem Aussterben der Münzenberger (1255) entstand unter den Falkensteinern nach 1286 (als sie durch Erbe und Erwerb $^5/_6$ der Burg besaßen) der **Nordpalas** mit seinen gotischen Bogenfenstern anstelle älterer Wirtschaftsgebäude (1254 zerstört). Den **westlichen Bergfried** ließ Kunos Enkel Ulrich II. 1250 beginnen (um 1500 auf 26 m erhöht). In die Ära der falkenstein-hanauischen Doppelherrschaft fällt der Bau der äußeren **Zwingermauer** (bis 1418). Anschließende Erbfolge spaltete den Besitz in 48 Teile, von denen später einige den Grafen zu Solms zufielen.

Das **Zisterzienserkloster Arnsburg** entstand ab 1174 als Filiation der Abtei Eberbach im Rheingau acht Kilometer entfernt, wo der römische Limes von seinem am weitesten in die Wetterau vorgeschobenen Kastell wieder nach Süden umbog. Auf dessen Fläche (ca. 1 km südwestlich) voraus gingen eine Turmburg (um 1000) und ein Benediktinerkonvent (1151–74; 1893 ergraben).

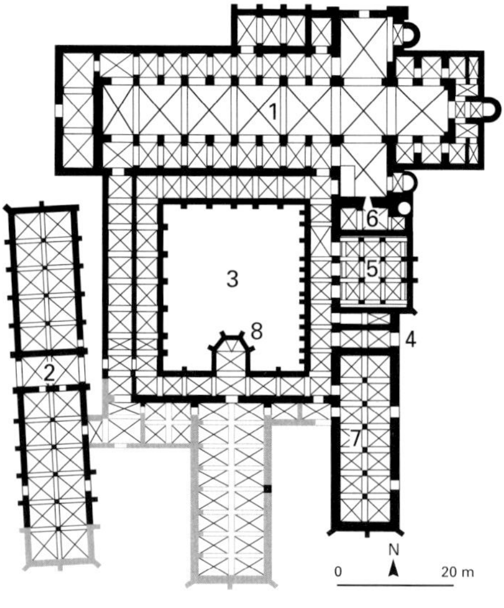

Kloster Arnsburg, Grundriß
1 Ehem. Klosterkirche St. Maria
2 Konversenhaus
3 Kreuzgang
4 Kapitelhaus
5 Kapitelsaal
6 Sakristei
7 Frateria
8 Brunnenhaus

Das unter den Grafen zu Solms-Laubach zum Schloß umfunktionierte Zisterzienserkloster (ab 1803) liegt in einer von der *Wetter* umflossenen Aue. In der Flucht der mittelalterlichen Klostermauer empfängt im Süden der barocke **Torbau,** den Pater Cölestin Wagner 1774–77 errichtete, als Arnsburg längst den Niedergang während des Dreißigjährigen Kriegs überwunden hatte. Auch die rechts folgende *Klostermühle* (um 1690) und der von der *Schmiede* übrige Fachwerkturm (1696) entstanden danach als Teil der ehemals entlang dem Mühlbach gereihten Werkstätten.

Frontal riegelt der barockisierte *Bursenbau* das Geviert der mittelalterlichen Klausur nach Westen ab. Ihm schließen sich südöstlich am Mühlbach die neuen Abteitrakte von Bernhard Kirnde (1727–47; **Prälatur** und **Küchenbau,** der einen Festsaal im Geschmack des Rokoko birgt) mit den charakteristischen Mansarddächern an.

Jener Bursenbau entstand um 1280/90 als **Konversenhaus** (für die in Werkstätten und auf den Feldern tätigen Laienbrüder). Gegenüber, jenseits des nach der Säkularisierung (1803) demolierten **Kreuzgangs** (Kriegsopferstätte seit 1958) steht das **Kapitelhaus** (um 1260/70; für die alle Gelübde haltenden Religiosen), im Erdgeschoß mit neunjochigem **Kapitelsaal** (dort die Grabplatte des Johann von Falkenstein, †1365, ähnlich dem Schwarzburgepitaph im Frankfurter Dom) zwischen Sakristei, Auf- und Durchgang sowie mit doppelschiffiger Frateria (Arbeitshalle der Mönche bei schlechtem Wetter), im Obergeschoß mit der z. T. dreischiffigen Pfeilerhalle des **Dormitoriums** (Schlafsaal). Der nach Süden begrenzende Refektoriumsbau mit Calefactorium (Wärmestube), Speisesaal (davor am Kreuzgang Fundamente des Brunnenhauses) und Küche fehlt seit 1818.

Den architektonisch gewaltigsten Eindruck und einen Hauch von Ruinenromantik bietet die durch Verkauf ihrer Bleidächer (nach 1818) demolierte **Klosterkirche St. Maria,** eine kreuzförmige Pfeilerbasilika der Frühgotik (um 1197–1246), deren Ostteil die dominierende Grundform eines zisterziensischen Chorquadrums in einmaliger Weise mit benediktinischem Staffelchor (durch drei Apsidialkapellen) und Chorumgang der Kathedralgotik kombiniert. Im Mittelschiff ist entsprechend dem gebundenen System über blockartigen Pfeilern mittels alternierender Dienste bzw. Konsolen ein Stützenwechsel ausgebildet. Darin waren die ehemals von einem Lettner gegen die Laienkirche im Westen abgetrennten Ostjoche für sechsteilige Rippengewölbe angelegt worden. Zwischen Arkaden und Obergaden ergänzen Öffnungen in die seitlichen Dächer zu dreigeschossiger Wandgliederung; über den Seitenschiffen ehemals Gratgewölbe. Bei den Kapitellen beginnt sich hier das Crochet (Blatthaken) der Frühgotik durchzusetzen. Am Nordschiff Reste der spätgotischen Allerheiligenkapelle (1397), nach Süden Zugänge von Sakristei und Dormitorium bzw. vom Bursenbau (die Vorhalle dient seit 1968 als evangelische Kirche).

Kloster Arnsburg, Ruine der Klosterkirche

Reichs- und Residenzstädte – Gelnhausen, Büdingen, Friedberg

Wo sich das Tal der unteren *Kinzig* zwischen den Ausläufern von Spessart und Vogelsberg verengt, gründete Friedrich I. Barbarossa 1170 die Reichsstadt und Kaiserpfalz **Gelnhausen** als Zentrum seiner ins Gebirge ausgreifenden Herrschaft. Auf der Bergseite der am rechten Ufer flußauf nach Leipzig ziehenden Handelsstraße konnte sich die Stadt rasch entwickeln, wurde zuletzt 1476 im Oval ummauert und mit Türmen gesichert. Darüber dominiert viertürmig am Untermarkt die ev. **Marienkirche,** deren üppige Gestaltung Gelnhausens Blüte unter den Staufern symbolisiert: Von der ursprünglichen Saalkirche (für Prämonstratenser aus dem benachbarten Stift Langenselbold) überdauerte nur der romanische Westturm (um 1170; nachträglich aufgestockt). Hinter ihm entstand um 1190–1210 eine kreuzförmige Pfeilerbasilika mit gestaffelten Apsiden und drei spätromanischen Portalen (um 1220) an den Seitenschiffen (diese wurden in der Spätgotik bis zur Turmflucht verlängert und 1446 mit Maßwerkfenstern erhöht). Bevor der Chor seinem halbrunden Fundament entwuchs, erfolgte um 1225 der entscheidende Planwechsel unter dem in Burgund geschulten Heinrich Vingerhut. Er schuf den monumentalen Ostbau aus Chorpolygon und flankierenden Oktogonaltürmen über den Nebenapsiden (ähnlich wie bei St. Leonhard in Frankfurt), ebenso übergiebelte Querhausportale mit reicher Rahmung und skulptierten Tympana (›thronende Madonna‹ und ›Kruzifix‹ zwischen Engeln bzw. Heiligen). Kantige Giebel und Flächen,

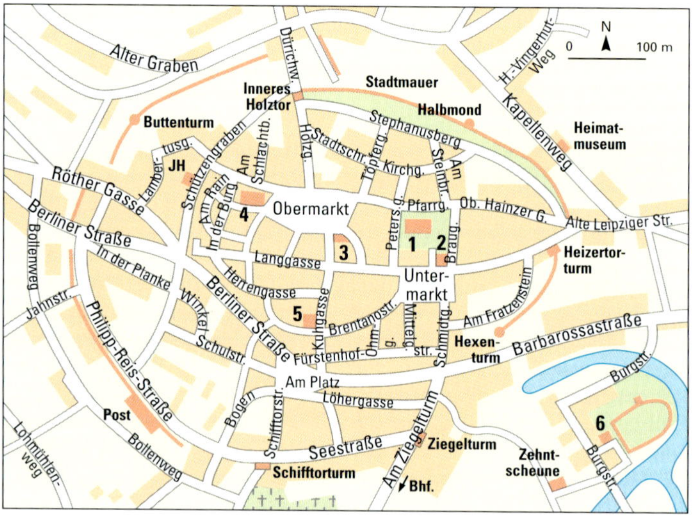

Gelnhausen
1 Marienkirche
2 Altes Rathaus (Romanisches Haus)
3 Neues Rathaus
4 Peterskirche
5 Haus Kuhgasse 1
6 Kaiserpfalz

Gelnhausen, Marienkirche

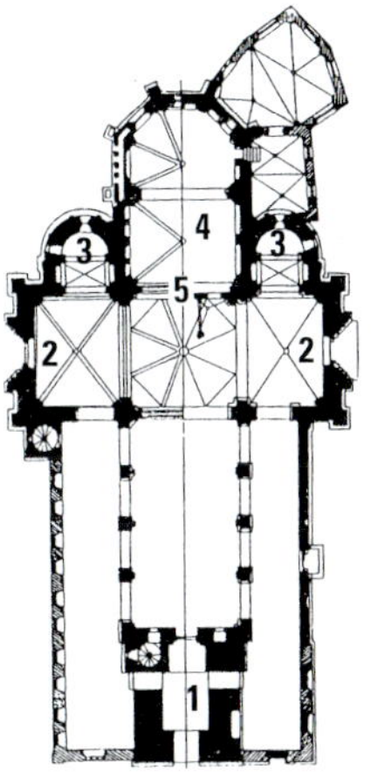

Gelnhausen, Marienkirche, Grundriß
1 Westturm
2 Querhaus
3 Apsiden
4 Chor
5 Lettner

steigende Bogenfriese und -galerien sind alles Architekturmotive der Romanik, die vom Einfluß der Gotik geprägt werden (z. B. Crochetkapitelle, vgl. Arnsburg).

Hinter flachgedecktem Langhaus beeindruckt jener Ostbau auch innen durch den über die Vierung gespannten Gewölbeschirm (im Übergangsstil wie im Limburger Dom) und seine doppelgeschossig den Chor verblendenden Kleeblattarkaden; ihn dekorieren neutestamentliche Wand- und Glasgemälde, und für die Prämonstratenser trennt ihn ein polygonal in die Vierung vorgeschobener Lettner mit qualitätvollen Reliefs zum ›Jüngsten Gericht‹ aus dem Umkreis des Naumburger Meisters (alles um 1230–50). Weitere Ausstattung und Anbauten aus der Spätgotik (bis 1500).

Südöstlich steht am *Untermarkt* das **Alte Rathaus,** ein romanischer Profanbau (um 1180) mit axialem Kleeblattportal zum einstigen Ratssaal (1881 verändert). Das am *Obermarkt* benachbarte **Neue Rathaus** ging aus barockem Umbau einer Kaufhalle hervor

Gelnhausen, Fachwerkhäuser und Altes Rathaus (Romanisches Haus), dahinter die Marienkirche

(1736; mit hölzerner Pfeilerhalle um 1550). Schräg gegenüber blieb als Bautorso aus der Romanik die kath. **Peterskirche,** um 1200 als kreuzförmige Basilika mit gestaffelten Apsiden, deren äußere Türme tragen, begonnen, in der Vollendung 1229 am Widerstand jener Prämonstratenser gescheitert. Ringsum, wo Christoph von Grimmelshausen (*1621) und Philipp Reis (*1834) zur Welt kamen, Wohnhäuser des 14.–18. Jh.; dabei südlich in der *Kuhgasse 1* eines von Deutschlands ältesten Fachwerkhäusern (1351).

Im Tal liegt auf einer Insel der Kinzig verfallen die **Kaiserpfalz** am Ostrand der separat ummauerten Vorburg, deren Burgmannen sie

Gelnhausen, Palas und Torbau der Kaiserpfalz

seit dem 15. Jh. als Steinbruch nutzten (bereits Kaiser Maximilian I. mußte deswegen schon 1506 oben in der Stadt Quartier nehmen). Nach seinem Reichstag zu Gelnhausen, der mit der Entmachtung seines welfischen Widersachers Heinrich dem Löwen endete (1180), ließ Friedrich I. Barbarossa den Bau 1182 beginnen, der im Städtedreieck mit Büdingen und Friedberg staufische Macht in Wetterau und Reichsforst sichern, zugleich auch die über den Trifels in der Pfalz bis nach Hagenau im Elsaß reichende Residenzenkette ergänzen sollte. Daß für die um 1195 vollendete Anlage kaiserliche Repräsentation, kaum aber fortifikatorische Stärke im Vordergrund stand, erweist die Besichtigung dieser noch immer künstlerisch eindrucksvollsten Pfalz aus staufischer Zeit.

Über eine feste Brücke erreichbar war das rechts von quadratischem Turm geschützte **Torhaus.** Es empfängt mit zweischiffig gewölbter Halle (Rippengewölbe spätgotisch), aus der nach Süden eine Treppe zur einst ähnlich darüber angelegten **Kapelle** steigt (Gewölbe demoliert), nach Norden ein Portal in den Palas führt; der **Torturm**

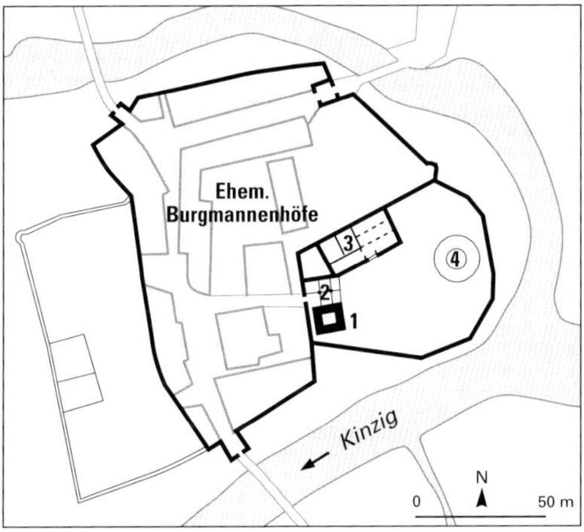

Gelnhausen, Kaiserpfalz, Grundriß
1 Torturm
2 Torhalle mit Pfalzkapelle
3 Palas
4 Ehem. Bergfried

war ursprünglich nur vom Hof über eine Leiter zugänglich. Die Kapitelle dieser Torhalle weisen auf unterschiedliche Einflüsse – Würfel mit Doppelschilden aufs Elsaß, das imperiale Adlermotiv auf Oberitalien (vgl. Ilbenstadt). Links kehrt der stumpfwinklig anschließende **Palas** dem Hof eine Schaufassade zu, deren reicher Gestaltung nichts im Reich der Staufer gleichkam: Über einem Erdgeschoß mit Schlitzfenstern beiderseits eines Bogenportals öffnet sich ein subtil umrankter Eingang im Kleeblattbogen (davor ehemals hölzerne Freitreppe); darüber der sog. Barbarossakopf. Seitlich schließen Zierarkaden an (5 bzw. 2 × 3), deren Zwillingssäulchen in virtuos variierter Kapitell- und Kämpferdekoration den formalen Reichtum der Romanik offenbaren (vgl. Burg Münzenberg). Mauerparallel lag dahinter ein Wandelgang, der zu zwei Gemächern und beheizbarem Festsaal führte. Das zweite Obergeschoß ist verloren. Wie die Ringmauer war die Stadtseite des Palas mit Buckelquadern aus rotem Sandstein verkleidet. Entlang der südlichen Hofseite reihten sich Wirtschaftsgebäude aus Fachwerk. Ostwärts frei sollte ein runder Bergfried stehen, von dem der stattliche Fundamentring blieb (16 m Durchmesser, 4 m Mauerstärke; vermutlich nie vollendet). Bis zu Ludwig dem Bayern diente die Pfalz deutschen Kaisern zu Aufenthalt und Hoftagen. Karl IV. hat sie 1349 verpfändet – ausgerechnet an die Grafen von Schwarzburg, zu denen sein Widersacher Günther gehörte.

Die Bauleitung der Pfalz lag bis 1195 bei dem Reichsverwalter Hartmann von Büdingen, der gleichzeitig in **Büdingen,** wo die Handelsstraße durch den Vogelsberg den Seemenbach quert, eine **Wasserburg** baute (nach 1166). Fast kreisrund angelegt (13-Eck),

Büdingen, Schloßhof mit Bergfried

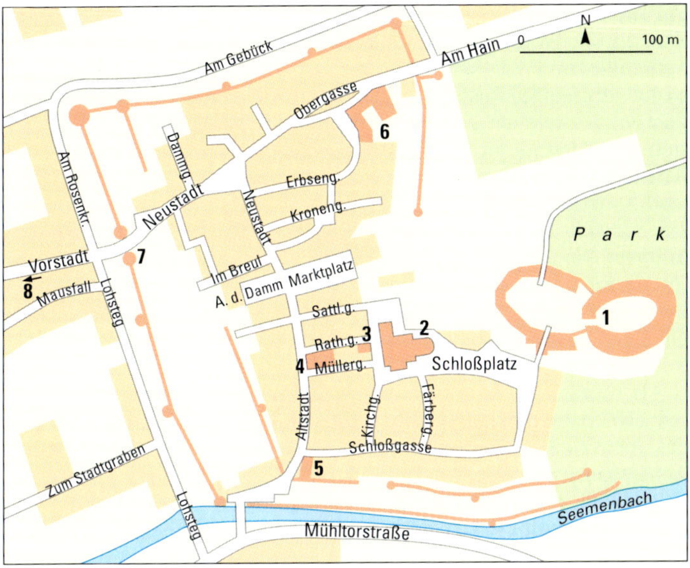

Büdingen
1 Isenburger Schloß
2 Stadtkirche St. Maria
3 Altes Rathaus
4 Neues Rathaus
5 Steinernes Haus
6 Herrenhof
7 Jerusalemer Tor
8 St. Remigius

bildet sie in dem durch die Grafen Ludwig II. (bis 1511) und Anton (bis 1560) zum Grundriß einer ›Acht‹ ergänzten **Isenburger Schloß** die Osthälfte (die aus der Nähe von Koblenz stammenden Herren von Isenburg beerbten 1258 die ausgestorbenen Büdinger, wurden 1442 zu Reichsgrafen, 1806 zu Reichsfürsten erhoben). Wiesen und der Weg von Süden lassen die ursprüngliche Situation mit einem die gesamte Ringmauer (7 m hoch, romanisch) umgebenden Wassergraben schwer vorstellbar werden. Eine Torhalle am übergiebelten **Wachtbau** aus der Renaissance (1533) leitet zum *Äußeren Hof* (im Areal der staufischen Vorburg mit Wirtschaftsgebäuden und sog. *Neuem Bau* von 1833–36). Ein vom **Bergfried** (1241; um 1500 und 1758 erhöht) gesichertes Torhaus (um 1400 bzw. 1490) öffnet sich rechts zum *Inneren Hof* (Areal der staufischen Kernburg; Durchmesser 55 m), dessen Gebäudering Treppentürmchen, Erker, Giebel aus Spätgotik und Renaissance malerisch prägen. Rechts neben dem Rundturm steht der im Kern romanische **Palas** (um 1180–90) mit Kleeblattbogen über dem Durchgang (davor einst hölzerne Treppe) und Säulenarkaden am Giebel (im 16. Jh. aufgestockt); anschließend die von spätgotischem Netzgewölbe überzogene **Schloßkapelle** (1495–99; reiche Ausstattung), deren romanisches Portaltympanon den knienden Hartmann von Büdingen zeigt. *Küchen-* und *Repräsentationstrakte* komplettieren den Gebäudering nach Süden; im Innern Gewölberäume der Spätgotik mit Wandmalerei der Renaissance (Scheinarchitektur bzw. biblische und heroisch-antike Szenen, um 1550).

Westlich vom Schloß liegen die durch Ludwig II. 1490–1503 mit gemeinsamer Mauer zusammengefaßte **Alt-** und **Neustadt** (bereits um 1330–90 jeweils separat ummauert), und die ihm benachbarte ev. **Stadtkirche St. Maria** entstand 1476–91 als dreischiffige Halle der Spätgotik durch Siegfried Rübsche; im Chor ebenfalls reiches Netzgewölbe, dessen Schlußsteinwappen auch auf Ludwig II. als Bauherrn deuten. Im reichen Bestand altfränkischer **Wohnbauten** zeichnet sich die **Altstadt** in der westlich benachbarten Rathausgasse mit **Altem Rathaus** (Nr. 2) und **Neuem Rathaus** (Nr. 6) durch Fachwerkkonstruktionen an der Wende der Spätgotik zur Renaissance aus – jeweils mit sich kreuzenden Straßen als Vorform des ›Wilden Mannes‹ (um 1500); ebenso südlich in der parallelen Schloßgasse (Nr. 11 und 15), wo auch das mit Treppengiebel und Erker für Graf Ludwig II. errichtete **Steinerne Haus** (Nr. 24) steht (um 1500). Nördlich bietet die **Neustadt** in der Obergassse einen **Herrenhof** der Renaissance (Nr. 23; 1569–71).

Als repräsentativster Teil der neuen Stadtbefestigung öffnet sich seit 1503 zwischen mächtigen Batterietürmen wie ein Triumphbogen das **Jerusalemer Tor** (mit Maßwerkbrüstung und Auslug). Seiner Achse folgte der tolerante Graf Ernst Casimir westlich mit der für Glaubensflüchtlinge angelegten und *barocken Typenhäusern* bebauten **Vorstadt** (1712–24). Noch 500 Meter weiter steht auf dem Friedhof aus vorromanischer Zeit **St. Remigius** als älteste Kirche der Stadt, um 1050 als Saal mit breitem Westbau und halbrunder Apsis errichtet (um 1400 durch spätgotischen Chor, 1655 durch barocke Holzstützen verändert).

Auch auf der acht Kilometer entfernten **Ronneburg,** die in südwestlicher Richtung auf einem 240 Metern hohen Basaltkegel im Vorland des Vogelsbergs thront, traten die Isenburger das Erbe der Büdinger an. Zunächst hatte das Mainzer Erzstift sie erworben (1313) und verliehen, bis sie der Mainzer Erzbischof Diether von

Ronneburg, Burganlage

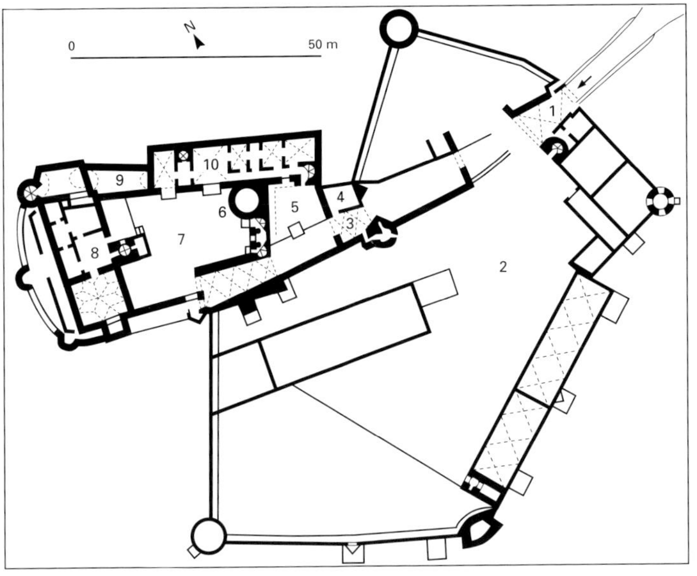

Ronneburg, Grundriß
1 *Außentor*
2 *Vorburg*
3 *Innentor*
4 *Brunnenhaus*
5 *Vorhof*
6 *Bergfried*
7 *Innenhof*
8 *Palas*
9 *Alter Bau*
10 *Kemenate*

Isenburg 1476 seinem Bruder Ludwig II. überließ (im Tausch mit Steinheim am Main; s. Kap. Flußaufwärts über Offenbach und Hanau nach Seligenstadt). Unter den Isenburgern wurde der romanische Wehrbau zur spätgotischen Wohnburg, schließlich zur Renaissanceresidenz (ab 1523). Mitsamt ihrem **Außentor** entstand die weitläufig ummauerte **Vorburg** für Wirtschaftsgebäude erst 1570–75. Jenseits des Halsgrabens folgt das **Innentor** (im Kern 13. Jh.); daneben **Brunnenhaus** mit großem Spindelrad für den Schachtbrunnen (96 m tief; um 1250). Auf einen Vorhof folgt der **Innenhof,** beherrscht vom weithin sichtbaren **Bergfried** (32 m hoch; 13. Jh., originelle Bekrönung in der Renaissance um 1575), malerisch umrahmt von Wohnbauten mit reizvollen Innenräumen aus Spätgotik und Renaissance (z. T. freskiert und museal möbliert): Im Westen der **Palas** (im Kern um 1330; am 2. Obergeschoß Kapellenerker 1371, davor Treppenturm ab 1476), im Norden reihen sich **Alter Bau** (1477–78) und **Kemenate** (1573).

Ob von Büdingen aus oder auf dem Weg in die Wetterau von Frankfurt her erscheint **Friedberg** als erste bedeutende Stadt. Mit zwei Jahresmessen an der traditionellen Verbindungsstraße zwischen Hessen und Thüringen machte es sogar jener späteren Metropole Konkurrenz, die allerdings an der inneren Rivalität der Reichsstadt Friedberg zur Friedberger Reichsburg zerbrach.

Auf einem Basaltplateau zwischen den Tälern von *Seebach* und *Usa* wurde die Kernstadt unter den Stauferkaisern planvoll angelegt (um 1170/80) und ummauert. Über 600 Meter zieht als Hauptachse die *Kaiserstraße* 30 Meter breit nordwärts den Hang hinauf (Dimen-

Friedberg
1 Stadtkirche Unserer Lieben Frau
2 Judenbad
3 Dicker Turm
4 Burggrafenhaus und Deutschordenshaus
5 Burgkirche St. Georg
6 Adolfsturm
7 Rosental-Viadukt

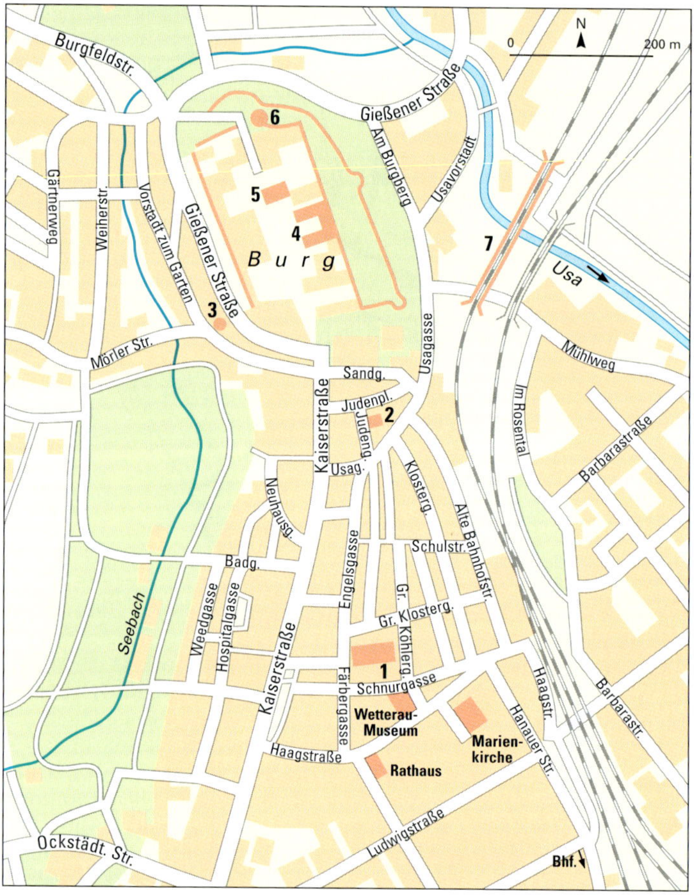

sionen, wie sie Frankfurt mit seiner Kaiserstraße erst 800 Jahre später erreichte). Zwar bleiben flankierende Wohn- und Geschäftshäuser hinter der Erwartung von reichsstädtischer Gotik zurück, doch entschädigt dafür als Ausdruck Friedberger Selbstbewußtseins im Mittelalter die östlich benachbarte **Stadtkirche Unserer Lieben Frau** (ev.; um 1260–1410). Ihr verhältnismäßig schlichtes Äußeres, geprägt vom Wechsel aus Strebepfeilern und Fenstermaßwerk (im Ostbau nach Vorbild der Straßburger Münsterfassade) imponiert mit mächtigen Doppeltürmen im Westen, deren Vollendung König Ruprecht 1410 allerdings verhinderte (auf Betreiben der Friedberger Burgmannen, die sie als Bedrohung empfanden). Am Westportal sog. Friedberger Madonna (um 1280; Kopie), am südlichen Querhaus Tympanonrelief der ›Deësis‹ (um 1300). Chorpolygon sowie quadratische Joche von knapp ausladendem Querhaus und Vierung entstanden 1257–1306 unter Einfluß der Gelnhäuser Marienkirche (mit Rippengewölben, Blattkapitellen und -schlußsteinen) als Ersatz halbrunder Apsiden einer schmaleren Basilika der Romanik (um 1170/80; Fundamente ergraben). Jenseits des um 1440 von einem Meister aus dem Kreis um den Frankfurter Madern Gerthener eingezogenen Lettners weitet sich das Langhaus als Halle aus drei annähernd gleich dimensionierten Schiffen (ähnlich dem kaum älteren Frankfurter Dom und ohne die durch schmale Seitenschiffe bedingte Steilheit, wie sie als frühgotische Halle St. Elisabeth in Marburg aufweist). Von ihren sechs Travéen entstanden die beiden östlichen um 1310–40, drei weitere bis ca. 1370 und die ursprünglich für die Türme gedachte westliche mit stärkeren Oktogonalpfeilern um 1380 (originale Raumfarbigkeit bis 1958 rekonstruiert).

Am Lettner spätromanisches Altarziborium (um 1250), hochgotisches Original der Friedberger Madonna (um 1280) und spätgotisches Kruzifix (um 1500); dahinter Taufbecken (um 1270; auf romanischen Löwen um 1180), spätgotisches Sakramentshäuschen

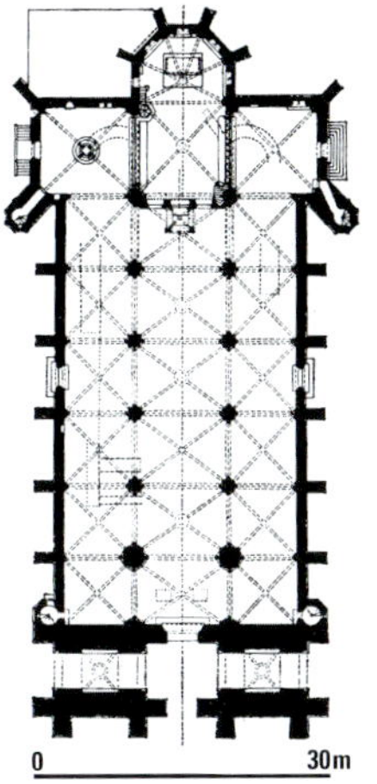

Stadtkirche, Grundriß

Friedberg, Stadtkirche, Langhaus, Blick zum Chor

(1482–84) sowie im Chor Glasgemälde (Teppichmuster um 1300, Heilige um 1480). – Derselben Bauhütte entstammten die Steinmetze, die das 25 Meter tief bis zum Grundwasser reichende **Judenbad** (Mikwe) mit seinem Treppenschacht 1260 ausmauerten (Judengasse 20; vgl. Speyer oder Worms).

Im Norden stößt die Kaiserstraße auf die einstige **Reichsburg,** die – ungewöhnlich in Grundriß und Größe (160 : 250 m) – vom Rechteck eines hadrianischen Römerkastells bestimmt war (›castellum in monte Tauno‹, davor die ›civitas Taunensium‹, 250 n. Chr. aufgegeben). Neben dem westlich über die Straße (B 3) gerückten **Dicken Turm** (um 1500) öffnet sich die spätgotische Burgmauer zur Stadt hinter künstlichem Graben mit doppeltürmigem **Torbau** (um 1500). Innen fügt sich daran ein arkadiertes **Wachthaus** des Spätbarock von dem Frankfurter Stadtbaumeister Johann Andreas Liebhardt (1771/72). Es folgen einstige Anwesen der Burgmannen (16.–18. Jh.; bei der Säkularisierung waren es 1806 in dieser Adelsrepublik noch 100 aus allen Adelsgeschlechtern des Umlandes, die aus ihrer Mitte

Friedberg, Adolfsturm

den Burggrafen als Vogt der Wetterau wählten). Nach Osten steht das unter Johann von Kronberg 1604–10 erneuerte **Burggrafenhaus** mit Ziergiebeln aus der Spätrenaissance, daneben das im Barock unter dem Komtur Damian Hugo von Schönborn 1715–18 als Faktorei für die Frankfurter Kommende errichtete **Deutschordenshaus;** schließlich Kavaliershaus und Torbau (1611), davor der barocke St. Georgsbrunnen (1738). Auf zentralem Platz die durch Franz Ludwig von Cancrin in Formen des Klassizismus entworfene **Burgkirche St. Georg** (1782–1808).

Mit ursprünglich sechs gestaffelten Toren gesichert war der steile Nordhang, dessen inneres Tor 1534 erneuert wurde. Daneben dominiert in der Stadtsilhouette der 54 Meter hohe **Adolfsturm,** der 1347 von dem für Graf Adolf von Nassau gezahlten Lösegeld als nördlicher Bergfried entstand (in ›Butterfaßform‹ wie Falkenstein oder Homburg und mit oberen Wehrgang zwischen Erkertürmchen wie Steinheimer Schloßturm und Eschenheimer Turm in Frankfurt; steinerner Dachkegel von 1893); der südliche Bergfried ist 1684 zusammengestürzt. – Unterhalb auf dem Niveau des Zwingers der *Schloßgarten* und tiefer der in 24 Bögen für die Main-Weser-Bahn über die Usa gewölbte **Rosental-Viadukt** (1847–50).

Nur drei Kilometer nördlich liegt **Bad Nauheim** am Bahnstrang, wo bereits in der Antike Salz gewonnen wurde, schließlich unter dem Frankfurter Landschaftsgärtner Heinrich Siesmayer der *Kurpark* (1855) und unter dem Darmstädter Regierungsbaumeister Wilhelm Trost *Kurbauten* in Mischformen von Jugendstil bis Neoklassizismus (1905–11) entstanden – beides in städtebaulichem Bezug zum damals erneuerten *Bahnhof.*

Flußaufwärts über Offenbach und Hanau nach Seligenstadt

Frankfurt ist Teil einer weitaus größeren Flußlandschaft, die 40 km westlich an der Mündung des Mains gegenüber von Mainz endet, jedoch knapp 500 Flußkilometer ostwärts beginnt und das benachbarte Franken prägt. Hessisch ist davon nur die zunächst liegende Strecke bis Seligenstadt – gleichfalls knapp 40 Kilometer, auf denen der Main seine ausgreifenden Mäander hinter der Gebirgsbarriere von Spessart und Odenwald aufgegeben hat und breit eine Auenlandschaft in letzter S-Kurve kurz vor Frankfurt durchmißt. Erkunden läßt sie sich auf verschiedene Arten, deren zwei besonders reizvoll scheinen: Am eindrucksvollsten wirkt die Tour entlang der Ufer mit dem Fahrrad, gemächlicher die Reise auf einem der Dampfschiffe, deren weiße Flotte nahe dem Eisernen Steg ankert. Mit der sportlichen Variante läßt sich die Besichtigung eines jeden Schlosses mühelos verbinden, bei der bequemeren Fahrt auf dem Wasser die Harmonie von Natur und Architektur genießen – doch kommt man Kunstwerken nur am Ende greifbar nahe.

Hinter der *Obermainbrücke* (1876–78), vor der in letztem Blick zurück auf die Stadtsilhouette moderne Hochhäuser der Banken von mittelalterlichen Kirchtürmen zurückgedrängt scheinen, dominiert über den aus Säulenbasalt gefügten Kaimauern links das monumentale Backsteingebäude der **Großmarkthalle:** 1926–28 entstand sie über 250 Meter langgestreckt zwischen turmähnlichen Kopfbauten nach Entwurf des kurz zuvor von Ernst May aus Stuttgart berufenen Martin Elsässer – damals als größtes Bauwerk ihrer Gattung in Deutschland und als Umschlagplatz für die auf Straße, Schiene und Fluß zur Versorgung Frankfurts transportierten Lebensmittel. Diese einst für die Stadt lebenswichtige Funktion ging inzwischen verloren, und Überlegungen zu neuer Nutzung des gigantischen Gebäudes (ob z. B. als Sportpalast oder Industriemuseum) führten bisher zu keinem Ergebnis.

Oberhalb der mit drei eisernen Fachwerkbögen bis 1913 als Verbindung von gleichzeitig erneuertem Ost- und Südbahnhof über den Main geschlagenen **Deutschherrenbrücke** – nach der Gustavsburger Eisenbrücke (s. Kap. Flußabwärts von Höchst nach Hochheim) ist sie am Untermain die größte – folgt die von einem Brückenbogen überspannte Einfahrt zum **Osthafen.** Er ergänzte 1908–12 mit seinen beiden Becken, Kränen und Silos den eine Generation zuvor unterhalb der Friedensbrücke angelegten Westhafen (1887).

Entlang dem nächsten Mainbogen erstreckt sich die Industriestadt **Offenbach.** 977 erstmals erwähnt, war sie 1418 aus dem Münzenberger Erbe (s. Kap. Burgen und Klöster in der Wetterau) den Isenbur-

Offenbach, Schloß

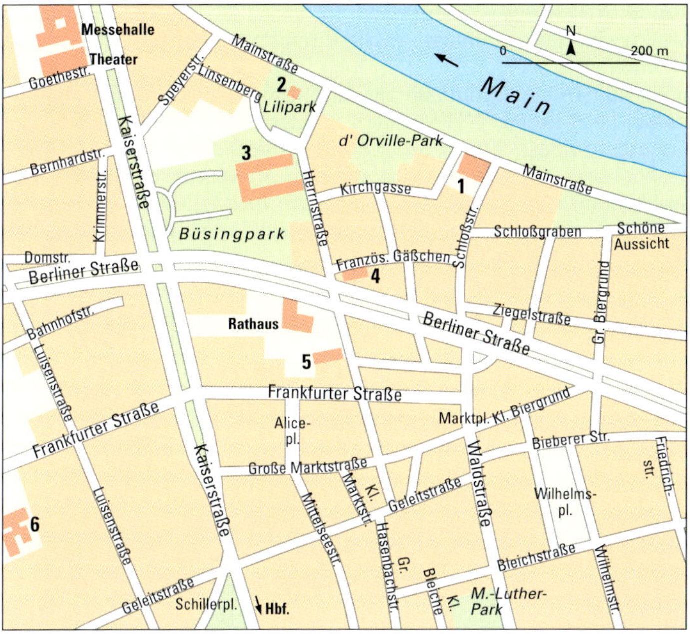

Offenbach
1 Schloß
2 Badetempel
3 Büsing-Palais (Klingspor-Museum)
4 Französisch-reformierte Kirche
5 Stadtkirche
6 Deutsches Ledermuseum

gern zugefallen. Als Graf Reinhard von Isenburg-Büdingen 1556 Offenbach zur Residenz wählte, ließ er sich ein **Renaissanceschloß** erbauen, das allerdings über den Nordflügel nicht hinauskam; sein Tod 1578 hat ein Komplettieren als Vierflügelanlage verhindert (vgl. Aschaffenburger Schloß). Eine abweisende Flußseite, in der spätgotische Mauern mit Bogenfries einer Wasserburg aufgingen (Ende 15. Jh.; hinter einem Hochwasserdamm des 19. Jh.), läßt kaum die reiche Gestaltung der Hoffassade ahnen. Zwischen schlanken Treppentürmen unter welscher Haube reihen sich manieristisch-gestelzte Pfeilerarkaden, darüber in zwei Stockwerken Laubengänge. Heroen und Hermen dekorieren die kannelierten Pilaster, allegorische und heraldische Reliefs die Brüstungen und Zwickel – vermutlich von Conrad Büttner aus Büdingen, der ebenso in Hanau und an der Ronneburg arbeitete (3. Obergeschoß und Mansarddach aus dem 18. Jh.). Kunsthistoriker des 19. Jh. wie Jacob Burckhardt stellten diese Front zumindest gleichrangig neben das Heidelberger Schloß.

An die Ära, als Offenbach im ausgehenden 18. Jh. zum bevorzugten Wohnort reicher Frankfurter wurde (z. B. ließ sich hier 1776 Sophie von La Roche, die Großmutter von Bettina und Clemens Brentano nieder), erinnern benachbart flußab der **Lili-Park** (Schauplatz der Romanze zwischen dem junge Goethe und Lili Schönemann), wo ein *Badetempel* von Salins de Montfort (um 1805; mit Grotte) blieb, und das für Johann Georg d'Orville 1775–78 zunächst als Landhaus errichtete, 1899–1902 erweiterte **Büsing-Palais** (Herrnstraße; z. T. *Klingspor-Museum*), in dessen Garten ein im Zweiten Weltkrieg ebenso ruinierter Pavillon (um 1810) steht.

Nach etwa sechs Kilometern folgt hinter einer von weitem Mainbogen umgriffenen Flußaue das ländliche **Barockschloß Rumpenheim** (1945 ruiniert): 1768 durch Landgraf Karl von Hessen-Kassel erworben, ist es 1781–87 unter dessen Bruder Friedrich zur doppelgeschossigen Dreiflügelanlage ausgebaut (Mainfront 1804 aufgestockt) und flußaufwärts um einen *Park* im englischen Geschmack ergänzt worden. Zum Dorf hin zeitgenössische *Kavaliershäuser, Remise* und *Kirche* (1756–71).

Nach fast gleicher Distanz taucht bei **Kesselstadt** am Nordufer hinter gleichfalls anglisiertem Park **Schloß Philippsruhe** mit hoher Kuppel auf. Graf Johann Philipp von Hanau, mit dessen Bruder 1736 die Dynastie erlosch und von den hessischen Landgrafen beerbt wurde, ließ sich hier ab 1701 diese barocke Sommerresidenz (2 km von seinem Hanauer Stadtschloß entfernt) erbauen, deren Entwurf – in einer für Deutschland frühen Abhängigkeit vom Schloßbau des französischen Absolutismus (v. a. von Clagny bei Versailles) – Julius

Hanau, Schloß Philippsruhe

Ludwig Rothweil lieferte. Mit des Bauherrn Tod galt Philippsruhe 1712 als weitgehend vollendet, wenn auch durch den schon 1702 aus Paris berufenen Jacques-Antoine Vith Girard, denn Rothweil war wegen ›sittlicher Verfehlungen‹ nach raschem Urteil vom Hof verstoßen und in einem mainab treibenden Kahn ausgesetzt worden (daß er keinen Schaden nahm, beweisen seine späteren Schlösser im hessischen Weilburg und Arolsen). Auf üblichem Hufeisengrundriß richtet sich das Schloß ostwärts zur Stadt. Sein Corps de logis ist mit drei Flügeln um einen Ehrenhof gruppiert und greift beiderseits der vorderen Eckpavillons symmetrisch mit Seitenflügeln aus. Ihre Form spiegeln zwei vorgeschobene Eingangstrakte, zwischen denen sich ein schmiedeeisernes Tor öffnet. Wie die zu schwer auf dem Haupttrakt lastende Kuppel entstammt es der Erneuerung im Geschmack des ›zweiten‹ Rokoko unter Landgraf Friedrich von Hessen-Kassel 1875–80. Davon sind die meisten Räume geprägt (= Historisches Museum), bis auf die klassizistische Dekoration des Weißen Saals (um 1820; im Südflügel).

Von drei hier ausgreifenden Radialstraßen führt die *Burgallee* – vorbei an Julius Eugen Ruhls 1848 im Stil des romantischen Klassizismus an der Hanauer Bahn errichteten **Fürstenbahnhof** (= Ausflugslokal) – nach **Wilhelmsbad.** Noch war Philippsruhe im Bau, als hier 1709 eine Heilquelle entdeckt wurde. Allerdings vergingen zwei Generationen, bevor der in Hanau residierende Erbprinz Wilhelm IX. 1776–88 durch Franz Ludwig von Cancrin für die erwartungsvolle Hof- und Kurgesellschaft des 18. Jh. barocke Badehäuser errichten und einen bereits der empfindsamen Romantik verhafteten *Park* anlegen ließ. Er dehnt sich nach Süden mit verschlungenen Wegen und großem Weiher, wo eine künstliche **Burgruine** nach englischem Vorbild Wilhelms elegante Wohnräume im Geschmack des Empire und eine kleine Insel die **Grabpyramide** seines früh verstorbenen Sohnes (nach Vorbild der Cestius-Pyramide in Rom) birgt. Ganz im Westen ein Rundtempel für das **Karussell** (ursprünglich von Menschen angetrieben), dahinter eine künstliche Wildnis mit **Teufelsschlucht** und *Brücke.* Es folgen der **Brunnentempel** mit einer Äskulapstatue (Heilquelle versiegt) und als Aussichtspunkt der **Schneckenberg.** An der Straße empfängt das **Kurhaus** mit gestuften Mansarddächern. Zentral der **Arkadenbau** (für den Badebetrieb; jetzt Gaststätte), symmetrisch flankiert von Wohn- und Wirtschaftsgebäuden; ganz im Osten das **Comoedienhaus** (1781; als Theater 1969 modern von Ferdinand Kramer erneuert). Weiter nach Norden folgen dahinter **Eremitage** und **Bergküche.**

Hanau, Wilhelmsbad, Burgruine im Staatspark 1779/80

Bei Kesselstadt, wo das größte Kastell der Römer rechts des Rheins nachgewiesen ist (um 85 n. Chr.), mündet die *Kinzig* in den Main. Zuvor aber umgreift sie in weitem Nordbogen die Halbinsel *Hagenau,* wo vor 1143 Mainzer Vögte eine Wasserburg bewohnten. Deren Übernahme durch die Herren von Dorfelden 1168 förderte das Wachsen der Siedlung **Hanau,** die 1303 zur Stadt und 1429 zur Residenz der sich fortan nach ihr nennenden Grafen aufstieg.

Von der planvoll unter Graf Philipp Ludwig II. für calvinistische Glaubensflüchtlinge ab 1597 angelegten **Neustadt** ließ der Zweite Weltkrieg kaum etwas übrig außer dem **Frankfurter Tor** (1722; im Westen) und dem **Neustädter Rathaus** (1725–33; zentral), beides Barockbauten mit Mansarddächern und Laterne von Christian Ludwig Hermann; vor dem Rathaus ein **Renaissancebrunnen** von dem Büdinger Conrad Büttner (1616) und von dem Münchner Syrius Eberle das **Denkmal der Brüder Grimm** (1896), die in Hanau zur Welt kamen (Jakob 1785–1863, Wilhelm 1786–1859). Zwei Blocks südlich steht die **Doppelkirche** der Calvinisten, typologisch eine interessante Dilettantenarchitektur der Nachgotik (1600–08) aus zwei fast runden Polygonalbauten mit Ringemporen, deren Verbindungsmauer ein Glockentürmchen trägt (der zwölfeckige Bau der Wallonen blieb Ruine, der achteckige Bau der Niederländer wurde rekonstruiert).

Im Stadtkern sind nach 1945 ebenso nur wenige historische Gebäude wiederhergestellt worden, so das **Altstädter Rathaus** *(= Goldschmiedehaus)* von Conrad Speck in spätgotischem Fachwerk mit Erkern und Staffelgiebeln (1537–52 unter Mitarbeit des Hans von Lich), davor Conrad Büttners **Justitiabrunnen** (1611). – Gegenüber die ev. **Marienkirche,** an deren Langhaus (1449–54 bzw. ab 1950) der Büdinger Siegfried Rübsche seinen Chor fügte (1485–92). Dessen Netzgewölbe zeigen Wappenschlußsteine (vgl. Büdingen), seine Fenster Glasgemälde führender Künstler (u. a. Meister WB und Hausbuchmeister; um 1480); ferner u. a. Gestühl (1496) und gräfliche Bildnisgrabsteine (um 1560–80).

Weiter nordwestlich blieb die luth. **Johanniskirche,** die der Frankfurter Johann Wilhelm plante (1658–64, Turm 1679–91), als nach dem Aussterben der Hanau-Münzenberger die Herrschaft der Seitenlinie Hanau-Lichtenberg zugefallen war (1642); im Kinzigbogen schließlich – neben barocken Resten des Residenzschlosses (Mittelalterliches war bereits 1829 beseitigt worden) – Rothweils **Marstall** (1711–14; = Stadthalle) und der **Schloßgarten** (nach 1765 anglisiert).

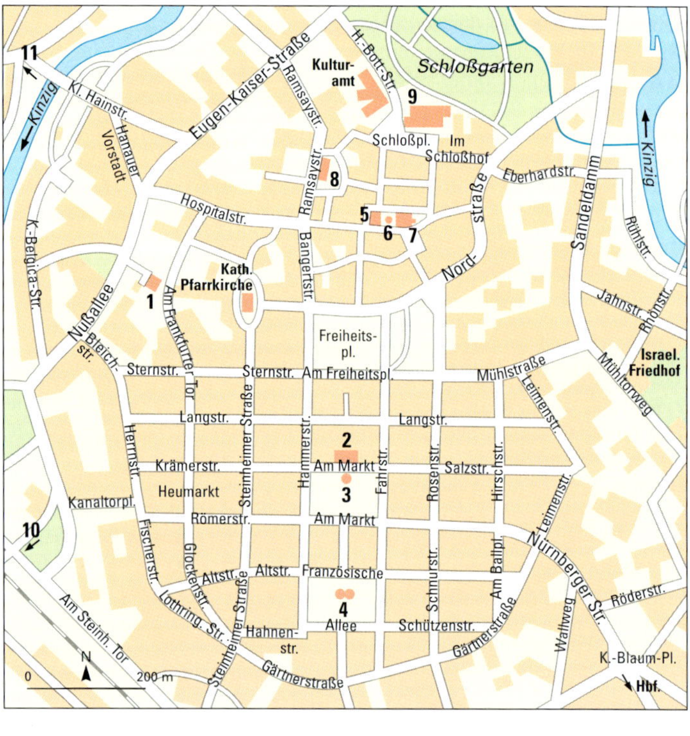

Hanau
1 Frankfurter Tor
2 Neustädter Rathaus
3 Denkmal der Brüder Grimm
4 Wallonisch-niederländische Kirche
5 Altstädter Rathaus (Goldschmiedehaus)
6 Justitiabrunnen
7 Marienkirche
8 Johanniskirche
9 Marstall (Stadthalle)
10 Schloß Philippsruhe
11 Wilhelmsbad

Hanau, Altstädter Rathaus (Goldschmiedehaus)

Zwischen modernen Straßenbrücken zeichnet sich jenseits des Mains die Silhouette von **Steinheim** ab, beherrscht vom mächtigen **Bergfried** einer ehemals staufischen **Burg** auf einer Basaltplatte am Fluß (daher der Ortsname), die 1223 als Eppsteinscher Besitz erstmals erwähnt wird. Doch erst nach deren Erwerb durch die Mainzer Erzbischöfe entstand der Turm ab 1425 unter Konrad III. von Daun; mit spitzem Dachkegel im Quartett von Erkertürmchen ähnelt er dem gleichzeitigen Eschenheimer Turm in Frankfurt (vgl. Adolfsturm in Friedberg). Als zeitweilige Residenz jener geistlichen Territorialherren wurde die Burg zum Wohnschloß (z. B. ab 1463 für Diether von Isenburg) mehrfach verändert (zuletzt um 1572 und 1804; jetzt *Heimatmuseum*).

Zu der mit Verleihung der Stadtrechte (1320) begonnenen *Ortsbefestigung* gehört auch der spätgotische *Westturm* der kath. **Pfarrkirche St. Johann Baptist** (1449). Noch später entstand deren netzgewölbter Polygonalchor, der eine qualitätvolle Mondsichelmadonna des Weichen Stils (um 1420) und bemerkenswerte Renaissancegrabmale (16. Jh.) bietet.

Seligenstadt wird von fern in seiner Silhouette durch modernen *Wasserturm* (1935; 51,7 m hoch) und die Türme der *Abteikirche* geprägt. Die reizvolle Kleinstadt verdankt – wie das wohl in der Zeit Kaiser Domitians vorausgegangene Limeskastell (um 85 n. Chr.) – ihr Entstehen der wichtigen Kreuzung der Uferstraße mit einer Mainfurt. Ludwig der Fromme hat dann 815 das bis Michelstadt reichende Gebiet Einhard, dem Ratgeber und Biographen seines Vaters Karl dem Großen, zum Geschenk gemacht, und vom dortigen Steinbach übertrug Einhard 828 die aus Rom überführten Gebeine der Märtyrer Petrus und Marcellinus. Der rasch einsetzenden Wallfahrt entsprach er mit dem Neubau jener **Abteikirche** (bis 840), einer auf

Seligenstadt, Abteikirche

Seligenstadt, Ehem. Abteikirche, Grundriß
1 Karolingische Ringkrypta (zugleich Umriß der ehem. Apsis)
2 Karolingisches Querhaus
3 Karolingische Landhauspfeiler
4 Frühgotischer Chor
5 Frühgotische Vierung
6 Frühgotische Flankenturmstümpfe
7 Neoromanische Langhausmauern
8 Neoromanische Vorhalle, Westtürme und Fassade

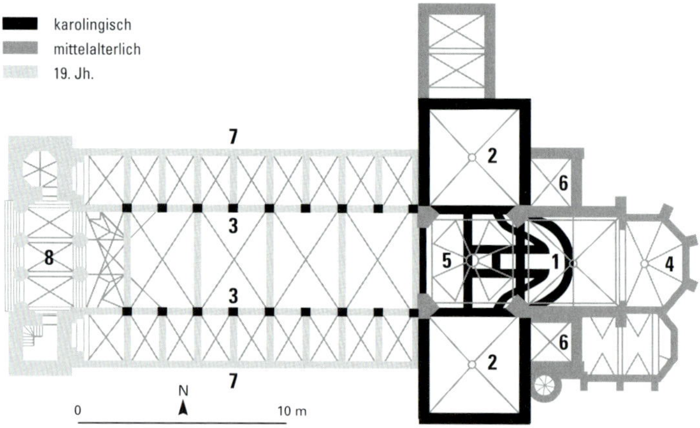

T-förmigem Grundriß errichteten Basilika, von der allerdings nur Pfeilerarkaden und Ringkrypta (im Umriß der ehemals halbrunden Apsis, entsprechend dem St. Galler Klosterschema) karolingisch sind; gewölbter Chor und dessen Stümpfe gebliebene Flankentürme sowie der Vierungstambour wurden in der Gotik (ab 1240; Dachkuppel barock von 1722), die Außenmauern mitsamt Fassadentürmen und -vorhalle neoromanisch (1868–72) ersetzt. Barock wie fast alle Skulpturen in und um die Kirche sind südlich die meisten **Klosterbauten** der 1803 aufgehobenen Abtei, nahe der sich Seligenstadt flußab – zunächst als freie Reichstadt, zumeist aber in Abhängigkeit von den Mainzer Erzbischöfen – entwickelte. – Nahe *Klein-Welzheim* (ca. 1 km östlich) liegt wie ein Wasserschlößchen das barocke **Gartenhaus** des rührigen Abts Franz II. (1707).

Als symmetrisches Zentrum der Uferbebauung erscheint die romanische Fassade einer ehemaligen **Kaiserpfalz:** Doppelgeschossig mit mehrteiligen Bogenfenstern (vgl. Gelnhausen), entstand sie vermutlich bereits anläßlich des Hoftages, den Friedrich I. Barbarossa 1188 abhielt (nicht erst unter seinem Enkel Friedrich II. um

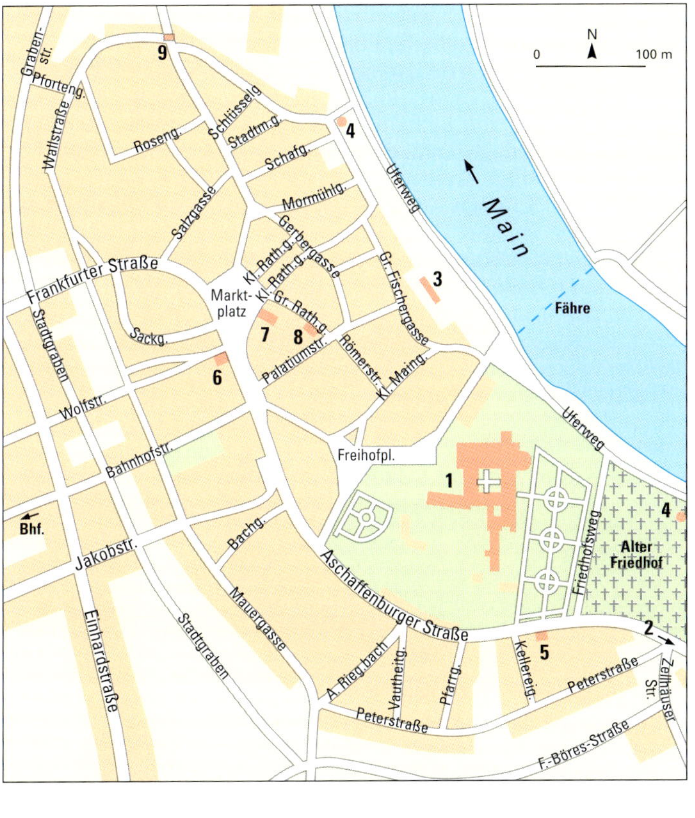

Seligenstadt
1 Ehem. Benediktinerabtei
2 Gartenhaus des Abts Franz II. (Klein-Welzheim)
3 Ehem. Kaiserpfalz
4 Wehrtürme der Stadtmauer
5 Fachwerkhaus Aschaffenburger Straße 91
6 Einhardhaus
7 Rathaus
8 Romanisches Haus
9 Steinheimer Tor

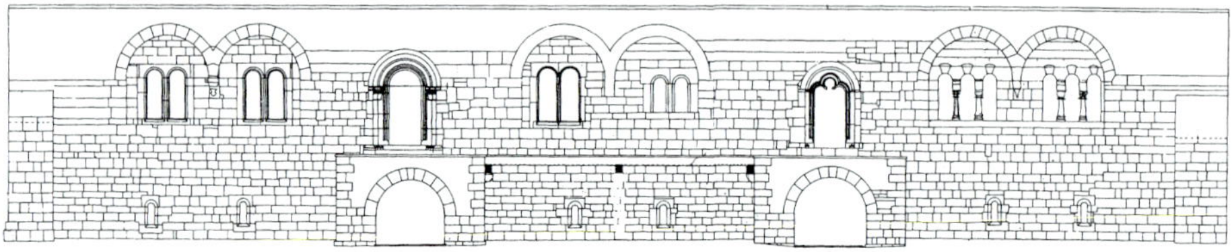

Seligenstadt, Kaiserpfalz, Mainfront, Fassadenansicht

1237). Bereits ruiniert, wurde sie 1461–63 der spätgotischen *Stadtbefestigung* integriert, deren beide spitze **Wehrtürme** am Fluß die Ausdehnung der Stadt im Mittelalter andeuten. Von ihnen griff die zusätzlich von einem Graben gesicherte Mauer im Halbkreis aus (Peter-, Mauer-, Wallgasse).

Einst rollten von Osten Kaufmannsfuhren aus Nürnberg oder Augsburg auf der Aschaffenburger Straße durch Seligenstadt, wo das Geleit zur Frankfurter Messe begann. Im dichten Ensemble von *Fachwerkhäusern* der Altstadt (v. a. 16.–18. Jh.), wo der Maler Hans Memling zur Welt kam (1434) und Matthias Grünewald lebte (1500–25), gilt ein schlichter *Ständerbau* (1426) als ältestes *(Aschaffenburger Straße 91)*. Umgeben von weiterem Renaissancefachwerk (Nr. 15, 11; um 1600) steht das **Einhardhaus** (Nr. 1–3; 1596) mit frühbarockem Erker (um 1700), der die als Sage überlieferte Namensgebung durch Karl den Großen anläßlich des unerwarteten Zusammentreffens mit seiner von Einhard entführten Tochter Imma wiedergibt (»selig sei die Stadt genannt, da ich meine Tochter wiederfand«).

Zwischen ähnlich stattlichen Holzkonstruktionen um den Marktplatz (Nr, 2, 4, 5, 10; um 1600) ragt mit seinem Uhrturm das **Rathaus** im Rundbogenstil des Darmstädter Klassizisten Georg Moller auf (1823; Entwurf: Georg Lerch); daneben Durchgang zum **Romanischen Haus** (Große Rathausgasse 5), das mit seiner offenen Halle und darüber liegender Ratsstube vielleicht ebenfalls um 1188 entstand (1982–84 rekonstruiert; vgl. Gelnhausen). Spätgotische *Fachwerkhäuser* folgen zur Pfalz (Große Fischergasse 1, 3, 6; um 1500); barocke Fachwerkhäuser entlang der Steinheimer Straße, wo Kaufleute im Schutz der Geleitreiter Seligenstadt am einzig erhaltenen Torturm verließen: Das **Steinheimer Tor** ist durch Georg Ridinger, dem Baumeister des Aschaffenburger Schlosses, im Auftrag der Mainzer Erzbischöfe 1603–05 mit vierfach gestufter Dachhaube erneuert worden.

Flußabwärts von Höchst bis Hochheim

Westwärts unterliegt die Flußlandschaft ständigem Wechsel von Industrie und Idylle. Kurz hinter der Niddamündung taucht **Höchst** auf, wo bereits in augusteischer Zeit ein römisches Militärlager bestanden hat (1. Jh. v. Chr.). Dieser Frankfurter Vorort ist 790 zuerst

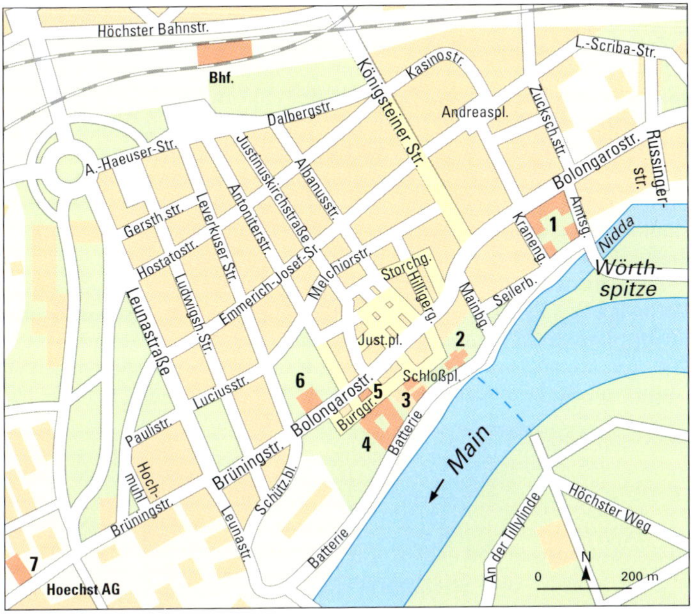

Höchst
1 Bolongaro-Palast
2 Justinuskirche
3 Zollturm und Maintor
4 Residenzschloß (Firmenmuseum Hoechst AG)
5 Haus Zum Anker
6 Dalberger Haus
7 Verwaltungsgebäude der Hoechst AG

urkundlich erwähnt als Siedlung über dem hohen Nordufer, deren Wachstum als Teil des Kurmainzer Territoriums 1355 die Erhebung zur Stadt entsprach. Ihre Silhouette wird zunächst von dem weitläufigen **Bolongaro-Palast** bestimmt, dem barocken Repräsentationsbau zweier reicher Tabakfabrikanten. Die Frankfurter hatten den vom Lago Maggiore kommenden Brüdern Josef Maria Markus und Jakob Philipp Bolongaro das Bürgerrecht verweigert, dem Mainzer

Höchst, Bolongaro-Palast

Erzbischof Emmerich Josef waren sie jedoch zur Niederlassung in der unter ihm geplanten Neustadt willkommen. Sein Baudirektor Jakob Joseph Schneider hat vermutlich sogar den Entwurf für das 1772–74 in schloßartigen Dimensionen (117 m Länge) entstandene Palais geliefert. Zum Main umgreift es mit drei Flügeln einen terrassierten Garten, dessen Ufermauer zierliche Eckpavillons trägt. Der westliche galt dem Erzbischof als feudales Appartement (1908 durch Franz von Hoven ergänzt). Den Piano nobile füllt eine Suite nobel stuckierter Räume mit zentralem Festsaal; im Erdgeschoß eine freskierte Kapelle mit Empore.

Die Altstadt flußab präsentiert sich im Schutz einer spätgotischen **Befestigung** (ab 1355, 1423 erweitert), auf der die **Justinuskirche** thront: Durch die Antoniter erhielt sie ab 1441 unter dem bei Madern Gerthener geschulten Steffan von Irlebach ihren spätgotischen Chor (vgl. St. Leonhard) und wurde bis 1513 erweitert. Erst ihr In-

Höchst, Justinuskirche, Blick in den Chor

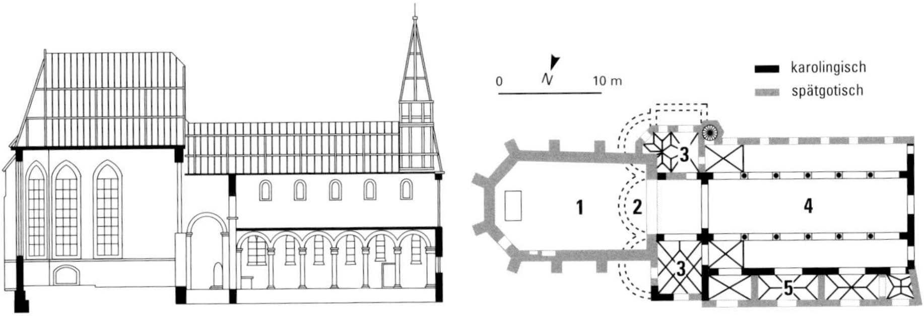

Höchst, Justinuskirche, Schnitt (Nordseite) und Grundriß
1 Spätgotischer Chor
2 Karolingische Apsiden
3 Karolingisches Querhaus mit spätgotischen Gewölben
4 Karolingisches Langhaus
5 Spätgotische Seitenkapellen

nenraum offenbart eine karolingische Basilika, deren charakteristischen T-Grundriß ehemals nur drei Apsiden durchbrachen (vgl. Seligenstadt). Innerhalb des Frankfurter Stadtgebiets gilt sie als ältestes Bauwerk, errichtet um 845 anläßlich der Überführung der Gebeine des hl. Justinus aus Rom unter Erzbischof Otgar. Ihre monolithischen Arkadensäulen tragen stilisierte Blattkapitelle, die (ursprünglich farbig) zeitgenössischer Buchmalerei nahestehen. Die Kirche bewahrt zahlreiche Kunstwerke, u. a. aus der Spätgotik Statuen der ›hll. Antonius und Paulus von Theben‹ (um 1441; vom Nordportal, dort Kopien), Schnitzfigur des Eremiten Antonius und Kreuzaltar (1485) sowie ein Taufbecken (um 1450; auf romanischen Löwen); aus der Renaissance Bildnisgrabstein Philipps von Reifenberg und seiner Frau (1548), aus dem Barock Hochaltar (1724–26), Altarplastik (›Madonna‹, ›Pietà‹, um 1750) und Orgel (1736–40).

Die Stadtmauer, vor deren **Zollturm** (1355–60) Erzbischof Diether von Isenburg das spätgotische **Maintor** mitsamt der durch Maßwerk dekorierten Zwingermauer errichten ließ (ab 1463; Uferstraße zu hoch aufgeschüttet), umgriff auch die von Festungskarree und Wassergraben umgebene **Zollburg** der Mainzer (1143 erwähnt, ab 1355 erneuert). Frankfurt empfand sie als Provokation und ließ sie 1396 niederbrennen; unter dem Isenburger erstand sie erneut (bis 1475). Von dieser spätgotischen Anlage blieben Außenmauer (Graben ohne Wasser) und Bergfried (1587 erhöht). Ihn umgreifen Trakte und Torhaus aus der Renaissance (1586–1608), die vom glanzvollen Ausbau Wolfgangs von Dalberg als Kurmainzer **Residenzschloß** den Dreißigjährigen Krieg überdauerten (Firmenmuseum der Hoechst AG).

Alte Fachwerkhäuser prägen den *Schloßplatz* (16.–19. Jh.), ebenso die schon in prähistorischer Zeit den Main begleitende *Bolongarostraße,* z. B. **Haus Zum Anker** (Nr. 173; 1481) oder **Dalberger Haus** (Nr. 186; 1582–86). – Im weitläufigen Industriegelände der 1863 gegründeten Farbwerke steht noch als Firmensymbol mit Turm und Brücke das **Verwaltungsgebäude** von Peter Behrens (1920–24) – mit seinem stalaktitartig aus Backstein unter gläserner Kuppel konstruierten Treppenhaus als ›Kathedrale der Arbeit‹ ein wichtiges Beispiel expressionistischer Architektur. – Flußab folgt bei *Sindlingen* in einem Park die **Villa Meister,** die sich die Familie eines der Firmengründer nahe der Fabrik bauen ließ (1904; Entwurf: Franz von Hoven).

Gegenüber dem Rüsselsheimer Opelwerk beginnen hinter *Flörsheim* die Weinberge. Sie prägen das nördliche Mainufer bis **Hochheim.** Hier ging 754 der zu Schiff von Mainz kommende Leichenzug des hl. Bonifatius an Land, um Fulda zu Fuß zu erreichen. Wo das Mainzer Domkapitel im fränkischen Sundragau früh schon Grundbesitz häufte, ist Weinbau seit 1239 nachgewiesen. Von ihm profitierte ebenso die Stadt Frankfurt durch Säkularisierung des Karmeliter-

Hochheim, Domherrenhof und Pfarrkirche St. Peter und Paul

klosters (1803), und seit Queen Victorias Aufenthalt schätzt England generell Rheinwein als ›Hock‹. Oberhalb thront am Rand des im Mainzer Barock geprägten Winzerstädtchens (das Erzbistum hat den Ort 1273 gekauft und 1478 nach Erwerb der Gerichtsbarkeit von den Eppsteinern seinem Territorium einverleibt) die kath. **Pfarrkirche St. Peter und Paul** von Johann Farolsky (1730–32). Ihr gewölbter Saal mitsamt dem schmaleren Chor besticht in einheitlicher Rokokoausstattung durch Mainzer Künstler (um 1770): Deckengemälde (›Verklärung Christi‹, ›Martyrium der beiden Apostel‹) und Emporenbilder von Johann Baptist Enderle; ferne schöne Altäre und Kanzel. – Ringsum Reste der Befestigung (1548), deren **Kirchtor** in Fachwerk aufgestockt wurde (1746). Daneben als bedeutendstes Winzergut der **Domherrenhof;** benachbart auf dem ›Plan‹ eine *Marienstatue* aus dem Rokoko (1770).

Einen landschaftlichen Abschluß des Maintals nach Westen bildet die monumentale **Gustavsburger Eisenbahnbrücke** (1904; vgl. Frankfurter Deutschherrenbrücke).

Im Reichsforst Dreieich – Dreieichenhain, Heusenstamm, Babenhausen

Durch den Kauf ihres Stadtwalds bei Kaiser Karl IV. wurden die Frankfurter 1372 zu Eigentümern am Reichsforst **Dreieich.** Als Königsgut hatte er ursprünglich ein geschlossenes Waldgebiet zwischen Mainmündung und Aschaffenburg umfaßt, das nördlich des Flusses entlang der Nidda bis Bad Vilbel und Bergen, südlich bis zum Otzberg im Vorland des Odenwaldes reichte. Genutzt wurde er für Holz- und Weidewirtschaft (die Eichelmast der Schweine), v. a. aber zur königlichen Jagd. Frühe Schenkungen zur Ausstattung neuer Klöster (Fulda oder Lorsch) sowie das Ansiedeln adliger Dienstmannen auf Königsgütern zur Versorgung von Pfalzen wie Frankfurt und Trebur lichteten ihn durch Rodungen bereits unter den karolingischen Herrschern. Eingesetzt zu seiner Verwaltung waren Vögte, deren Jagdhaus (um 1000) in den Sümpfen des Hengstbachs inmitten der Dreieich durch Ausgrabungen nachgewiesen werden konnte. Als erster von ihnen namentlich überliefert ist Eberhard von Hagen (= Hain), auf den eine Turmburg der Salierzeit zurückgeht.

Sie hat die Entstehung von **Dreieichenhain** eingeleitet, einer Kleinstadt in reizvoller Fachwerkbebauung (östlich von B 3 und BAB 661). Innerhalb ihrer in Resten aus der Spätgotik erhaltenen Stadtmauer (1445) dehnt sie sich beiderseits der sie in langer Kurve durchmessenden *Fahrgasse.* **Unter-** und **Obertor,** im Kern spätgotische Schalentürme mit barocken Innenwänden (18. Jh.), öffnen sie.

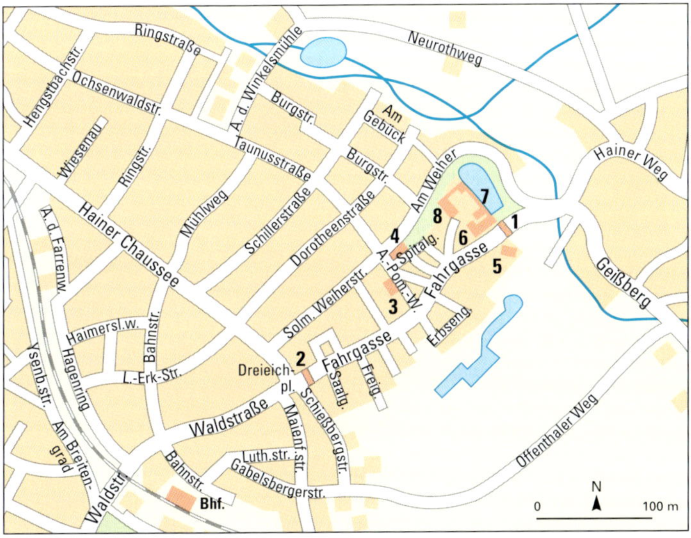

Dreieichenhain
1 Untertor
2 Obertor
3 Isenburger Amtshaus
4 Trierscher Hof
5 Faselstall
6 Burgruine
7 Ev. Pfarrkirche
8 Dreieichmuseum

Dreieichenhain, Burg, Grundriß
1 ehem. Bergfried
2 Palas
3 Ev. Pfarrkirche
4 Wohnturm
5 Museum

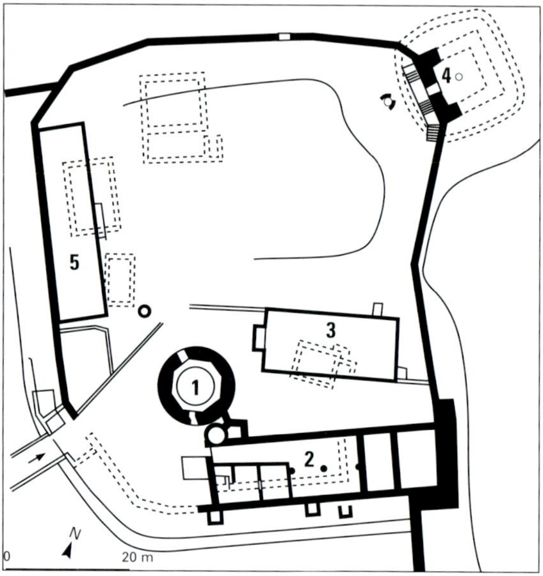

Von Westen her markiert auf halbem Weg die Spitalgasse die Grenze zwischen der Isenburger Vorstadt (nach 1418) und der im Osten folgenden Kernstadt aus der Stauferzeit (nach 1170).

Von größeren Anwesen der Renaissance blieben in der Spitalgasse **Isenburger Amtshaus** (Nr. 4 von 1605) und **Trierscher Hof** (Nr. 10–18, ab 1557; ehemals mit offenem Laubengang im Fachwerk des Obergeschosses), nahe dem Obertor der **Faselstall** (Fahrgasse 63; Rest des ab 1805 umgebauten Fronhofs; Restaurant).

Dreieichenhain, Burgruine

Wiese und Weiher umsäumen neben dem Obertor die romantische Ruine der **Wasserburg,** eine fast quadratische Anlage, deren Graben auf der Stadtseite verfüllt ist. Der Zugang von Süden führt durch die ehemals sieben Meter hohe Ringmauer in den Burghof, wo in staufischer Zeit ein runder Bergfried der Münzenberger (so nannten sich die Hagener, nachdem Friedrich I. Barbarossa seinem späteren Kämmerer Kuno von Hagen 1152 die Burg Münzenberg verliehen hatte) und daneben ihr *Palas* stand (um 1170 erbaut, unter den Isenburgern nach 1418 spätgotisch zur Südmauer vergrößert, seit dem 17. Jh. verfallen). Die ev. **Pfarrkirche** gegenüber ging im Barock aus der ehemaligen Burgkapelle hervor (1710–18). Der nach Norden weisende Torso eines Eckturmes (Durchmesser 12 m) blieb aus der Frühromanik vom mächtigen *Wohnturm* Eberhards von Hagen (nach 1067); im Burggarten das *Dreieichmuseum* (1956).

Das unerwartete Ensemble einer ländlichen Barockresidenz bietet **Heusenstamm.** Zur Frankfurter Straße (L 3117) am Südrand der Altstadt öffnet sich unter elegant umrissenem Mansarddach als Triumphbogen ein **Torhaus** (Schloßstraße 1; *Heimatmuseum*) in dem zum Klassizismus tendierenden Zopfstil. Graf Eugen Erwein von Schönborn ließ es 1764 für Kaiser Franz I. errichten (dieser hatte im März des Jahres anläßlich der Kaiserkrönung seines Sohnes Joseph II. zu Frankfurt eine Woche in Heusenstamm verbracht); über der Durchfahrt halten Löwen das Schönbornwappen.

Heusenstamm, Torhaus

Links dahinter wendet die kath. **Pfarrkirche St. Cäcilia** dem Marktplatz ihre zwischen steilen Anschwüngen in überkuppeltem Risalitturm gipfelnde Fassade zu. Graf Philipp Erweins Witwe Maria Theresia hatte 1739 bei dem in Würzburg für Bischof Lothar Franz von Schönborn als Hofarchitekt tätigen Balthasar Neumann den Entwurf zu einer Schönbornschen Grabkirche bestellt. Ihm entsprechend entstand St. Cäcilia 1742–44 in der für Neumanns Sakralbauten charakteristischen Kreuzform, die (wie zugleich in Kitzingen-Etwashausen) den gestreckten Baukörper mittels ausgreifender Vierung einem Zentralbau annähert. Mit eigens eingestellten Säulen erscheint die Vierung wie ein Baldachin (vgl. Neresheim). Deckengemälde des Augsburgers Christoph Thomas Scheffler (›Auferweckung des Lazarus‹, ›Auferstehung Christi‹, ›Anbetung des Lamms‹), v. a. die einheitliche Ausstattung durch Würzburger Hofkünstler, von der sich Johann Wolfgang von der Auweras durchbrochener Rocaillealtar im Chor auszeichnet, begründen den Ruf als schönster Landkirche Hessens aus dem Rokoko.

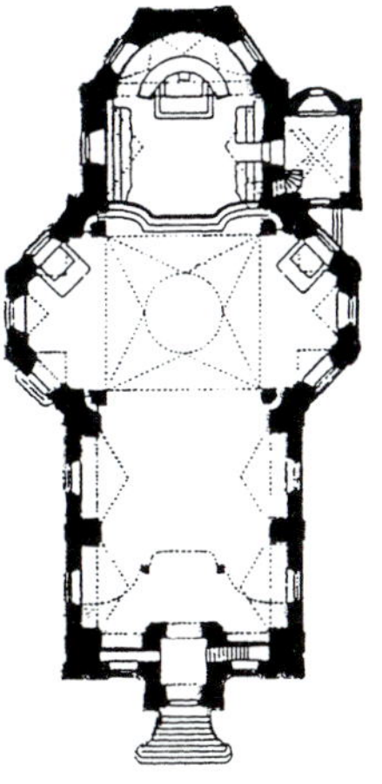

Heusenstamm, Pfarrkirche St. Cäcilia, Grundriß

Nördlich daneben das ehemalige **Schulhaus** (Nr. 10 von 1744), von dem die *Schloßstraße* zwischen bäuerlichen **Fachwerkhäusern** (18. Jh.) zum Schloß führt. Kurz nachdem die Schönborns die Herrschaft Heusenstamm gekauft hatten (1661), entstand es ab 1663 als **Wasserschloß** im Karree von Mauer und Graben. Doch nur die Südhälfte der quadratischen Anlage wurde in Formen der Spätrenaissance nach einem Plan von Christian Hinckh bis 1668 vollendet. Der Stadt kehrt sie ihre symmetrische Fassade zu, deren architektonische

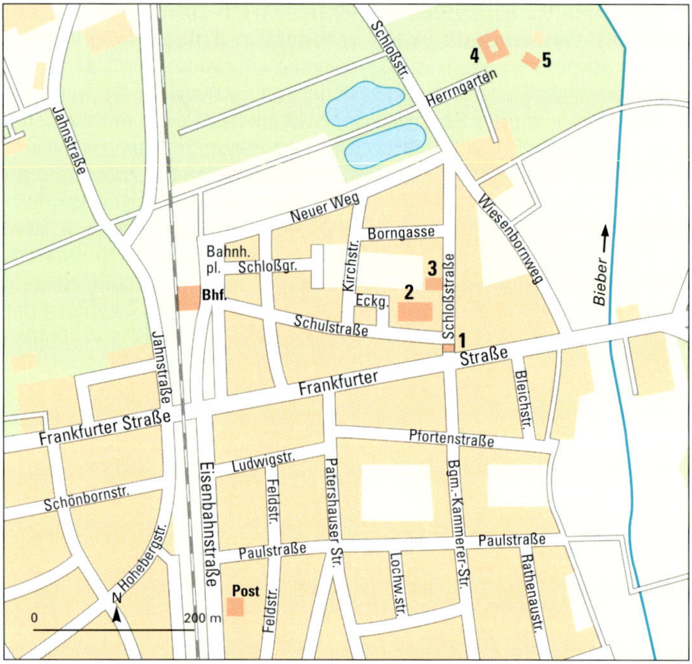

Heusenstamm
1 Torhaus (Heimatmuseum)
2 Pfarrkirche St. Cäcilia
3 Ehem. Schulhaus
4 Schloß
5 Bergfried und Steinernes Haus (ehem. Wasserburg)

Belebung sich auf Axialportal und -giebel bzw. runde Ecktürme mit welschen Hauben beschränkt (hintere Hälfte 1980 modern ergänzt).

Hinter dem Schloß erinnert ein Polygon von Graben und Wall an die wohl durch Eberhard Waro von Hagen-Heusenstamm angelegte *Wasserburg*. Von ihr überdauerten der staufische *Bergfried* (links, nach 1178; mit Buckelquadern) und das sog. *Steinerne Haus* (rechts, ab 1533; beide im 19. Jh. verändert). Vor dem Schloß blieben

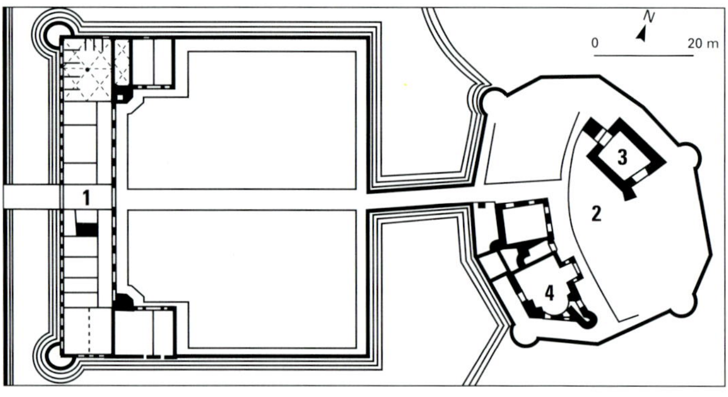

Heusenstamm, Lageplan von Schloß und Burg
1 Barockes Wasserschloß
2 Mittelalterliche Wasserburg
3 Bergfried
4 Steinernes Haus

Pappelallee und Teiche von der durch Anselm Franz von Schönborn großartig geplanten Barockgestaltung der Umgebung (frühes 18. Jh.).

Am östlichen Rand des durch zahlreiche Wasserläufe fruchtbaren *Rodgaus* liegt **Babenhausen,** wo eine aus Franken nach Frankfurt führende Handelsstraße die *Gersprenz* überbrücken mußte. 1236 erstmals nachgewiesen im Besitz der Herren von Münzenberg, fiel es nach ihrem Aussterben (1255) den Hanauern zu. Unter deren Nebenlinie stieg Babenhausen 1458 zur Residenz der Grafschaft Hanau-Lichtenberg auf und gewann bis 1642 architektonische Gestalt (s. Kap. Flußaufwärts über Offenbach und Hanau nach Seligenstadt).

Der kleine Fluß trennt die am Nordufer um 1460 im Oval ummauerte Stadt von dem in einem Park verborgenen Schloß. Nach Westen überdauerten als wichtigste Reste der Stadtbefestigung **Brech-** und **Hexenturm.** Östlich am Marktplatz, der die Fahrstraße (den historischen Handelsweg) weitet, fällt durch allseitige Giebel die ev. **Pfarrkirche St. Nikolaus** auf, eine ländliche Stufenhalle der Spätgotik (1472) mit älterem Polygonalchor und -flankenturm (1383). Im Innern birgt sie z. T. figürliche Grabplatten der Hanauer Grafen

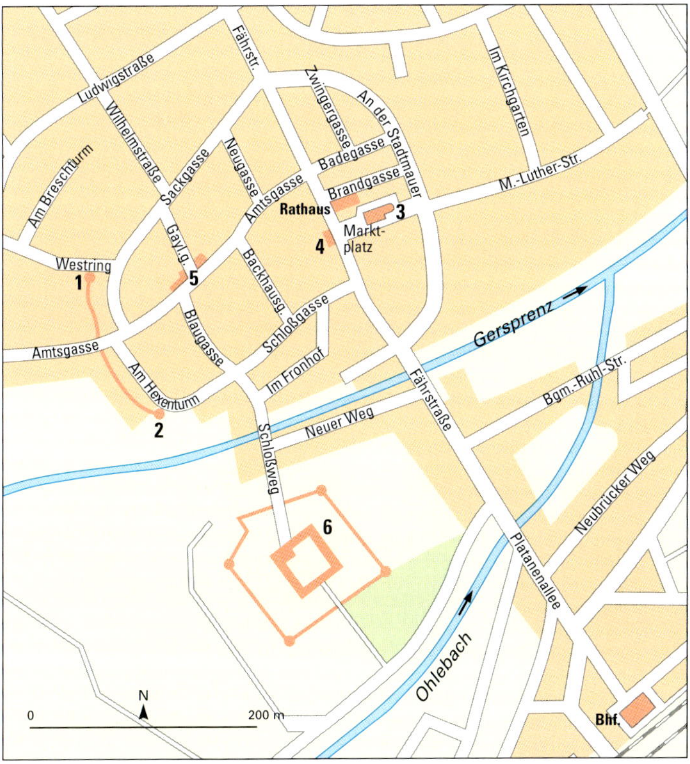

Babenhausen
1 Brechturm
2 Hexenturm
3 Pfarrkirche St. Nikolaus
4 Gasthof zum Schwan
5 Burgmannenhöfe
6 Schloß

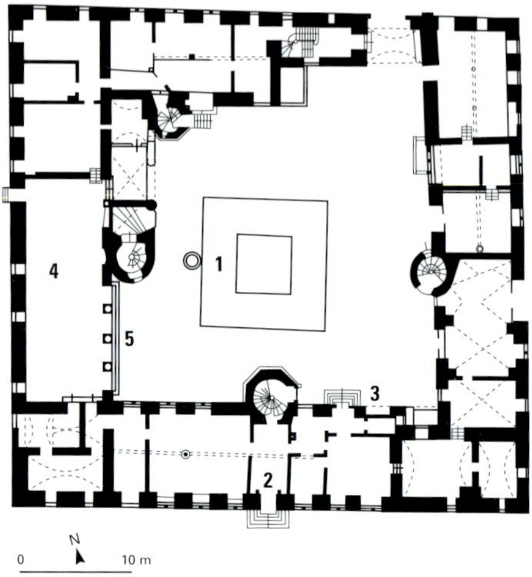

Babenhausen, Schloß, Grundriß
1 Stauf. Bergfried
2 Südflügel
3 Hirschbrunnen
4 Westflügel
5 Stauf. Palasarkaden

(1473–1538), v. a. aber den qualitätvollen Schnitzaltar eines mittelrheinisch-mainfränkischen Meisters aus dem Kreis um Hans Backoffen (vor 1518; mit Heiligenfiguren und -reliefs). Ebenso der spätgotischen Erneuerung entstammen Taufstein und Chorgitter (1472; Fragment), dem Manierismus die Kanzel (1594). Unter insgesamt vierschichtigen Wandbildern zeigen die frühesten ›Marientod‹, ›Mariengrablegung‹ und ›Weltgericht‹ (um 1385; Chornordwand), die jüngsten manieristisches Ranken- und Rollwerk (um 1600; Langhaus) sowie provinzielle ›Christusmedaillons‹ (über den Arkadensäulen).

Von den Fachwerkhäusern um den Marktplatz zeichnet sich der stattliche **Gasthof Zum Schwan** aus (Fahrstraße 26; um 1650). Bedeutender sind allerdings die einstigen **Burgmannenhöfe** aus der Renaissance in der *Amtsgasse* (Nr. 28 von 1697, Nr. 29 von 1560–1602, Nr. 30–32 von 1555–78, Nr. 31–33 von 1545–1620). Dahinter zweigt die Blaugasse zum **Schloß** ab. Bereits dessen Inselsituation zwischen Gersprenz und Ohlebach deutet auf eine (ehemals völlig freistehende) Wasserburg der Stauferzeit, wie sie als planvolle Quadratanlage im benachbarten Franken mit dem Johanniterkastell Biebelried (bei Würzburg) erhalten, aber viel eher für den staufischen Burgenbau Süditaliens typisch ist. Das äußere Mauerkarree aus der Spätgotik (ca. 1460–70) mit seinen Eckbastionen (über den Geschützplattformen einst mit Zeltdächern; Nordostbastion im 18. Jh. zum barocken Wohnhaus umgebaut) umschloß einen breiten Wassergraben (Grünfläche), der die nach 1458 zum Wohnschloß ausgebaute Kernburg sicherte. Der zur Stadt gewandte **Torturm** entstand 1525 (Mansarddach 18. Jh. beim Ausbau zur Kanzlei).

Babenhausen, Schloß, Torturm

Bautrakte von der Romanik bis zur Renaissance umschließen den durch Türmchen, Giebel und Fachwerk malerisch gesteigerten

Schloßhof. Aus seinem Zentrum ragte ursprünglich auf quadratischem Grundriß ein romanischer Bergfried. Rechts neben dem als jüngstem Teil symmetrisch beiderseits eines Treppenturm errichteten Südflügel (um 1570–80; barocker Hirschbrunnen von 1713) erweist sich der Westtrakt durch seine romanischen Säulenarkaden (Kapitelle 1901 ersetzt) als **Palas** der Stauferzeit (vor 1236; Bogenfenster auch in der Außenfront). Zum nordwestlichen Hofwinkel anschließende Bauten sind ebenfalls in der Renaissance (um 1550–60), Bauteile um den Eingang im Nordostwinkel bereits in der Spätgotik (um 1460–75) erneuert worden.

Babenhausen, Schloß, Palaskapitell

Burgen und Schlösser, Pfalzen und Paläste

* = Ruine

nach 1067	– nach 1418	**Dreieichenhain**	Wasserburg*
nach 1166	– 1836	**Büdingen**	Schloß
vor 1174	– um 1500	**Münzenberg**	Höhenburg*
nach 1178	– 1533	**Heusenstamm**	Wasserburg
1182	– um 1195	**Gelnhausen**	Pfalz*
um 1188	(oder 1237)	**Seligenstadt**	Pfalz*
um 1220	– um 1630	**Kronberg**	Höhenburg
vor 1225	– um 1665	**Königstein**	Höhenburg*
vor 1231	– 1573	**Ronneburg**	Höhenburg
vor 1234	– nach 1591	**Oberreifenberg**	Höhenburg*
vor 1236	– 1580	**Babenhausen**	Schloß
ab 1318	– 1616	**Eppstein**	Höhenburg*
nach 1347	– 1808	**Friedberg**	Burg
1365	– um 1500	**Falkenstein**	Höhenburg*
1368	– 1685	**Bad Homburg**	Schloß
1397	– 1608	**Höchst**	Schloß
1409	– 1414	**Bad Vilbel**	Wasserburg*
1425	– 1804	**Steinheim**	Schloß
1556	– 1578	**Offenbach**	Schloß
1701	– 1880	**Philippsruhe**	Schloß
1772	– 1774	**Höchst**	Bolongaro-Palast
1781	– 1787	**Rumpenheim**	Schloß*

Erläuterung der Fachbegriffe

Ädikula (lat.: kleines Haus) Nische mit architektonischer Rahmung nach Art einer Fassade

Akroterien First- oder Eckzier eines Tempelgiebels

Ambo (griech.: Erhöhung) Podium mit Lesepult als Vorstufe zur Kanzel

apotropäisch Unheil abwehrend (bei Fassaden- oder Portalskulpturen)

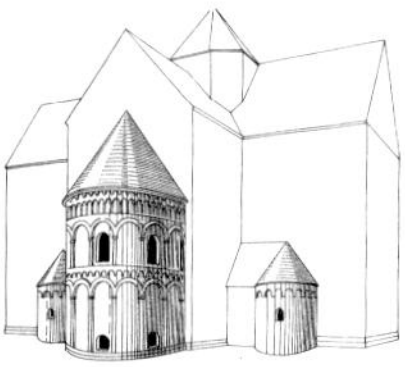

Apsis

Apsis Meist halbrunder oder polygonaler gewölbter Altarraum, oft Teil des Kirchenchors

Architrav Hauptbalken über Säulen oder Pfeilern

Archivolte Bogenrahmung eines Portals

Atlant Steinerne Gebäude- oder Gebälkstütze in Form einer männlichen Figur, benannt nach dem das Himmelsgewölbe stützenden Titan Atlas der griechischen Mythologie; weibl. Gegenstück: Karyatide

Atrium Von Säulen getragener Innenhof des antiken Wohnhauses, später Vorhof einer Kirche

Attika Niedriges Geschoß oder brüstungsartige Aufmauerung über dem Hauptgesims eines Gebäudes

attisch Basisprofil aus zwei durch eine Kehle getrennten Wülsten

Baluster Säulchen, als Teil einer Brüstung (= Balustrade) oder eines Geländers

Basilika

Basilika Drei- oder mehrschiffige Kirche mit höherem, direkt belichteten Mittelschiff. In der römischen Architektur: Markt- und Gerichtshalle, in der christlichen Baukunst bevorzugter Kirchentypus

Belétage Hauptgeschoß eines Gebäudes (1. oder 2. Obergeschoß)

Bergfried Haupt- und Wachturm einer Burg, letzte Zufluchtsstätte bei Belagerungen

Biforium, Biforien Gekuppeltes, durch eine Säule geteiltes Doppelfenster

Blattmaske Aus Blattwerk modelliertes menschliches Antlitz

Blende, verblendet Einer Mauerfläche vorgelegte, rein dekorative Scheinarchitektur; z. B. Blendarkaden, -bogen, -fenster, -maßwerk

Cardo maximus Hangparallele, meist Nord-Süd-Hauptachse römischer Stadtanlagen und befestigter Lager (Castrum)

Castrum Befestigter Platz; regelmäßig angelegtes, meist rechteckiges Lager römischer Truppen mit → Cardo und → Decumanus

Chiaroscuro (ital.) Helldunkel-Malerei, bei der Licht und Schatten vorherrschende Formprinzipien sind und die Lokalfarben an Bedeutung verlieren

Corps de logis Mittleres Hauptgebäude eines Barockschlosses; Wohntrakt

Cour d'honneur (franz.: Ehrenhof) Der von drei Flügeln umschlossene Hof eines Profanbaues

Dachreiter Schlankes Türmchen auf dem First eines Daches

Decumanus maximus Hauptachse des römischen castrums, meist von Ost nach West verlaufend

dendrochronologisch Wissenschaftliches Verfahren zur Altersbestimmung hölzerner Bauteile anhand charakteristischer Jahres-

ringfolgen der im Fällungsjahr verbauten Balken
Dienst Rundstab als Teil eines Bündel- oder Wandpfeilers für Gewölberippen oder Bögen
dorisch basislose Säule mit einfachem Kapitellring und Kämpfer
Dorsale Rückwand des Chorgestühls

Eigenkirche Im Mittelalter Sakralbau im Eigentum eines weltlichen Grundherrn
Eklektizismus, eklektizistisch Kunst- und Architekturrichtung der Jahrhundertwende, deren Kreativität sich auf die Kombination unterschiedlicher Stile und Motive beschränkte (Historismus)
Epitaph Grabstein mit Abbild des Verstorbenen
Exedra Halbkreisförmige Erweiterung eines größeren Raumes

Fase Zur Fläche gebrochene (abgefaste) Kante
Fiale (griech.: Gefäß) Vorwiegend gotische Zierform nach Art eines Türmchens
Fischblase Komplizierte Maßwerkkombination aus verschiedenen Kreissegmenten
Flugdach Charakteristische Dachform der 50er Jahre mit weitem Überstand auf meist frei ohne Zwischenwand belassenen Stützen
Frontispiz Giebeldreieck über dem Risalit eines Gebäudes

Ganerben, Ganerbschaft Adelsgemeinschaft nach Art einer Erbengemeinschaft mit gemeinsamem Wohnrecht (z. B. an einer Ganerbenburg)
Gaube, Gaupe Aufbau mit senkrechter Fensterfläche auf einer Dachschräge
Gesprenge Geschnitzter Aufbau über einem Altarschrein oder innerhalb einer Dachkonstruktion
gesprengter Giebel (Sprenggiebel) Giebel, dessen Mittelteil ausgespart ist
giebelständig Mit dem Giebel zur Straßenseite stehendes Gebäude (→ traufständig)
Glacis Geböschtes Gelände der Festungen des 16. bis 18. Jh., um die schweren Schußwaffen des Gegners auf Distanz zu halten
Gewände Schräg geführte, seitliche Mauerfläche (Laibung) einer Fenster- oder Türöffnung; oftmals profiliert, mit Säulen und Skulpturen geschmückt
Grisaille Malerei aus Grautönen, häufig um Stuck oder Skulpturen vorzutäuschen
Groteske Vegetabiles Ornamentmotiv, in dem menschen- oder tierartige Wesen umrankt werden

Hallenkirche, Hallenkrypta Kirche bzw. Krypta, deren Schiffe gleich hoch, aber nur die äußeren direkt belichtet sind

Hallenkirche

Herme Pfeilerförmiger Schaft mit einem Aufsatz in Form einer weiblichen Büste
Hippodamisches System Stadtplanraster mit rechtwinklig sich kreuzenden Straßen für Baublökke (Insulae) gleichen Zuschnitts; nach dem Städtebauer Hippodamus von Milet, geb. um 510 v. Chr.
Hofreite Zwei- oder dreiflügelig gruppierte Wohn- und Wirtschaftsgebäude eines Bauernhofs (L- oder U-Form)
Hypokaustum (griech.: von unten geheizt) Antike Raumheizung, bei der von einem Raum aus Wärme mittels Hohlräumen unter den Böden und mittels Tonröhren in den Wänden zu allen Räumen geleitet wurde

Insula (Insulae) Häuserblock des → Hippodamischen Systems; römisch-antiker Mietshausblock

ionisch Säulenordnung mit Volutenkapitellen und Basen

Joch Gewölbeeinheit

Kämpfer Architekturelement zwischen Kapitell und aufliegendem Bauteil
Kanneluren, kanneliert Senkrechte konkave Rillen an Säulen-, Pfeiler- oder Pilasterschäften
kantoniert An den Kanten von Halb- oder Dreiviertelsäulen gerahmte Pfeiler
Kapitell (lat.: caput-Kopf) Oberer Abschluß von Säule, Pfeiler oder Pilaster mit ornamentaler, figürlicher oder pflanzlicher Dekoration
Karton Gezeichnete Vorlage für Fresken, Mosaiken, Glasmalerei und Bildteppiche in denselben Maßen wie die geplante Endform
Kartusche Zierrahmen für Wappen, Inschriften und dergl.
Karyatide Gewölbe- oder Gebälkstütze in weiblicher Gestalt
kassettiert, Kassette vertieftes, oft verziertes Feld zur Gliederung und Entlastung von Decke (Kassettendecke) oder Wölbung
Kenotaph Erinnerungsmal für eine Bestattung an anderer Stelle (im Gegensatz zum Epitaph, mit dem sich ein Grab verbindet)
Kielbogen Sattelbogen, auch Eselsrücken; geschweifte Bogenform, bei der konvexe Teile nach oben konkav weitergeführt werden im Querschnitt eines umgekehrten Schiffsrumpfes
Knagge Winkelholz, welches im Fachwerkbau vorkragende Teile stützt
Kompositkapitell Die Vereinigung von ionisch-korinthischen Merkmalen (Voluten u. Blattwerk)
Krabbe In der Gotik gerolltes Blattornament als Besatz von Kanten

Kompositkapitell

Kreuzblume Blumenähnlich gestalteter Aufsatz auf den Fialen, Wimpergen oder Türmen gotischer Kirchen
Kurtine Wall zwischen zwei Bastionen einer Festung

Lanzettbogen, Lanzettfenster schmal proportionierte Rahmenform der Gotik
Lapidarium Sammlung von Steinskulpturen und -inschriften
Laterne Durchfensterter Aufbau über einem durchbrochenen Gewölbe (meist auf Kuppel)
Laube, Laubengang Offener äußerer Gang an einer Gebäudefront
Lettner Durchbrochene Zierarchitektur zwischen Chor und Langhaus zur Trennung von Kleriker- und Laienkirchteil
Levitenstuhl/nische Dreisitz für den Priester und seine beiden Diakone während des Hochamts; in frühgotischer Zeit als Nische in der Südseite der Chorwand, später prunkvoll gestalteter Teil des Chorgestühls
Lisene Schwach profilierte, vertikale Mauerverstärkungen ohne Basis und Kapitell
Lünette Halbkreisförmiges Feld, oft über einer Tür oder einem Fenster

Malakoffturm Festungsartiger Turm nach einem im Krimkrieg (1855) umkämpften Fort der Festung Sewastopol
Mansarddach, Mansarde Giebeldach von gebrochener Form, wobei zur Gewinnung eines Geschosses mit Mansardenräumen der untere Teil steiler als der obere ist; das – zumeist bewohnbare – Dachgeschoß wird Mansarde genannt
Maskaron (der) Menschen- oder fratzengesichtige ›Maske‹ als bauplastisches Element (in Renais-

sance und Barock); oft bei Schlußsteinen
Maßwerk Geometrisches Bauornament der Gotik, zunächst nur zur Unterteilung von großen Fenstern, später auch zur dekorativen Gliederung von Wandflächen, Giebeln usw.
Mensa Altarplatte
Mezzanin (ital.) Halb- oder Zwischengeschoß
Miserikordie (lat.: misericordia = Barmherzigkeit) Vorsprung an den hochgeklappten Sitzen des Chorgestühls als Stütze zum Auflehnen für den stehenden Kleriker
Mithräum Unterirdisches Heiligtum für die Verehrung des Gottes Mithras

Obelisk Schlanker, nach oben leicht verjüngter monolithischer Steinpfeiler mit pyramidenförmiger Spitze. Obelisken stehen oft paarweise zu beiden Seiten eines Tempeleingangs
Oktogon, oktogonal Achteck, achteckig
Okulus (Okuli) Kleines Rundfenster

Palas Wohn- oder Saalbau einer mittelalterlichen Burg oder Pfalz
Palladio-Motiv (Serliana, Serlio-Motiv) Von Sebastiano Serlio (1475–1554) entwickeltes und von Andrea Palladio (1508–80) fortgeführtes architektonisches Kompositionsschema der Spätrenaissance: Verbindung eines mittleren, breiteren Bogens mit zwei schmaleren Seitenöffnungen, die von einem Gebälk in Höhe des Bogenkämpfers abgeschlossen wird
Paß Kreisförmiger Teil des gotischen Maßwerks. Nach der Anzahl der Kreissegmente unterscheidet man Drei-, Vier- und Vielpaß
Pendentifkuppel Hängekuppel
Pfalz Residenz der deutschen Könige und Kaiser im Mittelalter
Piano nobile (Beletage) Repräsentatives Hauptgeschoß eines größeren Gebäudes
Pietà Plastische Darstellung Mariens mit dem toten Christus im Schoß
Pilaster Der Wand oder einem anderen Bauglied vorgelegter vertikaler Mauerstreifen mit Basis und Kapitell
Plafond (der) Flache, meist mit Stuck oder Malerei geschmückte Decke
Pointillismus (franz.: point = Punkt) Malerei des Neo- bzw. Spätimpressionismus ab etwa 1885. Ungemischte Farben werden punkt- und tupfenförmig unverbunden nebeneinandergesetzt und verdichten sich erst im Auge des Betrachters zur Bildform. Hauptvertreter waren Georges Seurat und Paul Signac.
Portikus Eine von Säulen getragene und meist von einem Dreiecksgiebel überfangene Vorhalle, der Hauptfront eines Gebäudes vorgelagert (→Frontispiz)
Predella Der Mensa aufsitzender Sockel eines Altars
Putto, Putten (ital.: Kinder) In der Renaissance Fortführung der antiken Eroten

Quadriga Viergespann (z. B. als Bekrönung eines Triumphbogens)

Refektorium Speisesaal eines Klosters
Repositorium Büchergestell, Aktenschrank
Risalit Ein in ganzer Höhe eines Bauwerks vorkragender Mittelteil, der auch als Eck- und Seitenrisalit die Fassade auflockert
Rocaille Muschelförmiges, asymmetrisches Dekorationsmotiv des Rokoko

Maßwerk

Paß

Schlußstein

Rollwerk Dekorationsmotiv der deutschen Renaissance, aus verschlungenen und aufgerollten Bandformen (vor allem bei Wappen und Kartuschen)
Rustika Mauerwerk aus grob behauenen Bossenquadern

Saalkirche Einschiffiger Sakralbau
Sakramentshaus Turmartiges Gebilde im Kirchenchor zur Aufbewahrung von Hostien und liturgischen Gefäßen
Schallarkaden Maueröffnungen an Türmen in Höhe der Glocken
Schildbogen Das Joch zur Seitenmauer als Blende begrenzender Gewölbebogen
Schlußstein Oberster, als letzter eingesetzter Stein eines Bogens oder eines Rippengewölbes; oft dekoriert
Schneuß (der) Fischblase
Schwarzlot Dunkle Schmelzfarbe (Oxyde, Bleiglas) in der Glasmalerei, mit der die feinere Binnenzeichnung ausgearbeitet wird
Schwibbogen (Schwebebogen) Wie ein Strebebogen versteift er zwischen Gebäuden oder Mauern
sepulkral Die Begräbnis-Kultur betreffend
Sohlbank Fensterbank
Sprengring Offene Gewölbemitte (statt Schlußstein), z. B. für Glockenseile
Sprengwerk Konstruktion aus Holz oder Stahl zur Aufnahme großer Lasten oder zur Überbrükkung großer Spannweiten (Dachkonstruktionen, Brückenbau)
Stalaktitbogen (griech.: stalagmos = Tropfen) Aus treppenartig übereinander angeordneten Teilen zierwerkartig in Form herabhängender Tropfen gebildet
Stoà Langgestreckte Säulenhalle mit geschlossener Rückwand in der griechischen Architektur
Tabernakel Gehäuse zur Aufbewahrung geweihter Hostien. In der Gotik als Sakramentshäuschen ausgestaltet
Temperamalerei Leuchtende Malereitechnik mit deckenden Farben, die mit einem Bindemittel angemacht sind
Tempietto (ital.) Kleiner Rundtempel
Terra sigillata Hochrotes, glänzendes römisches Tafelgeschirr aus Ton; mit Fabrikstempeln versehene Reliefkeramik
Tondo, Tondi Rundes Gemälde oder Relief
Tonnengewölbe Gewölbe mit halbkreisförmigem Querschnitt (einfachste Form des G); bei der Durchdringung zweier gleich hoher Tonnengewölbe als Kreuzgewölbe
traufständig Mit der Dachfläche zur Straßenseite stehendes Gebäude
Travée (franz.) Quereinheit von Jochen, z. B. über verschiedene Schiffe hinweg
Triglyphe (die) Platte mit drei Rillen am Fries des dorischen Tempels als steinerne Reminiszenz der Balkenköpfe von Holzarchitektur im Wechsel mit den Metopen verwendet
Triumphbogen 1. In der Antike Ehrenbogen für einen Kaiser oder Feldherrn. 2. In Kirchen Bogen zwischen dem Mittelschiff des Langhauses bzw. der Vierung und dem Chor
Trumeaupfeiler Mittlerer Steinpfosten eines dadurch zweigeteilten Portals
Tumba Steinsarkophag mit einer Grabplatte, die meist plastisch den Toten darstellt
Tumulus Grabhügel auf kreisrundem Grundriß; hauptsächlich bei mediterranen Grabanlagen der Antike

Tympanon Bogenfeld über einem Portal, meist mit plastischem Schmuck

Uräusschlange Herrschersymbol an der Krone ägyptischer Pharaonen

Vedute Gemalte, gezeichnete oder gestochene Ansicht einer Stadt oder einer Landschaft von hohem Realitätswert
vegetabil Pflanzlich
verkröpft, Verkröpfung Um oder über ein vorstehendes Bauteil horizontal herumgeführtes Gesims
Vierung Ort der Durchdringung von Lang- und Querhaus einer Kirche
Vicus Dorf; in der römischen Antike als Lagerdorf vor einem Kastell
Volute Spiral- oder schneckenförmiges Ornament an Kapitellen und Giebeln
Vorlage Gliederung oder Verstärkung einer Mauer oder eines Pfeilers durch Dienste, Pilaster, Lisenen
Voute Deckenkehle; konkav gewölbter Übergang zwischen Wand und Decke

Weicher Stil (Schöner Stil) Stilperiode in der deutschen Kunst zwischen 1380 und 1430; kennzeichnend sind weiche, fließende Formen und liebliche Gesichtszüge (vor allem Madonnen mit dem Kind)
Westwerk Vorgeschobener, turmartiger Bauteil als Herrschersitz im Westteil großer romanischer Kloster- oder Bischofskirchen. Meist gestaltet als quadratischer Raumschacht, der an drei Seiten von Emporen umgeben ist. Die Funktion des Westwerks ist noch nicht vollständig geklärt
Wichhäuschen Ecktürmchen am Fuß eines Turmhelms
Wilder Mann Konstruktionselement des Fachwerkbaus aus axialem Pfosten mit armähnlichen Kopf- und beinähnlichen Fußstreben (zur Einbindung der Innenwände)
Wimperg Giebelförmiger Aufbau über gotischen Portalen und Fenstern
Wurzel Jesse (Jessebaum) Seit dem 12. Jh. Darstellung des Stammbaumes Christi nach Jesaias 11,1–10; der Vater Davids, Jesse, liegt schlafend am Boden – aus ihm wächst ein Baum, in dessen Ästen die wichtigsten Vorfahren Jesu erscheinen: zuoberst Maria mit dem Kind bzw. Christus als Erlöser (Salvator)

Zwerchhaus (Zwerch = Quer) Zusätzlicher Giebel auf der Traufenseite

Literaturverzeichnis

(neue Veröffentlichungen mit weiterführender Bibliographie, ohne broschierte Führer, die vor Ort in Schlössern, Burgen und Kirchen ausliegen)

Allgemeine Literatur zu Hessen

Denkmaltopographie Bundesrepublik Deutschland – Kulturdenkmäler in Hessen, hrsg. vom Landesamt für Denkmalpflege Hessen

›Kreis Offenbach‹, bearb. von Dagmar Söder, Wiesbaden 1987

›Wetteraukreis I‹, bearb. von Siegfried Enders u. Christoph Mohr, Wiesbaden 1982

›Stadt Frankfurt am Main‹, bearb. von Heinz Schomann, Volker Rödel u. Heike Kaiser, Frankfurt 1994 (2)

›Landkreis Darmstadt-Dieburg‹, bearb. von Siegfried Enders, Wiesbaden 1988

Die Geschichte Hessens, hrsg. von Uwe Schultz, Stuttgart 1983

Die Römer in Hessen, hrsg. von Dietwulf Baatz u. Fritz-Rudolf Herrmann, Stuttgart 1982

Die Vorgeschichte Hessens, hrsg. von Fritz-Rudolf Herrmann u. Albrecht Jockenhövel, Stuttgart 1990

Führer zu archäologischen Denkmälern in Deutschland, hrsg. vom Nordwestdeutschen und dem West- und Süddeutschen Verband für Altertumsforschung, Band 19, ›Frankfurt am Main und Umgebung‹, Stuttgart 1989

Führer zu vor- und frühgeschichtlichen Denkmälern, hrsg. vom Römisch-Germanischen Zentralmuseum Mainz, Band 21, Mainz 1972

Handbuch der deutschen Kunstdenkmäler, hrsg. von Georg Dehio, Band Hessen, bearb. von Magnus Backes, München 1982 (2)

Handbuch der Historischen Stätten Deutschlands, Band IV Hessen, hrsg. von Georg Wilhelm Sante, Stuttgart 1967 (2)

Knappe, Rudolf, Burgen in Hessen, Gudensberg 1994

Museen in Hessen, hrsg. vom Hessischen Museumsverband, Kassel 1979 (2)

Städte in Hessen, hrsg. von Wolfgang Armin Nagel, Hanau 1971

Walbe, Heinrich, Das Hessisch-Fränkische Fachwerk, Gießen 1954 (2)

Literatur zu Frankfurt am Main

Bauen für Frankfurt, hrsg. vom Hochbauamt der Stadt, 2 Bände, Frankfurt am Main 1984, 1989

Bothe, Friedrich, Geschichte der Stadt Frankfurt am Main, Frankfurt am Main 1929 (3)

Dessoff, Albert, Kunst und Künstler in Frankfurt am Main im 19. Jahrhundert, Frankfurt am Main 1909

Fischer, Ulrich, Aus Frankfurts Vorgeschichte, Frankfurt am Main 1971

Frankfurt am Main – die Geschichte der Stadt, hrsg. von der Frankfurter Historischen Kommission, Sigmaringen 1991

Frankfurt am Main und seine Bauten 1886, hrsg. vom Architekten- u. Ingenieurverein, Frankfurt am Main 1886

Frankfurt am Main und seine Bauten 1886–1910, hrsg. vom Architekten- u. Ingenieurverein, Frankfurt am Main 1910

Frankfurter Biographie, hrsg. von Wolfgang Klötzer, 2 Bde., Frankfurt a. Main 1994 u. 1996

Hampel, Andrea, Frankfurt am Main – Niedereschbach, ein ältest-bandkeramischer Siedlungsplatz, Bonn 1992

Huld-Zetsche, Ingeborg, Nida – eine römische Stadt in Frankfurt am Main, Stuttgart 1994

Janik, Detlev, Hochhäuser in Frankfurt, Frankfurt a. Main 1995

Risse, Heike, Frühe Moderne in Frankfurt am Main 1920–1933, Frankfurt am Main 1984

Rödel, Volker, Ingenieurbaukunst in Frankfurt am Main 1806–1914, Frankfurt am Main 1983

Sage, Walter, Das Bürgerhaus in Frankfurt am Main, Tübingen 1959

Schomann, Heinz, Das Frankfurter Bahnhofsviertel, Stuttgart 1989

Vogt, Günther, Frankfurter Bürgerhäuser des 19. Jahrhunderts, Frankfurt am Main 1970

Wolff, Carl u. Jung, Rudolf, Die Baudenkmäler in Frankfurt am Main, 3 Bde., Frankfurt am Main 1896 ff.

Zimmer, H. K., Das Kunstwerk einer Stadt, Frankfurt am Main 1963

Abbildungsnachweis

Volker Rödel, Frankfurt/M. erstellte folgende Aufnahmen eigens für diesen Band: Umschlagrückseite oben, Abb. Seite 1, 13, 33, 37 u., 39, 45, 46, 50, 51, 55, 58, 60, 66, 67, 68,69, 75, 81, 83, 86, 87, 90, 92, 94, 97, 98, 102, 104, 105, 108,114, 118, 123, 127, 130, 132, 137, 141, 146, 147, 149, 150, 155, 158, 160 o., 163, 164, 169, 170, 171, 172, 173, 178 o., 180, 185, 198, 201, 204, 205, 210, 215, 228, 233, 235, 236, 241, 242, 245, 247, 249, 257, 258, 273, 288, 297, 300, 306, 308 o., 316, 321, 325, 328 o., 33o, 340, 343, 347, 348, 350, 352, 356

Archiv für Kunst und Geschichte, Berlin Abb. Seite 17, 18, 19 u.

Norbert Bewerunge, Ilbenstadt, Deutscher Kunstverlag, München 1988 Abb. Seite 320

Günter Binding, Burg Münzenberg und Kaiserpfalz in Gelnhausen, Deutscher Kunstverlag, München 1962 Abb. Seite 322, 329

Denkmalamt Frankfurt Abb. Seite 10, 11, 12, 15, 30, 32, 40 (F.Martin u. V. Rödel), 41, 48/49 (D.Dallendörfer), 52, 63, 64 o., 65, 77 (L.Roßhirt), 80, 85, 89, 112, 113, 156, 157, 164, 167, 177, 178, 188, 189, 190/91, 195, 199, 203, 208, 214, 238, 243, 262, 267, 287, 290, 294, 295, 301, 313, 323

Commerzbank, Frankfurt/M. Abb. Seite 207

Deutsche Genossenschaftsbank, Frankfurt/M. Abb. Seite 206

Deutscher Kunstverlag, München Abb. Seite 320, 322, 329, 333

Wilfried Ehrlich, Alte Oper - Neues Haus, Deutsche Verlagsanstalt Stuttgart, Stuttgart 1981, Abb. Seite 181

Ulrich Fischer, Hügelgräber auf den Dünen, Frankfurt/M. 1977 Abb. Seite 251

Flughafen Frankfurt Main AG Plan Seite 368

Frankfurter Verkehrs- und Tarifverbund, Frankfurt Plan Seite 367

Freies Deutsches Hochstift - Frankfurter Goethe-Museum / Ursula Edelmann, Frankfurt/M. Abb. Seite 160 u.

Führer zu vor- und frühgeschichtlichen Denkmälern, Band 21, Verlag Philipp von Zabern, Mainz 1972 Abb. Seite 317, 318

Otto Gärtner, Kloster Arnsburg, Langewiesche-Verlag, Königstein 1989, Abb. Seite 324

Lisa Hammel, Dortmund Abb. Seite 43, 59, 338

Lisa Hammel, Dortmund / Annet van der Voort, Drensteinfurt Umschlagklappe vorn, Abb. Seite 121, 332

Historisches Museum, Frankfurt/M. Umschlagrückseite unten, Abb. Seite 16 u., 57, 120, 134, 136, 212, 229, 304

Hochbauamt, Frankfurt/M. Abb. Seite 68 mi., 217, 220, 226, 261

Institut für Stadtgeschichte, Frankfurt/M. Abb. Seite 284

Michael Jeiter, Morschenich Abb. Seite 314, 320, 322, 327, 335, 336, 341

Jochen Keute, Frankfurt/M. Umschlagvorderseite, Umschlagklappe hinten, Abb. Seite 24, 64, 72, 74, 182/83, 218 u., 230, 263, 266, 268, 269, 310, 312, 353

Burkhard Kling, Die Ronneburg, Deutscher Kunstverlag, München 1993 Abb. Seite 333

Landesamt für Denkmalpflege, Wiesbaden:

Denkmaltopographie Kreis Offenbach, Braunschweig/Wiesbaden 1987 Abb. Seite 346, 352, 354

Denkmaltopographie Landkreis Darmstadt-Dieburg, Braunschweig/Wiesbaden 1988 Abb. Seite 357

Liebieghaus - Museum alter Plastik, Frankfurt/M. Abb. Seite 227

Matthäus Merian, Topographia Hassiae, Frankfurt/M. 1655 Abb. Seite 6/7, 22/23, 290 o.

Wolfgang Metternich, Die Justinuskirche in Frankfurt am Main-Höchst, Frankfurt/M. 1986 Abb. Seite 349

Florian Monheim, Düsseldorf Abb. Seite 302

Museum für Kunsthandwerk, Frankfur/M. Abb. Seite 218 o.

Richter, Otto Donner von, Jerg Ratgebs Wandmalereien in dem Karmeliterkloster zu Frankfurt am Main, Frankfurt/M. 1892 Abb. Seite 117

Saalburgmuseum / Saalburgkastell, Bad Homburg v. d. H. Abb.Seite 315, 317

Heinz Schomann, Frankfurt/M. Abb.Seite 27, 70, 80, 89, 102 u.

Städelsches Kunstinstitut, Frankfurt/M. Abb. Seite 116, 221, 222, 223, 224, 225, 239

Tishman Speyer Properties, Frankfurt/M. Abb. Seite 209

VG-Bild-Kunst, Bonn Abb. Seite 225

C. Wolff, Der Kaiserdom in Frankfurt, Frankfurt/M. 1892 Abb. Seite 29, 35, 37 o., 42

C. Wolff u. R. Jung, Die Baudenkmäler in Frankfurt am Main, 3 Bde., Frankfurt/M. 1896-1902 Abb. Seite 78, 95, 103, 110, 122, 133, 139, 142, 275, 321

WPV-Baubetreuung, Frankfurt/M. Abb. Seite 270

Quellennachweis

Robert Diehl, Frankfurt am Main im Spiegel alter Reisebeschreibungen vom 15. bis zum 19. Jahrhundert, Verlag Moritz Diesterweg, Frankfurt/ M. 1939 Zitate Seite 10, 25, 65, 71, 76, 132, 155

Waldemar Kramer, Frankfurt am Main, Verlag Waldemar Kramer, Frankfurt/ M. o. J. Zitate Seite 62, 159, 265

Karten und Pläne: Berndtson & Berndtson, Fürstenfeldbruck und DuMont Buchverlag, Köln

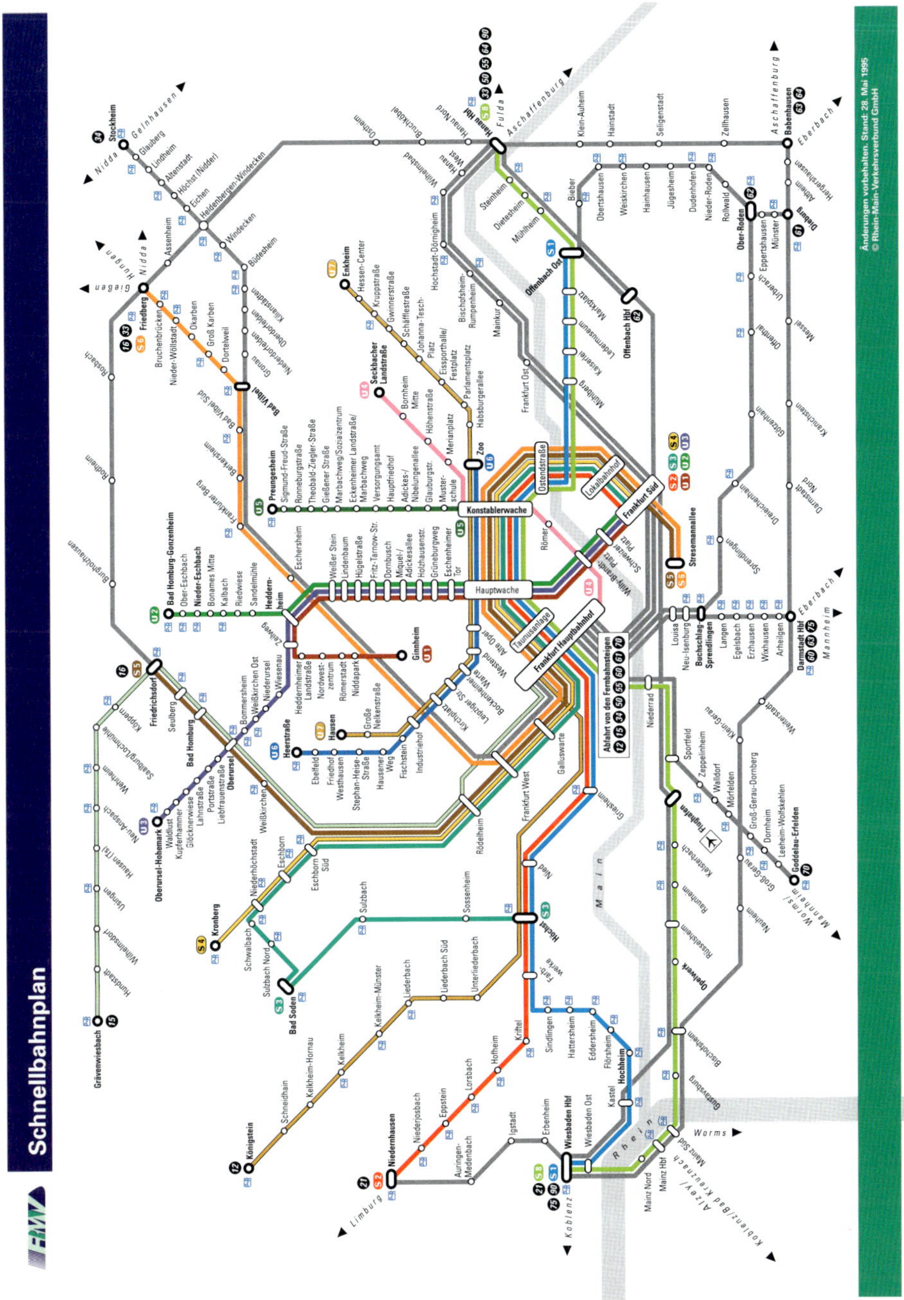
RMV
Schnellbahnplan
Änderungen vorbehalten. Stand: 28. Mai 1995
© Rhein-Main-Verkehrsverbund GmbH
Konstablerwache
Hauptwache
Frankfurt Hauptbahnhof
Frankfurt Süd
Taunusanlage
Ostendstraße
Lokalbahnhof
Abfahrt von den Fernbahnsteigen
Friedberg
Bad Vilbel
Bad Homburg
Friedrichsdorf
Oberursel
Oberursel-Hohemark
Kronberg
Bad Soden
Königstein
Niedernhausen
Wiesbaden Hbf
Mainz Hbf
Mainz Süd
Mainz Nord
Hochheim
Höchst
Flughafen
Opelwerk
Darmstadt Hbf
Goddelau-Erfelden
Buchschlag-Sprendlingen
Offenbach Ost
Offenbach Hbf
Hanau Hbf
Ober-Roden
Dieburg
Babenhausen
Stockheim
Grävenwiesbach
Preungesheim
Enkheim
Seckbacher Landstraße
Ginnheim
Heerstraße
Hausen
Stresemannallee
Zoo
Heddernheim
Bad Homburg-Gonzenheim
Nieder-Eschbach
Limburg
Koblenz
Worms
Mannheim
Aschaffenburg
Eberbach
Fulda
Gelnhausen
Nidda
Gießen
Hungen
Main
Rhein
367

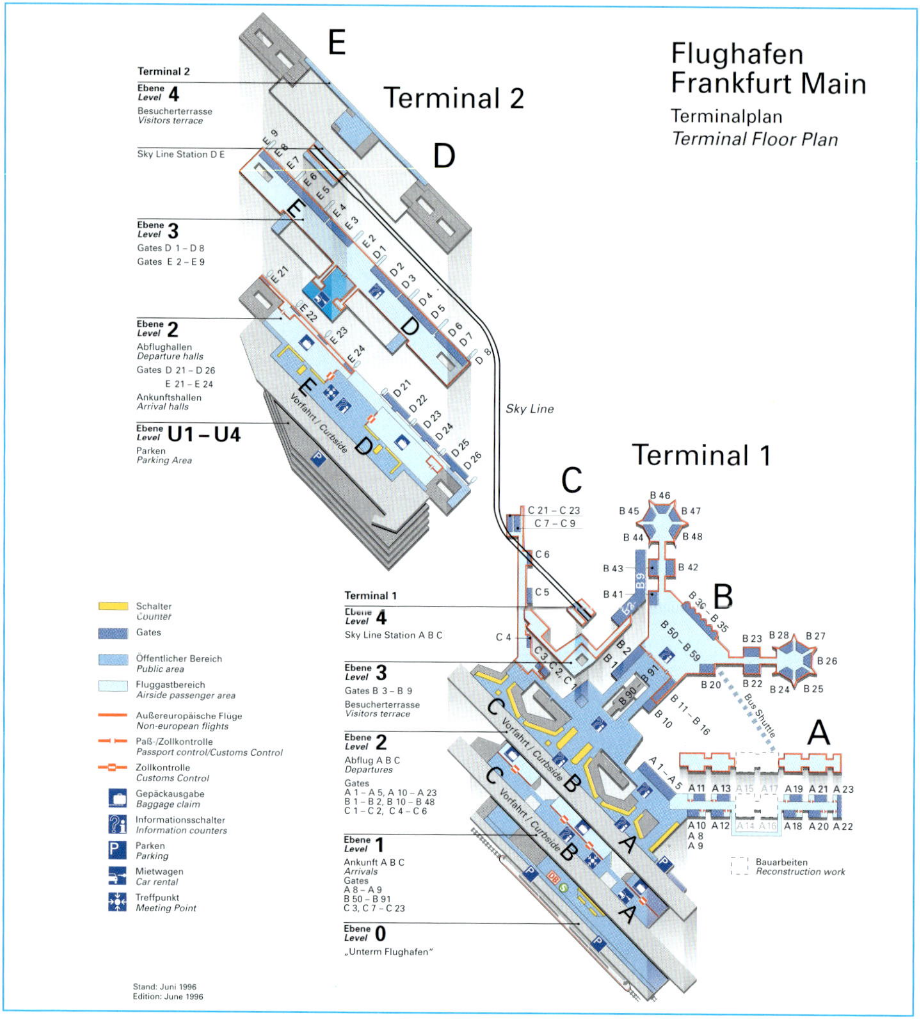
Flughafen
Frankfurt Main
Terminalplan
Terminal Floor Plan
Terminal 2
Terminal 1
Terminal 2
Ebene / Level 4
Besucherterrasse
Visitors terrace
Sky Line Station D E
Ebene / Level 3
Gates D 1 – D 8
Gates E 2 – E 9
Ebene / Level 2
Abflughallen
Departure halls
Gates D 21 – D 26
E 21 – E 24
Ankunftshallen
Arrival halls
Ebene / Level U1 – U4
Parken
Parking Area
Sky Line
Vorfahrt / Curbside
Terminal 1
Ebene / Level 4
Sky Line Station A B C
Ebene / Level 3
Gates B 3 – B 9
Besucherterrasse
Visitors terrace
Ebene / Level 2
Abflug A B C
Departures
Gates
A 1 – A 5, A 10 – A 23
B 1 – B 2, B 10 – B 48
C 1 – C 2, C 4 – C 6
Ebene / Level 1
Ankunft A B C
Arrivals
Gates
A 8 – A 9
B 50 – B 91
C 3, C 7 – C 23
Ebene / Level 0
„Unterm Flughafen"
Bus Shuttle
Bauarbeiten
Reconstruction work
Schalter
Counter
Gates
Öffentlicher Bereich
Public area
Fluggastbereich
Airside passenger area
Außereuropäische Flüge
Non-european flights
Paß-/Zollkontrolle
Passport control/Customs Control
Zollkontrolle
Customs Control
Gepäckausgabe
Baggage claim
Informationsschalter
Information counters
Parken
Parking
Mietwagen
Car rental
Treffpunkt
Meeting Point
Stand: Juni 1996
Edition: June 1996

Praktische Reise-Informationen

Reisevorbereitung

Auskunft . . . 370
Anreise . . . 370
Unterkunft . . . 371
Vorschläge für Kurzaufenthalte . . . 372

Unterwegs in Frankfurt

Öffentliche Verkehrsmittel . . . 373
Taxi . . . 373
Stadtrundfahrten . . . 373
Schiffstouren . . . 373
Einkaufen . . . 373
Essen und Trinken . . . 375
Theater, Musik, Kino . . . 379
Museen . . . 381
Galerien . . . 386
Aussichtspunkte . . . 387

Nützliche Informationen von A bis Z

Autopannenhilfe . . . 388
Behinderte . . . 388
Diplomatische Vertretungen . . . 388
Feste . . . 388
Friedhöfe . . . 389
Fundbüros . . . 389
Messe . . . 389
Mitfahrzentralen . . . 389
Mitwohnzentralen . . . 390
Notruf . . . 390
Parks und Gärten . . . 390
Post . . . 390
Sport . . . 390
Zeitungen . . . 391

Reisevorbereitung

Die Vorwahl 0 69 gilt für Frankfurt am Main und Offenbach.

Auskunft

Informationen über Sehenswürdigkeiten, Veranstaltungen, Führungen etc. erhält man bei der

Tourismus und Congress GmbH
Kaiserstr. 56 (Bahnhofsviertel)
✆ 2 12-3 88 49 oder 2 12-3 88 51
Mo–fr 8–21, sa 8–20, so, feiertags 9.30–20 Uhr
oder bei der

Tourismus und Congress GmbH
(Tourist Information Römer)
Römerberg 27 (City)
✆ 2 12-3 87 08 oder 2 12-3 87 09
Mo–so 9–18 Uhr

Für Zimmerreservierungen wendet man sich ebenfalls an die Tourismus und Congress GmbH Abteilung Frankfurt Soft, ✆ 2 12-3 08 08, Fax 2 12-4 05 12

Anreise

Als annähernd geographische Mitte Deutschlands und Europas liegt Frankfurt im Schnittpunkt von Landstraßen und Luftlinien, Autobahnen und Schienensträngen – und dazu noch an einem Fluß, der auch eine gemächliche Annäherung erlaubt.

Mit dem Auto
Von Norden kommend erreicht man Frankfurt über die Autobahn A 5 (E 451), die weiter Richtung Süden verläuft. Von Westen nimmt man die A 3 (E 35), die hinter Frankfurt weiter nach Osten führt. Alle Autobahnzufahrten führen auf eine fast komplette Ringautobahn, von der aus man weiter Richtung Stadtmitte fährt.

Historische Chausseen erleichtern das Vordringen mit dem Auto in die Stadtmitte, wo allerdings ein eigenes Gefährt lästig wird, denn das nach dem Zweiten Weltkrieg autogerecht erneuerte Frankfurt entwickelt sich zur autofeindlichen Stadt. In der City ist es für fremde Autofahrer schwer sich zu orientieren; auch findet man außerhalb von Parkhäusern kaum einen freien Parkplatz.

Mit der Bahn
Von allen deutschen Großstädten gibt es stündliche Direktverbindungen zum Hauptbahnhof Frankfurt, hier hat man auch gute Anbindungen an zahlreiche Bahnstrecken, die ins Umland führen sowie an das Netz des Rhein-Main-Verkehrsverbundes (RMV).
Zugauskünfte bei der Deutschen Bahn AG: ✆ 1 94 19
Auskunft zum Rhein-Main-Verkehrsverbund: ✆ 1 94 49

Mit dem Flugzeug
Das Flugzeug bietet die schnellste Art der Anreise. Der 1995 um ein zweites Terminal erweiterte Rhein-Main-Flughafen wird als einer der größten Flughäfen

des Kontinents von über 100 Luftverkehrsgesellschaften angeflogen. Die wenigen Kilometer vom im Südwesten liegenden Flughafen zur Stadtmitte legt man am besten mit der S-Bahn zurück (ca. 10 Min. zum Frankfurter Hauptbahnhof). Mit dem Auto oder Taxi fährt man über die Autobahn ins Stadtzentrum. Flugplanauskunft: ✆ 6 90-3 05 11

Unterkunft

Als Messe- und Kongreßstadt bietet Frankfurt von der kleinen Pension bis zum Grandhotel eine Fülle von Übernachtungsmöglichkeiten. Man sollte jedoch nicht ohne vorherige Anmeldung anreisen.

Die Tourismus und Congress GmbH (s. Auskunft) ist auch bei der Zimmerreservierung behilflich. Nachfolgend eine **Auswahl von Hotels** der verschiedenen Kategorien:

Luxushotels

Arabella Grand Hotel
Konrad-Adenauer-Str. 7
Innenstadt
✆ 2 98 17 02, Fax 2 98 18 12

Hessischer Hof
Friedrich-Ebert-Anlage 40
✆ 7 54 00, Fax 7 54 09 24

Hotel Intercontinental Frankfurt
Wilhelm-Leuschner-Str. 43
Gutleutviertel
✆ 2 60 50, Fax 25 24 67

Le Meridien Parkhotel Frankfurt
Wiesenhüttenplatz 28–38
Bahnhofsviertel
✆ 2 69 70, Fax 2 69 78 84

Steigenberger Frankfurter Hof
Am Kaiserplatz
Innenstadt
✆ 2 15 02, Fax 21 59 00

Gehobene Mittelklassehotels

Hotel Am Dom
Kannengiessergasse 3
Innenstadt
✆ 28 21 41

Hotel Monopol
Mannheimer Str. 11–13
Bahnhofsviertel
✆ 22 73 70, Fax 25 60 83 74

Hotel Neue Kräme
Neue Kräme 23
Innenstadt
✆ 28 40 46

Hotel Schöne Aussicht
Im Sperber 24
Bergen-Enkheim
✆ 33 13 19

Hotel Victoria
Kaiserstr. 59
Bahnhofsviertel
✆ 27 30 60

InterCity Hotel Frankfurt
Poststr. 8
Bahnhofsviertel
✆ 27 39 10, Fax 27 39 19 99

Motel Frankfurt
Eschersheimer Landstr. 204
Dornbusch
✆ 56 80 11

Scandic Crown Hotel Savoy Frankfurt

Wiesenhüttenstr. 42
Bahnhofsviertel
✆ 27 39 60, Fax 27 39 67 95

Mittelklassehotels

Hotel Maingau
Schifferstr. 38–40
Sachsenhausen
✆ 61 70 01, Fax 62 07 90

Hotel Mercator
Mercatorstr. 38
Nordend
✆ 49 06 91, Fax 49 02 17

Hotel Kolpinghaus GmbH
Langestr. 26
Innenstadt
✆ 28 85 41, Fax 29 05 59

Hotelschiff Peter Schlott
Mainberg,
Höchst
✆ 3 00 46 43, Fax 30 76 71

Philipp-Jakob-Spener Haus
Dominikanergasse 5
Innenstadt
✆ 2 16 51, Fax 2 16 54 15

Jugendherberge

Haus der Jugend
Deutschherrnufer 12
Sachsenhausen
✆ 61 90 58, Fax 61 82 57

Campingplätze

City Camp Frankfurt (CCF)
An der Sandelmühle 35
Heddernheim
✆ 57 03 32

Campingplatz Mainkur
Hanauer Landstraße
Fechenheim
✆ 41 21 93

Vorschläge für Kurzaufenthalte

Wenn nicht »big business« oder ein Besuch bei Verwandten verpflichten, sollte man sich für Frankfurt mindestens drei Tage Zeit nehmen. Natürlich wird dabei vieles zu kurz kommen. Daß andererseits Wochen nicht genügen, um eine Stadt dieser Größe mit ihren interessanten Kultureinrichtungen kennenzulernen, ist auch nachvollziehbar.

Für den nur eintägigen Aufenthalt in Frankfurt empfiehlt sich ein kleiner ›Kunst-Trip‹ mit Besichtigung des Doms und Besteigen des Turms, der von April bis Oktober geöffnet ist. Ein Spaziergang über den Römerberg und das Besichtigen des Kaiserssals. Dazwischen kann man einen Imbiß in der Cafeteria des Kulturschirn oder des Museums für Kunsthandwerk, das auf der anderen Mainseite liegt, einnehmen. Schließlich, flußab, sollte man noch die Städel'sche Gemäldesammlung besuchen.

Wer mehrere Tage in Frankfurt verbringt, kann mit Hilfe der unterschiedlichen Kapitel dieses Reiseführers und je nach individuellem Interesse entsprechende Besichtigungstouren durchführen.

Unterwegs in Frankfurt

Öffentliche Verkehrsmittel

Das Netz des **Rhein-Main-Verkehrsverbunds** (Busse, S- und U-Bahnen) reicht von Darmstadt bis Friedberg und von Hanau bis Mainz. Informationen über Tarife und Fahrpläne bei

Stadtwerke Frankfurt
Kurt-Schumacher-Str. 10
✆ 1 94 49

Taxi

In Frankfurt gibt es zahlreiche Taxi-Halteplätze. U. a. kann man bei folgenden Zentralen ein Taxi bestellen:
Taxi-Zentrale ✆ 25 20 25
Taxifunkzentrale ✆ 23 00 33

Stadtrundfahrten

Informationen über Stadtrundfahrten mit dem **Bus** sind bei der Tourist Info Römberberg, ✆ 2 42 61 60 und bei der Tourismus und Congress GmbH Kaiserstraße, ✆ 21 23 89 53 erhältlich.

Am Wochenende kann man auch mit dem **Ebbelwoi-Express** die Stadt erkunden. Im Linienverkehr fährt dieser buntbemalte alte Straßenbahnwagen samstags ab 13.32 Uhr alle 40 Min. und sonntags alle 80 Min. Die Fahrt führt vom Zoo über Römer, Paulskirche, Hauptbahnhof bis Sachsenhausen, Informationen unter ✆ 21 22 24 25.

Stadtrundfahrten abseits der üblichen Touristenwege kann man per Taxi durchführen. Informationen zu diesen **Taxi-Touren** gibt die Taxifunkzentrale ✆ 23 00 33 oder ✆ 23 00 01.

Schiffstouren

In Frankfurt bieten drei Schiffahrtsgesellschaften Panoramafahrten auf dem Main sowie Ausflugsfahrten auf dem Rhein an:

Köln-Düsseldorf AG,
Agentur Frankfurt
Mainkai 36
✆ 28 57 28

Primus-Linie
Mainkai 36 / Eiserner Steg
✆ 28 18 84

Wikinger Linie
Mainkai 36
✆ 29 39 60

Einkaufen

Frankfurts wichtigstes Einkaufsgebiet hat sich zentral um die **Hauptwache** entwickelt. Ostwärts bis zur Konstabler Wache reiht sich ein Dutzend Kaufhäuser (nahezu alle Konsumgüter, v. a. Konfektionskleidung) entlang der **Zeil**, der umsatzstärksten Straße der Stadt. Als weitläufige Flanierzone für Fußgänger ist sie vom Autoverkehr frei. Als teuerste Einkaufsstraße gilt die westwärts zur Alten Oper führende **Goethestraße** mit ihren für Mode, Kosmetika und Design international bekannten Geschäften.

Kleinstadtflair verbreiten die Hauptstraßen einiger Vororte mit ihren zahlreichen Läden und Boutiquen wie z. B. die **Schweizer Straße** in Sachsenhausen, die **Leipziger Straße** in Bockenheim, die **Berger Straße** in Bornheim und die **Bolongarostraße** in Höchst.

Zwar konnten in der Stadt der internationalen Buchmesse und der die gesamte Nachkriegspublizistik sammelnden Deutschen Bibliothek viele **Buchhandlungen** dem starken Konkurrenzkampf nicht standhalten, dennoch sind sie zahlreich rings um die Hauptwache zu finden.

The British Bookshop GmbH
Börsenstr. 17
✆ 28 04 92

Carolus Herder Buchhandlung
Liebfrauenberg 4
✆ 13 88 40

Hugendubel
Steinweg 12
✆ 29 98 20

König
Domstr. 6
✆ 29 65 88

König
Hasengasse 5
✆ 2 97 99 05

Michel
Am Salzhaus 1
✆ 28 11 43

Mühlhausen
Schillerstr. 18
✆ 2 07 81

Peter Naacher
Neue Kräme 34
✆ 6 33 00 60

Paulskirche
Kornmarkt 3
✆ 28 54 42

Sussmann's Presse & Buch GmbH
Zeil 127
✆ 1 31 07 51

Wohlthat
Neue Kräme 14
✆ 28 00 64

In unmittelbarer Nachbarschaft befinden sich einige **Antiquariate**:

Tresor
Braubachstr. 15
✆ 28 12 48

Ewald
Große Bockenheimer Str. 29
✆ 28 74 13

Hoffmann
Weißadlergasse 3
✆ 28 37 81

Antiquitäten finden sich in der Fahrgasse und der Braubachstraße:

Stöhr
Fahrgasse 9
✆ 29 58 58

Leichter
Fahrgasse 27
✆ 29 23 85

Gellmann
Fahrgasse 22
✆ 28 14 22

Van Heijningen
Fahrgasse 20
✆ 28 46 90

Herber
Fahrgasse 21
✆ 2 97 97 41

Heubel
Braubachstr. 9
✆ 28 31 90

Niederlintner
Fahrgasse 25
✆ 28 82 39

Pellengahr
Fahrgasse 29
✆ 2 97 88 37

Pieroth
Fahrgasse 23
✆ 28 42 82

Ruttmann
Fahrgasse 19
✆ 28 50 19

Stingl
Fahrgasse 27
✆ 1 31 06 59

Auktionshäuser

Döbritz
Braubachstr. 10–12
✆ 28 77 33

Arnold
Bleichstr. 42
✆ 28 27 79.

Draußen auf dem Messegelände sorgen jährlich ›**Art**‹ und ›**Ars antique**‹ als internationale Handelsschau für zusätzlichen Umsatz von Kunst.

An historische Traditionen, als Supermärkte noch nicht erfunden und Lebensmittel noch nicht verschweißt waren, knüpfen wöchentliche *Bauernmärkte* in verschiedenen Stadtteilen an. Hier werden unter anderem auch spezielle Produkte von hessischen Erzeugern angeboten:

Innenstadt:
Schillerstraße, Fr 8–18 Uhr
Konstabler Wache, Sa 8–14 Uhr
Nordend:
Friedberger Landstraße, Mo–fr 8–18.30 Uhr
Sachsenhausen:
Diesterwegplatz, Fr 8–18 Uhr
Bockenheim:
an der Bockenheimer Warte, Do 8–18 Uhr
Bornheim:
Berger Straße am Uhrtürmchen, Mi 8–18 und Sa 8–14 Uhr
Höchst:
Marktplatz, Di, fr, sa 8–13 Uhr
Dornbusch:
Karl-Goerdeler-Straße, Di 8–18 Uhr.
Täglich geöffnet ist zudem die Kleinmarkthalle
Hasengasse (Innenstadt)
Mo–fr 8–18, sa 7.30–14 Uhr.

Essen und Trinken

Typisch für bodenständige Gastronomie sind folgende Gerichte: Gekochtes Rippchen mit Sauerkraut und Kartoffelbrei, Ochsenbrust mit ›grie Soß‹, die mit sieben verschiedenen Kräutern hergestellt wird, und Salzkartoffeln oder einfach nur ›Quellmänner‹ (Pellkartoffeln) mit Quark sowie ›Handkäs mit Musik‹ (Harzer Käse mit gehackten Zwiebeln in einer Sauce aus Essig und Öl); schließlich noch die ›Frankfurter Würstchen‹ (aus Schweinefleisch, größtenteils in Neu-Isenburg produziert). ›Bethmännchen‹ (pralinengroßes Marzipangebäck mit Mandelhälften) und der berühmte ›Frankfurter Kranz‹ bilden den süßen Abschluß.

Zum Frankfurter Essen gehört der ›Ebbelwoi‹ (Apfelwein), von dem in der Mainstadt 29 Millionen Liter jährlich getrunken werden – eingeschenkt aus dem ›Bembel‹, einem grauen Tonkrug mit blauer Bemalung, in Rautengläser. Als ›Süßer‹ ist er trüb, ungegoren und wie Saft, als angegorener ›Rauscher‹ für den Unerfahrenen nicht ungefährlich, als ausgereiftes ›Stöffche‹ für den Fremden enttäuschend, denn im Gegensatz zum Cidre Frankreichs ist Frankfurts ›Ebbelwoi‹ sauer.

Doch auch Bier läßt sich trinken; aus dem Dutzend Frankfurter Brauereien der Jahrhundertwende sind mit ›Henninger‹ und ›Binding‹ zwei erfolgreich übriggeblieben.

In Frankfurt gibt es mehr als 1700 Gaststätten jeder Art: von der Bar zum Café, vom Bistro zur Disco, vom Stehimbiß am Kiosk zum Nobelrestaurant im Grandhotel; Apfelweinlokale und Biergärten als auch Fast-Food-Stationen amerikanischer Kettenbetriebe sowie Pizzerien, Asiatisches quer durch den Kontinent von Arabien bis Japan.

Besonders stark ist die *italienische Küche* vertreten mit unzähligen Pizzerien und vielen Restaurants, von denen – quer durch die Stadt von Nordwesten nach Süden – die folgenden besonders zu empfehlen sind:

Golfo di Napoli
Leipziger Str. 16 in Bockenheim
✆ 77 65 66

Isoletta
Feldbergstr. 31 in Bockenheim
✆ 72 58 89

Romanella
Wolfgangstr. 84 im Westend
✆ 5 96 11 17

Casa Nova
Stresemannallee 59 in Sachsenhausen
✆ 63 24 73

Was gut und ›in‹ ist, unterliegt gelegentlichem Wechsel, daher ist für das Stadtzentrum nur eine kleine Auswahl getroffen worden.

Für sich selbst spricht der Bereich der **›Freßgass‹.** Dort wird folgendes angeboten (Restaurants von Westen nach Osten):

Mövenpick
schweizer Küche
Opernplatz 2
✆ 9 20 03 90

Charlot
französische Küche
Opernplatz 10
✆ 28 70 07

Jasmin
chinesische Küche
Große Bockenheimer Str. 37–39
✆ 28 75 28

Wirtshaus
einheimische Küche
Große Bockenheimer Straße 29
✆ 28 43 99

Apfelwein-Klaus
einheimische Küche
Meisengasse
✆ 28 28 64

Um den **Römer** :

Römerbembel
einheimische Küche
Römerberg 20–22
✆ 28 83 83

Steinernes Haus
einheimische Küche
Braubachstr. 35
✆ 28 34 91

Zum Schwarzen Stern
einheimische und internationale Küche
Römerberg 6
✆ 29 19 79

Churrasco
argentinische Küche
Domplatz 6
✆ 28 48 04

Suan Lung
chinesische Küche
Braubachstr. 15
✆ 29 31 53

Piemonte
italienische Küche
Alt Mainzer Gasse 15
✆ 29 32 28

Türkis
türkische Küche
Bethmannstr. 11
✆ 29 66 94

Szenetreffs

Schirncafé
Römerberg 6a
✆ 29 17 32

Historix
Fahrtor
✆ 29 44 00

Metropol
Weckmarkt 13–15
✆ 28 82 87

Um die **Hauptwache** (Cafés):

Hauptwache
✆ 28 10 26

Lux
Kornmarkt 11
✆ 28 15 29

Dennoch befinden sich die meisten *alt-frankfurter Lokale* seit der Zerstörung der Altstadt im II. Weltkrieg auf der anderen Mainseite im alten **Sachsenhausen,** im zum Main offenen Winkel zwischen der Dreieich- und Elisabethenstraße (hier eine Auswahl):

Lorsbacher Tal
Große Rittergasse 49
✆ 61 64 59

Zum grauen Bock
Große Rittergasse 30
✆ 61 80 26

Atschel*
Wallstr. 7
✆ 61 92 01

Fichtekränzi
Wallstr. 5
✆ 61 27 78

Dauth-Schneider
Neuer Wall 7
✆ 61 35 33

Klaane Sachsehäuser
Neuer Wall 11
✆ 61 59 83

Jeder elfte Frankfurter wohnt in Sachsenhausen, entsprechend zahlreich sind die Speiselokale in den Wohnstraßen, die um die Jahrhundertwende entstanden sind:

Zur Germania
Textorstr. 16
✆ 61 33 36

Zum Kanonesteppel
Textorstr. 20
✆ 61 18 91

Zum gemalten Haus
Schweizer Str. 67
✆ 61 45 59

Wagner
Schweizer Str. 71
✆ 61 25 65

Qualitätseck
Hedderichstr. 132
✆ 61 66 44

Schließlich am äußersten Rand von Sachsenhausen:

Zur Buchscheer
Schwarzsteinkrautweg 17
✆ 63 51 21

Sachsenhäuser Warte
Darmstädter Landstr. 279
✆ 68 27 16
mit Biergarten

Seinem Ruf als ›fröhliches Dorf‹ wird der Stadtteil **Bornheim** bis heute – durch eine Reihe weiterer Lokale mit *heimischer Küche* – gerecht. Hier fördert das Sitzen an langen Tischen, die im Hof oder auf dem Bürgersteig stehen, die Kommunikation:

Schmärrnche
Kleine Spillingsgasse 10
✆ 45 26 90

Solzer
Berger Str. 260
✆ 45 21 71

Weiße Lilie
Berger Str. 275
✆ 45 38 60

Zur Sonne
Berger Str. 312
✆ 45 93 96

Zur Eulenburg
Eulengasse 46
✆ 45 12 03

Eine ähnliche Atmosphäre bieten die Gaststätten:

Zum Rad
Leonhardsgasse 2 in **Seckbach**
✆ 47 91 28

Zum Hirsch
Offenbacher Landstr. 289 in **Oberrad**
✆ 65 58 42

Drosselbart
Eschersheimer Landstr. 607 in **Eschersheim**
✆ 53 43 93

In dieselbe Reihe gehört mit langer Tradition die ›Stalburg‹ im **Nordend**, das mit rund 60 000 Bewohnern der am dichtesten bevölkerte Stadtteil Frankfurts ist und die meisten Gaststätten aufweist:

Stalburg
Glauburgstr. 80
✆ 55 79 34

Ebenfalls im Nordend liegt die

Friedberger Warte
Friedberger Landstr. 360
✆ 59 24 65
mit Apfelweingarten

Noch weiter läßt sich der Bogen über die **Region** spannen:

Bürgelstollen
am Taunushang hoch über Kronberg
✆ 0 61 73/7 89 81

Gutsschänke Neuhof
nahe Götzenhain in der Dreieich
✆ 0 61 02/3 00 00

Apfelwein Föhl
am Marktplatz in Neu-Isenburg
✆ 0 61 02/3 96 69

Alte Klostermühle
Abtei Arnsburg
✆ 0 64 04/9 19 00

Faselstall
an der Burg von Dreieichenhain
✆ 0 61 03/85 88

Fürstenbahnhof
in Hanau-Wilhelmsbad
✆ 0 61 81/84 03 00

Theater, Musik, Kino

Theater

Im Gegensatz zu Darmstadt und Wiesbaden, deren Staatstheater aus den Hofbühnen der einstigen Residenzstädte hervorgingen, ist die Frankfurter Theatertradition mit festem Ensemble jünger und deshalb vielleicht weniger konventionell.

Von der Klassik bis zum Kabarett werden sämtliche Varianten der darstellenden Kunst als Sprech- oder Musiktheater geboten, und – gemäß dem Anspruch als Weltstadt zu gelten – zumindest auch in einem renommierten Haus auf Englisch.

Informationen über Theater- und Opernvorstellungen erhält man unter ✆ 1 15 17.

Städtische Bühnen

Ballett
Untermainanlage 11
✆ 21 23 79 99

Kammerspiel
Hofstr. 2
✆ 21 23 74 44

Oper
Untermainanlage 11
✆ 21 23 79 99

Schauspielhaus
Willy-Brandt-Platz
✆ 21 23 79 99

Theater am Turm
Bockenheimer Depot
✆ 21 23 79 99

Theater

English Theater
Kaiserstr. 52
✆ 24 23 16 20

Fritz-Rémond-Theater
Alfred-Brehm-Platz 16
✆ 43 51 66

Die Katakombe
Pfingstweidstr. 2
✆ 4 91 72

Die Komödie
Neue Mainzer Str. 18
✆ 28 45 80

Volkstheater Frankfurt
Großer Hirschgraben 21
✆ 28 36 76

Bühnen für wechselnde Ensembles

Alte Oper
Opernplatz 8
✆ 1 34 04 00

Brotfabrik
Bachmannstr. 2–4
✆ 7 89 55 13

Mousonturm
Waldschmidtstr. 4
✆ 40 58 95 20

Philantropin
Hebelstraße 15–19
✆ 5 96 94 90

Theaterhaus
Schützenstr. 12 (Hinterhaus)
✆ 29 98 61 30

Titania
Basaltstr. 23
✆ 7 07 44 88

Kabarett

Die Maininger
Neue Rothofstr. 26a
✆ 28 02 27

Die Schmiere
Seckbächer Gasse 2
✆ 28 10 66

Varieté

Galerie
Düsseldorfer Str. 1–7
✆ 23 01 71

Neues Theater
Emmerich-Josef-Str. 46a
✆ 30 30 90

Tigerpalast
Heilig-Kreuz-Gasse 16–20
✆ 28 96 91

Musik

Neben den Städtischen Bühnen verfügt Frankfurt über einige Konzertsäle, die für Abonnementkonzerte, Gastorchester und Festivals jeglicher Musikrichtung, besonders auch für Jazzveranstaltungen, genutzt werden. Auskünfte über Konzerte sind auch unter ✆ 1 15 16 erhältlich.

Alte Oper
Opernplatz
✆ 1 34 04 00

Festhalle
Friedrich-Ebert-Anlage
✆ 74 06 44

Hessischer Rundfunk-Sendesaal
Bertramstraße 8
✆ 1 55 23 82

Jahrhunderthalle Hoechst
Pfaffenwiese
✆ 3 60 12 40

Palmengarten
Palmengartenstraße
✆ 21 23 44 80

Mit Jazz, der seit Gründung des ›Hot-Clubs‹ in den 30er Jahren und dem ›Deutschen Jazzfestival‹ der Nachkriegszeit mit Frankfurt tief verwurzelt ist, verbindet sich unter vielen anderen der Name des Posaunisten Albert Mangelsdorff. Jazz- aber auch Rockkonzerte in allen Varianten werden in folgenden Kneipen geboten:

Jazzkeller
Kleine Bockenheimer Str. 18a
✆ 28 85 37

Jazzkneipe
Berliner Str. 70
✆ 28 71 73

Jazz-Life
Kleine Rittergasse 22
✆ 62 63 46

Batschkapp
Maybachstr. 24
✆ 53 10 37

Brotfabrik
Bachmannstr. 2–4
✆ 7 89 43 40

Sinkkasten
Brönnerstr. 5–9
✆ 28 03 85

Kino

Verschwunden sind die Filmpaläste der 50er Jahre, die bis zu 1000 Zuschauer faßten. Ehemals groß dimensionierte Lichtspielhäuser wurden längst in bis zu zehn Zimmerkinos zerlegt.

Dennoch gibt es in Frankfurt insgesamt 56 Kinos (Tendenz steigend), darunter mehrere Programmkinos für außergewöhnliche Filme, z. B. im Deutschen Filmmuseum das ›Kommunale Kino‹ ✆ 21 23 88 30. Das aktuelle Kinoprogramm wird unter ✆ 1 15 13 oder 1 15 14 angesagt.

Die meisten Kinos liegen zentral um die Hauptwache:

Cinema
Roßmarkt 5
✆ 28 29 33

Europapalast
Hauptwache
✆ 28 52 06

Turmpalast
Eschenheimer Turm
✆ 28 17 87

Zeil
Zeil 101
✆ 28 51 05

Museen

Frankfurt bietet derzeit 38 Museen von z. T. internationalem Rang zu Kultur, Technik und Natur – aber nicht umsonst, denn hier, wie anderenorts auch, erforderte eine leere Stadtkasse den Verkauf von Eintrittskarten (zu erschwinglichen Preisen). Wie allmählich weltweit, sind die meisten Museen auch am Wochenende und mittwochs länger geöffnet, dafür zum Ausgleich montags geschlossen.

Bedeutende Kollektionen

(* = mit Cafeteria / Restaurant)

Deutsches Architektur-Museum
Schaumainkai 43
✆ 21 23 88 44 o. 21 23 84 71
Di–so 10–17, mi 10–20 Uhr

Deutsches Filmmuseum *
Schaumainkai 41
✆ 21 23 88 30
Di–so 10–17, mi 10–20 Uhr

Museum für Post und Kommunikation
Schaumainkai 53
✆ 6 06 00
Di–so 10–17, mi 10–20 Uhr

Dommuseum
Domplatz 1
✆ 28 92 29
Di–fr 10–17, sa–so 11–17 Uhr

Goethe-Haus und -Museum
Großer Hirschgraben 23–25
✆ 28 28 24 o. 29 18 84
Mo–sa 9–18 (April–Sept.), 9–16 (Okt.–März), so 10–13 Uhr

Historisches Museum *
Saalgasse 19
✆ 21 23 55 99
Di–so 10–17, mi 10–20 Uhr

Ikonenmuseum
Brückenstraße 3–7
✆ 21 23 40 37 o. 21 23 85 38
Di–so 10–17, mi 10–20 Uhr

Jüdisches Museum
Untermainkai 14–15
✆ 21 23 50 00
Di–so 10–17, mi 10–20 Uhr

Liebieghaus/ Museum alter Plastik *
Schaumainkai 71
✆ 21 23 86 15
Di–so 10–17, mi 10–20 Uhr

Museum für Kunsthandwerk *
Schaumainkai 17
✆ 21 23 40 37 o. 21 23 85 30
Di–so 10–17, mi 10–20 Uhr

Museum für Moderne Kunst *
Domstraße 10
✆ 21 23 88 19
Di–so 10–17, mi 10–20 Uhr

Museum für Völkerkunde
Schaumainkai 29
✆ 21 23 53 91 o. 21 23 57 55
Di–so 10–17 Uhr und mi 10–20 Uhr

Museum für Vor- und Frühgeschichte
Karmelitergasse 1
✆ 21 23 58 96
Di–so 10–17, mi 10–20 Uhr

Naturmuseum Senckenberg *
Senckenberganlage 25
✆ 7 54 20
Mo, di, do, fr 9–17, mi 9–20, sa–so 9–18 Uhr

Städelsches Kunstinstitut
Schaumainkai 63
✆ 6 05 09 80
Di–so 10–17, mi 10–20 Uhr

Kleinere Sammlungen in Personen-, Firmen-, Stadtteil- und Verkehrsmuseen

Steinhausen-Museum
Wolfsgangstraße 152
✆ 5 97 23 26
Di und fr 17–19, so 11–13 Uhr
Werke und Nachlaß des Malers Wilhelm Steinhausen

Stoltze-Museum
Töngesgasse 34–36
✆ 2 17 02 66
Mo–fr 10–17, mi 10–20 Uhr
Werke und Zeitgenössisches des Poeten Friedrich Stoltze

Heinrich-Hoffmann-Museum
Schubertstraße 20
✆ 74 79 69
Di–so 10–17 Uhr
Ausgaben und Exponate zum Kinderbuch ›Struwwelpeter‹

Struwwelpeter-Museum
Hochstraße 45–47
✆ 28 13 33
Di–so 11–17, mi 10–20 Uhr
Nachlaß des Verfassers Heinrich Hoffmann

Firmenmuseum der Hoechst AG
Schloß
Höchster Schloßplatz 16
✆ 3 05 73 66
Mo–so 10–16 Uhr

Museum für Höchster Geschichte
Schloß
Höchster Schloßplatz 16
✆ 3 05 73 66
Mo–so 10–16 Uhr

Heimatmuseum Bergen-Enkheim
Altes Rathaus
Marktstraße
✆ 0 61 09/3 26 09 o. 3 36 13
Do 20–21.30, so 15–18 Uhr

Heimatmuseum Nied
Beunestraße 31 e
✆ 39 45 39
So 10–12 Uhr

Heimatmuseum Schwanheim
Alt-Schwanheim 6
✆ 35 60 07
So 10–12 Uhr

Feldbahnmuseum
Am Römerhof 15 a
✆ 70 92 92
1. So im Monat 10 bzw. 14–17 Uhr

Flughafenmuseum
Flughafen Frankfurt Main
Mo–so 8–21 (April–Sept.), 8–18 Uhr (Okt.–März)

Verkehrsmuseum Schwanheim
Straßenbahndepot
Rheinlandstraße
✆ 2 13 67 18 oder
✆2 13 62 09
Sa und so 10–18 Uhr

Außerdem haben einige in Frankfurt ansässige Bankinstitute aus Mäzenatentum und als Kapitalanlage **Sammlungen moderner bzw. zeitgenössischer Kunst** aufgebaut, deren Besichtigung nach vorheriger Anmeldung möglich ist – wie beispielsweise:

Deutsche Bundesbank
Wilhelm-Epstein-Straße 14
✆ 9 56 61

Deutsche Bank
Taunusanlage 12
✆ 9 10 00

Dresdner Bank
Jürgen-Ponto-Platz 1
✆ 26 30

In der Umgebung

Heimatmuseen und Sammlungen zur Orts- und Landschaftsgeschichte

Bad Homburg
Schloßmuseum
✆ 0 61 72/2 60 91 o. 2 60 92
Di–so 10–16 (März–Okt.),
10–15 Uhr (Nov.–Feb.)

Stadt- und Hutmuseum
Gotisches Haus
Tannenwaldallee 102
✆ 0 61 72/3 76 18
Di, do fr, sa 14–17, mi 14–19,
so 10–18 Uhr

Saalburgmuseum
Saalburg (an der B 456)
✆ 0 61 75/31 48
Mo–so 8–17 Uhr

Bad Nauheim
Salzmuseum
Teichhausschlößchen
✆ 0 60 32/34 41
Di, do, sa 15.30–17.30,
so 10–16 Uhr

Bad Vilbel
Brunnen- und Heimatmuseum
Burg
✆ 0 61 01/60 22 26 o. 60 22 10
Do 19–21, so 10–12, 14–17 Uhr

Büdingen
Schloßmuseum
✆ 0 60 42/6 25
Di–so 14–16 Uhr (März–Okt.)

Heuson-Museum
Stadtmuseum im Alten Rathaus
Rathausgasse 6
✆ 0 60 42/6 91 o. 28 53
Di–fr 10–12, sa 15–17, so 10–12,
15–17 Uhr

Dreieichenhain
Dreieich-Museum
Burg
Fahrgasse 52
✆ 0 61 03/8 49 14
Di–fr 9–12.30, 14–18, sa 14–18,
so 10.30–12.30, 14–18 Uhr

Eppstein
Heimatmuseum
Burg
✆ 0 61 98/30 51 10
Sa 14–17, so 11–12, 14–17 Uhr
(Okt.–März geschl.)

Raule Automobilmuseum
Hauptstraße 130
✆ 0 61 98/30 10
Mo–sa 8–10, so 10–18 Uhr

Eschborn
Stadtmuseum
Eschenplatz 1
Di, do–sa 15–18, mi 15–20,
so 11–12.30, 15–18 Uhr

Flörsheim
Museum im ›Frankfurter Hof‹
Hauptstraße 41
✆ 0 61 45/65 85
1. So im Monat (n. Vereinbarung)
Werke der Malerfamilie Schütz

Friedberg
Wetterau-Museum
Haagstraße 16
✆ 0 60 31/8 82 15
Mo–fr 9–12, 14–17, sa 9–12,
so 10–12 Uhr

Friedrichsdorf
Philipp-Reis-Gedächtnisstätte
Hauptstraße 93
✆ 0 61 72/76 91
Sa 10–12 Uhr

Gelnhausen
Heimatmuseum
Kirchgasse 2
✆ 0 60 51/1 25 61
Di–sa 10–12 Uhr

Hanau
Historisches Museum
Schloß Philippsruhe
✆ 0 61 81/25 79 39
Di–so 11–18 Uhr

Deutsches Goldschmiedehaus
(Schmuck und Handwerk)
Altes Rathaus
Altstädter Markt 6
✆ 0 61 81/29 54 30
Di–so 10–12, 14–17 Uhr

Museum Großauheim
(Heimat- und Industriemuseum)
Pfortenwingert 5
✆ 0 61 81/57 37 63
Do–so 10–12, 14–17 Uhr

Museum Steinheim
Schloß
Schloßstraße
✆ 0 61 81/65 97 01
Do–so 10–12, 14–17 Uhr

Heusenstamm
Heimatmuseum
Torhaus
Kirchstraße 43
✆ 0 61 01/14 53
So 10–12 Uhr

Hochheim
Heimatmuseum/
Otto-Schwabe-Museum
Mainzer Straße 22–24
✆ 0 61 46/90 01 41
So 14–17 Uhr

Königstein
Heimatmuseum
Altes Rathaus
✆ 0 61 74/2 19 21
Sa 15–18, so 10–12, 15–18 Uhr

Neu-Anspach
Freilichtmuseum ›Hessenpark‹
✆ 0 60 81/58 80
Di–so 9–18 Uhr

Neu-Isenburg
Stadtmuseum
Löwengasse 24/Ecke
Frankfurter Straße
✆ 0 61 02/3 32 51
Do, fr 15–19, sa 14–18 Uhr
(außer 1. Sa im Monat)

Zeppelin-Museum
Kapitän-Lehmann-Straße 2
(Stadtteil Zeppelinheim)
✆ 0 69/69 43 90 o. 69 22 14
Fr–so 9–17 Uhr
Sammlung zur Luftfahrt

Oberursel
Vordertaunusmuseum und
Hans-Thoma-Gedächtnisstätte
Marktplatz 1
✆ 0 61 71/5 33 88
Mi 10–17, sa 15–17,
so 10–12 Uhr

Offenbach
Stadtmuseum
Parkstraße 60
✆ 0 69/80 65 24 46 o. 80 65 26 46
Di, do–so 10–17, mi 14–20 Uhr

Deutsches Ledermuseum und
Schuhmuseum
Frankfurter Straße 86
✆ 0 69/81 30 21
Mo–so 10–17 Uhr
Internationale Bedeutung

Klingspor-Museum
Herrnstraße 80
✆ 0 69/80 65 29 54
Mo–fr 10–17, sa,

so 10–13, 14–17 Uhr
Buch- und Schriftkunst

Raunheim
Heimatmuseum
Mainstraße 25
✆ 0 61 42/40 22 26
1. u. 3. So (im Monat) 10–12, 14–16, 2. u. 4. Mi (im Monat) 18.30–20.30 Uhr

Ronneburg
Burgmuseum
(Altwiedermus)
✆ 0 60 48/71 80
Di–fr 9–12, 14–17.30,
sa, so 9–17.30 Uhr

Rüsselsheim
Stadtmuseum
Festung
Hauptm.-Scheuermann-Weg 4
✆ 0 61 42/4 26 20
Di–fr 9–12.30, 14.30–17,
sa, so 10–13, 14–17 Uhr
Stadt- und Industriegeschichte

Seligenstadt
Landschaftsmuseum
Abtei
Klosterhof 1
✆ 0 61 82/2 26 40
Di–so 10–12, 13–16 (März–Okt.),
13–15 Uhr (Nov.–Feb.)

Galerien

Das museale Angebot des Unveräußerlichen ergänzen in Frankfurt mehr als 85 Galerien, die auf Flächen zwischen Wohnzimmer und Kunsthalle vorwiegend Gemälde und Graphik von alten Meistern bis zur jüngsten Moderne verkaufen.

Originales aus der Vergangenheit bieten in der Stadtmitte die traditionellen **Kunsthandlungen:**

Brumme
Braubachstr. 34
✆ 28 72 63

Fach
Fahrgasse 8
✆ 28 77 61

Rumbler
Börsenplatz 13–15
✆ 29 11 42

Schneider
Roßmarkt 23
✆ 28 10 33

Zeitgenössisches – auch Skulpturen – findet sich im Zentrum bei renommierten **Galeristen** wie:

ak
Gartenstr. 47
✆ 62 21 04

Appel & Fertsch
Corneliusstr. 30
✆ 74 93 77

Bekker vom Rath
Frankfurter Kunstkabinett
Braubachstr. 14
✆ 28 10 85

Grässlin
Bleichstr. 48
✆ 28 09 61

Meyer-Ellinger
Brönnerstr. 22
✆ 29 29 94

Prestel
Braubachstr. 30
✆ 28 47 44

Exotische Kunst führen:

Exler
Fahrgasse 6
✆ 28 38 18

Von Miller
Braubachstr. 33
✆ 29 25 19

Müller
Braubachstr. 9
✆ 28 28 39

Weniger dem Verkauf (aber gelegentlich auch) dienen **Wechselausstellungen** zu begrenzten Themen der Kunst, wie sie – außer den Museen – größere Institutionen meistens innerhalb der Altstadt zeigen:

Kunsthalle Schirn
Kulturschirn
Am Römerberg 6 A
✆ 2 99 88 20

Kommunale Galerie
Leinwandhaus
Weckmarkt 17
✆ 21 23 88 47

Ausstellungshalle Karmeliterkloster
Münzgasse 9
✆ 21 23 84 25

Frankfurter Kunstverein
Steinernes Haus
Markt 44
✆ 28 53 39

Deutscher Werkbund
Kleiner Hirschgraben 3
✆ 29 06 58

Kunsthalle Portikus
Alte Stadtbibliothek
Schöne Aussicht 2
✆ 60 50 08 30

Aussichtspunkte

Den **besten Blick über die Stadt** bieten ihre Türme und Hügel:

Domturm
Domplatz 14, in der Innenstadt, oberer Umgang 65 m

Goetheturm
Sachsenhäuser Landwehrweg, in Sachsenhausen, Plattform 43 m

Japan-Center
Taunustor, Restaurant 109 m (ab 1997)

Fernmeldeturm (Europaturm)
Wilhelm-Epstein-Straße, in Ginnheim, Restaurant 218 m

Friedensbrücke
Bahnhofsviertel und **Alte Brükke**, Innenstadt, jeweils mit Blick auf die Stadtsilhouette

Lohrberg im Lohrpark bei Seckbach, Plateau 180 m

Aussichtspunkte in der **Umgebung** von Frankfurt:
Bad Homburg: Schloßturm
Eppstein: Burgturm
Falkenstein: Burgturm
Friedberg: Adolfsturm
Großer Feldberg, 880 m: Aussichtsturm
Königstein: Burgturm
Kronberg: Burgturm (derzeit unzugänglich)
Münzenberg: Bergfried
Oberreifenberg: Burgturm
Oberursel: Kirchturm
Ronneburg: Turm

Nützliche Informationen von A bis Z

Autopannenhilfe

ADAC (Allgemeiner Deutscher Automobil Club) ✆ 0 18 02/ 22 22 22

AvD (Automobilclub von Deutschland) ✆ 01 30/99 09

ACE (Auto Club Europa) ✆ 01 80/2 34 35 36

Behinderte

Bei der Auskunftstelle Römer, Römerberg 32, ✆ 21 24 00 00 ist der speziell für Behinderte herausgegebene Stadtführer »Wegweiser für Menschen mit Behinderungen« erhältlich. Einen Behinderten-Fahrdienst kann man unter ✆ 43 96 63 bestellen.

Diplomatische Vertretungen

Österreichisches Generalkonsulat
Am Weingarten 25
✆ 9 79 91 30

Schweizer Generalkonsulat
Bockenheimer Landstr. 2
✆ 72 59 41

Feste

Aus dem aktuellen **Veranstaltungskalender,** der von der Tourismus und Congress GmbH herausgegeben wird, sind die genauen Termine ersichtlich.

Bernemer Kerb, Dippemess, Höchster Schloßfest und das Mainfest sind Stadtteilfeste traditioneller Art, die aus Kirchweih (Kerb) oder Märkten (Dippemess = Topfmarkt) hervorgingen. Das Sachsenhäuser Brunnenfest, der Wäldchestag und der Weihnachtsmarkt sind wohl die typischsten Frankfurter Feste mit jahrhundertelanger Tradition. Das Opernplatzfest mit seinem Flair von Exklusivität und der Rheingauer Weinmarkt, der sich volkstümlich bis vornehm gibt, sind jüngeren Datums.

Bernemer Kerb, Festplatz Inheidener Straße/Berger Straße, Bornheim, zweites Wochenende im August

Dippemess, Festplatz am Ratsweg, Ostend, März/April und September

Höchster Schloßfest, rund um Schloß Höchst, Juni/Juli

Mainfest mit Fischerstechen, Mainufer und Römerberg, August

Museumsuferfest, Untermainkai und Schaumainkai, Sachsenhausen, September

Opernplatzfest, Opernplatz, Juni

Sachsenhäuser Brunnenfest, Deutschherrnufer, August

Wäldchestag, Stadtwald am Oberforsthaus, Sachsenhausen, Dienstagnachmittag nach Pfingsten

Weihnachtsmarkt, Römerberg und Paulsplatz, Dezember

Rheingauer Weinmarkt, ›Freßgass‹ und Opernplatz, August/September

Friedhöfe

Domfriedhof
Domplatz, bis 1503 belegt

Petersfriedhof
Stephanstraße, von 1503 bis 1828 belegt

Hauptfriedhof
Eckenheimer Landstr. 188–194, geöffnet Mo–fr 7–17 (im Sommer bis 21 Uhr), so ab 9 Uhr, seit 1828 belegt

Alter jüdischer Friedhof
Battonnstraße, Schlüssel auf Anfrage bei der Jüdischen Gemeinde, ✆ 74 07 21, vor 1272 angelegt

Israelitischer Friedhof
Rat-Beil-Straße, Schlüssel in der Rat-Beil-Str. 10 erhältlich, belegt von 1828 bis 1928

Neuer jüdischer Friedhof
Eckenheimer Landstraße 238, geöffnet wird auf Anfrage ✆ 56 18 26, belegt seit dem Jahre 1928

Fundbüro

Fundbüro der Deutschen Bahn
Mannheimer Str. 6
✆ 2 65 48 31

Fundbüro Flughafen
Terminal 1, Ankunftshalle C
✆ 69 06 63 59

Fundbüro
der Stadt Frankfurt a. M.
Mainzer Landstr. 315
✆ 21 24 24 60

Messe

Spätestens seit dem 12. Jh. fanden auf dem Römerberg – zunächst als traditioneller Markt und Herbstmesse (1240 durch Friedrich II. privilegiert), später durch eine Frühjahrsmesse ergänzt (ab 1330 durch Privileg Ludwigs d. Bayern) – Handelsmessen statt. Nach dem Verlust der Internationalität und dem Niedergang im 19. Jh. fing die ›Frankfurter Messe‹ 1919 auf dem jetzigen Messegelände neu an. Anstelle der historischen Herbst- und Frühjahrsmesse traten 35 internationale Fachmessen. Über die genauen Messetermine informiert die

Messe Frankfurt GmbH
Ludwig-Erhard-Anlage 1
✆ 7 57 50, Fax 75 75 64 33

Die wichtigsten Messen sind: *Heimtextil* (Anfang Januar), *Premiere* (Ende Januar), *Ambiente* (Mitte Februar), *Musik* (im März), *Fun & Fashion, Infobase, Optatec* (Optik), *Automechanika* (alle zwei Jahre im September), *Plantec* (Gartenbau), *Frankfurter Buchmesse* (FBM, seit 1949, Anfang Oktober), *Internationale Automobil-Ausstellung* (IAA, seit 1951 alle zwei Jahre im September), *Art Frankfurt* (Frühjahr), *Ars Antique*

Mitfahrzentralen

Mitfahrzentrale am Hauptbahnhof
Baseler Str. 7
✆ 23 10 28 oder 23 61 27
Mo–fr 8–18.30, sa 8–14 Uhr

Mitfahr-Zentrale Citynetz
Homburger Str. 26
Bockenheim
✆ 1 94 44
Mo–fr 9–18.30, sa 9–14,
so 10–14 Uhr

Mitwohnzentralen

City-Mitwohnzentrale
An der Staufenmauer 3
60311 Frankfurt am Main
✆ 1 94 30
Fax 28 94 77

Frankfurter Mitwohnzentrale
Sandweg 106
60316 Frankfurt am Main
✆ 1 94 45
Fax 4 90 90 97

Notruf

Arzt ✆ 1 92 42
Apotheken-Bereitschaftsdienst
✆ 1 15 00
Feuerwehr/Unfallrettung
✆ 1 12
Polizei ✆ 1 10
Tierärztlicher Notdienst
✆ 1 15 00
Zahnärztlicher Notdienst
✆ 6 60 72 71

Parks und Gärten

Öffentliche Parks in Frankfurt sind durchgehend geöffnet:

Bethmann-Park, Haupteingänge in der Friedberger Landstraße und der Berger Straße

Grüneburgpark, Haupteingang im Grüneburgweg

Günthersburgpark, Haupteingang in der Burgstraße

Holzhausenpark, Haupteingang in der Holzhausenstraße

Ostpark, Haupteingang in der Ostparkstraße

Rothschildpark, Haupteingang im Reuterweg

Stadtpark Höchst, Haupteingang Am Stadtpark

Botanischer Garten der Universität Frankfurt
Siesmayerstr. 72
✆ 79 82 47 63
geöffnet von März bis November Mo–sa 9–18, so 9–13 Uhr

Palmengarten
Siesmayer Str. 61
✆ 21 23 52 47

Zoologischer Garten
Alfred-Brehm-Platz 16
✆ 2 12 37 31
geöffnet im Sommer 8–19 Uhr, im Winter 8–17 Uhr

Post

Hauptpost
Zeil 108–110
✆ 90 90 10
Mo–fr 9–18, sa 9–13 Uhr

Die Post im Hauptbahnhof hat rund um die Uhr geöffnet.

Sport

Auskünfte über private Sportmöglichkeiten sowie über Sportanlagen (Sportplätze, Bäder, Trimmanlagen, usw.) und Sportvereine sind beim **Sport- und Badeamt der Stadt Frankfurt** ✆ 21 23 35 65 erhältlich. Nachfolgend eine Auswahl von Bädern und Sportstätten:

Bezirksbad Bergen-Enkheim (Frei- und Hallenbad), Fritz-Schubert-Ring 2
Brentanobad (Freibad), Rödelheimer Parkweg
Freibad Eschersheim, Alexander-Riese-Weg
Freibad Hausen, Ludwig-Landmann-Str. 34
Panoramabad Bornheim (Hallenbad), Inheidener Str. 60
Rebstockbad Bockenheim (Hallenbad), August-Euler-Str. 7
Silobad Höchst (Freibad), Hunsrückstr. 100
Stadionbad Niederrad (Freibad), Mörfelder Landstr. 362
Titus Thermen (Hallenbad), Nordwestzentrum, Walter-Möller-Platz 2
Frankfurter Waldstadion, Mörfelder Landstr. 362
Eissporthalle, Am Bornheimer Hang 4

Zeitungen

Die wichtigsten Tageszeitungen sind:

Frankfurter Allgemeine Zeitung
Hellerhofstr. 2–4
✆ 7 59 10

Frankfurter Neue Presse
Stiftstr. 9–17
✆ 7 50 10

Frankfurter Rundschau
Große Eschenheimer Str. 16–18
✆ 2 19 91

Register

Personen

A= Architekt, Baumeister B= Bildhauer D= Dichter, Schriftsteller, Philosoph GA= Gartenarchitekt Hf= Heerführer, Feldherr Ind= Industrieller Ko= Komponist M= Maler, Graphiker Pol= Politiker Stu= Stukkateur Wb = Wall- und Festungsbaumeister
(Sind mehrere Seitenzahlen angegeben, bedeuten fette Ziffern ausführliche Beschreibungen)

Adickes, Franz, Oberbürgermeister 20, 87, 265
Adorno, Theodor W. D **17**,242, 267
Aischylos D 184
Albert, August (um 1885/1915) A 260
Albertus Magnus, Erzbischof von Mainz 137
Albrecht, S. (Ende 20. Jh.) A 68, 204
Albrecht I. 80, 81
Albrecht II., Kaiser 80
Alen, William van A 268
Alfons von Kastilien, König 53
Allwörden, Hubertus von (Ende 20. Jh.) A 206
Altdorfer, Albrecht (um 1480-1538) M 223
Andrich, Paul (um 1680/90) A 311, 312
Angelico, Fra (Guido di Pietro) (1387-1455) M 224
Amsler (um 1920/30) A 204
Andreae, Johann Philipp 180
Antes, Horst (* 1936) M 226
Antoninus Pius, röm. Kaiser 316
Antoniter 135, 348
Apel, Otto (Mitte 20. Jh.) A 204
Arnim, Achim von D 221
Arnim (Brentano), Bettina von D **17**
Arnulf von Kärnten, König 53, 54, 79, 80
Assmann, Adam (*1878) A 179, 280
Auerswald, Hans von, General 293
Aufmuth, Johann Leonhard (um 1770/1800) B
Auguste Victoria, Kaiserin 259, 264, 305, 306, 314
Auwera, Johann Wolfgang von der (†1756) B 353
Avramidis, Joannis (*1923) B 22

Backoffen, Hans (†1519) B 10, 21, **36**, **39**, 119, 159, **233**, 290, 306, 356
Bachmann A 258
Bacon, Francis (*1909) M 231
Ballenberger, Karl (1801-1860) M 80, 82, 125
Balser, Ernst (1893-1964) A 247, 267
Balser, Gerhard (E. 20. Jh.) A 206
Baltz, Hans (um 1500/1520) A 105
Bangert, D. (E. 20. Jh.) A 66, 68, 73
Bangert, Wolfgang (um 1920/30) A 280, 281, 282, 283
Bansa-Schreiber, Sophia 247
Bäppler, Otto (1868-1922) A 245
Bärbel von Ottenheim 227
Barckhaus, Fam. 77
Baresel, C. (1849-1918) A 244
Barnaba da Modena (um 1360/90) M 224
Bachmann A 258
Bartholomäus von Schopfheim A 91
Bartning, Otto (um 1940/50) A 264
Bartolomeo da Venezia M 224
Bartsch, W. (Ende 20. Jh.) A 64
Baselitz, Georg (*1938) M 226
Batoni, Pompeo Girolamo (1708-87) M 224
Battonn, Johann Georg, Stadthistoriker D 13
Bauer, Carl J. (u. 1880/1900) A 244
Baumeister, Willi (1889-1955) M 226
Beatus, Reiseschriftsteller (17. Jh.) **165**
Becher, Bernhard (*1931) Fotograf 231
Becher, Hilla (*1933) Fotografin 231
Bechtram V. von Vilbel 304, 319, 320
Becker, Albrecht A 181
Becker, Gilbert (*1925) A 204
Becker, Günther A 274
Becker, Jakob (1810-72) M 225
Becker, Ludwig (um 1890/1900) A 281, 282, 313
Beckert, Hans Georg (1927-78) A 204
Beckert, Hermann A 274
Beckmann, Jakob (1810-72) B 108
Beckmann, Max (1884-1950) M 21, 219, 225, 226
Beckstein, Hans GA 281

Beethoven, Ludwig van Ko 169, 172, 173, 184
Behnisch, Günter (Ende 20. Jh.) A 220, 284
Behrens, Peter (1868-1940) A 349
Beil, Johann Adam, Senator 240, 242
Bellini, Giovanni (um 1430-1516) M 224
Belz, Johann Joseph (1873-1957) B 236, 271
Bendemann, Eduard Julius Friedrich (1811-1889) M 81
Benedikt XII., Papst 138
Benois, Louis (um 1900) A 314
Berdolt, Franz Ignaz (18. Jh.), Silberschmied 61
Berentzen, Werner (1898-1984) A
Berghof, N. (Ende 20. Jh.) A 68, 204
Berke, Fritz A 280, 283
Bernhard von Clairvaux, Abt 58, 237
Bernoully, Ludwig (1873-1928) A 179, 282
Bernus, Heinrich 95
Bernus, Johann 95
Berry, Herzog von
Bertold von Kalabrien, Ordensstifter 112
Bethmann, Johann Philipp von 88
Bethmann, Simon Moritz von 88, 168, 169, **170 f.**, 175
Bethmann-Hollweg, Johann Philipp von 241
Bethune, Jean Baptiste de (1821-1894) M 54
Beuys, Joseph (1921-86), Aktionskünstler 206, 223, 231
Bill, Max (1908-94) B, M, A 176, 206
Binder, Joseph (1805-1863) M 80
Birkenholz, W. M 71
Bismarck, Otto von, Reichskanzler 21, 168, 176, 193
Blanchard, François, Luftschiffer 292
Blanck, Eugen A 282
Blattner, Karl (1881-1951) A 263, 281, 283
Blechen, Karl (1798-1840) M 225
Blum, Patrizierfam. 77
Bluntschli, Friedrich (1842-1930) A 189, 191, 192
Bockenheimer, Jakob Hermann, Arzt 169
Böcklin, Arnold (1827-1901) M 225
Bodoni, Giambattista (1740-1813), Drucker, M 180
Boehle, Fritz (1873-1916) B 139, 247, 250, 295
Boehm, Herbert A 280, 281, 282, 283
Bofinger, Helge (Ende 20. Jh.) A 219
Böhm, Gottfried (Ende 20. Jh.) A 264
Boisserée, Brüder, Sammler 221
Bolanden, Werner von, Ritter 306
Bolongaro, Jakob Philipp 347
Bolongaro, Josef Maria Markus 347
Bonatz, Paul (1877-1956) A 272
Bonifatius, hl. 62, 285, 289, 350
Bonn, Wilhelm, Bankier 259
Boos, Hermann M 158
Born, Franz (1845-1902) B 179, 189, 194, 195, 198, 202
Börne, Ludwig D **17**
Borofsky, Jonathan (*1942) B 175, 268
Botero, Fernando (geb. 1932) M 226
Böttger, Rudolf Christian, Erfinder 88, 168
Botticelli, Sandro (1444/45-1510) M 221, 224
Bramante, Donato (um 1444-1514) A, M 191, 242
Brandt, Andreas, Abt 321
Brandt, Margaretha, 179
Braun, Helmut (Ende 20. Jh.) A 186
Braun, Theodor (um 1900) M 85
Braunschweig, Herzog von 299
Brenner, Anton (um 1920/30) A 281, 282
Brentano, Bettina 111, 339
Brentano, Clemens D 21, 111, 221, 339
Brentano, Johann Franz (1801-1841) M 79
Brentano (La Roche), Maximiliane 111
Breuberg, Eberhard von, Ritter 94
Breughel d. Ä., Jan (1568-1625) M 224
Broglie, Marschall de, Feldherr 298
Bromme, Max (1878-1974) GA 273, 280, 281, 282, 296
Brönner, Johann Karl, Verleger 165
Brouwer, Adriaen (1605/06-38) M 224
Bruggen, Coosje van (Ende 20. Jh.) B 175, 206
Bruhn, F. (um1870/80) A 196
Brunelleschi, Filippo (1377-1446) A, B
Brunow, Ludwig (*1843) B 184
Bruyn, Bartholomäus (1493-1555) M 223
Büttner, Conrad (1555-1615) B339, 341, 342
Burckhardt, Jacob 339
Burger, Anton (1824-1905) M **18**, 225, 306
Burnitz, Heinrich (1827-80) A 88, 125, 177, 244
Burnitz, Karl Peter (1824-86) M 225
Burnitz, Rudolf (1788-1849) A 95
Butler, Reg (Ende 20. Jh.) B 222

Calandrelli, Alexander (1834-1903) B 195
Calder, Alexander (*1898) B 226
Calderón de la Barca, Pedro D 185
Camaino, Tino da (um 1285-1337) B 227
Campe, J. H. D **132**
Campin, Robert (1375/80-1444) M 221,223
Canaletto (Bernardo Belotto) (1720-80) M 224
Cancrin, Franz Ludwig von A 341
Canova, Antonio (1757-1822) B 170, 227, 312
Cappenberg, G. von 320
Carl v. Hessen-Philippsthal Hf 171
Carracci, Brüder (17. Jh.) M 18
Carpaccio, Vittore (um 1460/65-um 1525) M 224
Caxton, Drucker 180
Cézanne, Paul (1839-1906) M 225
Chardin, J.-B. (1699-1779) M 224
Cherubini, Luigi Ko 184
Chillida, Eduardo (*1924) B 173, 176
Chlodwig, Frankenkönig 307
Chulalongkorn, thailänd. König 313
Cimabue, Giovanni (um 1240-nach 1302) M 224
Cima da Conegliano (Giovanni Battista Cima) (u. 1459-u. 1517/18) M 224
Claude Lorrain (Gellée; Le Lorrain) (1600-82) M 18, 224
Clasen, Lorenz (1812-99) M 81
Clemens August, Kurfürst v. Köln 139
Cleve, Joos van (um 1485-1540/44) M 223
Colomba, Luca Antonio M 163
Corinth, Lovis (1858-1925) M 225
Corneille, Pierre D 185
Cornelius, Peter von (1783-1867) M 81, 225
Corot, Camille (1796-1875) M
Correggio, Joseph (1870-1962) M 85, 192
Coryate, Thomas **76**
Coster von Harlem, Buchdrucker 180
Cotte, Robert de (1683-1767) A 9, 162, 163
Courbet, Gustave (1819-77) M 225
Cranach, Lucas (1472-1553) M 223
Crespi, Giovanni Battista (il Cerano) (um 1575-1632) M 224
Crivelli, Carlo (um 1430/35-vor 1500) M 224
Crodel, Charles (1894-1973), Glasmaler 158, 234
Croissant, Michael (*1928) B 176, 222
Custine, Adam Philippe, General 171
Cuvier, Georges 266

Dachenhausen, Hans Georg von 143
Dachlauer, Reinhard (1922-95) B 175, 179
Dahl, Johan Christian Claussen (1788-1857) M 225
Dalberg, Karl von 20, 104, 135, 162, 163, 169, 265
Dalberg, Wolfgang v., Erzbischof 349
Danhauser, Josef (1805-45) M 81
Dannecker, Johann Heinrich von (1758-1841) B 170, 173, 227
Darwin, Charles 266
Datzerath, Johann Michael (1705-83) B 67, 83, 129, 271
Daubigny, Charles Francois (1817-78) M 225
Daun, Konrad III. von, Erzbischof von Mainz 343
David, Gerard (um 1460-1523) M 223
Degas, Edgar (1834-1917) M 225
Delacroix, Eugène (1798-1863) M 225
Delkeskamp, Carl Friedrich (1794-1872) M 13, 154
Denzinger, Joseph von (1821-94) A 28, 30, 38, 44, 61, 147, 148, 244
Derlam, Wilh. (um 1920/50) A 282
Deublinger, Siegfried (um 1560/70), Goldschmied 73
Didot, Firmin, Buchdrucker 180
Diehl, Philipp M 13, 212
Dielmann, Jakob Fürchtegott (1809-85) M 225, 306
Dielmann, Joh. (1819-86) B 173
Dielmann, Richard August (*1848) A 260
Diemar zum Wedel, Katharina 93
Dietrich, Bäcker 87
Dietz, Hans M 106
Dilich, Johann Wilhelm (1600-57) A 87, 167
Dinklage, August (*1849) A 234
Dinklage, K. A 244
Diokletian, röm. Kaiser 107, 142
Ditwin von Friedberg 128
Dix, Otto (1891-1969) M 226, 274
Dixon, William Francis, Glasmaler 56
Domitian, röm. Kaiser 62, 317, 343
Donatello (1386-1466) B 247
Donett, Cornelius Andreas (1682-1748) B 57, 129, 139, 143
Dorazio, Piero (geb. 1927) M 231
Dorfelden, Greta 65
Dormann, Joseph A 244

Dostojewski , Fjodor D 314
Du Fay, Noë **233**
Dumas, Alexandre D 234
Dürer, Albrecht (1471-1528) M 10, 36, 65, 119, 134, 135, 144, 191, 222, 223, 238
Durm, Josef (1837-1919) A 201
Dyck, Anthonis v. (1599-1641) M 60
Dymar, Heile 147

Eberle, Syrius (1844-1903) B 341
Ebert, Friedrich 122, 230
Ebert, Heinrich (um 1950/60) A 163
Eckhardt, Rudolf (1842-1897) B 179, 185, 186
Egell, Paul (1691-1752) B 163, 227
Egenolff, Christian, Drucker 180
Eggert, Hermann (1844-1920) A 193, 195
Ehrlich, Paul, Mediziner 21
Eiermann, Egon (1904- 70) A 256
Einhard D 88, 343, 346
Eisele, J. (Ende 20 Jh.) A 68
Eisenhower, Dwight D. 273
Elisabeth, Gattin Friedrichs V. Ludwig 315
Elisabeth, Landgräfin von Thüringen 138
Elkan, Benno (1877-1960) B 173
Elsässer, Martin (1884-1957) A 261, 262, 263, 272, 273, 281, 284, 288, 338
Elsheimer, Adam (1578-1610) M 10, **18**, 224
Emmerich Josef, Erzbischof 348
Endell, Karl Friedrich (um 1880/90) A 197, 202
Ender, Johann Nepomuk (1793-1854) M 81
Enderle, Johann B. (1725-98) M 350
Engelbertus (um 1220) B 103, 104
Engelhard, Alfred (*1867) A 260
Ernst, Max (1891-1976) M, B 226
Eseler, Michael *B* 59
Eseler d. Ä., Nikolaus (vor 1429-82) B 59, 67
Eugen Alexander, Fürst von Thurn & Taxis 161
Ewald, Reinhold (1890-1974) M 108
Eyck, Jan van (um 1390-1441) M 221, 223
Eysen, Louis (1843-99) M 225
Eyssen, Anton (1849-1928) A 261, 263
Eytelwein, Johann Albert 88

Faber, Conrad (um 1500-53) M 13, 223, 224, 238
Fahrenbach, Gerson B 175
Falkenstein, Cuno von 46
Falkenstein, Johann von 325
Falkenstein, Philipp VI. 306
Falkenstein, Werner III. von, Erzbischof von Trier 309, 320
Farolsky, Johann (um 1730) A 350
Fastrada, Gemahlin Karls d. Gr. 21
Faust, Erust (um 1910) A 245
Favre, Jules, franz. Politiker 176
Fay, Carl Friedrich, Verleger 13
Feininger, Lyonel (1871-1956) M 226
Fellner, Ferdinand (1799-1859) M
Ferdinand I. 80, 81
Ferdinand II., Kaiser 53, 80, 81, 131
Ferdinand III. 80, 81
Fettmilch, Vincenz 138, 179
Feuerbach, Anselm (1829-80) M 21, 225
Feyerabend, Sigmund, Drucker 180
Fiebig, Wilfried B 175
Fischer, P. A 68
Flavin, Dan (*1933) Minimal Art, Lichtskulptur 231
Flegel, Georg (1566-1638) M 224
Foltz, Philipp (1805-77) M 81
Fontana, Lucio (1899-1968) M, B 226
Forell, Robert 88
Fosse, Louis Rémy de la (†1722) A 238
Foster, Norman A 208
Franckenstein, Johann Karl von, Bischof von Worms 60
Franz von Assisi 59
Franz I., Kaiser 53, 80, 81, 353
Franz I., König von Frankreich 8
Franz II., Kaiser 16, 53, 56, 74, 79, 80, 81, 163
Franz II., Abt von Seligenstadt 345
Franz Ludwig, Pfalzgraf 138
Friedberg, Eberhard von B 85, 91, 95
Friedrich I. Barbarossa, Kaiser 15, 53, 77, 80, 81, 93, 137, 300, 323, 326, **329**, 345, 353
Friedrich II., Kaiser 80, 102, 137, 345
Friedrich II. von Preußen 15, 79, 108, 299, 300
Friedrich III., Kaiser 53, 65, 66, 80, 81, 131, 249, 259, 264, 306, 312, 314
Friedrich von Bayern 118
Friedrich von Brandenburg 79
Friedrich II. von Hessen-Homburg **311**, 312, 315
Friedrich von der Pfalz, >Winterkönig< 131
Friedrich der Schöne, Gegenkönig 42, 53, 80
Friedrich V. Ludwig, Landgraf 315

Friedrich Wilhelm II. von Hessen-Kassel **300**
Friedrich Wilhelm II., König von Friedrich Wilhelm IV., König von Preußen 121
Fries, Heinrich Remigius 88
Frisch, Katharina (*1956), Objektkünstlerin 231
Fritz, N. (Ende 20 Jh.) A 68
Fröbel, Friedrich, Pädagoge 21
Frobenius, Leo, Ethnologe 21
Frölicher, Johann Wolfgang (1653-1700) B 143, 148, 233
Fromm, Erich D **18**
Frosch, Anna 117
Frosch, Wicker 156, 158
Frosch, Wigel 76, 124, 156
Fucker, Eduard A 281
Fucker, Otto A 281, 282
Furck, Heinrich M 158
Fürstenberger, Anna 238
Fust, Johannes, Drucker 180

Gagern, Heinrich von 120
Gallasini, Andrea (u. 1710/30) A 155
Gallus, Missionar 174
Gans, Leo, Fabrikant 174
Ganz (Ende 20. Jh.) 208
Garnier, Charles (1825-98) A 181
Gattamelata, Condottiere
Gaul, August (1869) B 222
Geier, W., Glasmaler 128
Geiger, Karl-Georg (*1945) A 68, 71, 263, 276
Geldmacher, Fritz (um 1910) A 219
Gerhaert van Leyden, Nicolaus (1420/30-73) B 227
Gerkan, Meinhard von A 68
Gerlach von Mainz, Erzbischof 156
Germanicus, Feldherr 14
Gerth, Friedrich (um 1875/1905) B 314
Gerthener, Madern (um 1360-1430) M, B **9**, 10, **25**, 26, 27, 28, 38, 39, 44, 49, 66, 86, 93, 101, 105, 106, 108, 126, 164
Giacometti, Alberto (1901-66) B, M 226
Giefer, Alois (1908-82) A 67, 261, 264, 267
Giesenberg, Eduard (um 1870/80) A 181
Giordano, Luca (1634-1705) M 224
Girard, Jacques-Antoine Vith (um 1700/20) A 340
Gisel, E. (Ende 20. Jh.) A 132
Glaser, D. A 68
Glauburg, Hert von 66
Glauburg, Hieronymus von 291
Glauburg, Maximilian von 291
Glock, K. 128
Gluck, Christoph Willibald Ko 184
Goes, Hugo v. d. (u. 1440-82) M 223
Goethe, Cornelia 159
Goethe, Johann Caspar 18, 159, 233, 287
Goethe, Johann Wolfgang von D 15, **18**, 64, 85, 125, 158, **159 ff.**, 168, 172, **173**, 180, 184, 221, **222**, 223, **247**, 265, 339
Goethe (Textor), Katharina Elisabeth (Frau Aja) 18, 169, 176, 177, 233
Gogh, Vincent van (1853-90) M 225
Goldstein, Gudela von 60
Göthe, Friedrich Georg 161
Götz (Ende 20. Jh.) A 244
Goya, Francisco de (1746-1828) M 224
Goyen, Jan van (1596-1656) M 224
Graetz, Karl (um 1880/90) M 88
Graff, Joh. Anton (1736-1813) M 20
Grambs, Valentin (1630-1708) M 158
Gramm, Christian (*1824) A 171, 201
Graubner, Gotthard (geb. 1930) M 223
Gregor d. Ä. 60
Greis, Otto (um 1950-95) M 226
Greiss, Eugen (1856-1925) A 190, 192
Grillparzer, Franz D 185
Grimm, Jakob D 82, 341
Grimm, Wilhelm D 341
Grimmelshausen, Christoph v. D 328
Grisebach, Hans (1848-1904) A 234, 244
Gropius, Walter (1883-1969) A 277, 282
Grosse, J. C., Glockengießer 34
Grünewald, Matthias (um 1460-1528) M 10, 119, 135, 223, 346
Grützke, Johannes (*1937) M 122
Grzimek, Waldemar B 174
Guardi, Francesco (1712-93) M 224
Guarini, Guarino (1624-83) A 199
Guiollett, Jakob, Bürgerm. 168, 169
Günderode, Karoline von D
Günther, Alfred (1857-1936) A 193, 245
Günther, Ignaz (1725-75) B 227
Gutenberg, Johannes, Buchdrucker 21, 168, 179, **180**
Guzmann, Dominicus de 133

Haag, August (um 1910) B 173
Haas, Kurt (*1922), Restaurator 185, 186
Habsburg, Albrecht II., König 53
Habsburg, Rudolf v., König 53, 80, 90

Hackert, Jakob Philipp (1737-1807) M 225
Hadrian, röm. Kaiser 315, 318
Hagen, Eberhard von 351, 353
Hagen, Kuno von 353
Hagen-Heusenstamm, Eberhard Waro von 354
Hagen (Münzenberg), Kuno von **323**
Hahn, Otto, Physiker **19**, 169
Hahn, Ulrich (Ende 20. Jh.) B 57
Hailer, Max (1818-54) M 81
Hain (Hagen),Herren von 353
Haller von Hallerstein, Barthol. 54
Hals, Frans (1581/85-1666) M 224
Hamel, Abraham von, Ritter 63
Hamman von Fleckenböhl 113
Hanau, Graf Johann Philipp von **340**
Hanau, Erbprinz Wilhelm IX. v. 341
Hanig, W. (Ende 20. Jh.) A 205
Hänle, Adolf (1842-1907) A 189
Hans von Bingen (um 1490/1510) A 105, 119
Hans von Ingelheim (um 1480/90) A
Hans von Kulmbach (um 1480-1522) M 143
Hans von Lich (um 1510/50) A 28, 91, 119, 342
Hanstein, Konrad von 165
Harrisch, Jobst (um 1580-1617) M 134, 144
Hartmann von Büdingen 331
Haselbeck, Thomas 133
Hassel, Friedrich Samuel 88
Hasselhorst, Johann .Heinrich M 16, 145
Hattsteiner 291
Hauberat, Guillaume d' (um 1690-1749) A 162
Hausbuchmeister (um 1480) M 342
Hausmann, Friedrich (1860-1936) B 77, 87, 171, 174, 230, 234, 242, 259, 271
Hebebrand, Werner (1899-1966) A 64
Heberer, Franz (1883-1955) A 136, 222
Heckel, Erich (1883-1970) M 225
Hédouville, Graf 163
Heicke, Karl (1862-1938) GA 242, 296
Heierhoff, Heinz B M 176
Heil, R. (um 1950/60) A 204, 206, 208
Heine, Heinrich D 18, 168, 173
Heinrich († 1150), König 53
Heinrich I. 80, 81
Heinrich II. 42, 80
Heinrich III. 80, 81
Heinrich V. 80, 81
Heinrich VI. 80, 137
Heinrich VII., König
Heinrici, Klaus Peter (*1928) A 68, 71, 263, 275
Helfrich, Wilhelm (1875-1963) A 165, 196
Heller, Jakob 36, 65, 119, 135
Hemerlein, Carl Johann Nepomuk (1807-84) M 81
Henrich, Karl Friedr. (1812-93) A 91
Henrich, Martin B 271
Hensel, Wilhelm (1794-1861) M
Hensler, Arnold B 294
Hentrich, Helmut (*1905) A 206
Hepp, V. (um1980) A 67
Herkommer, Hans (*1887) A 263, 293
Hermann, Christian Ludwig (um 1720/30) A 341
Hermann, Cheruskerführer 310, 317
Herms, D. A 68
Herold, Gustav (1839-1927) B 85, 87, 178, 179, 184, 185, 186, 194
Heß, Richard B 176
Hess, Johann Friedrich Christian (1785-1845) A 10, 91, 120, 165, 174, 175, 197, 228, 245, 260
Hess, Johann Friedrich Georg (1756-1816) A 120, **166**
Hessemer, Fritz (*1868) B 123
Hessemer, Maximilian (1800-60) A 171, 234, 242
Hessen-Kassel, Landgraf Friedrich von 340
Hessen-Kassel, Landgraf Karl von 340, 341
Hessler, Emil (um1890/1910) A 186
Heßler, Melchior (um 1619-90) A 10, 156, **157**
Heunisch A 228
Heuss, Theodor, erster Bundespräsident 21, 122
Heußner, Oskar (um 1900) A 192
Heyden, Adolf (1838-1902) A 244
Hieronymi, Robert (*1868) M 143
Himmelreich, Rolf A 275
Hinckh, Christian (um 1660/70) A 353
Hindemith, Paul Ko 21, 145
Hirde, Andreas, Kanoniker 60
Hirsch, Nikolaus (E. 20. Jh.) A 132
Hochecker, Servatius B, M 61
Hocheisen, Joachim (um 1590/1615) B 74
Hodler, Ferd. (1853-1918) M 226
Hoegen, Peter (*1858) M 58
Hoffmann, Carl 19
Hoffmann, Franz (*1884) A 202

Hoffmann, Heinrich, Arzt D **19**, 272
Hoffmann, Philipp Jakob (1778-1834) A 19, 104, 276
Hofmann, Dieter (*1936) A 270
Hofmann, L. 244
Höger, Fritz (1877-1949) A
Hohenhaus, Fam. 125, 128
Hohenstein, Fam. 45
Holbein d. Ä., Hans (um 1465-1524) M 10, 108, 135, 223
Holbein d. J., Hans 191, 223
Hölderlin, Friedrich D 21
Hollein, Hans (*1934) A **231**
Holzhausen, Achilles von 238
Holzhausen, Adolph von 239
Holzhausen, Anton Ulrich von 239
Holzhausen, Hamman von 157, 224, **238**
Holzhausen, Hieronymus von 238
Holzhausen, Johann von 60, 111
Holzhausen, Justinian von 238
Holzmann, Philipp, Baufirma 87, 191
Horkheimer, Max D 17, 18, 21, 267
Horvath, W. (Ende 20. Jh.) A 68
Hottenrott, Alfred A 196
Houdon, Jean-Ant. (1741-1828) B 227 Hoven, Franz von (1842-1924) A 65, 84, 87, 192, 220, 240, 260, 264, 274, 348, 350,
Hoven, Hermann von (um 1910/30) A 136, 222
Hrabanus Maurus, Erzbischof von Mainz 42
Hub, Emil (1876-1954) B 271
Hübner, Julius (1806-1882) M 81
Hübsch, Heinr. (1795-1863) A 221
Huch, Ricarda D **62**
Hugo, Victor D **71**
Hüller, Edwin (E. 20. Jh.) B 175, 180
Humboldt, Wilhelm von 265
Hundrieser, Emil (1846-1911) B 184, 195
Hüter, Georg (*1948) B 184
Huysmans, Joris-Karl D 189

Ibach, Hartmann, Theologe 157
Ihlée, Joh. Eduard (1812-85) M 80
Ihne, Ernst Eberhard von (1869) A **259**, 260, 306
Imma, Tochter Karls d. Gr. 346
Ingelheim, Frank von 47, 49, 50, 52
Irlebach, Steffan von (um 1450) A 306, 348
Isenberg, Henryk (E. 20. Jh.) A 259
Isenburg, Anton von 331
Isenburg, Diether von 332f., 343, 349
Isenburg, Ernst Casimir von 332
Isenburg, Ludwig II. von 331, 332,333 Isenburg-Büdingen, Graf Johann Philipp zu 252
Isenburg-Büdingen, Graf Reinhard von 250, 339

Jacobi, Louis (um 1880/1910) A 305, 313, 316
Jacobus de Voragine, Bischof 106
Jäger, Johann Peter B 127
Jahn, Helmut (*1940) A 268, 269
Jakob von Ettlingen (um 1490/1500) A 28
Jansen, B. (Ende 20. Jh.) A 66
Janssen, Johannes 59
Jawlensky, A. v. (1867-1941) M 226
Jobst von Mähren, König 53
Jochims, Rainer (geb. 1935) M 226
Johann v. Österreich, Erzherzog 169
Johannes XXII., Papst 138
Johanniter 135
Johns, Jasper (geb. 1930) M 231
Jordaens, Jacob (1593-1678) M 224
Jordan, Julius (1864-1907) B 85
Joseph I. 80, 81
Joseph II., Kaiser 53, 80, 83, 87, 353
Jourdan, Jochem (*1937) A 68, 204
Jügel, August, Verleger 265
Jügel, Carl Christian, Verleger 13, 265
Jügel, Franz, Verleger 265
Jühlke, Friedr. (u. 1850/70) GA 313
Juncker, Johann Jacob (um 1720-1786) B 127
Juncker d. J., Zacharias (um 1620 - um 1690) B 128
Jung, Johann Jakob (1819-44) M 79
Jürgensen A 258
Jussow, Heinrich Christoph (1754-1825) A 171
Justinus, hl. 349

Kalinowski, Horst Egon *B* 51
Kanold, Paul (um 1900/10) A 227
Kant, Immanuel D 265
Karamsin, Nikolai M. **204**
Karl IV., Kaiser 15, 44, 45, 46, 53, 75, 77, 79, 80, 81, 93, 95, 116, 130, 248, 287, 291, 303, 330, 351
Karl IV. von Luxemburg 44,56
Karl V., Kaiser 53, 54, 80, 81, 118
Karl VI., Kaiser 44, 53, 79,

80, 81, 139
Karl VII., Kaiser 45, 53,54, 80, 81, 139
Karl VIII. 155
Karl Alexander von Lothringen 140
Karl der Dicke 80, 81, 88
Karl der Große 14, 30, 37, 46, 47, 59, 62, 79, 80, 88, 96, 229, 247, 303, 346
Kauffmann, Aage von (1852 - um 1905) A 239, 260
Kaufmann, Eugen (um 1925) A 281, 282, 283
Kaufmann, Hugo B 123
Kaupert, Gustav (1819-97) B 1677, 179, 184, 195, 242
Kaus, Marita B 175, 176
Kawara, On (* 1933), Konzeptkünstler 231
Kayser, Adam Friedrich (1833-1910) A 170, 201
Kayser, Daniel (1665-1725) A 105, 138
Kayser, Johann Georg (1817-75) A 258
Kayser, Johann Wilh. (1723-91) A 130
Kaysser, Fritz A 219
Keller, Josef (1849-1917) B 190, 193, 196, 271
Kellner, Theo (1899-1969) A 234
Kelten 14, 318, 319
Kennedy, John F 122
Keuffel, Matthäus M 185, 192
Kiedrich, Paul Jos. (1809-50) M 81
Kiefer, Anselm (* 1945) M 223,. 226
Kipp, Rudolf (um 1935) B 172
Kirchmeyer, Ferdinand A 139
Kirchner, Anton 120, 168
Kirchner, Ernst Ludwig (1880-1938) M 225, 171
Kirnde, Bernhard (1665-1753) A 95, 321, 325
Klee, Paul (1879-1940) M 226, 274
Kleihues, Josef Paul (*1933) A 110, 229
Klein, Yves (1928-62) M, Objektkünstler 226, 231
Kleinhans, B. B 128
Kleiner, Salomon (1700-61) M 13, 70
Kleist, Heinrich von D 185, 311
Klenze, Leo von (1784-1864) A 185
Klimsch, Fritz (1870-1960) B 159, 273
Klinger, Maximilian D **19**
Knoblauch, Guda 66
Knoblauch, Jakob 95, 275
Knodt, Brüder (um1900) B 266
Knudsen, Knud (E. 20. Jh.) B 122
Kobell, Wilh. v. (1776-1853) M 225
Koch, Jos. Anton (1768-1839) M 225
Köhler, Christian B 143
Köhler, Hans (um 1950/70) A 275
Kohn, Pedersen, Fox (Ende 20. Jh.) A 206, 270
Kolbe, Georg (1877-1947) B 172, 173, 226, 256
Koler, Konrad (um 1600) A 87
Kölner, Hinz 76
Kölner, Konz 76
König A 228
König, Drucker 180
Königshofen, Friedrich von (um 1405/10) A 76, 77
Konrad I. 79,80
Konrad II. 80, 81
Konrad III., König 58, 80, 92, 93
Konrad IV., König 79
Körner, Theodor D 169
Kostelac, Ante Josip von (Ende 20. Jh.) A 174, 228
Kowarzik, Joseph (1860-1911) B 77, 83, 84, 271
Krafft, Adam (um 1460-1508) B 191
Krafft, Joh. Peter (1780-1856) M 81
Krahn, Johannes (1908-1974) A 197, 222, 264
Kramer, Ferdinand (1898-1985) A 261, 265, 280, 282, 341
Kramm, Rüdiger (Ende 20. Jh.) A
Krapf, Matthäus B 166
Krämer, Georg (um 1950/60) B 122, 245
Kranich, Patrizierfam. 66
Kratz, Walter A 282
Kretschmer, D. A 68
Kreutz, Heinz (Ende 20. Jh.) M 226
Krieger, Friedrich B 88
Krist, Hetty M 128
Kronberg, Frank von 288
Kronberg, Frank IX. von 306
Kronberg, Hartmut XII. von 305
Kronberg, Johann von 337
Kronberg, Walter von 140, 306
Krüger, Franz (1849-1912) B 77, 87, 120, 184, 193, 234
Kuene, Konrad B 52
Kuhorn, Bernhard 275
Kunz, J. A 244
Kupelwieser, Leopold. (1796-1862) M 81
Kuznitzky, S. A 258
Kyllmann, Walter (1837-1913) A 244

Landes, M. (Ende 20. Jh.) A 68, 204
Landmann, Ludwig, Oberbürgermeister 19, 277
Lange A 208
Langhans, Carl Gotthard (1732-1808) A 171
LaRoche, Sophie von D 339
Lasinsky, Gustav (1812-70) M 80
Laupach, Romuald von 110, 118
Laurefici, Vincenzo **25**

Le Corbusier (1887-1965) A 217
Lederer, Hugo (1871-1940) B 267, 271
Lehmbruck, Wilhelm (1881-1919) B 226
Leibl, Wilhelm (1844-1900) M 225
Leiningen, Fam. 45
Leistikow, Hans (1892-1962) M 44, 259
Lemercier, Jacques (um 1585-1654) A 190
Lemoyne, Jean-B. (1704-78) B 227
Lennartz, Caspar B 271
Lenné, Peter Joseph (1789-1866) GA 313
Lenz-Gerharz, Franziska B 175
Leonhard, hl. 102
Leonhardt, Fritz (E. 20. Jh.) A 274
Leonhard, Hermann B 271
Leonhardi, Friedr. (1928-96) M 186
Leopold I., Kaiser 53, 56, 80, 81, 131,
Leopold II., Kaiser 53, 72, 80, 81, 297
Lerch, Georg A 346
Lersner, Achilles August von 86, 291
Lersner, Karl Ludwig von 291
Lescot, Pierre (um 1510-78) A 178
Lessing, Carl Friedrich (1808-80) M 81, 225
Lessing, Gotthold Ephraim D 167, 168, 184
Lichnowsky, Felix Fürst von 293
Lichtenstein, Roy (* 1923) M 231
Liebermann, Max (1847-1935) M 225
Liebhardt, Johann Andreas (1713-88) A 10, 120, 122, 129, 175, 179, 250, **295**, 336
Liebieg, Heinrich von Ind 227
Lieblein, Jakob (um 1880/90) A 244
Limburg, Fam. 45
Lindheimer, Otto (um 1890/1900) A, M 202
Linné, Carl von, Naturwissensch. 266
Linnemann, Alexander (1839-1902) M 75, 77
Livingston, Marx, Bankier 256
Lochner, Stephan (u. 1410-51) M 49
Lorch, Wolfg. (Ende 20. Jh.) A 132
Lothar II. 15, 45, 53
Lothar III. von Supplinburg 80, 81
Lucae, Richard (1829-77) A 176, 181, 186
Ludwig IX., König v. Frankreich 115
Ludwig XIV., König von Frankreich 60, 158, 312
Ludwig XV., König v. Frankreich 259
Ludwig der Bayer, Kaiser 15, 42, 44, 53, 76, 77, 80, 95, 103, 138, 151, 249, 330
Ludwig der Deutsche 42, 80, 81
Ludwig d. Fromme 42, 62, 79, 80, 343
Ludwig das Kind 79, 80
Lullus, Erzbischof von Mainz 289
Lüpertz, Markus (* 1941) M 226
Lußmann, Anton (1880) B 84
Luther, Martin, Reformator 21, 88, 157, 305
Lüthi, Albert (1858-1903), Glasmaler 86
Luthmer, Ferdinand (1842-1921) A 82, 230

Mack, Heinz B 175
Macke, August (1887-1914) M 226
Mäckler, Hermann (um 1950/80) A 261, 264
Mäckler, Christoph (* 1951) A 68, 204
Mähner, A. (*1929) A 206, 208, 268
Malß, Karl D 88
Mander, Carel van (1548-1606) M 224
Manet, Edouard (1832-83) M 225
Manskopf, Fam. 241
Manskopf, Gustav Dominikus, Weinhändler 74f., 83
Manteuffel, Edwin von Hf 193
Manzoni, Piero (1933-66), Objektkünstler 226
Manutius sen. u. jun., Drucker 180
Marc, Franz (1880-1916) M 226
Marcellinus 343
Marchesi, P. (1789-1858) B 166
Marcks, Gerhard (1889-1981) B 226, 265
Marcuse, Herbert, Philosoph 18
Marées, Hans von (1837-87) M 225
Marell, Jakob (1614-81) M 20
Marg, V. (Ende 20. Jh.) A 68
Maria von Burgund 161
Maria Theresia, Kaiserin 353
Marinovic, D. (E. 20. Jh.) A 208, 268
Marshall, George C. 172
Martin, Theodor (um1890/1910) A 186, 190, 253, 261
Martinengo, Johann Nikolaus 61
Marx, Metzger 87
Massys, Quinten (1465/66-1530) M 223f.
Mathias, Kaiser 53, 74, 79, 80, 81, 138, 179
Matisse, Henri (1869-1954) M 226
Matthias von Bucheck 128

Matthias von Salzburg 118
Maulbertsch, Franz Anton (1724-96) M 224
Maus, Wilhelm B 88
Mauthner, Bernhard M 282
Maxentius, Kaiser 106
Maximilian I., Kaiser 30, 53, 65f., 80, 81, 82, 125, 129, 131, 161, 329
Maximilian II., Kaiser 15, 53, 57, 73, 77, 80, 81, 201
Maximilian von Österreich, Erzherzog 144
May, Ernst (1886-1970) A 10, **19**, 120, 213, 217, 238, 239, 242, 260, 272, 273, **277 ff.**, 293, 338
Meckel, Max (1847-1910) A 36, 51, 59, 77, 140, 142, 244
Meid, Max (*1910) A 204
Meier, Richard (Ende 20. Jh.) A **217**
Meister Antze (um 1350) B
Meister des Hildesheimer Johannesaltars B 107
Meister der Holzhausen-Epitaphien (um 1380/90) B 93
Meister des Maria-Schlaf-Altars (um 1430/40) B 36
Meister WB (um 1500) M 223, 342
Melem, Patrizierfam. 65, 77
Melem, Johann von 64, 65
Melem, Katharina von 36, 65
Melem, Ursula 106
Memling, Hans (1430/40-94) M 221, 223,346
Mengoz, Claus (um 1400) A 78, 164
Mengoz, Jeckel (um 1400) A 66, 85
Menken, August (*1878) A 244
Mentelin 180
Merian, Maria Sibylla (1647-1717) M **20**
Merian d.Ä., Matthäus (1593-1650) M 8, 9, 13, 20, 21, 86, 290
Merton, Wilhelm, Ind **20**, 265
Mettel, Hans (1903-66) B 37, 226
Metzger, Christian M 158
Metzler, von, Bankiersfam. 217, 241
Meunier, Constantin (1831-1905) B 295
Meyer, Adolf (1881-1929) A 281
Meyerbeer, Giacomo Ko 184
Michelangelo (1475-1564) B, M, A, D 191, 195, 200
Migge, Leberecht (um 1925) A, GA 281, 283
Milies, Georges 219
Millet, Jean Francois (1814-75) M 225
Modersohn-Becker, Paula (1876-1907) M 226
Molière (Jean-Bapt. Poquelin) D 185
Moller, Georg A 311, 314, 315, 346
Moltke, Helmuth von Hf 193
Monet, Claude (1840-1926) M 225
Montfort, Nicolas Alexandre de Salins A 9, 253, 262, 339
Moore, C. A 68
Moretto da Brescia (Alessandro Bonvicino) (1498-1554) M 221, 224
Morgenstern, Carl (1811-93) M 225
Morgenstern, Johann Friedrich (1777-1844) M 230
Morgenstern, Ludwig (1783-1819) M 230
Moritz, A. A 281
Moritz von Sachsen Hf 275
Mössinger, Johann Andreas (um 1850/60) M 56
Mouson, Fritz (um 1920/30) A 253
Mücke, Heinrich Karl Anton (1806-91) M 81
Mueller, Otto (1874-1930) M 225
Müller, B. A 68
Müller, Viktor (1830-71) M 225
Müller, Wilhelm (1854-1927) A 193
Müller-Rentz, Friedrich August 88
Multscher, Hans (um 1400-67) B, M 227
Munch, Edvard (1863-1944) M 226
Münzenberg, Kuno von 137, 307, **323**
Münzenberg, Ulrich von 137
Münzenberg, Ulrich II. von 324
Münzenberger, Franz, Dompfarrer 59, 107, 128, 142
Murphy, C. F. (Ende 20. Jh.) A 268
Murillo, Bartolomé Esteban (1617/18-82) M 224
Musch, Clemens (um 1900/23) A 19, 239
Muthesius, Hermann (1861-1927) A 260, 263
Mylius, Jonas (1839-83) A 189, 191, 192

Nägele, Werner (*1926) A 270
Napoleon I., Kaiser der Franzosen 20, 166, 171
Nassau, Graf Adolf von 53, 81, 261
Nassau, Adolf von, König 42, 80, 91, 134, 337
Natalini, G. (Ende 20. Jh.) A 68
Nathan, Fritz (1891-1960) A
Naumburger Meister (um 1230/40) B 327
Nay, Ernst Wilh. (1902-68) M 226
Nebbien, Markus Johann 172
Neer, Aert van der (1604-77) M 224

Neher, Ludwig (1850-1916) A 84, 87, 228, 260, 264
Neuberger, Erich (um1715) B 138
Neumann, Balthasar (1687-1753) A **353**
Nikolaus II., Zar 314
Nolde, Emil (1867-1956) M 226
Nordheim, August von (1813-84) B 37, 179, 222
Novotny, Fritz (*1929) A 206, 208, 268
Nüring, Gerhard von 309
Nussa, Albert von 118
Nüttgens, Heinrich (*1866) M 59

Oldenburg, Claes (*1929) M, B 175, 206, 231
Ollson, Karl (u. 1925/30) A 282, 283
Onghers, Oswald (1628-1706) M 56,143
Oppen, Fam. 66
Oppenheim, Moritz Daniel (1800-82) M 80
Orville, Johann Georg d´ 339
Ostade, Adriaen van (1610-85) M 224
Ostade, Isaack van (1621-49) M 224
Ostein, Karl von, Erzbischof 56
Östreicher, Jörg (um 1470/80) A 27, 111, 125, 133
Ostrinski, Rudolf (um 1910) A 179
Oswalt, Hans († 1914) A 204
Otgar, Erzbischof von Mainz 349
Otto I. 79, 80
Otto II. 80
Otto III. 80
Otto IV., König 53, 80, 94
Otto der Große 58

Palladio, Andrea (1508-80) A 178, 202
Parler, Peter (1330-99) A
Passavant, Fam. 241
Passavant, Johann David (1787-1861) M 80, 221, 225
Paul, Bruno (1874-1968) A 260, 263
Paxton, Joseph (1801-65) A 261
Peichl, Gustav (Ende 20. Jh.) A 222
Penck, A. R. (Ralf Winkler) (*1930) M 223
Perrault, Charles (1626-1703) A 178
Perugino (Pietro Vanucci) (um 1450-1523) M 224
Peter, Erzbischof von Mainz 139
Peter zum Paradies 93
Petry, Heinrich (1832-1904) B 36, 86, 169, 171, 178, 184, 185
Petschnigg, Hubert (*1913) A 206
Petterweil, Waldemar von 13
Pfalz-Neuburg, Franz Ludwig von
Pforr, Franz (1788-1812) M 225
Philipp v. Gmünd (um 1480) A 106
Philipp d. Ä. von Hanau, Graf 250
Philipp III. von Hanau, Graf 298
Philipp von Schwaben, König 80, 81, 94
Piazzetta, Giovanni Battista (1682-1754) M 143
Picasso, Pablo (1881-1973) M, B 226
Pichler, Oskar (1826-65) A 170, 272
Pigage, Nicolas de (1723-96) A 9, 120, 155, 253
Pinand, Jan Hubert (*1888) A 264
Pippin, König 42
Piranesi, Giovanni Battista (1720-78) B, Stecher 200
Pittoni, Giovanni Battista (1687-1767) M 224
Poelzig, Hans (1869-1936) A 272
Poliakoff, Serge (1906-69) M 225
Pomodoro, Gio B 175
Pontormo (Jacopo Carrucci) (1494-1557) M 224
Poppe, Georg 236
Pose, Eduard Wilh. (1812-78) M 225
Poussin, Nicolas (1593-1665) M 224
Pratschke, Wanda B 175
Prehn, Johann Valentin, Sammler 230
Priorato, Graf Galeazzo Gualdo **65**
Proesler, Johann Wilhelm (um 1880/90) A 165
Pützer, Friedrich (1871-1922) A 238

Quaglio, Domenico (1786-1837) M 225

Racine, Jean D 185
Radl, Anton (1774-1852) M 136, 225
Raffael (Raffaelo Santi) (1483-1520) M, A 191, 224
Rainer, Arnulf (*1929) M 226, 231
Rang, W. (Ende 20. Jh.) A 68, 204
Raspe, Heinrich, König 53, 108
Ratgeb, Jörg (um 1480-1526) M 10, 21, 49, **112 ff.**, **115 ff.**, 142
Rauschenberg, Robert (*1925) M, Objektkünstler 231
Ravenstein, Simon (1844-1933) A 260
Rebstock, Katharina zum 156
Reichenbach-Lessonitz (geb. Ortlöpp), Gräfin Emilie von 242
Reifenberg, Benno **184**

Reifenberg, Philipp von, Ritter 349
Reinhardt, Heinrich (*1868) A 242, 245
Reis, Philipp, Erfinder 168, **172**, 328
Rembrandt Harmensz van Rijn (1606-69) M 224
Renoir, Auguste (1841-1919) M 225
Restle, Rudolf (um 1905) A 240
Rethel, Alfred (1816-59) M 80, 81, 225
Reußenberg, Thüngen von 116
Rhein, Heinrich vom 39
Richard von Cornwall, König 53, 79
Richter, Ludwig (1803-84) M 225
Richter, Gerhard (*1932) M 231
Ridinger, Georg (1568-1616) A 346
Riegelmann, Gotthold (*1869) B 313
Riemenschneider, Tilman (um 1460-1531) B 119, 227
Riesbeck, Johann Kaspar **10**
Rinz, Sebastian (1782-1861) GA 168, **169**, 175, 240, 242, 261, 274, 295
Ritter, Hermann (1851-1918) A 179, 186, 190, 253
Ritter, M. A 260, 262
Rittweger, Ernst (*1869) B 86
Robbia, Andrea della (1435-1525) B 227
Rodenstein, Hans von 67
Rodenstein, Hermann von 67
Röder, Josef (um 1900) A 244
Röderich 244
Rodin, Auguste (1840-1917) B 223
Roeckle, Franz (1879-1953) A 257, 267, 280, 282, 283
Roentgen, David (1743-1807), Kunstschreiner 312
Rohe, Mies van der A 208
Rohrbach, Bernhard 106
Roland 88
Rolfes A 208
Romeick, Hermann (*1913) A 205
Romeis, Leonhard (um 1900) A 227, 260
Roon, Albrecht von Hf 193
Rorbach, Johann 133
Rossi, Vincenzo de' (1525-87) B 194
Rossini, Gioacchino Antonio Ko 184
Roßmann, Max (*1861) M 86
Roth, Joseph B 143
Rothschild, Luise von 275, 295
Rothschild, Mayer Amschel **20**, 274
Rothschild, Carl Mayer von 174, 295
Rothweil, Julius Ludwig (um 1680-1770) A **340**, 342
Rottmann, Carl (1797-1850) M 225
Rubens, Peter Paul (1577-1640) M 18,224
Rübsche, Siegfried (um 1500) A 332, 342
Rückgauer, Eugen (*1870) A 204
Rückriem, Ulrich (*1938) B 176, 222
Rudloff, C. H. (um 1920/30) A 280, 281, 282, 283
Rudolf, Kurfürst Pfalzgraf 44
Rudolf II. 80, 81
Ruff, Thomas (*1958), Fotogra 231f
Rügemer, Gustav (1821-1908) A 276
Ruhl, Johann Christian (1764-1842) B 171
Ruhl, Julius Eugen (1796-1871) A 341
Ruisdael, Jacob Isaacksz van (1628/29-82) M 224
Rummel, Christoph (1881-1961) A 234, 264
Rummel, Hans (1872-1952) A 234, 240, 244, 245, 264
Rumpf, Anton Carl (1838-1911) B 196
Rumpf, Friedrich (1795-1867) A 125, **167**, 174, 228, 240, 241, 242, 274
Rumpf, Karl 28, 67, 88, 179, 185
Rumpf, Philipp (1821-96) M 225
Rumpler, J.W. M 148
Rüppell, Eduard, Forscher **b**
Ruprecht von der Pfalz, König 80, 81, 334
Russ, Danuse (um 1960) A 248
Russ, Thomas (um 1960) A 248

Sachsenhausen, Rudolf von, Ritter 60
Sachsenhausen-Praunheim, Fam. 142
Samheimer, Johann Jakob (1685-1745) A 10, 84, 154
Sander, Friedrich A 206, 283
Saran, Richard (1852-1925) A 245
Sauerwein, Friedr. (1843-1903) A 13
Saura, Antonio (*1930) M 226
Schädel, Franz (1824-1910) A 260
Schadow, Wilhelm (1788-1862) M 80
Schäfer, Bruno (um 1920/30) B 195
Schäfer, Gustav († 1952) A 275
Schäfer, Rudolf (um 1920/30) B 195
Schaffner, Friedrich August (1832-78) A 260
Scharfenstein, Eberhard Kratz von 60, 61

Schaumann, Gustav (1861-1937) A 240
Schaupp, Gustav (um 1930/60) A 281, 282, 283
Schauroth, Lina von (1874-1970), Glasmalerin 92
Schauroth, Udo von (1905-88) A 253
Scheffler, Christian Thomas (1701-60) M 353
Scheffler, Ernst Ulrich (Ende 20. Jh.) A 227
Scheibe, Richard (1879-1964) B 122, 230
Scheid, H. (Ende 20. Jh.) A 205
Scheid, Nikolaus, Kaufmann
Scheidel, Bernhard B 139
Scheidel, Johann B 95
Scheinpflug, Gustav (1894-1984) A 133
Schelme von Bergen, Rittergeschlecht 297, **300**
Schenck, Adolf (1858-1924) A 245
Schenck, Franz A 195
Schiavoni, Natale (1777-1858) M 81
Schierholz, Friedrich (1840-94) B 29, 37, 75, 159, 166, 167, 178, 179, 184, 185, 196, 266, 271
Schiller, Friedrich D 168, **173**, 184
Schinkel, Karl Friedrich (1781-1841) A, M 186, 256
Schirmacher, Ernst (um 1950/90) A 71, 275
Schlemmer, Oskar (1888-1943 M 226
Schlockermann, Martin (um 1970/90) A 186
Schloen, R. (Ende 20. Jh.) A 206
Schlotter, Eberhard (*1921) M 270
Schmick, Peter (1833-99) A 88, 148, 165, 174, 276
Schmidt, Carl (um 1910/40) A 204
Schmidt, Christian Ludwig (1844-91) A 179, 256
Schmidt, Georg (u. 1910/50) A 204
Schmidt, Heinrich Theodor (1843-1904) A 256, 260, 261
Schmidt, J. A 205
Schmidt, Willi (*1924) B 175
Schmidt-Rottluff, Karl (1884-1976) M 226, 274
Schmidt-Voigt, Jörgen, Arzt 217
Schmidt von der Launitz, Eduard (1797-1869) B 88, 123, 167, **170**, 172, 180, 241, 242, 271
Schmitt, Franz Jakob (1842-1922) A 186
Schmitt, Wilh. (u. 1900) A 179, 191
Schneider, Jakob Joseph (um 1770) A 348
Schneidewind, Johannes, Glockengießer 129
Schneidewind, Johann Georg, Glockengießer 129
Schnitzler, Christa B 176
Schnütgen, Alexander, Sammler 59
Schöffer, Peter 180
Scholderer, Otto (1834-1902) M 225
Scholz, S. (Ende 20. Jh.) A 66
Schönborn, Anselm Franz von 355
Schönborn, Damian Hugo von 337
Schönborn, Eugen Erwein von 353
Schönborn, Lothar Franz von 353
Schönemann, Lilli 339
Schopenhauer, Arthur D 21, 166, 167, 168, 242
Schopenhauer, Johanna **155**
Schreiter, Johannes (*1930) 54
Schultes, A. (Ende 20. Jh.) A 66
Schultze, Bernard (*1919) M 226
Schumacher, Emil (*1912) M 226
Schuster, Franz (1892-1972) A 281,282,283
Schütte-Lihotzky, Margarete (*1897) A 279, 281
Schütz d. Ä., Christian Georg (1718-91) M 8, 224, 229, 230
Schutzbar, Wolfgang 140
Schwagenscheidt, Walter (1886-1968) A 264, 282, 284
Schwanthaler, Ludwig von (1802-48) B **173**
Schwarz, Rudolf (1897-1961) A 122, 126, 264
Schwarzbeck, Fritz (*1902) B 158
Schwarzburg, Gerhard von 45f.
Schwarzburg, Günther von, Gegenkönig 21, 44, 45, 46, 53, 56, 60, 80, 81, 82, 135, 330
Schwarzenburger, Bernhard (1672-1741) B 84, 138, 154, 180, 291, 321
Schwechten, Franz (1841-1924) A 192, 194, 312
Schwedler, Johann Wilhelm (1823-94) A 196
Schweger, P. A 208
Schweickart, Johann, Erzbischof 305
Schwind, Moritz von (1804-71) M 172, 225, 260
Schwind, Wilhelm (1853-1906) B 179, 185
Sckell, Friedrich Ludwig von (1750-1823) GA 169
Seeling, Heinrich (1852-1932) A 174
Segal, George (*1924) B 231
Seiler, Paul (um 1935) B 172
Semper, Gottfried (1803-79) A 10, 176, 186, 189
Senckenberg, Johann Christian, Stifter u. Arzt 20, 168, 234, 240, **265**

Senf, Hermann (1878-1979) A 65
Serra, A. Richard (*1939) B 223
Settegast, Jos. Anton (1813-90) M 80
Shakespeare, William D 185
Siegfried zum Paradies (von Biedenkopf/Marburg), Stadtpolitiker 92, **93**, 95, 128, 130, 134, 144
Siesmayer, Heinrich (1817-1900) GA **261**, 274, 337
Siesmayer, Philipp (u. 1850) GA 274
Sigismund, Kaiser 53, 80, 81
Sisley, Alfred (1839-99) M 225
Sittmann, Thassilo (Ende 20. Jh.) A 264, 284
Slevogt, Max (1868-1932) M 225
Sluter, Claus († 1404/06) B 52
Soemmering, Samuel Thomas 88 Solms, Graf Kuno von 250
Sommer, Oskar (1840-94) A 177, 192, 222
Sparre, Wigel (um 1410), Maurer 78
Speck, Conrad (um 1530/40) A 342
Speer, Albert (*1934) A 203, 206, 228
Spener, Philipp Jakob, Theologe 21, 120, 157, **158**
Speyer, Joseph Isaac 174
Spitznagel, Peter, Prior A 108, 111
Spitzweg, Carl (1808-95) M 225
Spohrer, Abraham (†1715) A 321
Spontini, Gaspare Ko 184
Städel, Fam. 241
Städel, Johann Friedrich, Kaufmann u. Stifter 20, 170, **220 f.**, 223
Stadler, Toni (1888-1982) B 172
Stalburg d. J., Claus 106, 115, 237
Stam, Mart A 280
Stausebach, Karl (u. 1910/15) A 199
Stein, Reichsfreiherr Karl vom 21, 122, **265**
Steinbrenner, Hans (*1928) B 175, 176, 222, 274
Steinhausen, Wilhelm (1846-1924) M 202, 225
Steinle, Edward von (1810-86) M 58, 81, 108, 142, 185, 225, 242
Stephan, Heinrich von, Generalpostmeister 219, 220
Stier, Hubert (1838-1907) A 192
Stilke, Hermann Ant (1803-60) M 81
Stock, Carl (um 1930) B 196
Stolberg, Grafen von 308, 309
Stoltze, Annett 21
Stoltze, Friedrich D **21**, 64, 75, 88, 131, 157, 168
Strassen, Hermann zur (Ende 20. Jh.) B 184
Straßmann, Friedrich 19
Strigel, Ivo (um 1500) M 60
Ströher, Karl Ind 231
Stücheli, Werner (um 1960) A 253
Stüler, Friedrich August (1800-65) A 123, 177
Stummel, Friedri. (1850-1919) M 107
Suleyman II., Sultan 201
Sund, Anneliese B 175
Süßenguth, Georg (*1862) A 242, 245
Sutor, Emil (*1888) B 263
Swarzenski, Georg **221**, 227
Syrlin d. Ä., Jörg (um 1425-91) B 227

Tàpies, Antoni (*1923) M 226, 231
Tassis, Francesco de, Kaufmann 161
Tauchnitz 180
Taut, Max (1884-1967) A 202
Teichs, Adolf Friedr. (1812-60) M 80
Telemann, Georg Philipp Ko 21,120
Tendlau, Ludwig (u. 1860/80) B 184
Textor, Johann Wolfgang 18, 233
Theuderich III., Merowingerkönig 40
Thiedemann, Ingo (*1937) A 270
Thielen, Daniel (1623-1711) M 158
Thiersch, Friedrich von (1852-1921) A, M 185, 192, 261, 262, 267
Thietmar von Merseburg, Chronist 30
Thoma, Hans (1839-1924) M 21, 202, 225, **239**, 289
Thoranc, Graf 300
Thorvaldsen, Berthel (1768/70-1844) B 227, 241
Thurn und Taxis, Alexander Ferdinand von 162, 238
Thurn und Taxis, Anselm Franz von 161, 162
Thürwächter, Anselm (Ende 20. Jh.) A 64
Thyriot, Franz (um 1930) A 281
Tiberius, röm. Kaiser 317
Tiepolo, Giovanni Battista (1696-1770) M 224
Tiepolo, Giovanni Domenico (1727-1804) M 224
Tintoretto (1518-94) M 224
Tischbein, Johann Heinrich Wilhelm (1751-1829) M 222, 223, 224
Trajan, röm. Kaiser 63
Trautmann, Peter 133
Trübner, Wilhelm (1851-1917) M 225
Trost, Karl (1811-84) M 81
Trost, Wilhelm (um 1910) A 337

Uecker, Günther (*1930) M, Zero, Objektkünstler 226
Uffenbach, Johann Friedrich (1687-1769) A **159**
Uffenbach, Philipp (1566-1636) M 18, 74
Ungers, Oswald M. (*1926) A 139, 216, 219, 268
Ungewitter, G. G. A 244
Unglaub, D. (Ende 20. Jh.) A 68
Unsin, Konrad (um 1710) M 79
Ursel, Henne von 288

Valckenborch, Lucas van (um 1535-97) M 224
Varnesi, Angusto (1866-1941) B 86, 230, 265
Vauban, Sébastien le Prestre de (1633-1707) A 167
Vega Carpio, Lope Félix de D 185
Veit, Philipp (1793-1877) M **79**, 81, 88, 138, 221, 225
Velàzquez, Diego Rodriguez de Silva y (1599-1660) M 224
Velde (d. Ä.), Willem van de (1611-93) M 224
Vermeer, Jan (1632-75) M 224
Veronese, Paolo (1528-88) M
Verrocchio, Andrea del (1436-88) B, M 224
Vespasian, röm. Kaiser 62, 277
Vietze, Franz (1862-1930) A 165, 196
Victoria, Königin von England 350
Vingerhut, Heinrich (um 1220/40) B 103, 326
Vischer d. Ä., Peter (1460-1529) B
Vischer d. J., Peter (1487-1528) B
Voggenberger, Fritz (1885-1924) A 260
Volkmann, Arthur (*1851) B 222
Vries, Adrien de B 267

Wach, Karl (*1878) B 271
Wagner, A. 245
Wagner, Cölestin (um 1775) A 325
Wagner, Karl (um 1910) A
Wagner, Richard Ko 184
Waldmüller, Ferdinand Georg (1793-1865) M 81, 225
Wallot, Paul (1841-1912) A 191, 192
Wandel, Andrea (E. 20. Jh.) A 132
Wanebach, Katharina von 124
Wanebach, Wigel von 124, 127, 128
Warhol, Andy (1928-81) Pop Art 231
Warschauer, Th. (E. 20. Jh.) A 227
Watteau, Antoine (1684-1721) M 224
Weber, Andreas (1832-1901) GA 175
Weber, August, Stadtgärtner 201
Weber, Carl Maria von Ko 184
Weber, Gerhard (*1909) A 274, 275
Weber, H. A 64
Weber, Martin (1890-1941) A 129, 263, 264, 288, 293
Wegener, Armin (1850-1917) A 188, 195, 310
Weidmann, Hans (um 1910) A 179
Weinberg, Carl von 169
Weinbrenner, Friedrich (1766-1826) A 95
Weinsperger, J. F. (u. 1850/60) A 260
Weis, Caspar (um 1870/90) B 51, 54, 59, 61, 142, 143
Weiß von Limpurg, Conrad 117
Welker, Albrecht, Goldschmied 125
Welsch, Maximilian von (1671-1745) A 138
Wendelstadt, Karl (1815-41) B 96, 123, 229
Wenzel, König 53, 56, 80, 81, 130
Werstadt, Ulrich von 36, 55
Wetzel, Heinz (1858-1913) M 86
Wewerka, Stefan (*1928) M 206
Weyden, Rogier van der (1399/1400-1464) M 55, 107, 221, 223
Wiese, Max (1846-1925) B 184
Wiest, Rudolf A 256
Wild, K. 244
Wild, H. T. B 107
Wilhelm, Johann (u. 1650/70) A 342
Wilhelm I., Kaiser 16, 75, 181, 195, 314
Wilhelm II., Kaiser 77, 316
Wilhelm von Hessen-Kassel, Kurfürst 20
Wilhelm II. von Hessen-Kassel, Kurfürst 242
Wilhelm IX. von Hessen-Kassel, Landgraf **297**, 341
Wilhelm von Holland, Gegenkönig 79
Willemer, Johann Jakob 247
Willemer, Marianne 247
Wimmenauer, Karl (um 1950/60) A 239, 264
Winkelsee, Hans 164
Winter, Albert A 282
Winter, Harold B 108
Winterstein, Johann Baptist (um 1850/60) B 59
Winterwerb, Ph. (1827-73) M 225
Wittgenstein, Fam 45
Wobelin, Schöffe 83
Wolf, Ulrich GA 280
Wolff, Heinrich (um 1930) A 204
Wolfram von Eschenbach D 322
Wolgemut, Michael (1434-1519) M 107

Wollmann, Robert (1879-1945) A 253
Wörner, Heinrich (E. 20. Jh.) A 239
Wotruba, Fritz (1907-76) B 226
Wyatville, Geoffrey (u. 1825) A 314

Zacharias, A. C. (u. 1870/80) A 196
Zick, Januarius (1730-97) M 224
Ziegler A 282
Zobel, Kurt (um 1960/70) B 129
Zum Jungen , Fam. 77
Zwecker, Joh. Bapt (1814-76) M 81
Zwerger, Johann Nepomuk (1796-1868) B 29, 123, 172, 194, 221, 223, 240, 242

Frankfurt

Adickesallee 212
AfE-Turm 209
Affenbrunnen 245
Affensteiner Feld 272
Affentorhäuser 245
Alleenring 16, 212
Allerheiligenkirche 264
Alt-Sachsenhausen 145
Alte Börse 123
Alte Brücke 30, 31, 99, 135, 136
Alte Gasse 231
Alte Oper 32, **182 ff.**
Altes Rathaus 32, **84 ff.** Altstadt 30
American-Express-Haus 268
Amtshaus 140
Archäologischer Garten 32, **62 ff.**
Ariadne auf dem Panther 170, 228
Artischockenbrunnen 248
Aschaffenburger Tor 245
Atlasbrunnen 67, 247
Bäckerbrunnen **145**, 248
Bahnhofsplatz 193
Bahnhofsviertel **192**, **212**, 213
Bank für Gemeinwirtschaft 206
Bankenviertel 202 ff.
Basler Hof 88
Beethoven-Denkmal 169,172, **173**
Bergen 213, 214, 252, 296, **300**, 351
– Rathaus (Heimatmuseum) 296, 300
– Kirche 294
– Königshof 300
– Nikolauskapelle 294, 301
- Schelmenburg **300**, 301
- Weißer Turm 252, 300
Berger Galgen 300
Berger Ortsbefestigung 252
Berger Straße 292
Berger Warte 9, 252, 297, **300**
Berkersheim 213, 214
Bernarduskirche 34, **235 ff.**, 245
Bernuspark 276
Bertramshof 275
Bethanienkirche 264
Bethlehemkirche 294
Bethmann-Denkmal 168, 170
Bethmann-Landhaus 171
Bethmannpark 276
Bibliotheca Senckenbergiana 265
Bienenkorb, Hochhaus 197
Bismarck-Denkmal 168
Bleidenstraße 131
Bockenheim 213, 214, **262 f.**
Bockenheimer Anlage 172
Bockenheimer Depot 263
Bockenheimer Warte 211, 214, 252, **263**
Bockenheimer-Denkmal 169
Boehle-Haus 250
Boehle-Park, Portalgebäude 250
Bommersheim 291
Bonames 213, 214, 291, **292**
– Pfarrkirche 292, 294
– Landhaus 292
– Junckerturm 292
– Niederungsburg 292
Bonameser Ortsbefestigung 252
Bonifatiuskapelle 264
Bonifatiuskirche 148, 263
Bornheim 213, 214, **292 ff.**
– Bornheimer Heide 292
– Heilig-Kreuz-Kirche 293
– Buchwaldstraße 294
– Gasthaus zur Sonne 294
– Altes Rathaus 294, 296
– Luisenhof 295
– Johanniskirche **294**
Bornheimer Landwehr 293
Bornheimer Marktbrunnen 175
Börse 33, 177, **178f.**
Börsenplatz 2–4/5 179
Böttger-Denkmal 168, 266
Brentanopark 276
Brönnerstraße 22–26 234
Bronzestele 176
Brüningbrunnen 271
Brunnen 247 f.
Brunnen mit Stele 175
Bulle und Bär 175, 179
Bürgerhospital 240
Burgturm 172
Bürostadt Niederrad 256

Carlstor 165
Carolusbrunnen 247
Chase Manhattan Bank 204
Chemag-Haus 267
Christkönigskirche 264
Citi-Bank-Hochhaus 206
City-Haus (Selmi-Haus) 209
Commerzbank (Altbau) 209
Commerzbank 33, 207, **208,** 209
Comoedienhaus 176

Dalberger Haus 296
David und Goliath 176
Denkmäler 168 f.

Deutsche Bank 33, **205**, 209
Deutsche Bundesbank 33, 274
Deutsches Architekturmuseum **219**
Deutsches Filmmuseum 219
Deutschherrenbrücke 31, 213, 338
Deutschordenskommende 31, **134**, 136
-Deutschordenshaus (Ikonenmuseum) **138**, 216
-Deutschordenskirche St. Maria 109, **139 ff.**
DG-Bank 33, 203, **206**, 209
Diebsgrund 274
Dom 10, **25 ff.**, 38, 40, 41, 149
– Domturm **25 f.**, 209
– Bartholomäusfries **47 ff.**
– Chor 35
– Christi-Grab-Kapelle 36
– Dommuseum **61,** 230
– Grablegung Christi **52**
– Hochaltar **50**
– Kreuzgang 38, **61**
– Kreuzigungsgruppe **36**
– Langhaus 39
– Maria-Schlaf-Altar **54 ff.**
– Marienkapelle 36
– Turmhalle 39
– Vorhalle 38
– Wahlkapelle 36, **53**
Dominikanerkloster 34, **132f.**
-Dominikanerkirche 109, **133 f.**
Dornbusch 274
Dreikaiserbau 190
Dreikönigsbrunnen 149, 247
Dreikönigskirche 31, **146**, 244
Dresdner Bank 33, **204**, 209

Eckenheim 213, 214
Eckenheimer Landstraße 9–11 234
Ehrensäule Lohrberg 297
Eichwaldstraße 293
Ein Haus für Goethe (E. Chillida) 173, 176
Einheitsdenkmal 123
Eisenbahnbrücke Bebraer Bahn 247
Biedermeierhaus 235
Eiserne Hand 9, **235**
Eiserner Steg 31, **149**, 211
Emmauskirche Eschersheim 286 f., 294
Englischer Hof 193
Enkheim 213, 214
– Alte Mühle 296
– Kirche 294
Epiphaniaskirche 239
Ernst-Reuter-Schule 176
Erzherzog Johann von Österreich-Denkmal 169
Eschenheimer Tor 163
Eschenheimer Turm 30, 34, **163 f.**, 252
Eschersheim 213, 214, 287, 291
Euro-Tower 33, **204**, 209

Fachwerkbauten **296**
Fahrtor 95
Fechenheim 213, 214, 257
– Rathaus 296
Fernmeldehaus 34, 163
Fernmeldeturm 34, 209, **274**
Festhalle **267 f.**
Fischerfeld 165, 166, 213
Fleischerbrunnen 145, 248
Flora, P. Seiler 172
Flughafen Rhein-Main 16
Forsthaus 252
Franfurter Hof **189 ff.**
Frankensteiner Hof 144
Frankfurt Büro-Center 206, 209
Frankfurter Kunstverein 64
Frauenfriedenskirche **263**
Frauenpforte 119
Freiheitsbrunnen 67, 247
Freßgass' 180
Friedberger Tor 171
Friedberger Warte 211, 214, **295 f.**
Friedensbrücke 212
Friedenskirche 263
Friedrich-Ebert-Anlage 212
Friedrich-Ebert-Siedlung 282
Fünffingerplätzchen 72
Funkhaus am Dornbusch 275
Fürstenhof **192**

Galgenfeld 192
Galgentor 173
Gallusanlage 173
Galluswarte 211, 214, 252, 263, 270
Gartenhaus Leonhardi 262
Gärtnerbrunnen 248
Geierswarte 298
Gerbermühle 247
Gerichtsgebäude A 198
Gerichtsgebäude B 199
Geschwister-Scholl-Schule 284
Getto 16, **132**
Gewerkschaftshaus **203**
Ginnheim 213, 214
Ginnheimer Höhe 262
Goethe-Denkmal 168, **173**
Goethe-Haus 159, **160 f.**
Goethe-Museum 160
Goethe-Schneise **252**
Goethe-Tempel 247
Goethe-Turm 250, 197
Goldene Waage 63
Goldener Brunnen 155, 248
Goldstein, Hofgut 211
Goldsteinpark 276
Gotische Wehrbauten **252**
Grablege der Familie Textor (Liebfrauenschule) 233
Grabmal für Noe Du Fay 233
Griesheim 213, 214
Große Bockenheimer Straße 31, Rokoko-Häuschen 180
Große Eschenheimer Straße 161, 165
Große Friedberger Gasse 231
Große Granitstele 176, 222
Großer Braunfels 130
Großer Rieder Hof 211, 252
Großmarkthalle 34, 338
Grüneburgpark **274**, 276
– Pförtnerhaus 274, 296

Guiollett-Denkmal 168, 172
Guiollettstraße 25 256
Günthersburgallee 293
Günthersburgpark 276, **295**
Gustav-Adolf-Kirche 263
Gutenberg-Denkmal 168, **180**
Gutenberg-Denkmalbrunnen 271
Gutleuthof 211
Gutleutkaserne 196

Habsburger Allee 213
Hafenarbeiter, Skulptur 295
Hainer Weg 248
Hainer-Weg-Gruppe 251, **252**
Hammering Man 175, 268
Hanauer Landstraße 209
Harheim 213, 214
Hauptbahnhof 33, 192, **193 ff.**, 200
Hauptfriedhof 211, **240 ff.**
– Bethmann-Hollweg-Grabmal 241
– Gruftenhalle 240
– Israelitischer Friedhof 241
– Neue Trauerhalle 242
– Neuer Jüdischer Friedhof 243
– Rotunde 242
– Torbau 241
Hauptpost 155
Hauptwache 16, 32, **151 ff.**
Haus Austria 193
Haus Drei Könige 161
Haus Elsässer 260
Haus Erlenbach 260
Haus Frauenstein 77
Haus Giefer 260
Haus Goldener Greif 72
Haus Goldener Schwan 76, 78
Haus Groß Laubenberg 72
Haus Großer Engel 68, **73**, 296
Haus H. Thoma 260
Haus Kertess 260
Haus Klein Laubenberg 72
Haus Kleiner Dachsberg/Schlüssel 72
Haus Laderam 76, 82
Haus Löwenstein 76
Haus Mäckler 260
Haus May 260
Haus Schwarzer Stern 72, 296
Haus Schwind 260
Haus Silberberg 76
Haus W. Steinhausen 260
Haus Wanebach 76
Haus Wertheim 97 f., 296
Haus Wilder Mann 72
Haus Zum Anker 296
Haus zum Paradies und Grimmvogel **129 ff.**
Haus zum Strauß 88
Hausen 213, 214
Heddernheim 213, 214
Heddernheimer Pumpbrunnen 248
Heilig-Geist-Hospital 167
Heilig-Geist-Kirche 135
Heilig-Geist-Kirche Riederwald 264
Heilig-Kreuz-Kirche 263
Heimatsiedlung 280
Heine-Denkmal 168, 173
Heinrich-von-Gagern-Gymnasium 202
HeLaBa (Hessische Landesbank) **208**, 209
Hellerhof 211
Henninger -Turm 209, **248**
Herkulesbrunnen 83, 271
Hermann-Schlosser-Haus **228**, 260
Herz-Jesu-Kirche (Alt-Fechenheim) 244
Herz-Jesu-Kirche (Eckenheim) 244
Herz-Jesu-Kirche (Oberrad) 244
Hessen-Denkmal **171**
Hessisch-Thüringische Landesbank 208
Hessische Landeszentralbank 204
Hirschbrunnen 145, 248
Hirschgraben 159
Historisches Museum 93, 219, **229 f.**
Hoch-Tief-Haus 256
Hochhaus am Grüneburgpark 209
Höchst 346 ff.
– Bolongaro-Palast **347**, 357
– Dalberger Haus 349
– Haus Zum Anker 349
– Maintor 252, 349
– Residenzschloß (Firmenmuseum Hoechst AG) 349
– St. Justinuskirche 109, **348**
- Stadtkirche 244
- Stadtpark 276
– Verwaltungsgebäude Hoechst AG 349 (Umschlagklappe hinten)
– Zollburg 349
– Zollturm 252, 349
Hohe Mark 291
Hoher Brunnen 248
Holbeinsteg 228
Holzfigur 176
Holzgraben 159
Holzhausen-Schlößchen 237 ff.
Holzhausenpark 239, 276
Holzhausensche Oede 238
Holzhausenviertel 239
Holzstele 175
Hühnermarkt 64
Huthmacherstraße 16 296
Fachwerkbauten 296
Huthpark 276, **296**
Hypotheken- und Kreditverein, Bankhaus 206

IG-Farben-Hochhaus 33, **272 f.**
Ikonenmuseum (Deutschordenshaus) 139, **216**
Institut für Sozialforschung 267
Intercontinental Hotel 203

Jahnstraße 7–3 234
Japan-Center 208, 209
Johanniskirche (Bornheim) 294
Johanniterkirche 109
Judengasse 15, 132
Jüdischer Friedhof 34, **132**
Jüdisches Museum 174 f., 228

Jügelhaus, Johann-Wolfgang-Goethe-Universität 264, **265**
Juniorhaus 190
Justitiabrunnen **73 ff.**, 271
Justizpalast 197

Kaiser-Friedrich-Bau 193
Kaiserbrunnen 271
Kaiserpfalz 32, 62
Kaiserplatz 188 ,**189**
Kaiserstraße 188, **190 f.**, 192
Kaiserstraße 25, Privatbank 191
Kaiserstraße 30, Bankgebäude 190 f.
Kalbach 213, 214, 291
Karmeliterkirche 108, 109, 229
Karmeliterkloster (Museum für Vor-und Frühgeschichte) 31, **108 ff.**
–Karmeliterkirche **108 f.**, 229
– Kreuzgang **115 f.**
– Refektorium **112 f.**
Karyatide 175
Kastor und Pollux 268, **270**
Katharinenkirche 32, 151, **156**
Katharinenpforte 157
Kettenhöfe 211
Kettenhofweg 256
Kirche Cantate Domino 264
Kirche der „Colonie" 245
Kirche des Hauptfriedhofs 245
Kirche des Südfriedhofs 244
Kirchner-Denkmal 168, 171
Klapperfeld 197
Klappergaß' Brunnen 145, 248
Knoblauchfeld 276
Kolonnaden 186
Königspfalz 93
Konstablerwache 197, **231**
Kontinuität, Skulptur 176, 206
Kopfbau Große Eschenheimer Straße / Schillerstraße 165
Köpfe, Skulptur 175
Körner-Denkmal 169
Kornmarkt 99
Kragen mit Krawatte, Skulptur 175
Kranichsteiner Straße 22–26 247
Krawallschachtel 231, 296
Krögerstraße 171
Kuhhirtenturm 31, **144**, 252
Kühhornshof 211, **275**
Kulturschirn 31, **66**

Lachhannes-Brunnen 172
Landwehr 30, **211**
Leinwandhaus (Kunst- und Fotogalerie) 31, **66**
Les Facettes, Kaufhaus 33, 155
Lessing-Denkmal 167, 168
Liebfrauenbrunnen **129**, 247, 271
Liebfrauenkirche 33, 109, **123 f.**
Liebfrauenstift **123**
Liebighaus (Museum alter Plastik) **226 ff.**
Liegende (F. Klimsch) 273
Liegende (R. Kipp) 172
Liegende (W. Schmidt) 175
Livingstonscher Pferdestall 256
Logenhaus 192
Lohrberg 297
Lohrpark 276, **296**
Löwenbrunnen 247
Luisenhof-Brunnen 248

Mägdeleinbrunnen 229, 248
Main 8, 9, 16, 30, 213
Main-Neckar-Bahn 192, 267
Main-Weser-Bahn 192, 212, 267
Mainzer Landstraße 209
Marbachweg 274
Märchenbrunnen 174, 271
Mariä-Himmelfahrtskirche 244
Marienkirche 137
Marienkrankenhaus 240
Markuskirche Bockenheim 245
Marshall-Brunnen 172
Martinskirche 245
Maurisches Haus **171**, 260
Merkurbau 193
Merkurbrunnen **267**, 271,
Messegelände 267
Messehalle 1 **268**
Messetorhaus 209, **268**
Messeturm 33, 209, **268**, 269

Metzgerviertel 66
Michaeliskirche 294
Militärlager, römisch 32, 62
Minervabrunnen 73
Miquelallee 212, 213
Mousonturm 253
Mühlberg 45, Barockhaus 247
Mühlberg 247, 249
– Jugendstilmauer 247
Mühlbruchsiedlung 277
Museum für Kunsthandwerk **217 f.**
Museum für Moderne Kunst 34, **230 f.**
Museum für Post und Kommunikation **219 f.**
Museum für Völkerkunde **218**
Museum für Vor- und Frühgeschichte 111, **229**
Museumsufer 31, **215 ff.**

Nationalhaus **204**
Naturmuseum Senckenberg **265 f.**
Nazarethkirche 244
Nebbiensches Gartenhaus 172
Neckermann-Versandhaus 257
Neptunbrunnen 271
Nervenklinik Niederrad 272
Neustadt 30
Nibelungenallee 213
Nida 14, 111, 277, **284**, 315
Nidda 213, 277, 283, 285, 286, 289, 292
Nied 213, 214
Niedenau 51 256
Niedenau 58–60 256
Niedenau 78 256
Nieder-Erlenbach 213, 214, **291**

– Lersnersches Schloß 292
– Möserhof 291
– Niederungsburg 291
– Pfarrhaus 291
– Pfarrkirche 291, 294
Nieder-Eschbach 14, 213, 214, **291,** 294
Niederrad 213, 214, 272, 280, **281**
Niederursel 213, 214, **287 ff.**
– Alt-Niederursel 20 287, 296
– Bonifatiusbrunnen 289
– Frankfurter Rathaus 287, 296
– Gustav-Adolf-Kirche 288
– Solmssches Rathaus 287, 296
– Steinstraße 289
– Tabakscheune 287
Nizza-Anlagen 174
Nordend 211, 213, 234
Nordheim-Denkmal 266
Nordweststadt 284
Nothelferkapelle 244
Nürnberger Hof 65

Obeliskbrunnen **166**, 248, 271
Ober-Erlenbach 291
Ober-Eschbach 291
Oberfinanzdirektion 34, **275**
Obermainbrücke 31, 148, 165, 338
Oberrad 213, 214
Odeon (Ariadneum) **169 f.**
Oeder Weg 237
Offenbacher Landstraße 213
Olivetti-Häuser 257
Opernhaus (Alte Oper) **180 f.**
Operplatz 182, 186
Opernplatz 6/ Hochstraße 56 186
Opernplatz 8 186
Opfer-Denkmal 173
Oppenheimer Landstraße 1 218
Ordenspalais 139
Ostbahnhof 213
Ostend 211, 213
Osthafen 213, 338
Ostpark 276

Palais Barckhaus 155
Palais Schweitzer-Allesina 155
Palais Thurn und Taxis 162 f. , 219
Palmengarten 261 ff.
Palmenhaus 261
Paradiesbrunnen 145, 248
Parkhotel 196
Parks 276
Paulskirche 10, 16, 32, **119 ff.**
Peter- und Paulkirche 244
Petersfriedhof 165, **233**
Peterskirche 34, **233 f.**, 244
Pfingsweide 197, **200**
Plaza-Büro-Center 209
Polizeipräsidium 270
Pollux-Haus 209, 270
Portikus Stadtbibliothek 165, **166**
Poseidon-Haus 270
Praunheim 213, 214
– Auferstehungskirche 294
Preungesheim 213, 214
Providentia-Haus 253

Quirinbrunnen 247, 248

Rainheegdüne 250
Rainheeggruppe, Hügelgräber **251 f.**
Rebstock, Hofgut 64, 211
Rechneibastion 167
Rechneigrabenweiher 167
Reichsbankgebäude (Hessische Landesbank) 204, **208**
Reichswald Dreieich 248
Reis-Denkmal 168, 171
Rententurm 31, 95, 252
Reuterweg 14, Verwaltungsgebäude 186
Riedhof 211
Riedhofbrunnen 248
Ring der Statuen 172, 256
Rinz-Denkmal 168, 169
Rödelheim 213, 214, 304
Röderberg 293
Römer 32, **75 ff.**, 78
– Kaisersaal **79 ff.**
Römerberg 15, 32, **70 ff.**
Römerstadt 277 ff., 281, 283 ff.
Rotes Haus 155
Rothschild-Palais 174
Rothschildpark 172, 253, 276
– Burgturm 256
Rotkäppchenbrunnen 271
Rundturm-Steinring 70

Saalburgstraße **285**
Saalhof (Historisches Museum) 31, 93, **94 ff.**, 229
-Rententurm **95**
Sachsenhausen 31, 135, 145, 212, 215, **245 ff.**
Sachsenhäuser Landwehrweg 250
Sachsenhäuser Warte 9, 214, **249 f.**, 252
Salvatorkirche 26, 62
Salzhaus 77
Sämann 295
Sandhof 211
Schaumainkai 215
Schauspielhaus 174
Schellgasse 8 **146**, 296
Scherwald 250
Schiller-Denkmal 168
Schillerstraße 165
Schneewittchen-Monument 173
Schönborner Hof (Stoltze-Museum) 131
Schöne Aussicht 17 (Wohnhaus Schopenhauers) 166
Schönhof-Pavillon 274
Schopenhauer-Denkmal 167, 168
Schöppenbrunnen 83, 247
Schützenstraße 1 166
Schwanheim 213, 214
Schweizer Platz 188
Schweizer Straße 219
Schweizer Straße 3 219
Schwind-Haus 172

Seckbach 213, 214, **296 f.**
– Hofhausstraße 3/4, Fachwerkhäuser 297
– Rathaus 296, 297
Segenskirche 244
Seilerstraße 169
Senckenberg-Denkmal 168, 266
Senckenberganlage 212, 213, 264
Shell-Hochhaus 34, 209
Siedlung Bornheimer Hang **280, 293**
Siedlung Goldstein 282
Siedlung Hellerhof 280
Siedlung Höhenblick 282
Siedlung Hügelstraße 282
Siedlung Lindenbaum 282
Siedlung Mammolsheimer Straße 282
Siedlung Marbachweg 283
Siedlung Miquelallee 283
Siedlung Niederrad 280, **281**
Siedlung Nonnenpfad 283
Siedlung Praunheim 280
Siedlung Raimundstraße 283
Siedlung Riederwald 281
Siedlung Riedhof-Ost 283
Siedlung Römerstadt **277 ff.**, **281**, **283 ff.**
Siedlung Strahlenberger Lehen 283
Siedlung Teller 283
Siedlung Westhausen **282**
Siedlungen 280 ff.
Sindlingen 213, 214
Sindlinger Pumpbrunnen 248
Skulpturen 175 f.
Sossenheim 213
– Pfarrkirche 244
– Rathaus 296
St. Antoniuskirche (Rödelheim) 244
St. Antoniuskirche (Westend) 244, 257
St. Bonifatiuskapelle (Bonames) 289
St. Elisabeth 244
St. Ignatiuskirche 264
St. Jakobuskirche 264
St. Josephskirche (Eschersheim) 245
St. Josephskirche (Höchst) 245
St. Josephskirche (Nordend) 264
St. Laurentiuskirche 294
St. Leonhardskirche 31, **99**, 109
St. Markuskirche (Nied) 244
St. Mauritiuskirche 244
St. Michaelkirche 264
St. Nikolai (Alte Nikolaikirche) 32, **89 ff.**, 109, 149
St. Wendel 264
Städelsches Kunstinstitut 215, **220 ff.**
Stadtbad Mitte 172
Stadtbefestigung 146
Stadthäuser Saalgasse 31, **67 ff.**
Städtische Galerie 221
Stadtmauer 30, 163
Stadtwald 14, 31, 248, **351**
Stadtwerke 34, 132
Stahlplastik Dos a Dos 175
Stalburgsche Oede 237
Staufermauer **131**
Stehender aus Eisen 176
Steinbach 287
Steinernes Haus (Frankfurter Kunstverein) 32, **64 f.**
Steinvariation I und II 176
Sternstraße 11/Jahnstraße 11–9 234
Stier, Skulptur 295
Stoltze-Denkmal **159**, 168
Stoltze-Denkmalbrunnen 271
Stoltze-Museum 131
Strahlenberger Hof 211
Stresemannallee 212
Struwwelpeterbrunnen 175, 271
Südbahnhof 188
Südfriedhof **248**
Synagoge Allerheiligenstraße 258
Synagoge Börneplatz 258
Synagoge Friedberger Anlage 258
Taubenhof 179
Taunusanlage 1 und 3, Verwaltungsgebäude 204
Taunusanlage 20, Verwaltungsgebäude 186
Taunusbahnhof 192
Taunusstraße 192
Technisches Rathaus 32, 64
Thermen 63
Thomaskirche 244
Töngesgasse 15, 131
Torso II, Skulptur 175
Trianon-Haus (Bank für Gemeinwirtschaft) 33, **206**, 209
Tugendbrunnen 131, 248
Türmerstube 34

Uhlandstraße 168
Uhrtürmchen 168
Universität 16, **264**
Unterliederbach 213
– Kirche 294
Untermainanlage 174
Untermainbrücke 31, 99, 148, 188
Untermainkai 29–30 228
Untermainkai 64 228
Urselbach 287

Verlagsgebäude Generalanzeiger 179
Vierhäusergasse 2 296
Villa Andreae (Museum für Völkerkunde) 218
Villa Bonn 228, **259**, 260
Villa Cronhardt 256, 260
Villa Ellissen 256, 260
Villa Hanau 260
Villa Hauck 260, 263
Villa Herxheimer 260, 263
Villa Hoffmann 260
Villa Kissel 260
Villa Kleyer 260
Villa Kratz 260
Villa Leonhardsbrunn 260, **262**
Villa Liebieg 260
Villa Manskopf 260
Villa May 260
Villa Meister (Sindlingen) 260
Villa Merton 260, **262**
Villa Metzler (Museum für Kunsthandwerk) 215,

217, 260
Villa Mumm 260
Villa Neher 260
Villa Neufville (Museum für Post und Kommunikation) **219 f.**
Villa Oehler 247
Villa Passavant 260
Villa Quincke 260, 263
Villa Riesser 259, 260
Villa Varrentrapp 260
Villa Zickwolff 256
Volksbildungsheim 165

Waldbahnhof 252
Walter-Kolb-Straße 146
Wasserreservoir, Eingangsbauten 276
Wasserturm 274
Weibliche Bronzefigur 175
Weiherstraße 168
Weinberg-Denkmal 169
Weinberg-Pförtnerhaus 296
Weißer Hof 161
Weißer Lilienbrunnen 248
Wendelsplatz 247
Werkssiedlung Cassella 277
Westend 211, 213, **253 ff.**
Westend-Synagoge 257 ff.
Westendbrunnen 248
Wiesenhüttenstift 240
Wilhelmshöher Straße 297
Willemer Häuschen 247
Winzerbrunnen 248
Wittelsbacherallee 293
Wohnhaus Schopenhauers 166

Zehntgassenbrunnen 248
Zeil 151, 168, **197 f.**
Zeil 1 200
Zeilsheim 213, 214
Zeppelinallee 212
Zierbrunnen 271
Zionskirche 244
Zollgebäude 64
Zoo-Gesellschaftshaus 201 f., 261
Zoologischer Garten 201
Zunftbrunnen 175
Zürichhaus 182, **253**
Zwei-Scheiben-Haus 208
Zwingergasse 165

Orte

Aachen 81, 200
Aigues-Mortes 71
Altenhöfe 319
Altkönig 303, 304, 306, 307, **318**
– Ringwallburg **318 f.**
Amorbach 238
Amsterdam 178
Antwerpen
Arles 313
Arnsburg , Zisterzienserkloster 317, 323, **324 f.**
Aschaffenburg 346, 351
Athen 202, 227
Augsburg 267, 346
Avignon 265

Babenhausen 303, **355 ff.**, 357
– Brech- und Hexenturm 355
– Burgmannenhöfe 356
– Gasthof Zum Schwan 356
– Pfarrkirche St. Nikolaus 355
– Schloß **356 f.**
Bacharach 85
Bad Homburg 188, 196, 198, **310 ff.**, 311
– Bahnhof 310
– Brunnensälchen 314
– Dietigheim 310
– Erlöserkirche **312 f.**
– Fürstenpavillon 310
– Gotisches Haus (Stadt- und Hutmuseum) 315
– Kaiser-Wilhelms-Bad 313
– Kurpark 313
– Monopteros 314
– Neustadt 312
– Pfarrkirche St. Marien 313
– Ritter-von-Marx-Brücke 310
– Rundtempel 314
– Russische Kapelle 314
– Schloß **310 ff.**, 357
– Siamesischer Tempel 313
– Spielcasino 314
Bad Nauheim **337**
Bad Vilbel 319, 323, 351
– Heimatmuseum 320
– Rathaus 319
– Wasserburg **319 f.**, 357
Bergamo 161
Berlin 181, 189, 191, 194, 197, 215, 219, 256, 304, 312
Bern 66
Bibelried 356
Biebrich 138
Bingen 36
Bleibeskopf 319
Böhmen 81
Brandenburg 81
Brauweiler 311
Bremen 81
Breslau 267
Breuberg 309
Brüssel 161
Büdingen 303, 329, **330 ff.**
– Altes Rathaus 332
– Herrenhof 332
– Jerusalemer Tor 332
– Neues Rathaus 332
– St. Remigius 332
– Stadtkirche St.Maria 332
– Steinernes Haus 332
– Wasserburg **330 f.**, 357
Burgund 227
Butzbach 309

Camberg 73
Chicago 202
Clagny 340
Como 321
Coucy-le-Chateau 71

Dessau 277
Deutsches Eck 195,
Diemel 318
Dinkelsbühl 25, 59
Dokken 289
Donau 317
Dornholzhausen 314
Dreieichenhain 14, 303, 323, **351 f.**
– Faselstall 352
– Isenburger Amtshaus 352

– Obertor 351
– Pfarrkirche 353
– Schulhaus 353
– Torhaus (Heimatmuseum) 353
– Trierscher Hof 352
– Untertor 351
- Wasserburg 353

Eberbach 323, 324
Eppstein 303, 304, 307, **309**, 357
– Pfarrkirche 309
Eschborn 304

Falkenstein **306 f.**, 357
Fayum (Ägypten) 227
Fehrbellin 311
Feldbergkastell 318
Florenz 195, 200, 243
Flörsheim 350
Fränkisch Crumbach 67
Freiburg 25, 35, 37,
Friedberg 15, 77, 164, 303, 319, 329, **333 ff.**
– Adolfsturm 337
– Burggrafenhaus 337
– Burgkirche 337
– Judenbad 336
– Kaiserstraße 333
– Reichsburg **336 f.**
– Rosenthal-Viadukt 337
– Stadtkirche Unserer Lieben Frau **334 f.**
Friedrichsdorf 315
Fulda 285, 289, 351

Gelnhausen 15, 77, 93, 103, 303, 324, **326 ff.**
– Altes Rathaus 327, 328
– Kaiserpfalz **328 f.**
– Marienkirche **326 f.**
– Neues Rathaus 327
– Peterskirche 328
Gersprenz 355
Gickelsburg 319
Goldgrube 319
Grafschaft Hanau 213
Grafschaft Hanau-Lichtenberg 355
Granada 258
Großer Feldberg 304, **310**, 318
Gustavsburg, Eisenbahnbrücke 350

Hagenau 329
Hamburg 81, 272
Hanau 77, 198, 303, 304, 319, **341 ff.**
– Altstädter Rathaus (Goldschmiedehaus) 342
– Doppelkirche 341 f.
– Frankfurter Tor 341
– Grimm-Denkmal 341
– Johanniskirche 342
– Justitiabrunnen 342
– Marienkirche 342
– Marstall 342
– Neustädter Rathaus 341
– Renaissancebrunnen 341
– Schloßgarten 342
- Schloß Philippsruhe (Kesselstadt) **340 f.**
- Wilhelmsbad **341**
Hannover 81, 194
Hechingen 198
Heddernheim 14
Heidelberg 339
Heidetränke, Oppidum 319
Heisterbach 313
Herzogtum Nassau 213
Hessen-Homburg 311
Hessen-Kassel 194
Hessen-Nassau 194
Heusenstamm **353 f.**, 357
-Schulhaus 353
-Torhaus (Heimatmuseum) 353
-Wasserschloß **353**
Hirsau 320
Hochheim 85, 289, **350**
– Domherrenhof 350
– Pfarrkirche St. Peter und Paul 350
Höchst s. Frankfurt-Höchst
Hohe Mark 303
Homburg 303

Idstein 73
Ilbenstadt , Prämonstratenserkloster **320 f.**, 324
Ile de France 103, 227
Ingolstadt 163
Isenburg 77,
Istanbul 237, 258

Kelheim 317
Kesselstadt (Hanau), Schloß Philippsruhe **340 f.**
Kinzig 326
Kitzingen-Etwashausen 353
Kleiner Feldberg 318
Klingenberg 85
Koblenz 227, 317
Köln 28, 46, 81, 161
Königstein 303, 304, **307 ff.**
– Burg **307 ff.**
– Rathaus 308
Königsundragau 303
Konstantinopel 201
Kronberg 15, 18, 303, **304 ff.**, 307,
– Eichentorturm 306
– Johanniskirche 306
– Kellerei 306
– Reichsburg **305 f.**, 357
- Schloß Friedrichshof 306
– Streitkirche 306
Krotzenburg 317
Kurfürstentum Hessen-Kassel 213
Kurhessen 304
Kurmainz 77, 306

Leipzig 79, 176, 193,
Leverkusen 273
Liederbach 307
Limburg 198, 327
Limes 14, 303, **317**, 318
London 189, 196,
Lorsbachtal 309
Lorsch 351
Lübeck
Ludwigshafen 273
Lüneburg 66

Main 337, 351
Maingau 213, 303
Mainz 15, 38, 77, 81, 180, 188, 285, 316, 318, 319
Mannheim 265
Marburg 291, 335
Marktheidenfeld 71
Meisenheim 105
Meißen 37

Memmingen 287
Miltenberg 71
Mühlreißig 287
München 81, 221, 234
Münster 81
Münzenberg 303, **322 ff.**
– Burg **322 f.**, 357
– Hattsteiner Hof 323
– Pfarrkirche 323
– Rathaus 323
Myra 91

Neresheim 353
Neu-Anspach, Freilichtmuseum Hessenpark **318**
Neu-Isenburg 252
Neuwied 198
New York 202, 206, 268,
Niddagau 213, 286, 289, 303, 319
Niedernhausen 309
Nördlingen 25, 59,
Nüringberg 306
Nürnberg 35, 51, 105, 346

Oberreifenberg 357
Oberursel **289 ff.**, 309
-Altes Rathaus 289
-Herrenmühle 291
-Kirchplatz 17 290
-Pfarrkirche St. Ursula **290**
-Untertor 289
-Vordertaunusmuseum 289
Odenwald 303, 337
Offenbach **338**
– Büsing-Palais (Klingspor Museum) 339f.
– Lili-Park 339
– Schloß **339**, 357
Opel-Zoo 307
Oppenheim 37, 105
Otzberg 351

Padua 147
Palmyra (Syrien) 227
Paris 181, 189, 190, 195, 265,
Petersburg 189,
Philippsruhe (Hanau-Kesselstadt) **340 f.**,357
Pisa 240
Pommersfelden 186, 266
Prag 28

Regensburg 28, 316
Reichenbach 307
Reichsforst Dreieich 348, **351**
Reifenberg **310**
Reims 37
Rhein 317
Rhön 318
Ricolta d'Adda 321
Rodgau 303
Rom 189, 191, 196, 242, 243, 265, 268, 343
Ronneburg **332 f.**, 357
Rothenburg o.d.T. 59, 131, 238
Rumpenheim **340,** 357

Saalburg **315 ff.**
Salzwedel 50
Santiago de Compostela 105
Seligenstadt 303, **343 ff.**
– Abteikirche **343 f.**
– Einhardhaus 346
– Gartenhaus Klein-Welzheim 345
– Kaiserpfalz **345 f.**
– Rathaus 346
– Romanisches Haus 346
– Steinheimer Tor 346
Sigmaringen 198
Solms 77
Spangenberg 66
Spessart 176, 337
Spessart 303
Speyer 15, 77, 158, 313
St.Gallen 345
St.-Gilles 313
Steinheim **343**
– Bergfried 343
– Burg 343, 357
– Pfarrkirche St. Johann Baptist 343
Straßburg 15, 35, 37, 163, 180, 194, 316, 334
Stuttgart 272

Tannenberg 323
Taunus 14, 303, 304, 318, 319
Teutoburger Wald 317
Trebur 351
Trier 81
Trifels 329

Ulm 25, 28,

Venedig 180, 313
Versailles 259
Vicenza 178, 202
Vogelsberg 276, 330

Wartburg 321
Washington 195
Weilburg 293
Weiltal 310
Wetter 325
Wetterau 14, 303, **319**
Wetzlar 15, 77, 198
Wien 178, 189,
Wiesbaden 198
Wilhelmsbad (Hanau) **341**
Worms 15, 77, 81, 157, 158, 313
Würzburg 85, 103, 264

Umschlagvorderseite: Stadtpanorama, Blick von Osten
Umschlagklappe vorn: Römer und Justitiabrunnen
Umschlagklappe hinten: Höchst, Halle des Verwaltungsgebäudes der Hoechst AG von Peter Behrens (1920-24)
Umschlagrückseite: Mainfront von Südwesten mit Eisernem Steg, Nikolaikirche, Saalhof und Dom; Liebfrauenkirche, Grundriß; Ansicht des Römerbergs, Gemälde von Christian Georg Schütz, 1754
Abb. Seite 1: Alte Oper, Giebeldetail

Heinz Schomann, 1939 in Frankfurt am Main geboren, studierte Germanistik, Geschichte, Kunstgeschichte und klassische Archäologie in Frankfurt a. M. und Italien mit Abschluß durch Staatsexamen (1965) bzw. Promotion (1968). Er leitet seit 1972 die Denkmalschutzbehörde der Stadt Frankfurt. Er hat zahlreiche Aufsätze und mehr als ein Dutzend Bücher zur Frankfurter Architektur und über die Kunst der romanischen Länder – vorwiegend Italiens – veröffentlicht.

Die Deutsche Bibliothek – CIP-Einheitsaufnahme

Schomann, Heinz:
Frankfurt am Main und Umgebung: von der Pfalzsiedlung zum Bankenzentrum / Heinz Schomann. – Köln: DuMont, 1996
(DuMont Kunst-Reiseführer)
ISBN 3-7701-2238-0

Satz und Druck: Rasch, Bramsche
Buchbinderische Verarbeitung: Bramscher Buchbinder Betriebe
Graphisches Konzept: Ralf Groschwitz, Hamburg

Printed in Germany ISBN 3-7701-2238-0